城 市 基 因

津市文史丛书

文 存 卷

上

政协湖南省津市市委员会 编

湖南师范大学出版社

·长沙·

图书在版编目（CIP）数据

城市基因：津市文史丛书. 文存卷：上、下两册/政协湖南省津市市委员会编.—长沙：
湖南师范大学出版社，2021.7
ISBN 978-7-5648-4239-0

Ⅰ.①城… Ⅱ.①政… Ⅲ.①津市市－地方史 ②文史－资料－津市市 Ⅳ.①K296.44

中国版本图书馆CIP数据核字（2021）第130199号

WENCUN JUAN
文存卷

政协湖南省津市市委员会　编

责任编辑 | 周基东　彭　慧
责任校对 | 谢晓宇　牛盼盼

出版发行 | 湖南师范大学出版社
　　　　　地址：长沙市岳麓山　邮编：410081
　　　　　电话：0731-88853867　88872751
　　　　　传真：0731-88872636
　　　　　网址：http://press.hunnu.edu.cn/
经　　销 | 湖南省新华书店
印　　刷 | 湖南雅嘉彩色印刷有限公司

开　　本 | 710 mm×1000 mm　　1/16
印　　张 | 40
字　　数 | 800千字
版　　次 | 2021年7月第1版
印　　次 | 2021年7月第1次印刷
书　　号 | ISBN 978-7-5648-4239-0

定　　价 | 130.00元（上、下两册）

序一　把灿烂的津市文化永续传承弘扬下去

傅　勇　黄旭峰

　　文化是推动人类社会发展的精神力量。历史文化是城市的灵魂与根基。习近平总书记多次强调，要本着对历史负责、对人民负责的精神，注重文明传承、文化延续，让城市留下记忆，让人们记住乡愁。津市因傍津设市而得名。在生生不息的文化传承之下，大美津市，遍地是美景，处处皆风雅，历史悠久，文脉源长。在这里，澧水携八条支流，漫卷九水泥沙，来了个雄奇的大拐弯，直奔洞庭，通江达海，也激荡出厚重的湘楚风韵和璀璨的历史文化。在这里，屈原行吟"沅有芷兮澧有兰"的千古名句，跻身中国四大民间爱情故事的孟姜女感动今古，最为契合"学习强国"精神的车胤囊萤照读的典故光耀史册。在这里，九澧之水浩浩荡荡，汇聚13省移民，仿佛文化的熔炉，将鄂、赣、川、皖、湘、粤等文化融铸成神奇独特的移民商埠文化。在这里，澧水静水深流，滋养着自强不息的坚韧基因，嘉山峰峦耸翠，挥发出敢为人先的雄健气魄。矗立在澧水河畔的望江楼上，曾经有一副气吞山河的楹联："饮武陵酒，品鹤峰茶，望皇姑秀色，听江水涛声，九澧名楼今胜昔；吟太白诗，诵东坡赋，招屈子忠魂，忆贺龙壮举，千秋佳话慨而慷。"写尽了城市繁华与荣光。

　　在漫长的历史长河中，先辈们的不屈奋斗，为我们留下了厚重的历史文化遗产。自建市以来，一届接一届的市委、市政府领导班子，率领优秀的津市儿女，高扬光荣与梦想，力擎艰难与挫折，励精图治，前仆后继，书写了"九澧门户""工业重镇""北有沙市，南有津市"的壮丽华章。现如今，津市人民接过前辈的接力棒，传承厚重的人文精神，激发蓬勃的发展潜力，大笔擘画新的发展蓝图。如今的津市，已然是一座创新之城。国家中小城市综合改革、国家新型城镇化、全国乡村治理体系建设、全国新时代文明实践中心、全国水系连通与农村水系综合整治试点县市、全省海绵城市试点单位、美丽乡村建设整域推进试点县市，"绿色存折"垃圾分类减量机制获湖南首届创新奖一等奖，一张张城市名片就是生动写照。如今的津市，已然是一座水运之城。因水而兴，也必将因水而复兴。津市港拥有澧水流域唯一的县级公共保税仓和海关工作站。随着深圳盐田港集团战略合作深度推进，推动"水铁公"多式联运，打造海关监管场所和二类口岸，势必成为全国内河港口的运营标杆。如今的津市，已然是一座工业之城。逾400家工业企业，近400亿元工业总产值，生物医药、健康食品、装备制造、盐化工等"三主一特"产业强劲支撑，已经成为全国最大的医药中间体生产基地、全国最大的酶制剂生产和出口基地、全国最大的甾体原料药和医药中间体出口基地、全国最大的社会化汽车车桥生产基地。如今的津市，已然是一座文化之城。距今约 50 万年的国家级重点文物保护单位虎爪山旧石器遗址，是湖南最早的人类活动遗迹。国家非物质文化遗产"孟姜女哭长城""车胤囊萤照读"故事广为流传。始建于唐代的佛教曹洞宗祖庭药山寺闻名遐迩。忆往昔，津市人民用强劲足音讲述着"湘北明珠"的辉煌故事；看今朝，津市人民用新锐脚步丈量着"澧水流域现代化中心城市"的全新坐标。

把灿烂的津市文化永续传承弘扬下去，是一项影响深远的战略工程。当前，在"十四五"开启新篇和"两个一百年"历史交汇的关键节点，津市正按照省委"三高四新"战略和常德市委"开放强市、产业立市"战略部署，全面开启建设现代化强市的新征程。铭记历史，继往开来，编纂出版一套全方位、多层次、立体化反映津市历史文化的丛书，既是全市经济社会发展的现实需要，也是全市人民群众的共同夙愿，更是落实习近平总书记提出的坚定中国特色社会主义文化自信的具体行动。津市要坚定文化自信，就是要找到属于津市人民自己的文化基因和精神家园，增强对津市历史文化的认同感、归属感和自豪感，凝聚人心，振奋精神，积蓄力量，为经济社会持续健康发展提供强大的精神动力和文化支持。"城市基因·津市文史丛书"的成功出版，可以说是我市经济和社会发展史上的一件喜事盛事，是一件功在当代、利在千秋的大事好事。它不仅丰富了津市历史文献，为广大人民群众筑造了阅读城市历史的画廊，也为树立和弘扬新时代的津市精神找到了新图景和新样本。在洋洋洒洒的百万文字方阵当中，时间的大幅跨越，场景的真实还原，人物的音容笑貌，那些似曾相识的优美字句和影像，一定能触碰到我们内心最柔软的部分，激起广泛而美好的共鸣，打捞起了文化记忆，梳理顺了文化乡愁。我们有理由坚信，无论是生于斯长于斯的津市人，曾在津市工作过的"津市人"，还是漂泊异乡的津市游子，都能从这套丛书中找到美好隽永的记忆与乡愁。我们应该感谢市政协、市文旅广体局高水平的策划执行，感谢编纂老师高强度的辛勤付出，正是由于他们，打造出这样一部鸿篇巨制的地方文化经典，使得传播津市文化有了最优质的载体，使得宣传津市形象有了最通透的窗口。

怀古需励志，掩卷当奋发。新时代的 28 万新津市人，当以《津市城市基因》丛书为新的起点，传承和弘扬津市的灿烂文化，继承和发扬先辈的优良传统，砥砺奋斗，锐意进取，不断创造出新业绩、新辉煌，为建设"澧水流域现代化中心城市"而努力奋斗！

是为序。

2020 年 12 月

（傅勇，中共津市市委书记；黄旭峰，津市市人民政府市长）

序二 从这里读懂津市

姜正才

民族的伟大复兴，当以文化复兴为前提。习近平总书记曾经提出："历史文化是城市的灵魂，要像爱惜自己的生命一样保护好城市历史文化遗产。"做好"城市基因·津市文史丛书"征编工作，是政协工作重要组成部分，是一项有益当代、惠及后世的文化事业。打捞城市记忆，传承历史文化，提升文化自信，建设美丽津市，是政协文史工作面临的重大课题。2018年元月，在市政协十二届三次会议开幕式上，一篇名为"传承城市基因，树立文化自信"的大会发言激起千层浪，市政协文艺教育工作组16名委员联名提交了一篇"关于做好城市基因丛书征编工作"的集体提案，引起强烈共鸣。市委书记傅勇、市长黄旭峰同志高度重视，分别签批了重要意见。市政协主席会议专题研究，以当年一号提案的形式，交办市文旅广体局推动落实征编工作。时逾两年，这套"城市基因·津市文史丛书"，经过编纂团队的辛勤劳动，终已付梓问世，这是我市文化建设的一件大事幸事，可喜可贺。在此，我谨向所有为丛书出版做出贡献的编者，表示衷心的感谢和致以崇高的敬意！

在中华传统文化的炫丽图景中，荆楚文化、湖湘文化精彩纷呈，融合荆楚文化与湖湘文化为一体的津市文化，必然有其神秘而颇具魅力的基因密码，生生不息，代代传承，值得我们去破译，去挖掘，去擘画。"城市基因·津市文史丛书"共5卷计7册，即《风物卷》《工商卷》《文存卷》（上、下）、《文艺卷》（上、下）、《影像卷》，是一部全面、系统介绍津市历史沿革、社会经济、人文风物的大型系列丛书，其涵盖之广泛，内容之丰富，形式之多样，印装之精美，在全市地方文史资料的出版史上，应该是前所未有的。《风物卷》意在突出津市"九澧门户"的城市名片。津市素为湘北重镇，百年商埠，名震湘鄂边，编者满怀深情将这座因水而生的城市之街巷、码头、渡口、驿站、会馆、宫庙、方言以及由此衍生出来的戏曲文化与饮食文化等逐一娓娓道来，呈现给我们一幅幅风情万种的津市版之"清明上河图"。《工商卷》是最能彰显津市产业特色的部分，津市工商曾雄踞九澧，声名遐迩，没有津市工商的繁盛就没有津市"大码头"的名声。编著者用浓墨重彩的笔触生动描绘了津市由渔村到工商重镇的发展演变过程，揭示了津市工商业萌芽、兴起、发展、繁荣、式微而又凤凰涅槃、浴火重生的轨迹，力图为后人留下一部可资镜鉴的信史。《文存卷》则另辟蹊径，在广搜博采的基础上，将散轶在各处的本土文史研究成果收集、整理于一箧，通过去粗取精，去伪存真的甄选，分门别类的精心编排，建立起一个小型且实用的文史资料库，让这些珍贵史料既得其所，不致风流云散，也为需要者阅读、使用提供了便利条件。《文艺卷》是我市第一部集中展示本土作者文学、艺术各领域各门类创作成果的综合性选集，同时还选录了部分古人题咏津市的精美诗文。一册在手，尽览风华。津市人对文学艺术的情有独钟，源远流长，在屈子吟咏过的澧水之畔，千年文脉薪火相传，从这本小册中或可管见一斑。《影像卷》是津市近百年影像资料的汇集，遴选了从晚清以迄当代五百余幅具有存史价值的珍贵照片，注以简要的文字说明，形成以"图说"为特色的另一种版本的津市简志。这些或黄渍漫漶，或色彩鲜明的照片，无不定格发生在津市某一时刻的生动瞬间，为我们留下了更直观、更真实、更难忘的历史记忆，令人生发沧海桑田之叹。

《左传·襄公二十四年》撰文："太上有立德，其次有立功，其次有立言，虽久不废，此之谓不朽。"编写"城市基因·津市文史丛书"是认识过去、服务当前、开创未来、惠及后世的一项立德、立功、立言之举。历史给人们留下永远难忘的启示，破译津市的基因密码，守望津市的精神家园，是走向未来的前提和基点。"让世界了解津市，让津市走向世界"，这套丛书必将起到积极的作用。祈愿今后能有越来越多的有识之士汇聚湘北明珠，谱写崭新的历史篇章。

"城市基因·津市文史丛书"是对津市历史文化的树立与弘扬，它启发和推动我们触摸远古图景，聆听历史回响，呼吸岁月气息，接通今古，展望未来，励精图治，为创建澧水流域现代化的中心城市而不断前行。

是为序。

2020 年 11 月

（姜正才，津市市政协主席）

概　述

谭远辉

关山南横脉来远，澧水东曲泽流长。

澧水自出，循武陵山款款而来，环山绕石，过滩陟险，时而引吭高歌，时而低吟浅唱，在携手茹、温、娄、渫、黄、道、涔、澹八条支流之后，来到武陵山脉东端的关山北麓。在这里打了一个盹，然后由关山东侧急转南下，直奔潇湘之渊——洞庭湖。

曾几何时，造物主一不留神，一颗璀璨的明珠从手中滑落，堕入澧水尾闾左岸的河曲地带。滚了一身泥土，静静地躺在那儿，灰头土脸，黯淡无光，起初并不被人看好。

在澧水右岸的虎爪山，我们发现了五十万年前远古人类留下的打制石器；在李家铺的苗儿岗、西湖渔场罗家台、涔澹农场青龙嘴、保河堤铜盆范家嘴等地，有新石器时代先民生活、居住过的遗址；在涔澹农场竹田湖、白衣乡的珠沫湾、渡口翊武中学乃至护市村的肖唐家台，有商周时期的遗址和墓葬；楚汉至六朝时期的遗存也多分布在澧水南岸的王府山至毛里湖、渡口一带以及北面的涔澹农场。总之，这些古代遗存都围绕在现津市城区的周围，隋唐以前城区范围似乎鸿蒙未开。

经过若许沧桑轮回，星移斗转，枉入红尘的这颗明珠栉风沐雨，经磨历劫，身上的尘土渐渐褪去，在阳光的照耀下，始折射出熠熠的光辉，从而受到人们的青睐。于是便有好事者给这颗明珠赋予了一个雅致的名号：津市。

一、杨柳依稀古渡头

津市究竟从何时得名，其寓意若何，炎宋以往，史帙阙如。顾名思义，"津"者，渡也；"市"者，贸易之区也。则"津市"应是兴起于渡口码头边的集市。在唐诗中即见含有"津市"二字的诗句，分别为钱起的《送武进韦明府》和李郢的《送李判官》，或曰这是津市地名的最早见证。但经考证认为，此"津市"并不是作为地名的双音节词，所记述的地点也与我们津市不搭界。

固然，在唐代津市这个地方是存在的，但当时不叫"津市"，而叫"澹津"。"澹津"一名出现于戎昱为澧州刺史李泌所作《澧州新城颂》，内有"澹津之墟尚在，天门之垒可辨"语。该《颂》作于唐中叶的建中二年（781），"新城"即为今新洲，在唐代为州城。"天门"即天门郡，是澧州的前身，而"澹津之墟"即为"澹津这个集镇"。这个"澹津"除了津市别无所指。甚至到了清代"澹津"还作为津市的别名偶有出现。龚之茗《延光书院记》中有："今上御极之六年，清河汤钧右先生以宇内名硕来守是邦……且构（延光）书院于澹津。"延光书院在津市，"澹津"即指津市。如此，津市在唐代应该称"澹津"。原先由大码头往北的街道名为"澹津路"，人们感觉有些奇怪，其实这正是津市古名的传承。津市许多街道的原名都随时代的变迁而改了新名，如衙署街改生产街，关庙街改建设街等，唯有"澹津路"不变，冥冥之中留住的是津市的根。只是现在向北移到了蔡家河。

"澹津"何以得名？"澹"应即澹水。"津"即渡口，故澹津应是处于澹水渡口边的集镇。现在澹水是从津市东边汇入澧水，在古代应是在津市的西侧汇入澧水，考古发现，在护市的肖唐家台（俗称"实屄股"）就发现有一条南北向的古河道。故此津市初名"澹津"。时光荏苒，陵谷沧桑。澹水改道，从津市的北面绕到了东边，不再穿过城区，再称"澹津"已不合适，于是就成了"津市"。然而"澹津"一名并未消亡，而是向北移到了近郊，即今随澹水迤逦的澹津社区。

"澹津"何时易名"津市"不甚了然，真正具有地名意义的"津市"首先见于元代宋褧写的一篇题为《津市留题》的诗。诗曰："烟霏空翠瞰芳洲，杨柳依稀古渡头。斜日扬鞭倦行役，自惭不及贾胡留。"

宋褧（1294—1346），字显夫，泰定元年（1324）进士。壮岁曾游朗、澧、湖、湘。其在《寄题涔河石桥》诗的小序中曰："河在澧州北四十里……予自延祐以来，凡八过其上，慨念行役之苦，为之悯然。"八次从涔河桥上经过，可见宋褧往来澧州很频繁。宋褧到津市大约在至大至延祐间（1308—1320）。如此，"津市"得名至少已有 700 多年。

继后，何景明所作《津市打鱼歌》写尽了津市的繁荣富庶。

"大船峨峨系江岸，鲇鲂鳜鳜收百万。小船取速不取多，往来抛网如掷梭。野人无船住水浒，织竹为梁数如罟。夜来水涨没沙背，津市家家有鱼卖。

江边酒楼燕估客，割鬐斫鲙不论百。楚姬玉手挥霜刀，雪花错落金盘高。邻家思妇清晨起，买得兰江一双鲤。筛筛红尾三尺长，操刀具案不忍伤。呼童放鲤濑波去，寄我素书向郎处。"

宋褧与何景明都是用诗的语言状写吟咏津市的旖旎风光、物产富庶和宜居环境。万历间，公安派文学家袁中道则以散文的形式对津市做了比较具体的表述：

"从涔澧交会之处，西上十余里，有千家之聚，名曰津市。对岸为彰观山，道书四十四福地，宋明道中黄、范二仙飞升处也。"（《澧游记》）

"千家之聚"只是一个概数，但在袁中道眼里，应该是一个较大的集镇了。

在袁中道的作品中还有多处关于津市发达的船舶工业的记载：

"津市新舟成，将游吴越，值虎渡涸，不得出。"（《泊梦溪记》）

"还公安，念津市所治新舟下吴越尚未完，恐造作不中程，自往视之。"

"东下舟已成，至村中，予登舟，泊于孟溪。舟中可坐十余人，外用六桨，坚而迅速。"

"初予自当阳登舟，泛舟中，望九子诸山极秀冶，无风涛之怖。若得一舟可以涉浅者游其间，且抵高安、阳平诸山中，如泛千叶莲花中，可以毕此生矣。是日，遂遣人往津市，造一鸬鹚舟。"
(《游居柿录》)

　　袁中道泛舟云游，多选择在津市造船，津市所造船"坚而迅速"。津市作为港口城市和渔村，船舶是交通、运输和渔业生产必不可少的工具，于是津市的造船工业应运而生。无论是峨峨大船，还是舴艋小舲，乃至鸬鹚舟，都展现出精湛的工艺。

　　随着津市商业的繁荣，来自四面八方的生意人定居津市，这其中不乏能工巧匠和有经济头脑、聪明才智之人，他们带动了津市各行各业的发展，纺织业、手工业、饮食业，以及造船、造纸、糕点、烟草等产业都优于其他地方而驰名域内。津市产青布还曾被列为贡品。

　　"青布，津市为多。"(隆庆《岳州府志·食货考·贡》)

　　元明两朝，津市的商贸和轻工业获得了长足的发展。

二、雪花错落金盘高

　　清代，津市的商贸和城镇发展达到鼎盛。于是，我们思考着一个问题：澧州与新洲都曾为澧水流域行政中心，津市位于两者之间，其繁荣不亚于两地甚至有过之，然而历代的当政者却从未考虑在津市设治，这其中最关键的因素应该是津市混杂着南来北往的商旅，人员构成复杂，帮派丛生，控制不易。这在民国时期有充分的体现。在方志中也有明确的表述。

　　"津市，州东二十里，为商贾舟楫所会。市长数里，约万余户。人杂事繁，奸匪易藏，颇称难治。"(乾隆《直隶澧州志林》)

　　这时，明代的"千家之聚"扩展到"约万余户"。当然这有夸张的成分，但由此看出，清代的津市已是今非昔比。到清代晚期，形成堪与州城媲美的城市规模。

　　"街长七里零，直街三条，中为正街，后为后街，前为河街。"

　　"舳舻蚁集，商贾云臻，连阁千重，炊烟万户。"(同治《直隶澧州志》)

　　由是，津市作为港口城市的繁荣景象便如电影镜头般呈现在我们眼前：

　　码头边船主南腔北调的吆喝声此伏彼起，河岸上嬉笑怒骂的挑夫接踵摩肩。兰江上晚霞映耀着悠婉的渔光曲，田野里暮烟飘散着呕哑的牧牛歌。这边是灯红酒绿、纸醉金迷，那边是村俚清籁、垂柳风筝。津市在喧嚷与安谧中平衡着祥和，在尔虞我诈、明争暗夺中生发出隆昌。

　　津市博物馆收藏有一件清乾隆四年(1739)木刻的"八码头公牌"，八个码头从上至下依次为：罗公坡、关爷楼、大码头、观音桥、新码头、新店坊、永宁巷、汤家巷。八码头公牌便是津市繁荣兴盛的码头文化的写照。

　　津市的繁华定然伴随着治安的隐忧。津市是澧州的聚宝盆、摇钱树，津市治安不宁，州府不能坐视不管。于是州府采取了一系列措施弹压控制。

　　雍正十一年(1733)二月，"移湖南澧州嘉山镇巡检驻津市，仍兼查缉原管地方。从湖南巡抚赵弘恩请也。"(《清雍正实录》)

　　乾隆三十二年（1767）二月，"吏部议覆：原任湖南巡抚常钧疏称：……又澧州津市，商贩要路，原设巡检，不足以资弹压。而石门水南渡地方，亦系商民凑集之所，请将津市巡检移驻石门之水南渡。其津市，即令澧州州判驻扎。……均应如所请，从之。"（《清乾隆实录》）

　　巡检和州判先后设于津市，而且都是湖南巡抚奏请朝廷所设，凸显了津市治安环境的复杂和对于澧州经济的重要性。

　　"自道光年间，大开海禁，西人之工于牟利者，接踵而来。"（郑观应《盛世危言》）

　　海禁一开，洋人蜂拥而至，他们不仅带来了鸦片，还带来了很多中国人眼里的稀罕物。于是凡新奇的事物都冠上了一个"洋"字：洋船（机动轮船）、洋火（火柴）、洋油（煤油）、洋马儿（自行车）、洋伞（铁骨布伞）、洋布（机织布）、洋装、洋酒、洋行、洋锹、西洋镜、出洋相、受洋罪等。于是，在津市不仅有大腹便便的土豪，长衫韦带的迁客；也有金发虬髯的传教士，西装革履的洋商。津市不啻为淘金者的乐园，冒险者的天堂。

　　洋人的到来，也为津市带来了进一步繁荣，在乾隆年间八码头的基础上又扩展到九码头。九个码头的称谓很多，最初是以所在街巷称，人们可能嫌麻烦，于是从上至下第以序数称一、二、三、四、五、六、七、八、九码头。九个码头是就澧水北岸的主要码头而言，这时的码头远不止九个，多达十几个。除澧水北岸外，南岸也设多个码头。有国内的江西码头、湘乡码头、浏阳码头、慈利码头，也有美利坚的洋油码头，英吉利的怡和码头、太古码头，日本的戴生昌码头等。当时的客船通长沙、常德、汉口、沙市等地。清末民初，津市作为湘北一大商贸中心，有着巨大的向心力和强烈的辐射力，可与湖北沙市媲美，因而就有"湖南津市，湖北沙市"之说。直到今天，周边省份的老一辈人只要说起津市都耳熟能详。

　　商贸的繁荣还带动了一系列产业的兴盛，如船厂、客栈、金号、钱庄、邮电、印刷、图书、典当、钟表、眼镜、电灯、榨坊、木材、竹器、衡器、轿行、织染、缫丝、布匹、服装、皮革、粮油、酿酒、澡堂、糕点、茶叶、烟草、蚊香、警署、医院、药铺、学堂、戏院、妓院、烟馆、赌场、茶楼、酒肆、会馆、教堂等，大都市所应有的配套功能在这里一应俱全。

　　繁华的光影下依然是贫贱与富贵的两极世界。有人竹篱茅舍，不蔽风雨，家无宿粮，卖儿鬻女；有人高墙深院，锦衣玉食，妻妾成群，呼奴使婢。一边是椎髻布衣的寒门女无奈为人作嫁，良家妇女被逼为娼；一边是珠光宝气的阔太太难掩心猿意马，膏粱子弟蝶乱蜂狂。道不尽芸芸众生人情冷暖，见惯了滚滚红尘世态炎凉。

　　清至民国时期津市另一大特色就是帮会与宫庙文化，四面八方的商人来到津市，时间长了，许多人就举家迁居津市，因而津市成为一个移民城市，在家靠父母，出门靠朋友，而同乡更具亲和力。于是各地的移民便纷纷成立同乡会，修宫庙，作为同乡议事、聚会场所。供奉原籍的信奉神，顶礼膜拜，凝聚人心。最昌盛者如江西的万寿宫、吉安庙，苏皖的三元宫，福建的天后宫，湖北的帝主宫，山陕的三义宫，上河（慈利、桑植）的荣华宫、湘乡会馆以及基督教的福音堂，天主教的天主堂，伊斯兰教的清真寺等等。会馆、宫庙是连接各外商同乡的纽带，但也会由此引发帮派争斗，或弱肉强食，或两败俱伤。

民国是一个多事之秋，兵荒马乱，满目疮痍；天灾人祸，饿殍枕藉。统治者依然不管人民死活，变本加厉盘剥。津市不是世外桃源，难以独善其身。共产党不满国民党的高压统治，站在人民大众一边，极力抗争。贺龙率部占领澧津，任澧州镇守使，创办"九澧平民工厂"，在镇大油行成立苏维埃政府，共产党在津市的活动或地下或半地下，津市的进步人士、红色资本家对红军和地下党的活动给予了保护和经费支持。

日寇侵华，寇焰昌炽，敌机狂轰滥炸，铁蹄肆意践踏。多少同胞背井离乡，目之所及道殣相望。津市一度成为四方难民的避风港。一时间人口骤增，商业经济也曾短暂畸形膨胀。面临着亡国灭种的奇耻大辱，有多少热血青年奔赴疆场，用血肉之躯抵挡敌人的枪膛。也有人置身事外，依然不忘发国难财。奸商哄抬物价，囤积居奇；兵匪巧取豪夺，恶贯满盈；官吏横征暴敛，鱼肉百姓。正所谓："兴，百姓苦；亡，百姓苦。"

三、浴火重生振翅飞

1949年10月1日，中华人民共和国成立。一切向着制度化、正规化发展。有的企业收归国有，有的公私合营，有的行业纳入街道集体经营。根据不同的社会分工，人民安居乐业，社会治安向好。津市经历了几起几落，新中国成立初五年之内，津市连升三级，由县辖市至地辖市再至省辖县级市。津市正式具有独立的行政功能，其间曾短暂回归县辖市（镇）。后又与澧县数次分合，直到1979年底恢复省辖常德市代管的县级市至今。

在50年代至70年代，商贸仍然是津市的支柱产业，港口仍然产生着品牌效应。澧水两岸依然是舳舻蚁集，汽笛交鸣；河岸上脚夫往来如梭，人声鼎沸。随着陆路运输的迅速发展，水运受到冲击，津市的码头经济在新的环境下失去了往日的优势，渐渐淡出人们的视线。码头上没有了昔日的喧嚣，年轻人纷纷下海弄潮，只有河水拍打着零星的船帮，仿佛吟唱着怀旧的歌谣。这好比历史的跑道已经绕完了一周，一个新的轮回又从头开始。当年津市是鹤立鸡群，而当鸡群都成了天鹅，津市岂能依然是鹤。昔日的铅华已经褪去，应当换上靓丽的新妆。凤凰涅槃，浴火重生。

强烈的危机感促使津市的决策者们革故鼎新，另辟蹊径。商贸萎缩，于是大兴工业，历届市委均坚持"工业立市"的方针，几十年的艰苦奋斗，不折不挠，津市工业遂日渐发展壮大，涌现出味精厂、酶制剂厂、绸厂、缫丝厂、绢纺厂、湘澧盐矿、造纸厂、蚊香厂、猪鬃厂、湖南拖拉机厂、电子管厂、造漆厂等一系列颇具规模的代表性企业。

但是，津市若想有长足的发展，至少存在三大瓶颈：堤防、桥梁、道路等。津市自古无堤防，当桃汛春涨，洪水泛滥，市面浊水横流，小船穿街走巷，经济停顿，财产受创；涔、澹、澧三水素无桥梁，过河的车辆排起长龙，等渡的人群熙熙攘攘，前进的脚步因此放慢，宝贵的时间在等待中流淌；当陆路交通快速发展，津市仍然独守空港，铁路、国道绕开津市，连拥有省道都是奢望。

这三大瓶颈如不突破，津市难以走出狭小的围城。于是各级领导奔走呼吁、精心部署，广大干群同心同德、群策群力，率先向三大瓶颈发起总攻。1973年，在澧水北岸筑起一道坚实的水泥大堤，将肆虐的洪水挡在城外，城里的居民再也不受洪水困扰。70年代以后相继建成蔡家河澹水桥，津市澧水一大桥、二大桥，小渡口涔水大桥，至此，澧水干、支流的道路与桥梁全部贯通。兰江如练，云淡风轻，江面上关山倒影婆娑。华灯初上，长虹卧波，两座大桥像一对情侣在夜色中拍拖。

津市原先地域狭小，且处于澧县的包围之中，这严重制约了津市的发展。20世纪80年代津市向南扩郊，从澧县的包围圈突围出去，打开了临澧、安乡、鼎城的通道。于是党政机关南迁。90年代湘北公路从津市保河堤、渡口两镇经过，津市修建从市区到湘北公路的接线工程，结束了津市无省道的历史。二广高速从津市西境穿过，并在工业园区设立互通。现在穿越津市南境的安慈高速也在建设之中。近年又完成交通投入60亿元，着力开展高速公路、干线公路、客货站场、铁路建设、水运码头、农村路网六大建设，构建现代交通体系，致力打造综合交通、智慧交通、绿色交通和平安交通。

三大瓶颈已然突破，然而若要迎接新时期更大的挑战，要做的事还多，要走的路还长，津市的领导层怀揣忧患意识，运筹帷幄，完成了一系列重大工程，使津市有了突飞猛进的发展。

津市工业有着辉煌的过去，但却面临着现代工业的挑战。2016年7月，省政府批准津市设立省级高新技术产业开发区。于是一座工业新区拔地而起，使津市的传统工业迎来了新生。努力把园区建成创新创业生态区、新兴产业集聚区。促进津市工业持续健康发展。2019年，园区建成区面积近9平方公里。支柱产业主要有生物医药、装备制造产业、轻工纺织产业、食品企业、盐化工产业以及新型建材企业等。规模工业总产值已达265.6亿元，规模企业户数109家。

近年又建成了与工业园区配套的窑坡渡千吨级码头——津市港。港口集大宗散杂货、集装箱、港口物流和服务以及保税物流于一体，由中心港区和新洲港区组成，主要为津市高新区及周边区县的物资运输服务。津市的水运通江达海，陆路四通八达。彻底摆脱了以往的瘸子经济，正健步如飞地走向繁荣。

津市的决策者们抓经济建设的同时不忘抓民生工程，一系列关乎民生的重点工程相继建成投运：三座水厂（白龙潭、沈家台、金鱼岭）实现了城乡供水全覆盖；位于工业新区的污水处理厂，设计规模为日处理能力4万吨，出水水质执行国家一级A标准；城市生活垃圾无害化处理场，建成高标准站房6处，30台有机垃圾处理设备正式运行，标志无害化垃圾处理场在常德市区县市率先投入运行；完善养老服务。建成了全省一流的养老服务中心，集居住、医疗、护理、康复、营养、娱乐于一体，成为全市老年人颐养天年的大型养老社区。高标准推进一乡一敬老院、一村一幸福院建设，建成各类养老机构77所，被评为"全省社会养老服务先进县市"。

在建设澧水流域现代化中心城市的奋斗目标下进行城市扩容。津市素为九澧门户，湘北重镇。然而新中国成立前，城区总面积不过 1.45 平方公里。20 世纪 90 年代末，建成区面积扩至 6.28 平方公里。进入新世纪后，城市建设明显提速，根据市委制定的发展战略，全市上下一心，开展"五城同创"（创国家森林城市、国家卫生城市、国家园林城市、国家交通模范管理城市、国家文明城市）以及海绵城市建设。在道路建设、城市绿化、街道亮化和老旧小区改造等方面均成效显著，城市建成区面积超过 17 平方公里。待海绵城市建成后，城市在适应环境变化和应对雨水带来的自然灾害等方面具有良好的弹性。

开展以"清清毛里湖、悠悠养心洲"为主题的湿地公园保护及基础设施建设。在哈尔滨召开的全国湿地保护管理工作会上，毛里湖湿地公园正式获批国家湿地公园。该工程实施后，将极大地改善周边居民生存环境，湿地生物多样性更加丰富。此外，毛里湖湿地还将在蓄水、调节下游河川径流、补给地下水和维持区域水平衡中发挥重要作用，形成蓄水防洪的天然"海绵"。

近年建成的澧水沿江风光带，有人行塑胶步道、朱务善广场、滨水公园、绿化景观、亲水平台、文星阁、朝阳阁、大观楼等，还有正在筹建的文化墙。入夜，霓虹明灭，华灯辉耀，沿江风光带上人影幢幢，荡漾着情侣的款语，童稚的嬉闹，老者的謦咳，女人的说笑。广场舞大妈载歌载舞，太极拳大爷亦柔亦刚，好一派康宁和乐的盛世景象。

津市的人居环境和生态环境有了前所未有的改善，一座有着悠久历史的古城焕发出新的光彩，成为一座处处鸟语花香，在在流光溢彩的新型城市，津市城镇乡村的人民获得了实实在在的幸福感，老百姓的日子过得越来越滋润。

澧县与津市在一个个轮回中由家人父子、手足兄弟到欢喜冤家，历史上分分合合，若即若离。两者之间有血浓于水的亲缘，也有剪不断的利益链。如今在时代发展的大潮中，两家又开始谋划一个新的美好愿景——津澧融城，建设现代化的澧水流域中心城市。相信通过两地人民的努力奋斗，美好的愿景必然会如期实现，千年古州，百年商埠，将共同演绎出新时代的沧桑巨变，抒写更加壮美的灿烂篇章。

（谭远辉，湖南省文物考古研究所副研究员）

目 录

峥嵘岁月

1920 年代津市人民的反帝爱国斗争

⊙ 正文

1919 年第一次世界大战结束后，英、美、法、意、日等国在法国召开巴黎和会，无理地通过将德国在我国山东的权利转让给日本的决议，消息传出，全国人民非常愤慨，北京 3000 多名学生举行了爱国大示威活动，要求严惩曹汝霖、陆宗舆、章宗祥，废除 1915 年袁世凯与日本签订的"二十一条"不平等条约，号召全国人民一致奋起，外争国权，内惩国贼，拒绝在巴黎和会上签字。这一消息传到津市后，引起强烈反应，掀起了群众性的爱国运动。6 月，津市各学校为声援北京和长沙学生，组织各界上街游行示威，高呼"打倒帝国主义""废除二十一条不平等条约""打倒卖国贼"。当时，津兰中学一些学生不顾学校反对，毅然参加游行，竟被学校以不遵守校规为由开除学籍。

1923 年 2 月 7 日，京汉铁路总工会开成立会时，军阀吴佩孚、肖跃南用武力解散，工人群起罢工，吴令军队进行镇压，工会领袖施洋、林详谦惨遭杀害。消息传来津市，津市士、农、工、商各界举行游行示威大会，高呼"打倒列强""雪耻中华"等口号，津市平民工厂组织雪耻讲演团，到大街小巷，向民众宣传"二七"惨案真相，号召"毋忘国耻，莫买日货"，听众达千人。4 月 5 日，津市各界再次举行游行示威，极大地唤醒了津市民众的觉悟。

1925 年 5 月，上海、青岛等地日本纱厂工人举行反日大示威，遭到镇压，上海日本纱厂工人顾正红被枪杀，青岛日本海军陆战队又枪杀中国工人 8 人，接着上海各校学生两千余人在公共租界游行示威，又遭到巡捕大屠杀，学生死 13 人，重伤数十人，酿成"五卅惨案"。6 月，湖南掀起声势浩大的反帝示威大游行。津市各界在市商会举行联席会议，成立"津市青、沪惨案雪耻分会"，实行全市罢工、罢课、罢市 5 天，6 月 22 日，全市各界上街游行。7 月，津市旅外学生周文定、朱务敏、贺玉波回到故乡，发起组织"津市旅外学生会"，并成立"津市对日、英经济绝交会"，在学生带动下，工人、店员一道上街游行，高呼"打倒军阀卖国贼"等口号，并派人到商店清查旧货（指日英货），店员学徒亦组织了"学徒联合会"投入斗争。查出福兴义绸布庄存有日货，当即没收罚款，还查出英美商煤油公司贮存的一批煤油，连同日货一起集中在万寿宫后坪焚烧。当时，日商戴生昌轮船公司津市分公司的雇员杨文柏在津私藏日货被检举出来，被拉出去打锣游街，自喊："我是亡国奴。"学生、工人还发起抵制日轮营业，劝说商店不向日轮交货，旅客不乘坐日轮，迫使日轮停航。当时，天主堂神父出言不逊，触怒了游行群众，大家盛怒之下，放火烧了教堂。

津市在大革命前夕连续出现的有组织、有领导的大规模反帝爱国游行，为津市群众反帝爱国斗争史书写了光辉的一页。

1930 年红二军团两克津市

⊙ 胡友成

　　1930 年 8 月，立三路线统治的共产党中央，强令贺龙的红二军团离开洪湖革命根据地，配合红第一、三军团攻打长沙。进军途中，连克监利、南县、华容、藕池、石首、公安。红二、六军在公安南平文庙会师后决定进攻津、澧，直取常德。11 月初，由红六军王一鸣率领第十六师，许光达率领第十七师，红四军王炳南率领第四师，从公安出发，直指津、澧。

　　当时驻防津澧的国民党部队是"湘西王"陈渠珍的两个团，警卫团戴季韬部驻津市，第一团陈运爕部驻澧城。戴、陈两团为驻地问题闹过意见（陈团觊觎戴团驻防津市享有特税收入，饷金无虑）。因此对防守问题有意见分歧。戴认为何键欲借红军之手消灭异己，主张能守则守，不能守则走，不必为何键卖命，同红军打硬仗；陈认为戴团是拥有人枪三千多的加强团，装备精良，训练有素，是陈渠珍的主力部队，主张主动迎击红军，确保津市，并质问戴季韬说："为什么不可一战？为什么要在何键面前坍湘西人的台？"双方争论不下，乃召集两团营长以上官佐在津市开紧急会议。会上由戴团的副团长彭达武出面缓冲，提出分区布防的调解意见，决定津市方面警卫团负责，由彭达武率刘文华、白树庭两个营一千八百多人在白洋堤一带驻防，戴季韬率刘鼎营和特务连一千多人为总预防队；澧县方面由陈团副团长刘宗鲁率滕传光、张健两个营一千多人布防在大堰垱、王家厂一线，掩护津市侧背，陈运爕率谭文烈营固守澧县城，相机出击，会后，两团连夜仓促布防。

　　11 月 3 日，红军以一部分兵力监视白洋堤守军，主力猛扑大堰垱、王家厂，国民党守军不支，纷纷溃退，抢渡王家厂河逃命。此役，计溺毙、伤亡国民党官兵三四百人，副团长刘宗鲁亦于抢渡时溺毙。红军在解决大堰垱、王家厂之敌后，当即掉头猛攻白洋堤，激战约三小时，国民党军副团长彭达武被击毙，官兵死伤百余人。戴季韬见势不利，急令撤出战斗向津市转移。此时，红军围攻澧县的战斗已经打响，戴恐津、澧间的道路被截断，乃下令放弃津市，向澧城方向撤退。红军于4日午刻完全占领津市。

红军占领津市，围攻澧城，湖南省主席兼四路军总指挥何键大为震惊，一面令陈运夔部坚守澧城，一面电令驻安乡的新十一师张英、驻临澧的李国钧旅和驻慈利的陈渠珍部田少卿团驰往澧县增援。9日，国民党后援部队先后进抵新洲，川军马堃山旅并到达澧水南岸。这时，红二、六军集中主力攻城，仅以一部兵力留守津市，阻击澧水南岸援敌，激战两昼夜，相持至11日，旋因各路援兵迫近，红军腹背受敌，情况不利，遂决定澧县撤围，退出津市，转而进取石门。红军撤离津市后，原驻防津市的戴季韬团应命撤回湘西老巢，津市乃由川军新十一师马堃山旅驻防。

红军撤走石门后，于11月下旬占领临澧，此时，得知红一、三军团已撤出长沙，蒋、冯、阎军阀混战已经结束，国民党部队大批南调，有进攻红军各根据地之势。26日，红军在临澧县合口举行前委会议，贺龙考虑国内形势已发生重大变化，主张将部队撤回洪湖苏区，坚守革命老根据地，会上大多数人同意贺龙意见，但邓中夏不顾客观形势的变化，以政治委员的最后决定权否定了这一意见，坚持再打津、澧，实现其夺取常德的既定方针。

12月初，在大雪纷飞中，红二军团从临澧出发再攻津澧。2日，红二军攻打澧城，将陈运夔、田少卿两团围困在城内，红六军强渡澹水进攻津市。当时津市守军为川军马堃山和澧县李华甫、津市王树堂、石门罗效之等地方团队，沿澹水以南一线设防，堵击红军南渡，红军分两路进取津市。一路由四十七团与五十团在十迴港架设浮桥南下，直插津市。进至街口时，遭遇马堃山部猛烈反扑，红军因寡不敌众且战且退，至十迴港，原有浮桥已遭破坏，乃一面背水阻击，一面涉水泅渡，因而溺毙和中弹牺牲者甚众。另一路由四十四团与五十一团经白洋堤攻打津市，至中渡口为罗效之部所阻，入夜方渡河进入津市，旋以国民党军反攻而退出市区。其时，贺龙亲临十迴港指挥作战，见两路失利，加派四十六团和警卫团增援，严令部队"要打过去，一定要打进津市去"！经过激烈拼搏，终将马堃山、罗效之所部击溃，于3日晚11时再度攻克津市。

此役，双方伤亡均重，国民党军马堃山旅和罗效之团伤亡过半，溃不成军，红军损失亦大，阵亡将士四五百人，其中团长一人，红六军参谋长刘仁载也在这次战斗中壮烈牺牲。

红军围困澧城，占领津市。马堃山、陈运夔等纷电何键告急，何键急令李觉、陈渠珍、张英、戴恢垣所部由李觉统一指挥，克日大举围攻津、澧，当时，敌军集结二十个团以上兵力，进攻部署如下：

一路由川军张英与马堃山旅集中新洲，向津市进攻。

一路由陈渠珍部张晋武、顾家齐两团与新收编的川军周燮卿旅由大庸经石门向津、澧推进。

一路由李觉率邓南骧旅从常德出发，会同李国钧、戴恢垣两团进攻澧州，以解澧城之围。

同时，何键又电请驻地监利、石首的四十八师徐源泉、驻岳州的十一师陈诚，火速派兵驰援津、澧。

其时，红军围攻澧城达七昼夜，旷日持久，攻克不下，前进受阻，可国民党援兵又分路扑来，侧背受敌，乃于12月8日主动从津市和澧县城下撤走，向湖北松滋杨林市转移。

1930年红军攻打津澧

⊙ 张德

1930年冬，在党中央负责人李立三同志"夺取中心城市"的"左"的思想影响下，红二军团前委书记邓中夏主张部队离开洪湖苏区，渡江南下，攻占岳州，切断长武交通线，以配合红军一、三军团进攻长沙。周逸群同志则不同意这样办，他主张以洪湖苏区为基地，肃清苏区中的白点，扩大武装力量，积极地向外发展。邓和周在这个问题上产生了分歧。从当时敌人的报纸上和我军派人去长沙侦察的情况，得知红一、三军团早已退出长沙，但邓中夏同志还要坚持渡江南征，以激起一、三军团再次反攻长沙。

1930年10月17日（或18日），红二军团从石首、监利一带，南渡长江，分两路南征：一路是段德昌同志领导的六军进攻华容；一路是孙德清同志领导的二军攻打南县。当时南县守敌是湘西保安部队向克士团，由二军团警卫团打先锋，由于敌向团的顽固抵抗，警卫团打不动，二军团遂调四师十团打头阵。这是个战斗力非常强的部队，是贺龙同志在湘西亲自培植起来的一个团，一上来就攻下了南县，消灭了向团之敌一半以上。

从10月22日起，红二、六军向公安推进，先后攻占了藕池、官垱、公安等重镇。拿下公安城后，邓中夏同志讲了话，两军还会了餐。之后，二军团分两路向津澧前进，一路是六军十七师由师长许光达率领，从公安出发，经盐井（张家厂）直插津澧；一路是六军十六师和二军四师，分别由师长王一鸣、王炳南率领，从公安出发，经曹家场、黄山头、焦圻、新洲打到白洋堤。当时驻扎在白洋堤的敌军是湖南保安旅陈斗南（又名陈运鞷）的部队，在我军的攻击下，退至澧州，闭城死守。安乡、津市一带守敌是赖心辉的川军二十二军张英、马堃山旅，敌占据澹水南岸，我居澹水北岸。除军事冲突外，双方还开展政治攻势,相互喊话,相互宣传都听得清清楚楚,就这样坚持了8天8夜,终将川军打垮,占领津市,解决红军的穿衣、吃饭和医药问题。澧城则因敌据城死守,久攻不克维持了半月有余。

当我军攻战津市,围困澧城半月之后,部队急需休整。军团部遂令六军十七师五十团留守津市,大部队撤至公安、石门一带休整一月,再行攻澧。我记得我们团(二军四师十团)驻扎在石门文庙内。在休整不到一月的时候,敌李觉、李国钧部及新编三十四师陈渠珍两个旅先后来到九澧一带。敌李觉师已先期驻扎石门夹山寺一带。为了消灭九澧一带的敌军,我二军四师在石门易家渡搭浮桥南渡澧水,在公安地区休整的我六军也赶到石门,二、六两军在夹山寺将李觉部队击溃。就在我军拉到西路与敌人作战的时候,散扎在安乡、津澧一带的川军张英、马堃山旅知我津市仅有十七师五十团防守,于是分三路反扑津市:一路从黄山头出发,直插津北;一路从窑坡渡出发,占领皇姑山;一路从澧州来,直抵津市,将我十七师五十团成马蹄形包围。我五十团知敌众势猛,遂撤出津市,与敌且战且退,当退到津北数里时,受澹水河阻隔,架在十迴港河面上的浮桥已被敌撤除,全团一千多名官兵,牺牲惨重。幸存者不过两百。我当时在四师十团当连长,被上级指派收拾牺牲者的尸体,都是二三十人、五六十人一起掩埋的。

1930年12月中上旬,正值隆冬,下大雪,邓中夏同志决定第二次攻打澧州,军团部设在当时的营盘岗(在今张公庙范围内)一带。我二军四师包围澧城西门和南门,六军十六师包围澧城东门和北门。我们十团团部就设在澧城西边2里许的文良制,堵住大西门,我连的机枪台就筑在出西门不远的地方,四师十一团围在偏北的小西门外,十二团扎立河南岸,扼守南门。东门和北门是我六军十六师包围。澧城守敌是湖南保安旅陈斗南部,还有从湘西过来的一部分敌人,他们还以武力胁迫了一部分老百姓上城防守。在武器装备上远远优于红军,还备有砖石、棉花团上淋满煤油、桐油,晚上每个城垛口一盏灯。我军也备有必要的攻城器械,如梯子、绳索、爆破工具等,没收的上好棺材四副,装上炸药用以炸城。我军在完成对敌包围的部署后,每晚发动一次总攻击,并用棺材在东门外三次、西门外一次炸城,终因城墙坚固未能奏效。这次攻城,我十团伤亡百余人,我们连就伤亡了二十多人,有的被枪击阵亡,有的被手榴弹炸死,有的被煤油、桐油烧死,还有的是被石头砸死的。我军围城7天7夜,没有打下。这时,敌李觉的十九师从石门方向而来,赖心辉川军的一部分从安乡方向而来,陶广的六十二师、陈渠珍新编三十四师都向澧州方向汇集。为避敌锋芒,我军从容向梦溪方向撤走,二军撤到公安一带，六军撤到松滋杨林寺一带，又遭敌袭击，六军损失亦重。当时整个红二军团有红军三万余人，由于几次受挫，包括津澧之役、磨市和杨林寺等战役的受挫，损失红军万余，特别是六军损失更大，遂将所辖十六、十七两师缩编为一个师，六军军长由汤慕禹接任，段德昌同志回洪湖老区工作。杨林寺受挫之后，红二军团撤回湘鄂边的鹤峰，收编了甘占元、覃伯卿、张轩三部五六千人，杀掉了甘、覃、张等反动头目三十余人，红军的人员和武器又得到了新的补充。

最后，谈谈我知道的当时我军编制和干部的配备情况：

红二军团组织序列

军团总指挥：贺龙　　政委兼前委书记：邓中夏

红二军军长：孙德清　　政委：朱勉之

红四师师长：王炳南　　政委：陈协平

十团团长：罗统一　　政委：吴宏卿

十一团团长：覃苏

十二团团长：吴虎臣

红六军军长：段德昌　　政委：柳直旬

红十六师师长：王一鸣　　政委：陈培英

四十六团

四十七团

四十八团

红十七师师长：许光达　　政委：李剑知

四十九团

五十团

五十一团

军团手枪大队大队长：卢冬生

各师所辖团、营、连均为"三三"制（即一团辖3营，余类推。）

（张德，慈利人，1928年参加红军，1930年跟随贺龙来津澧一带进行革命活动，曾任武汉警备区司令员。）

回忆贺龙将军在津市

⊙ 宋先熙

贺龙将军是桑植洪家关人，早年胸怀大志，以解放工农大众为己任。他的一生是战斗的一生，以两把菜刀起家，驰骋沙场，鞠躬尽瘁，为无产阶级革命事业作出了卓绝的贡献。他在投入革命前，任澧州镇守使和常澧镇守使时，曾常住津市。1930年和1935年他曾两次率领红军来到津市。因此，贺龙将军对津、澧有深厚的乡土感情和革命情谊，他常对人说："津澧是我的第二故乡。"贺龙将军青年时代名扬九澧，威镇湘西，在九澧群众中广泛流传。有人曾形象地说，贺龙两个字，就抵得上两军人马。足见对其评价之高。

"四人帮"横行时期，贺龙将军不幸遭受迫害致死。但他当年在九澧一带的光辉业绩，九澧人民记忆犹新。津、澧人民永远怀念这位为革命奋斗终生的老一辈无产阶级革命家。

任澧州、常澧镇守使时期

1923年秋，贺龙将军率部由贵州回常德。当时澧州镇守使唐荣阳横征暴敛，民怨沸腾，老百姓都切望贺龙将军前往治理。贺龙将军顺从民意，采纳了王育瑛"取而代之"的建议，率部进攻澧州，并事先策动唐部田子云、易正洪两团倒戈，内外夹击，唐退回石门。1924年9月，贺龙取代了唐荣阳的澧州镇守之职。所以，贺龙常笑着对人说："我这个官是自封的。"事后，当时湖南省长赵恒惕才派代表谈判，正式委任贺龙为澧州镇守使兼第一师师长。1926年又提升其为常澧镇守使。

贺龙将军为了减轻人民负担，任职以后采取了一系列有利于工农商的措施，如救济贫民，废除苛捐杂税，只征特税（鸦片税），深得广大群众的拥护。他随时接见群众，经常下乡访问，了解民间疾苦。还派廉洁奉公的干员担任所属各县的县长，为民兴利除弊。

任职期间，正遇澧州大旱，田土失收，粮价飞涨。为了帮助群众度荒，他一面发出紧急通告，责令各地士绅富户交出囤积的粮食。他雷厉风行，首先从大户着手。这年6月的一天，贺龙冒着酷暑，脚穿麻草鞋，头戴草帽，身着便衣，带领一连人马，前往王家厂向家大屋找大地主向应东借粮。一路上，号召穷苦百姓同去开仓，响应跟随者有900人。向应东闻讯逃跑了，队伍一到，立即砸开仓门，人们看见金黄的谷子，个个笑逐颜开，蜂拥而上，争着装粮。一时领粮的人群来来往往，络绎不绝，遍山盈野，欢声雷动。另一方面是预征田赋。这在澧州还是第一次，为了慎重起见，事先张文贴榜，召开会议，讲明道理，接着任务下达到区，大财主预交3年，中财主预交2年，小财主预交1年，然后分别派员下乡督办。并规定限日交清，违者严惩。当时，澧县东路缴纳田赋的钱粮柜就设在津市元和宫。地主们都纷纷到钱粮柜窗口交钱折谷完纳，但也有少数顽固不化之徒，软拖硬抗，受到了严惩。如大地主庹朝喜，自恃财富势大，一贯横行乡里。听说要预交3年田赋，就拉拢县里征收田赋的军法官黄载安，黄载安受贿后，对庹拍胸说："这事就包在我身上了。"事情很快被人告发，贺龙怒不可遏，派人捉来黄载安，当众宣布罪行，判处了死刑。同时，还把庹朝喜和其他几个顽抗地主抓来一同陪斩。风声传出，企图顽抗的地主都乖乖地预交了应出的田赋。预征工作顺利结束后，得到了大批钱、粮，贺龙便组织人员搭赈饥台向饥民散发。同时又责令津市商会派人前往滨湖各县采购粮食，在市上设立公卖处，平粜给平民百姓。

津市九澧贫民工厂原是九澧各县人士创办的救济性的工厂，内设纺织、印染、针织、缝纫等车间，并附设学校，实行半工半读。工厂的设立，对解决当时许多失去父母的孤儿与青年无钱读书、无业可就的问题，起了很大的作用。后来因执事人员贪污渎职，以致有的工人散了，老师走了，弄得车间不能正常开工，学校不能正常上课，眼看就要垮台。1925年4月的一天，贺龙骑着一匹乌骓马，带着几个卫兵从澧州来津市，刚进街口就碰上了一群贫民工厂失业的工人。贺龙非常同情，便在津市商会召开会议，提议整顿九澧贫民工厂。并指示当时警备司令方玉振，在特税项下征收百分之零点五的附加税作为该厂整顿经费。以后，贺龙将军每次来津，都要到该厂视察。在贺龙将军的关怀下，经过整顿，工厂恢复正常，贫苦孤儿继续得到学艺、读书的机会，群众异口同声，称赞贺龙将军"做了一件大好事"。贺龙参加北伐前夕，这个工厂特地赶织了几千双袜子送给部队，还另织了5双结实美观的袜子敬献贺龙，千针万线，表达他们的热爱、感戴之意。

贺龙驻扎在澧州时，每次来津市就住在津市巨商镇大煤油公司经理张思泉家。有一次由张思泉与王芝九（吉大祥绸庄经理）陪同他到万寿宫参观了小补慈善堂，得知慈善堂平日为一般贫苦市民施药送诊、赠送寒衣和发放年米等事，当即对张、王等人说："你们会弄钱，还要会用钱。这个慈善堂还做得不够，何不再办个半日学堂，让贫苦人家的娃儿也有上学的机会，半天读书，半天做活。"嗣后，张思泉、王芝九、喻瑞辉等人在万寿宫办起了一所小补慈善堂半日小学，接受贫苦子弟免费入学，直到抗战时期才停办。这也是贺龙将军在任澧州镇守使时期的德政之一。

在这时期，贺龙为了打倒军阀，积极开展参加北伐的准备工作。在澧州设立教导团，培训军官，作为北伐骨干。另以唐荣阳留下的雄磺一批，折价光洋70万元，派售津市殷商富户，作为部队给养之用。

1925年，津市爱国青年徐金生等人打死了住在华洋旅社中的两个英国军火商人，驻北京英使馆派员前来交涉，贺龙将军义正词严，据理痛斥，卒使来使一无所获，悻悻而去，人们拍手称快。贺对这一事件的处理，也充分表现了他抗强权、不媚外的民族气节。

第一次攻克津市

1930年10月，贺龙率领的红二军团，被迫离开洪湖革命根据地，奉命配合攻打长沙。红二军团昼夜奔驰，顽强战斗，于10月27日到达津市附近蔡口滩、马家河、中渡口一带，遭遇国民党川军徐源泉一个团以及津市挨户团王树棠、澧县挨户团李华甫、石门挨户团罗效之等反动地方武装的堵截，经激战后，红军粉碎了敌人的拦击，胜利渡过澹水，于10月28日进驻津市。

红军此次进驻津市，因系路过，时间短暂。据说，当时段德昌同志驻津市，贺龙同志驻澧属十迴港。通过红军的宣传发动，"打倒贪官污吏！""打倒土豪劣绅！""打土豪分田地"的标语遍街都是，一幅"全国总暴动！"巨大的标语更是引人注目。市面上，顿时出现了一派紧张热烈、生气勃勃的革命气氛。

这年津、澧一带大水，城乡贫苦群众无衣无食，为了济贫，红军打开了士绅杨鳢堂的谷仓，将一千多担大谷分给了劳苦群众。当时津市最大的当铺源顺、源远、源隆也被打开，将衣物分给群众。盐仓也被打开了，每人分盐一面盆。同时又没收了声大、伟纶、伟章、吉大祥等大绸庄的布匹。并在万寿宫后坪搭台，召开群众大会，红军还在会上讲了话，大意说：我们红军是穷人的军队，是保护穷人的。

我们要打倒贪官污吏、土豪劣绅，废除苛捐杂税，让你们过好日子。你们不要怕。没收资本家的布匹，现在分给你们。会后，当场分发每人布匹一段，约五六尺。同时，红军还从新洲运来衣服和铜元 4 小船，散给穷人御寒和买米度荒。这年农历九月，津市石家巷发生火灾，受灾群众临时搭棚栖身，无衣无盖。红军挨户发放衣被，及时把温暖送给了灾民。津市城乡穷人都高兴地称赞红军："贺龙一来，天就亮了。"当时还流行这样一首歌谣："公鸡叫，红军到，腰里别的盒子炮。干革命，为穷人，财主哭，穷人笑，红军不来不热闹。"

红军与群众，鱼水情深。贺龙将军领导的红军纪律严明，秋毫无犯，津市东河街唐汉英家中曾住过红军。一次，有个红军战士不慎打破了唐的一个饭碗，唐一再表示："一点小事，不要放在心上。"可是这位红军战士还是买了一个新碗赔给住户。还有一个排长，因作风不正，败坏红军声誉。贺龙将军闻悉，大为震怒，下令将其处决了，群众拍手叫好。许多老人说："过去了好多朝代，我们今天才看到这样不准乱来的军队，这真是百姓之福啊。"

这次红军刚进津市就砸开了设在关帝庙的监狱，释放了被无辜关押的群众30多人。津市荆河剧团退休老演员汤魁云就是当时被救出的一个。征尘未拂，红军就发动农民，在津郊谭家湾成立了农会，封祖远被选为农会会长。农民发动起来后，为了除暴安民，在谭家湾三神庙前召开群众大会，当场公审和枪决了土匪头子、红帮三哥吴玉堂。曾任津市永安团团总的劣绅许绍荣也被镇压。鸨母卢金玉因虐待妓女也被杀死在义元生南货店的豆豉仓内。

红军驻津未及一月，稍事休整后，于11月下旬就续上征程，攻石门，克临澧。后因红一、三军团从长沙撤退，红二军团决定停止南下，再次命令攻打津、澧。这时国民党湖南省主席何键纠集18个团的兵力向红军主力扑来，红二军团以疲于长途行军作战，遂未再进津市，在津郊撤出战斗，退向湖北松滋。

第二次攻克津市

1935年6月，贺龙将军率领红二、六军团采取"诱敌深入，歼其一路"的战术，粉碎了国民党军队20多万人对湘、鄂、川、黔苏区的围剿，趁敌人溃败，红军战胜的声威，由湘西大举东进，连克大庸、慈利、石门，于8月27日一举进占津市，次日攻克澧县县城。

红二、六军团第二次攻克津市，正是党中央突破国民党军第五次围剿，率领大军大举长征北上抗日，在征途召开遵义会议后不久的事。

红军进入津市后，市面安定，商店照常营业。贺龙将军住在镇大煤油公司（现人民路，当时经销美商德士古煤油）经理张思泉处，并在这里成立了苏维埃政府。门首两侧，书写对联"军纪似铁，国法如炉"八个大字，对市民起了极大的镇定作用。革命标语到处可见，这次出现了"抗日救国"的口号，不见"全国总暴动"的标语。

贺龙将军这次在津市，除了维护地方秩序、保持市面安定外，在不长的驻扎时期内，积极为参加长征、北上抗日作物资和兵源的准备。为了保证军粮给养，红军通过当时商会向富商大户一次派款数万元，并没收美商德士古、美孚两公司存津的大批煤油，以每听光洋两元低价售给群众。为了早日作好红军过冬准备，保护战斗力，贺龙将军集中全市所有裁缝在镇大煤油公司日夜为红军赶制冬服。完工后，除工资照付外，还赠与每个缝工衣服一套，以示酬谢。

红军来津之初，驻湖北公安国民党军队二七师尚不知红军已进驻津市，某日派一艘满载枪械弹药、面粉、药品、银元的轮船驶津，拟解救驻王家厂国民党军一八〇师之困。当即有人报知红军，贺龙将军遂派兵堵截，在小渡口经过短暂战斗，歼敌一排，俘获该轮，卸下了全部战利品。

贺龙这次率军来津，又逢九澧流域一带大水成灾，堤垸溃决，庐舍成墟，城乡劳苦群众嗷嗷待哺，而地方政府又坐视不顾。客观环境为红军的扩军创造了有利的条件。通过宣传鼓动，当时就有一百多穷苦的农民和市民报名参加了红军。原任中共津市市委副书记王玉和曾在成都部队某部任职的黄层云就是这次参加红军的。

红二、六军团驻津仅约一月，在此期间，经过休整，补充了给养，扩大了兵力，在编制上已由4个师扩大为6个师了。9月下旬，部队完成了休整，贺龙调头挥师西上。不久，由桑植出发，迅猛地突破了澧、沅两水的封锁线，直捣湘中，辗转战斗，走上了万里长征的艰苦征途。

（根据陈万玉、彭家祥、王紫芝等口述记录整理）

彭德怀将军战新洲

⊙ 孙农

1927年，彭德怀任湖南陆军独立第五师（师长周磐）第一团第一营营长。当时团长戴吉阶请假，由彭代理。长沙马日事变后，唐生智部东征失败，从芜湖、合肥、蚌埠全线溃退，周磐部队随何键部从安徽撤退回湘。1927年8月下旬，何键部通过津市、澧县，9月中退至常德、桃源一带。周磐部队则走青山路，经朱河渡长江，进驻南县、华容、安乡一线。在津、澧一带防地空虚时，盘踞鄂西南五峰、鹤峰一带之黔军袁祖铭部李某约五个团，乘虚进占津市、澧县一带，一部约四千人进驻新洲（离津市十里左右），有入侵安乡之势。

鲁涤平于8月底至9月中之间到长沙，主持湖南军政。蒋介石派刘铏为宣抚使随鲁回湘，其主要目的是收编周磐之第一师，何键与鲁妥协，亦与蒋介石勾结，因而分得澧水防地，即津市、澧县、石门、慈利，还有常德、桃源。

11月何键由常德向澧水黔军进攻，中旬进占石门、澧县一带，周磐于10月初即到长沙与鲁涤平、刘铏联络，周师归鲁涤平直接指挥。周磐在长沙同何键与鲁涤平会商，为争夺地盘，决心向津澧和新洲之黔军进攻，并与何键采取一致行动，第一团由南县、华容向新洲以东进攻；二、三团从安乡协同三十五军（何键部）向新洲以南之敌进攻；第一团第二营谢德卿率部队从三岔河出发为前卫向新洲前进；彭德怀率第一营从南县出发，尾第二营前进；杨超凡率第三营从华容出发经梅田湖（未经南县）随第一营前进。

攻新洲时，周磐从长沙乘火轮到安乡，率二、三团尾第一团前进，三十五军之一个师从澧县向新洲前进，约定于11月下旬同时攻击。进抵新洲约五里处，有一独立高地，为敌前哨阵地。谢德卿率第二营由行军纵队向敌接近，没有变为战斗队形。后遭敌火力袭击，溃退下来，周令其收容，尾第三营前进，作预备队。彭德怀率第一营攻克敌前哨阵地，紧跟追进新洲街。一、二连各占一所砖房，作巷战的立足点，这在没有炮兵掩护的情况下，甚为重要。当晚进展不大，但做好了巷战的必要准备。周磐率二、三两团，三十五军之某师如期赶到，第二天晚上攻克新洲。黔军向鄂西之五峰、恩施一带溃退。第一团追至津市后停止前进。

（根据《彭德怀自述》整理）

回忆一九三五年红军攻占津市

⊙ 董新山

  1935 年红军攻打津市，那时，我是红四师的卫生部指导员。二军负责打津市，六军打澧县。二军有两个师，四师是主力部队，师长是芦冬生，政委是方理明，政治部主任姓肖过铁索桥的时候牺牲了。共辖三个团：第十团（团长刘克锡）、第十一团（1935 年 1 月二、六军会师后新编的，团长李文清）、第十二团（团长钟子林，政委余秋里）。

  津市、澧县敌人驻防部队是保安团，没有正规军。打津市是有详细部署的，计划分两路进攻：一路是从离澧县只有 5 里地的十涮巷过澧水进入津市；另一路是从津市的东北方向进攻津市，防止敌人从澧水下游增援。由两个团负责，战斗力强的十二团负责主攻，十一团是预备队。从大堰垱出发，天没亮到津市，结果，预备队还未上去，战斗一两个小时就结束了。

  我记得俘敌一名少校军医（上尉）叫做潘本善。当时保卫局主张杀掉他，我说："先不要杀他，交我们监督使用，看看他有没有本事。"这个人后来表现很好，成了红军，曾任海军卫生部副部长，现在已离休。当时的保卫局局长是黄新远。

  红军每到一地，就向群众宣传，讲红军是什么人，为什么打仗，揭露国民党的罪恶，动员群众参加红军。

  打津市后，搞了 30 多箱西药，几十副挑子。并设有一个没收委员会，找资本家凑款，动员他们支援红军。部队的衣服都换新了。

  我们卫生部驻在津市正街中心、街北面一家大资本家的院子里，里面进去很深。军团部驻澧县，贺老总来过津市一次。驻津市一个月左右，上面传达说：敌人从武汉来了。我们受命撤出，又去打陈家河、桃子溪去了。

韦来宽与"怒吼歌咏队"

⊙ 宋先熙

抗日战争时期，1939年底，国民党反动派消极抗日，积极反共。为了消灭抗日的主要力量，暗中发布了《限制异党活动办法》，掀起了又一次反共高潮。全国各地，查封进步报刊，逮捕进步民主人士，大肆搜杀共产党员，造成一片白色恐怖。当时，国民党五十三军驻军津市，为了邀功请赏，在滨湖各县所辖防区内，对坚持抗战的共产党员和主张抗日的进步人士不断进行捕杀活动。1940年7月，继澧县反动当局秘密捕杀地下党县委书记游玉甫、组织委员游述海、地下党员傅冠培、谭绍训等4人和安乡大肆搜捕共产党员和进步人士之后，又借口以"异党分子"从事地下活动的所谓罪名，在光天化日之下，一举逮捕了该军政治部干事韦来宽、津市可大卷烟店工人王正德和津市"怒吼歌咏队"部分队员以及《津市铎报》社编辑、记者等共11人。系狱18日，最后，韦来宽、王正德、彭仲（《铎报》记者）3人惨遭杀害，"怒吼歌咏队"被迫解散，《津市铎报》社及其附设机构现代文化商店横遭查封没收，"怒吼歌咏队"和其他人员被通缉，逃亡异地，不敢回乡。

韦来宽的被捕

韦来宽同志，江苏省镇江市人，据本人透露在"抗大"毕业，为人豪爽热情，善于指挥乐队，又擅长演剧、会写作、好打球，工作能力强，是一个多才多艺，具有满腔热血的爱国青年。1938年8月，镇江沦陷，他激于爱国义愤，不愿在敌人铁蹄下忍辱偷生，毅然与9个同学走上了抗日救亡的万里征途。他们由镇江步行到上海，坐船绕道广州到长沙。

这时，国民党五十二军一九五师政治部政治队招考政治队员，他们被录取了。1939年夏天转到衡阳，参加七七剧团学习，教唱士兵歌曲，鼓舞抗日战士斗志。不久，韦来宽等从衡阳到南县，又调来津市驻军国民党五十三军政治部政治队工作。他采取各种方式，发动群众，积极进行抗日救亡宣传活动。1940年夏天，他担任津市爱国青年组织的"怒吼歌咏队"队长，指挥和教唱抗日歌曲，并经常率领他们在城乡各处巡回演唱。与此同时，他借当时《津市铎报》副刊篇幅，每周一期，主编"怒吼"周刊，自己撰稿，并组织"怒吼歌咏队"成员写稿，运用各种体裁，配合当时形势，宣传抗日。延安，是革命的圣地。当时的进步青年都向往这个地方。韦来宽曾私下几次热情地动员同伴前去陕北"抗大"学习，为革命培养人才。

韦来宽的宣传活动，不断地鼓舞了群众的抗战激情，同时也引起了五十三军的注意，终于为人告密，于是年7月的一天被五十三军逮捕，和其他被捕人员一道，分别关押在特务营。五十三军军长周福成亲审韦来宽，为了逼供，韦数次受到酷刑拷打。在关押期间，刑审后他仍哼唱"抗大"校歌和抗日歌曲，坚强不屈。终于，在被捕18天后的一个黄昏，他和王正德、彭仲一道，在国民党的罪恶枪口下，结束了他18个寒暑的一生，为革命、为抗日献出了宝贵的青春。

"怒吼歌咏队"的前后

"怒吼歌咏队"是一个临时性的群众组织。1940年夏天，津市在外地求学的青年同学，都先后回到了家乡，当时，几个志同道合的同学李西园、宋叔铭、彭次林等在韦来宽的鼓励下，出于抗日救国的义愤，商量组织了一个歌咏队，并取名"怒吼"，以表达对敌人的愤懑和威武不屈、反击侵略的昂扬激情。他们向澧县县政府和驻军五十三军政治部写了报告，并得到了批准。应李西园的邀请，五十三军政治部政治队干事韦来宽前来指挥教唱。开始发起者仅有李西园、钟大梅、陈克强、宋叔铭、陆人桂、彭次林6人，临时在宋叔铭家练唱。后来，影响所及，有部分小学教师，在校学生如贺肯堂、谭维槐、徐小曼、吴家谟、贺家乐、朱莹、黄敬等陆续参加，人数逐渐增加到40余人。人多了，宋家容纳不下，以后就改在津市长郡学校、豫章学校、汤石学校（当时各校已放暑假）轮流练唱。每天，人们从此经过，远远就听到《祖国进行曲》《义勇军进行曲》《大刀进行曲》《到敌人后方去》《游击队员之歌》《怒吼吧！黄河》《淡淡江南月》《毕业歌》《黄河大合唱》等歌曲，雄壮嘹亮的歌声，激动心弦，引人奋起。歌咏队推举李西园为队长，韦来宽为指导员（后李提前返校，韦继任队长）具体负责歌咏队领导工作。

"怒吼歌咏队"正式成立后，立即积极开展活动。冒溽暑，顶烈日，歌唱在津澧城乡。1940年7月7日，他们在万寿宫后坪搭台，举行了纪念抗战3周年的大合唱，听众达数百人。在韦来宽的建议下，他们还组织了下乡抗日宣传和慰问出征军人家属的演唱队，前往澧县所属陈古垱、大堰垱、张家厂、孟溪石、新洲等地，每到一地，都举行2到3次售票演出，并将所得票款按各乡（镇）公所出征军人家属名册，亲送到户，进行慰问。为了扩大影响，他们除经常口头歌唱外，还以抗日歌词为内容，在通衢路口街头墙壁上先后制贴了大幅宣传壁画共32幅；同时，商借《津市铎报》副刊篇幅刊行"怒吼"周刊8期，通过文艺形式，宣传抗战，鼓舞斗志。

"怒吼歌咏队"没有固定的经费来源，自己动手刻钢版，推油印，日常需用物资如蜡纸、油墨、油印机和纸张，都是队员自愿出钱买的。下乡宣传的费用，也是自掏腰包，出钱又出力，高歌猛进在抗日救亡的大道上。

可是，在那个"抗日有罪"的日子里，这个为抗日而歌唱、呐喊的"怒吼歌咏队"，却莫须有地被扣上"异党"的帽子，遭到驻军国民党五十三军的镇压。随着队长韦来宽的被捕，"怒吼歌咏队"存在不到两个月便被迫解散了。驻军政工人员拿着"怒吼歌咏队"队员合影的照片，进行搜捕，在家的宋叔铭（当时年仅15岁）、贺肯堂两人锒铛入狱，其他队员闻风远扬，逃亡他乡。通缉之下，有家归不得，直到五十三军移防后，才悄悄陆续回家。贺肯堂由于在押期间，身心备受摧残，惊恐过度，保释后在家犹有余悸，听到皮靴声，即浑身发抖，精神失常，一度失去工作能力。

（提供材料的有李西园、陈克强、宋叔铭、姜诗群等）

血色澹水

⊙ 韩川

澹水在津市北郊画了大半个圆，再经中渡口东去，在伍公嘴汇入涔水。两水构成津市东北方向的天然屏障，由蔡口滩至中渡口的澹水一线，是津市北面的第二道防线。1943 年鄂西会战和常德会战时，中国军队在涔水至澹水一带，与日军展开了激烈的战斗。

1943 年 5 月，鄂西会战期间，我军在白洋堤一线与日军鏖战，敌人始终未能突破津市防守线，让日军恨得咬牙切齿。11 月 1 日，日军主力部队第 116 师团从 40 公里外的藕池向津市扑来，企图将第 44 军歼灭，以洗鄂西会战之仇。敌我双方在涔水澹水边鏖战 10 余天，防守中渡口阵地的是周咏南率领的女兵连。

11 月 8 日，日军第 116 师团突破白洋堤防线后，先后增加步炮千余人，直逼中渡口、小渡口，企图强渡澹水，直取津市。9 日拂晓，日军在空军的掩护下，向津市发起一次又一次的进攻，要与我军决一死战。

11 月 15 日下午 3 时，日军出动飞机轰炸津市市区和阳由垸，凭借水上舟桥优势，组织强攻，我空军出动，轰炸敌军企图渡河的船只，炸沉敌船 8 艘。入夜，我军失去了空军的支持，日军乘机发起进攻，抢滩登岸。女兵连最后与日寇短兵相接，展开肉搏战。连长周咏南冲锋在前，凭着自幼练成的武功，连杀 5 敌。不料被流弹击中大腿，倒在地上。一个鬼子兵冲上来，连里年纪最小的女兵端枪迎了上去，以弱小之躯，与鬼子兵展开了拼杀，不久，女兵倒在了血泊中，这个仅有十四岁的女生，以她的生命和鲜血诠释了她的爱和恨。

另一股日军由红庙强渡，千余人攻入市区与守军发生巷战，师长许国璋亲率一团，枪上刺刀与日军展开白刃战，将敌驱逐于市外，日军胁屋大队被迫从谭家湾撤出。

周咏南被赶来的援军抢救出阵地,送到129兵站医院抢救,醒来之后赋诗云:"胡马纵横澧水边,倭头未尽懒升天。昨宵又得从军乐,横枕沙场骷髅眠。"

大战前夕,周咏南写信给石牌前线的儿子黄天。她在信中说:"孝先吾儿知悉,常德战争,一触即发,尔我母子,既以身许国,勿以安危系念。母如马革裹尸,志所愿也,希继承吾保国之志,激励士卒奋勇杀敌,是所愿也。"信虽不长,但字里行间充溢着视死如归的气概,报国之心,跃然纸上,读后令人肃然起敬。

她是一位乡村女教师,抗战爆发后,她携子报考黄埔军校,母子同为黄埔军校16期的毕业生。黄天后来回忆说:"报名时,衡阳招生处负责人、指导员田某对我母亲说:'你39岁了,超过了年龄近20岁,不能报考。'我母亲含着眼泪,指着我说:'他是我的独生子,9个月失去了父亲,我历尽千辛万苦,把他带大,难道我舍得让他一个人到血肉横飞的战场上去吗?天下兴亡,匹夫有责,我是教员,应以身作则,今日我们母子一起从军,同时报考,共赴国难,你难道忍心拒绝我的报国之志吗?'田指导员被感动了,同意报考,我们被录取了。"

毕业后,周咏南被分到第44军,任政治部中尉干事,军部设在皇姑山下的大同寺。周咏南不愿在办公室工作,要求下连队、上战场,并向军政治部主任提出,由随军家眷以及收招流亡女青年组成女兵连,参加战斗。这项建议得到军长王泽浚的嘉许,并交付实施。1943年元月,女兵连正式成立,直属军部,周咏南被任命为连长,从事军事训练。

中渡口阻击战,全连伤亡四分之三,女兵连一排长李克寒、三排长金妮阵亡,鲜血染红了清澈的澹水,染红了冬天的原野。数天后,当战士们奉令撤离津市,转战太浮山的时候,天空中突然飞起了漫天的雪花,仿佛为英雄送行,这些冰洁女子为了民族的解放,献出了她们的鲜血和生命,激励着每一个热血青年,投身于抗日前线,英勇杀敌。

如今,当年那场气吞山河的主角多已谢世,我们无法还原当年悲壮的情景,无法体会女兵冲上去那一刻的豪气,以及倒下去时那一刻穿心的痛……

"青史读来总断肠",抗战那一段历史,常常读不下去,不忍读,又不得不硬着头皮读下去,有太多的悲壮!太多的伤感!太多的愤慨……

去冬的一个黄昏,一个网友来到这里,拍下了一组照片,在《出走报告》中写道:"澹水涔水汇合处有一小洲,白杨成林,茅草离披,飞鸟时起,牛羊徜徉,正是一处郊游胜地。"照片中静静流淌的澹水,亭亭玉立的杨林,水边觅食的小鸟,黄昏澹水中的夕阳,多么的宁静!多么的慵懒!七十年了。

回忆津市新华工厂的建立和它的读书会

⊙ 李群

    湖南津市"新华工厂"是浙江省铁工厂（简称"浙铁"）地下党的一个支部在 1942 年转移到津市后创办的。党支部的主要成员有李群、高培勋、仇甬夫、吴新元、贾劲生、蔡镇铭等 6 位同志，李群是党支部书记兼工厂厂长。

    "浙铁"是浙江省主席黄绍竑在抗日战争初期开办在丽水地区的一个军工厂。有三千多人，设 4 个分厂，分别制造步枪、轻机枪、手榴弹等军事武器，供应抗日前线。1939 年中共浙江省委派出特委在"浙铁"建立了党的总支部。1939 年 5 月，周恩来同志到工厂视察，从此，"浙铁"的抗日活动就开展得更加火红了，工人们积极为抗日前线增产军火。党还建立了外围组织——浙铁员工工余社（即工人俱乐部）。工余社有话剧团、歌咏队、图书室等组织，还在工人中组织了读书会，学习马列主义的基本常识，为党培养和发展了一大批党的工作骨干。李群、高培勋、仇甬夫、吴新元、贾劲生、蔡镇铭等同志都是在这些活动中培养出来的党员。

    1941 年 1 月，蒋介石制造了震惊中外的"皖南事变"之后，浙江省委和"浙铁"党总支遭到了敌人的严重破坏。为了保存革命力量，保护地下党组织，"浙铁"地下党总支决定，有计划地让一些已暴露身份的党员转移。李群同志于 1942 年初离开"浙铁"，到了湖南。

    1942 年初，日军侵犯浙东，6 月浙东沦陷。"浙铁"决定遣散工人，停办工厂。面对工厂停产，"浙铁"地下党总支决定，党组织向内地转移。高培勋、仇甬夫、吴新元、贾劲生、蔡镇铭等同志于 7 月向湖南转移，于 8 月在衡阳找到了李群，着手恢复了以原总支委员李群为书记的党支部。

    从"浙铁"转到湖南后，党支部曾多次写信给"浙铁"的党总支联系，但一次又一次失望。在焦急盼望的日子里，党支部多次召开会议决定在一面找党的同时，一面找一个理想的地方办厂，以保存党的力量，作好长期找党的准备。1942 年 11 月吴新元同志受党支部的委托，到了江西赣州调查建厂事宜，并寻找党的组织关系。吴新元在赣调查发现此地不产棉花，故不宜建厂。在赣州遇到 3 个"浙铁"党员，也没有接上组织关系。又回到浙江温州探知"浙铁"党总支负责人已被捕自首，就将这些情况用信告知李群同志。至此，党支部与上级党组织的关系完全中断。但党支部没有失望退却。于 1942 年底再一次派李群、高培勋等同志到湖南津市调查建厂事宜。

李群、高培勋来津市后，通过深入了解，觉得津市办厂的条件比较好：津市地处滨湖地区，周围几个县生产棉花，手工纺织较多，做弹棉机有销路。加上津市位于湘鄂边区，与湖北沙市、宜都很接近，沙市、宜都一带常有新四军的活动，便于与上级党接上关系。于是写信通知在衡阳等地的同志来到津市。到津市后，大家把在衡阳、祁阳等地做工所节余的钱全部交给党支部作为办厂经费。同志们省吃俭用，过着十分艰苦的生活。在 1943 年 5 月 1 日国际劳动节，这个富有伟大意义的日子里，津市新华弹棉机器厂开办了（简称"新华工厂"）。

新华工厂创办以后，工厂地下党支部在一面积极找党的同时，一面仿照"浙铁"的经验，把工人组织起来，办识字班，办读书会，提高工人的政治觉悟与文化水平，培养积极分子，发展党的组织。

旧社会，工人没有文化，这是工人的一大苦恼。工厂党支部决定在工人中间办识字班，共产党员是识字班的"先生"，教工人识字、写字，讲一些浅显易懂的社会知识。识字班是公开举办的，在识字班的基础上，工厂党支部又把一些思想倾向革命的进步工人组织起来，秘密举办了读书会。在读书会里除有计划地组织他们阅读进步的文学书籍，如《小二黑结婚》《李有才板话》《母亲》《童年》《铁流》《家》《子夜》等，还有党的报刊，如《新华日报》《生活月刊》《大众哲学》《群众》等，还给读书会成员讲解阶级、阶级压迫和剥削的社会知识，苏联国内情况以及共产党的基本知识，对觉悟程度高的，则秘密地指导他们学习《中国共产党章程》。

工厂党支部通过组织工人读书会，培养了党的积极分子，壮大了党的组织。袁都银同志 1942 年在祁阳毓蒙联华棉机厂当帮工时，就曾参加李群、高培勋同志组织的"青年工人读书会"。1945 年他从祁阳辗转来到津市找到李群后，又参加工厂的工人读书会，在读书会里学习后，阶级觉悟有了很大提高，经过支部考验，党支部在 1946 年吸收袁都银同志参加了党组织。陈洪洲原是来往沙市、常德、津市等地帮工的穷船工，李群有次坐他帮工的船，看见他大汗淋漓地在沙滩上、峭壁上拉纤，便脱下那件掩护身份的商人衣服，卷起袖子，打起赤脚和陈洪洲一道拉纤。拉纤时，李群和他讲家常，了解他出身贫苦，为人耿直，便把他带到新华工厂做工，陈洪洲同志到工厂后参加了识字班的学习，初识了一些字后，李群介绍他看了一些进步的书刊，提高了他的觉悟，经过一段时间的培养，这个普通的船工成了一名优秀的共产党员。年仅13岁的吴志华，是工厂最年轻的学徒，通过厂里开办的识字班学习，文化水平提高了，闲时喜欢在纸上、地上写写画画，倾诉心中对黑暗社会的不满。仇甫夫觉察后，十分关怀地对他说："这样做不仅不能打击敌人，而且会引起反动派的注意。"小吴眨着困惑的眼睛，询问怎样才能消灭豺狼？仇甫夫循循善诱，给他讲革命道理、斗争策略和方法，介绍一些进步书刊让他阅读，并有意识地布置一些任务，如担任交通员，上街写标语、贴标语。有一次国民党的警察在街上巡逻，他正在贴标语。为了不被敌人发现，小吴把背往墙上一靠，标语就贴好了，吴志华虽小，但每次交代的任务都能出色地完成。他只有16岁，工厂党支部就吸收他入了党。

新华工厂地下党支部在和上级接上关系之前，通过工人读书会的形式，培养发展了袁都银、王维荣两同志入党。接上党组织关系以后又发展了14位同志，即陈洪洲、杨浩、洪思平、胡爱华、张勤、林崇进、吴进美、高培春、吴志华、梁国瑞等。加上其他支部转来的两个党员，在解放时就有24名党员。1948年1月，新华工厂地上党与津市地下党组织接上了关系，从此，工厂在上级党的领导下，为落实党的七届二中全会决议，把工作的着重点由农村转入城市，为迎接解放军南下，和平解放津市都做出了积极的贡献。在长期的斗争中，新华工厂工人读书会培养的一批骨干，在新中国成立后，分配到北京、天津、沙市、宜都、长沙、益阳、常德、慈利、津市等地工作，在各条战线上为社会主义革命和建设做出了新的成绩。

（李群曾任中国科学院自然资源综合考察委员会政治处主任，李林森根据李群口述整理）

津市地下党活动的据点 —— 新华工厂

⊙ 胡友成

　　津市新华制造弹棉机器厂（通称"新华工厂"），它是新中国成立前中共澧县工委在津市活动的一个中心，也是南县、华容、澧县、安乡一带地下党组织的一个联络据点。从 1942 年筹建起到 1949 年津市解放止，8 年来历尽艰难险阻，一直战斗在敌人的心脏里，为人民的解放事业作出了一定的贡献。现在将它的创建经过和地下斗争情况简略介绍如下：

一、白手起家

　　新华工厂原本是"浙江铁工厂"（官办的兵工厂）的几位技工李群、高培勋、仇甬夫、吴新元、贾劲生、蔡镇铭、张勤、郑国光等人创办的。他们在"浙铁"时，除张勤、郑国光不是党员外，都同属于一个党支部，支部书记是李群。

　　1941 年皖南事变后，浙江省的党组织遭到严重破坏，"浙铁"的党组织也受到了敌人的注意。这时，为了避开敌人的锋芒，保存党的力量，"浙铁"总支先后将一些党的基层干部派往抗日前线或转移到内地。1942 年，日军大举侵犯浙赣铁路，"浙铁"疏散机器，遣散工人，决定停办。当时，李群早经组织决定已派往湖南工作。支部其他成员，由于敌人的破坏，已与上级党组织失去了联系，彷徨徘徊，无所适从，有的主张上山打游击，有的主张各回故乡开展工作，经过一番争论，都认为不适合当时的情况，在这形势危急的时候，为了保存革命力量，最后决定大家一道向湖南转移。

　　1942 年 7 月 8 日，仇甬夫、高培勋、吴新元、贾劲生、蔡镇铭携带着几箱钳工应用的工具离开浙江龙泉，开始向内地转移。因为每人手头仅有 3 个月的遣散费，只能长途步行。这样，历时 36 天，行程 2000 多里，终于在 8 月 13 日到达衡阳，并在衡阳找到了李群同志。当时，党内 5 位同志开会研究决定：第一寻找党的组织，支部坚决不能拆散，一定要把支部的同志拧成一股绳，紧紧地捆在一起，同患难，共生死。找到了党就是找到了母亲；找到了同志就是找到了兄弟。以母亲为党的代号，兄弟为同志的代号。第二寻找立足点，最好到津市。原因是津市地处湘鄂边区，有新四军在长江南北活动，津市离江汉军区较近，便于寻找党的组织。同时，祁阳毓蒙联华棉花厂正准备前往津市设立分厂，就业也比较容易。因此于 1942 年底，大家来到了津市，开始靠帮人做临时工来维持生活。翌年春节过后，李群、高培勋两位同志去新洲负责筹备办厂，并邀集分散在衡阳、湘潭的同志来津集中。是年春，日军犯津，他们被迫停止了筹建工作，疏散去临澧观音庵。不久，日军撤退。除祁阳来的那班人去后未归外，他们又回到了津市，继续进行筹建工作，租赁了当时油榨坊汤万盛花行后面的一间小屋为厂址。除随身携带工具外，接着又凑集大家尽量节约下来的一点生活费，陆续从长沙、衡阳、湘潭、常德等地添置了一些工具，其中主要的工具就只有一台手摇钻、一把老虎钳和一部做轧花机用的刻齿机，他们就是在这种艰难困苦的条件下，办起工厂来了。

二、红色标志

工厂办起来了，可是还得给工厂取个牌号，生产出来的弹花机也需设计一个商标。在工厂命名和产品商标设计的讨论过程中，大家煞费苦心，几经斟酌才定下来。一般工厂商店在取招牌名字的时候，都喜欢选用一些吉祥亨通，源远流长的吉利字眼。当然给这个不同一般的工厂命名，就不需沿用这种传统观念，但时代气息太浓，也难免标新立异之嫌，容易引人注目。多次酝酿研究，最后有人从重庆出版的《新华日报》得到启示，于是建议工厂命名为"新华"，大家一致赞同，认为这个名字表面上看也能从俗，含有吉祥之意，可以遮人耳目，实际上是采用党报名称，寓意就很深刻了。当时在与上级党组织完全隔绝的情况下，也许能通过这个名字的含义和组织接上关系。至于产品——弹花机的商标，设计个什么图案呢？大家找来很多同业商标如麒狮球、双麒麟、狮球等等，研究比较了一番，都觉得没有什么意义。当革命遇到严重挫折的时候，在国民党统治区域里，白色恐怖使多少人丧失了信心，甚至叛离了革命。这时，对于一个革命者来说，多么需要一个对革命事业坚定不移的信念。于是有人想起了象征着党的那颗闪闪红星。

当提出用五角红星作为商标图案时，大家都说"好"。这时，唯独李群同志默不做声。他认为：好是好，但寓意外露不够含蓄，容易惹人注意。沉默了一会儿，他又轻声地说："共产主义总有一天要在全世界实现。"经过他的启发，又酝酿了一会，有人又提出："那就取个'星球牌'好不好？"大家都高兴地采纳了这个意见。为了更好地表达这个思想，有意识地将五角红星的五个尖伸出地球之外，寓意共产主义思想将在全球大放光芒，工厂是红的，招牌是红的，商标也是红的。最后，大家给这个工厂又选定了一个红色的日子，于 1943 年 5 月 1 日正式开张。

三、艰苦创业

艰苦创业，是"新华工厂"办厂的一贯作风。工厂创立后，由支部书记李群同志任厂长，负责对外。高培勋同志任会计，负责内务、生产工作。并明确了工厂资产为集体所有，规定人员生活待遇采用供给制，不发工资（客师在外）。不久，为了掩护革命活动，他们以经商为名，通过关系，从重庆国民党政府经济部搞来一份"工商登记证"，为工厂取得了一个合法身份。

工厂开办以来，他们为了党的事业，工厂的发展，不计个人利益，筚路蓝缕，含辛茹苦付出了极大的努力。从而使业务不断发展、扩大，使工厂逐步成长，由稳固而充实，成为一个稍具规模、颇有名气的厂子。

1944 年 4 月，厂党支部庆祝工厂诞生周年纪念，为进一步把"新华"办得更好，在大围垸白溪滩一个茶馆里秘密地召开了一次会议（他们称为"白溪滩会议"），决定了今后办厂的方针和任务。会议决定：(1)新华工厂是党办的，为党的事业服务，财产属党所有;(2)继续发扬艰苦创业精神，保持优良作风，爱护群众利益;(3)重申党员必须牢记和遵守入党誓言;(4)积极寻找党组织，在未找到上级组织之前，要积极发展组织，吸收新党员。

会后不久，他们就在厂内办起了读书会，吸收厂内非党人员参加，学习革命理论，讲解革命形势来提高学员的思想水平和阶级觉悟。对培养吸收新党员，壮大党的队伍，起到了良好的效果。袁都银、王维荣两同志就是通过读书会于 1946 年参加党组织的。

宜（昌）沙（市）沦陷后，敌我隔江对峙，津市接近前线，常遭侵扰。由于日军数次渡江犯境，津市一度沦陷，新华工厂几度停业疏散，遭受了很大的损失，全厂人员生活又陷于困窘之境。这时人多厂大，较初创时期生活更难维持，有时没有吃的就以马料烂豆充饥。无钱买菜就时常去河湖塘边摸鱼捉虾，拾田螺吃，以求果腹。真是吃了上餐愁下餐，艰困备尝。也有个别的人吃不了这样的苦，另图出路。如蔡镇铭就在疏散去慈利后自动脱离了队伍。另外，弹花机这个业务季节性强，每逢淡季，营业清淡，加以工厂资金不足，这时，工厂几乎处于柜无钱、缸无米、瓶无油的饥馑状态，只好找同乡熟人赊货、借款，维持生活。

1945年9月日军投降后，原"浙铁"党员薛建亚从贵阳和沅陵带袁都银、高培春、杨凤生3人来到津市，增强了工厂的骨干力量。在日军投降后的两年中，工厂业务兴盛，制造的弹花机畅销省内外，厂里经济也转好了，全厂职工发展到40多人，很像样子了。工厂面貌变了，但艰苦创业的精神没有变，党内同志在生活待遇上仍坚持供给制，业务上贯彻民主管理。他们并没有因业务的发展而改善生活，如仇甬夫是独子，家乡父母生活无着，也没有顾及。大家省吃俭用，把积累的工资作为工厂的基金，同时也作为党的活动经费。

四、四处找党

创业的艰难，生活的清苦，动摇不了革命同志坚持斗争的信心和决心，但长期与上级党组织失掉联系，像孤儿离开亲娘，彷徨无依，是他们心中最大的苦恼。为了早日重投党的怀抱，争取上级党的领导，他们采取各种形式，利用一切机会，密察暗访，四处找党。他们来津市后，曾经几次去信浙江与原来党的负责人联系，然而杳无回音。有时向家乡来的同乡打听消息，也无下落。"新华"建厂后，李群同志曾过江到湖北古神堤找新四军，由于没有关系证明，未联系上。不久，又往河南南阳镇平县探听，还是没有结果。后来，还暗中探听去延安的路线，打算必要时前赴延安投靠党中央，终因种种原因没有成功。后来又听说新四军李人林部在宜都、沙市附近一带活动，为了就近打听，他们借搞弹花机业务为名，由仇甬夫同志负责，于1945年在沙市设立分销处，并建立了党小组，由袁都银任组长，成员有陈洪洲、杨洁、冯思平。接着又在宜都设分厂，经常往返于宜都、沙市、松滋、公安一带打探消息，寻找党组织，历尽千辛万苦，仍是一无所获。

五、不速之客

他们梦寐以求的找党愿望终于实现了。1947年农历除夕的中午，一个平素与厂内职工交往较多的名叫向进松的朋友带来了一位客人。客人穿着讲究，西装革履，外面罩着一件银灰色的呢子大衣。经过介绍，原来还是一位大学毕业生，名叫周铁泗，说是来厂玩玩的。这位客人一来，就和厂里的职工厮混熟了，交谈非常融洽，他和大家谈局势，谈生产，又讲到他在大学里学习的课程和"经济学""资本论"……从他的谈话中分析他的立场、观点，大家认定这不是一位寻常的客人。但由于几年来地下工作的经验和当时的处境，大家都养成遇事慎重冷静的习惯，不敢轻易暴露自己的身份，因为细小的疏忽都会招致毁灭的危险。等到客人离开之后，大家经过一番研究分析，决定第二天（正是春节）由李群等四五个同志作一次试探性的回访。以后又由李群同志一人前去，经过多次交往接触，初步了解了情况。后来周铁泗同志将情况向当时湘西地下党的负责人魏泽颖同志（魏当时的合法身份是湖南省农林厅植棉指导所所长，曾在津市高农任教）汇报。李群同志通过周铁泗的引见，很快会见了魏泽颖同志。之后，经过一段时间的相互了解，李群才将自己在"浙铁"参加党组织的情况，以及怎样与党失去联系的经过向魏作了详细的交代。为了慎重起见，在找到党组织关系约半个月后，李群才将新华工厂组织关系和党员名单送交上级党组织。

1948 年初，津市地下党总支委员会成立，魏泽颖同志任总支书记，李群、周铁泗、左承统、谭徽岗四同志为委员。下有 5 个支部，新华工厂支部是其中之一。从此，新华工厂就成为地下党在津市活动的一个中心和与澧县、安乡、南县、华容、石门等地的联络据点。地下党的重要会议，往往在这里召开，并负责来往人员的餐宿、路费的开支。

1948 年底，魏泽颖调省工作，津市地下党总支书记由左承统继任。魏原直属省委领导，这时改由常德地工委方用同志领导。津市总支也改为澧县地下党工作委员会（县工委）。方用同志来津时，曾到工厂与李群联系，还开过会。

自接上关系后，新华工厂党支部活动更为积极。1948 年，工厂随着业务的发展，抽出 5 人增加了织布业务。这时，左承统也在津市韩石巷开办了一个织布厂，以此掩护地下活动。当时新华工厂装了两台铁木织布机供其使用，并派吴新元同志以业务活动之名经常往来，从而促进了地下党内部的联系。同时新华工厂党支部除组织骨干力量做好内部保卫和来往人员的接待工作外，还根据上级党组织的指示精神，积极发展组织，壮大党的队伍，厂内党员由原来的 8 人增加到 24 人。他们是：原"浙铁"的老党员 6 人：李群、高培勋、仇甬夫、贾劲生、薛建亚、吴新元；没有接上关系之前的 1946 年发展的 2 人：袁都银、王维荣；接上关系后发展的

14 人：在沙市的陈洪洲、杨洁、冯思平，在津市的胡爱华、吴进美、张勤、林崇进、高培春、吴志华、梁国瑞、傅松山、叶云卿、余金山（傅、叶、余三人新中国成立后被清除出党），在宜都的胡国志；其他支部转来的单线领导的 2 人：周培元（会计）、陈大方（小学教师）。

六、谨防鹰犬

新华工厂有了上级党的领导后，活动多了，接触的人也多了，所处环境也就复杂了，加以招牌和商标的命名，引起了外界的猜疑。特别是国民党反动派的那些鹰犬——军、警、宪、特，更是嗅觉灵敏，无孔不钻，新华工厂受到他们的注意和监视也就不足为怪了。如当时在津市的国民党戡建大队少校大队长毕荣林（已伏法）就曾暗中严密监视过李群同志的行动。孟体仁的小老婆何幺儿就一直奉命窥伺新华工厂的动静。有一次，两个身着便服戴黑眼镜的家伙闯到厂里来，鬼头鬼脑，东张西望，朝着门口的招牌和机器上的商标，捉摸了半天，后来看见壁上悬挂的工商登记证，两人低声嘀咕了一阵，才夹着尾巴悻悻地走了。

新华工厂党支部一贯注意群众工作，严格遵守党的纪律爱护群众，常为群众做好事，不损害群众利益，因此与群众和睦相处，关系很好。新中国成立前夕，新华工厂遭到一次突然的搜查，由于深得民心和厂内人员的机智沉着，终于转危为安。事情是这样的：1949 年 4 月一天的拂晓，败退入川、路经津市的宋希濂派员联合当时驻津的国民党国防部二厅 28 中队以及地方军警会同当地保、甲长，以查户口为名，突然对新华工厂进行大搜查。天刚蒙蒙亮，敌人的机枪封锁了工厂的前后门，拍门打掌进来后，首先佯装查对户口，然后狰狞面目毕露，开始逐房翻箱倒柜，敲墙摸壁，到处搜索，在搜查带着两个小孩的孙良玉房间时，当翻完 3口箱子，正搜查另一口上面放着婴儿褴褓的木箱子时，站在一旁的孙良玉急中生智，突然上前伸出双手从箱中抓出一叠尿布向敌人脸上送去，涨红着脸，很气愤地说："要搜你们去搜。"在这紧张的时刻，敌人闻到一股尿臭气味扑面而来，赶紧捂着鼻子。这时，陪同前来的一个甲长乘机急忙走到敌人面前陪着笑脸说："他们在这里住了多年，很规矩，我保证他们是好人。"敌人没有搭腔，也没有再动手，踌躇了一下，皱皱眉，一摆手走了。敌人扑了一个空，一无所获，而木箱内底层存放的 30 多封对敌伪散发的警告信幸而未被发现。

七、迎接解放

1948 年是解放战争取得决定性胜利的一年，从此，中国人民革命战争进入了一个新的时期，夺取全国性胜利无论在军事上、政治上条件都已成熟。1949 年 4 月，党中央七届二中全会根据形势的发展，决定党的工作重心由农村包围城市转向城市领导农村，要求各级党组织做好管理城市经济建设工作。县工委根据全会精神，开展了城市经济现状和敌伪机关企业组织情况等有关城市管理的调查工作。新华工厂在县工委的领导下，积极投入这一工作，负责对轧花厂、电厂、米厂等单位的调查，和上述各厂工人取得了密切的联系。同时展开了对津市敌伪机关、企业负责人和地方头面人物的宣传攻势，印发警告信和解放布告《约法八章》，宣传党的政策，警告敌人，要求妥善保护国家资产，不准转移、破坏，立功有奖，违者严惩。这一行动，使反动军警惊慌失措，从而引起了对新华工厂的突然大搜查。他们未为敌人所慑服。相反地，为了震慑敌人，鼓舞群众，在被搜查的当天下午，又发出传单和警告信 6 封。警告信和传单的不断出现，更使敌人惶恐不安，召开了紧急会议，虚张声势地叫嚷要在半月内破获共产党的地下组织。可是，随着解放炮声的逼近，还没有 3 天，如惊弓之鸟的残敌就慌乱地逃窜入川了。

1949 年 5 月，正是解放大军在长江中、下游渡江解放江南大片国土的时候，津市来了几批奔命逃窜的国民党杂牌队伍如湖北保安二旅等，他们在社会上大肆散布谣言，诬蔑共产党，说什么"共产党杀人放火、共产共妻"，"共产党来了，夫妻要拆散，再重新分配"，等等，一度造成民心浮动，疑惧不安。"新华"党支部为了及时揭露敌人谣言，派孙良玉、吴进美等同志利用一切场合，在群众中耐心解释，用事实说明真相，含蓄地宣传党的政策，戳穿敌人的用心，很快地安定了民心，使敌人阴谋无由得逞。

早在 1949 年 3 月，澧县工委批准李群同志去沙市搞情报工作，交代的任务有两项：第一、想尽一切办法与我江汉军区接通关系，提供武装斗争需要的枪械弹药；第二、向解放军提供湘西地区敌人活动的情报，当好向导，迎接大军南下。李群同志到沙市后，领导沙市党小组的袁都银、陈洪洲同志，通过积极联系，深入洪湖区，与江汉军区接通了关系，向军区城市工作部的张泽生部长汇报了沿江敌人活动的情况。沙市解放后，李群同志又向四野运河部队周彬同志详尽地汇报了湘西地区敌情，与此同时，李还领导在宜都的薛建亚等同志的工作，随时收集国民党特务活动情况给解放军提供敌情。另一方面，他们还大做群众工作，为渡江后的野战军服务，如对宜都县卫生院的几位医师事先进行细致的政治思想工作，解除他们的顾虑，使其安心留院，后来为抢救解放军伤员作出了贡献。

津市解放前夕的 5 月初，地工委书记方用来津，在左家塔左承统家召开了有澧县、安乡地下党负责人在内的会议，新华工厂党支部是由高培勋同志参加的。会议传达了省委"关于开展湖南地区工作的决定"，并根据《决定》精神，为了策动武装起义，开展游击活动，迎接解放大军渡江，决定在澧县成立湖南人民解放第四突击大队。会后，经过一段时间的筹划，于 6 月 25 日分别在红庙、三贤和梦溪等 3 乡策动当地乡武装起义，新华工厂党支部还派出吴新元、高培春、吴志华 3 人担任通讯联系工作。第四突击队决定策反起义的前一天，即 6 月 24 日晚，新华工厂党支部还和各支部一道，出动人员趁黑上街，分地段地遍贴"欢迎第四突击队，迎接解放大军渡江""打倒蒋介石，解放全中国""保护工商业""中国共产党万岁"等迎解标语。

胜利的一天终于来到了。1949 年 7 月 21 日，解放大军在宜（昌）沙（市）沿江一带顺利渡过长江，向津澧进发，新华工厂沙市分销处的袁都银同志为四九军107 师先头部队做向导，第四突击队 23 日，不费一枪一弹，在市民欢呼声中进入津市。李群同志也于 25 日跟随野战部队回到了津市。

津市和平解放了，新华工厂同志们的地下斗争从此胜利结束。他们在风雨如晦的岁月里，历经 7 个寒暑，终于从地下站了起来，如愿以偿地把汗血缔造的企业双手奉献给国家。新中国成立后，新华工厂转为地方国营工厂，成了津市工业建设的骨干力量，为发展津市的机械工业奠定了良好的基础。新华工厂宜都分厂也改为国营宜都县农业机械厂。

（提供材料和情况的有仇甬夫、高培勋、陈洪洲、吴兴元、袁都银、孙良玉等）

回忆我在津市的地下革命斗争

⊙ 魏泽颖

1947年3月，我找到滨湖植棉指导区技佐的工作。当时省工委周里同意我去，我于1947年4月到津市。职业是指导区技佐，但在地下进行党建工作。

滨湖植棉指导区与津市高农关系很密切，指导区与高农教员宿舍都在轧花厂内，我因此逐渐认识了津市高农的教职员和少数学生。

当时教员谭徽岗和学生陈汉、粟德忠等成立了一个"研究会"，我发现是"左倾"知识分子自发成立的组织，便与他们主动接近。他们受我的影响，觉悟也有所提高。

1947年下学期，我在津市高农教了几个班课，通过谭徽岗认识了当时在津市高农代课的左承统。后来谭徽岗又介绍我认识了澧县红庙的周铁泗，周铁泗当时是广州中山大学学生，不记得是他本人早已决定，或者是在我们认识后受我影响，他决定不再去读书了。我同周铁泗接触很多次后，他又介绍我同安乡的金汉川认识，金汉川是湖南大学学生，不想再去读书，便住在家里。这几个人都出身地主，都对蒋介石政权的腐败统治不满，都知道资本主义社会必然要被社会主义社会所取代，共产主义是各尽所能，各取所需（按需分配），等等。到1947年冬，我发展这几个人为党员。手续是我认为成熟了，就个别给看党章，他们有入党要求，就要他们写自传，我看过自传后，还和他们作一次个别谈话，说明已经是共产党员，要承认党章党纲，为党工作要保密，共产党有铁的自觉的纪律，要联系群众，等等。

1947年冬，我要我爱人李快颜同志借回长沙过春节的名义，把谭徽岗等人的入党自传秘密带到长沙。李快颜找到周里，周里同志看后嘱咐李快颜，今后可以按我掌握的发展党员的标准发展党员。本来1947年4月我来津市前，周里告诉我发展党员

的 4 个（或 5 个，记不清了）条件，周里看这些入党自传后同意我掌握这些条件
发展的党员是可以的。我认为，这样建党是符合当时地下建党手续的。

　　1947 年下半年（或更晚一些时候，我再三回忆，总记不清具体时间），有一天
周铁泗在红庙街上的一个小茶馆里喝茶，津市新华弹花机厂的李群，正在这家茶
馆修弹花机，修机器中途休息的时候，也在喝茶，周铁泗和李群闲扯，周铁泗显
得很谦和，李群也爱谈弹花机的性能优点等等，两人还谈得来，李群临走时，要
周铁泗到津市街上时到厂里去玩，这也是一句客气话。但周铁泗上街，便总是到
新华去找李群，后来越搞越熟了，有几次还睡在一起。这些事，周铁泗都随时告
诉我了，我认为周铁泗当时没有对我隐瞒真实过程。这时我也留神新华厂的情况。
李群有次为承修轧花机，到轧花厂来过，我暗中与他认识了。新华厂我故意到它
前后去看过，我不能看清这个厂的全部情况，但我认为是一家勤劳工作的小工厂。
周铁泗和新华厂的关系，我自然很关心，经常要问动态。有一次，周铁泗睡在李
群那里，两人谈得很投机，李群说要找到共产党就好了，周铁泗看他出自真心，
便暴露了自己的身份，并说："明天我带你去见我的领导。"周铁泗的做法是无纪律
行为。第二天早晨，周铁泗来找我，我一方面怪他未得我同意随便暴露身份，一
方面经过考虑，也同意与李群见面。当天与李群谈话，他把过去脱党的事都对我
讲了。我约定某天晚上（当天或第二天晚上）到他们厂里和他说的脱党的六七位
同志见面。我那天晚上到新华厂去，在李群房里见到高培勋、仇甬夫、吴新元等人。
贾劲生是浙江脱党的党员之一，他一定参加了，我现在记不清了，而且我那时也
不能把那六七位同志都认清。后来我又只较多地和李群发生接触，所以我现在不
能马上证明有没有贾劲生。我认为只要高培勋、吴新元、仇甬夫等同志能一致证明，
这种证明就是有力的证明。

　　据李群告诉我，其他同志也证实，他们是在浙江某地一个大厂入党的，入党
后有一次日寇突然进犯，全厂仓皇逃难，他们来不及到厂外找上级组织，就这样
中断了组织关系。他们逃难到湖南，不愿分散，吃了很多苦，搞了一个弹花机厂，
也因为做弹花机是他们温州一带机器工人的擅长本领。他们把厂名定为"新华"，
建厂日定为 5 月 1 日，商标用五角红星，都是有意识地表示不忘党，有强烈的政
治性。他们内部过民主集中生活，有严肃的组织纪律，李群做厂长是大家推选的，
厂内最有威信的是高培勋。他们每年每人做一套新衣，大家都穿上新衣，在"五·一"
节照一张集体像。他们经济生活都有民主规定，我记得厂内人长大了要订婚，结
婚时应给女方做多少衣等都有规定。李群把他们秘密保存的党报党刊从屋顶上、

镜框里、放在秘密地方的箱子里拿出来给我看，我觉得都是他们用生命来保存的。我从认识他们到 1949 年 4 月离开津市，我认为，他们是阶级性很强、警惕性很高、革命意志很坚定的好党员。

1948 年上半年我们又在津市高农学生中、社会上发展了一批党员。新华厂的同志入党，应从我到他们厂里见面那天算起。他们都没有写自传。但我那里有批准权，到底在什么时候我记不清楚了。只是我在 1948 年热天里，还同李群一道到长沙看了周里。所以可肯定是 1948 年春夏。他们入党的情况我都汇报给周里了。1948 年秋或早一点时间，周里派了一个姓李的同志来检查工作，还到了新华厂。可见那时他们早已是党员了。具体时间我觉得高培勋、吴新元、仇甬夫等人的交代，是可以作为有力的证明的。

新华厂我们是严格保密的。谭徽岗、左承统、周铁泗、金汉川知道地方。津市高农的学生党员，他们完全不知道。我们不告诉别人。我们有时利用新华厂开会，因为这里可以避开别人的注意。全厂的人都是信得过的。我 1949 年 4 月离开津市以前，新华厂的党员在社会上活动较少。一则厂内要做活，二则他们在津市社会关系并不多。只有李群常在外办交际，借此调查了解津市社会上的情况。新华厂有一销机器的店子设在湖北，负责打听荆州一带解放军的动态，并设法取得联系。不过事实上也未能与解放军取得联系。

贾劲生同志当时的具体思想情况，我回忆不出具体的印象。我只能就整个厂里的几位党员同志说，都是勤劳朴素老老实实，对党忠诚，革命意志坚定的。我现在还认为贾劲生同志在当时就是这种人。

津市地下党设总支。我和谭、左、周、金、李 6 人参加，总支委都有分工，各领一条线。总支常开会，我任总支书，与省工委周里直接联系。1947 年冬我爱人李快颜到长沙联系一回。1948 年我到长沙两回，一次和李群来见周里，一次和金汉川来见周里。周里 1948 年曾派人（姓李）来津市看过一次工作。见一次周里也不能谈很久的话，谈上半天就很珍贵了。地下党很不容易与上级碰到头，要半年左右，才能找个机会到长沙来，到长沙后又要等很多天，才能与周里接上线。我是 1946 年 9 月入党的，在党内生活不长，缺乏斗争锻炼。我在津市做地下工作只有一点自己在党的外围时做学生工作的经验。地下党发展的党员，有一些因审查不严，把坏人搞入党内，我应负政治责任，无可推卸。如果我发展的党员，在历次运动中，审查没有政治不清、对党隐瞒不忠的问题，我认为他的入党在手续上是合法的。我认为贾劲生同志入党手续也应承认是合法的。

　　贾劲生、吴新元、高培勋同志等在浙江脱党的问题，我当时无法去审查。不过 1948 年入党时并不算恢复党籍，1948 年入党应算重新入党。我当时思想是这样的。如果我当时没有和同志们讲清楚，现在应重新改正我没有讲清的错误。1952 年我到津市看到墙上贴的市工会委员名单，新华厂的几位同志都注明一九三几年入党。我当时觉得很奇怪，我那时不知道常德地委党校是怎样弄的，也没有提出意见。

　　我 1949 年 4 月到长沙工作，即与周里无直接联系了。新中国成立后我在长沙市委党校工作，周里来上过一次课，此后就未与他谈过话。直到 1964 年他到农业厅来搞"四清"，在处长会议上我发言后，他说："你说得对！你大概姓魏吧？"他不太记得我了。此后我又未与他有任何联系，我觉得我自己与周里在地下的关系是工作关系，不是什么宗派关系或黑线关系，我到津市时大概是官健平离长沙到别地工作去了。我在津市进行地下工作的两年，没有与官健平联系过。我离津市后，津市地下党由方用领导。我在地下时不认识方用，直到 1958 年我在省农业厅工作，才在有关会议上看到方用，不过直到现在，我还没有和他谈过一次话。我和周里、官建平、方用都从没有私人接触交往。

解放战争期间中共津市组织的发展及"四突"的武装斗争

⊙ 左承统

一、党支部的建立

1947 年 4 月，中共湖南省工委指派中共党员魏泽颖，以滨湖植棉指导所技佐的身份来津市开展地下活动。滨湖植棉指导所设在津市轧花厂内，当时津市高级农业职业学校（以下简称"农校"）教职员工的宿舍也在轧花厂，又加上农校校长易劲之与魏是中央大学的校友，所以魏与农校师生往来十分密切，相继结识了教师谭徽岗和学生陈汉、栗德中、贺敏功、曹泽荫等人，并且在该校秘密组织了"读书会"，传阅我党文件及当时进步的书刊杂志，传播马列主义。

谭徽岗，澧县梦溪镇人。他是我读中学时结识的知己，中山大学毕业后在澧中教书，后到农校当教员。1947 年春节，我与国民党的直接税局决裂后，携带家眷回到故乡隐居，不与县乡的任何官吏接触，晴天干点农活，雨天读点古书，或者同乡村老农们饮茶说古。谭徽岗得知我回家后，几次登门拜访。我们尽情地倾吐各自的胸怀，交谈了分别 8 年的经历，对旧社会的黑暗产生了不满情绪，我还表明了改革旧社会的必要性，吐露了苦于找不到门径的心情。他很同情我的处境，钦佩我思想进步和同黑暗统治势力决裂的勇气，但不同意我闭关自守，动员我去津市农校教书。我认为，退而教书，能培养出几个好学生，也是人生中的收获。只要不担任行政职务，单纯教书，还可以清高自赏，借教书以隐居，因而我便欣然允诺了。1947 年下半年，农校聘我为教员，安排教经济学、统计学两门课。

那时，魏泽颖也被聘在农校教课，由于谭徽岗介绍，我结识了魏，我们三个，对当时的政治局势的认识、分析上颇为相近，有着共同的语言。我几次向他俩愤怒揭露旧社会的黑暗，痛斥四大家族特别是蒋介石的专制独裁和法西斯统治，谭徽岗很同意我的看法，魏泽颖除了支持我那进步激昂情绪外，还奉劝我多读书，多关心国家时事，不要对前途悲观失望，不要孤傲自守，劝告我谨言慎行，免得招惹不必要的灾祸。

在这期间，谭徽岗拿来很多党的秘密文件和进步书刊杂志。我俩相互传阅后，对我思想启发很大。这些书刊中，有《新民主主义论》《论联合政府》《论解放区战场》《目前的形势与我们的任务》《整顿党风》等。我读了之后，思想上发生了质的飞跃，深切感到祖国有希望，中华民族有救了，这个救星就是中国共产党。心想，我如果能投入党的怀抱，走上革命征途该多好啊。这样的追求像海潮涌向心头。往日的悲观绝望、厌世归隐的情结，不觉一扫而光。我多次与谭徽岗共商，也曾向魏泽颖提出，要去寻找共产党，如果在国统区找不到党，我愿意放弃任教，顺着这些书刊的来路追到香港去找，到洪湖一带去找。谭徽岗支持我的意见，魏泽颖则劝我们不要操之过急。他说，蒋介石封锁很严，去江北太危险，到香港也不容易，就是去了，也不一定能找到党，我们只能积极地稳步进行。

1947年9月下旬或10月初，魏泽颖交给谭徽岗一份"七大"通过的《中国共产党章程》，要他学习后转给我学。我们两人这时才知魏泽颖是中国共产党派来津市开展地下工作的共产党员。我俩向他递交了入党申请书，魏还要我写份自传给他。不到半个月，魏通知我，党接收了你为中国共产党党员。我盼望已久的心愿终于实现了，欣喜的心情久久不能平静。不多日，才知道谭徽岗在我入党稍前也加入了党组织。

1947年9月，周铁泗（又名周先奎，澧县大围乡人）辞去广州市广雅中学教员后回到了津市，由魏泽颖的同学王自立写信介绍与魏相识，经过一段时间的审查与培养，于10月下旬或11月吸收入党。是年7月，魏在衡阳工作时培养的发展对象，也是魏泽颖的恋爱对象——李快颜，从衡阳调来津市，8月份吸收为共产党员。

约在1947年11月上旬或下旬，魏泽颖通知我和谭徽岗、周铁泗到他家里开秘密会议。由魏宣布上级党组织指示后，成立了党支部，支部书记为魏泽颖。魏在这个会上讲了话，明确今后的任务是培养积极分子，发展党的组织。还初步商定，谭徽岗主要负责农校学生工作，特别是办好原已建立起来的秘密读书会，我协助谭做学生工作。由于我在校任课不多，家眷住在农村，便安排我重点做好以老家为中心地域内的农村积极分子工作。周铁泗当时还没有固定职业，主要负责培养津市以东的农村积极分子，并负责联系安乡县的金汉川。

二、改称区工委

我在经七班教经济学时，主要是以沈志远著《新经济学大纲》作教本，在讲授各派经济学时，虽只把马克思的经济理论当作一派来论述，但讲的内容，讲的分量都占了主要位置。我宣称拥护马克思的劳动价值论，用马克思的剩余价值学说，揭露了资本家残酷剥削工人的实质，引起了学校反动当局的怀疑，农校于1947年12月解除了聘约，我便回到了老家三贤乡，组织串联培养农民积极分子。首先发展了左承金，再由左承金串联了封宏万等几个贫农。他们常来往于我家，引起了我父亲的注意，常劝我不要螳臂当车，不要拿生命当儿戏，还用我堂叔左宏坤在大革命失败后惨遭反动派杀害为例子，要我引以为戒。因此，以老家为据点开展活动较为困难了。我与谭徽岗商量，报魏泽颖同意，于1948年3月底在津市韩石巷开办织布坊，作为地下活动的联络点。

这家织布坊有两张铁木混合织布机和一张木机，都是新华工厂提供并安装维修的。流动资金是我爱人蔡云召兑换首饰提供的。织布坊商号先是"蔡福记"，后改为"福隆"，经理是蔡若望，门市掌柜是蔡云召，实际上她是负责接待联络、文书、保管和保卫工作的。我们每次在内房商谈，支部成员碰头研究，作出决策，她就在外屋放哨。如我同谭徽岗、周铁泗根据革命需要，提出"建党、建军、建经"三大任务，就是一例。一个月后，省工委同意我们"建党、建军"两大任务，并指出"建经"任务，在国民党统治区是不可能建设起来的。

1947年底，周铁泗发现津市新华弹棉机器厂（以下简称"新华工厂"）生产的轧花机上，厂名"新华"，商标为红五星闪烁在地球上，引起了他的注意和兴趣，决心对该厂进行考察了解，便邀了与该厂有业务联系的向进松到新华工厂，熟悉了该厂负责人李群。接着周铁泗到新华工厂了解到该厂原系浙江铁工厂的一部分。自浙铁遭日寇破坏后，辗转迁移，李群等7人于1943年来津市办起了新华工厂。这个厂的工人骨干，思想进步。周把这些情况向支部负责人魏泽颖汇了报，介绍李群与魏见面，李群向魏介绍了他们在浙江由党组织同意转移到湖南及以后与原组织失去联系的情况，魏因为当时历史条件下不能审查澄清，于1948年1月底或2月初接收李群重新入党。尔后，又对该厂的骨干进行了考察，陆续接受了高培勋、吴新元、仇甬夫、贾劲生、薛建亚、袁都银为党员，建立了新华工厂支部，李群为支部书记。党的十一届三中全会后，党组织为这个支部及重新入党的党员落实了政策，追认这个支部为"浙铁"因日寇侵占浙江迁徙出来成立的老支部。前6位同志的党龄从浙铁入党之日起计算，袁都银同志党龄从新华工厂支部吸收之日算起。在农校，谭徽岗负责培养的读书会中的几个进步学生日趋成熟，于1948年4、5月份，发展了陈汉、粟德忠为中共党员，不久，又吸收了贺敏功入党。随即成立了农校党支部，由谭徽岗任支部书记（后谭主要分管梦溪片，由陈汉继任）。

杜修基（慈利县人）同魏泽颖是明德中学的同学，曾在明德中学从事学运，受到了共产党的影响，1947年在石门县雄磺矿当保管员，是年春到津市，便与魏取得了联系。魏交给一些任务并着手培养，于1948年5月吸收入党。金汉川原是湖南大学肄业学生，回安乡自发地投入地下斗争。周将金的情况向魏作了汇报，大约在1948年5月将其发展为中共党员，同时周铁泗又在红庙乡发展了农民积极分子彭正祥为党员。我在三贤乡，发展了左承金为党员。从党支部成立之日起，至改为总支止，地下党组织在澧、安、慈共有党员17人。1948年8月，召开支部会议，决定将我们这个地下支部升为总支部，魏泽颖为书记，我和谭徽岗、周铁泗、李群为委员，管辖新华工厂支部、津市农校支部，澧县的建党对象和非党积极分子，分为安乡、澧县的三贤、红庙、梦溪四个片，分别由金汉川、我和周铁泗、谭徽岗负责。

接着，魏泽颖去长沙向省工委报告工作情况，指定由我负责，我便与谭、周商定成立"新民主主义同盟"（简称"新盟"）作为我们这个总支部的外围组织。9月魏回津市，召开总支部会议，传达省工委指示，将我们这个总支部改为区工委，并把领导关系改由驻常德的方用领导，又把安乡金汉川、慈利杜修基、滨湖植棉指导所的李快颜由另外的组织或人来领导。他还说："我奉命调回长沙，这里的工作以左承统为主（即区工委书记），其他领导成员分工不变。"魏泽颖并没有立即回长沙，而是住在澧县与安乡交界的滨湖植棉指导所的实验场内，继续指导安乡的金汉川和慈利的杜修基开展地下工作，到1949年初才去长沙。

关于区工委与方用接上关系，是魏泽颖派李群去长沙见到周里的，周用书信介绍李群上常德光汉中学与方用见面。1949年春节前几天，湘西特派员方用来到新华工厂，经过李群介绍与周铁泗和我相识。详细地汇报后，我们这个区工委正式改归方用领导。

三、升为澧县工委

由区工委起至左家塔会议止，约 9 个月的时间，在“建党、建军、统战、策反”工作上，取得了可喜的成绩。

在建党工作上，各支部、党小组积极串联培养，成熟一个，发展一个，共发展新党员 69 人。除去魏泽颖、李快颜调出及安乡金汉川、慈利杜修基改变领导关系外，区工委升格为县工委时，实有共产党员 104 人。其组织领导关系如下：（1）新华工厂支部，李群、高培勋先后任支部书记，由周铁泗与之联系；（2）津市农校支部，陈汉、粟德忠先后为支部书记，由区工委分工谭徽岗领导；（3）红庙片，下面有：红庙支部，支部书记胡先智；津市小组，由刘玉舫负责；官垸小组，由李华清负责；三枫小组，由郑羽振负责；（4）梦溪片，由谭徽岗负责；（5）三贤，由我负责，下面有三个分支：澧城分支部，由赵楚湘负责；荆南分支部，由陈敦柽负责；三贤分支部，由左承金负责。

在建军工作上，周铁泗由其兄周仙樵介绍结识了红庙乡乡长李代宣。经过一段时间的培养，吸收李代宣为共产党员。又通李培养红庙乡乡队副杜昌勋为党员。并串联班长陈经武等积极分子，控制了红庙乡约 50 支长短枪；在三贤，由左承金通过他在该乡武装里当班长、副班长的兄弟，控制长短枪 20 余支；在荆南乡，由地下党员陈敦柽、王绍忽、何宗汉活动，在乡民大会上推荐何彬当乡队副，掌握长短枪 50 多支；谭徽岗派地下党员吴传榜打入到北路联乡大队直属中队当班长，也掌握和控制了长短枪约 150 余支。

在统战策反方面，我对国民党澧县县党部执行委员陆克孚和三贤乡的一些绅士作了统战工作；周铁泗做了县参议员周先礼的统战工作，谭徽岗和我合伙对津市工商联合会理事长龚道广及津市明道中学校长胡友成做了工作；李代宣、刘玉舫对东路联乡大队长龚剑萍、副大队长左心平、游杂团长江正发、知名人士李机益做了工作，组织发动武装起义，在第四突击大队反“围剿”和解放初期的迎解支前中，都起到明显的作用。

在这一段时间内，地下党各支部做了许多宣传工作，除个别秘密宣传、口头宣传外，还给国民党政府中的军政人员发匿名信，或以地下党组织名义发密信，教育他们认清形势，选择出路，投靠共产党；对极其反动的分子则给予警告；四五月份，重点是宣传《中国人民解放军布告》，即“约法八章”等。

国民党反动派越临近灭亡，就越垂死挣扎，他们对革命者和进步人士，予以严密的监视，并肆意逮捕。1948年下半年，作为联络点的津市织布坊，被敌人怀疑上了，津市警察局长、复兴社特务陈本章，两次派军警突然来作坊查户口。第二次来，我在织布坊看文件，听到急促的敲门声，当即把文件藏在衣内，从卧房后门逃走。从此，我很少到织布坊住宿，也不在那里开会。到11月蔡云召也搬回老家，联络站被撤销，织布坊交蔡若望个人经营。

1949年4月，谭徽岗到我家，告诉我农校党支部书记陈汉，在发展培养建党对象上失误，已被敌特监视，随时有被逮捕的危险。即请谭连夜将陈带到我家，第二天把陈汉转移到车溪左承金家掩护起来，后来由徐恩顺将陈汉转移到东洲垸刘清湘家，陈在那儿发展了刘清湘等为新民主主义同盟成员，后来陈参加第四突击大队。陈汉离开农校后，农校书记由粟德忠继任，再后是符鸿基、贺敏功继任。

大约在同月下旬，新华工厂支部书记李群来我家反映，新华工厂已被敌人怀疑，他本人也被敌方监视，他提出，为了安全，要转移到湖北沙市去，我同意了他的建议。并嘱咐他要同江北的党组织与南下解放军取得联系。李群走后，新华工厂支部书记由高培勋继任（李群在解放军南下时，与四十九军某师一同渡江进入津市）。李群走后第三天，我去津市了解农校、新华工厂的情况，还带有几份传单底稿交高培勋翻印散发。当我从新华工厂上正街时，军警又突然检查，我夹在人群中，由汪家桥入郊区农村，至蔡家河时，渡船被扣留，只好绕道走了一里多路，遇上相识的渔民，才用小渔船渡我过河。

我也受到了敌特的监视，澧县政府还派便衣特务跟踪，并想逮捕我。由于革命斗争形势发展很快，解放湖南指日可待，平日被我们做了统战工作的澧县上层人物，极力为我辩解，加上当时区工委已掌握了一定武装，所以几个便衣特务不敢轻易下毒手。但是，因我的活动受到了限制，便将我所负责的三贤片三个小组，升格为三个分支部（三贤分支部，左承金任分支部书记；荆南分支部，陈敦柽任分支部书记）。仍由他们和我联系。

1949年5月下旬中共湘西工委负责人方用到我家召开了澧县、安乡、临澧的地下党负责人会议。会上，方用传达了省工委韭菜园会议精神，主要内容是分析当时形势、组织武装起义、统战策反、发展党员等。为了加强起义后党的领导，方用决定将我们这个区工委再度升为中共澧县县工委，县工委委员由我和周铁泗、谭徽岗三人组成，我为县工委书记，周分管组织，谭分管宣传。方用还决定澧县县工委利用掌握和控制的武装暴动起义后，成立湖南人民解放突击总队第四大队。

在武装斗争时期，县工委两次发展党员。一次是在毛里湖突围前吸收了11名军事骨干入党，另一次是在进入津市前发展了 6 名政治工作人员入党。新中国成立后县工委移交党员前，少数支部还介绍了 7 名同志入党。中共澧县县工委移交组织关系时，实有党员 128 名（包括龙望才待清除出党在内）。

四、第四突击大队武装暴动起义

1944 年 4 月下旬，随着解放战争形势飞速发展，人民解放军在长江下游强渡长江，势如破竹，攻克了蒋介石国民党政府所在地南京，解放了苏南、皖南、浙西、赣东的广大地区。蒋介石仍妄图凭借长江天险，竭力阻止我大军南下，这就迫切需要湖南的地下武装迅速壮大并发动起义，以钳制敌人。中共湖南省工委于 5 月初在长沙韭菜园会议上作出决定：要把全省各地下武装迅速壮大并暴动起义作为各地党组织的首要任务。5 月下旬，方用同志来澧县三贤乡左家塔，在我家主持召开了澧、安、临三县地下党负责人会议。参加会议的澧县有我和谭徽岗、周铁泗、高培勋、粟德忠，安乡有金汉川，临澧有晏敬国。会上发出了省工委"立即行动起来，实行武装斗争"的动员令。又说，湖南人民解放突击总队计划成立 6 个大队，澧县为第四突击大队（后来简称"四突"），还指定我为大队政治委员，谭徽岗为副政治委员，周铁泗为政治部主任，其余人员叫我们起义后商定派充，会上决定在 6 月 24 日黎明分三路暴动起义。接着我们讨论了起义的具体计划及步骤：第一路由我和左承金、陈敦楼组织三贤乡、荆南乡武装起义，可得长短枪 70 ～ 80 多支；第二路由周铁泗、刘玉舫、李代宣率红庙乡武装袭击东路联乡大队直属中队以后，随即夺取官垸、三洲两个乡武装，可得长短枪 160 ～ 170 支；第三路由谭徽岗负责，以吴传榜的直属中队为主力，袭夺梦溪、盐井两乡武装，再策反浔南乡的武装，约可得短枪 150 多支。如果全部按计划实现，全大队有长短枪 300 ～ 400 支，于枫林乡公所（如东铺）会师整编。

（一）夺取三贤乡乡公所枪支和组织荆南乡武装起义

会议后，我将会议精神告诉了左承金，并和他研究了解决三贤乡武装的行动计划。4 月份，县任命龚光佳为乡长，乡公所、乡武装的人事也相继变动，在乡武装内左承金的红帮兄弟也靠不住了，只有改由农民积极分子暴动夺取枪支的方式，我便要左承金迅速串联农民积极分子 20 余人，事先动员好、组织好。又将会议精神传达给荆南乡分支部书记陈敦楼，要他串通王绍忽（地下党员）、荆南乡乡队副何彬，于 23 日，把该乡武装人枪集合齐，做好战斗准备，听候调动；又交代赵楚湘千方百计地打入澧县自卫总队中，提供情报，作为我们的内探。

6 月 20 日晨，由左承金、陈汉事先组织好的 20 多名农民积极分子，假装打骂、请求裁决，拥入三贤乡公所，我以调解人身份夹杂在人群内，见到步枪都挂在乡队部的木板壁上，一声令下，他们蜂拥而上夺了门卫的枪，取下了 10 多枝长枪和子弹袋（有两枝短枪和几枝长枪因乡长带去出差未夺到手）。随即在乡公所附近的马家河堤坡下召开群众大会，我郑重地宣布："共产党来了！我们是共产党领导下的游击队！"还责令乡政府人员要听共产党的，警告他们不得损害我们指战员家属的一根毫毛。

我正召开群众大会时，忽然报告澹水河南岸有一支队伍到达，开始我以为是敌人进攻我们的先头便衣队，他们到达时才知道是赵楚湘率领的雷秀江、于自善、于天荫等七八枝短枪的队伍，从津市来马家河参加我们起义队伍的。赵楚湘说：找不到打入自卫总队的门径，便策动这支队伍来参加起义。

会毕，挥兵北上荆南乡公所。由于澧县政府已将三贤暴动起义电话通知各乡，荆南乡乡长刘配清，已把乡中队带到距乡公所两里多的金鸡窝地主郑双月家，由陈敦棬、何宗汉带领我们火速追击，把乡长刘配清从床下拉出，予以斥责教育，令他选择去从。同时何宗汉（地下党员）通知乡队副何彬、班长方廷海（均为积极分子）集合全乡武装，由我作动员后，该乡自卫队官兵 50 余人枪弃暗投明，全部参加了我们的起义队伍。又打听到有两枝短枪，子弹 3000 发，由前任乡长艾子雄私藏，我们立刻包围艾的土围子，双方对峙一个多小时，直到我们的战士爬上屋顶声言要毁他全家时，才把枪和子弹交出。至此，我分工负责暴动起义的一路，已基本按原定计划实现，共获得长短枪 80 余支。

我们的队伍到达如东铺时，枫林乡官丁早已逃之夭夭。因部队一天的军事活动，没来得及吃顿饭，指战员已是精疲力竭。我们就在如东铺乡公所内驻扎，等待另两路来会师。

（二）红庙一路起义取得胜利

周铁泗发展了红庙乡乡长李代宣、乡队副杜昌勋为地下党员，培养乡自卫队班长陈经武为积极分子，从而完全掌握了红庙乡自卫中队 50 多人枪。又由李做龚剑萍的工作。龚剑萍系澧县中洲垸（今安乡焦圻镇）人。1946 年至 1947 年间任湖南汝城县警察局局长，因受广东省地下党散发传单的内容影响，使他看到了国民党军队将灭亡的局势，于1947年10月辞职住在长沙，后又行商亏本，1948年夏携眷返回津市。龚常在李代宣面前吐露对国民党不满的言论和情绪，并表示要投靠共产党。1949年4月，澧县要成立东路联乡大队，李代宣为了控制这支武装，建议龚剑萍上澧县城活动，随后龚剑萍当上了东路联乡大队长，把大队部设在李代宣家附近的江湾，以方便议事。在起义前10天左右，李代宣、刘玉舫、龚剑萍研究了起义的具体行动步骤。尔后又由龚剑萍策反了东路联乡大队副左心平。

6月23日（日期可能有一天之差），即计划起义的前一天，宋希濂所属国民党美武装备第二军的一个排押运的一艘军火船，由津市开往沙市，至红庙停泊，一个军官带着一个士兵上岸，向红庙乡公所勒索大米、鸡、鸭、鱼、肉等食物。乡公所文化干事李华荣（新盟会员）向周铁泗汇报后，周及红庙支部作出了歼灭这个排的决定，考虑到红庙距津市很近，战斗打响后，敌人增援快，要把敌人调到南盘再歼灭之。由杜昌勋一面为他们筹集物资，一面以红庙没有存粮为由与敌人巧妙周旋，要他们将船开往红庙东北12里的南盘去取。敌船从红庙开出后，一路由胡先智、杜昌勋带领红庙乡武装人员隐蔽尾随；另一路由陈经武率领短枪班等10余人（李代宣随后赶到），走捷径星夜赶到南盘附近潜伏待战。24日清晨，晓雾重重，夜泊在南盘口的敌船上官兵，纷纷离船上岸，将枪架在河滩上，七手八脚地忙着做早餐。这时，陈经武的短枪班战士，均扮成农民挑脚模样，陆续来到渡口，假装候船。陈经武一声令下，战士们个个像猛虎似地冲入敌群，把枪口对准敌人胸膛，大喝道："不准动！"吓得敌人乱成一团，有几个敌兵妄图取枪抵抗，陈经武用枪连毙敌3名，其余的则乖乖地举手投降了。这次战斗，俘虏敌官兵20余人，缴获轻机枪2挺，冲锋枪2支，步枪三四十支，子弹万余发，手榴弹几百枚。还有许多当时我们不认识也不会使用的武器，如火箭筒、火炮之类，全部抛入河里。真是马到成功，旗开得胜。

与此同时，东路联乡大队的起义也在按计划顺利展开，龚剑萍、左心平以联乡大队长的名义给官垸乡、三洲乡的乡武装下令到官垸码头集合，做策动他们起义的工作，两个乡的地下党组织和外围组织人员也积极支持他们起义，于是，两乡武装成员除三洲乡乡长带有一班人外出没有参加起义外，其余都举戈参加了起义队伍。

（三）会师如东铺和第四突击大队成立

周铁泗负责的一路起义成功后，于25日分两批来到如东铺。上午，龚剑萍带领的原东路联乡大队直属中队赶到。下午，周铁泗、刘玉舫、李代宣率领的主力部队全部抵达。两路起义勇士汇聚如东铺，部队边修整、边等待谭徽岗负责的一路起义队伍的到来。在如东铺等了两天半，不见谭来。我们召开骨干会议，公开打出湖南人民解放突击总队第四突击大队的旗号，宣布了《三大纪律八项注意》，整编队伍建制，由县工委提名，会上反复酝酿了第四突击大队的编制人员、干部配备等问题。

大队部：政治委员由我担任，副政治委员谭徽岗，大队长刘玉舫，副大队长兼参谋长李代宣，副大队长龚剑萍；大队部机关设三处：政治处主任周铁泗，政工组长赵楚湘，干事陈汉，参谋处主任左心平，供应处主任李华清，副官唐肇诗。

大队下设4个中队和一个警卫队：第一中队，由龚剑萍的东路联乡大队直属中队、龙望才垸务局武装、官垸乡部分武装合编而成，中队长王世经，副中队长龙望才；第二中队，由红庙乡武装和官垸乡部分武装编成，中队长杜昌勋；第三中队以缴获的国民党美式武装排为基础，加上三洲乡的武装编成，原红庙乡的班长陈经武，因奸敌缴枪有功，故提升为中队长；第四中队是以荆南乡和三贤乡的乡武装编成，中队长何彬；警卫队是将近30只短枪统一编成，队长左承金。

赵楚湘带来参加起义的雷秀江、于天荫、于自善，因对他们不够了解，则安排他们为大队军事参议。我们这支暴动起义队伍，除了政治工作人员外，其余成员均是国民党区、乡武装、游杂武装起义过来的，流氓无产者成分甚多，为了加强组织纪律性，维护"四突"声誉，便将参加起义的地下党员粟德忠、宋昌文、胡先智等和"新盟"成员李德生、洪波臣、周用国、李华荣等，指派到中队、分队、班里去，以加强队伍中的思想政治工作，保证党对军队的绝对领导。

（四）攻打梦溪镇扑空

"四突"在如东铺休整了近3天，谭徽岗负责的北路联乡大队起义仍无消息。27日上午，召开大队骨干会议，会上我提出攻打梦溪镇，解除谭徽岗之危的主张，得到了多数人的拥护。于是大队作出攻打梦溪镇的决定。随即提前开午饭，27日正午出发，周铁泗、龚剑萍率第一中队沿涔水河北岸向梦溪镇南街口进军，我同刘玉舫、李代宣率大队主力二、三、四中队，沿北山南麓向梦溪镇北街口挺进。大队主力行军至顺林驿西南面时，地下活动的积极分子前来报告说，有国民党的游杂部队熊雄团在这一带奸淫掳掠，坑害群众，为了消除攻打梦溪镇的威胁，命令第四中队，包围熊雄驻扎的村庄。原来这支土匪武装得知要消灭他们的风声，便仓皇逃走，四中队只俘虏了几个姨太太和几个被土匪掳掠来的妇女，由几个政工人员释放了被土匪掳掠的妇女，教育了匪眷，便迅速赶上了部队。

黄昏，两路部队分别由南街口、北街口进镇，不知是哪一路打了一枪，误认为是镇上敌人在抵抗，两路队伍都开枪冲入镇内，经联络后，便停止了射击。部队进到镇内，老百姓、商店都关门闭户，敌人早已逃走。我们设法找地下党组织联系。约二更天，袁生玉、谭徽岗先后垂头丧气地回来了，我问了谭暴动情况，他回答说："由于易发芸不同意，所以没有暴动。"接着，我又问谭："你是否愿意同起义部队走？"他说："我是要参加起义的。"于是谭徽岗发动了一批地下党员积极分子参加了"四突"队伍。

这次攻打梦溪镇虽然扑了空，但绝不是一无所获，因梦溪镇位于澧县北部，坐落在湖北荆、沙至澧县公路干线附近，是古今军事战略要地。通过这次军事行动，播下了革命种子，为迎接解放大军进入湖南打下了思想基础。

（五）向澧县东部回师

就在攻打梦溪镇当夜三更，龚剑萍得到了澧县自卫总队连长胡培基送来的紧急情报："澧县自卫总队队长龚域藩带队伍，已过城北黄桥，距梦溪镇只有20里了。"

又得知驻合口的国民党一二二军也向梦溪方向开进，还有盐井方向的积极分子来报告：湖北保安一旅、八旅各一团，从松滋、公安向南开进，驻防于湘鄂边境湖北一侧。还有石门县反动武装向应东部扼守石、澧边境要隘，只有澧县东部，没有敌军驻防，于是我们决定向东回师。

五更天队伍出发，为了迷惑敌人，先是向北开进，假装进攻湖北，队伍行至肖家桥时急折东进。28日中午，抵达松滋河对岸青龙窖。恰遇从津市开往沙市的一艘轮船，我们决定拦船搜查，为补充部队给养之需，将船上一个中校军官带的银洋数百元，两个大行商带的十几箱卷烟和几十匹布，太太小姐们戴的金银首饰等，我们都打借条后拿走了。接着，组织部队在新河口过渡，进驻余家台。

余家台有粮食，部队吃饭问题可以解决，便决定在此短时休整。当时将缴获的银洋每人发了一元，少数家境十分困难的经大队领导批准后，发两至三元；还将缴获的布匹为部队赶制了短袖衬衣和短裤。警卫队长左承金，缴获两枚戒指并将其变为私有，在部队中反映很大，为了严肃军纪，教育部队及本人，撤掉了他警卫队长职务。

（六）摸"老虎"屁股

大队驻余家台约两个钟头，就得到情报：从津市开出轮船一艘，带大拖船几只，船上架有轻机枪一挺，两个士兵放哨，很可能是国民党的军差船，已经过红庙向松滋河开来了。我们当即研究战斗方案：由李代宣率领第二、三中队埋伏在横河入松滋河西支的北河口与东港转弯处的两岸堤侧，待船驶入埋伏圈内，突然袭击，先发制人，务求全歼。由于我们这支队伍未经过严格训练，军事素质不够高，特别是组织纪律性较差，没等敌船完全进入伏击圈就有人提前开枪了，敌人闻到枪声，紧急将船靠岸，与我们进行了对峙射击，由于他们未摸清我方虚实，即把船调头驶入津市。我们也觉得不宜与敌硬拼，只得将部队撤回余家台。以后，据说这条拖船是蒋介石集团军十四兵团司令官宋希濂开向沙市扼守长江中游的，也说是其副司令官陈克非的。究竟是谁的，当时我们也未核实清楚。

这次摸了宋希濂这只"老虎"的屁股，惹起了他的大怒，坐镇津市下令，调省县地方武装及他自己的暂编师的游杂部队，号称十几个团的兵力"围剿"我们。从此，我们卷入了"围剿"与反"围剿"的阶段。

（七）撤离余家台的夜行军

6月30日，"围剿"我们的先头部队江正发游杂团开到了东港，距"四突"驻地只有4里远，隔河相望。李代宣同江正发平素有较深的往来，因此，江正发秘密派人找李代宣说："你们好大的胆子呀！竟敢在宋希濂太岁头上动土，拦击他的船只，现宋希濂调了十几个团来围剿。我们是先头部队，你我是好兄弟伙，你看如何是好？"李代宣把这一情况向我和刘玉舫汇报后，商定由李本人或派一个心腹前去与江正发商谈。谈判的结果是：他们决不打我们；他们的部队是朝天开枪，假装攻打，我们大队趁夜里撤离余家台，只要我们留给两部电话机，让他们回去向上级交差。

余家台的东、西、北方向都有敌人向我们逼进，只有西南方向尚无敌军。怎样撤，往哪里撤？雷秀江提议，大队南进到毛里湖，在毛里湖两边，那里有群众基础，供应掩护等他可以负责。这样，"四突"决定向毛里湖转移。当日天刚黑，大队开始转移，过官坑与安澧坑间的松滋河的渡口，走安澧西堤，沿松滋河南行。

当时，全大队人员有七八百人，长短枪共330多支，急行军渡河很缓慢。有的同志主张把无武器人员疏散回去，开始我与谭徽岗不同意，因为大部分是梦溪支部领导下的党员和积极分子，他们革命热忱都很高，况且已经暴露，担心回家后有逮捕和杀害的危险。又有政治工作人员汇报和部分军事干部讲："这样哪里像军事行动，如果继续下去，必将拖垮这个部队。"

我与谭徽岗不得已，便由谭动员徒手队员回乡潜伏做地下工作。精简后，大队还有 350 余人。部队继续沿堤南下，夜行军近 30 里，传令队伍原地休息，不少同志一坐下来就躺着睡了。领导干部要随时听取情况报告，检查部队是否有病号和掉队的，休息很难得到，稍稍恢复体力后，部队继续沿安、澧垸西堤南行过河至安乡汇口，黎明时渡澧水上保河堤。7 月 1 日顺利到达了毛里湖。

行军沿途的地下党员、党的外围组织成员串联较多的积极分子，为我们的转移进军做了大量工作。有的群众怕部队夜行军迷失方向，便在门前点灯，当部队走过后，立即把灯灭掉，防止敌人尾随追击；有的群众在住房前摆出茶缸；掉队的几个病号，也是沿途群众收容了，几天之后才归队。

（八）在毛里湖的一周

当时的毛里湖集镇，只有十几栋茅屋，三面临湖，东面是七里湖，东南面过澧水是安乡的珊珀湖，南面是民康湖。毛里湖呈珊瑚状向西北蜿蜒于丘陵岔间。镇上街道是一条堤，由堤向东北通向保河堤至新洲，向西南面经渡口至周家店，西部同常德北的广大丘陵山区相接。其地形作为打游击战争的临时根据地是可以的。不过，雷秀江所说的群众基础也只限于毛里湖西南山丘雷家宗族及有限的附近。

大队进驻毛里湖后第三天，安乡的金汉川来到毛里湖告知，第六大队即陈采夫所控制的侯宗瀛，没有等方用派去的政治委员金汉川赶到就起义了。由于没有与洪湖区江汉军分区取得联系，江汉军分区派军队过江来误把他们当作游杂团土匪武装俘虏到江北去了。金汉川还说：当前的局势有变化，解放军在长江下游渡江后，取得了辉煌的胜利，扼守长江中游的敌人被吓破了胆，宋希濂部准备逃往四川，我们对面这段长江上无大仗打了。因此，上级决定：未暴动起义的各大队不再起义，主要的任务是保卫地方治安，保卫人民生命财产，迎接解放。已经起义的大队，要设法坚持斗争，解放军最近就要渡江，湖南澧县最先获得解放。我当时听后，一则喜，二则忧，喜的是很快得到解放，广大人民可重见天日；忧的是"四突"将受到敌军重重包围，面临更严峻的考验。

此后，情报陆续传来，敌人"围剿"我们的四路兵力距毛里湖近的只有二三十里，远的也只有 60 里了。西面、西南面，是宋希濂的暂三师陈洪、刘彪两个游杂团和临澧县警察中队的一部分；南面是驻周家店的常德县自卫总队；东南是安乡县自卫总队，一个中队驻岔口，另一个中队驻张九台，还有两个中队接应；北面是澧县自卫总队龚域藩率领的 5 个连近 800 人枪，其中有轻机枪 15 挺。还有马册玉游杂部队和澧县警察中队的一部分，东面是陈策勋游杂旅的一个团和一个独立营，其中陈宣振独立营驻官垸码头，江正发团驻跛子渡，张宏勋、张先棠两个团为机动。除了这些围剿我们的一线部队外，还有第二线的正规军为后盾，津市有国防部第二军，合口有一二二军、湖北保安第一、八旅各一个团。把一个小小的毛里湖围得水泄不通。

约7月4、5日晚，澧县警察中队想争"头功"，经保河堤向毛里湖偷袭，与"四突"的前哨班接火，被我击毙一名，击伤一名，只好狼狈龟缩新洲。敌人偷袭被我挫败，又对我施展伎俩：澧县政府派了3名使者到毛里湖，说县长张仁山要我们派代表去与他谈判。当时"四突"成了孤军作战，处在数量超过十几倍的敌人包围的情况下，我方也想到利用谈判延缓敌人的进攻，赢得时间以待解放大军渡江。并定于第二天在新洲鲁家坪万家祠堂谈判。届时我方派周铁泗等前去谈判，结果敌方代表未到，于是我们加紧准备对付敌人的"围剿"。毛里湖一带工作基础较差，群众不了解我们，不愿接近我们，情报来源不广泛，也不及时，特别是毛里湖是个渔民小集，没有国民党政府的粮食仓库，几次派武工队出去找给养，都要走出十几里路程且收获极微，加上敌人围剿日益逼近，少量的武工队出去活动也很危险。要以此为根据地打破敌人围剿，是极不现实的，我们立即研究部署突围。

正值这时，安乡地下党派来了联络员，告诉我们说，曾纪民的安乡自卫总队（陈采夫控制的武装）现在奉令不起义了。我们认为既是党的外围武装，便请安乡来的同志向曾交涉，让出一条缺口，便于我们大队从安乡方面顺利突围，交涉答复是，只要我们不进入安境内，他们决不阻击。如果进入安乡，不阻击的话，不好向他的上级交差。于是我感到问题更严重了。为了加强党对大队突围行动的领导，加强部队的思想政治工作，经县工委商定，把这一段表现好的军事干部龚剑萍、左心平、王世经、龙望才、陈经武、何彬、雷秀江、于自善、于天荫、左承炳、张云武吸收为中共党员。又把大队的骨干政治干部及原来在中队的政治工作人员，固定到中队，第一中队政治指导员由大队政治处主任周铁泗兼，李华荣为副指导员；第二中队政治指导员是明先智；第三中队政治指导员由谭徽岗兼，副指导员是洪波臣；第四中队指导员为赵楚湘。

（九）从毛里湖突围绝处逢生，去县城投书被捕入狱

突围计划是：周铁泗、龚剑萍、左心平率一中队向东突围，以焦圻、黄山头为目标；我与谭徽岗、刘玉舫、李代宣率第二、三中队设法过七里湖，以红庙、三贤、

荆南为目标；赵楚湘、雷秀江、陈汉、何彬带领第四中队，原地狙击敌人，掩护大队主力突围之后，能集体行动则立即集体行动，撤出围剿圈。若不能则化整为零分散打游击，穿空隙突击出去到荆南、红庙一带去找大队。

7月6日江正发驻安澧垸南端的队伍与安乡曾济民驻张九台的中队发生武装冲突，还打死了几个士兵，次日，双方还对峙着。大约8日黎明，一中队100多人枪渡过澧水行至安乡汇口，无法按原定路线突围，决定改道由官垸南濠口突渡，为避免敌人视线，走了些弯路，傍晚才赶到夹夹，当即封锁渡船。陈宣振率独立营，尾追我一中队，也到了夹夹对岸，因天已黑，又喊不到渡船才撤回。于是，一中队转移到龙窖村宿营。次日行军至大围垸后，派人到焦圻侦察。安乡自卫总队周伯比中队驻焦圻、张家拐，甘家厂还有公安的保安队，于是改变了去黄山头计划，再南下回黄天湖，结果陷入陈策勋旅三个团包围圈。陈宣振游杂团，带头搜剿，我一中队退入黄天湖边，决定化整为零分散隐蔽，除正副中队长以上领导携带短枪外，其余枪支捆着沉入黄天湖，子弹、手榴弹埋入地下。副大队长龚剑萍率一中队干部，同敌人周旋两天后，由于安乡地下党夹洲支部负责人的配合与救援，打通曾济民防线缺口，转到安造垸才脱险。

敌人在黄天湖搜索一无所获，扫兴而返。5天后的清晨，一中队的军事干部划着小船到湖中取枪，于夹夹码头集合队伍向大队主力靠拢。

原计划第一中队出发后，大队主力相继出发，因长江、澧水陡涨，又刮大风，来往船只全被敌人扣留，无法按时行动。8日黄昏，有五六艘大帆船运粮后放空回津市，驶过七里湖，因风大浪大，天空乌黑，便抛锚在保河堤外河水的湖中。我们从渔民中动员了两只小渔船，划到那几艘大船边，上船动员船工们把船驶靠保河堤岸边，五更天第二、三中队、大队部指战员告别了四中队，上了大木船，扯起风篷，乘风破浪地向东疾驶，到达彼岸时，东方刚发白，顺利地突出包围圈，个个喜笑颜开。

部队登岸刚毕，谭徽岗向我提出：县工委3个人全参加军队行动，地下党支部、党的外围组织可能失去了领导，要求回去抓地方工作。我同意了他的意见，并请他派人与江北联系，如果解放军一过江，迅速告知我。谭还提出了消灭盐井熊伯范反革命武装的意见。

留在毛里湖钳制敌人，掩护大队突围的第四中队，由于雷秀江敌情淡薄，敌我不分，过分相信族侄雷立群（澧县警察局长），竟派左承炳、封生春带着他的手书前去澧县警察局与其联系，结果雷立群把封、左两人投入监狱。加之他指挥部署上的失误，被敌人击溃了。大队主力突围后，四中队没有立即突围，而是把部队移驻刘家铺坚持在毛里湖打游击。雷秀江在紧急关头，不是全力做好反围剿，而是组织指战员去做民运工作。暂三师陈洪、刘彪两个团进攻毛里湖，四中队派出的班哨没有及时发现，直到敌人抢占了对面山头，架起了机枪，才仓促迎敌，致使共产党员龚道生、积极分子方廷海等6名战士牺牲，雷秀江、陈汉等被俘。何彬、陈敦桎率部分战士经李家铺向新洲方向撤退，把武器沉于万家到口水中，分散后回家或投奔亲友。解放军攻克澧县后，陈汉、左承炳、封生春被营救出狱。陈洪部向桃源撤退，将雷秀江随军解押，解放大军追击于桃源九溪，陈洪才把雷放出来。

（十）奔袭盐井镇扑空，返回杨家铺遭围

北路大恶霸、土匪头子熊伯范，是澧县有名的"三个半屠夫"之一。大革命时期他杀害了我党公安县县委书记胡竹铭等人，双手沾满了人民的鲜血。我们决定奔袭盐井，消灭熊伯范及其反动势力。

一声令下，整队出发，开到黑鱼湖南面的杨家铺后，找到了五六艘大帆船，大队到袁家港登岸。队伍开到双龙岗抓住了地主胡和民，开了他的谷仓，杀了他的肥猪，改善生活。此时，梦溪支部地下党员陆振林、陈德本前来配合队伍行动。他们两人为向导，避开大道村庄，只走松林小路，翻山越岭，黎明前抵达盐井东南面小山岗（当时盐井镇在今盐井水库内）。李代宣不听从大队长刘玉舫和我决定的在拂晓前进攻计划，天大亮后才下达进攻命令。进攻之前，熊伯范发现了我们的意图，带队伍逃上盐井北面山冈，我们冲进去后只是一座空镇。

接着我们获悉，湖北保安第一、第八旅各一个团由公安、松滋边界向盐井开来。我们迅速组织部队往回撤退，走密林草丛的山路，绕过敌人的视线。7月10日下午再次回到黑鱼湖南面杨家铺。当时情况十分紧急，南面红庙有匪军戈斗的一个团，东面东港有澧县龚域藩的自卫总队，北面张家厂有湖北保安旅，西面澧城驻有蒋军正规部队，西南小渡口有一团游杂部队，在津市驻有第二军。我们只得趁敌尚未合拢包围圈之前，把部队化整为零，将长枪、子弹埋藏起来，组织短小精悍的武工队，携带短枪、手榴弹进行活动。战士们多数回家潜伏或投亲友隐匿，少部分人员白天坐小船隐藏于黑鱼湖中芦苇处的一座高台木柱木板壁瓦房里，四周芦苇又深又密，在岸上看不到这栋房，只能坐小船从芦苇丛中进出。敌人虽然怀疑我们在黑鱼湖一带活动，但始终找不到我们驻在什么地方，而我们的武工人员在

黑鱼湖周围十分活跃，宣传、组织民众，打击敌人。戈斗的游杂团，常派巡逻排班到杨家铺一带侦察。有一次，一个侦探扮作小贩，挑一担菜瓜到杨家铺，站在我们出入的湖岸上，向芦苇深处窥探，被我们的武工人员逮捕，审讯时他极为凶顽，我们立即将他处死沉入湖中。

（十一）和平解放津市

7月中旬，中国人民解放军第四十九军进抵长江北岸，中共澧县县工委津市新华工厂支部派驻沙市地下党员李群、袁都银，很快与部队取得了联系，袁都银提前赶回梦溪镇，把情况告诉了谭徽岗。谭立即动员党员、积极分子，组织群众在盐井、复兴厂一带从事迎解工作。接着袁都银赶到我家传递情报，因我当时在杨家铺，袁当即赶回津市，组织迎解工作。

21日，四十九军一四五师四三五团入澧县境，谭徽岗随即配合，进军解放澧县城。22日上午，我英勇的人民解放军对澧城内的湖北保安旅发起攻击，历时一昼夜，毙敌300多名，俘虏敌人250多人，打伤的敌兵遍及大街小巷。23日拂晓，我军打开监狱，释放了被捕关押的人犯，继而将俘虏收遣。谭徽岗、赵楚湘等随同进城，组织地下党员、积极分子、统战人士从事迎解和支前工作。

敌人闻讯我人民解放军渡江开进湖南，纷纷南逃，我们立即收拢部队。这时，周铁泗派人送信，请我速率大队部、第二、第三中队去官垸与周汇合。在停留的瞬间，我同意了周铁泗的提议，批准了周用国、李德生、洪波臣、李华荣等入党。

津市送来情报，江正发游杂团和部分特务武装，放出要洗劫津市后逃窜的风声，要求第四突击大队火速前来解放津市，保卫人民生命财产。23日中午，第四突击大队在津市人民热烈的欢呼声中，和平解放了津市。这次我们缴获了津市警察中队五六十支枪后，部队驻扎在轧花厂内。随即，新华工厂支部、农校支部党员与积极分子及"四突"的大部分政治工作人员，分别开会宣传中国人民解放军的布告，稳定人心，安定秩序。当日晚上，李代宣告诉我："澧县南路大恶霸地主马册玉和他的弟弟马青云（绰号马老五），企图偷袭津市。"我令加强侦察，秘密地做好准备，在马青云的部队渡河靠岸时给予全部歼灭。马匪了解我们有了充分准备，队伍进到对河襄阳街后调头逃走了。

由于形势所迫，江正发游杂团200左右人枪，表示愿意同我们合作。我认为，第四突击大队中流氓成分很多了，如果再收编江正发的游杂团，部队会更难领导，况且澧津已经解放，武装暴动起义的任务基本完成。我请李代宣做江正发的工作，要江正发认清形势，不要随反动军队走，也不要拖人上山为匪，把部队收归一个地方驻扎，派人同解放军接头请求收编。当时江正发部队驻扎于津市古大同庙中，接受了解放军的收编，收缴其枪支弹药，队伍成员教育后，予以遣归。

大约进驻津市后第三四天，解放军四十九军派联络员和一辆卡车来津市，把我接到澧县城西街四民旅社，团长周继光和随军记者刘白羽接见了我，问我们党组织是谁领导的，我回答说：是方用。他们查阅了一份名册后，便确认第四突击大队是共产党领导下的游击武装，叫我们暂住津市，负责维持津市的社会秩序等。接着刘白羽同志详细地了解了"四突"的成长和活动情况，后写了一篇通讯发表了。

（十二）调防澧县城东郊甘家台整训

7月底，"四突"奉令调防澧县城东门外甘家台。鉴于第四中队在毛里湖被打散，进入津市后，大队部分徒手隐蔽零散人员和四中队遣散人员相继归队，又在津市收缴了50支手枪及一些零星枪支，大队领导商定恢复第四中队建制，提一中队副中队长龙望才为第四中队队长。

接着，上级派中国人民解放军四八〇团副团长朱明奎来大队当军代表；派南下工作队员盂凡贵、聂铁岭任中队指导员。整训期间，龙望才有抵触情绪，企图策划拖枪逃走，组织私党20余人密商叛变，被该中队战士雷松林听见，龙怕雷告发，杀人灭口，并将尸首沉于附近的河水里，不料尸首浮出而被发现。大队立即采取措施，驻澧县县城120师师长朱子休派一营兵力将第四中队包围，龙望才俯首就捕，避免了叛乱的发生。在甘家台除整训学习外，还两次派去石门、慈利、安乡、南县、华容县执行接管政权的任务。

不久，我奉令到常德地委第一期党训班学习，周铁泗继任政治委员，刘玉舫调地方工作，军代表朱明奎继任大队长。此后"四突"在常德军分区指挥下，调毛里湖一带清剿马册玉、马青云等土匪，接着进行改编，大部分编入澧县大队，一部分编入常德军分区独立团。

我参加高农学校地下党活动的前前后后

⊙ 贺敏功

我于 1945 年 5 月在湘西辰溪省立第四职业学校读书，日本投降后学校迁往津市，它就是新中国成立后称为津市高农学校的前身。1948 年 6 月我在津市农校参加中国共产党地下党组织，1949 年 6 月担任农校地下党支部书记。我将回忆到的地下党农校支部斗争的情况写在下面：

一、在黑暗的统治下探索光明之路开始接触革命思想

在小学读书的时候，教导主任王野渔每个星期六晚上总要集合全体学生讲抗日的形势，激发每个幼小心灵的爱国热情。音乐老师教学生唱些抗日歌曲，如《义勇军进行曲》《武装保卫湖南》等，同样激起学生斗争的信心。使我树立了中国抗战必胜，日本必败这样一种简单的信念。1943 年，那是我 15 岁的时候，日本侵略者的铁蹄居然踏进了我的家乡，已经在生活上痛苦不堪的人民，加上这种血肉横飞的灾难，真是处在悲惨的人类绝境之中。我亲眼看到两个日本兵骑着马拿着机关枪追赶着成千上万的手无寸铁的扶老携幼的男女百姓，一直追到涟水河边，不少人就淹没在奔腾的河水之中。我还亲眼看到 60 多岁的教过书的冯汉泾老师活活被日本人打死。我与同学史子禄等冲破了日本人的防线，到湘乡县境山区一个初级农业学校读书，当我们听到一个从国民党军队里退伍下来的团长组织几十人打死了十几个日本兵的消息时，我们欣喜若狂，自动地行动起来，打着赤脚，走出学校，到各家各户去宣传、去募捐。我们将募捐到的钱买了一头肥猪、几只羊子送到营地，希望他们多杀日本兵，为他们的胜利进行慰问。

1946 年春，陈汉、粟德忠到农校农业经济科第五班读书，

我是在畜牧兽医科第七班读书，他们两个人比我迟入校一年，虽不同科又不同年级，但都是湘潭同乡，我们很快就接近认识了，他们两个与我虽然认识很迟，但我觉得是我交往朋友中最知己的。在课外的时候我们即主动接近，交谈时扯的多是抗战胜利了，政府依然黑暗，学生依然处境困难，人民依然处在水深火热之中等情况。我亲眼看到在1945年日本已经投降了，所谓胜利者的国民党军在湘乡一个地方路过时，骑马的长官耀武扬威，而当兵的都是面黄肌瘦，骨瘦如柴。临近新中国成立前夕，有一次在我与几个同学同路到几百里外的农校去读书的途中，遇上了一个同学的熟人，这个人在国民党军队里当连长，当时正用船押送新兵，我们就搭上了他的便船，晚上新兵被捆着在一个岩码头过夜，半夜时突然几声枪响，把我们都惊醒了，过了一会儿，说是有几个新兵跳河逃跑了，这就是我们亲自遇到的在国民党统治区青壮年的工人、农民最常见的真实遭遇。1946年夏初，连续下了几天雨，这并不算是什么暴雨，但滨湖的堤垸却溃了不少，津市街后的堤垸也没有逃脱这场水灾的袭击。一天晚饭后我与几个同学到堤上去散步，看到一个难以容人的人字草棚旁边的泥地上，一个衣着破旧的妇女，正慢慢地在剥已经发着臭味的蚕豆夹，显然那就是她度命的食粮，她的旁边还坐着两个赤着身子显然严重失去营养的孩子，从他们的眼光中，使人感觉似乎等待他们的只有饥饿、疾病、死亡。这一幕幕的惨景，说明了抗战胜利了，并没有给工人、农民、士兵们带来任何幸福。而教师学生们的情况怎么样？我们的学校是一个有三百多学生的农业中等职业学校，我们的校舍原来在长沙岳麓山，日本投降后被迫迁往津市一个平民工厂，河水上涨，学校被泡在水里，学生被关在一个大房子里住宿，床上藏满了臭虫。即使是晴天，地面也很潮湿，过一段时间将垫的被子掀开看，上面已经结上了一层水珠。不少学生的身上长满了疥疮，就连老师住的房子也是四面透风的木板屋，冬天我们走进老师的屋里，那北风吹来，几乎和屋外一样使人冷得发抖，却没有任何取暖的设备。更加使人苦恼的是失业和失学随时在威胁着大家，每个人都为自己的前途感到苦闷和忧愁。而国民党却充当着镇压人民的刽子手，上海、南京等地反内战、反饥饿、反独裁、要民主、要和平、要生存的学生运动浪潮，时时在激发着师生们被长期压抑的悲愤。

以上这是我们经常来往交谈的内容，他们两个是热爱学习，追求进步的，凡是我们喜欢看的书和文章都要互相交换传阅。最先我们爱看的是《观察》《群众》等几种杂志，上面有些文章的锋芒敢于直接指向社会上的黑暗。后来我们读到高尔基的名著《母亲》和奥斯特洛夫斯基的小说《钢铁是怎样炼成的》这两部书，感受很深，在我的心灵上有了一个比较明确的信念：要奋斗，要牺牲，中国的前途才充满着光明。

1947年上学期，一天晚饭后粟德忠约我到省植棉指导所魏泽颖那里，当时我不知道他是地下党的负责人，事后我才知道是魏约好要粟与我到他家里去玩的。在谈话中，我提出了心中没有找到答案的问题，我说："我是抱着农业能救国这样的想法来学农的，但是学了到底有多少用处呢？以前各届毕业的大多数学生都处在失业困苦之中，再说现在农民哪里顾到什么技术，连吃饭穿衣也为难呀！"魏说："你这个问题提得好，我国农业落后，需要农业技术，但学了技术却没有用，这恐怕只能从改变社会制度上去找出路。"在以后的多次接触中，我总是以一个学生向老师请教的态度去找他，我感到他是那样和蔼可亲，是那样倾听我的意见，他回答问题是那样准确和令人心悦诚服。

以后我们看的书就更多了，最初阶段看的书中要算《社会发展简史》对我影响最大。这本书使我的思想发生了一个大的变化，在看到这本书以前，我对社会的看法如一堆乱麻，不知道这里面还有什么科学和规律，一看了这本书以后，发现社会是由低级向高级阶段发展的，在它的发展过程中有5种社会形态，社会发展的根本原因是人们在劳动中创造了工具，发展了生产力，因生产力的水平不等才出现与之相适应的生产关系，才出现不同的社会形态。人类进入阶级斗争社会以来，阶级斗争就成了社会发展的动力，这些都是不以人的意志为转移的。这本书是我开始树立科学社会发展观，走进共产主义革命事业大门的书，打开了我的眼界和思路。

1947年下学期我又看到了《共产党宣言》《政治经济学》《整顿党的作风》《目前形势和我们的任务》《新民主主义论》《论联合政府》《论解放区战场》等书籍，这些书使我明确了当前世界和中国的革命形势，以及当前中国的革命应该怎样进行。

当时的反动当局对阅读这些书是绝不允许的，如果发现有人阅读就要怀疑为共产党，就有杀头的危险，我们采用了多种隐蔽的方法冒着生命危险去阅读，也在有进步要求的同学中传阅。

二、在严重的白色恐怖之下我毅然加入中国共产党

我永远不能忘记，在这段时间里对我影响最深的魏泽颖、谭徽岗、陈汉、粟德忠等同志的革命形象。

　　1948 年 5 月初，由于学校领导怕毕业班学生闹事，并且为了减少学校经费开支，让我们这届毕业学生提前两个月毕业了。毕业前陈汉找到我说："你毕业后可以回家去看看，要赶快到津市这边来，准备要你在左家塔一个小学校教书。"我当时毫不犹豫地答应了，当我于 5 月底回到津市时，不幸因河水上涨，堤垸溃决，左家塔小学不能开学，要另找职业。后经商量，找到我同乡的谭曙峰在津市税务局当股长，他叫我去新洲一带收税，我当时果真陪同两个年长者去新洲一带收过一次烟酒税，觉得这个工作不好开展革命活动，相反人到哪里，哪里的人就痛恨收税的狗腿子。我们又商量找到校长易劲之，就被安排在津市对河三王庙——当时学校的一个畜牧场，与刘丙道两人同拿一个职员的薪水。这个牧场仅有山羊 20 多只，还雇请了一个叫隗伯的工人，一个叫吕正清的炊事员。事情简单，倒是地下活动的一个好场所，就这样在那里呆到新中国成立前夕。

　　1948 年 6 月上旬的一个星期天，陈汉一个人到了我住的地方三王庙，专门征求我的意见，是否愿意参加共产党，愿意的话就要写个申请，他提醒我对待这个问题要慎重考虑，弄不好就要人头落地的。对于我来说，要求参加共产党的心愿早已萌发，而且像一团炽热的火在鼓舞自己。觉得一个人只有能为共产主义事业去奋斗，并且在必要的时候毫不犹豫地贡献出自己的生命才是最有意义的。我当时愉快地答应加入共产党，并写了申请书，我的入党介绍人是谭徽岗和陈汉同志。

　　1949 年 6 月上旬，学校已经放了假，粟德忠专程来到三王庙找到我，说组织上已经正式同意你转为正式党员，并且画上党旗对党宣誓。

　　魏泽颖、谭徽岗、陈汉、粟德忠这 4 位同志已经离开了人世间，但他们的革命形象仍然深深地印在我的心里。

　　魏泽颖同志什么时候来津市轧花厂省植棉指导所工作的我不清楚，我只是作为学生、晚辈的身份向他学习，他也经常向我打听各方面的情况。我觉得他头脑清醒，襟怀坦白，勤奋好学，知识面广，善于倾听别人的意见，待人和蔼可亲，回答问题清楚，是一个优秀的共产党员。有一次我向他提问马克思主义主要包括哪些内容，他不仅向我推荐了列宁著作《卡尔·马克思》一书，还将其中的主要内容向我作了介绍，使我惊奇的是他说的有些几乎是书中的原话。有一次可能是他试探我有没有胆量投身革命，他问我现在叫你去延安你敢不敢去？我说当然敢去。他说到那里不仅路远，还有国民党的许多关卡，还没有路费呀！我说抗日的时候，我和同学们曾越过日本人、土匪几道防线关卡，相隔几百里远的路程，也还是赶到了学校去学习，现在胆量比那时候更大了，要到延安更是浑身是劲，他说那以后再说吧。有一次他向我问到陈汉、粟德忠两人关系处理得如何，他是那样认真，以致不放过我向他介绍的每一个很小的情节。

谭徽岗同志，他是高农地下党支部第一任支部书记，他于1948年11月份在津市油榨街一个小织布坊里面召开过一次支部会议，会议主要讨论的内容是什么时候举行学生的游行示威活动。当时支部才成立不久，学生中的工作没有得到很好开展，有的党员主张立即举行游行示威。谭徽岗同志冷静地分析了条件不成熟的理由，并提出了积极做好游行示威的准备，避免了盲目行动。谭徽岗没有给我讲过课，工作上没有直接接触过，但从同学们、同志们中听到的和平常言谈中感受到的，他确实是一个头脑比较冷静，性情温和，勤于学习和思考，看问题深刻的共产党员。

陈汉同志，他是高农地下党支部第二任支部书记，他刻苦学习各种革命书籍，能写文章，待人和蔼，革命意志坚决，由于他准备介绍入党的一个党员对象有重大的特务嫌疑，为避免暴露目标，经组织决定，以请病假为名，于1949年5月转移到津市街后的农村里，与一个贫困的老农民一起生活了个把月。在那段时间里他不能与别人接触，身上长满了疮，生活是相当苦的。1949年6月中旬，津澧地下党发动了第四突击队武装斗争，陈汉同志调去担任第五中队指导员，部队进驻毛里湖只有一个星期就被敌人几股力量冲散，陈汉等人当场被捕，关押在澧县监狱，后经地下党活动，学校校长易劲之等人做工作未获释放。正准备押送常德，恰逢我解放大军渡江南下，围攻澧县县城时，有两发炮弹击中了监狱，陈汉就在那时跑出了监狱。陈汉出狱后，经地下党联系参加了480团，任政治部保卫股股长，于1952年因肺痨等多种疾病治疗无效病逝，他的逝世，对党的事业无疑是一个损失。

粟德忠同志，他是高农学校地下党的第三任书记（1949年5月），在他任书记之前由符鸿基同志任代理书记。他的家境贫困，刻苦读书，革命意志坚决、立场坚定，能说能写，是一个忠诚于革命事业又有工作能力的好同志。他最爱和别人一起争论问题，力求把问题争论清楚，并且还善于联系实际说明问题。1949年6月他担任过第四突击队某中队指导员，新中国成立初期，他在津市做工商工作，被调去参加湖南省革命大学学习，学习后调去给省委书记周小舟担任秘书工作，大约于1958年担任省委重点县醴陵县县委副书记，1959年他曾写信给我，谈了他认为"人民公社办早了，高级社的优越性没有发挥完"的实事求是的观点，后因给周小舟同志提供了材料，于1959年庐山会议之后被打成右倾机会主义分子遭受残酷的斗争，被逼不幸身亡。这样一个忠于党的事业的好同志，居然遭到无情打击，含冤死去，不能不使我万分痛惜。

三、传播共产主义思想，发展地下党组织，开展学生运动和武装斗争

在国民党统治地区，抗日战争虽然结束了，但是阶级矛盾却异常激化，不仅工人、农民不能忍受国民党在政治上的统治和经济上的剥削，就是知识分子队伍中的老师和学生，还有工商业者也在激烈地反对国民党的统治。人民的不满和斗争极大地震撼着反动派，国民党反动当局对人民的统治就更加残酷无情，更加凶狠百倍，对于领导人民革命的共产党不仅造谣攻击，而且采取各种残酷手段加以杀害。在这种形势下，我们不畏艰难，不怕牺牲，传播了党的思想和主张，揭露了国民党的反动面孔。

在我的记忆中，我们传播的书刊，有《观察》《群众》两种杂志；有《静静的顿河》《母亲》《钢铁是怎样炼成的》《太阳照在桑乾河上》《吕梁英雄传》《东北抗日联军》等革命文艺书籍；有《社会发展史》《政治经济学》等政治书籍；有《卡尔·马克思》等革命斗争的书籍；有《论解放区战场》《实践论》《矛盾论》《论联合政府》《新民主主义论》《整顿党的作风》等重要的有关中国革命的理论和实践的书籍。在传阅时，我们不能在正式上课时间阅读，只能利用课外时间在安静无人的地方偷偷阅读，书面还要用《中国之命运》《三民主义》等伪装起来，因为只有这些书才不会引起人们怀疑，别人看见了也不愿意争着去阅读。

为了加速这些书刊的传播，我们还组织了假期留校读书班，争取利用学生会组织宣传革命思想。1947年的寒假，我留校未回家，看了一些进步书籍，当1948年春开学时，粟德忠、陈汉和我商定，活动学生首先选我担任学生会管理生活的经理，因为这既是收学生伙食费包括油、盐、柴、米生活费的负责人又是经手人，每学期这个差事总是由学生会有权势的学生抢去了，他们从中贪污舞弊，使已经远远在营养线以下的学生伙食还要受到他们的贪污侵吞，严重地影响了学生的身体健康。我担任经理后，果然有几个学生将应交生活费的一串偷偷给我，要我给他们以全交的收条。有个别同学还说自己是毕业班的，年龄大，有力气，要以势压人。他们有的参加了帮会组织，还以打架等来威胁我，要挟我舞弊，我都一个一个地断然拒绝了。那一期学生交的柴火、米和油盐都比前几届多得多。

陈汉和粟德忠担任学生会的宣传工作，组织过唱《团结就是力量》等革命歌曲的活动，星期日请进步老师作形势讲话，利用墙报揭露国民党的黑暗统治。

1949年6月中旬，粟德忠到我那里对我说，组织上决定他担任区委委员，要我担任学校支部书记。我知道的党员有谭徽岗（教师）、陈汉（学生）、粟德忠（学

生）、符鸿基（学生）、宋昌文（学生）、王正岗（学生）、葛君（学生）、赖治（工人）、曹策荫（学生）、李绍霖（工人）、李芳济（农民）、孙家齐（农民）、刘斗寅（工人）、莫德辉（工人）和我共 15 人，这些同志中由我和陈汉介绍入党的有赖治，由粟德忠和我介绍入党的有王正岗、葛君、李绍霖、莫德辉。我担任支部书记后没有几天，粟德忠开完武装斗争行动会议回到我那里，他说津澧一带准备组织第四突击队开展武装斗争，左承统、谭徽岗、周铁泗联系了刘玉舫等同志负责，我们支部陈汉、宋昌文和他自己到中队去任指导员，我住的三王庙作为前后方联络站，交代我当时的任务两个，一是联系符鸿基、葛君、曹策荫 3 同志来到津市我的住处，再由我将他们带送到突击队去，并且将通信地址告诉了我，这项任务我当即执行了。信发去后，葛君先到我那里，接着符鸿基赶到了，正在那时，江正发部队因与学校农场发生纠纷，将我和葛君还有几个农民抓到江部。从江部出来后，我们商量不能等曹策荫，要迅速赶赴突击队。我和符鸿基、葛君就于第二天清晨从三王庙出发，去毛里湖找突击队了。当时天下大雨，路不好走，我们的脚已被竹签子刺破，鲜血直流，但仍然坚持赶路，走到一个渡口，对河就是突击队驻地了，我们打扮成学生说是替学校到几个同学家收学费去的。我们走到渡口时，天已黑下去了，我们在渡口老百姓家，一方面找住宿的地方，一方面了解一点情况，一家老百姓因他家有学生在外读书，家庭情况还比较好，就留我们住宿，并对我们说，对河白天打了仗，那边码头上还打死了几个人没有收尸，驻在那里的突击队已经撤走了，现在情况紧，你们不能过去，也过不去。我们又打听了其他几个人也如此说，就决定一同到葛君家去。在葛君家里住了 3 天，因在那里打探不到什么情况，我们商量还是到常德附近同学家里去，可能问到一些情况，于是我们到常德市东门外两个同学家里各住了一晚，在街上看到国民党报纸上头版头条消息说，国民党军"主动"从宜川、沙市撤退。我们分析解放军一定开始渡江南下，津市很快要解放了，有许多工作等待我们去做，当即赶到葛君家住了一晚，第二天因葛君暂不愿去津市，我与符鸿基就迅速赶往津市。7 月 23 日，我们走到澧县新洲时，就有解放军在街头站岗放哨了，我们所经过的路上，虽然听说了有零星土匪杀学生、杀过路人的情况，我们商量在路上保持一定的距离，走路时气派足一点，结果没有遇到任何阻拦，赶到了津市，这就是我们几个人赶赴突击队的情况。

　　粟德忠当时交给我的第二个任务就是配合突击队起义，在津市大码头上和津市对河直到窑坡渡归我张贴标语，当时我去新华工厂高培勖那里领了标语和布告百多张，并有浆糊，从 12 点以后走出新华工厂，虽有江正发匪部进驻津市，街上布满了岗哨，但当天晚上天色非常黑，街上又无电灯等光照，很利于张贴标语，半夜2点钟在津市街上贴完，随即过河继续在襄阳街到窑坡渡一带张贴，完成任务回到三王庙驻地时，已经快天亮了。这次总共张贴标语布告百多份，当时心情虽然非常紧张，但在完成任务后，真有说不出的高兴！第二天听到很多老百姓在谈论，说昨天晚上很多解放军到了津市。看到标语和布告在群众中发生了作用，更是高兴无比。那晚在津市街上贴标语布告的就是我一个人，过河后参加贴标语布告的还有李芳济、孙家齐。

我所知道的农校党支部还作了以下工作：

（一）组织一次赶走廖白皋老师的活动。因为廖经常在语文课上宣扬反共产党的一些论调，地下党认为有必要把这种反动思想和气焰打击一下，在同学中造舆论，同时还贴出了标语要赶走廖白皋，达到解聘的目的。第二学期，学校当局果然解聘了廖白皋老师。

（二）国民党警察局、便衣队已经对高农地下党严密注意，扬言要进学校搜查。当时校长易劲之的秘书李文仲已将地下党7人的名单告密到了警察局，黑名单上有我和陈汉、粟德忠、谭徽岗、左承统等人，学校教导处副主任熊飞浦等人检查过学生的屉子、被窝底下，但未发现目标。地下党就利用学生身份喊出要自由、要民主、反对独裁、反对特务，不准侵犯学生的权利，要以牙还牙，以武力对付武力等口号，使得便衣人员再没有随便进入学校检查学生和抓人。

（三）1949年上半年，地下党利用学生会开展一次反内战、反独裁、反饥饿的游行示威，队伍走到油榨街就被警察冲散了，但还是张贴了很多标语。当贴在下面的标语被警察撕掉后，学生们踩在人的肩膀上把标语贴得很高，使警察一时难以撕掉。

（四）1948年下学期一个星期天，学生张星杰在街上修皮鞋时与警察发生了纠纷，警察打了他一耳光，当时有我们地下党员，还有其他同学就在街上发动同学冲向警察所，警察所虽有一班武装警察，且戒备森严，堵在门口，但学生与街上群众形成人流根本无法阻挡，很快冲进了警察所，打坏了里面的玻璃等东西。后由校长易劲之、学生会陈汉出面调解，由警察所长放鞭炮送学生到学校才算了事。这件事确实沉重地打击了反动统治的气焰。

（五）1949年上半年，地下党支部还发展了外围组织"新民主主义同盟"，我发展的成员有韩名科、刘炳道同志等人。

1949年7月23日，解放军到达津市；作为一个从极端危险的境地走向了解放的人，内心的喜悦和幸福是难以用语言形容的。当时国民党反动军队虽然退走了，解放军进驻了津市，但形势依然很险峻，国民党的基础力量尚未触动，反动谣言到处都是，基本群众还不了解党的政策，不敢亲近解放军，解放军用人民币买不到东西，征粮支前的任务相当艰巨。一开始我就与解放军的一个政工干部到街头去做口头宣传，主要讲共产党爱人民、为人民的政策，讲人民币是有雄厚物质作后盾的，号召大家使用人民币，天天搞街头讲演，虽然天气炎热，但心情却十分愉快。

不久，南下干部来到津市成立了党组织，我被分配去参加征粮支前工作，当时各处都有国民党匪特活动，不断传来干部被杀情况，但我们无所畏惧，仍然顺利完成了征粮支前任务。

（贺敏功曾任中共常德地委政法委员会主任）

津市各界迎解工作追忆

⊙ 朱振炎 陈大方 杨克诚 吴兴元 曾子东

　　1949 年 7 月，人民解放军解放了沙市、宜昌，准备挥师南下津澧。驻守在津市的敌人眼看大势已去，如坐针毡，惶恐不安。宋希濂所部陈策勋旅在向湘西逃窜时指示江正发，一旦守不住，便纵火烧掉津市，然后率部来湘西会合。当时湖南人民解放第四突击队已从毛里湖突围出来，在津市周围集结，局势的发展，更加使江正发举棋不定。由于商会会长金慕儒离开津市去四川，商会已无人主持工作，一些拥有巨资的大商户担心"共产"，准备转移货物和现金外逃。中小商人则害怕江正发部"洗街"，造成一场浩劫。这时，湖南民主军人促进会主任陈彩夫指示该会在津市的会员龚道广出来作好迎接解放的工作。龚道广受命后便积极联系油业理事长胡彬生、盐业理事长朱振炎、药业理事长聂锡桂、书纸业理事长杨炳煌和汪文斋在商会召集同业公会理事 60 余人开会，会上选出龚道广为商会理事长。龚道广在会上宣传党保护工商业政策，要求大家放下包袱，维持市场秩序，作好迎接解放的准备。此时，第四突击队政委左承统派人与龚道广联系，了解到杂货业理事长张儒诚和同业王永安过去曾参加过帮会，与江正发称兄道弟，感情深厚，便动员他俩出来做江正发的工作，只要江正发不放火抢劫，维持好市面秩序，商会愿先出款五千元交江部作薪饷，以后有困难，还可继续支援。江正发当即接受，为了表示合作，江正发有一天发现一个士兵在永康买东西不给钱，竟将这个士兵的耳朵割掉，以示履行商会协议的诚意。这样一来，一些大商户打消了抽资外逃的计划，小商户见大商户不跑，也就安了心。这时新华工厂驻沙市的地下党员袁都银与四十九军取得联系后，便由袁作向导随军渡过长江向津澧推进，第四突击大队见时间紧迫，派袁生玉找到潜伏在江正发部充当副官的"民促会"会员滕权周策动江正发投诚，商会会长龚道广和张儒诚也直接向江正发发起攻心战,劝江正发认清形势,弃暗投明,赶快将部队移到津市河南边去,才有新的出路。江正发听了也觉得句句在理,他审时度势,在会谈时,表示愿意投诚,接受整编。7月23日凌晨,解放军四十九军一举解放了澧县县城,江正发当天清晨乖乖地将市区部队全部转移到不二庵至古大同寺一带待命,就这样,津市避免了一场大灾乱。

在迎解工作中发挥了一定作用的还有木业工会。当南京和武汉相继解放后,津市地下党的工作更加活跃起来。1949年4月28日,津市总工会江洪、傅松山和木业工会常务理事兼总工分会财务曾子东、木业理事杨克诚到新华工厂收会费,工厂地下党员高培勋向他们宣传了革命形势,要他们关心工人,团结起来求生存。一席话给他们启发很大。当天晚上杨、曾两人到木业工会同大家商量后,为维护工人利益,便动员老板将工人工资由法币改为大米,原来当时物价暴涨,法币贬值,法币一大捆,难买米一斤。这样一改,受到工人热烈拥护。接着他们几人暗地设计出工会旗帜,式样为三角红旗,鱼尾黄边,中间一个白圈写上一个红色工字。新华工厂地下党员仇勇夫见了当面表扬设计得好,于是暗地制作了30多面。6月,他们将津市总工分会悬挂的蒋介石像和国民党的旗子撕下来,换上总工分会会旗。7月20日,林崇进悄悄送来迎解标语稿,几个人找了一个秘密房子写起来,如"欢迎解放军解放江南""保护工商业""工人万岁"等,尽管迎解工作注意保密,但还是被泄露了消息,国民党特务盯着林崇进,幸好林见机由后门溜出,绕河边吊脚楼下跑掉了。第二天晚上十时,杨克诚、曾子东、余金山等分地段将标语贴在城头,天一亮,市民开门见到标语,议论纷纷,到处传说昨天共产党已进了津市,一些平日作恶的特务、警察更加惶恐不安起来。

1949年7月23日,总工分会组织全市工人在电影院门前集合,由新华工厂地下党员贾劲生、林崇进、傅松山和工会杨克诚、曾子东举着33面"工"字红旗,浩浩荡荡到小渡口去迎接第四突击队进驻津市。第四突击队全体指战员列队进入市区,先在轧花厂休息,政委左承统派陈大方率武工队20余人,手提短枪,与新华工厂地下党员张勤、贾劲生,木业工会理事长杨克诚等首先进入镇公所夺了枪,然后又到警察所,收缴了全部枪支,共长枪50来支,还有手枪若干支,至此,津市各界迎解工作胜利结束。

回忆南下工作队从冀南到津市

⊙ 聂铁岑　张立来　徐玉昌　楚坤秋

　　1948 年我强大人民解放军以破竹之势，连续取得了辽沈、平津、淮海三大战役的胜利，国民党反动政权危如累卵，即将彻底垮台之际，党中央根据战争发展形势，决定抽调大批干部组成南下工作队，接管新解放区，建立地方政权。1948 年冬，中共冀南区党委根据中央和华东局指示，组建 1 个区党委，6 个地委，30 个县的架子，抽调干部 3000 名，由王任重、乔晓光、郭森、韩宁夫等同志负责带队。各县随即开会，传达精神，广大干部情绪十分高涨，大多数党员干部都自动报了名。也有少数党员干部舍不得离家远行，不服组织调动，被开除党籍，受到淘汰。报名后上级规定县的区委书记、区长以及区委会的组委、宣委和区的民政、公安、武装、粮食、妇女助理一律只去正职，副职留下补充正职坚持在地方工作。报名批准后，区委编为支队，地委为中队，区为班。有条不紊地到一个地区接收一个地区，到一个县接收一个县和区。

　　1949 年春节前，所有报名南下的干部放假 7 天回家准备。当时，我们用的钞票都是冀南银行发行的纸币，而新解放区还通用银元，于是每人兑换光洋放在身上，多的有四五十元，少的也有一二十元。这次南下事先是保密的，所以回到家中都不敢对父母说实话。因为路途远，且新解放区情况复杂，可能发生一些意外事故，使父母不放心让子女远行。临走时，只暗示这次分别了，由于工作需要，可能一年半载不能回家，父母妻子也不介意，只是千叮万嘱，有空要捎信回来。哪晓得这次一别竟要离乡别井数千里，一去若干年后才能回来哩？

　　1949 年 3 月 1 日到 28 日，南下干部从各地集中到河北威县万家营农村。3 月 6 日召开南下人员动员大会，冀南行署主任王任重讲话，他开头便很风趣地说："同志们，我们要出嫁了，但这次嫁出去没有好的陪嫁妆。一句话，要艰苦奋斗。"接着他讲了目前形势和任务，宣布这次要过黄河，跨长江，到江南接管旧政权，建立并巩固新政权。会上还强调了高度集中，统一领导，统一指挥，为适应军事行动，一律采用军事建制。参加南下的干部利用这段时间学习了毛主席《目前形势和任务》《将革命进行到底》和《关于时局的声明》，提高了思想认识，增强了南下工作的信心。4月3日，南下人员离开威县向开封行军。为了轻装上道，每人只带了必要的衣物打成一个小背包，另外加上一个能装5斤米的米袋，以免途中一时供应不了粮食，好解燃眉之急。出发那天清晨4点便起了床，5点开餐，队伍像一条长龙，浩浩荡荡，迈开大步往前走，十分威武雄壮。4月10日在东明县清庄渡口过黄河。这里河宽不过50米，但水流湍急，为了保证安全，驻渡口解放军设计了一种长方形、船浅底宽的渡船，一则载人多，二则平稳不易翻。我们每船坐20人，两条船对开，经过3个钟头才渡完。俗话说，"不到黄河心不死"，我们过了黄河，南下信念更坚定了。从威县到开封，沿途县、镇对过境南下干部事先做好了布置，我们一路上，妇女团、儿童团还有老人，送茶送水，放鞭炮，扭秧歌欢迎，见到这个场面，心中都很激动。队伍中喊出口号"我们是人民子弟兵""坚决打到江南去，解放全中国"，欢呼声此起彼伏，震动着原野和山谷。

　　4月15日到达开封。开封正是麦收季节，住在郊区的干部挤出时间帮助农民抢收麦子，老百姓想起以前国民党军队下乡不是抢粮，便是抓丁，而今看到我们热情帮他们收割，又丝毫不打扰百姓，两相对比，格外亲近我们，关系十分融洽。

　　在开封休息时，南京已于4月21日解放。中南局首长邓子恢召集我们开会，作了两次报告。他说解放大军向南推进，节节胜利，进展迅速，出人意料。京、沪、杭、芜解放后由华东局派干部去了。上级决定区党委架子撤销，除由王任重、韩宁夫、苏刚带领五大队一部分干部到湖北外，另由乔晓光、郭森、孙卓夫、栗汇川带四、六大队到湖南去。听到这消息后感到很突然，先前在威县出发时讲的是下江南，大家虽没有去过，但听人讲"上有天堂、下有苏杭"，江南是个好地方，繁华、热闹，而今要去湖南，说不定以后还会上贵州云南。有的人开始闹情绪了，但中南局作出了决定，又不敢不服从。个别同志在从开封上火车去徐州时，竟趁人不防跳火车开了小差。

　　开封气候很热，离开冀南时，带的单衣少没法洗换，衣穿久了，又湿又汗，酸臭难嗅。经过向有关部门提出请求，每人发了一件灰色粗布铜扣单衣，考虑到湖南多雨，湖区蚊子多，又给每人发了一个小蚊帐和涂上桐油的雨布，虽然这几件衣物很粗糙，但也算是"雪里送炭"，无不感谢中南局对大家的关心和爱护。

在开封住了58天，安排去常德专区的干部分两路进行，一路由王含复、栗汇川带队往西走，随十三兵团经郑州、新野、襄樊、沙市去常德。一路由乔晓光、孙云英带队走东线，乘火车去徐州。那时没有客车行驶，临时坐的几列平板车，这种车皮四周没挡板，上面没顶盖，不仅日晒夜露而且危险性大，稍不慎便有从车上滑到轨道压死的危险，所以大家放下背包，挤在一块坐下，虫咬也不敢动一下。特别是车上没饭吃、没水喝，没有厕所大小便，简直度日如年。到徐州后换乘的"闷罐车"，这种车虽然上面四周有铁板，但是里面黑压压的，又遇上大热天，闷得透不过气来，真是活受罪。到蚌埠换了车，却是敞篷车，当然这要比平板车和闷罐车好一点，但满头满身盖满乌黑煤烟灰，互相对看，都像化了妆的"黑张飞"，让人啼笑皆非。一天后到达南京对岸浦口，从开封到南京历时三天两晚。

6月18日，我们坐轮船过江，排成3路纵队进入南京市区，南下干部队伍穿着不像解放军整齐，也不是人人扛着枪，高的高、矮的矮，男的男、女的女，十分引人注目。南方气候很热，加之已三天三夜没洗换衣，身上难免要散发出汗臭，路旁有些衣着华丽的妇女见了捂着鼻子走开了。看到这情景，虽然心头有火，但还得克制下来。在南京，我们住在伪交通部。

南京是我们行军的第二站，全体休息一个星期，有组织地参观了中山陵和明孝陵。南下干部大都在北方农村长大，多数没见过世面，一到南京，看见处处是高楼大厦，处处是电灯电话，还有大洋船，一切都感到那么新鲜有趣。6月27日，离开南京去芜湖，有的是乘火车到芜湖换船去武汉，有的是坐轮船直接去武汉，我们是坐的一艘五层高的"顺江轮"。一个小小铁床，安排5个人，有的躺着，有的坐着，有的站着，天又很热，关在小房间里，莫讲不能动弹，连透气也困难。天黑时到达了芜湖。芜湖是我国有名的四大米市场，在这里停下休息了7天。

天天吃大米，一些北方来的很少吃大米的人开始有兴趣，但吃了两天又感到不习惯了，还是觉得在家里啃粗粮、窝窝头有味。离开芜湖去武汉，有的同志已改坐木船，有的仍坐轮船。在长江上航行，时刻有敌机飞来袭击，干脆晚上开船，白天将船隐蔽在江畔树林边。船过九江距武汉不远地方，轮船被炸了一个洞，左右摇摆，终于翻了。到达行军第三站武汉后，我们住在金大楼旅社，后来由于敌机骚扰，一部分同志转到汉阳龟园寺附近住下来。汉口是5月16日解放的，才一月之久，市面秩序刚恢复，但仍然暗藏着没逃掉的敌特务和散兵，为了防止意外牺牲，要求外出需3人一组，好互相照顾。在武汉时，中南局书记王首道、副书记高文华、秘书长刘型等来到武汉，王首道书记向我们介绍了湖南情况，讲了湖南三湘四水，山清水秀，鱼米之乡，物产富饶，大家听了十分高兴，更加乐意到湖南工作。这时，常德地下党和专员陈采夫派的"民促会"会员张诚赶到武汉，汇报了常德地区情况，他说常德市 50 万人口，津市也是一个大城市。于是，领导根据情况，特别加强了常德和津市两市的领导班子力量，确定由地委组织部长柴保中兼常德市市委书记，地委委员赵墨轩兼常德市市长，地委委员粟汇川兼津市市委书记和市长。

在武汉时，正好"七一"党的生日，毛主席《论人民民主专政》一文已发表，大队及时组织学习，极大鼓舞了我们去新解放区工作的信心。从武汉到沙市，很多同志是坐的木船，一支装几十人。船开到距沙市不远的长湖，突然前面有枪声，后来才知道是土匪，很快被沙市开来的解放军打跑了。从南京带出的每人每天 12两饼干，因日子久了都发了霉，讨又讨不到，同志们整整一天没吃饭。由于南北方气候有差异，生活习惯也不同，不少同志因水土不服，染上了疟疾和其他疾病。到达沙市后，将病号留下来，设立一个临时留守处安置这些同志的住宿和医疗，其余同志在沙市休息一天后便渡长江南行。沿途解放军步兵炮兵络绎不绝，我们并肩而行一路上热闹非凡，南方多河汊沟港，不少是独木桥，北方人不会游泳，有的不慎跌到水里淹死了。在公安还第一次发现用粗谷壳包着的圆东西，原来是皮蛋，在北方没见过，这些都引起极大兴趣。

到达湖南后，各大队按在开封时分配的工作地点开始接管工作。二大队一中队（清河县组成）去澧县，二中队（武城县组成）和三中队（故城县组成）去安乡，四中队（恩县组成）去南县，五中队（高唐、夏津两县组成）去桃源，四大队一中队（隆尧、柏乡、宁南县组成）和五中队（新河县加南宫县一个区、隆尧县一个区组成）去常德县，二中队（巨鹿、南和县组成）去沅江，三中队（南宫县组成）去华容，四中队（广宗、平乡县组成）充实到地方机关，六大队二中队（大名、广平、鸡泽三县组成）去石门，三中队（任县、冀县组成）加平乡县干部去临澧。在武汉得知汉寿已划入益阳，便将四中队改去津市。我们南下工作队从河北威县集中出发，途经 5 个省，行程 4000 多里，历尽艰辛，终于胜利到达湖南常德地区目的地。

（葛乐山整理）

我的一九四九

⊙ 杨翰香

　　1949 年是中国五千年历史上少有的标志性年份，是划时代的年份。恰逢在这一年，我踏入社会，独立生活，开启了人生漫长的旅程。

　　那年，我十四岁。父亲送我去学徒，此举对我意义重大。在决定我人生前程的重大问题上，家族中意见并非一致。在父亲看来，当学徒最有前程，伯父杨伯谋却持不同看法。他专程从澧县赶来，劝说我父亲，让我去读书。伯父坚持认为升学读书才有前程，我父亲回答说："读书有什么用，长沙的大学生不还在街上拉黄包车？"1948 年，父亲到过长沙，目睹了长沙社会状况。当然，伯父只能劝说而已，还是父亲说了算数。

　　父亲决定送我当学徒是必然的选择，是他本人的经验和家族职业文化氛围两种因素决定的。

　　我对去当学徒早有心理训练，主要是外公在世时对我的教导培育。在我能接受教育时起，外公教我打珠算，要我练习写字。每每这时，外公总是拿我父亲作楷模，夸奖我父亲字写得好，算盘打得好，账管得好。让我学他，将来也当个管账先生。外公对我的疼爱体现在他为我的前途深谋远虑，从小抓起。我去学徒时，珠算"六归七二五除"已打得非常熟练了。如此说来，当学徒是我命运的必然。

　　我与读书升学无缘，留下了小小遗憾。这小小遗憾主要是小学未念完，只读到六年一期，而初小的头两三年，又是逃日军，又是躲警报，时读时停。不过，"民国"那个时代，能认识些字已算不错了。

　　应该说，父亲为我学徒作出的具体选择是很有眼光的。他瞄准了名门大户——协盛油行。协盛油行是大铺家，资本雄厚，生意红火。

协盛油行老板金慕儒，四十左右，津市商界大佬，风流倜傥，名声远扬，津市妇孺皆知，无论老少，都尊称他"慕嗲"，称其夫人"杨婆婆"。

我在澹津小学就听到级任老师陈先生在课堂对学生津津乐道慕嗲周游广州、香港的趣闻。进协盛后，果真见到了慕嗲在香港录制的留声机唱片，其多次放听他以内地与香港为题的演说录音。

慕嗲的社交与影响力非同一般，不仅仅在商界有声望，他还与政界、军界上层人物交往频繁，结识了许多朋友。门户之大，津市一时无两。这正是父亲托朋友举荐我进协盛油行当学徒的动机之一。

1949年2月6日，在我人生历程上是个不可磨灭的日子。

初八，就在离家去学徒的前一天，我还在隔壁城隍庙空坪上与顽童们兴高采烈地滚铁环，打"棒击"（两根一尺长短的木棒），此时，我还是一个学童，还是一个生活上一切都依赖父母的孩童。

初九，我成了店铺学徒。转眼间我的社会身份发生了重要转换。一个人，从依赖父母养活到自食其力，其意义重大，不言而喻。

初九的清晨，母亲叫我起床，将准备好了的新罩衣套在棉袍上，替我穿上，扣好布扣。她边替我穿衣边叮嘱："要勤快呀！""别人的财物不能要呀！""要记住呀！"这些话她已嘱咐再三，在即将离开她身边时还在强调。我答应说："记得的。"母亲将热菜热饭端上桌，要我吃饱。母亲坐在饭桌旁说："端人家的碗，服人家管，晓得吗？"我回答："晓得。"母亲此刻深切地感觉到：儿子吃了家中这餐饭就要离开自己身边，从此，去端别人家的饭碗，吃别人家的饭。别人家的饭容易吃吗？十三四岁，还不懂事啊！所以她还是重复交代了无数遍的话。饭毕，母亲递给我毛巾，要我擦脸，还说："要讲干净。"句句话语，无不饱含对儿子的担心与牵挂。出门前，母亲再一次替我整理衣服，满脸依依不舍的神情。父亲此刻感到为儿子学徒的谋划马上变为现实，注意力早已转到进店的事项上面去了。向我交代如何叩头、鞠躬礼节一类的事后，面带喜色，大步流星将我带到协盛油行正对面永康百货店老板唐修培那里，拜托他领我去拜师。

唐修培，父亲好友，我称唐伯伯。他带我到协盛油行中进慕嗲寓所。寓所是水泥砖木三层结构的"洋楼"（新中国成立后为国营纺织品公司），在津市独一无二，慕嗲夫妇住二楼。大清早，慕嗲尚未起床，唐伯伯径直引我入卧室，叫醒慕嗲，说明来意。慕嗲应声，掀开蚊帐朝我看。我立即喊了声"慕嗲"，在床前规规矩矩地叩了三个头。慕嗲应诺，吩咐去见尹管事。唐伯伯带我下楼来到一楼一间卧室,管事也未起床。唐伯伯说了来意,管事问我:"吃得苦啵?"我回答:"吃得苦。"管事没有多说,我在床前叩了三个头,退出中进,来到店堂。唐伯伯向店铺先生一一介绍,我一一叩头三个。又对师兄们鞠躬,礼毕,唐伯伯告辞了。我留下来,成了店铺中的一员。

中国人,各行各业,自古以来,盛行"师徒如父子"的人际关系。称"师父"而不是"师傅",称其妻为"师母""师娘"。还有"一日为师,终身为父"之说。因为师给了徒饭吃,师还向徒传授技艺、本领、经验或智谋,这等于给了你生存技能,一个人还有什么比生存更重要?所以师父如生父,但又不是生父,所以强调"终身为父"。可见,师徒关系的社会意义非同一般。其实,又有几个"终身为父"的呢?

行了拜师礼,我就成了"慕嗲的徒弟",或称"协盛的徒弟"。

协盛油行经营桐油、籽油、皮油、茶油、菜籽油、芝麻油以及食盐和煤油。大宗批发为主兼营门市零售,规模大、生意兴隆。店堂临正街,有二三步台阶,曲尺形大柜台的一端,朝街市竖立"胜算独操"四个斗大的字的字屏,何等气派,在津市商界举足轻重。

如果三年满师,我就取得"出师名门"的资格,这在商界是块金字招牌。现在是饭碗,将来是赚钱的资本。怪不得父亲为我进协盛学徒喜不自禁。

"吃得苦啵?""吃得苦!"尹管事问的是要害,我答得也坚决。学徒苦,我早有心理准备,外公外婆早就对我进行"吃苦"教育,多次讲到两个舅父不愿吃学徒这份苦遭辞退的教训。

学徒的确很苦,睡在旮旮旯旯儿或柜台账桌上,吃"别人先吃你后吃"的饭菜,做各项杂事、脏事、费气力的事,稍有怠慢就受训斥,有差错还遭打骂。我当然不是"笨学徒",是"笨学徒"就不会有由"学徒"到"厂长"的人生之旅。商店学徒有许许多多的力气活,抬秤、舀油、撮盐、抽煤油。繁忙的力气活体力还勉强支撑,最难受的是劳作时间长,黎明即起,中间没有休息时间,睡眠严重不足。有时深夜打更后还不能入睡,不是等门就是去赌钱的地方接老板回家。白天劳累,硬是提不起精神来了,就不由己地站在柜台边闭一闭眼。这些劳累困苦是现在的孩子们想都不敢想的,而对我们这代人来说,苦不算一回事,只要有饭吃,乐就在其中。

到协盛的第一餐饭是中午饭,吃得很香很香,我从来没吃到过这么香的饭菜,留下了难忘的记忆。拜师礼毕后片刻,熊先生安排我到新码头去扫盐。协盛从汉口运来几百袋食盐,一袋二百市斤,力夫搬运时,麻袋破损,盐撒满地,学徒们就沿途把盐扫起来。我是最后一个回店吃饭的，此时，餐桌上四个盘子一个汤碗空空如也，汤与菜已被先来的人一扫而光。幸好，香干子炒肉丝的盘子里还剩一点汤汁，腌菜盘子里还剩下一点腌菜，淡黄色的腌菜香喷喷的，与香干子肉丝盘里的汤汁一拌，其味道美不可言。饭甑里饭倒剩下不少，我出生以来第一次如此狼吞虎咽地饱餐了一顿。不知是什么缘故，是饭香菜香还是饿了，或许是自己劳动换来的第一碗饭吃起来才有这么香。

从这一天起，我就算自食其力，独立走上了自己人生之路。

1949 年 4 月 23 日，我年满十四岁。

同一天，南京解放。江南时局剧变，店铺先生们谈起国事，有人神秘兮兮地说："南京丢了。"有人伸出拇指和食指，摇晃两下，说："八路的李大脚是个女的，她的队伍就在湖北一带活动。"先生们议论纷纷，似乎时局与生意有某种关联。

国民党丢了"总统府"所在地南京，国统区已是"山雨欲来风满楼"，小镇津市也随之风起云涌。

大约五月的一天，店堂里来了一位客人，声称从桑植来，到武汉去，要会见慕哆。慕哆是桑植人氏，他家乡来的客人，我不敢怠慢，给这位客人端了茶水。大约十天半月后，这位桑植客人再走进店堂大门时，威风八面，大盖帽，笔挺的军装，一颗亮晶晶的"少将星"在两肩闪闪发光。身后还跟随两个挎驳壳枪的卫兵，派头十足，径直朝慕哆寓所大步走去，再也不理会店堂的各位了。

这个桑植人名叫陈策勋，他在武汉白崇禧、宋希濂的"华中剿匪总司令部"那里领取了一张"暂编师"少将师长的委任状，来到津市拉队伍。

所谓"暂编"，就是招募土匪编制为"国军"。湘西匪患数百年，土匪多如牛毛。如今深山的土匪时来运转，能穿上军装，戴上领章，冠冕堂皇，大摇大摆地开进城市，这是匪徒们求之不得的。解放军第四十七军政委周赤萍在《湘西剿匪记》一书中，对白崇禧到湘西招募土匪做垂死挣扎一事的险恶用心有过深刻揭露。湘西，旧时称黔阳，此时的"小诸葛"白崇禧到湘西招编土匪来扩充势力，这一招，不过是"黔驴技穷"。

陈策勋揣着一纸委任状来到津市，竖起杆子，招募人马。澧水流域从桑植到澧县，各路惯匪、流氓、青洪帮麇集津市，换装成了"国军"。匪首成了"国军"的将校军官，挂起"师部""团部"的牌子，什么"陈师部"（陈策勋）"江团部"（江正发）"郭团部"（郭斗）各霸占一块地盘，成为他们的势力范围。津市这个商旅云集的小城，一时间成了大兵营。"少将师长""上校团长"招摇过市，散兵游勇充斥街头。由于陈策勋与金慕儒的乡谊关系，穿军装的"少将""上校"及以下人等，在协盛油行川流不息，络绎不绝，这里成了他们的联络站。

暴风骤雨，大厦将倾，统治阶级预感末日来临，上层人物日夜豪饮狂赌。

一天晚上，打更过后，慕哆的夫人杨婆婆来到前面店堂，吩咐我去光明电灯公司接慕哆回来。平时慕哆很少经管店铺的生意，日夜在外活动。

接到杨婆婆的吩咐，我立即点燃灯笼，穿上木屐、拿起雨伞去光明电灯公司。空中细雨霏微，周围一片漆黑，通街空无一人。只有我手中的灯笼发出微弱的烛光，脚上木屐铁钉踏在麻石板上嗒嗒作响。幸亏有木屐踏出的响声壮胆，缓解了我惧怕的心情，赶紧往前走。走到太子庙时，突然有人喊话："什么人？"吓得我一跳。我立刻反应过来，回答："协盛的。"三四个手持马刀、梭标的巡更守夜人员来盘查。我手中的灯笼便是绝好的证明，桐油纸糊的方灯笼上，"协盛油行"四个朱红大字，在灯笼的烛光照射下，十分显眼。我才顺利地通过了，转过去就到了光明电灯公司（现湘航公司地址）。

近来，风声一天比一天吃紧，白天，警察持枪在大街上加强巡逻，新码头十字路口岗亭还增加了持枪警察站岗，保甲也从各店铺抽人轮流巡更守夜，刚才喊话的几个人便是保甲长从各店家抽调来值班的。

我进到光明电灯公司，客厅中一方桌，上面吊一盏亮得耀眼的电灯，照得牌桌上的光洋（银圆）亮晶晶的。慕哆与其他三人正在灯下打"跑符"（字牌）。我喊了声慕哆，他应了一声。我便在客厅外一张长木靠椅上，挂上灯笼，搁好雨伞，脱下木屐，倒头躺下，身躯放松了，头脑里显现出为慕哆讨回二百块光洋（银圆）的事的一幕。

前几天，慕哆交代我到"益泰"去向匡老板讨回二百光洋（银圆）。匡老板在牌桌上输光了赌本，还欠慕哆二百圆。要讨回赌场上的欠账有多难我不知道，只知道慕哆交代的事丝毫不能懈怠。益泰绸布庄离协盛油行只有几十步，正在新码头十字路口。按当时商家的例规，每天傍晚互相结账。一到傍晚我就去益泰讨账。头两回，匡老板还忍耐着性子说暂时没有钱，打发我走。哪知道，我天天傍晚去讨账，并赖着不走。匡老板火了，朝我发怒，大声吼道："你跟你慕哆讲，赌场上的钱，还当账讨！"匡老板认为赌场不等同商场，不应该按商场例规来讨账，有点奚落慕哆不懂规矩的意思。难怪匡老板发火，他不能不心疼。二百块银圆，不是小数目。一块银圆等值一千文铜钱，二百块银圆等值二十万文铜钱（一万个20文的铜钱）。我不管三七二十一，只有讨到两百块银圆才能交差。匡老板也是津市商界有头有脸的人物，极不情愿地要账房交付了两百块大洋了事。

我在长木椅上睡着了，不知到了什么时候，慕哆叫醒我。我点燃灯笼，穿上木屐，撑起雨伞，走在前面照路，再经过太子庙时，悄然无声。我猜想，那个巡更守夜的人，早就挤到太子庙神龛下打瞌睡去了。回转时，仍然霏微细雨，天更黑，街更静，我却一点也不惧怕了。叫开协盛大门，慕哆回寓所，我吹熄灯笼中正在燃烧的蜡烛，该睡了。

风流倜傥的慕哆，不总是如他标榜的"胜算独操"，也有倒霉的时候。

一天傍晚，管钱的易先生从账房出来，递给我一张收条，交代我快送到锦纶绸布庄交给慕哆。锦纶离协盛仅几十步远，我拿着纸条跑步送去。锦纶昏暗的客厅里挤满了各大商号的老板，正吵得一塌糊涂。有人冲着慕哆，指责他没有交出摊派款。慕哆正在争辩，见我送去收条，一手接过去，抖了抖条子，气愤地说："看！出了没有？"我回到协盛店堂一会儿，慕哆接着来了，他气冲冲地到账房，问还有多少现钱，易先生答复只有三百块了，慕哆取走三百块光洋匆匆而返，为"暂编师"陈师长凑"粮饷"去了。

打从桑植那位客人从武汉转到津市挂起"暂编师"牌子那一天起，这个属于商人的社会变成了集军匪于一身的"暂编"师长、团长的天下。津市商会会长，陈师长的同乡好友金慕儒面对暂编师团的"粮饷"的摊派也不能幸免，这一回金慕哆倒霉了。

6月26日（农历六月初一），对协盛油行乃至津市都是一个不同寻常的日子。这一天，来了一位大人物，忙坏了协盛上下，轰动了大街小巷，更使那群刚刚换上"国军"军服的土匪"师长""团长"个个诚惶诚恐，如此大的来头，这位大人物是谁？这位大人物便是黄浦名将宋希濂。

6月26日，宋将军到津市的这个日子，未见文字记载，是我根据津市政协文史资料左承统《"四突"解放津市》一文中相关时间仔细对照间接推算出来的。

记得清晰呀！这天中午时分，慕哆照常嘴里叼支象牙烟嘴，从外面进来，喜形于色，一上台阶进店堂，便开口吩咐："翰香，到楼上去招呼客人。"平常，他进出店堂一向无语，端庄严肃。我第一次见到慕哆经过店堂时，他身穿狐皮长袍，头戴蚌壳形水獭皮帽，嘴里叼着象牙烟嘴，这身穿着足以显示富有与高贵。今天他是一身丝绸短装。

我迅速来到二楼，杨婆婆正在调派女佣人挪出慕哆夫妇自己卧室，我到卧室相对的会客室打扫，清洗茶具。会客室很豪华，真皮沙发、黄木茶几和条桌，成套的景德镇细瓷茶具，写字桌上有部西门子电话机。卧室与会客室中间很宽敞，陈设有老式木椅、茶几、方桌，作客厅也可作餐厅用。客人们就安顿在这几间屋里。

一会儿，一个军官带一队士兵来了，二楼楼梯口站了两个持美式卡宾枪的卫士，楼下通前至后各处都有持美式步枪的士兵站岗。

片刻，慕嗲从楼下迎进一群军官，个个帽徽领章，威风凛凛。在这群官员中还有位银须齐胸身穿长衫的长者。官员们包括这个长者就在客厅里落座，慕嗲陪宋将军进了会客室。我随即用搪瓷盘端来洗脸水，用盖碗泡上香茶。

宋希濂，国民党中将，十四兵团司令长官，大约四十出头，矮矮胖胖，将军服肩上两颗将星，威武雄壮。他一进会客厅，尚未落座，就忙着走到桌上摇电话，用一口湘乡腔告诉对方他现在所处地址。

随后，一群士兵搬运来数十个一尺大小的木匣子，里面装的是银圆。

就在这时，企园酒家老板带来一帮伙计，在协盛的厨房里忙活起来，名厨三老板亲自掌勺。

稍坐片刻，饮了一点茶水后，宋希濂便去检阅"暂编师"的部队。事后听店铺的人说笑话，为了应付司令长官检阅，陈策勋、江正发、郭斗慌了手脚，到处拉夫凑人数，凡遇到的农民、轿夫、小贩，一律拉到汽车站（现羊湖口）套上军衣站队，晒得黑汗淋淋，等候应付检阅。

这些"暂编师、团"到底有多少人马枪支，只有那些"师长""团长"自己知道，宋希濂也未必摸得到底细。据说江正发只有一二百号人，番号是一个团，老百姓是知道这些混世魔王的底细的。有一支枪当班长，有三四支枪当排长，有十支二十支枪当连长。有枪便是草寇王，枪支就是他们当官的本钱。他们靠这些本钱当上"军官"挂上军衔，又靠军衔去摊粮派饷，敲诈勒索，设关设卡，拦路抢劫，欺压百姓。

宋希濂检阅归来，陈策勋陪同，数名卫士的后面还尾随三四个记者。

当时，小小津市有两份报纸，《津市日报》和《正风报》。

这几名尾随而来的记者被哨兵挡在中进门口。站了一会，记者与哨兵交涉，说是采访司令长官，请求放行。哨兵怎么会答应，此时此刻，这里成了什么地点，怎能任意行走。记者到底是记者，鼻子灵，打听到了我的名字。有位记者在门口叫喊："翰香、翰香，你下来一下。"我下楼来，他们递交几张名片，求我送到司令长官那里。我上楼将名片交给慕嗲手里。他们又站了很久很久，大概快要开餐了，慕嗲吩咐我将几名记者带上楼来，在会客室里采访了司令长官宋希濂，第二天《津市日报》有宋司令长官谈时局一类的新闻报道。

记者打发走后，酒宴便开始进行了，满满一圆桌，多数是穿军装的，个个肩上是将星，就连陈策勋都佩一颗星，只有三个穿便装的：主人慕嗲、陪客彬嗲（胡彬生）和银须长者。开席前，一百军军长陈克非带来一位上校团长，是入席军人中军阶最低的一位。

我在宴席桌边端茶倒水、盛饭递毛巾。宴席极丰盛，鱼翅、海参、热碗冷盘，甜食点心，一应俱全。我第一次见到这样珍贵的席面。宴席气氛热烈，进酒劝酒，酒兴极浓，我第一次见到这样热闹的场面。不知是山西汾酒不顺味还是酒少了，开席不久，慕嗲说："翰香，去'享通'买两瓶茅台来。"我跑步到对面享通酒店买了两瓶茅台酒。慕嗲亲手开瓶，果真是茅台，立马满屋飘香。我第一次见到茅台酒。

在热热闹闹之中，上校团长起立向司令长官敬酒，为押送这批光洋（银圆）请功请赏。司令长官当场赏赐团长五百块大洋。

宴会时间很长，到灯火通明以后才散席。端下来的剩菜、点心成了女佣人和我的大餐。

第二天早餐后，宋希濂一行离去，店铺里一切恢复正常。不料，刚平静几个小时的协盛油行里又紧张起来。中午过后，宋希濂的大队人马忽然又转回来了。我马上离开店堂去到二楼侍候。几十年后我读到左承统《"四突"解放津市》的回忆文章，才知道宋希濂去而复返是他的船队去沙市在余家台与"四突"遭遇接火后折回的。这船上装有那位团长押运来的大批银圆。左承统并不知道遇到的是宋希濂，而是事后从"江部"（江正发）的人那里得到的消息。如果左承统事先得到情报，知道来船上坐有十四兵团司令长官宋希濂，并且知道船上有数十箱光洋，这对成立才几天，急需经费和渴望战绩的"四突"无疑是天赐良机，左承统和他的突击队员一定会欣喜若狂。那天双方的战斗状况会是什么样子呢？或许就不会有宋希濂返回协盛的这一幕。

宋希濂依旧住进二楼房间，气氛很严肃，岗哨比昨天更多，就连大街上都有士兵站岗。宋希濂一进会客室便不停地摇电话，一个接一个。电话通话效果不佳，慕嗲从会客室出来对我说："带司令长官到账房电话机去。"宋希濂随我下楼来到账房电话机桌边，摇通了电话。我在旁侍候。他用一口湘乡腔反复向对方说："某先生拆烂污呢！"话毕，我随宋希濂回到二楼。

二楼来了一个身份异常的人物——津市帮会龙头老大杨宝兴。他向司令长官递上了一张条纸，说了几句便退出去了。

当天晚饭的宴席依然十分丰盛，只是没有昨日的热闹气氛，没有人作陪，没有人进酒，更没有军人邀功请赏，司令长官和他的幕僚们沉闷闷用餐后便散席了。我端茶递水后便回到门面上。

临近打更的时候，慕嗲来到店堂门面上，手里拿着一张纸，神色紧张地问我："晚上有谁进来过？"我如实回答："没有。"大门外的岗哨除了士兵还有警察，连协盛的员工都不愿惹麻烦早早地回家了。事过后，慕嗲的公子金澹生对我说："会客室里发现了一张共产党的传单。"这真是一件奇怪事，怎会发生这件事，至今仍然是个谜。（关于这件事，金澹生写有回忆文章刊在津市政协文史资料上）

我睡在一端靠拢曲尺形大柜台的账桌上，慕嗲将我从熟睡中叫醒，吩咐说："司令长官要走了，你去栈房开门。"随手交给我一串钥匙。我端了一盏煤油灯来到最后一间油栈房，油栈房打开后门便是夹街，前去几十公尺便是新码头。

时间是下半夜了，宋希濂一行人一个个静悄悄地经夹街朝新码头河岸走去，只有宋希濂和他的副官在栈房后门的夹街上停留下来，似乎等待什么，站了一会儿，司令长官吩咐副官去河码头，副官遵命走了。在这漆黑的夹街上，只剩下宋希濂和我。司令长官或许为了打发时间或者想了解点什么，与我聊起话来。他用一口湘乡腔问我的姓名、年龄。我一一作了回答。我记得最清楚的是他问："金老板是不是津市最有钱的老板？"我回答："不是，彬嗲比慕嗲有钱。"（"彬嗲"就是第一天晚宴的陪客胡彬生）他还问："津市有哪些大铺家？"我说有源远长药行、喻义和金号、锦纶绸布庄等。谈话间，副官返回来了。长官大概对我的回答满意，示意副官给我赏钱。副官递给我一块光洋，我硬是不接受，推辞再三。宋将军从副官手里拿过光洋，拉起我的手，把光洋塞在我手里。我再也不好推辞，收下了，说了声谢谢。

宋希濂和副官朝新码头河岸走去，我目睹他们渐渐消失在漆黑的夜幕中。（注：宋希濂写的回忆文章有到津市协盛油行的内容，刊在全国政协文史资料上）

宋希濂走后没几天，陈策勋的队伍也撤离津市，慕嗲一家老小也要迁到桑植去了。

7月22日（农历六月廿七）是一个惊心动魄的日子。

清晨，市面上人来人往，店铺照常营业，与平常的日子并无异样。早饭吃过后，我清洗了盐卤浸湿了的布鞋，拿到栈房露天阳台上去晒干。阳台上有一丝凉风，早晨的太阳并不灼热。我仰望湛蓝的天空，只见几朵白云浮动，一只雄鹰在翱翔。我正在享受这片刻清闲，然而好景不长，耳旁突然响起杂乱的枪炮声，一阵紧似一阵地传来，十分激烈。我立刻意识到在附近发生了战斗，便飞快跑下楼，直奔前进店堂，高喊："打仗啦！快上梭板。"就在我惊呼的同时，街上行人狂奔、尖叫、惊呼。顷刻间，各家店铺急急忙忙上梭板，关大门。平时喧闹繁忙的大街上，此刻突然安静下来。不久，枪炮声又一阵阵更加猛烈地传来，谁也不知道发生了什么，一个个提心吊胆，只能躲在屋里张皇失措。太阳偏西的时分，枪炮声变得稀疏了，胆大的人才敢上街打听消息："哪里在打仗？"不过津市没落下一颗子弹，人们悬着的心才慢慢放下，从惊恐情绪中摆脱出来，想办法应对这突然的变局。

慕嗲走后，店铺改组，丁广夫任经理。

丁经理是个精明人，知道形势不妙，风云难测，他抓住枪炮声稀疏的时机，将躲藏在前后各进的员工招集起来，安排他们坐在大门外台阶上饮茶，简单地谈了对事变的猜测和他的安排。丁经理说："店里只留翰香和老王、老张看守，其他人都回家。每人照发两块大洋的疏散费。"发完银圆，丁经理着重说："我和翰香在铺里有重要事，愿走的可以走了，愿坐一会儿的就坐在这里。"

丁经理带我来到账房，事先，他已从管账先生那里拿来了保险柜的钥匙，打开保险柜，柜里大约有两千多银圆，一百块一封。他对我说，怕抢劫，要藏好，一个地点藏一二封。我照他的吩咐，将一封封光洋藏在地板下，墙洞里，旮旮旯旯儿里，一切认为稳妥的地点都用上了。我在动手隐藏，他在一边叮嘱："要记牢地点。"在保险柜里留了百十块光洋和钻板（伪币）。他说："如果抢犯来了，硬逼着要钱，你就打开保险柜给他们。"说罢将保险柜的钥匙交付给我，并额外给我二十块光洋（事后，我主动退回了），再一次叮嘱："要记准地点，不许对任何人说。"

经理丁广夫，五十来岁，精明老练，他把守护大笔金钱和店铺财产的千斤重担托付给我这个年仅十四岁的少年，可见他对我充分信任。他知道时局有多危险，此事有多重要。而我，知道危险与重要，却毫无畏惧，也毫无私心。

丁广夫和我将银圆收藏完毕，他也离店而去。店铺前后五进，上下三层，只留下我和老王老张两个家在临澧的油栈房工友了。

接近黄昏时，只听得大街上有人高声吼叫，我三人开门一看，一个五花大绑、满面满身鲜血淋淋穿军衣的年轻男子，被割去了双耳，由一群持枪士兵牵着游街示众。一个军官在街上大声宣嚷，说是执行"军纪"维持秩序。此时，街上有人传说，当兵的在抢劫，某某店铺被抢了，某某地点被抢了。

太可怕了，惨不忍睹，赶紧锁上大门，用门杠杠紧，躲进慕嗲的洋楼里。

入夜，我们三人转到洋楼顶层凉台上，这两个家在临澧农村一时无去处只得留下来守店的工友，都是二三十岁汉子，虽然力气大，但缺少见识。他俩又像猜测又像提问："哪个跟哪个在打仗呢？在哪打仗呢？"突如其来的战火，没有人知道谁在和谁打仗，在哪个地点打仗。要是有人知道，下午枪声稀疏时街上行人早就传开了。恐惧、担心、沉默。沉默中有时也说上几句，或对话、或自言自语。这次他俩直接向我提问："翰香，要真的打进来了。我们往哪里逃？"他俩把我当成了主心骨。我回答说："陈策勋的队伍开走了，扎在津市的是'江部'（江正发部），'江部'不用怕，他们在慕嗲这里常进常出，怕就怕前几天开来的湖北保安旅。"

说到湖北保安旅，引起了我的回想。

几天前，一个非常炎热的傍晚，湖北保安旅几十个士兵进店驻扎。国民党军队在店里进进出出，我见得多了也就习以为常了。湖北保安旅士兵驻扎在店里后，经理、管事、员工提早躲开了，店堂前二进屋里只我一人了。我没有当回事，天黑后，一头倒在靠柜台的账桌上睡了。突然，我耳旁一声"咔嚓"，我从睡梦中惊醒。我翻起身来一看，一挺轻机枪横在柜台上。一个像是排长模样的少尉军官开腔对我说："我们兄弟还没有开饭，有什么吃的？"在店里我第一回遇到"国军"讨吃的。我说："这么晚，大师傅（炊事员）回家了，没有什么吃的。有米有盐有油，你们自己弄。"少尉连忙说："行！行！"我带他和几个兵在米桶里戳了几大瓢米，又带他们在栈房油缸（食用油装缸，桐油装池）让他们将两个行军用油桶装满油，这一下他们乐了。我对他们说，前面大木盆里的盐，你们去戳，要多少戳多少。少尉满意了，对他的士兵说："小老板好，不要打扰他。"少尉又有礼貌地问："小老板，有点菜没有？"我见厨房有一盆泡好了的酸菜，给了他们，我便放心地回到账桌上睡了。一觉睡到大天亮，我醒了，他们也在站队开拨。一整夜，大门没上锁（无法上锁），只有一店员先生丢失了一套府绸衣裤，其他一切无损。

"停住，不许动！"澧水岸边传来口令声打断了我的回想，打破了三人的沉默。此时，津市河里有轮船的机器在轰鸣，有轮船在启动。口令喊道："停船，不许动。"轮船似乎没有听从号令，依然在开动。岸边又喊口令："不许动，动就开枪。"一听说要开枪，有位工友说："快趴下，不要中冷子弹了。"我们一个个紧贴凉台围墙，躺在余热未消的水泥平台上。或许怕开枪，轮船停机了。不会开枪了，我们松了一口气。

没多久，枪炮声一下又起，而且更加剧烈了，时间已是下半夜，我们三个都张起耳朵倾听这急骤增大的枪炮声，都注视传来枪声的西方。忽然，正西方上空升起了一大片红色的光芒，光芒渐渐升高，愈来愈红。于是，我们三人揣摩，火光在远处，不在津市。一工友说："在仁和铺（津市澧县之间一村落）。"另一工友说："仁和铺那几间茅屋没有这么大的火。"我说："可能在澧州，澧州可能在打仗。"三人谈论间，东方发白，一轮火红的太阳在冉冉升起，喷发出满天朝霞，西边夜空中的一片红色渐渐融入到红太阳的光芒之中，枪炮声遂渐渐停息下来，天亮了。

1949 年 7 月 23 日，是一个天翻地覆的日子。

清晨，清静的街上传来"汤圆甜酒"高亢的叫卖声。我感到饿，开门上街，顺着叫卖声来到新码头十字路口，一老汉在益泰绸布庄旁摆摊。平时，人来人往十分热闹的地点，这时只有摊主和我两个人，清静得出奇。我坐在摊主的长凳上进食，突然，河码头上涌来了一群军人，冲锋枪、轻机枪端在前面开路，十几个手持短枪的人簇拥一个头戴大盖帽的高个子军官，匆匆从我身旁经过。我毫无畏惧地朝这群持枪人望去，认出来了，中间被簇拥的就是"江团长"（江正发）。持枪人中也有人朝我看，没有吆喝，没有惊扰。或许是他们在协盛油行进进出出见到过我，尤其是"江部"（江正发部）与"师部"（陈策勋部）内讧火并，江部在江湾死人丢枪，"江团长"与"陈师长"双方随从人员手枪机头张起到慕嗲寓所调处的那段时间，他们频繁地进出协盛油行。这伙人急速过十字路口朝北奔去。这是江正发带领他的亲信人马仓皇撤离津市的举动，走到穷途末路了。

中午，共产党地下组织领导的"第四突击队"进城了，市面很平静，人心也安定。我目睹的唯一的一场"战斗"是缴枪。新码头岗亭一个黑衣警察，不知为什么到了这个时候还在岗亭站岗，双手紧抱一支"汉阳棒棒"（汉阳造步枪）在岗亭上转遛。进城的"突击队员"上去缴他的枪，警察死活不松手，激怒了"突击队员"，扇了警察两耳光，夺过枪支。丢了枪的警察，呆呆地站在岗亭旁，不知所措。翻天覆地巨变的这一刻，不知所措的人又何止一个警察。

1949 年 7 月 23 日，共产党领导的游击队"第四突击队"进驻津市街区，津市解放了。

1949 年 10 月 1 日，中华人民共和国开国大典在北京隆重举行。这是划时代的一天，在中华五千年间，只有公元前 1046 年武王伐纣，公元前 221 年秦统一六国和公元 1911 年辛亥革命推翻两千多年封建帝制的历史意义可以相提并论。中华民族源远流长的历史从此进入新阶段。

距 1949 年过去了整整 60 年，在我的记忆里就像在昨天。不！一回想，就在当时中。

兰浦纪胜

津市名胜古迹小考

⊙ 葛乐山

一、关山烟树

"关山烟树"原为澧州外八景之一。关山位于澧水南岸,与市区隔江相望。西起道河口,东止于皇姑山,绵延十余里,史志多有记载。唐《新唐书·地理志》载:"澧阳有关山,山行盘踞十余里,江水东奔,是山崛立水口,如关锁然,故名。"明嘉靖年间澧州知州水之文编纂之《澧州志》亦有记载:"山行盘踞十余里,高八十丈。兰江东奔,是山崛立水口,如关锁然,故名。"明隆庆《岳州府志》也有类似记载:"关山,城东十五里水口关,盘踞十余里,高八十丈。"历代地方志对关山之位置、地形、高度的记载相同,惟"关山烟树"来历,考诸清同治七年澧州知州何璘所纂《直隶澧州志林》有:"是山崛立,上有云气一缕,即雨。""万本千木,郁蔚烟岚之中。"盖气温升高时,关山土壤中所含水分受热蒸发为云雾,弥漫于山林间,形成"烟树"奇观,水汽上升高空遇冷凝为雨珠落下,合乎自然。每当"关山烟树"形成,隔江遥望关山,参天古木,溶入缥缈烟海之中,微风起处,轻轻飘荡,时浓时淡,时聚时散,时而似隔帘妙龄少女,半裸身躯,羞羞答答,含情脉脉,逗人遐思;时而如万顷洞庭,几叶扁舟,上下起伏,随波逐流,若隐若现。旭日东升,光芒四射,林间五彩缤纷,令人眼花缭乱,别有一番情趣。

历代骚人墨客多来此观赏"烟树",留下不少脍炙人口诗篇。清朝澧州廪生《天文图考》作者瞿启迪有诗赞曰:"关山嵯峨峙江滨,森林芳树列松筠,扶疏几共青山老,苍翠惟随曙色新。经雨乍迷投宿鸟,笼云环锁采芝人,伊时纵有辋川笔,点染层峦观不真。"全书描述关山景物可谓真切感人。惜清顺治三年（1646）五月某日狂风大作,林木摧毁无存。州志记载大风后情景为"关山古松,千木尽拔。"自此以后,"烟树"已不复再现。后代诗人咏外八景"关山烟树"诗中有"关山烟树何处是?"之句,对关山面目全非感慨不已。

津市解放后,市人民政府发动干部群众上山植树造林,约二十余年,昔日荒山秃岭,尽已换上绿装。山前山后,工厂住宅林立,红绿相衬,交相辉映,为"关山烟树"名胜新添光彩。

二、中武当

中武当为九澧有名道观之一,为别于南、北两武当,故名曰中武当。传建于唐代,后毁于火。明华阳王谪澧州,辟关山为园囿,复在关山之巅甃石为台,重建武当殿宇。清朝迭遭破坏,毁损甚大。民国时,驻津国民党第十九师师长李觉倡议集赀修复,数月落成,重复旧观。门首嵌以"中武当"石额,檐墙上彩绘"八洞神仙",入正殿,有明理学家朱熹手笔"廉洁"石碑一块,正殿供"真武祖师",金身铜铸,重五百斤。考明李如圭曾写有《武当行宫记》云:"真武原名元武,为净国王之子,少而神灵,入武当山中修道四十年,唐人建庙崇祀。至宋代,因避讳,将元武改号真武。"殿前柱上悬有楹联一副,曰:"利锁名缰,笼络多少好汉;晨钟暮鼓,唤醒无数痴人。"祖师案前有陨石一块,黄质白章,系清朝某年陨落山上,乡人拾得奉献祖师殿,供人观赏。左右有钟鼓楼,殿后供王母娘娘,再后供九天玉女,两侧为客厅和道士居处,后殿为黄经楼,珍藏道家经典于此。中武当四周植有名茶数十株,四季云雾缭绕,枝繁叶嫩。庙前有两井,名雌雄井,左清右浊,终年不变。道人常采山上名茶用甘甜井水煮茗待客,色绿味香,清甜可口,每饮必付以丰厚茶资。

中武当绿树环绕,风景宜人,居高临下,平原数十里村舍、稻田尽收眼底,远眺洞庭,水天一色,白帆点点,水鸟翱翔,使人乐而忘返。历来为津市游览胜地。1956年,三合乡政府因建校需木材、砖瓦,拆除一部分殿堂,"文化大革命"中不幸全毁,而今尚有遗迹可寻。

三、白龙井

白龙井又名关山井,在关山半腰间,面向澧水,旁有龙神庙,乡人呼为"白龙庙"。据《澧州志》载:"城东关山,旧有白龙井,广深丈许,水不盈不竭,传白龙所居，底有大石，石鳞为铁符，值大旱，戽其水干，椎符得石沉，以壶盛归，祷雨彻应。"其后士人立庙祀之。"所谓白龙所居，乃是迷信传说。又据记载："山有古松，蜿蜒如龙状"，此或系白龙井名称之由来，但历代澧州地方官员每遇大旱，必来关山井祈水。明朝澧阳知县李谨、清朝岳常澧守备道何玉棻、州牧魏式曾等均先后于大旱之年，偕属僚来此祈祷。地方志附会其事。诡称："喜雨三日或雷雨大作，三日乃此。"自是欺人之谈。清末，地方士绅依方志所记于井口上嵌入铁圈，复上铁盖，终年锁闭，遇大旱时请来道士和尚，备齐三牲酒醴，开锁启盖，放出积水后，将井底石缝中溢出清水用壶盛好，送至官衙祈祷。事实上不是"每验必灵"，而是劳民伤财，徒劳无益之事。津市解放后，群众识破迷信，祈水之事，不复再有。如今井枯见底，井旁白龙神庙亦早已坍塌，唯有白龙井神话传说依然流传在民间，为群众所乐道。

四、关山潭

关山面临澧水，水底有潭，深不可测。澧江自西至东，春夏水涨，势莫难御，惊涛拍岸，旋涡千重，滚珠溅玉，漫天飞舞，吼声达数里外。相传关山潭与常德德山相通，白龙潜居潭中。《澧州志林》载："昔民有操舟德山贸易，将归，见一老翁，须发幡然，肩伞而来。问曰：'汝舟至澧否？'曰：'然'。曰：'吾家关山潭上，若搭我归，到家即酬船钱。'舟人许之，及至潭，舟人索钱，翁跃入水，见白龙身，鱼纷跳入，船几沉溺焉。"此外，民间传说："乡人曾目视潭中跃出秃尾白龙，甲耀银光，甚是骇人。"后更牵强附会，道出清朝某年端午龙舟竞赛时，一白色龙舟划至潭边，突然间深潭中白龙浮出水面，张牙舞爪，兴风作浪，将白色龙舟卷入潭中，旋即风平浪静，若无事然。越数日，常德德山冒出桡片数块漂浮在水面，为船民捞起，见桡片上书写有"澧州白龙""独占鳌头"等字，消息传到澧州后，关山潭与德山相通不胫而走，一时流传开来。当然，这一故事可能系有意捏造，附会方志所载，但两潭相通之事亦合乎科学道理，不足为怪。考之地质学，两河即地下暗河，证明两潭之间地层为石灰岩层，经地下水冲刷，成长为约二百华里地下溶洞是有可能的。由于溶洞在深潭中，无人潜入探明究竟，但关山潭这一名胜伴随奇异民间传说，对远近游客颇有吸引力，但自"中武当"拆除后，上山观潭者逐渐绝迹。

五、朝阳阁

朝阳阁，昔建在市区大码头渡口。《澧县县志》载："朝阳阁，津市大码头，供吕仙。"

朝阳阁建于清咸丰五年（1855），是时，陇西道发生地震，百姓缺乏科学知识，误以为神灵震怒，一时各地大兴土木，修建寺庙，祈神保佑。津市人士遂倡议建朝阳阁于大码头河边。朝阳阁共为三层，底层为砖砌台基，中有拱形门便于行人通过，台上建两层楼阁，红柱雕栏，飞檐拱顶，全系木质结构，不用一颗钉铆，建造技术之高，殊不多见。清光绪年间（1875—1908），津市富户禹某赴岳州，途中感冒风寒，卧床不起，一道士趋前自荐诊治，施以熨、贴、推、拿手术，竟不药而愈，禹公叩问道长姓名及住处，回答姓吕，住澧州三洲村（清朝津市一度名三洲村）。后思及道人姓吕，疑为吕洞宾神仙赐福，终年祈祷不已。民国初年，朝阳阁因年久失修，摇摇欲坠，吕氏后裔遵先辈遗嘱修葺一新，并塑吕洞宾金身于阁中以祀之。1930 年，津市商民六十户集资补修朝阳阁，使之焕然一新。因范仲淹所作《岳阳楼记》一文中有"衔远山，吞长江，浩浩汤汤，横无际涯，朝晖夕阴，气象万千，此岳阳楼之大观也"。所记与朝阳阁相似，因登朝阳阁顶层，凭栏远眺，洞庭波涌，水天一色，隔岸可见关山烟笼，俯视澧水，碧波荡漾，百舸争流，令人心旷神怡，堪称大观在上，于是精刻匾额一块，题字"大观在上"。1974 年，因修建沿江石堤有碍，始将朝阳阁拆除。

六、御果园

御果园为明朝澧州华阳王园囿，园在原阳由乡果园村。《澧州志林》载有"关山其园囿"。华阳王系指明朱元璋孙子朱悦燿，朱悦燿本蜀献王之次子，原封在四川成都附近华阳地方，蜀献王死后，王位应由长子继位，因长子悦爊早死，按世袭规定由悦爊之子友垍世袭，而朱悦燿为了篡夺王位，多次陷害侄子友垍，因事败，被告发到朝廷，仁宗皇帝为掩盖皇家丑事，从宽处理，于永乐十一年（1413）将悦燿杖责后贬到澧州。华阳王悦燿谪澧州后，大兴土木，先是在澧城建造王府，后又辟关山为园囿，乡民称御果园。园中遍植梅、栗、桃、李等果木，并豢养珍禽异兽，此外，还在龙神庙旁建半山亭，东西两头分建望江轩、思蜀亭，山前山后，亭台楼榭，古色古香，青山耸翠，绿水环绕，别有洞天。每当春暖花开之时，华阳王必偕王妃、王子前来"踏青",穿成荫绿树,踏茵茵芳草,赏姹紫嫣红繁花,览湖光山色景物;夏秋之际,果实结满枝头,华阳王再次来关山"登高",品尝鲜果美味,听山间潺潺流泉,下湖泛舟荡桨,柳荫下垂钓;冬来白雪皑皑,华阳王上山狩猎,追兔逐鸟,尽兴而返。在当时,果园划为王府禁区,只供华阳王一家享乐,百姓限制进入。宣德八年(1433),朱悦燿去世后,葬于关山之阳(今卢家峪村四组山坡)。1967年4月,农民建窑烧砖,掘出墓穴。穴高二丈,宽一丈余,深三丈许,墓门呈圆拱形,均为特制青砖垒砌而成,墓内分里外两进,前进为祭奠处,有石桌供陈设三牲果品祭礼用,旁置铁缸一口,内进有垫棺石台,惜棺木已腐朽为木渣,墓内无陪葬品,不知何时为盗墓者所窃走,穴内竖有"大明华阳悼隐王圹志"碑一块,记述悦燿生平甚详,原文曰:"华阳王乃蜀献王之次子,名悦燿,庶出,母余氏,悦燿生于洪武二十五年八月初九,永乐二年四月初封华阳王,洪熙六年四月二十七受命澧州,宣德八年八月初五病卒,享年四十有二。帝闻悦燿死,罢朝事,遣使往祭治丧,封赠谥号'悼隐'。华阳王妃徐氏,系路州卫指挥徐享之女,生二子,长女友辉,次女友璧,未封王。宣德九年六月二十六日葬于关山之麓,立碑以述其始末,以垂不朽。圣旨曰:朕遵先王法典,生有爵位,死有谥号。爵以示尊贵,谥用以明德。悦燿早年受封爵,中违父教,图杀亲,幸赖我朝圣明,贬谪澧州,以此保全至亲。现既病故,依谥法之规定,中年早死曰悼,违父教不成器曰隐,特遵法典,赐谥号'悼隐',悦燿有知,应亦感念恩封。"津市市人民政府为保护好华阳王墓穴,展览数日后,仍用砖封好穴口,垒土于上,责令村民妥为保护。

七、刘公庙

明清时,市区罗家坡下有条小河,河上架有拱桥一座,桥头建有刘公庙。庙门上方嵌有"三洲是赖"四字,庙墙檐口彩绘"八洞神仙",门前有石槽,供敬神者杀鸡放血时用,进庙门,左右置有钟鼓,中央摆设三足鼎立高五尺铁铸香炉,神龛上供有刘公金身,高四尺,正襟危坐,道貌岸然,庙门对面有戏台一座,专供善男信女谢神还愿时唱戏给刘公观看。刘公庙一年四季香火不断,特别是每年农历新春,城乡群众备好三牲香烛前来给刘公拜年者摩肩接踵、络绎不绝,极一时之盛。

刘公不知何许人,方志未有记载。相传明末清初,各地战乱不已,灾荒频仍,民不聊生,外乡百姓相率避乱来津谋生,随着岁月流逝,外籍人与日俱增,经常与本地居民发生争码头、抢生意纠纷，后由械斗到诉讼，官司连年不断，官府则趁机敲诈勒索，假公肥私。是时，有一外地士人路过津市，得知此情，欲加调解，苦于初来，人生地不熟，难以进言，经过三思，在桥头摆下测字摊，挂上"刘公相命"布诏，自称曾蒙神仙指点，能晓前生未来，善卜吉凶祸福。地方当事人入其彀中，分别前来测问官司胜负，刘公抓住时机，常以"官司不利""二虎相争，必有一伤""鹬蚌相争，渔翁获利"等警语，一再晓以利害，双方为之动情，遂罢诉和好。以后，外籍人与本地人和睦相处，亲如一家。双方相约来至桥头酬谢刘公，但刘公早已不知何往。古人有"好人死后必为土地"迷信说法，于是在桥头建刘公土地坊，后毁于火，重建时改名刘公庙。思及外籍人与本地人昔日水火不相容，而今亲如手足，互助互济，功在刘公，遂在庙墙上刻上"三洲是赖"永志不忘。

"文化大革命"中，刘公庙已彻底毁坏，原庙宇已改作他用，但庙墙殿角尚依稀可辨。

八、上马礅

上马礅，在原郊区窑坡乡关山村镇江寺旁，原道旁有一长七尺、厚宽各三尺之青色石块，上有巨人足迹一个，足尖向西方，传说是清初吴三桂上马处，乡人习称"上马礅"。数百年来，保存完好。"文化大革命"中被碎为数段，投入泥塘中。

吴三桂原为明朝山海关总兵，因其父和妾陈圆圆为刘宗敏所获，为报私仇，不顾民族利益，引清兵入关，率领大军追击李自成至澧州。一日，吴三桂引兵沿古时澧、常官道，过道河，入关山峪，越筑埂坡（古时称竹根铺），追击退守新洲闯王部下，在新洲附近遭受伏击，仓皇败下（今新洲有"拖枪口"）。闯王义兵乘胜跟踪追来，吴三桂被迫落荒而走，回到关山峪，见路旁有高大岩石，匆匆上马逃命。是为"上马礅"之来历。

又传当年吴三桂大军来至关山峪，正值盛夏，天气亢阳，战士舌焦唇燥，吴三桂闻听关山有御果园，遍种梅树，遂策马而行，来至山冈上，果见御果园梅子结满枝头，即传语三军，士兵闻之，顿时口生津液，口渴顿解。吴三桂因而即兴作一联云："望梅可以止渴，画饼焉能充饥。"

津市的寺观

⊙ 童醴荃

　　津市寺观始建于唐代，后宋、元、明、清各代均有修建。由于时代久远，其记载修建缘起及始末之刻石大都散失，而地方文献则或失记，或虽记而语焉不详，其渊源因多无考，现仅就所见碑记、文献，结合传说，略志其梗概。

　　古大同佛寺　又名大同寺，在大同山，传为大同和尚与庞居士论道处。建于唐咸通间（860—874）。初为一陈姓信士施赠之私宅改建，后各代均有扩建、修葺。寺有主建筑前殿、大殿、方丈三进及大彻堂、延寿堂、藏经阁等附属建筑。大殿供释迦坐像，高一丈六尺；上缀一鹏，似振翅欲飞；西廊为十八罗汉，或坐或立，情态各异。现仅存前、大两殿，余或毁于火，或被拆除，佛像、法物亦荡然无存。现存两殿屋舍多已剥落。

　　中武当道观　在关山，建于唐代，后毁于火。明华阳王徙澧后重建，至清复遭破坏。民国时由驻军十九师师长李觉倡导，重集资修复。正殿有石碑，书"廉洁"二字，传为朱熹手迹；神案前供一石，黄色，上布黑纹，传为陨石。《直隶澧州志》载：观前有两井，左清右浊，名雌雄井。据说其水煮茗，色香味俱佳。新中国成立后，部分毁于火，部分拆作它用。

　　元和宫　在市区，四完小即其旧址。碑载建于唐代，有三殿，前供关帝、中祖师、后玉皇。祖师殿香火最盛。光绪二十一年（1895）中、后两殿毁于火，为修复，曾于各行客货内抽取庙厘，每串一文，积八年得钱五千余缗，始于光绪二十九年（1903）重建，但仅成祖师殿。民国时于庙内设县立第二高等小学校，新中国成立后改第四完全小学。现已拆除改建新校舍，旧迹今已无存。

　　清远观道观　在窑坡渡，建于宋乾道间（1165—1173），传为宋黄道冲、范灵两真人修炼处。初名"银溪观"，元代改为"清远观"。后毁于战乱。明洪武五年（1372）道士彭养素于旧址重建小庵。嘉靖（1522—1566）时州人刘崇文（曾任四川广元县令）曾有诗题咏。后又毁，旧时有"湖北沙道观、湖南清远观"的俚语，惟所指不详。

紫薇寺　在澧水南岸古阳由村（今阳由垸、襄阳街、窑坡渡一带）。建于元代，其具体位置及毁坏年代失考。

观音寺　在关山下。建毁时间不详。明隆庆（1567—1572）时尚存。时州人王文贡曾有诗题咏。

龙法寺　建于明代，初名福田寺，嘉靖（1522—1566）时改名。寺在三洲驿接龙桥附近，今不存。

不二禅林佛寺　俗呼"不二庵"，始建年代不详。位皇姑山北山阿。寺常年夜阑敲钟，钟韵幽寒凄清，声闻远近，俗称之为"幽冥钟"。山麓有泉，水清冽甘凉，炎夏常有人汲以上街叫卖。《直隶澧州志》："皇姑山……倚崖有寺，古木阴森，旁有酒泉。"即指此。今寺、泉俱不存。

品元宫道观　旧址为今肉食水产公司及其西侧地。因供"天地水府三元三品三官大帝"，故名。庙前有放生池，旧时，庙与市区隔湖相望，人皆渡船往来，故中元节之盂兰会多于此举行。据说，届时湖上河灯点点，随水漂流，如繁星在空，颇为壮观。庙后毁于火，今其附近街道仍沿用品元宫旧名。

功德林尼庵　位皇姑山北麓，旧址约今味精厂附近。始建年代不详。旧时，妇女多托庵尼诵经，以祈福被灾，俗呼"送经"。民国时曾于庵内办孤儿院，今不存。

孟姜祠　一名绿云宫，俗呼姜女庙，在嘉山，为孟姜专祠，载在祀典。清代，地方政府设有专款以为祭祀费用，春秋二仲（农历二月、八月）地方官均前往致祭。每年并制寒暑新衣，于六月六日、九月九日请老年妇女为神像更换。祠连门屋前后共五栋，正殿有明崇祯十七年所铸钟，后移置前殿。清末复于殿右建屋三间，不供神像，专作款客之用，颜曰"竹林精舍"。据《孟姜山志》，其处"屋小而地宽，南向诸湖，前有小坪，可以息阴。此处树木萧疏，旷览无际，江山如画，具有天然之妙，觉方壶圆峤去人不远"。山上有望夫台、洗衣岩、绣竹等古迹。山下有记孟姜事古碑。古迹今依稀可辨（已载入《中国名胜词典》），碑已不存。祠1956年毁于火。

车公祠　在嘉山南三里许，旧为彭山庙。祀彭思王（即李元则，唐高祖十二子，武德四年封彭王。曾任澧州刺史，有德政，澧人因建祠以为纪念，以其死后谥"思"，故称彭思王）。后改祀车公（即晋车胤，新洲为其故里，以幼时囊萤苦读见称于世，仕晋累官至吏部尚书）。故祠有联云："山思唐刺史，渚祀晋尚书。"（"渚"指"车渚"，车胤囊萤读书处。）祠今不存。

五王庙　在卢家峪。初无庙，菩萨塑像由各姓大户轮流供奉。后感不便，始捐资修庙，旧时每年要请道士于庙内打醮，并操菩萨（即抬菩萨塑像，伴以锣鼓、喇叭于村道上游行），庙今不存。

关庙　有二：一在市区，津市商建，规模较大，庙前旧有石狮、石马和马夫，多次毁于火。唐荣阳、贺龙任澧州镇守使时，均曾于庙内设军械所，后改警察所，今不存。旧址约当今一旅社附近；一在新洲大德寺旁，又呼"武庙"。两庙仅一墙之隔，因有"一步两庙堂"的俚谚，今不存。有一光绪二十六年（1900）所勒碑，记两庙庙产事，惜文字漫漶难辨，今弃于庙旧址荒草中。

杨泗庙　有二：一在市区旧观音桥河街，为船民集会议事处所。供杨泗将军，旧时每年农历六月六日之杨泗会即于此庙举行；一在阳由乡澧阳村，庙俱不存。

澧阳楼　在新洲镇北外洲上，唐李泌建，为三层砖塔，专作焚烧字纸之用，故俗呼"字藏"。塔上有碑，其旁有地名白鹤嘴，传有唐画家吴道子墓，传塔能随水升降，虽洲没水而塔不淹，又传塔倾斜约一尺许，然终不倒。塔1966年拆毁，碑亦不存。（《直未澧州志》"澧阳楼，宋楼钥有记，址俱不可考。"所指不知是否此塔。）

城隍庙　封建社会将城隍列入祀典，故一般城市均有此庙。津市有二：一在市区中华街，又名赤帝宫，建于清咸丰十一年（1861）。新中国成立前，市人为祈雨禳灾常举行操菩萨迷信活动，所操即城隍，民国时曾于庙内设师益小学，后停办，改设保办公处。新中国成立后，于庙内设六完小，后迁出，改为钢丝绳厂；一在新洲镇南街，建有戏台。据碑记，建于唐贞观年间（627—649），为尉迟敬德监修。庙有一联，传为清文人梁绍浩所撰，虽含迷信色彩，但寄托着作者对清明政治的向往。联云：作恶人，斩绞军流，任许千金愿，何能买我；赏善士，荣华富贵，不烧一炷香，可以保尔（此字模糊难辨，疑为"尔"字）。新中国成立后庙交供销社使用，五十年代拆除改建新房，戏台、碑文俱不存。

花山庙　在渡口乡八宝村一山冈上，传昔岗上下山花烂漫，小溪环流，山清水秀，风光旖旎，庙立岗上如处百花丛中，故以花山名之，庙今不存。

俞公庙　在棠华乡启国村。供名医俞守浩，传俞医德高尚，医术精湛，村人病患多赖其医治，故念其德，于其死后建庙以为纪念，庙今不存。

万寿宫　有二，均江西会馆，为寓津江西籍人所建。一在市区，创于清康熙初年，乾隆三十九年（1774）关帝殿毁于火。嘉庆四年（1799）重修，费银万余两，同治三年（1864）又重修。该宫规模宏伟，木梁柱皆两人合抱大木，殿宇通髹红漆，并建有戏台、花园。今丝绸工业供销公司、武装部、公安局汪家桥派出所及其西侧马路，均其旧址。光绪二年（1876）编纂《津市万寿宫志》，对其经营始末、规模及在津所办各福利事业均有记载（书藏省图书馆）。民国时曾于内设豫章小学、三青团津市办事处，新中国成立后拆除改建新房。旧迹今无存。一在新洲镇南街。规模较小，现为工程队材料库。屋舍倾圮不堪。

天后宫福建会馆　因供天后娘娘，故名。建于清雍正四年（1726）。为寓津福建籍人所建，规模略小于万寿宫，但亦有殿宇、戏台、花园。时花种类繁多，盛开时姹紫嫣红，赏心悦目。新中国成立前俗呼其所在街道为天后宫，咸丰五年（1855）附近建一石碑坊，因又呼牌楼口。民国时曾于内设津兰中学、福建高小，宫今不存，旧址约当今六完小附近。

三元宫江南会馆　建于清代，为寓津苏浙皖籍人所建。传建会馆起因于科考中江南人囊括了前三名（旧将乡试、会试、殿试第一名之解元、会元、状元合称"三元"，亦有以殿试前三名之状元、榜眼、探花为三元者），因以为会馆之名，今不存，其所在地今仍呼三元宫。

南华宫广东会馆　寓津广东籍人建于清代，今不存。旧址约当今电池厂附近。

川渚宫四川会馆　寓津四川籍人所建，旧址约今盐业公司，今不存。

帝主宫湖北黄州会馆　为湖北黄州籍人所建。旧址约当今汽车站西南河边，宫今不存。

太阳宫　位三元宫夹街旧电灯公司斜对门，今拆除改建居民楼。昔陶器业聚会议事场所。其侧旧有得泉楼，为清末民初津市有名之大酒楼。

蟠桃宫　在汤家巷正街，约当今九码头附近。为水果业集会议事场所，今不存。

道林寺　在李家铺乡万家村，传建于唐贞观年间（627—649），供张天师，今不存。

太子庙　有二：一在果园平家嘴，即今油库附近，传吴三桂曾于此生一子，故建此庙以为纪念；亦有说明华阳王建以供其子弟读书、游憩者。一在市区太子庙巷口北，因庙对巷口，故巷以庙得名。庙隔小巷与万寿宫相邻，故俚谚又有"一步两庙堂"说法。传为华阳王太子所建，故名，今俱不存（按藩王之子不应称太子，疑有误）。

刘公庙　在市区，建于清代，传明清之际，津市土著与各外籍人常因故争诉，官府每推波助澜，从中渔利，一路过刘姓读书人洞察官府之奸，因佯于桥头测字，相机以民两伤、官渔利之理对市人进行疏导，终使双方觉悟，言归于好。后市人追念其德，乃于桥侧建庙以为纪念，桥因此得名，附近街道亦相沿以刘公桥呼之。新中国成立前此庙香火特盛，远自湖北，近至附近城乡，进香者络绎不绝，每逢年节、月之朔望，血三牲还愿、祈福者，演戏酬神者更是摩肩接踵。新中国成立后一度改庙为仓库，后于内设铁工厂，再后为三洲驿办事处供销公司。

灵官殿 在中华电影院院址，供王灵官，故名。1945 年毁于火，后改建土地庙，今亦不存。

财神殿 有二，均在市区：一在和平路，现邮电局后面大楼即其旧址。旧时为津市钱业公所聚议银价之所。1931 年曾于内设"澧县第三区区立津市图书馆"，后设邮局。一在一文拐，旧址约当今交通招待所北侧地，为钱业聚会议事处所，民国时曾于内设多谢面馆，两殿建于清代，均供财神赵公明，今俱不存。

紫竹林尼庵 供观音菩萨，因观音菩萨道场在普陀山紫竹林，故名。旧址约当今紫竹林商店后。

文昌阁 在渡口乡新合村，供梓童帝君张亚子，传梓童主文昌府，掌人间功名利禄事，故以文昌名，今不存。

南江庙 在新洲南江村南湖汊旁，因汊大如江，故称南江。

天鹅寺 在渡口乡天鹅山。寺以山名，山以形似翱翔之天鹅得名，今不存。

天门庙 在白衣乡白虎山，传昔白虎肆虐，乡里受害，因于山建庙以镇之，山以此得名，庙今不存。

极乐宫 在李家铺一山冈上，供观音大士，今不存。

水府庙 今冰厂西侧原有一小巷，庙即在巷内，供水神。其侧有专置水龙（一种靠人力压水之救火车）等消防工具之处所，庙今不存。

二圣庙 位二圣庙巷内，旧址约今糕点厂对面东头小巷内，所祀有说灌口二郎，亦有说钟相、杨幺者，今不存。

地母庙 在李家铺乡庙基岗村，庙早毁，因村人在其基周建屋，故以名村。

观音楼 供观音大士，位今市运输公司一作业区东侧巷内，楼尚存，今已改为居民住房。

笃培所 江西吉安人所建，又呼吉安庙。俗讹为鸡儿庙，为江西籍人厝柩处所，今不存，旧址约在今襄阳街五完小附近。

七星庙道观 在窑坡渡，供北斗七星，故名，今不存。旧址在今汽车车桥厂内。

古刘桂庙 在大巷口，旧时镇福镇大巷口消防所设庙内，庙内放有旧式广造水龙等消防器械，今不存。

紫微观 在市区会仙桥，约当今自由市场北头出口附近。

（此文分 4 期刊登在《津市志通讯》上，因其中一期散佚，故有部分缺失）

家乡小典故

⊙ 张文堃（中国台湾）

一、津兰中学

津兰中学系 1937 年春天创办，校址在澧县津市最西的街边，距津市汽车站半华里的天后宫内，校长姓李（忘其名），桑植县人，他的左腿有些跛，走路要撑拐杖，但很会说话。记得那时就读该校的，新洲高小第三十五班的有二十多人，津市澹津高小的更多，也有澧水其他高小来的，也有湖北公安来的。该校又是基督教会办的，每星期日全体师生被命令去津市教堂做礼拜，该校向教育厅申请立案未准，只办两年就被封闭了。我是该校初办时的新生，待该校封闭后，始与陈琦、郭达人、贾俊等至常德一所国医学校混了三年，就因我家有六兄弟，所以代家兄当壮丁。1942 年正月初五开始穿戎装，次年当上等兵参加远征军抗日，在云南、缅甸强度怒江至日本鬼子投降，九死一生，哈哈！"老兵不死"。

二、天赐仙桃

津市在澧水北岸，右前方的南岸"茂林修竹"的丘陵上面，有座方圆半华里的"卜尔庵"（不二庵），其正殿供奉着一枚脸盆大的石质仙桃，重六十四斤，其颜色和形状与成熟后的真桃子完全一样。据卜尔庵的老尼姑说："历来的主持传授，这枚仙桃是若干年前由天空飞来一个火团冷却后的结晶。"我想可能是陨石，经过人工雕琢而成的吧，我是于 1937 年读津兰中学时，曾前往观赏过。

三、江西义渡

澧县城出东门约二十里，便是澧县的第一大镇津市，位于澧水的北岸。王培镇乡亲曾在《澧水乡谭》第六辑里说得很详细。南岸有一条小街名"象牙街"（襄阳街），津市到对岸象牙街的这一截澧水，附近的人称为"津市河"。河边有两艘各可载三十余人的木制渡船，叫做"江西义渡"，专门接送南北两岸过往的行人。管船人不取任何费用，仅于每年秋收后，在方圆二十里范围之内挨家挨户化缘似的收点壳子维持生活而已。

相传若干年前，有一个渔夫在津市河里网到一尾大鲤鱼，活生生地卖给由江西省迁来的几个商人。那些商人从未见过如此硕大的鲤鱼，不敢煮食，就将它放生了。从此津市河常常翻船，并且淹死了不少人，后来附近的卜尔庵关帝显神，说被放生的鲤鱼是龙王的小儿子。那些放生的商人便买了两艘渡船在津市河渡人，命名为"江西义渡"，并且在头一次渡河时，由那几个商人分别在船上祝祷道："我们是江西人。"于是乎就安然地过河了。以后每次渡河前，管船人必问"船上有江西人吗？"乘客中不论有无江西人，皆要有人回答："有江西人。"否则，管船人是不敢开船的。后来换了新船，也都一概称为"江西义渡"。作者少年时，就读于津市天后宫的津兰中学，回家往返必乘江西义渡，故耳熟能详。

四、麒麟树

澧县新洲南郊，松柏丛生的丘陵中，有十几里的梯田，名为"青山岳"，这里有一百多户农民全是姓童的。1936年春，我就读澧县县立新洲高小第三十五班，班上有一位男同学名童道顺的，他常于课余与同学聊天，曾提到青山岳有一棵麒麟树，相传是一百多年前，有一名姓童的农夫在耕田时，沙牛（雌性水牛）哈（生）了一头似牛非牛似马非马的怪物，那农夫以为它是不祥之物，就将它打死了。当时曾引来不少看稀奇的人，有人认得是大吉大利的麒麟，惋惜之余，就把它埋在田边，后来坟上生出了一棵常绿的小树，没几年成长快速，枝叶茂盛，形状很像麒麟，因此青山岳的人都叫它麒麟树，那时有三丈多高，覆盖数十坪，并且越长越茂盛，作者为好奇心所驱使，曾与童道顺同学一道去观赏过，远望近观确也像麒麟。

五、石龟包

　　澧水流至澧县与安乡县的交界处，有一条支流绕道常德西湖乡后，再往安乡县境汇合澧水而继续东流。这将近一华里宽的支流中间，有一座凸出河面，约数十公尺的小土山，上面长满灌木和丛草，远远望之像一艘停泊在河中的航空母舰。一般人名之为"石龟包"，不知多少年来，这屹立河中的小土山，日夜被河水冲激，也不曾减少它丝毫。相传古代有仙人打赌，要于某夜鸡鸣前，挖掘嘉山（澧水上游）的黄土，以石头船栽到常德西湖乡堵塞澧水的支流。当石头船正行驶途中，忽闻鸡鸣声，至将一船黄土沉于河底，就是流传到现在的石龟包，作者在家乡时，曾多次乘船经过石龟包。

药山寺兴衰及寺名沿革

⊙ 谭远辉

一、"药山"四义

"药山"一名有四重含义，即：山名、人名、寺庙名和村名。村名是晚出义，不表。

"药山"作为山名始见于《隋书·地理志》："澧阳，平陈，置县，大业初置郡。有药山。"药山位于白云山西南，因白云山从古到今都处于常、澧两地的交界地带，"山北属澧，山南属武陵"，故"药山"在两地的方志中都有载录。南宋嘉定年间（1208—1224）王象之所编《舆地纪胜·澧州》下有："药山，在澧阳县南八十里，昔多芍药，故名。"《舆地纪胜·常德府》下无山名，但有"药山师"（即惟俨）的人名。《祖堂集》中称"芍药山"。明景泰年间（1450—1457）所修《寰宇通志》中"药山"则分别系于"岳州府"（辖澧州）和"常德府"下。继后的天顺（1457—1464）《大明一统志》云："药山，在澧州南九十里，上多芍药。山有长啸峰，昔僧惟俨尝夜登山，云开月现，大啸一声，闻于数县，因名。"这里除了因袭前说外，与惟俨联系上。继后的《嘉靖常德府志》和《隆庆岳州府志》也都有载录。

其次是人名（别号）。唐代高僧惟俨因驻锡药山，故以"药山"为其别号。惟俨别号药山，应该是惟俨生前已得名。在唐伸为其所撰《澧州药山故惟俨大师碑铭》（下简称"碑铭"）中称"澧阳郡药山释氏大师"，碑题中"药山"或可认为是山名，但"药山释氏大师"中的"药山"明显是惟俨的别号。《祖堂集》谓"师于贞元初居澧阳芍药山，因号药山和尚焉"。宋僧惠洪（1071—1128）也写有一首《渔父词·药山》诵咏惟俨禅师：

野鹤精神云格调，逼人气韵霜天晓。松下残经看未了。当斜照，苍烟风撼流泉绕。

闺阁珍奇徒照耀，光无渗漏方灵妙。活计现成谁管绍。孤峰表，一声月下闻清啸。

在以后的佛学典籍中常称"药山惟俨"或"药山"。除惟俨禅师号"药山"外，还有"药山冲虚""药山夔""药山忠彦""药山可琼"等。大凡药山的住持僧都可号"药山"，但单称"药山"都是指惟俨禅师。

"药山"又是寺名。山名、人名和寺名三者的关系应该是：惟俨别号是因山得名，而寺名则可能兼具山名和惟俨别号的因素。本文重点讨论的是药山寺的兴衰和寺名的沿革变迁。

二、药山寺兴衰考

药山寺被佛教界尊为曹洞祖庭，其开山之祖惟俨禅师则被尊为曹洞宗之师祖。药山寺在佛教界享有崇高地位。然而药山寺数度沧桑，盛衰兴废无常。要从芜杂的典籍中厘清本实并非易事，作者只能尽力为之。惟俨何时驻锡药山，开辟道场？最早且最可信的便是唐伸的《碑铭》，虽有人曾对该《碑铭》的真伪提出质疑，但有些质疑明显有钻牛角尖之嫌，绝大多数学者都对其真实性笃信不疑。《碑铭》曰：

贞元初，因憩药山。喟然叹曰：吾生寄世，若萍蓬耳，又何效其飘转邪？既披榛结庵，才庇趺坐……后数岁而僧徒葺居，禅室接栋鳞差，其众不可胜数。

据此，药山有寺应始于唐贞元（785—805）初年，由惟俨草创。而《澧纪》中则说："药山，州南九十里，以上多芍药名。有慈云禅寺，唐大和中，惟俨禅师建。"这里所谓"唐大和中"显系笔误，是将惟俨卒岁误置。至于传说的寺庙始建于东汉明帝刘庄永平元年（58），或初唐尉迟恭督建，都没有文献依据，不足征信。有人竟然为了所谓"顺从民意"而以为信史，这是既不严谨也不严肃的。众所周知，东汉明帝时佛教刚传入中国，永平十一年（68）才在都城洛阳修建国内第一座佛寺——白马寺，僧侣尚寥寥无几。有何证据证明东汉明帝刘庄在远离都城偏远的南方在早于白马寺之前修建过寺庙，庙内有何高僧大德？再说尉迟恭（585—658），他是隋到唐初时人，惟俨于贞元（785—805）初驻锡药山时尉迟恭已作古一百多年。其实这些传说只要稍加考证，就不会以讹传讹了。

惟俨为何来到朗澧之间的药山而"憩"于此，并开山授法，应该不是偶然和随意的。成书于唐早期的《隋书》中"药山"是"澧阳郡"下唯一列举的山名。这时惟俨禅师尚未来到药山。说明药山早在唐以前就已闻名遐迩。至于为何出名，可能并非仅仅因其出产芍药，应还有其他因由，以致惟俨心仪已久，而选为最终归宿。

惟俨驻锡药山之初，"披榛结菴，才庇趺坐"，非常简陋。最初只惟俨一人，有无寺名也不得而知。据《碑铭》，惟俨结庵药山"殆三十年"，寺庙都很简陋。这从李翱赠惟俨的两首诗中也可见端倪。诗曰：

> 其一
> 练得身形似鹤形，千株松下两函经。我来问道无馀说，云在青霄水在瓶。
> 其二
> 选得幽居惬野情，终年无送亦无迎。有时直上孤峰顶，月下披云啸一声。

关于这两首诗，不同版本个别字稍有差异。《宋高僧传》中作"云在青天水在瓶"，后多依此。"千株松下两函经"有的版本义作"两幽径"或"两甬径"。本人以为后两者似乎更合理，因为所谓"两函经"是说两套经书，然而系于"千株松下"却有些不恰当。再说，经书何止两套，《碑铭》中就列有《法华》《华严》《涅槃》诸经。如为"幽径"或"甬径"倒是顺畅，即寺庙隐于千株松下，有两条幽僻的小径或石板路相通。这样与下一首诗中的"选得幽居惬野情"也契合。也就是说，惟俨开山之初到惟俨晚年，寺庙的规模都不是很大。李翱于唐长庆年间（821—824）任朗州刺史，长庆四年（824）即离任，继任者为温造。那么，李翱参药山就在这几年里，这时距惟俨驻锡药山已30余年。李翱离开朗州后三年（827），惟俨即圆寂。按《碑铭》：

> 自是常以山蔬数本佐食，一食讫就座，转《法华》《华严》《涅槃》经。

昼夜若一，终始如是，始三十年矣。游方求益之徒，知教之在此。后数岁而僧徒葺居，禅室接栋鳞差，其众不可胜数。

这里"后数岁"三字颇值得玩味，为什么药山寺突然声名鹊起？这很可能与李翱药山问道公案有关。"知教之在此"应该就是指的李翱问道事。李翱问道之事让佛教界兴奋异常，致使"游方求益之徒"对药山寺趋之若鹜，于是药山寺瞬间红火起来。"后数岁"应该就是指李翱问道之后数岁。所谓"禅室接栋鳞差，其众不可胜数"自然有夸饰的成分。但可说明，在惟俨垂暮之年，寺庙即已初具规模，海众云集，香火旺盛。

佛教是外来宗教，落脚华夏伊始，就不断受到本土宗教道教以及儒家的排斥、攻讦。唐代道教排佛以清虚观道士李仲卿为代表，曾著《十异九迷论》抨击佛教。儒家排佛则以韩愈、李翱为代表。药山寺遭遇李翱本来应该是一件大不幸的事情，因为李翱是极端仇佛和排佛的。应该说，李翱是中唐时期排佛的急先锋。他曾专门撰《去佛斋论》一文以阐述佛教之危害。其曰：

> 佛法之染流于中国也，六百余年矣。始于汉，浸淫于魏、晋、宋之间，而澜漫于梁萧氏，遵奉之以及于兹。盖后汉氏无辨而排之者，遂使夷狄之术，行于中华，故吉凶之礼谬乱，其不尽为戎礼也无几矣。
> ……
> 故其徒也，不蚕而衣裳具，弗耨而饮食充，安居不作，役物以养己者，至于几千百万人，推是而冻馁者几何人可知矣。于是筑楼殿宫阁以事之，饰土木铜铁以形之，髡良人男女以居之，虽璇室象廊、倾宫是鹿台、章华阿房，弗加也，是岂不出乎百姓之财力欤？

然而由于惟俨的智慧和贤德感化了李翱，从而成就了佛教界引以为荣的一段佳话。《宋高僧传》曰：

> 元和中李翱为考功员外郎，与李景俭相善。俭除谏议，荐翱自代，及俭获谴，翱乃坐此出为朗州刺史。翱闲来谒俨，遂成警悟。又初见俨，执经卷不顾，侍者白曰："太守在此。"翱性褊急，乃倡言曰："见面不似闻名。"俨乃呼，翱应唯，曰："太守何贵耳贱目？"翱拱手谢之，问曰："何

谓道邪？"俨指天指净瓶曰："云在青天水在瓶。"翱于时暗室已明，疑冰顿泮。寻有偈云："炼得身形似鹤形，千株松下两函经。我来相问无余说，云在青天水在瓶。"

鉴于此，药山寺在李翱任朗州刺史期间，不但没有受到冲击，可能还有所增葺。无论道家还是儒家，其排佛都只是个人行为，波及面不是很大。然而由朝廷发动的毁佛排佛运动波及面就广了。惟俨去世不久，便发生了"会昌法难"。所谓"会昌法难"即唐武宗李炎于会昌五年（845）兴起的毁佛运动，殃及佛寺、寺产和僧侣。

"会昌法难"的背景很复杂，但主要是中晚唐国家经济危机不断加深，朝野之间的冲突不断加剧，加上儒、道两家对佛教的诋毁，以及对佛教并无好感而偏信道教的武宗登基。终于于会昌五年由武宗亲自发动了一场声势浩大的毁佛运动。其毁佛诏书曰：

> 朕闻三代以前，未尝言佛。汉魏以后，像教寖兴。是由季时，传此异俗。因缘染习，蔓衍滋多。以至于蠹耗国风，而渐不觉；诱惑人意，而众益迷。洎于九州山原，两京城阙，僧徒日广，佛寺日崇。劳人力于土木之功，夺人利于金宝之饰，遗君亲于师资之际，违配偶于戒律之间。坏法害人，无逾此道。且一夫不田，有受其饥者；一妇不蚕，有受其寒者。今天下僧尼不可胜数，皆待农而食，待蚕而衣。寺宇招提，莫知纪极，皆云构藻饰，僭拟宫居。……况我高祖、太宗，以武定祸乱，以文理华夏，执此二柄，足以经邦。岂可以区区西方之教，与我抗衡哉！贞观、开元，亦尝厘革，划除不尽，流衍转滋。朕博览前言，旁求舆议，弊之可革，断在不疑。

其理论和李翱的《去佛斋论》如出一辙。但在封建社会，一些政令执行起来往往会滞后和打折扣。毁佛运动才实行两年，武宗去世，宣宗继位，又下令复兴佛教。因而，对于远离京畿的澧州药山寺，在法难中可能受到一些影响，但还不至于毁于一旦。惟俨以后，寺庙逐渐宏大，高僧不断涌现，有冲虚和尚、融禅师、药山夔、船子德诚、云岩晟、道吾圆智、高沙弥等。药山寺宗风昌盛，名噪海内。唐代是佛教的极盛期，也是药山寺的极盛期。五代以后，佛教式微，药山寺也渐趋寂寥，基本没有出过大德高僧。

"会昌法难"以后，中国历史上又经历了几次由朝廷兴起的毁佛或排佛运动。较为大型的如五代时期后周世宗柴荣发起的禁佛运动。但因后周的统治区域未达江南，因而其禁佛运动对南方的佛寺没有影响。宋代由于皇帝对道教的尊奉，佛教遭到冷落，虽然没有发生全国性的毁佛运动，但佛教已被边缘化。宋代皇帝崇道始于太宗，真宗继之，徽宗更甚。徽宗甚至自号"教主道君皇帝"，宋朝俨然成了一个政教合一的国家，道士炙手可热，僧人受到排挤。而药山寺似乎也还是有一些气象。南宋湖南安抚使李纲所写《药山三昧》诗中有一首《伏牛菴》：

> 侍者何须召二空，一元调伏自知风。
> 轩然栋宇翬飞处，何似当年茅竹中。

后两句是说，庙宇之宏伟壮观，远非当初惟俨开山之初的寒碜可比。但是，这以后每况愈下。进入元代，战火纷飞，僧人也难以遁世无忧。据《澧纪》载述：

> 药山，州南九十里，以上多芳药名。有慈云禅寺……元末毁于兵。
> 永乐丁酉，僧会宗建小庵于旧址。正统丙辰，僧大旺重建。

从这段文字看，药山寺于元末遭受了毁灭性的破坏，直到正统丙辰元年（1436）才重建庙宇。这以后的盛衰兴废史载阙如，但其间也是迭毁迭修。到了民国时期，庙宇破败，也基本失去了作为宗教专用场所的功能了，多用作校舍。

当地人普遍传说，庙貌最盛时共20进，后枕月亮山，前抵兔儿山，需"骑马关山门"。但笔者认为，所谓"骑马关山门"之说在许多庙宇都有流传。因而，其不过是极言庙宇宏大而已。其实，再大的庙宇关山门也不需骑马，自有临近山门的僧人来开关。纵然从月亮山到兔儿山也就一华里左右，何需骑马？澧县一中退休教师邓学初（药山人）说民国时庙宇尚有六进，称是据翊武中学首任校长许和钧回忆录中所说。但据现药山村还健在的老者叙述，都说所见到的药山寺只剩下三进，年龄最大的为钱月初老人，他生于1930年，现已八十多岁，依然身体康健，思维清晰。当翊武中学寄校舍于药山寺时，他曾为学校工友，为学校养猪、打杂，翊武中学迁回渡口东山时，他又随去。据此，许和钧的回忆应有误。根据老人们的回忆并现场测量，我们绘出了民国至新中国初期的寺庙复原图。寺庙前为一座戏台，但戏台不属庙产，戏台往后大致30米，便是庙门。门内第一进为大雄宝殿，大雄宝殿出后门为一块场坪，场坪中间为丹墀，丹墀东侧有紫荆树和罗汉松各1株，东西两侧靠围墙为厢房。第二进为观音殿，观音殿后为祖师殿（方丈殿），其格局大致同第二进，但较第二进浅。庙堂四周有围墙，总面积约6500平方米。

据当地老人回忆，在1943年以前，庙里还有3个和尚，其中1个当家和尚，两个徒弟。当家和尚俗名叫杨兴吉，汉寿人。据传是国民党军队的一名将领，但他自己从未承认。杨和尚似乎没有法名，当地人都叫他木易和尚（将"杨"字拆开而名），权当他的法名吧。

1943年，翊武中学由渡口东山迁址于药山寺。教室宿舍和办公室主要设于寺内两侧的厢房中，"大雄宝殿"为大礼堂，庙前的戏台为会场。共招收初中两个班的学生，有生员100多人。办校以后，药山寺里两名小和尚也不知所终，仅剩下无处可去的木易和尚1人，住在庙中一间偏房中。木易和尚也为学校做一点力所能及的事情，主要靠村民的施舍和政府接济度日。1945年，翊武中学迁走后，药山寺继续办校，改为药山小学，药山村一带60岁以上的人大都在药山寺内读过书。钱焕章老人（曾任药山村村主任）于1953年在药山寺内上小学。据他回忆，当时各殿的菩萨雕像都还在。1956年，大佛殿（大雄宝殿）的佛像部分拆毁。观音殿的佛像也相继被毁。1960年代，药山大队在佛殿内设打米厂和榨坊。1968年，本村民兵造反派将庙内尚存的木雕佛像全部推倒，搬出庙外焚毁。1971年寺庙全部拆毁，木材、砖瓦用于修建棠华中学和药山村油脂加工厂。至此，曹洞祖庭毁于一旦，海内名寺销声匿迹。拆庙赶和尚，木易和尚被村里安置在一间茅草房居住，纳入五保户，度过晚年。1970年代初，木易和尚殁于药山，葬于药山。呜呼！木易和尚和药山寺一道湮没于历史的荒烟衰草之中。

三、药山寺寺名沿革

药山寺最初叫什么名字？现在似乎难以找到最原始的依据。唐伸为惟俨所撰《碑铭》中似乎也未言明寺名。《碑铭》全名为《澧州药山故惟俨大师碑铭》，这里"药山"二字究指山名还是寺名，也是模棱两可。或曰惟俨最初所辟道场曰"牛栏"（或"牛阑"），当是由《祖堂集》中一段记载演绎发挥而来。《祖堂集》卷四：

> 师初住时，就村公乞牛栏为僧堂。住未得多时，近有二十来人。忽有一僧来，请他为院主，渐渐近有四五十人。所在迮侠，就后山上起小屋，

请和尚去上头安下。

《祖堂集》是五代时禅宗史书，所载难免会有传说和推演的成分，但还是符合惟俨开山之初筚路蓝缕、渐成规模的基本事实。由借住牛栏到另起小屋，僧侣由惟俨一人而至二十来人，再至四五十人。

由于牛栏之简陋而凸显惟俨创业之艰辛，于是"牛栏"便被好事者借以大做文章。"牛栏"一说在宋代较为流行，竟成了药山寺的别名，目前尚保存于寺址的北宋政和八年（1118）十月十三日（辛卯）残碑上便有该名：

> □□解印武陵，元直□济□正天与几仁德骏、举隆泰观二禅老饯别，谒药山嵩牛阑，志道话因投宿焉，戊戌政和十月辛卯。

这是一方药山纪行碑，篆书大字。"谒药山嵩牛阑"，原断为"谒药山嵩牛，阑志道话"。似不妥，"阑志道话"很费解。"药山嵩牛阑"解释为药山下的"牛阑庵"顺理成章。"嵩"指高山，而"牛阑庵"是传说中的药山寺曾用名。北宋前期的宋祁（998—1061）就曾有一首《寄题药山牛栏庵壁》诗：

> 昔人牛□下，胥宇化南州。祖地千灯续，荒垣八字留。漏长莲叶晦，园胜奈阴稠。后嗣推崇意，同风古佛流。

在南宋时期地理学家王象之所著《舆地纪胜》中录有《药山牛栏八字石碑》的碑目，曰："不知岁月，刻石药山。"有人认为此碑就是前述政和八年纪行碑，因碑文每行八字，故曰"八字碑"。此说之不能成立者有三：其一，"八字"和"每行八字"怎能是一个概念。其二，纪行碑一直保存到现在，其上明确记为"戊戌政和十月辛卯"，年、月、日俱全，怎会"不知岁月"呢？政和八年到王象之编撰《舆地纪胜》的南宋嘉定年间（1208—1224）也才100年左右，怎会残断得连那么明确的纪年都不见呢？其三，八字碑产生的年代远早于政和纪行碑。在前引宋祁的《寄题药山牛栏庵壁》诗中便有"祖地千灯续，荒垣八字留"句。宋祁是北宋中期人，他所见到的"八字碑"就已遗弃于"荒垣"，很明显，"八字碑"应是宋以前物，绝非北宋晚期的政和纪行碑。"八字碑"究系哪八个字，恐怕已成千古谜案。

南宋稍晚，《虚堂和尚语录》中便对"牛栏"一说进一步发挥，穿凿附会，虚构故事情节，使"牛栏"一说以讹传讹。《虚堂和尚语录》卷四：

> 又如药山和尚，游山到澧阳，见人家有一座山好，便要化它建道场。百姓不从，便入他牛阑里坐禅。人家被恼之不已，乃牵牛归屋里，纵火烧却牛阑。他只在牛阑基坐禅。太守闻得，与之买山，建一所庵，扁之曰"牛阑"。

这里把惟俨说成一个无赖，把当地百姓也说得不通人情。既有损祖师形象，也与《碑铭》记载大相径庭。《祖堂集》中"乞牛栏为僧堂"之说本来就于史无证，而《虚堂和尚语录》更是荒诞不经。而偏偏后代之猎奇者信以为是。毫无疑义，寺初名"牛阑"一说应予摒弃。比较靠得住的说法是药山寺最初名"慈云寺"。《舆地纪胜》中录有一方《慈云禅寺碑》的碑目：

> 慈云禅寺碑，即澧阳药山寺，唐光启二年雷满奏立。寺额断碑尚存。

光启二年（886年）距惟俨开山近百年时间，该碑有确切的年份和人物，说明该寺在光启二年以前即已正式赐名"慈云禅寺"。而且王象之还明确地说"即澧阳药山寺"，则说明在宋代慈云寺已更名"药山寺"。因这时"寺额断碑尚存"，故知唐、五代时寺名"慈云禅寺"。雷满为唐末至五代时人，据明嘉靖《常德府志·官守志》：

> 雷满，武陵人。幼骁勇，里人推为帅，唐昭宗以澧、朗为武贞军，授满节度使。尝引沅水堑其城，上为长桥，不可攻之计。

南宋范正国诗《题药山》亦有"云护俨公塔，天清雷满池"句。南宋湖南安抚使李纲亦有《雷满池》诗一首：

> 英雄割据老渔师，习气难忘凿此池。
> 尚想兴酣高会处，投身下取酒杯时。

关于"雷满池"的传说，据应国斌所编《常德历代名人》一书中载：

雷满习水性，常凿深池于府中。有客人来，在池上设宴，指着水对客人说："蛟龙水怪皆窟于此,盖水府也。"酒酣,雷满取座上器具抛掷水中,自己脱掉衣服跳入水中拾取器具，戏嬉水上。

这段叙述与李纲诗中所述一致。雷满本是"苗首"，是一个大老粗，常做出一些常人不可理喻的事。由李纲和范正国的诗可见，雷满不仅在府中到处凿池，而且在药山寺也凿有池，说明雷满经常出入药山寺，并在此滞留、游玩。从而，雷满为药山寺请名也是情理之中的事。雷满和佛教有较深缘分，《景德传灯录》和《传法正宗记》都将其列为澧州钦山文邃禅师法嗣，谓为大鉴下第七世。在宋代药山"雷满池"这一古迹应该还在，但后代的方志和地理志中却没有了踪影。

在明代的方志中，"慈云寺"和"药山寺"的名称互见。如《嘉靖常德府志》曰："药山寺，府北九十里"；《隆庆岳州府志》曰："慈云寺，州南小斗村药山，唐创。"而清代的方志中，似乎都只叫"药山寺"了。

或认为"药山寺"又叫"众仲寺"或"众中寺"。《澧纪》中录有明嘉靖时（1522—1566）澧人龚天申《游药山之众仲寺拂尘读壁上诗》：

石磴凌层半倚天，幽岑无语对谁言。百年高兴须今日，五岳奇观更此山。

心境绝尘清似水，面颜宜酒渥如丹。何当跨鹤云中去，回首天门任往还。

诗下还有两段关于"壁上诗"的纪实文字：

寺僧云："数年前一人住此题字，荣王召之，遂沉水死。后会桃源李春熙，始悉其事。"……

自襄入陕，与钧州党中丞为布衣交。后自北南游。嘉靖丙辰，住澧州药山寺。偶有巨贼流言，道路防禁，人咸疑之。荣藩遣使索于寺，械入城中，遂自沉于水。

这里似乎将"众仲寺"与"药山寺"视为同一座寺庙。澧县所编《九澧诗存》中也将其视为同一座寺庙。

药山之众仲寺,即澧州药山寺,在州南九十里,为佛教曹洞宗之祖庭。唐贞元初年(785)建寺,一代名僧惟俨禅师(751—834)在此弘法五十多年,广接学人,海众云会,开曹洞宗风之先声,不仅影响国内,而且远播日本。

"众仲寺"应为"众中寺",与"药山寺"为两座寺庙。《隆庆岳州府志·外传》:

> 慈云(寺),州南小斗村药山,唐创。
> 众中(寺),州东南小斗村金刚山。面洪崖,前有净尘桥、白龙井、清凉亭。唐创。郡人刘崇文诗:"落木摇苍霭,洪崖障碧空。渡桥尘净否?无语自鸣钟。"又:"小憩清凉亭,倒窥白龙井。日色摇空明,白龙翻幻影。"又:"罢宴出禅关,崖西日欲明。虎豹噪前林,踏歌弄月影。"

这里做"众中寺",无疑与"众仲寺"为同一座寺庙,只是写法稍有区别而已。刘崇文除这几首咏众中寺的诗外,《澧纪》中还录有他一首诗题为《众中寺》的诗:

> 闲凭清梵阁,宛在白云边。万峤沉苍霭,诸天隔紫烟。旃香浮大地,花雨散晴川。早识皈依地,频来礼觉仙。

在《直隶澧州志》中也分别有"药山寺"和"众中寺"。澧县一中退休教师邓学初为棠华乡药山村人,对附近一带情况较熟悉。在《棠华旅游美景》一书中列举了其所知晓的棠华乡的寺庙十四座:

> 1949年前棠华的寺庙:棠华村有俞公庙、玉皇庙、同善社,新华村有下庄寺、汉王庙,云山村有华容寺,西湖村有彭山庙、堵神庙,联合村有俞公庙、启国寺,澧安村有松月寺,民主村有众中寺,临东村有曹家庙,药山村有药山寺等十四座寺庙。

由此可见,"药山寺"与"众中寺"不仅是两座寺庙,而且相隔也还有一定距离,虽都在白云山一带,然而一在药山村,一在民主村。明清时都属小斗村。

由上述考证可知,寺初名"慈云",后名"药山",而"牛栏庵"可视为俗名。或曰药山寺全名为"药山慈云禅寺",而"药山寺"是其省称。也有一定道理,而尚待文献佐证。

古药山寺见闻

⊙ 邓学初

一

药山寺位于药山南麓坡脚上。药山，因盛产药材而得名，因山名寺。药山高约两百米，坡势约六七十度。古时，树木葱茏，生机勃勃，药材丰富，品种繁多。此地亦以山名，称为药山。津市解放后，叫药山乡，属澧县白衣区；后改称岳山村，属津市市棠华乡。药山不知何时讹变为岳山，寺亦称为岳山寺。现在，岳山街道已扩大两三倍，长约千米，水泥路，逢三五赶场。

药山寺正东，与药山相毗邻的是红岩寨，是武陵山余脉，因而寨南的县叫武陵县。相传朱元璋、杨幺都曾在此扎寨练兵。红岩寨酷似大水牛东向南北而卧，背朝南，腿北伸，背高海拔378米，东西长约3公里。前腿处叫铁匠岗，为铸造兵器处。稍后北腰有大尖山，酷似牛肚心，因名牛肚心。后腿处的山势形成东西向的分水岭，东向山水向东流入洞庭湖西北角的毛里湖，西向山水经东冲、药山寺前小溪汤流至临澧县入道水，再入澧水，东归洞庭湖。

红岩寨东邻白云山，海拔343.3米，山尖而圆，山势陡峭，山顶有白云观，山腰为一天门，有一眼清泉，二天门到金顶有铁链扶栏，顺扶链而上。山顶常有白云环绕，为四周群众的天然气象观测台。白云山东临八宝湖，为北洞庭湖西北角之余脉。八宝湖之东为东山，为湖南省私立翊武中学的校址。

东有白云观，西有药山寺，道教与佛教交相辉映，平添了许多宗教文化之氛围。药山寺东南与红岩寨相毗连处有笔架山，因形似平放毛笔的三尖笔架而得名，主峰海拔280米，两侧峰约250米，东南走向，两侧山腰有惟俨禅师墓，圆柱状，高两三米，

1980 年代一日本和尚还来朝拜过他，并新修墓碑。

药山寺西方约两公里处有虎山，形似老虎，雄视北方，又叫猫儿山，高约 10 米。山顶有灵官庙，旧时每临春节，有不少群众手捧腊猪首上山祭拜，祈求赐官降福。药山寺西南约 3 公里处有鳌山，酷似鳌鱼形，人们说是鳌鱼撑起了鳌山才得以不沉入大海。鳌，传说中的海中大龟或大鳖。山高约 80 米，山上为小镇。鳌山属临澧县，山东、山南为武陵县，后为常德县，今为鼎城区，山北大路东为澧县，人称一脚踏三县，是驿路重镇。

鳌山往南不远处为梁山，南北走向，绵延五乡十里，高两三百米，山势起伏不大，形似屋梁，故曰梁山。梁山南头郑家河之南岸便是湘西门户常德。当地民谣曰：到常德，不必问，梁山要走尽。梁山、鳌山、虎山东麓为古驿路，南有大龙站，中有新化驿，北有顺林驿，为荆沙通往常德的交通要道。侵华日军占领南京，武汉失守，南京国民政府迁往陪都重庆，长江水道阻隔，古驿路顿时变成了新官路，称为中大路，国军、盐商、花客、行人，摩肩接踵，络绎不绝，如过江之鲫，日夜川流，非常热闹。

药山寺前，众山远侍，形成好大的平地，曰药山坪。药山寺，背靠药山，雄视平地，既隐居深山，便于众僧修身养性，又外通驿路，有利香客前来朝拜。真是：溪流潺潺，芳草萋萋，古树森森，峻岭巍巍，僧徒济济，香客熙熙。选在药山修庙兴教，真是好眼光。

二

药山寺坐北朝南，大门外有两株高大的桂花树，浑圆的树冠，像两把大伞撑于东西两边，为来往香客遮风挡雨，又像两乘精美的华盖，显示着高僧达官的往来。桂花盛开时，花色灿烂，香气四溢，浸入肺腑，似醉似醒，如临仙境。

寺门墙壁呈金字形，顶高约 12 米，宽约 18 米，两边有立柱突起。正下方设有大门，双扇。门顶正上方嵌有"药山寺"竖匾，呈前倾状。笔者见到的药山寺，有六进，每进进深约 10 米，因依坡势，逐渐升高，两进之间有大天井。

第一进门殿。正面佛像，高约 3 米，身穿古将军服，手执金刚杵，可能是韦驮菩萨，是守护神。左右两侧各一立像，传说是周仓、关羽，一持宝剑，一拿大刀，高约 2 米，威风凛凛，笔者年少时进门视之，好吓人，不敢久留。

第二进可能是地藏殿。据说，释迦牟尼嘱咐地藏菩萨，要他在释迦牟尼入灭而弥勒佛尚未降生世间这一段时间里普度众生。他为此发大愿，一定要尽渡在六道（天道、人道、阿修罗道、畜生道、饿鬼道、地狱道）转回的众生，拯救他们于各种苦难之后，自己再升级成佛。所以，他的美称尊号是"大愿地藏"。

第三进可能是大肚弥勒殿。据说，弥勒是南印度人，是释迦牟尼的弟子。他胸肚袒露，满面笑容。唐代弥勒像是典型的佛或菩萨像，称为大肚弥勒佛。

第四进大佛殿。宽约 10 米，高约 15 米。殿中东西两立柱粗大，大人两手箍不拢，横梁也粗如木水桶，浑圆结实，叹为观止。这是药山寺的正殿，也称大雄宝殿。"大雄"是佛教教主释迦牟尼的德号，是对他的道德、法力的尊称。释尊的又一称号为如来佛。"如来"是完全符合教义之意，即从如实之道而来，开创并揭示真理的人，有法身如来、报身如来、应身如来三种解释。

大雄宝殿三尊大佛像并排坐着。据说，中间佛是释迦牟尼，两侧是他的两个弟子：东边年老的是迦叶。佛祖涅槃后迦叶继续领导徒众，后世称之为初祖。西边中年的叫阿难。迦叶涅槃后，阿难又继续领导徒众，后世称之为二祖。这种说法的可能性最大，也可能是三身佛。中为法身佛（为毗卢那佛），左为报身佛（为卢余那佛），右为应身佛（应身佛即释迦牟尼佛）。不过，这种三佛同殿是宋代以后的供法。药山寺是唐朝时修的。三佛座高约 2 米，佛像高约 6 米，佛身宽约 2 米，佛腿平稳宽大，上可立人，经常有胆大的少年儿童攀爬上去站立、玩耍。佛身壮实，佛胸隆起，佛腰宽厚，满头佛螺缠绕，佛面肌肉丰满，慈祥，目光炯炯，直视下界，佛手放在腿上，威严而慈祥，充分展示可亲可敬的菩萨心肠。

佛身背后有很大的开口，内装茶叶谷米，人可进入其中，自行索取这些神物。殿前摆着三个大蒲团，还有大香炉，供敬香者参拜敬香。大雄宝殿东西两侧还有十八罗汉立像，他们是如来佛的十六个弟子和降龙、伏虎，各侧九尊，金光灿烂，十分壮观。

殿前还有一个很大的天井，宽约 4 米，长约 9 米。东边有一棵罕见的大罗汉松，粗大如水桶，如手指样细长的叶片丛生，高十几米，枝伸屋外，雄伟壮观，此树至今活着。西边一棵碗口粗的树，叫抠痒树（不知学名），全身无粗皮，溜光细腻，花红紫色，只见小丛花，未见青绿叶。树干约人高处有向西南伸出的旁枝，干枝相连的下方形如人的腋窝，用手轻轻骚动，树枝立即轻轻摇晃，活跃多姿，十分神奇。进寺者，没有不伸手试验的，十分有趣。这是寺中最神奇、最好玩的场所。可惜，此树已枯死多年了。

大雄宝殿，殿大、柱大、佛大、树大、树奇，是药山寺最辉煌、最虔诚的地方，也是香客游人最多的地方，一经到此，便久久不愿离去，即便离开了，也刻骨铭心，挥之不去。

第五进观音殿。正面高耸的神龛中站立着高大清秀的观世音菩萨，因她能普遍"观察"世界上的一切声音而得名。她头披佛纱，手托莲花，面目清秀，直视下界，亲切可爱。她能现三十三化身，救七十二种大难。她不分贵贱贤愚，对一切人的苦难都拯救，所以其美名尊号是"大慈大悲救苦救难观世音菩萨"，简称"大悲"。佛教说她是西方极乐世界的救主阿弥陀佛的上首菩萨，为左助侍。她是送子娘娘，神龛中藏有男女童鞋，求子者敬香礼拜后便摸鞋，传说摸男鞋者生男，摸女鞋者生女。

观音殿后天井内栽一棵巨大的娑罗树，至今仍健在。据传释迦牟尼80高龄时在印度城外小河边一片茂盛的娑罗林涅槃，指所幻想的超脱生死的境界，也用做佛界"死"的代称。卒年应为公元前485—公元前483年之间。

第六进方丈室。方丈室是主持整个寺庙的和尚居住的地方，方丈也称住持。这是药山寺最后一进，也是地势最高的地方，更是寺中最清静的禁地，人迹罕至。此进拆毁最迟，1968年时还独存用做教室。

三

寺庙正殿的东西两侧设有很多大厢房，是朝山香客住宿活动的地方。佛教徒到名山寺庙烧香参拜叫朝山，朝山敬香的人叫香客。寺庙设有朝山敬香香会，专名诚正会，是香客朝山敬香的民间群众组织。每年秋季割完中稻农闲时，大约是农历八月份，四周远近的香客便如约汇集药山寺，自带睡卧用的稻草、自带统一制定的黄色香袋（内装香烛及干粮）、自交香钱、自开伙食，人员多少不等，有时两三百人，有时三四百人，当天到会，当夜凌晨开旗，即打开会旗举行朝山开幕式、升旗仪式中唱词，头人跪下引领，众香客跪下应和，声势雄壮，其词不详。会旗为特大直角三角形，白布上绣有金色弯曲长龙，边缘镶有蓝色水波形边，横直角边长约2米，竖直角边长1米多。旗杆为粗长的楠竹，约七八米长，掌旗大力士为袁美松、钱兴正二人。升旗仪式结束后，掌旗人便高举会旗，导前奔跑，众香客随后紧跟，只望方向，只看旗帜，不择道路，专走稻田、山野捷径，俗称铺田跑，齐头并进，看谁武威，跑得快。传说跑得越快，心越虔诚，越周正，越能获得菩萨保佑。都督旗殿后，都督旗为长方垂直旗，上书"都督旗"字样。

朝山目的地是药山寺西方二三百里外的五雷山。其路线大致是：由药山寺西行，经临澧县柏枝台、城关镇、佘市桥，石门县的蒙泉、夏家巷、刘家山，西行进入慈利县城东的五雷山区。五雷山可能因山上有道人学习天心五雷法而得名，五雷法亦名掌心雷。

五雷山"始于唐，盛于明"，所建庙宇有 36 宫、72 殿，总面积达 160 平方公里，二天门海拔 917 米，"旁魄百里，列县俱瞻"，在道教界享有极高的地位，作为"两省 170 县"无以数计的道教信徒的精神家园，其信徒遍布湘鄂两省广大地区，素与湖北武当山齐名，"北有武当，南有五雷"。

朝山香客到达山顶朝堂，倒头便拜，跪着等候队伍到齐举行朝拜仪式。朝堂容量有限，后到的当地香客往往要赶起先到的外地香客，让他们先拜，先到的不让，便要引起斗殴。诚正会的香客平时经常舞狮玩龙，多会武术，擅长散打，往往后发制人，打出了名。当地香客看到诚正会的队伍来了，便避让三分，不敢再无理挑衅。

药山寺香客的五雷山朝山活动，新中国成立前搞得红红火火，往返五六天，风餐露宿，不怕疲劳，干劲十足。返回时带着各种祭品如香饼，供家人享用，十分满意。这种大规模的朝山活动，临解放便废止了。

四

寺庙两侧那么大的厢房，每年仅仅被香客占用五六天，众僧人占用很少，350 多天基本上处于闲置状态，没派上什么用途，真是太可惜了。

幸好，机会来了。湘北的知名人士许瀚，亦名和钧，秉承中华民国开国元勋之一的蒋翊武生前想在渡口东山兴办中学的意愿，决定筹办"湖南省私立翊武中学"，先期的创办校址便选在药山寺内。大佛殿作礼堂，两侧大厢房作教室，小厢房作办公室、寝室，方丈室东部扩大为厨房食堂，寺庙前约 50 米处的戏台作会场、剧场，戏台前的戏坪作操场，与戏台相连的药山街为市场，寺庙后的药山、前面的笔架山更是登山运动的好赛场，真是应有尽有，连饮用水都是从东冲大山沟引进的自来水，这正是天然的矿泉水，真是天造地设的办学好基地。

1943 年先招初一班（有周启新、袁声恩等 39 名学生）、初二班（有朱玉职、钱泽民等 58 名学生）两个班，当年 9 月 1 日首次开学上课。1944 年秋招初三班（有郑翼成、许仲和等 68 名学生）、初四班（有徐国瑞、朱泽鼎等 52 名学生）两个班。

1945 年秋招初五班（有鲁古元、谢代表等 48 名学生）、初六班（有钱学森、胡开明等 47 名学生）两个班。笔者是初六班学生，我还清楚记得，我上学报到缴款后，到寺庙前玩耍，用手抚摸路旁的矮树叶，郭碧琛训育主任便直呼我的大名制止我。当时，我非常惊异他的记忆力，刚报到出来，便记住了我的名字。初六班的教室是东厢最南的一个厢房，虽为偏水，但较宽敞、明亮，适合教学。学校办得蒸蒸日上、欣欣向荣，大有兴旺气象，给药山古庙注入新鲜活力。

翊武中学东迁渡口东山继续兴办后，药山寺又有药山小学继其后，直到"文化大革命"时被粗暴拆毁为止。

五

1950 年土地改革大破封建迷信，大砸菩萨，1966 年"文化大革命"初期大拆寺庙，药山古刹遭到灭顶之灾。当时的民兵队长钱某非常积极，很卖力，带头砸，抢着拆。砸过拆过之后，冷静思索，顿感失落，金光闪闪的菩萨却把它砸碎了，武威雄壮的寺庙也把它拆毁了，这不是搞破坏、自作孽吗？良心受到无声的谴责，越想越伤心，越想越惊恐，好像众多的菩萨要找他算账，要惩罚他，要下地狱，要上刀山，碎尸万段，没几个月，便想得疯疯癫癫了。几十年来，天天沉浸在痛苦之中，连基本生活也要父母照料，后悔莫及啊！

如果严格执行党的宗教政策不砸菩萨，不拆寺庙，不赶和尚，将它们完完整整保存下来，当作佛教文化源头、旅游避暑胜地，药山的广大群众不仅会发大财，更会立大功，立保护珍贵古建筑之功，立保护宗教文化之功。可是存留下来的却是无尽的后悔，无尽的伤感。沉寂很长时间之后，有人似乎觉醒，要筹资重修寺庙。但是，零敲碎打局部的低层次修复，怎能抵得上古药山寺之万一哩！再加上药山之山腰已被公路齐腰斩断，山腰里还新修了岳山学校、幼儿园，开垦了菜园，整体生态环境遭到彻底破坏，早已面目全非，大煞风景了。新修的岳山庙，屁股大的地方，几个菩萨，各有妻室儿女的几个假和尚，来参观者还要收门票，笔者看过一次后，便大倒胃口，不想再看了，尽管有机会多次走近它，每次都很快打消了再看的念头。

每当看到破败不堪的景象，便感伤不已。真是破坏容易修复难啦！修复精美绝伦的药山寺谈何容易，要修复心灵的创伤更是困难啦！

六

我国汉地佛寺,发于汉代,风靡于六朝,继盛于隋唐,没落于明清。据先人传言,药山寺为唐太宗派尉迟恭将军监建。唐时古药山寺共有二十进,要骑马才能关山门,由此足见其特别宏伟壮观。

山门本是三门,中间一大门,两旁一小门。象征"三解脱门",即空门、无相门、无作门。《智度论》"涅槃城有三门,所谓空、无相、无作"。故称"三门殿"。因寺院多居山林,故又称"山门"。三门殿内的两侧,塑有两大金刚像,手持金刚杵。金刚比喻坚固、锐利能摧毁一切。杵是古代印度的兵器。金刚力士是守护佛法的,故置于三门殿的左右两侧。笔者少年时到鳌山赶场路过药山坪中心,看到十几块石碑像一个小碑林,石碑宽大过人,有文字,可惜未细看碑额碑文。石碑处是否就是古山门呢?

唐太宗的太后就是唐高祖李渊的皇后。唐高祖公元 618 年即位,在位 9 年。唐太宗 627 年即位,在位 23 年,止于 650 年。药山寺修建的时间应该在这 23 年之间。尉迟恭 585 年生,658 年死,他军功告成后监建药山寺的时间若是 55 岁,便是 640 年。从 640 年到 1166 年,古药山寺便存续 1326 年,堪称古庙。唐时修建 20 进,废毁时仅剩 6 进,其余 14 进毁于何时,是一次毁坏,还是多次毁坏,这个历史遗案是否可以从众多石碑中找到一些答案呢?据说,这些石碑已被村干部变卖了。真是遗憾千古,答案渺茫了。

漫谈药山寺

⊙ 陈作良

　　中外闻名的古刹——药山寺，位于津市与鼎城交界的白云山之"红宕"向西延伸的牛肚心岭向北展的支脉，名叫冬冲对面的山尾上。山势南高北低，不到一里路就消失为平地，成为良田。小丘上松林稀疏，但有从冬冲而来的清流激湍，映带于小丘北足而过。就在这小丘之弱的开阔的平地上，有一座大门朝南的大佛寺，寺门两边约有十余户小商店。此地新中国成立前是一个小镇，名叫"药山镇"，大概因为药山寺而得名的吧？是远近农民以月中为市进行生产、生活交易的场所。

　　这座大佛寺是唐朝高僧惟俨大师论阐之寺，当时名为"慈云寺"，后更名为"药山寺"。惟俨高僧阐论的佛经，自然是唐代佛教的禅宗派，派中何支，值得深究。他的佛法影响较为深远，不知何时、何僧东渡日本，让日本一些地方的佛教徒所信奉至今。

　　20世纪70年代末，有日本某地的信徒一行三四人前来谒拜，抵达澧县。要求去"药山寺"拜崇惟俨禅师墓地和佛寺。县里主管接待，告之此寺离城较远，交通不便，因此作罢。他们表示如有损坏，愿维修。

　　此寺建于小山丘的北麓，背山坐北面南，规模宏伟壮观；占地面积现在无法量计，有人夸张地说，此寺要骑马关山门，这恐怕是文学上的夸张，不过说明此寺不小而已。此寺到底创建于何时，值得研究。就是说唐代恐怕也有疑问。我们知道唐朝是我国封建社会鼎盛时期，对世界历史有着深远的影响。唐朝的历史近三百年（618—907），那么这座古刹的建造是在唐朝的前期？还是中后期？是不是唐朝以前就有的？在没有确切的证据之前，一时很难敲定。据说此寺现在除仅有一些残砖碎瓦和寺后山坡上还有惟俨法师圆寂后的塔墓外，其他都荡然无存了。

　　1988年，我的同乡、同学、湖南财经大学的许孟和教授，遵父嘱送其先父许和钧（又名许亦由）诗文选一部给我。许老是我们的前辈，翊武中学的创办人。办一所初级中学，开始招生一两个班级，起码上百人，还有教职员工十几二十人。课堂、礼堂、厨房、食堂、办公室和教职员工学生的宿舍等"均能应用"，可见在 1943 年时药山寺残存的建筑面积还是十分可观！

记得在 1940 年左右，十二三岁的我在家父带领下到过此寺。当时我是个不懂事的孩子，见到小山上古树参天，古刹四周不少树草包围，一进山门，见到一人多高的大菩萨，十分可怕，不敢仰视。大佛殿堂破坏后，留下地面上柱础，成圆形，直径快到一米了，可见寺的大殿之高大了。寺的四周残垣断壁，破落不堪，残砖碎瓦堆积如山，特别是南北两面尚存有好几十亩的荒草坪长满野草，无疑是此古刹盛时一些禅房的基地。其他的情况曾为许老所言，我没有什么印记了。

此寺在唐朝近三百年中，到底始建于何时呢？许老说："传说为唐太宗的太后派尉迟恭将军监建。"他治学严谨，用了"传说"二字，令人敬仰。查唐史，唐初的尉迟恭，又名尉迟敬德，籍贯山西，跟随唐太宗李世民平定天下有功，是唐太宗的心腹爱将之一。"玄武门之变"前，高祖李渊立长子李建成为太子，也就是太宗李世民的长兄，即将继位为帝，鉴于二弟世民势力过大，有碍于他，多次派人拉拢尉迟敬德以分其势，并为己用。尉迟敬德不但不为其所动，反而告密世民，并劝他先下手弑兄夺太子位。世民从其计，精心策划布置了玄武门杀机，射杀兄长等多人，逼父让位，自己称帝，这就是历史上有名的"玄武门之变"。唐太宗李世民于公元 627 年即帝位，改年号为"贞观"，在魏征等人的辅佐下，励精图治，经过二十余年的努力，使我国封建社会得到了全面的发展，人民安居乐业，社会较为安宁，史称"贞观之治"，是中国封建社会发展的鼎盛时期。

佛教据说自西汉末就传入我国，但一般认为是东汉明帝永平十年（67），迦叶摩腾与竺法兰随明旁所派使臣从今新疆来到洛阳，建寺译经，这是佛教传入我国的开始。经过东汉、三国、魏晋、南北朝至隋，这四百年的历史里，由于我国国内的阶级斗争和民族斗争异乎寻常的尖锐、剧烈，汉族与非汉族各族的统治阶级，迫切需要一个在精神世界进行统治的工具。佛教宣扬的灵魂不灭、因果报应、六道轮回等迷信说教，引导人们逆来顺受，安心做奴隶等，受到统治阶级的提倡和大肆宣扬，便迅速地发展起来。隋朝大一统后，把北方流传的偏于静坐念经修行和南方与玄学相连的佛教统一起来了。不久，随着形势的发展和佛教本身的变异，随着新的统治阶级的需要，开始分裂出"天台宗""法相宗""华严宗""禅宗"等派别。到了唐朝时发展到了高峰，这是事实。不过李唐王朝前期，即高祖、太宗、高宗和武周后的玄宗开元时代，对佛教的活动，他们都多次颁发诏令限制其发展，起到了一定的压抑作用。

唐王朝开国之君姓李，他们崇信道教，尊李耳为教主。开国者高祖李渊就以教主李耳的后裔自居。他即位的第二年（619），令鼎修老君殿及真人庙等，并赐田产给观主。每幸国学，下令议三教先后，老子道教第一，孔子儒教第二，释家佛教第三。太宗李世民继位后，精选天下文儒之士，商议国家大事时，提出要检校佛法，进行整顿。贞观二年（628），他立孔子庙堂于国学后，与大臣们说："梁武父子好佛老以致亡国，足为鉴戒。并论说秦王汉武好神仙方士之失。已所好者，惟在尧舜之道，周、孔之教。"（《贞观政要》卷六）他的皇后也绝不会派尉迟恭到离长安、洛阳两京千里之遥的洞庭之滨监造一座大佛寺。因为在贞观十年（636），太宗生病，累年不愈。当时太子奏请太后放罪人及庶人入道，得冥福。意思是泛信佛、道，赦免罪人及庶人以求鬼神来保佑太宗的身体。太后说："生死有命，非智力所移。若惟善有福，则吾不为恶，如其不然，妄求何益。郝者国之大事，不可数下。释、道异端之教，蠹国病民，皆上素所不为，奇何以吾一妇人使上为所不为乎！必行汝言，吾不如速死。"（《资治通鉴144·卷唐纪10》）这就是太宗之后对释、道神鬼等宗教的态度。对释、道持这种态度的人，怎么会派人去外地监造佛寺呢？太宗之子高宗李治即位后，于乾封元年（666），下令尊老子李耳为太上玄元皇帝。玄宗李隆基开元时期，教人画孝子图像而颁发天下，令王公以下，皆习《老子》。又封庄子为南华真人，文子为通玄真人，列子为冲虚真人，庚桑子为洞灵真人等，借以壮大道教的声威。当时两京和各州府都建有玄元皇帝庙，道观众多。仅京城长安（今西安）就有三十所，全国有一千九百余所，道士一万五千余人。

所以，唐王朝前期，从高祖、太宗到高宗、玄宗时期，他们崇信道教，抑制佛教，不太可能派什么人去南方的洞庭之滨监造一座大佛寺来加以崇信。但是事物是很复杂的，从太宗到玄宗近五十余年的历史，包括则天女皇在内，情况是有些不同的，我将留在后面作些自以为是的探讨。

1993年，我从故乡澧县邮购到一本《澧县志》（社会科学文献出版社）。该书第二十七编社会第三章宗教第一节佛教中说："……唐太和年间（公元827—835年），惟俨禅师在州南90里之药山建'慈云寺'（后名药山寺）。其所禅佛经被日本佛教界奉为教义。"夜读范文澜著《唐代佛教》附隋唐五代佛教大事记（人民出版社，1977年），该书第255页上说："公元828年（太和二年）……药山寺惟俨禅师卒。惟俨从石头希迁受法，世传与李翱相友善，相国崔群、常待温造从惟俨问道，卒后唐伸为撰碑铭。"公元 827 年至 835 年,正是唐文宗李昂在位称帝的"太和"年号,这是他的第一个年号。接着他还有一个年号叫"开成"年号。前者共九年,后者共五年。县志上说惟俨禅师在"太和年间,在州南 90 里之药山建造'慈云寺'(后名药山寺)"。范文澜说,惟俨是在公元 828 年(太和二年)去世的,那惟俨在太和年间包括他死的当年在内也只有二年,请问仅仅二年的时间怎么能建造出一座如此规模的药山大佛寺来呢?这是完全不可能的。所以,我认为县志上说的是不准确的,不可信的。当然范文澜并没有说惟俨建造"药山寺"的事,我们就不去说它了。

不过也有人说,佛教禅宗青原系的一支,衡山"石头(和尚希迁)的另一支为药山的惟俨"(吕徵《中国佛学原流略讲》,1979 年)。总之,不管惟俨生卒何年月,说他在文宗"太和年间"共二年创建出一个规模宏大的药山寺是绝不可能的。而文宗之后,就是武宗李炎即位,当时佛教的政治、经济势力已发展到严重威胁到李唐王朝生机的程度,李炎及其高层统治者中一部分人,提出要限佛、灭佛。会昌五年(845),诏令全国废除寺院四万余所,三十万僧尼还俗二十六万余,收回寺院庄园良田数千万顷,解放奴婢十五余人(参见《资治通鉴》卷 248·《唐纪》64)。这是对佛教势力的一次沉重打击。我揣测这个在"山台野邑"的药山寺,恐怕是这次灭佛中被毁的。自此以后,李唐王朝只有七八年了,即公元 907 年就寿终正寝了。所以,它的晚期是不可能建造这个药山寺的。

如果确定为李唐王朝时期建立的话,那么最大的可能是在女皇武则天当权后和她统治的时代才有可能。

武则天,正如徐敬业讨伐她的檄文中所说:"密隐先帝之私,阴图后庭之嬖。"不惜惨杀亲生儿女而夺取皇权。

武则天从永徽六年(661)得皇后位以后,与丈夫高宗李治同时执掌皇权。实际上高宗李治患风眩病,很多国家大事都决策于她。上元元年(674)武则天则直接摄政国事,直到弘道元年(683)李治病死,先后长达二十八年之久。高宗死后她立太子李显,号中宗,不到一年废除,立睿宗李旦。垂拱二年(686),将睿宗李旦幽禁于深宫,自己便临朝称制。在此前一年,她通过高祖李渊之公主的关系,将陕西一个贩卖药材的冯小宝(薛怀义)揽入宫中,令他主持修整白马寺,并为该寺的主持。薛怀义出入禁中,依仗权势,恣意妄为,横行无法,"出入乘御马,宦者十余人侍从,士民迁之者皆奔避,有近之者辄挝其首流血,委之而去,任其生死,见道士则极意殴之,乃髡其发而去"(《资治通鉴·卷 203 唐纪 19》)。他大肆宣扬佛教，普度众生，打击道教，足见此时佛教之狂且盛行了。这是武则天为了夺取帝位一反李唐崇道抑佛的精神而造思想舆论的事实。两年后令薛怀义役使数万丁，以造明堂为名拆毁乾元殿，搞谶纬神学修造"万象神宫"，供她享受。

武则天临朝称制以后，她知道会遇到很大的阻力，会有不少人反对。为了达到夺得皇权称帝的目的，设计出让密的木匣子让人告密。置酷吏专门屠杀反对者，制造了许多冤、假、错案。大杀反对派并牵连了许多无辜者被杀害，尤其是李唐宗室有能之人。故太子李贤以及元老旧臣诸多人士，"使唐之宗室于是殆尽，其幼弱者亦流于岭南，又诛其亲党数百家"。（《通鉴卷204·唐纪20》）

天授元年（690），东魏国寺和尚马屁精法明，撰出佛经《大云经》四卷，卷中说武则天是弥勒佛下生，当代唐为人主，于是布告天下，并要求两京（长安、洛阳）诸州各置大云寺一区，藏《大云经》，为和尚居住和讲授之地。次年，下令"改唐制以释（佛）教为革命之阶，而升于道教之上"。（《资治通鉴204卷·唐纪20》）

武则天经过几十年的奋斗，在以所谓"关中百姓九百余人诣阙上表，请改国号为周，赐皇帝为武氏"（《资治通鉴卷204·唐纪20》）。武则天称帝国号为"周"，历史称"武周"。武则天称帝直到公元704年才下台。她是中国历史上唯一的一个女皇帝。她下台后，传帝位给太子李显，是中宗。中宗复位后，复尊道教老子为先，并以高宗号称老子为玄元皇帝的尊号，恢复了扬道抑佛的思想意志。

数年后就是唐玄宗李隆基称帝，之后李唐王国国内略安宁了些。但是，到了天宝十四年（755）爆发了"安史之乱"。这是封建社会固有的顽症，是它不能克服的割据势力的弊病，使社会遭到巨大的破坏。后来"安史之乱"虽然平息了，但封建割据依然存在，表面上割据的军阀统一于李唐朝廷，实际上再没有真正地统一过，这是历史事实。

由此观之，我认为像药山寺如此规模的大寺，若说是唐王朝时代创建的话，那只能在武则天专制的几十年里才有可能，其他时代决不能行，这就是我的结论，望专家、学者指示。

2010年10月于北京

药山寺补记

⊙ 高永南

拙文《来龙去脉话钦山》曾归纳前人研究成果："唐代全国知名的八位一流禅师澧州即有其二：惟俨、崇信大师；当时湖南佛教寺院，有年代可考具有全国影响的共二十来座，澧州即占其四：钦山寺（澧县）、夹山寺（石门）、药山（津市）、龙潭寺（澧县）。《州志·寺庙志》载：药山寺，州南九十里，唐太和间，僧惟俨建。"

笔者 30 多年前因便路过药山寺遗址，在几棵孤零零的古树下稍作停留。今年大年初一清晨与家人从津市保河堤镇驱车前往药山寺，不小心在渡口镇跑岔了道，几经弯转打听直到近 9 时才抵达目的地。寺院已部分恢复，还有殿宇正在重建中，几座殿堂内外香客进进出出，焚香、祷告、跪拜如仪。住持大师亲自接待，还领我们瞻仰了位于寺院东隅的惟俨禅师墓塔——化成塔，又亲手把两方沉重的墓志铭（一为铭碑，一为碑盖）搬移到殿外，供我们观摩、拍照；在方丈室，大师还捧出珍藏典籍为我们说法。可惜因另有约定，我们只停留不足一个小时便匆匆告辞。

原来关于药山寺的写作计划为三块拼接：近年搜集到的相关资料，澧县一中邓学初老师早年印象，再加上自己的观感。1928 年出生的邓学初老师，老家住药山寺邻近骑龙村，1944 年冬，因日军入侵湘西北，常德吃紧，空袭频繁，当时邓公就读的翊武中学（地址渡口镇东山）为躲避日机轰炸，临时迁往棠化乡药山寺。他们在此生活学习到翌年 8 月才迁回。一些研究药山寺历史的学者、文献多侧重惟俨禅师生平、师承、佛学思想及讲经传法的精妙之研究，少有或缺失关于寺院规模、格局、整体风貌，对当地文化影响以及对民风民俗的良性熏陶、引领的考察。窥一斑而知全豹，民国风貌基本是明清版本，而明清社会则基本是唐宋体制的继承,真正的"三千年未有之变局"只是出现在1949年之后。基于此,作为学生的笔者几次恳求老师拨冗命笔。

今年3月底,老师一度中断忙碌的学术研究,挥笔写下亲历、亲见、亲闻洋洋万余言的《古药山寺见闻联想》珍贵史料。文章不仅是药山寺一庙之历史、规制、风貌的翔实录,更是一幅恢弘绚烂的澧州山川、历史、文化、宗教、民俗的风物工笔画,拜读之余,欣喜、感佩自不待言。于是改变主意,直接敬录老师原作,只是限于篇幅割舍"联想"部分,又不避狗尾续貂之嫌,补写相关内容,以了却笔者多年心愿。

药山,因"其上多芍药,故名"。位于津市南端与鼎(汉设武陵郡、唐改朗州、宋称鼎州、元名常德道、明清叫常德府)城区交界的棠化乡药山村,《宋高僧传》称"朗州药山",《五灯会元》称"澧州药山",现在则称"津市药山",皆因行政区划的缘故。唐贞元初年(785),此处建慈云寺。贞元初年,一位高僧云游至此,目睹宛如仙境的湖光山色,而掩映于苍松翠柏之中的古寺却破败不堪,不可入住。高僧浩叹奈何辜负佛祖所赐洞天福地,便谨遵祖庭教诲开山驻锡,决心复兴一处佛教圣地。

高僧法号惟俨,俗姓韩,祖籍山西绛县,唐天宝三年(744)出生于江西赣州信丰县,他自幼聪慧,饱读诗书,勤于思考,不喜嬉戏。17岁便负笈远游,赴广西潮阳西山求学。此处佛学盛行,学艺精深,引发惟俨兴趣,便入西山寺庙就学,两年后,依慧熠禅师出家。伴随古佛青灯,惟俨日诵夜习,精研佛教经藏,经13个寒暑修习,已是而立之年的他于大历八年(773)才受具足戒于希操律师。熟识三乘十二分教佛理的惟俨并不满足"文字禅"的高深,又先后投在湖南衡山"石头希迁"、江西"马祖道一"高僧大德门下修炼。几年后,在马祖"做条渡人的船去吧"的反复叮嘱下,才依依不舍离开。

几年后云游到慈云寺的惟俨向附近村人乞借一间牛棚暂做禅堂,一边收徒讲法,一边化缘整修寺庙,药山僧众日渐增多。

北宋初,姚铉(太平兴国年间中举,官至两浙转运使)编《唐文粹》收录唐伸著《澧州药山故惟俨大师碑铭并序》记载:

> 师尝以大练布为衣,以竹器为蹑,自剃其发,自具其食。虽门人百数,童侍甚广,未尝易其力;珍馐百品,鲜果骈罗,未尝易其食;冬裘重袄,暑服轻疏,未尝易其衣;华室净深,香榻严洁,未尝易其处;麋鹿环绕,猛兽伏前,未尝易其观;贵贱迭来,顶谒床下,未尝易其礼。非夫罄万有,

契真空，离攀援之病，本性清净乎物表！焉能遗形骸，忘嗜欲，而如一
者耶！

该文称颂大师在药山修行传法，常年身着土布衣，脚穿草鞋，粗茶淡饭，菜
蔬佐食，凡事亲力亲为，卧室卧具简洁陈旧。尽管身边常有野兽侵扰，他坐禅讲
法镇定自若，尽管寺僧渐众，庙产日多，环境大为改观，但他的饮食起居依然不
变。对待善男信女、参学问道者，不问贵贱，以礼相待。我们曾唯我独尊地摧毁
包括佛教典籍在内的传统文化，也曾目中无人地作贱包括高僧大德在内的古人先
贤，谁优谁劣，千秋功罪，后人已开始评说。

惟俨禅师在药山传法 40 多年，遥契六祖惠能的"心印"，继承和弘扬石头希
迁"禅法"优点，自成一代禅风，广泛传法接引学人，一时海众云会，"游方求益
之徒如教之在此，后数岁，而僧徒葺居禅室，接栋鳞差，其众不可胜数"。（唐伸《碑
铭》）可想见寺庙殿宇阔大，禅堂栉比，僧徒往来如市。他培养和造就了一批高足
像云岩昙晟、道吾宗智、船子德诚等，都为中国乃至世界佛教文化做出了重要贡献；
而他"随机利物，就语接人"，接引当代诗人李商隐、相国崔群、常侍温造倾心向禅，
特别是开悟朗州刺史李翱更是成就中国佛教史上一段佳话。

李翱为唐代著名哲学家，先后两次任职朗州，大约在元和末年（821—825）
李再度"获谴"出任朗州刺史。李仰慕惟俨大名已久，到任后多次派人邀请，但
总被婉拒，此时惟俨已是八旬衰翁。李只得登山门拜访，其时正遇禅师入定诵经，
许久没有理会。随扈按捺不住吆喝道："太守在此！"惟俨仍不动声色，李也沉不住气，
气呼呼说了一句："见面不如闻名。"正拂袖要走，"太守何得贵耳贱目？"禅师开口，
言轻意重：耳目均为六根，偏执其一大谬，何况前来问禅，应"照心见性"。一言既出，
让李翱感悟禅师名不虚传，于是转身打拱问"道"。惟俨用手上下指点着问："会吗？"
李不知所云，禅师进而开示："云在青天水在瓶。"

李仔细品味，终于得悟，他异常欣喜，并马上书一道偈语呈送禅师："练得身
形似鹤形，千株松下两函经。我来问道无余说，云在青天水在瓶。"有佛学家对此
参悟精深：云直上青天，不可妄自得意，不可溺于轻风的惬意，也要经得住狂风的
凶险，如此便有任运自然的大度，像云轻松、潇洒、自如；瓶，再大也空间有限，
对于以高就下，永无止息的水，确是莫大拘束，然而，水却可以找到安适，调整自身，
保持平静。任何人胸中贮一瓶静水，心态定会安详自若，成于定境。此说对于仕
途不太顺遂的刺史大人，不啻醍醐灌顶。

惟俨大师 17 岁出家，礼佛 60 余年，达智大哲。《五灯会元》载：大师某夜登山，行走在崎岖狭窄的山道上，当时天空昏暗，难辨路径，但大师内心清净，眼无遮挡，纵身直奔山巅。忽然间云开月出，大师自觉内明与外明融成一片，情不自禁一声长啸，远近山谷回响，经久不息。是夜山下方圆百余里都听到这声长啸，人们都以为邻居叫喊，第二天相互打听才知是药山老和尚长啸。后来，人们便称这座山为啸峰，亦作笑峰。

《景德传灯录》记载惟俨圆寂情形：临顺世，师大喊："法堂要倒了！"僧众赶快搬来长木条顶撑法堂屋顶。师连连摆手："你们不明白我的意思。"说罢安然而逝。其时为唐文宗太和八年（834）十二月初六，阳寿 84 岁，僧腊 65 年。文宗皇帝赐谥号"弘道大师"，于药山寺东啸峰山腰修"化成塔"瘗葬，唐伸撰写碑铭。时近千年后，化成塔湮没消失。明崇祯十三年（1640）二月十五日，鼎州忍铠居士陈瑾进谒药山，并打听、礼拜化成塔，寺僧遥指啸峰某处回应。好一番踏勘寻觅，终于找到原塔基，众人欢欣不已，于是恭请高僧水斋如意和尚、住持法印方丈主持法会，开光打醮。大师捐资在塔基构建白石小塔，常德藩王朱慈炤闻讯亦"布金"献礼。是年十一月初七，陈居士根据《景德传灯录》记载书刻《药山惟俨禅师化城塔铭》。

二十世纪五六十年代，化成塔与药山寺大片古建筑先后被拆毁消失，直至八九十年代，作为常德市首批批准重建佛教寺院之一的药山寺开始艰难的筹资重建，1995 年在原址重建化城塔，清理塔基时，350 多年前入藏的《药山惟俨禅师化城塔铭》墓志被发掘出土。又近 20 年过去，墓志铭保存基本完好，只是宋体铭文后部有些字刻磨灭难读。现照录如次：

> 药山禅师惟俨，以天宝十三载生南康信丰县。自为儿童时，未尝处群弟子戏弄之中，年十七，谒湖之西山慧炤禅师落发服缁。大历八年受具于衡岳希琛律师，遂告石头之室。头指示往马大师处，居马祖之室垂二十年。既得法，辞祖返石头，头印可。贞元初居澧之药山宗风大振，语具传灯录之。一夜登山，经行忽云开见月，大笑一声，应澧东九十里许，居民尽谓东家。明晨迭相推问，直至药山，徒众曰："昨夜和尚山顶大笑。"太和八年十一月六日乃圆寂，阅世八十有四，坐六十夏。塔于东隅。唐文宗谥弘道大师。

塔曰化城，岁久湮灭。余于崇祯庚辰二月十五日入药山礼师塔，有僧指笑峰以应，觅之随得塔基，喜跃无量，乃倩水斋如意和尚及住持法印采贞珉，捐资构小石塔以笼其上。荣世殿下闻之而布金，暨诸宰官皆作檀那欢喜赞叹，得未曾有，经始是年，戊月十五日落成。于十一月初七，因考传灯录，书师生平志之塔畔，仍号化城。合掌铭曰：

孤峰片月，千秋迥绝。笑开浮云，电光一瞥。
笑轰雷霆，百里同听。云在青天，水亦在瓶。
咄哉孚堵，头上安头。弃他宝所，化城是修。
我本无作，师亦不蒇。束取肚皮，觅口服药。
药峰崚增，道法增续。续尔智炬，一焰千灯。

明崇祯十三年岁在庚辰孟冬月上浣日
鼎州分司药山外忍铠居士陈瑾

另有宋代残碑一通，至今倒卧农家院内。据常德学者刘先考证，碑文为北宋大观年间鼎州知州张庭坚撰写，而书法则应是北宋后期工于篆书的书法家李元直作品。

千年名刹古大同

⊙ 葛乐山

古大同寺坐落在津市郊区大同山上，北有关山，南有观彰山，西南与大旗山连接，千峰万岭，风光秀丽，景色迷人。

古大同寺传为九祖道场，东方初祖达摩禅师曾驻锡于此，成为湘鄂边境闻名古刹。相传唐时山下有陈姓夫妇，年过半百，膝下仅有一女，早已嫁人。二老考虑晚年依靠，便将已有田产数亩交女婿管理，负责二老生养死葬，未料数年后女婿、女儿放弃赡养之责，致使二老受饥挨饿。两老心想："靠亲不如靠神。"乃将田契收回，又将住宅改为家庙，取名慈云庵，戴发修行。二老辞世后，地方绅民将其田产转为庙产，为区别当地关山北山之大同寺，遂名古大同寺。含有芸芸众生，皈依佛祖，必能"大同无我"（谓人心同归于一），同登极乐世界之意。

古大同寺传建于唐懿宗咸通年间（860—874），当初庙宇极其简陋，后历经宋、元、明、清各代扩建，规模之大，为九澧之冠。但清咸丰年间（1851—1861），住持僧通彻不尽职守，坐视墙垣倒塌，茂林修竹被砍伐，众僧极为不满，撤换了通彻住持，推举岚香、空了两和尚共同负责，重塑罗汉金身，整修殿堂房舍，还新辟园圃，栽植花木，始稍复旧观。但后来又由于宗教派别之争，古刹再遭破坏。镇海和尚来寺主持，力图恢复，四处化缘，获得巨款，鸠工修缮，到光绪五年（1879）11月才竣工，经过这次大修，面貌焕然一新。从山麓到庙前，用卵石铺成石级百等，眼前一堵白粉墙，庙门上方门额镌有"古大同寺"四个金字，阳光照射，熠熠生辉。前殿是关公殿，供有关公塑像，左关平、右周仓侍立；两厢有钟鼓楼，关羽背后为韦陀菩萨。过前殿，有用石板铺的空坪，中央置有焚香炉，两侧行廊里竖立数块石碑，详记古庙兴废历史和捐款人姓名。大雄宝殿立于阶台上，飞檐红柱，窗门雕刻精细，殿内柱上悬有金字黑漆楹联多块，更显得金碧辉煌。殿中央供西天佛祖，佛祖头顶上塑有一展翅欲飞大鹏金鸟，俯视殿堂，令人望而生畏，为诸庙所少见。佛祖两边立着摩诃迦叶和阿难陀，两厢神龛上排列十八罗汉，千姿百态，神情各异。殿中红帏飘忽，青烟缭绕，给人以肃穆之感。绕过佛祖身后，供有观音菩萨，左金童，右玉女。穿过大殿，抬级而上，有一长方形花坛，绿草如茵，鲜花竞放。再上，一排排房屋鳞次栉比，中为方丈室，左右为八大执事室，还有说法堂，是寺中庄严的地方，常见方丈身着袈裟，头戴五佛冠，手持如意头，盘膝而坐说法。说法堂相邻地方是客堂，布置雅洁，室内贴有名画和对联，其中有副楹联是这样写的，上联：罗汉松千年不朽，下联：观音竹万古长青。由大雄宝殿前向东有一长廊，可达观音堂，内供千手观音和阿弥陀佛、文殊、普贤等菩萨，东有藏经阁，内藏木版《华严经》《大乘经》《小乘经》，定时向僧人开放。旁有大彻堂（念佛堂），再东为老和尚住宿的"延寿堂"。由"方丈室"向西又有一排房舍为"斋堂"，是僧人用餐的地方，另有禅堂若干间，除住本寺僧人外，还接待外地游方和尚住宿。从此再往西有厨房、仓屋、库房、碾房、杂屋等，一字摆开数百步远。

佛教寺庙有丛林和小庙之分。小庙又称家庙，丛林则分为十方制、法门制、子孙制三类，十方制相当于"团体"住持（方丈），是由僧人选举的。子孙制由师传徒，享有继承权。古大同寺属十方制，故称为"十方丛林"，有义务接待来自各地和尚在庙里住宿。古大同鼎盛时间，平日接待来"挂丹"和尚少则数十人，多时可达百人，每个"挂丹"和尚只限于餐宿三天便要离开，故有"铁打的常住（指寺庙）流水的僧"说法。古大同寺管理严密，设有八大执事，分工负责，都监僧总管寺院，监院僧负责总务，知客僧负责接待宾客，僧值僧掌管清规戒律，书记僧负责文书，典座僧负责伙食，维那僧负责宗教仪式，寮元僧负责餐宿。明清以后，庙迭遭破坏，规模缩小，通常庙里只有僧20来人，加上各地"挂丹"住宿僧人多不过百人，但仍保持有维那、知客、监院、库头、代账等专职僧，各司其事。

古大同寺前殿左右是客堂，堂内悬有"百杖戒约"。僧人必须遵守三皈五戒，"三皈"为佛、法、僧；"五戒"即戒杀、戒盗、戒淫、戒酒、戒妄。初出家的称沙弥僧，受戒后称比丘僧。古大同寺一年或隔数年传戒一次，每次受戒的少则十余人，多达数十人不等。受戒前先要"净身"（沐浴），跪在大殿佛祖前，口念偈语："佛前一粒米，大如须弥山，若不行正道，披毛戴角还"，方丈将香扮药在瓦上焙干后点燃，拿在手中，在受戒和尚头上绕一刻钟再点在头颅顶上，俗称"烧艾疤"，少则三个，多至十二个。三个疤叫"三根香"，六个疤叫"六度"，九个疤叫"九品莲台"，十二个疤叫"十二圆觉"。和尚受戒后，始可领取"戒牒"云游四方。外地和尚前来"挂丹"的，按规定交上"戒牒"（牒上写明法名，出生年月，受戒时间和传戒师父）。原则上"挂丹"和尚住三日，多留时日的叫"讨丹"，须经方丈许可。所有和尚每天都得做五门功课，每天黎明起床念"楞严咒"，饭后念八十八佛，入夜"坐静"口念阿弥陀佛五百至一千句后就寝。走方和尚进庙坐哪条凳有规定，开餐不准讲话，一切靠手势，要喝汤将筷子放在碗上，须吃干饭将筷子往碗中一插，要添饭把碗往桌上一推，如只添半碗，将筷子捏一半在手中，膳房僧人一见便明白，马上替办。寺里和尚如若触犯清规戒律，轻则打板子，重则烧被子，没收"戒牒"，勒令还俗。和尚除常年供给伙食外，尚发给少许零用钱。古大同寺清代常规为方丈每年三串六（铜元），监院僧二串半，其他无职务和尚不少于八百文，清末民初，六串换光洋一元，两元可买一石谷。平日粗茶淡饭，遇四月初八佛祖生辰开斋，可饱食一顿，早晚还可享受红枣白莲糯米粥。当然，和尚被安排外出做斋醮时，主人家招待丰盛饭食自不待言。

由于古大同寺历史悠久，远近闻名，地方州、县的官员、文人墨客或善男信女来到寺院后，知客僧根据各自不同身份地位，请方丈出面接待，在品茶或招待斋饭后送上"缘薄"，请其留名并捐献"功德"钱，施主在缘簿上写下捐款数后，化缘和尚不直接收钱，将化缘簿带回庙里后，都监僧派去取，防止挪用私吞。古大同寺也收捐田产事。如地方上有争讼不休，双方协定将田产、债款悉数捐作庙产的也有，因此，古大同寺除拥有山林两百余亩外，还有水田年可收租谷数百担。

常言道：名山有名寺，名寺出名僧，古大同名僧也不少。广福和尚能诗善文，广豫和尚精通书画。此外，广泉和尚曾东游普陀寺，后乘海轮去泰国遍访名山古寺，结识不少东南亚高僧，为发展中泰文化交流发挥了一定作用。1949 年前，中国湖南佛教协会还在古大同寺内开办了"佛教讲习所"。

古大同寺昔时珍藏文物不少，有汉朝鎏飞马和唐武则天时烧制的古瓷以及名画家铁弹所绘一丈五尺巨幅《松鹤图》。惜已被盗走。时事沧桑，古大同寺也遭厄运，津市解放前夕，江正发部被迫撤到古大同寺及附近农民家，使古大同寺山林被砍伐，损失巨大。十年浩劫时，庙里菩萨被砸烂，庙宇被毁坏，珍藏数百年的佛经木刻版五千零四十八块全部被当做迷信物抬到庙前焚烧殆尽，损失惨重，成为古大同寺有史以来最大一次浩劫。

关山中武当道观

⊙ 葛乐山

关山，位于津市原窑坡乡果园村，下临澧水，与市区隔江相望。《新唐书·地理志》载："澧阳有关山（按：隋、唐两代升澧州为澧阳郡），山形盘踞十余里，高八十丈，江水东奔，是山崛立水口如关锁，故名。"关山在澧水南岸，林木葱茏，浓雾弥漫，变幻无穷，置身其间，如入仙境。关山西岭上有道观名中武当，建于明代，据明吏部尚书李如圭（澧州人）所撰《武当行宫》载："余郡华阳王默庵殿下，乐善亲贤，清心向道，闻武当之胜概与神之灵感，欲谒而不可得。正德五年（1510），命所司请于当道，乃择地捐禄，令官督工，甃石为台，建正殿于上，而塑神之像以奉之，后又建前殿、山门。嘉靖三载春，增建钟鼓二楼于殿之左右，仍由道士守之，以奉香火。"匾曰"武当行宫"。从明末到民国，中武当由于年久失修，加之风雨剥蚀，毁损严重。民国15年（1926），驻津澧的湘军第十九师师长李觉发起，由津市商户集资进行维修，始变旧观。整修后的中武当有前殿、正殿、后殿、藏经阁（一谓黄经阁）等建筑，庙门门楣上有石刻匾额"中武当"三字，门墙上饰以浮雕，彩绘图案，进入前殿，左右两厢置钟鼓楼，穿过前殿，中央竖石碑一块，上刻"廉洁"二字，铁画银钩，飘洒俊逸，传系宋理学家朱熹手迹。正殿又称祖师殿，供真武祖师像，全身铜铸，重五百斤。据文献记载："真武原名元武，为净乐国王之子，少而神灵，入武当山修道四十二年，后人为之建庙祭祀，到宋代，为避讳将元武改真武。"正殿中悬有一副木刻对联，上联：利锁名疆，笼络多少好汉；下联：晨钟暮鼓，唤醒无数痴人。神座前陈列陨石一块，呈黄色，上布满黑色纹络，传系清嘉庆年间陨落山下，乡人将其抬入观内供游人观赏。后殿供王母娘娘和九天玄女塑像，殿后为藏经阁，珍藏有道家经书。中武当观前有二井，名雌雄井。

左名雌井，明亮如镜，可以照人；右名雄井，浑浊如泥，终年不洁，两井相距仅尺许。雌井水质清冽、甘甜，有谓长饮此泉，可以延年益寿。山上种有茶树，枝繁叶嫩，道士采撷茶叶制成"烟云茶"，取泉水冲泡，叶悬水中，三起三落，旋转游动，色、香、味绝佳。

中武当四周松林环抱，堆翠叠绿，野花铺地，馨香怡人，山间涓涓细流，哗哗作响。山下有关山潭，深不可测，澧水从西向东，呼啸而下，拍打山麓岩石，激起层层白浪，声若洪钟。眺望东北，津城车水马龙，往来如织，江上百舸竞流，汽笛悠扬。游人至此，无不流连忘返。

忆往昔，游人登临此处，漫步寻幽，有松涛道观探幽，有山光水色欣赏，有文物古迹可鉴，可惜在"大跃进"时，"中武当"被拆迁到山下改建果园小学，松林被砍伐殆尽，古迹亦随之荡然无存，令人陶醉的游览胜地而今已不复存在了。进入八十年代，一些善男信女倡导集资修复，随着改革开放的春风，这闻名遐迩的中武当得以重建，焕然一新。再次雄踞在关山之巅，成为津市旅游胜地中一颗闪烁的星星。

澧州华阳王邸与关山御果园

⊙ 葛乐山

　　华阳王朱悦爠是明朝皇帝朱元璋的孙子，朱元璋建立大明一统天下后，实行封藩，他的第十一个儿子朱椿于洪武十一年（1378）封蜀献王，居成都，朱椿有六个儿子，第二个儿子悦爠在永乐二年（1404）封华阳王。按照封建统治阶级规定，父亲死后，王位应由长子继承，可是蜀献王的长子朱悦爏早死，理应由悦爏长子友堷继位，华阳王悦爠对此不满，预谋杀侄篡位，不料计划泄露，被人告发到蜀献王那里，蜀献王十分恼怒，将华阳王抓来打了一百板子，然后绑送朝廷定罪。友堷为了防止事态扩大，向成祖皇帝求情，华阳王才得以免罪。永乐十一年（1413），蜀献王病死了。友堷这时正在京城里，华阳王悦爠便乘机盗取府库中金银，友堷回来后发觉了这事，也未加追究，可是悦爠反贼喊捉贼，嫁祸于人，硬说金银是友堷盗取的，双方为此争闹不休，问题又闹到朝廷，成祖皇帝正待作出处理时突然病死了，继位的仁宗皇帝查明真相，宣布友堷无罪，但悦爠不承认诬害，仁宗为了了结这桩皇家官司，便将华阳王在四川的封地改为湖南武冈。这是洪熙元年（1425）的事，武冈地处湘南山区，交通闭塞，地瘠民贫，华阳王悦爠很不乐意。皇帝为了迁就他，将他封地迁到澧州，这里富饶美丽，百业兴旺，华阳王十分满意，便拨出巨款，大兴土木，修建王邸。这王邸占地数百亩，头门一座高大的石牌坊，高两丈，宽一丈多，六柱落脚，石礅、石柱直到横梁石上均刻有浮雕，巍峨壮观。穿过头道石牌坊向西进入第二道牌坊，长长的甬道两侧，垂杨夹道。出第二道牌坊，一眼望去，开阔的旷野里，绿草如茵，树木成林，中间有人工湖，碧水荡漾，鱼翔浅底，微风拂起，波光粼粼，景色幽美。湖中有两条路连接南北两岸把湖面分割为三，各有小桥相通。这湖又名洗墨池，相传范仲淹曾游览此地，即兴泼墨挥毫作画，画成在池边洗笔砚，故名，为澧州内景之一。1921年，澧州镇守使唐荣阳采纳士绅建议，在池畔建起一座小亭，中竖一碑，中刻"后乐"二字，左右有联云：右联"后之览者将有感"，左联"乐夫天命复奚疑"。以纪念范仲淹"先天下之忧而忧，后天下之乐而乐"的名句来启迪后人。

走过石桥，映入眼帘的是高大的门楼，鳞次栉比的屋宇，碧瓦飞檐，粉红色围墙，墙头琉璃瓦覆盖，环绕着四周。王邸内共分四进，中为迎宾厅、议事堂、库房、账房、司库等人员用房，后进有花园和华阳王及王妃和王室人员寝室，前三进两边为厢房，供来宾和府内人员餐宿用，所有府内房屋安排有序，陈设都很华丽气派。

王府内有小丘，名三皇山。上建有一座"屡丰亭"，登亭四望，王邸内外景物尽收眼底。民国时期在西门城内办起中学堂，将"屡丰亭"移入中学内，更名"刻影亭"，取"吾辈当惜寸阴"的意义以勉励学子爱惜光阴，发奋读书。虽说这王府内外红墙碧瓦，雕梁玉砌，楼阁亭榭，奇花异草，已够他享受了，但华阳王仍觉不满足，特"辟关山为园囿"，将津市对岸的关山划为禁区，名为御果园。园中栽培多种果树，饲养有珍禽异兽，每当春暖花开时，华阳王和王妃带着王室人员从澧州泛舟而下，一路观赏湖光山色，到达关山山麓后，弃舟登岸，穿过成荫绿树，踏着芳草地，观赏姹紫嫣红的繁花，耳听林中百鸟争鸣，尽情饱览这大自然美景；秋天，华阳王再度来这里秋游，品尝各种新鲜果实，欣赏王妃和宫女翩翩起舞，听着清脆悦耳的小调，直到尽兴而返；夏季烈日高照，王府灼热难受，华阳王等便来到关山避暑；冬天，华阳王乘兴来此狩猎。一年四季，这御果园成了华阳王休息、娱乐、宴请的场所。

华阳王悦燿生有两子：长子友埻，次子友壁。一日，两个儿子随父母游御果园时，小儿游兴特高，离开人群，穿行在参天古木之中，一直到达关山东头，看见那烟波浩渺的黄丝、夕阳、孟姜、阳由诸湖，白帆点点，沙鸥飞翔，一下被这大自然美景吸引住了，乐而忘返。这下可急坏了华阳王，好不容易在关山东头找到，一场虚惊，吓坏王府诸人。从此，人们便将关山东头岭上唤作皇姑山，一些人干脆将皇姑山唤做"黄牯山"，说是找到黄牯牛的地方，这倒是极尽辛辣讽刺意味的了。

华阳王悦燿封藩到澧州，修建了王府，开辟了御果园，过着奢侈享乐的贵族生活，不应当还有"身在魏而心在汉"的思想了，但事实不然，他来澧州后竟然在关山御果园内修建了一座古朴典雅的"思蜀亭"和"望江轩"。每次来游览时，总要来到亭中向西眺望，他是在思念身在四川的朱家亲属吗？不，他念念不忘的是"天府之国"的王位，因为他"虽邸建于澧土，岁禄俱取自川中，有封建之名，

无封建之实"。（见《直隶澧州志》上卷《藩封》）

华阳王由于沉湎于酒色，中年便得了不治之疾，宣德八年（1433）八月初五一命呜呼了。这时他年仅四十一岁。华阳王悦燿死后，王位下传给庶子。王位从悦燿来澧州算起，共历九代，最后一代是味一和敬一。当明末农民起义军领袖张献忠打下澧州时，敬一被王邸官员护送到慈利九溪卫躲起来，味一来不及逃走，被张献忠起义军俘获，在押解去北京途中路过武昌时暴病而亡，被当地一寺庙和尚出面掩埋在鹦鹉洲上。

华阳王悦燿死后安葬何处？据《澧州志》记载，"大旗其陵墓，内有古器，今封之"，其实他死后并未葬于大旗山，而是埋在大同山北麓，即窑坡芦家村。1966年4月，芦家大队农民寻砖砌窑时，偶然在第二生产队挖出一古墓穴，高二丈，宽八尺，深二丈，墓东西向，长方形砖室，穹窿顶，四壁平直，东西两壁有壁龛，空无一物，砖砌圆拱墓门，穴分内外两进。前进为祭奠处，有石案，系放祭品用，案前有铁铸大缸一口，估计为焚化纸钱之用。右侧竖一碑，上书《大明华阳悼隐王圹志》，内进有石棺床一座，棺木早已腐朽不在，穴中并无"古器"等随葬品，很显然如果真有，也不知何年何月被掘墓人盗走。

墓碑高四尺，宽约两尺，上刻有华阳王悦燿生平。原文如下："华阳王乃蜀献王次子，名悦燿，庶出，母金氏。悦燿生于洪武二十五年八月初九。永乐二年四月初四封华阳王。洪熙元年四月二十七受命到澧州，宣德八年八月初五病卒，享年四十有二。

帝闻悦燿死，罢朝事，遣使往祭治葬，封赠谥号'悼隐'。华阳王妃徐氏，系路卫指挥徐卫之女，生二子，未封王。宣德九年（1434）六月二十六日葬于关山之原。并立碑以述其始末，以垂不朽，朕遵先王法典，生有爵位，死有谥号，爵以示尊贵，谥用以明德。悦燿早年受封爵，中违父教，图谋杀亲，幸赖我朝圣明贬谪澧州，以此保全至亲。现既病故，依谥法之规定，中年早死曰悼，违教不成器曰隐，特遵法典，赐以谥号'悼隐'，悦燿有知，应亦感念恩封。"

明华阳王悦燿妃徐氏死后，葬于关山打靶场，俗呼"王妃包"。两墓穴隔峪相望，单式砖墓，卷顶南北向。在挖出华阳王墓穴不久，为附近生产队掘出。墓内除"圹志"外，还有镶金凤冠一顶作为陪葬品。

嘉山远眺

⊙ 李德铭（中国台湾）

　　嘉山位于澧县城之东南，新洲市之正东。全山似由整座巨石构成，仅山脊中部微凹处之孟姜女庙四周，以及东南山麓，地名车渚岗处（南平贤臣车武子"胤"苦读居地）有少数树木外，漫山皆为黄色茅草，既少曲折起伏山形，亦无凸出奇岩怪石，更无悬崖绝壁景观，难见鸟兽飞驰形迹，无探幽之处所，无泉水之流声。从山之东、西两侧观之，酷似剪尾、藏腿、倒卧、低首、扭头由南而西向之黄牛。头南尾北，项脊间有登山石阶三百七十五级，人行其上有若蚂蚁爬动，直抵山脊高处，亦即黄牛背脊前峰，牛首紧接新洲市东门桥外。

　　嘉山不似其他岗峦山陵，亦不与其他岗峦山陵相连接，正如鹤立鸡群，出乎其类，拔乎其萃。视野广阔，孤芳自赏，全山石质坚实而不露出，形象怪异奇特而不入流俗，亦如暴秦时代，只身独影，跋涉万里，寻得夫骨，死于归途，古今中外，少有之少妇孟姜女个性也。

　　若遇晴空万里，艳阳高照，百余里外，亦可遥见嘉山全貌。朝晖夕阴，山东山西气象不同，远观近视，山南山北景色各异。若是阴雨初降，白云萦绕山腰，雾气沸腾山顶，遥望半截山脊，似已插入天际。若夫细雨纷飞，数日不停，则如乌黑岗峦，高耸半空。庙中暮鼓晨钟，声传十里，绕庙梵音四溢，远近可闻。此乃该山本身最大景观。

　　至若东风送暖，天地一片碧玉，登山举目四眺，身心更为舒泰。极目东望，三湖（毛里、七里、珊珀三湖）碧波万顷，渔帆点点，河道蜿蜒，甚似白练。俯而视之，近者阡陌纵横，有若蛛网，村落散布，有似棋局，桃红李白，散处其间，柳绿禾青，满遍平野，高空雁阵处处，村间炊烟袅袅，西南两面，群山青翠，峪山分明，回旋婉转，形似龙舞，令人激赏。北有黄山（位于湖北藕池口东南）平山突起，遥相辉映，清晰可见，远处沿河柳堤交错似线，垸乡沟渠湖泊散步如锦，民舍俨然，一望无际，此乃登山之壮观者也。

若遇火（夏日吹南风，又名"火风"）风降临，夏水襄陵，惊涛骇浪，溃垸四起，沿沂阻绝，行人路断。登斯山也，则见浊浪排空，汪洋遍地，若是风狂雨骤，更是乌天黑地。大地似在陆沉，万物俱临毁灭，山陵现出悲凄，鬼神似在号哭，触景伤情，得无异乎？西风转爽，草木枯黄，北风凛冽，寒彻筋骨，山川景色，到处惨相，渔翁晚唱，牧歌和应，人们忙碌添置新衣，各家准备年货，似又忘却悲惨情景矣。

嗟乎！人类喜怒哀乐无常，正如天地风雨变化不定，尚祈孟姜娘娘多显神灵，劝导世人，万事应作未雨绸缪计，丰年多予积壳积善，方可免除溃垸荒年饥饿之苦耳。

新洲古城

⊙ 彭佳

　　新洲古城遗址位于津市新洲镇城内村，旁依嘉山，前倚澧水。从东周至明初，城址保存良好，城墙、护城河尚部分保留，东门桥、南门桥尚存。城内古遗迹丰富，有古桥梁、建筑基址、古墓葬。集镇内尚存清代建筑数处，保存较好的有万寿宫。新洲古城遗址为省级重点文物保护单位。

　　新洲筑城有明确记载的是在唐代大历年间（766—779）。元末明初为澧阳路城址。2011年省人民政府将新洲古城的时代重新公布为晋至明，这是津市文物部门的多年工作成果。在新洲城外分布着大量的战国至两汉墓群，其中尤以汉墓为主。如此密集、高规格的墓群在湘北地区十分罕见。这也说明，战国至两汉时期，新洲已是澧水流域的政治经济军事文化中心。唐代李泌所筑新城极有可能可能是在楚、汉旧城基础上扩建而成。春秋战国时期楚人平百越，沿洞庭湖开发湖南，湘北成为出入荆楚、百越的门户，而新洲特殊的地理位置成为了楚人建城的首选。考古专家认为："新洲古城是湖南较早的楚城，是楚人南渐进入湖南的桥头堡。"据湖北江陵纪南城松柏汉简上有关于澧水流域澧阳县的记载推测，新洲古城在秦汉时期就极有可能曾一度作为澧阳县治所在地，在明代以前应是澧水流域中下游最繁华的城市，明以后其地位才逐渐被取代。

　　目前，湖南像新洲古城这样保存完整的中古时期的古城实属少见。新洲又是"孟姜女传说"和励志故事"囊萤照读"的地方。新洲古城遗址对于研究澧州地方史乃至封建社会的兴衰史都有着不可低估的价值；而且对于研究湘西北地区及澧水下游的人文历史、地理变迁也都有着十分重要的意义；通过更深入地对城址进行勘探、剖析乃至发掘，相信对于解决一些历史争端，补充文献阙疑能获得有益进展。

漫话孟姜故宅碑

⊙ 高永南

　　澧州故治新洲镇东北里许有一座山叫嘉山，实乃"家山"之讹，而"家山"却是"孟姜山"之简称，里人旧俗早起忌说"梦""死""鬼""神"等不吉利语，而"孟""梦"同音，但呼"家山"。又"孟家山"为"孟姜山"之转语，故而《湖南通志》称其为"孟氏山"。"孟姜"乃孟姜女简称，姜姓，排行居长，姓前冠"孟"。姜女秦时人，其夫范郎被征召服筑长城苦役，她常登山之北坡远眺望夫，后闻夫殁，不顾万里之遥，往寻夫骨，后负骨而返，病卒同官。世人仰其节烈，便把这座以前叫做翠绿的山改称"孟姜山"。

　　"山之高不过百仞，狭而长，横亘澧阴。无郁弟（山腰之路）幽峡、奇峰峭壁、飞泉之胜。几为好奇者屐齿（登山鞋，引申为脚步）所不到，五岳之外，洞天三十六，福地七十二，兹山不在其数，而芳行懿躅，乃独卓越于诸山之上，则以孟姜之故。"孟姜一弱女子，敢于寻求丈夫尸骨于万里之外，古人慨叹："一往不挠之气，诚烈丈夫所难也！"其人其事传开后，远近士民扶老携幼，拜谒南麓故宅，瞻仰望夫石，争照镜石，抚弄绣竹，追思圣女圣母，一时山下澧水帆樯如林，山间车马行人络绎不绝。可惜其时正值嬴政残暴无道之世，姜女之奇节苦行无人敢为其作传。

　　两百余年后的西汉末，经学家、文学家刘向道听途说孟姜女，便沿袭秦博士（秦及汉初官名，掌古今史事待问及书籍典守）急应始皇渡长江遇风而问"湘君"时，无端妄说尧女舜妃哭夫之泪，染竹成斑，又附会春秋时杞梁妻善哭夫之说，谬传望夫、寻夫、哭夫、城崩为杞梁妻之事。孟姜山人对此悲愤交加，斥责刘向等辈数典忘祖，致使"幽魂怨魄，沉沦二千余载，大可恸也"。而里俗雪上加霜"又以忌讳没其名（孟姜山），深可惜也"。

当地士民"恐其久而愈湮","毋令郢说燕书",又"蚤（早）有表扬圣母之志"，"以教天下后世"，决心"复其旧名而为之志"。清同治五年（1866）秋孟姜故里士绅郭青［字秋湖，州志载：辛卯科——道光十一年（1831）举人，官衡山教谕（掌管文庙祭祀、县学生员教育官员）］拜谒山之南麓的孟姜祠，"欲求绣竹遗址，荒烟蔓草，无有存者，盖牛羊之牧久矣"。第二年春，专程前往州署，禀告当地父老士民筹划修葺庙宇和圣母姜女遗迹，以及纂修表扬圣母为主附带刊载澧境山川、草木、风俗、人物之《孟姜山志》，得到各级官吏赞同支持。随即郭秋翁邀集表兄弟毛儒本及徐世麟等众乡亲"捐修竹垣，凿石浚（疏通）沟"，其后"花竹偏（遍）发"。

《孟姜山志》载绣竹园：又名花竹园，其先有土墙，但低矮单薄，园内竹林，羊啃牛踏，毁伤殆尽，仅存秃竹数竿。同治六年二月，士民鸠（纠集）工修筑，绕祠周三百弓（一华里），凿沟宽四尺，深三尺，垣高丈许，用本山五色土垒筑，灿若云霞。是年竹遂大发，叶皆有泪珠痕，民皆服其神。明春又傍土垣内侧密栽迷阳、鸳鸯、鹭鸶等藤蔓花草，每丈许植冬青树一棵，藤蔓穿搭树间，编为篱络。春夏藤长花发，红白相间，香气满山，不仅可杜绝人、畜毁伤，而且有无限幽趣。

又载：镜石，李如圭《贞节祠记》：山下有江，江边有石，四方各尺许，光明可照，传为姜女镜石。澧旧志：姜女望夫处有镜石，足迹宛然，后僧苦凭吊（为凭吊者众所苦），潜（悄悄）推水中。据梁氏旧谱云：镜石系明崇祯间，被嘉山司巡检冯四可盗去，行至江中大风覆舟。梁氏世居山下，其言自确。旧志谓寺僧推石水中，殊无此理。岭北今有云：捣衣石者，乃嘉庆时，人就山石作成，非古器也，不可信。

同治六年秋天开始纂修山志，得到毛姓人共捐资276串铜钱，毛儒本公一人认捐130串。《孟姜山志》共十二卷，八志四部，分别为：山川志、古迹志、风俗志、烈女志、草木志、鸟兽志、虫鱼志、艺文志、史传部、传闻部、考订部、经训部。

卷首郭秋翁作序，卷末毛道德公有跋。是志特别收录"澧州两次修志不获此稿（指下文）"的晋代卓云关于孟姜故宅碑之记述，殊为珍贵，因而全文引用，少数字词、语汇稍作对译：

孟姜故宅碑

（晋）卓云

卓云家世居孟姜山南麓，离孟姜故宅仅里许（编者文后称：故宅南为车渚，为尚书车胤家族祖居地，"卓"字当是"车"字之讹），自汉来当地有孟姜女故事流传。姜女乃秦黔中郡今为武陵郡人（汉高祖十二年改为武陵郡，后几经变更至隋定名澧州）。姜娘家在澧水之东，宅前有孟姜湖，岁捞鱼千石。秦汉前里俗：农历三月桃花水发，人们至水边祭祀，用香草浸泡之水沐浴，以袚（fu）除不祥。姜女幼时，其父携往观之，却中途返回，并向其父抱怨：男女混杂有什么好看的？姜父曰：吾姜姓出奇女子矣！自此姜女足不出户，邻里鲜有见之者。

世传姜女幼时，有老母见之曰：此女大奇；只惜命薄，若从我去，可得道成仙。姜女答曰：父母在，吾不忍离开。老母面壁念咒，壁现丹符，并嘱其仔细看过。姜女熟识良久曰：谨受指引。老母遂化符篆为五色云气，让吞之，姜女毫不犹豫吞吸尽。苦女，苦女也，他日当为此地山主矣！言讫，忽隐去。

其时距姜家宅南十里的翠绿山南有一范姓农家，其子名忠字芑臣，家贫却好学勤劳，偶遇天作之合机缘，姜女嫁作范郎妇。从此，她白昼助夫耕种，夜晚纺织或陪其读书，琴瑟和谐，夫妻恩爱。开初姜女还接受娘家不时周济，不久便毅然谢绝，并对芑臣言：大丈夫贵自立耳，此何可恃？妾得侍夫君，协力同心，一日三餐虽无多荤腥，但粗茶淡饭亦自足有余也。小夫妻甜蜜日子只过两年，始皇北筑长城，芑臣往役，一去杳无音信，姜女常登山北望之，偶划身边竹叶如丝，后遂成绣竹。因痛恨秦政无道以指掐石，今仍可见大大小小留有爪痕的扁体石头，又山脚澧水边有方石光可鉴人，称姜女镜石，皆其遗迹也。

芑臣去后一年，同行有归者报其已殇（非正常死亡）多日，其时姜女舅姑（古时有"姑舅表婚"，兄弟姊妹之子女间婚配形式，故称公、婆为舅姑，后亦沿称）俱卒，芑臣无兄只有一弟名义字恭臣，亦亡。姜女恸哭其夫之惨死于异域外乡，且尸骨之不得还乡归葬祖茔而成孤魂野鬼。又泣请于父母求其兄弟非同往收寻尸骨不可，她说：女所以不追随夫君死者，以骨未归耳，父母若不许往，誓不复生。连几日恸哭不食，呕血满地，父母怜而许之。

姜女遂哭拜舅姑之墓后与兄弟生春、生辉跋山涉水同行，至云中塞（今榆林府地区），求骨不得，姜女大哭三昼夜，其时云昏日黯，阴风怒号，鬼泣神惊，沙飞石走，巍然城为之崩，尸骸枕藉不可辨识。姜女咬破手指沥骨，曰：是我夫血浸骨，不是我夫血直流。始辨得之，当其时，姜女死而复苏者数矣。

负骨而返，至上郡（延安府）渴不得饮而泣，泉为之涌出时已得疾患，复勉力行至关中阿官山（西安府同关县）病卒于一处崖岸边，生辉欲雇车载椟（棺材）归澧，生春曰：今离家万里余资无多，雇二椟跋涉之费，不行半途即罄矣，奈何？不如我俩且归，俟他日再迎他俩尸骨。于是兄弟二人就地殡葬其姐、姐夫。二人还乡未几，遭遇母丧，不久六国起兵，道路梗塞，最终迎还尸骨事未果。悲哉！

姜女生九月九日，里人每岁是日携豚、酒诣其故宅祭祀。今（指晋代）能诵其故事者不过一二人，卓云恐其久而失传也，太康六年（武帝司马炎，285年）为其勒石于孟姜故宅处，以便后世识之。

附：此碑康熙（1662—1722）野人（当地农人）于栗木冈垦土得之，父老复为竖立，惜未构屋庇之，为风雨所侵。昨日过山下以手试石，片片剥落，亟录之使后之吊古者得其石焉。

乾隆壬寅里人毛恒、道文兹民敬录

《孟姜山志·古迹》载：孟姜宅在本山南麓栗树冈中峰下山湾，距孟姜祠里余，东为松树冈（有社屋），又东为青阳湖，又东为凤凰洲（有凤凰桥）；西为雄鲤冈，又西为雌鲤冈，又西为小琵琶冈，又西为大琵琶冈。宅南向车渚（犹称车家滩——笔者注），其后有园，今皆为毛儒本家之田，同治六年（1867）儒本公捐置碑基横直各壹弓（约等于五市尺），士民重立孟姜故宅碑于此（原有晋碑已朽，碑铭见艺文志）。岁时祀焉。碑额云：复我邦家。联云：道之云远思君子；魂兮归来返故居。碑高200厘米，宽近100厘米，厚约30厘米，正中阴刻楷体"孟姜故宅"四个30余厘米见方大字。

山志又载：孟姜祠即贞烈祠、贞节祠，一名绿云宫，因无碑记可考，不知创修何时。其先，前庙堂后寝宫，甚合古制（《六书》：故宫前曰庙，后曰寝）本属孟姜专祠。明李如圭尚书根据见闻撰《贞节祠记》详记其人其事，清何十樵州牧有《题嘉山姜女庙》诗称颂。

《澧州志林，祀典》载：嘉山，望夫台庙，二进六间，州民不时朝谒，每岁春秋，官绅士民两次致祭。又云：贞烈祠暨三闾大夫祠、彭思王庙祭费共二十八两四钱。

咸丰八年（1858），黄徐氏嫌祭拜男女相杂，殊多不便，便捐修栏杆纵立于殿中隔离，其意虽善，但使殿中愈窄，更加拥挤，又栏杆内，寺僧杂置什物，且为僧房，甚属亵渎不恭，亟宜去之。正殿有钟，系崇祯十七年（1644）铸造，不知何时移置前殿，钟声清越，宜仍置正殿为是。山志编撰者对早些年有人在正殿前添建两栋殿堂，另外供奉几尊人们不熟悉的神像甚是不满，说：以后不得再建他祠，山川原各有主也，孟姜实为兹山之主，昔人创立，专祀极合礼制。并呈文州署，后者即行文并刊刻禁碑"告示"，保护专祠，碑文载《孟姜山志》。

孟姜圣母身着袆衣（"袆"，古代王后的一种祭服）而坐，每岁更衣，以六月六日、九月九日，寺僧先期订请山下老妇人至期为神像更换寒暑外衣。雨天则改期，择晴日更之。

《澧县文化志·名胜古迹》载："孟姜女贞烈祠，位于县城东南20公里的嘉山顶端，明代始建（似缺乏根据——笔者）。祠坐东朝西，其布局由西往东有头门、前殿、大殿、后殿及厢房共三十余间，围墙一周。……祠于1954年1月毁于火，现南山麓下孟姜女故宅遗迹尚存，有石碑一块，长方形，中书'孟姜故宅'四字，两侧有联……"

20世纪80年代末，澧县博物馆为保护文物，计将此碑作为馆藏文物运回，碑多年倒卧于棂星门遗址东侧，棂星门2005年修复时将其移入泮池边，后整理状元桥周边庭院，碑被莫名其妙地填埋于庭院甬道下，同时被埋没的还有原立于洗墨池边的"南苑碑亭"有些残损的联、额石枋。

后湖烟柳

⊙ 韩川

一湾秋水，几支残荷，透着几分寒意，石龟在湖中时隐时现，狡诈的石虎不知躲到哪里暗笑，散落的青瓷片在湖底时隐时现，烟雨弥漫的后湖显得几分神秘清静。

诗人元稹曾云"郛前水在后，谓之为后湖"，和许多江南城镇一样，津市也是"前濒大河，后枕湖"。后湖原名白杨湖，据万历《澧纪》记载，白杨湖时为华阳王府所有。

"津市杨堤之盛，堪流连者更仆难数。而村烟稠叠，畦稻遥芳，舟车络绎，弦诵铿锵，更绕太平景色，系千古讴思。"寥寥数笔，勾画出一幅津市版的清明上河图，无疑是明末清初后湖风光的真实写照。这段文字初见于乾隆《澧州志林》，这是我读到最早的清代澧州志。

扬州的盐船从双溪河进来，经双济二桥入湖。左折西行，左岸有南华宫、天乐花园、赵家、唐家大院，西行数百步，前有单眼桥、三眼桥，桥北通澹家湾，桥南接汤家巷，因湖面开阔，故设二桥。单眼桥即单孔桥，今名凤凰桥，旧桥残石今犹存。三眼桥为三孔拱桥，如长虹卧波，桥上石栏刻有精美佛像，残缺的福神至今尚存，静静地躺在文物商店的一角。

续向西行，左岸有紫竹林、棠园、万寿宫。行数百步，前有双眼桥，桥原为双孔青石拱桥。1950年代初被履带拖拉机碾坏，人们只好在桥墩上铺着几块石板，拱桥变成了板桥。1980年代重修时又改为单拱桥，栏杆上有三十个栩栩如生的石狮，为后湖新景。

复行，左岸有福音堂、盐仓、吴家老宅，右岸是二圣庙的塔林，远望白塔隐隐。1914年2月，芬兰传教士后湖修堤筑岛，将部分水面圈入院内，作为后花园的池塘。曾几何时，这里是咸丰解元、进士王楷的嬉戏之处，王楷《游后湖》诗云："后湖空阔波光漾,夜雨平添一尺浪。游人忽觉天放晴,楼船箫鼓乘新帐。我亦翩翩兴不及,中流半叶轻舟放。柳条浓垂拂长堤,夕照残红明远嶂。"

西行里许,前面是三洲驿,有接龙桥连接南北主道,青岩的圆拱,青岩的栏杆,远望有如方石露窗,上刻"接龙桥"。郭嵩焘《接龙桥》诗有"薄暮疏林风响竹,似闻天乐奏钧韶"。郭嵩焘的好友王楷曾就读于湖边的澹津书院。望着驿亭和桥下的渔舟,学子大都会记起皇甫松的"兰烬落,屏上暗红蕉,闲梦江南梅熟日。夜船吹笛雨潇潇,人语驿边桥。"

竹林桥南接沈家台,北拥翠竹万株。青石的桥面,砂岩的栏杆,远远望去,竹林掩映酒楼茶肆,正合"竹锁桥边卖酒家"。

湖中有岛,舍舟登岸,过竹林桥,岛上疏木烟柳,草亭翼然,烘托一湖秋水,南岸浓绿深处是关庙、延光书院、澹津书院,不时传来学子朗朗的读书声。

除沈家台,垸中共有七座台。《夔州图经》记涔水岸边"有诸葛遗釜二",赤壁战后,关羽驻江陵,张飞驻秭归,刘备驻孱陵,诸葛亮驻南平郡,士孙萌时为澹津亭侯,相传七星台为诸葛亮布阵练兵之地。

过竹林桥,前有柳堤横卧,一桥如月,桥名柳堤,始建于明。顺治六年冬,明遗臣王燧任上荆南道,"驻津市,就民屋居,寇至则倚舟退舍以待援"。诗记澹津:"诛茅小构白沙汀,门对兰江尽日扃。新插柳枝条尚短,初成荻栅色犹青。""涔阳西望烟凄凄,鹧鸪飞入烟中啼。苍梧波杳彩云灭,万里孤光秋月迷。"

乾隆初,何璘任澧州知州,他对后湖情有独钟,"精舍依廛市,喧声意内屏。湖光清夏几,山色畅春棂",他以写实的笔法,描绘了红桥一带旖旎的湖山风光。

"后湖原名白杨,与街俱远。碧烟断处,红桥通焉。沿堤垂柳千株,茶楼酒肆,间露绿荫中。而晚艇菱荷,夕阳箫鼓,览胜者恒于斯。"这段文字,或出自杨翰笔下,修志时他在任上。湖边的龙法禅院始建于唐,"树以嘉木,植以芳草。轩槛蔓延,为游人憩息之所。""远近蒙麻,朝谒者骆驿靡绝,为澧津一大观瞻。"

续行,左岸依次有天后宫、川主宫。盐船从双溪桥进来,最后过元和宫桥,这是后湖西段的最后一座桥,桥西不远是品元宫,旁边就是澧州盐仓。

若从双济桥右折东行,右岸有双桂堂、禹王宫、元和宫、法华寺。寺旁有桥,曰法华桥,又称发马桥,相传康熙十三年,吴三桂驻寺时,每日发马巡营。桥毁于民国年间。继续东行,有鄢家桥,单孔石拱,右岸有青龙庙、文星阁,这里与龙法寺同为歌柳胜场。澧水从杨湖口注入后湖,由六家口汇入澧水,全长七余里。后湖石桥,桥桥有来历,个个有诗意,次第座落,穿越古今。

后湖桥多，湖畔的寺庙更多，除了上述的寺院外，湖边还有一叶庵、挹云庵、观音堂、观音阁、黔阳宫、帝主宫、在慈园和傩愿坛，芬兰北欧教堂风格的尖顶与关庙歇山式屋顶形成了强烈的视觉反差，向人们展示中西不同特色的文化。

"山川得名，多因人杰"，津市究竟不是扬州、汉口，格局太小，难成气候。浮生若梦，胜地不常，战火频繁敲碎人们的睡梦，洪水不断摧毁人们的家园，后湖、柳堤、红桥不过是文人的一场扬州梦。

"风为践春浓似酒，榴才嫩叶赭于花。一湖密藻青双桨，两岸垂柳绿几家？"清末，黄右昌路过津市，曾游后湖，黄家与吴家是世交，此时的后湖，在诗人的眼中还是有几分妩媚。

民国时期，后湖还有画舫。据第四十四军军长王泽浚长子王复加回忆，后湖与前河"就有不少画舫，昼夜接待赌客、嫖客和瘾君子"。箫鼓楼船，无日无之，后湖也为之蒙羞，令人气短。真是"商女不知亡国恨，隔江犹唱后庭花"。

道光筑堤受挫后，津市人耿耿于怀。民国初年，津市自治，再次筑堤建垸，后湖遂为内湖，繁华落尽，日渐萎缩，夏涨为湖，冬落为塘，到后来，只剩下半湖烟水，几座断桥。

我对后湖的记忆，是湖边遍地的青瓷片，常常用来打水漂；是水中嬉游的小鱼，可以在油灯上烧烤；是湖边冲天的白杨，是远处摇曳的芦苇；是湿地觅食的白鹤，是沈家台树上的鸟巢。上课时，我常常望着窗外发呆。清明，人们踏着春阳，走过板桥，去湖畔的原野，祭祀亡灵，放飞风筝，采撷荠菜。

澹津路扩建，后湖又少了一半，最精彩的一段华章彻底地消失了，沈家台成了自来水公司的私家园林。最后一座古桥也在基建时被掩埋，接龙桥不知不觉也成了历史遗址。

后湖显得格外的淡定，它见过了太多的繁华和衰败，早已见怪不怪。基建时发掘出的清朝石兽、明朝玉佩、唐代铜镜、汉代……一次次让人们惊叹不已。

三十年前，人们拾起了半湖山水，建亭筑桥，遍栽嘉木，又是"茶楼酒肆，间露绿荫中。而晚艇菱荷，夕阳箫鼓，览胜者恒于斯"，风韵似乎不减当年，人们泡在湖畔的茶肆中，欣赏票友优雅的京腔京韵，过着慵懒安逸的慢生活，仿佛也沾染了几分京城什刹海的风韵。

"无情最是台城柳，依旧烟笼十里堤。"无论是柳堤桥边的竹林，还是双溪桥东的古寺；无论是竹林桥畔的渔火，还是接龙桥头的驿亭……如烟如雾，随风散去。

故乡的桥

⊙ 韩川

四十年前的正月，我从杭州武林门码头登船，经苏杭大运河到苏州去。运河两岸多古镇，遗憾的是，船过西塘、湖州、乌镇、同里、吴江，都在晚上。记忆最深的是运河的清晨，千姿百态的古桥下风情万种的浣纱女；是水巷深处不时飘出的乌篷船，是远处绿荫掩映的牌楼、古寺、戏台次第出现，又消失在缥缈的水雾之中。

早年的津市，何尝不也是小桥、流水、人家，也是水街巷桥，七里零三分长的街，有七里零三分长的湖，数条小河横贯南北，舟楫往来其间。拱桥、板桥连接着三街四十八巷，与澧水、澹水、后湖共同构成纵横交错的水陆交通，将水的优势演绎到了极致。可谓一城山色半城湖，春水绕城烟雨中。

双溪河是津市目前仅存的内河，长不足一里，宽数丈，河上先后有过三座桥，连接不同的街道。清朝时，扬州的盐船从这里进入后湖，直达杨湖口的盐仓。南有双溪桥，接河街，桥东是双桂堂禅院，为明末高僧破山海明创建，桥西是经堂。中间的汪家桥，1954 年由苏联专家设计，在此建双孔桥闸，混凝土的桥墩，松木桁梁的桥面，典型的俄罗斯风格，使人耳目一新。1972 年，因桥梁腐烂，重建拱形混凝土桥面，后因桥身裂缝，1989 年只好推倒重建。

北有双济桥，桥由青石砌成圆拱，造型优美，富有动感。桥东的湖北会馆又叫禹王宫，桥西的广东会馆又名上南宫，桥名双济桥，意取两省移民同舟共济。抗战时，津市大厂如轧花厂、九澧贫民工厂、兵工厂都迁往湘西，只留有几家小厂。1954 年大水，双济桥被冲毁后，没有重建。

昔日人流攘攘的上南亭子正街和双济桥正街成了断头路，街道随之萧条、颓败。2002 年，著名演员刘凡千里归来，寻找油榨街的故居，六十年过去了，早已物是人非，她在桥东徘徊许久许久，那栋"二层老式楼房，早已不见踪影"，最后失望而去。如今站在汪家桥上，向北望去，双济桥遗址依稀可辨。

太平河南有观音桥，北有惠政桥。每逢澧水上涨，大码头的商船就从小河入湖，躲避洪峰，太平河或因此得名。太平河长约里许，宽数丈。河上的观音桥，石拱曲线圆润，牌楼高雅古朴，桥亭彩绘藻井，楹联名流题咏，有伏波沈流之妙，供游客流连休憩，仰望关山如画，俯瞰春水东流。桥东的观音庵梵音袅袅，大观楼游人如织。观音桥初见于万历《澧纪》。惠政桥更早一些，见于嘉靖《澧州志》。相传嘉庆年间，画僧牛一瓢桥上巧遇吕洞宾，点化成仙，所以又称会仙桥。徐沁《明画录》有"牛舜耕，初无姓名，隆庆中敝衣蓬跣，担笭竹，挂一瓢行澧中，自称为一瓢道人，与宋登春雅善。每画大龙游戏，风雨灭没，解衣盘礴，信手即成"。其实一瓢道人丁公桥和惠政桥遇仙之说，不过是市人杜撰。到了清末，经过数百年风雨的侵蚀，桥上的风雨亭和牌楼早已斑驳陆离，最终还是没有躲过一劫。

西行数百步，城隍庙街的西边也有条河，长里许，宽数丈。刘公桥一孔如月，舟穿月过。桥柱石狮，千姿百态，栩栩如生。桥东是龙法寺，桥西是刘公庙。

关于刘公桥的来历，市人有不同的诠释。我们可以从袁小修的日记寻得一些蛛丝马迹。明万历四十年（1612）冬，袁小修来津，"憩于造船处"，东行不远，"过罗汉庙，讯舟人，云：'神甚灵，每日刑鸡求福者数百，士人有小事皆至。'"佛教不杀生，刑鸡习俗，津市恐怕只有刘公庙才有。三国时，津澧属南郡，涔水"岸有诸葛遗釜二"，南郡百姓为纪念刘皇叔，各地建刘公庙，津市刘公桥始载于乾隆《澧州志林》。

站在沈家台的亭中，远望落虹桥，碧波荡漾，一桥如虹卧波，所谓"香凝鸭鼎琴堂雨，木落虹桥酒市风"，取名落虹桥，倒也贴切。和成都的落虹桥一样，也有落魂桥之称，虽说是市井戏谑之语，但也不假。津市冬夏河流落差之大，非江浙可比，冬天水浅时，桥离水面有数丈之高，故有落魂桥之说。

桥西是牌坊街，桥东对着龙法寺和澹津书院后门的小路。"精舍依尘市，喧声意内屏。湖光清夏几，山色畅春棂"，知州何璘的《澹津书院》，寥寥数笔，勾画出了清朝初年落虹桥一带秀美的风光。澹津书院的学子从书院出来，走过落虹桥，或徘徊于柳堤之上，或流连于古刹之中，或泛舟湖中，饮酒弄箫，扣舷而歌。

"一叶桃花渡，江南旧板桥"，取名桃花桥，意取"桃源问津"。和红桥一样，大概缘于津市徽商的乡愁吧？桥西的州判衙署因桃溪洪水泛滥，屡毁屡建；桥东的天主教堂因反帝风起云涌，亦是屡建屡毁，溪上的板桥自然也是命运多舛。大凡路过津市的官员，都希望去看看红桥和湖畔的寺院，州判陪着官员，带了酒盒行厨，从桃花桥下船，进入后湖，慢慢地向沈家台摇去。

澧水从杨湖口注入后湖，这里没有桥，设有渡口，进城的车辆则从后湖北边，经品元宫、接龙桥，进入市区。嘉庆年间（1796—1820），津市品元宫始建盐仓，供澧州川、淮盐集运，上游运盐的小船从杨湖口进出，自然比走其他小河要近一些。这里是后湖的上游，清澈的河水源源不断流入后湖，为后湖湖水之源。

城内粉墙黛瓦，水巷街桥，大户人家皆逐水而居，鳞次栉比，徽派的筒子屋与湘西的吊脚楼并存，古朴别致，相得益彰。船家摇着橹，从澧水进来，停在自家的码头上。枕河人家，望一河绰约的渔火，听渔夫欸乃的橹声，收一窗沁凉的河风，慢慢入睡。小桥、流水、人家，勾画出一幅水墨江南烟雨图。每到秋收季节，这里舟楫相竞，人声鼎沸，送粮的船只将这里围得水泄不通。

对于津市明清典型的江南水乡特色，武大的任放教授给予了极高的评价。他在《学术规范与中国经济史研究——以明清长江中游市镇经济研究为例》文中说："津市的街道布局具有一定的代表性，它既体现了长江中游地区市镇多滨河的水乡特色，又呈现出市镇聚落以街道为框架的建筑风格。"又说津市"没有城墙，呈现出自由开放的商业聚落风格"。我很好奇，一座不设防的城市，在近代百年战乱中，是如何生存下来的。咸丰四年（1854）七月十六日，太平军丞相曾天养率三千兵马攻打津市，州判姚钧培率汛弁据河堵御。次日太平军又分三路围攻州城，城破沦陷，胡林翼率兵星夜增援。知州胡镛、参将张昕革职，姚钧培留任至咸丰七年（1857）。在津市的历次保卫战中，市区的河流与迷宫般的大街小巷，形成了道道屏障，使得来犯之敌望而生畏。

也许是商人为了舟楫之便，也许是人工开凿的缘故，城区所有的河几乎都是从南到北，直接入湖，唯有太平河例外，河水在筲箕洼西折，经惠正桥百余步后，才北折入湖。因此人们从三洲驿进入城隍庙闹市，必须经过惠正桥。观音桥、惠正桥、刘公桥成品字形排列，这一奇特的现象使我百思不得其解。假如古时的澹津有城墙的话，观音桥或是东门护城河上的桥，晚清吴恭亨在《对联话》称大观楼"在津市东门外的澧水河畔"。而惠正桥是北门护城河上的桥，刘公桥是西门护城河上的桥，落虹桥则是小西门护城河上的桥。

我一直不清楚，从杨湖口到小渡口，津市旧城究竟有过多少条河？这些河是天然形成？还是人工开凿？已经无法考证了，或者二者兼而有之。城里有河，河上有桥，并不奇怪，这是南方水乡的特征，澧州不也有丁公桥、遇仙桥？苏州城里的河和桥就更多了。今日市区除双溪河外，其他的河无一幸存，有人说泥沙淤塞的缘故，我不明白，为什么双溪河没有淤塞呢？

道光十七年至廿二年（1837—1842），澧水年年大水，津市百姓不堪其忧，决心筑堤防汛。纠集"数千人，沿河筑堤一道二十里"，市区河流或堵或填。不料州府认为后湖为"分泄水路，地方得保无虞"，"此堤筑就，一经大水，居民尽为鱼鳖"，"州官见其人众，无可奈何。遂由道具文禀院，委员到澧，亦束手无策"，最后岳常澧道蔡家玕"道发谕单，一纸利弊皆透。遂将首事设法传到，恩威并用，首事见，断难行，暗令众人刨堤。道署发出工食钱一千余串，数日刨尽"。蔡家玕此举深得县城士绅拥护，蔡氏族谱称"告养回籍登舟之日，沿途阻钱，直至津市十余里，父老捧香跪送，依依不舍，洒泪而别"。所以光绪三十年（1904）的津市江景照片中，已经完全看不到太平河、刘公桥河了。民国初年，旧事重提，不过此次仅"围成护市垸，其拦洪水位不足海拔 36 米"。双溪河或筑有土堤，当洪水有超过 36 米时，掘开土堤泄洪，避免市区房屋被冲毁。1954 年汪家桥建水闸，同样也是为了泄洪，只是部分解决了护市垸的水患，直到 1970 年代。这或许就是双溪没有被填的缘故。

城区的河流或堵或填，江南会馆的东边据说也曾有一条河，中段未填，夏日荷花摇曳，因为杨万里"接天莲叶无穷碧，映日荷花别样红"的名句，遂名"绿荷池"。太平河一段填土较少，其低洼处称之撮箕口。刘公桥河的北段也很晚才填完。

1970 年代以来，公路、铁路、航空以其空前的速度，让人们不再靠舟楫出行，码头开始变得冷清，小桥流水遂成旧梦。旧城改造，城区的石桥或拆或填，寻常陌巷的吊脚楼及徽派建筑，慢慢地从人们的视线中消失了，津市枕河而居的城市特色渐渐地褪色了。随着城区扩大，后湖已成城中之湖，凤凰桥、万寿桥连接着后湖南北的街道，和澧水大桥、临津桥、蔡家桥、涔水桥，共同诠释着今日津市水乡的新理念。

不二庵杂忆

⊙ 韩川

皇姑山，关山东南麓也，"倚崖有寺，古木阴森，傍有廉溪"。《民国澧县地理笔记》记："关山东麓不二禅院，与津市隔河相望，林木茂密，风景怡人，游人来此者络绎不绝。山有泉水，清澈可爱，饮之味甘，每届盛夏，津市市民，多雇工担水以煮茗焉。"吴恭亨联云："秦欤汉欤近代欤，眼前庄严，现大千界楼台影；蹄者角者趺行者，门外自在，更不二庵钟磬声。"

1916年，何世杰《澹津旅行记》记："皇姑山者，澧县名山也，距澧城二十里，青青葱葱，弥望可爱，循麓而进，崎岖山路，如履羊肠，拾级而上，不数武，入不二庵，殿宇轩昂，古佛庄严，众僧方顶礼膜拜，口诵佛经，喃喃自得。俄而登山，清风徐来，心神为爽。造其巅，凭石远眺，烟云弥空，俯瞰河流，水势灏瀚，天山一色，鸥凫上下，舟樯往来，点缀中流，宛然一幅画图也。"有诗云："天情道貌佛精神，悟彻菩提救世人。聊纵一苇西渡去，雨花随影落纷缤。"

张文塗《家乡小典故》记："正殿供奉着一枚脸盆大的石质仙桃，重六十四斤，其颜色和形状与成熟后的真桃子完全一样。据卜尔庵（不二庵）的老尼姑说：'历来的主持传授，这枚仙桃是若干年前由天空飞下来一个火团冷却后的结晶'。我想可能是陨石，经过人工雕琢而成的吧。"

澧州有世家子弟在长沙读书，马日事变后回家，与罗璞组织省校友会，事发后，禅隐不二庵中，一日，偶遇故人，相谈甚欢。是夜，乘一叶扁舟悄然离去，从此浪迹天涯，书写了一段传奇的人生。罗璞离津后，远走湘西，后任汉寿县委书记，组织武装起义，失败被捕，后在茶叶山遇难，葬津市皇姑山。

1930年，贺玉波因是共产党嫌疑遭追捕，仓皇之中逃到这里，他记："狮子口前很是寂静，除开潺潺的泉水声外，只有那从山腰古寺传来的断断续续的钟声。"

1940 年 8 月 15 日，东北军五十三军包围了报社、学校等处，大肆逮捕记者、工人和学生。9 月 2 日，三位青年因"共产党嫌疑"，在不二庵后被处决，就地掩埋。几十年后，荒坟中的死魂灵似乎并未全部得到超度，因为人们还未破解谁是犹大？

1943 年初，四十四军军部进驻津市，军部设在不二庵。五月，日机轰炸不二庵军部，16 人死亡，20 余人受伤，寺院全毁。数月后，津澧防线遭数万日军的疯狂进攻，全军苦苦鏖战十九天，为友军赢得了宝贵的时间，师长许国璋等数千将士以身殉国。战后，因防线失守，遭百姓埋怨、媒体诟病、部队裁撤。没有陵园、没有鲜花，数千灵魂无处安放。十年后，澧南粉厂老厂长王振湘到这里时，不二庵遗址已是"遍地荆棘，荒冢累累"。

苏清卓先生的墓也在山里，同学少年也是风华正茂，参加过驱张运动，因参加"五四"运动被捕入狱；他是邓中夏、朱务善、周谷城、朱谦之同窗，同在北京大学、东京帝国大学攻读哲学。马日事变目睹学生遇难，遂师从欧阳竟，潜心研究佛学。数十年耕耘教育，历任芷江师范、常德一中、津市高农等校的校长。退休后本可安度晚年，不料被划为右派，发配到学校农场，"劳其筋骨，饿其体肤，空乏其身"，十年后，因病回津，卧床三年，不幸病故。先生穷其一生，阅尽世事，选择这里作为自己的归宿地，或是他对哲学思考的不二选择。

很少有人知道不二庵的历史，只好到故纸堆中寻找它的今生前世。传说佛教有八万四千法门，不二法门是最高境界，入得此门，便进入了佛教的圣境，可以直见圣道，达到超越生死的涅槃境界。嘉靖三十九年（1560），不二和尚入武当修炼，茅庵三间，仅供容身，后成十方丛林。王世贞、袁宏道前往拜访，王题诗《由南岩寻北岩谒不二和尚》，袁题诗《虎耳岩逢不二和尚》。津市香客数次组团前往武当朝拜，并建醮碑留念。朝香归来，道教徒在关山建真武观，佛教徒建不二庵。

远古的呼唤

⊙ 彭佳

在历史悠久的中华文明之前，还有更古老的人类生活在中国大陆。人类对自己来源的追寻由来已久。中国有女娲氏用土造人的故事，基督教的《圣经》也有上帝用泥造人之说。谁是我们的祖先，他们怎样生活在中国这块土地上，寻求这些答案一直是中国旧石器时代考古学者孜孜不倦的追求。

虎爪山旧石器时代

寻找我们祖先的工作在中国境内开始于 20 世纪初期。1929年发现了北京猿人的第一个头盖骨，震动了世界学术界。而中国南方的旧石器时代考古一直比北方进展缓慢，他们认为南方的旧石器也可能埋藏在洞穴遗址里，在这个追寻洞穴遗址的怪圈里他们曾一度迷茫。直到 20 世纪 80 年代末期湖南旧石器时代考古才取得了前所未有的丰硕成果，湖南考古工作者在旷野遗址中发现了旧石器。这一发现可谓石破天惊，惊醒梦中人。原来南方的旧石器遗存是以旷野遗址为主。从此湖南旧石器时代考古工作开始遍地开花，硕果累累。

津市虎爪山旧石器遗存也恰好在这个时期被发现。1988年初，为了配合城市基本建设，津市博物馆在虎爪山调查发现了20 多件打制石器。虎爪山位于津市澧水南岸的四级阶地上，其西接武陵山脉，东望浩渺洞庭，北接广阔的澧阳平原，南部是缓缓过度的低山丘陵，真是一处适合人类繁衍生息的好地方。同年 8 月，省文物考古研究所在虎爪山进行了小规模的调查发掘工作，通过考古发掘，证实了虎爪山旧石器遗存的埋藏地层为澧水四级阶地的网纹红土地层（网纹红土即红土中布满了纵横交错的白色纹路，纹样特别鲜明突出）。并且根据旧石器埋藏的地层关系确定其年代为中更新世早期阶段。这是当时湖南境内最早发现地点的一处旧石器，也是长江中游包括江汉平原与洞庭湖平原最早的旧石器地点。因从虎爪山出土打制石器的制作方法和类型有别于其他文化类型，所以根据其文化特征定名为"澧水文化类群"。虎爪山的发现让考古工作者感到异常兴奋，但为了慎重起见，当时对外保守宣布：新发现的虎爪山旧石器遗存距今约 35 万年。

在虎爪山旧石器遗存被发现后的日子里，研究探索的脚步并没有停止。全国著名旧石器文化研究学者、省考古研究所所长袁家荣先后邀请了我国知名学者中国社会科学院安志敏、吕遵锷等教授前来实地考察指导。随着虎爪山资料的公布，在海外也产生了较大的影响，美国、法国、以色列、日本等国家的古人类研究学者纷纷前来考察研究。专家们最终确定，虎爪山旧石器遗存的年代至少可定为距今约 50 万年，其地质年代还是属于中更新世早期阶段。这也就是日后坊间流传着关于虎爪山旧石器的年代有两种版本的缘故。在 2005 年对虎爪山进行第二次考古发掘期间也有不少人询问其确切年代的问题，要知道旧石器时代考古一般是很难用绝对年代说明的，而较适用于相对年代。所以我们一般采用其相对的地质年代——中更新世早期阶段。后来陆续出版的一些关于虎爪山旧石器研究报告，包括北京大学王幼平博士的《旧石器时代考古》都广泛采用了这种说法。

远古的呼唤

有人说人类的童年延续了 200 多万年，在考古学的辞典里被称为"旧石器时代"。人类在享受现代文明的同时，是否还记得来自远古的呼唤。时光如梭，2005 年 8 月，虎爪山又迎来了对它的第二次科学发掘。省考古所所长袁家荣先生亲自担任了这次发掘的领队工作，考古队员分别在虎爪山的南麓和东北部布下探方，他们头顶烈日，历时一个月。共发掘出土旧石器 60 多件，其中包括砍砸器、大三棱尖状器、似手斧尖状器、石球、刮削器等石制品。中央电视台、湖南日报等国内多家新闻媒体争先报道了本次发掘情况。经鉴定制作石器的原料主要来源于本地河流砾石和石英砂岩。虎爪山本地的原材料影响到石器制作只能向粗犷型发展，石器原料是早期人类生产与生活的重要资源，其来源与各地区的地质地理条件密切相关，石器原料直接影响着石器加工。有人做过实验，用欧洲的燧石原料打制一件手斧并不是很困难的事，但要用石英加工一件北京人的尖状器则很困难。

为了更深入地了解虎爪山旧石器的功能，袁家荣曾选择了 10 件标本利用放大倍率可达 200 倍的显微镜进行使用痕迹的观察。观察的结果发现石器上有明显的使用痕迹，推测出这些石器和当时人类的采集与狩猎两种基本的生产活动有关。虎爪山的旧石器以砍砸器、大三棱尖状器等大型石器占优势，这反映了虎爪山采集经济所占比例大于狩猎。中更新世时期华南地区以亚热带森林环境为主，砍砸器、尖状器等大型石器适应在林木茂盛的森林地区从事劈砍、挖掘工作。砍砸器的用途主要是砍伐和加工树木、竹子。但这类活动并非直接获取食物的生产活动，人们利用砍砸器砍取树枝、木头、竹竿，然后可以筑造简易的居棚，加工木棍尖棒用于捕猎和挖掘植物块茎等。三棱尖状器类似于今天的洋镐和鹤嘴锄，用来刨土翻地，挖掘植物块茎。虎爪山旧石器直接反映狩猎生产的是石球和刮削器。石球用来狩猎，刮削器则用来切割动物毛皮。

穿越时空的轨道，让我们看到了数万年前虎爪山附近的自然环境优美而富饶。当时纬度较低的南方自然环境变化保持相对稳定，气候适宜。森林中象群高视阔步，猿猴攀爬嬉戏，虎、豹、狼等食肉动物屏息潜行，寻找着掠食的最佳时机，草地、水滨则活动着无数机灵的鼠、兔及沼泽型的生活专家鳄鱼、犀牛。而在这片亚热带风貌的王国中，原始人扮演着最高统治者的角色。他们是大自然中的精灵，他们也得到了大自然的恩赐。

随着考古工作的深入，远古的气息离我们越来越近，人类童年的轮廓也愈来愈清晰。湖南的旧石器时代考古已逐步建立起完整的文化框架。以"澧水文化类群"为例：早期的代表是津市虎爪山；中期的代表为澧县鸡公垱；晚期的代表是澧县乌鸦山。在漫长的历史演化过程中它们之间存在着千丝万缕的联系，它们所表现的共同区域性特征，构成了澧水文化类群。它们的文化特性有别于其他旧石器文化类群，但也存在着交叉的因数，如澧水流域的大尖状器和石球与山西丁村的同类石器有着较大的共性，这些文化的交叉性都还有待我们去探索。

进入 21 世纪后中国旧石器时代文化的多元性也逐步被人们认识。南方的湖北、安徽已发现了古人类头骨化石，湖南石门燕儿洞也发现了晚期智人的化石。湖南旧石器晚期文化的研究工作在逐步向新石器文化早期的边缘接轨。而旧石器早期文化的源流还在探索追寻，我们深信，在湖南这块神奇的土地上，一定能找到比虎爪山更早的旧石器时代文化遗存。

尚书故宅觅遗踪

⊙ 高永南　黄生连

　　2008 年 1 月 30 日，冰灾天气稍见缓解，下午便搭车回到
津市保河堤镇老家。急于回乡是因为之前采写《失落的金顶》
与明代澧籍名宦李如圭公神交已久，又从澧县档案馆藏《孟姜
山志》得知李公出生在孟姜山"山南三十里桃林东里樟树岗下"，
即今津市李家铺乡樟树村，而此地距我老家仅隔一个村。竟然
与 500 年前明中叶两部尚书为乡邻，寻访拜谒之情之急切毋庸
赘言，可老天不作美，又是连续几日的冰雪交加。

　　《州志·名宦》载：李如圭，字国宝，弘治乙未（1498）进士；
任江西两县知县，厘清弊政，别除奸宄，盗贼望风而逃；按察福建，
明察秋毫，贪官污吏引退；转任广西兵备，抚剿并举，獠猺归顺；
擢升金都御史，抚赈延、绥两州，全活数十万饥民；总理河道事务，
疏浚建闸，调节水利，方便漕运商旅。嘉靖十八年（1539）升
任工部尚书，官至正二品，后改任户部尚书。

　　退隐还乡，书"宏济艰难"以明志，游历家乡名胜，撰文写诗，
推崇先贤，激励后学。处世待人，正直公允，亲和谦让，不置私产，
所富有者惟图书而已，身后入祀文庙乡贤祠。

　　2 月 2 日稍见晴朗，路途冰雪初融，沿湘北公路单骑骑行
5 里许，有老者骑车而来，正准备下车招呼，不想他正横路欲
下公路，我一声"老伯"喊得急，他却应声而侧翻路边水沟里，
我下车慌忙扶起老伯，连连道歉，他却健步登上沟坎，扶起单车，
和善地回应"没事！没事！"一问才知，老人已 72 岁，名叫孟
庆波。听我打听李如圭，他说李尚书就出在这里，接着就滔滔
不绝说起李尚书的传说。

　　故事却与《澧县资料本》里《澧县蜚云塔》一文中所记唐
代澧籍大诗人李群玉的传说如出一辙：人们仰慕李群玉才华，
上京赶考途中为二八妙龄女看中，两手相握，便被窃脉而珠胎

暗结，日后生下官至八府巡按的白大人按察澧州，从而生发一连串有鼻子有眼睛的故事，以至与至今保存完好的蜚云塔搭上了钩。

笔者疑心上述版本张冠李戴，李群玉是唐代大诗人，也曾"赴举"，但"性旷达，不乐仕进""一上而止，唯吟咏自适"（见《州志·文苑》）。诗人"上京赶考"说没有依据，他只是在诗友杜牧的劝说下赴省城参加了一次乡试。当然他成名后也曾"至京，进诗三百篇，授宏文馆校书郎"。至于称他"吏部尚书"就更是无稽之谈。而"上京赶考""吏部尚书"放在李如圭名下，倒有理有据，名副其实。

作别老人，按他指点沿公路继续去访问村原负责人陈定本先生。骑行里许，来到孟老所说的坡下小楼前，院里正忙着的就是陈先生。听我说明来由，便放下手头事，拉着小孙女，领我去看尚书老宅遗址。踏着泥泞，来到几十米开外，他指着一大块篱笆园子说："这里就是。""不是还有几堵老墙吗？""听老辈人说有过，我小时候就没有了。"明白了，《孟姜山志》所记"今尚存故墙数堵"，那可是在140年前的清同治六年呀！陈先生说早些年常从这里及周边挖出许多墙脚青砖，人们用它修涵洞、砌土墙脚。

老宅前侧是一个干涸池塘，陈先生说此为磨墨堰，又指着山脚一个大堰塘说那是李家垱。再来到东侧一长块油菜地，老陈说它叫跑马丘，原先约有150米长，20米宽。丘岗山腰自然形成如此大块平地很少见，应该加有人工抬填。老陈肯定说老辈人就叫它跑马长丘，是李尚书家跑马场。

升斗百姓、贫家小户读出举人、进士，那多半是戏剧、小说家的虚构，没有几代人的文墨熏陶，没有殷实的财富支撑，读出一个人上人很难很难，不是说"百年树人"吗？即便是秀才，十里八乡也不见得就可以找到一个。前两年我在澧南乌鸦山、十里岗苦女碑一带追访三位秀才踪迹，最后得知均非名副其实，只是当地人对乡下读书人的尊称。明朝277年，澧（阳）县只考中17个进士，举人也只有94人（另有武举2人）。再说偌大家业族产身处偏远乡村，家丁族人不免应练功习武，强身健体，保一方平安。150米长的地跑马小了点，但操练武艺倒绰绰有余。

跑马长丘、李家垱往下往外即《孟姜山志》提到的孟姜山"东南二十里东西阔七里，南北长三十里"之七里湖，澧水浩浩汤汤贯穿始终。此丘岗往南几里就是号称"九十九个湾（汊）烟波浩渺"的毛里湖，"毛里湖"在清乾隆年间某氏族谱上称"毛李湖"。另有老人说"毛"乃湖之周边山岗植被茂盛，多"毛"之毛，也有说"毛"为这一带望族，即《孟姜山志》校阅者南谷"毛儒本"家族之毛。但可以肯定"李"是"李家铺"之"李"，是"李如圭"家族之"李"，只是眼下还没有机缘拜读到《李氏族谱》。

李尚书故宅后山原有十根古老樟树，长相奇特：三根一簇，一根更粗大的独立。远近人皆谓尚书家敬祖礼天之三炷香、一支蜡。可惜 1950 年代初被砍伐掉。

2月5日（腊月二十九日）第二次到访此地，没找到陈定本先生却路上巧遇上次问路的黄老。他叫黄生炎，我请教两个问题：一是怎么就知道李尚书住在这里？二是樟树村是否另有大樟树，大樟树呢？黄老回答：李尚书老家的事是老辈人一代代传下来的，可惜前几年陈定本的老父亲去世了，他知道最清楚。另外，樟树村那棵大樟树就长在李尚书老屋西边的樟树岗，1958 年"大跃进"砍伐它时，直径约 1.6 米，大队做了油榨筒。明以前澧境人烟稀少，此处应为李家祖居地，此山为李家山林，有理由推测此树应为李氏先祖所植。

陈、黄两先生告诉我，此地已无李姓人家，地名已改叫陈家湾，想寻找《李氏族谱》没有线索只得作罢。

《孟姜山志》载："道光间其后裔李瑶章犹藏其诰轴，瑶章死轴归老龙岗族属。澧旧志云，宅在沧堰北今参府署。"李瑶章为尚书几代孙不得而知，老龙岗何在不得而知，"沧堰北今参府署"在澧城八方楼下的城关中学校园跑马场内，史志载嘉靖十九年（1540），时年 61 岁的李如圭"致仕归"故里，便迁居此地。

《孟姜山志》又载："明尚书李如圭墓在安福（临澧）县北八十里白岩山（新安镇境）。"又《临澧县志》曰："白岩李如圭墓高 3 米，长宽均 8 米，今保存完好。"另据慕名拜谒过的临澧同好余乾试先生说："史官作弊，墓不但没有规模，土堆旁还缺一角。"《直隶澧州志·封荫》载："李辅阳，字惟正，户部尚书如圭长子……性廉静，父在吏部，闭门谢客，人称其有伯坚遗风。"又《州志·列女志·贞节》载："李氏，监生鲁自谊妻，尚书如圭孙女。年十九丧夫，守贞不渝，州守聂惟廷（南昌举人，崇祯时任，《政绩》有载）举贞节。"

百余年前的元延祐五年（1318）离此仅两三里的土桥村出了个状元叫霍希贤；百余年后孟姜山山南四十里小斗湖喻家湾又出了顺治壬辰科（1652）进士喻崇修，也有记载称他是澧州所属对河安乡县人；又百余年"南三十里道林寺西南三里许"出了个乡试第一李解元李材；更早些当然还有晋尚书车武子。方圆几十里人才不断涌现，还真有些应了那句澧州古谚："五里三进士，隔河两状元。"

尚书故里踪迹杳然，但文脉不断，风水常驻。1990 年代，这个叫樟树 9 组的几十口人中出了 6 个大学生，陈定本家就有两个：陈文凯毕业于南京化工学院，陈文斌毕业于北京大学。

孟姜女姓名小议

⊙ 易奥法

　　孟姜女的故事在民间流传了 2500 多年,《左传》上的一则记载算是它的源头。据《左传·襄公二十三年》云：齐侯（齐庄公）攻打莒国，杞梁作先锋被打死了。齐侯回去时在郊外遇见了杞梁的妻子，便派人吊唁，她推辞说："如果杞梁有罪，又岂敢劳国君派人吊唁，如果没有罪，他还有先人的破屋子在那里，因此我不能接受在郊外的吊唁。"于是齐庄公就到他的家里去进行吊唁。这则史料，情节简单，杞梁这名字被保留下来，杞梁之妻何姓何名却无记载。

　　这是公元前 549 年的故事，此后杞梁之妻的故事逐代流传，不断演化。如先秦的古籍《檀弓》（后编入《小戴礼记》）、《孟子》，汉朝时韩婴的《韩诗外传》、王褒的《洞箫赋》、刘向的《说苑》和《列女传》、王充的《论衡》、蔡邕的《琴操》，三国时曹植的《精微篇》，晋朝时崔豹的《古今注》，南北朝时郦道元的《水经注》，都提到杞梁之妻的故事，但都没有说明杞梁之妻的姓名。

　　直到唐朝，有人写了一本书题名《珇玉集》，此书《日本书经》记为天平十九年所写，即唐玄宗天宝六年(747)，其中引《同贤记》一条云："杞梁，秦始皇时北筑长城，避苦逃走，因入孟起后园树上。"起女仲姿,浴于池中,仰见杞梁而唤之,问曰：'君是何人？因何在此？' 对曰：'吾姓杞，名良，乃燕人也，但以从役而筑长城，不堪辛苦，遂逃于此。'仲姿曰：'请为君妻。'"……这才第一次说明杞梁之妻叫孟仲姿。此后，《文选集注》残卷在曹植《求通亲亲表》的注中也说：孟姿居近长城，正在后园池中游戏，杞梁避役到此，她反顾见之，请为君妻，情节与《同贤记》所云相似，不过孟仲姿变成了孟姿。大约在唐朝末年，敦煌石室的藏书中载有一首小曲："孟姜女，犯［疑为（杞）之形伪］梁情，一去烟山更不归，造得寒衣无人送，不免自家送征衣……"

这是"孟姜女"这名字第一次和读者见面。

到了宋朝，出现了一本书叫《孟子疏》，旧题孙奭撰。《朱子语录》则谓为邵武士人伪托。因《孟子》中有一"杞梁之妻善变国俗"的话，所以疏中写道："或云，齐庄公袭莒，战而死，其妻孟姜向城而哭，城为之崩。"这是杞梁之妻的孟姜一名见于经典的开始。

时至明代中叶，各地兴起了为杞梁之妻树碑立庙的运动，孟姜之名也引发争议。正德十四年（1519），程观颐在重修孟姜贞女祠时就说孟姜姓许。黄世康的《秦孟姜碑文》也说："孟姜，许姓，关中范植妇也。"此说与河南唱本及陕西同官的传说相同。如河南唱本写道："她爹姓许来娘姓孟，认了干娘本姓姜。"

关于杞梁之妻的名字，真是众说纷纭，但流传最广的要数孟姜女这个名字。元曲和各地的一些唱本多采用此名。那么，她是不是姓孟呢？这还值得研究。明朝马理所写的《孟姜女集》说："楚地澧人范郎妻姜氏，行一，故曰孟姜。"明末清初的钱曾在《读书敏求记》中亦云："孟姜女姓姜，楚地澧人，行一，故曰孟姜。"这都是说，"孟"是她的排行，"姜"才是她的姓，"孟姜"就是姜家大姑娘。他们大概是根据我国古代人名的习惯来推断的，周朝时妇女的名字大都把排行放在姓的前面。例如《诗经·鄘风·桑中》就有："爰采唐矣，沫之乡矣。云谁之思，美孟姜矣。"《毛诗正义》就把"孟"字解释为"长女"。

至于孟姜女命名的由来，《孟姜仙女宝鉴》的解释甚为奇特。据说：孟姜女是七姑仙下凡，她藏在孟家庄的一个大冬瓜里。此瓜原是财主孟隆德的仆人孟兴所种，但瓜藤牵到邻居姜家而生。孟家没有子女，姜家只有一个年近八旬孤苦伶仃的婆婆。有天，孟兴去采瓜，姜婆因瓜生在她的地上，便与孟兴争夺，经地保判断，两家对分。孟兴正要切下时，仙女在瓜中着急大叫。他们问明情况，遂在边上剖开，只见里面端坐着一个女孩。孟兴把女孩抱去，姜婆抢不到手，奔到县署申冤。县太爷便断此女为两家公有，取名孟姜女，姜婆和孟公合为一家。于是两家都满意而退。这个故事带有浓厚的神话色彩，当然不能作为历史考证资料，但我们可以看出人民群众的想象力是何等丰富。

津市的古墓葬

⊙ 醴荃

此处所记古墓葬情况，或根据古墓葬中碑文所述，或参阅有关史志资料记载。至于传说之墓葬，或虽经掘出而时代、墓主不明者，末录。

晋吏部尚书车胤墓

现新州镇车渚岗，即车胤囊萤读书处。《隆庆岳州府志》《直隶澧州志》有记载。宋王齐舆诗："儒生骨朽名犹在，高冢相望已乱真，只认夜深萤聚处，便应冢上读书人。"其时墓已相混，现亦不能确指。

车胤，晋南平郡人。父车育，任郡主簿。胤少时学习勤苦，家贫常无油，夏天则捉萤火虫数十装练囊中，藉以照明读书，常夜以继日。及长，以博学知名于世。恒温在荆州，曾以胤任从事、主簿、别驾、征西长史等职。宁康（373—375）初，为中书侍郎，爵关内侯。太元（376—396）中，增置太学生百人，又任国子博士。后复迁骠骑长史，太常，晋爵临湘侯，不久因病去职。后又为护国将军，隆安（397—401）初，被任为吴兴太守，辞以病。后又加辅国将军，丹阳尹。隆安四年（400）迁吏部尚书。因欲揭元显之过，元显曾逼令自裁，不久病卒。车胤之生卒年不详，其生活年代大抵在晋宁康隆安三朝，约公元四世纪中叶至五世纪初。

唐惟俨禅师墓

在棠华乡药山。塔墓有唐仲所撰碑铭，年久湮灭。崇祯十三年（1640）曾重修，后塔又毁，今仅存墓及明碑。

惟俨禅师，唐佛教禅宗高僧。俗姓韩，绛州（今山西新泽县）人。十七岁依潮阳西山慧照禅师出家，后从衡山希迁禅师（世称"石头和尚",著有《参同契》《草庵歌》)受法,博通经论。唐德宗贞元(785—805)初居澧州药山,宗风大振,时誉甚高。与朗州(今常德市)刺史李翱友善,相国崔群、常侍温造皆从其问道。民间有其见月长啸闻澧阳九十里的传说。李翱有诗记此事,药山长啸峰即由此得名。

惟俨属禅宗南宗青原行思一系,经云岩昙晟再传至洞山良价,创曹洞宗,著有《宝镜三昧歌》。良价弟子曹山本寂,继承师法,大振洞门禅风。曾注《寒山子诗集》。曹洞宗以正、偏、兼三概念,礼君臣之位,分析佛教真如以其派生之世界万有的关系为教义,禅风以回互细秘著称。南宋嘉定十六年(1223)日僧道元入宋,于天童山第十三代如净(1163—1228)受法,曹宗洞传入日本,并以永平寺(在今福井县为中心)传教,至莹山绍瑾(1266—1325)改革禅风。积极在民间传教,并建总持寺(在今横滨市)为新的传教中心,有很大发展。绍瑾后被尊为日本曹洞宗太祖,现日本营洞宗即以永平、总持二寺为本山。因曹洞发源于惟俨一脉,故日本1983年、1984年曾两次组"寻根参拜团"来药山,参拜惟俨墓。

惟俨大和八年(834)十一月六日圆寂,终年九十七岁,葬药山。唐文宋赐谥弘道大师,塔曰化城。唐仲为撰碑铭。

明华阳悼隐王悦燿墓

在大同山北麓,古大同东北侧,1966年附近农民取土偶然发现,墓东西向,长方形砖室。穹窿顶,四壁平直,南北两壁有壁笼。棺无存,仅余棺床。有圹志并一生铁化纸炉,不见随葬品。(此墓顶有洞,已被盗,墓未全部掘出;观看者由洞口上下,故其为双室单室,有否甬道,墓道情况,概不知。)

朱悦燿。父朱椿,明太祖第十一子,洪武十一年(1378)封蜀献王,居成都。悦燿为蜀献王第二子,庶出。永乐二年(1404)封华阳王。明制:亲王嫡长子、长孙为王世子,为亲王爵位法定继承人。其他诸子封郡王,不继承亲王爵位,蜀献王嫡长子悦爝早卒,其子友㙰立为世孙,成法定亲王爵位继承人,因亲王与郡王地位、待遇不同,悦燿为夺亲王继承权,乃谋害其侄友㙰。事为朱椿发觉,乃给以杖责,并将其押解入京问罪。后得友㙰力请,始获释。朱椿逝世时友㙰在京,悦燿又私窃王府库银。友㙰回蜀后并不追问,后悦燿又诬奏友㙰诽谤朝廷,仁宗知其诬告,召入京,但仍坚持错误,仁宗掷其奏章于地,迁之武冈,不久又迁澧州。宣德八年(1433)病卒,终年四十二岁。谥法:中年早夭曰悼,违教不成曰隐(隐私,即夺嫡害友事),故赐谥曰悼隐。

明华阳悼隐王妃徐氏墓

在关山南麓打靶场附近，俗呼"皇坟包"，与华阳悼隐王墓隔峪相望。单室砖墓卷顶，南北向。在发现华阳悼隐王墓不久，为附近生产队掘出。墓内除圹志及一金质凤冠外，一无所有。

徐氏，华阳王妃。世家凤阳之临淮。父徐亨，明开国名将徐达之后，累官至圣至昭勇将军、潞州卫指挥使。母李氏。徐氏永乐十二年（1414）册立为妃。卒年不详，终年五十六岁。

明镇国将军友壁墓

在窑坡渡，《隆庆岳州府志》作"镇国将军廓然子墓（窑坡渡）"。《直隶澧州志》失载，墓未发掘，形制不详。

朱友壁，华阳悼隐王之次子，封镇国将军。妃冯氏，生三男一女，有咏《关山烟树》诗两首。

明辅国将军宾㴜墓

在窑坡渡狮子崖。《隆庆岳州府志》作"辅国将军—庵子墓（窑坡渡）"。《直隶澧州志》失载，墓已破坏，形制不详。

朱宾㴜，华阳悼隐王朱悦爠之孙。父友壁，朱悦爠之次子，封辅围将军。母冯氏，弘治二年（1489）封辅国将军。妃肖氏，荆州左卫指挥肖瑛之次女，有二子。正德六年（1511）病卒，葬于窑坡渡之狮子崖。

明悼康王申锋墓

在烟山拾柴坡，《隆庆岳州府志》《直隶澧州志》均有记载。未发挖，形制不详。

朱申锋，华阳悼隐王朱悦爠之孙。父友埻为朱悦爠之庶子。正统二年（1437）袭封，成化九年（1473）卒，谥康简王。朱申铨为康简王朱友埻之嫡子，成化十一年袭封，成化二十年卒，谥悼康。

明恭顺王宾㳺墓

《隆庆岳州府志》《直隶澧州志》均有记载。墓址岳志作"彰观山"，澧志作"关山"，确切位置不详。

朱宾㳺，悼康王朱申铨之庶子。弘治五年（1492）袭封，嘉靖七年（1528）卒，谥恭顺。

明康僖王让核墓

《隆庆岳州府志》失载,《直隶澧州志》作"康僖王墓在果园"。未发掘,形制不详。

朱让核，恭顺王朱宾沚之嫡子。正德五年（1510）封为长子，早卒。嘉靖十四年（1535）其子承爵袭封后，追谥康禧。

明华阳安惠王妃墓

在大旗山南，《直隶澧州志》有记载。未发掘，形制不详。

墓主为华阳安惠王朱奉鈋妃，生平不详。朱奉鈋为康禧王朱让核之曾孙，万历十五年（1587）封为长子，二十八年袭封。

明应天府宣抚司指挥理兵部左侍郎刘维海墓

在李家铺乡土桥村。墓南向土桥峪，西傍刘氏祖祠（祠今不存）。今完好无损，碑不存。

刘维海，李家铺乡土桥村人，生于元顺帝至正十三年（1353）。明洪武南丹向武之变，以武功官顺天府留守司副使，历应天府宣抚司指挥理兵部左侍郎。洪熙元年（1425）致仕，宣德四年（1429）卒。终年七十七岁，诰封中宪大夫。

清杭州知府廖宏熠墓

在李家铺乡万家村道林寺侧，今不存。

廖宏熠，李家铺乡万家村人，生平不详。传其为官干练有能声，因有诗云:"香草知其来澧浦，楚材何幸到杭州。"

桑梓风情

津市历史刍论

⊙ 谭远辉

　　说到津市历史，或曰只有 500 年历史，或曰有 50 万年历史，不啻天渊。其实这里存在一个概念问题，前者是就津市地名起源而言，后者是就津市有人类活动的历史而言；前者是就津市城区而言，而后者是就今津市辖区而言。前者所据为文献史料，后者所据则为距今约 50 万年左右的虎爪山旧石器时代早期遗址。这是两个截然不同的概念，必须分而论之，不能混为一谈。

一、"津市"地名溯源与辨析

（一）"津市"地名溯源

　　"津市"一名始于何时？以前认为最早见于明代文坛四杰、前七子之一的何景明所作《津市打渔歌》一诗。诗曰：

> 　　大船峨峨系江岸，鲌鲂鲅鲅收百万。小船取速不取多，往来抛网如掷梭。野人无船住水浒，织竹为梁数如罟。夜来水涨没沙背，津市家家有鱼卖。江边酒楼燕估客，割鳍斫鲙不论百。楚姬玉手挥霜刀，雪花错落金盘高。邻家思妇清晨起，买得兰江一双鲤。筵筵红尾三尺长，操刀具案不忍伤。呼童放鲤潋波去，寄我素书向郎处。

　　此"津市"毫无疑义即今天的津市。据《明史·文苑传二》："何景明（1483—1521），字仲默，信阳人。弘治十一年（1498）举于乡，十五年（1502）第进士，授中书舍人。"则何景明登仕已经到了弘治后期。这期间何景明的长兄何景韶任巴陵县（今岳阳县）县令。何景明于弘治十八年至正德元年（1505—1506）

出使湖广滇川南方诸省，曾取道岳阳，应是顺道看望兄长。在岳州驻展有日，耽游山水，然后水陆兼程入滇。舟次津市作短暂停留，又入沅水溯流而上。何景明沿途都有诗赋吟咏，于岳州作《石矶赋》《古松行》《岳阳城中闻笛》《华容吊楚宫》，于澧州作《澧有兰辞》《津市打渔歌》，于常德作《武陵》《桃川宫》《自武陵至沅陵道中杂诗十首》，于湘西作《辰溪县》《怀化驿芭蕉》，入贵州作《平坝》《普定》《镇远》等。

何景明写《津市打渔歌》在弘治末至正德初，距今 500 多年，人们认为这是出现"津市"地名最早的史料，在 2017 年以前鲜有人突破这一认识。至于有论者引唐诗中"津市"二字并据以为津市地名之源则谬，详后论述。

弘治《岳州府志》纂修于弘治初年，早于何景明写《津市打渔歌》之时，在卷七内即有"津市"地名数处："津市，在州东二十里"（村市志）；"津市铺"（驿铺志）；"津市渡，在州东二十里"（津梁志）。

嘉靖《澧州志·物异纪》："郭佥事，提学薛纲志其事云：（郭）经，字用常……成化壬寅十八年（1482）三月十八日，回自常德，以洞庭水险，由陆路至澧；登舟循津市，下阳由滩；暴风卒至，覆舟溺死。"则成化时已有"津市"名。

这里说到了"阳由滩"一名，需要附带正名一下。"阳由滩"就是现在的阳由垸，坊间传言"阳由"一名是因民国时期在此设有美孚洋油公司而得名，所谓"阳由"乃"洋油"之音讹，显然是不对的。"阳由"一名在嘉靖《澧州志》中还有多处，如卷三《地理纪》："村十有八……阳由，州东，辖二里。"；"阳由坪，州东二十五里。"；"阳由滩，州东南二十五里。"；《水利纪》："陂、塘、堰、垱……阳由一图，共三十四口。"；《方外纪》："紫薇（观），州东阳由村。元时建立，后因兵燹废。故址尚存。"；"清远（观），州东阳由村。昔黄、范二真人修炼之所。"等。从所述地理方位看，此"阳由"就是今天的阳由，即是行政村名，也是自然地名。则"阳由"一名至少自明成化至嘉靖间就已存在，和民国时期的美孚洋油公司攀不上亲戚关系。

回到"津市"地名的话题，笔者在《津市地名探源》一文中据嘉靖《澧州志》和弘治《岳州府志》追溯到明成化年间，但认为"'津市'得名应该早于明代"。去年，桃源县党史办的彭亮先生发现了一条有关"津市"地名的重要线索，元代宋裒写有一篇题为《津市留题》的诗。诗曰：

烟霏空翠瞰芳洲，杨柳依稀古渡头。斜日扬鞭倦行役，自惭不及贾胡留。

据苏天爵《元故翰林直学士赠国子祭酒范阳郡侯谥文清宋公墓志铭》：宋裦，字显夫，由进士出身，卒官翰林直学士、亚中大夫、知制诰、同修国史、兼经筵官。原衡州路安仁县尹、赠户部尚书宋桢之子，礼部尚书、奎章阁承制学士宋本之弟。至元三十一年（1294）生。长随父仕于江汉间，家境清贫，仍苦学不辍，精于学术，尤善诗。宋裦作《跋北山游记后》说得更具体："始生于归州之属邑曰兴山，兴山在万山中。少长于鄂、于荆，壮岁游朗、澧、湖、湘。延祐己未（1319），自南中还燕，下大江，乱淮泝河，达京师。"据此，宋裦游朗、澧约在至大（1308—1311）至延祐（1314—1320）间。

在宋裦《燕石集》中有多篇写于澧州、常德、岳阳以及洞庭湖的诗文，其中写于澧州的诗除《津市留题》外还有《寄题涔河石桥》《新城道中雷雨喜晚晴》《澧阳道中春日》《送谢德润还澧州》等；文有《西潭谢君墓碣铭》《定轩先生张君墓碣铭》《吉水州监税谢君墓碣铭》《桐乡甘公墓碣铭》《乡贡进士翰林书写杨君墓志铭》等。其中《寄题涔河石桥》诗的小序曰："河在澧州北四十里，实往来孔道。州人谢氏叠石作桥，壮丽宏阔。予自延祐以来，凡八过其上，慨念行役之苦。为之惘然。"宋裦曾八次经过涔河桥，可见其往来澧州很频繁。

《津市留题》中的"津市"毫无疑义就是现在的津市。由此可证，元代中期即已有津市。据宋裦诗句推测，津市当时已是一个繁华的商埠。诗的后两句"斜日扬鞭倦行役，自惭不及贾胡留"，其意为：在落日的余晖里骑着马为公差匆匆赶路，自感惭愧不如经商的胡人能够在此居留下来。可以肯定，"津市"首先是由临水的集镇而得名，从宋裦诗意分析，津市在元代即已成为一个较为繁华的市井。如此，我们可以说，"津市"得名至少已有 700 多年历史。

但是，津市成为集镇的历史肯定早于元代，或曰"津市"之名最早可上溯至唐代。在钱起的《送武进韦明府》和李郢的《送李判官》即有"津市"，但是此"津市"并非作为地名的湖南津市（详见后文）。津市在唐代确有名称，但不叫"津市"，而叫"澹津"。唐戎昱曾为澧州刺史李泌作《澧州新城颂》，该《颂》作于唐中叶的建中二年（781），"新城"即今新洲，在唐代为州城。内有"澹津之墟尚在，天门之垒可辨"语。"天门"即六朝时期的天门郡，是澧州的前身，位置大致在今石门与临澧合口之间。而"澹津"何指？所谓"墟"有多重意义，最主要的有废墟和集市两重意义。"澹津之墟"应为后者，解为"澹津这个集镇"。这个"澹津"毫无疑义就是津市的前身。戎昱为什么特别提到"澹津"，大概是源于东汉末年"澹津亭侯"的典故。但"澹津亭侯"的地望尚存疑，而"澹津之墟"在唐代位于澧州则是不争的事实。如此,津市在唐代应该称"澹津",至今津市还保留有"澹津路"这一古名即为明证。甚至到了清代"澹津"还作为津市的别名。龚之茗《延光书院记》中有:"今上御极之六年,清河汤钧右先生以宇内名硕来守是邦……且构(延光)书院于澹津。"雍正《湖广通志》卷二十三《直隶澧州》曰:"延光书院,在澧州城东津市。顺治初知州汤调鼎建。"延光书院在津市,"澹津"亦即津市。

"澹津"何以得名?"澹"应即澹水,"津"即渡口,故澹津应是处于澹水渡口边的集镇。现在澹水是从津市东边汇入澧水,在古代应是在津市的西侧汇入澧水,考古发现,在护市的肖唐家台(俗称"实屁股")就发现有一条南北向的古河道,有砂石河床。故此津市初名"澹津"。时光荏苒,陵谷沧桑。澹水改道,从津市的北面绕到了东边,不再穿过城区,在历史的变迁中,可能省去"澹"字,加上"市"字,于是就成了"津市"。然而"澹津"一名并未消亡,而是向北移到了近郊,即今澹津社区。

(二)疑似地名的"津市"辨析

津市成为集镇(或曰津市得名)应该早于元代,但"津市"一名究竟源于何时,有早于元代的吗?疑似地名的"津市"在唐诗中确有两见。

其一为钱起《送武进韦明府》:

> 理邑想无事,鸣琴不下堂。井田通楚越,津市半渔商。卢橘垂残雨,红莲拆早霜。送君催白首,临水独思乡。

其二为李郢《送李判官》:

> 津市停桡送别难,荧荧蜡炬照更阑。东风万叠吹江月,谁伴袁褒宿夜滩。

这两处"津市"是今天我们的津市吗?否!但有论者却认为是。这未免望文生义。

先看钱起的《送武进韦明府》,首先篇题便与津市所在的澧州及附近政区不搭界。钱起是送的武进韦明府,而论者却认为钱起是在津市送韦明府到武进,这有违语言逻辑。在唐诗中与韦明府相关的诗也还有一些,如张九龄《赠澧阳韦明府》、李群玉《石门韦明府为致东阳潭石鲫鲙》、郎士元《送长沙韦明府》、王维《送方城韦明府》以及独孤及《送义乌韦明府》等。"明府"是古时对县令的尊称，这些篇题有一个共同特点，韦明府均与县名相对应，县名在前，韦明府在后。这些县都是韦明府当时的履职之地，送韦明府也就是在此地送他离开此地，不当是在彼地送他前往此地，更不可能在彼地送他离开此地。

钱起（722—780），字仲文，吴兴（今浙江湖州市）人。唐天宝十年（751）进士。唐时武进县即今江苏常州市，钱起家乡吴兴县与武进县仅有太湖相隔，吴兴在湖之南，武进在湖之北。钱起天宝年间又曾为计吏而至京口（今江苏镇江），并写有《初至京口示诸弟》诗。京口距武进更近，钱起应是在京口时到过武进并结识韦明府，或者韦明府到过京口而与钱起相识。毫无疑义，钱起是在武进附近送武进县令韦明府。

对于钱起诗中的"津市"作何解读？所谓"津市半渔商"表面看来确实颇与今天津市地理及人文定位相符，但上句"井田通楚越"就跑偏了。其中一个"通"字告诉我们，钱起当时所处位置既非楚也非越，如"北通巫峡，南极潇湘"（范仲淹《岳阳楼记》），所以岳阳既非巫峡也非潇湘，其理一也。所谓"井田通楚越"，是说吴国的井田西通楚，东通越。钱起在这里说的是春秋时的势力分布，今常州及环太湖地区在春秋时属吴国领地，而武进为古延陵邑，是吴公子季札的封邑。"季札封于延陵，故号曰延陵季子"。吴国东部为扬越，西部为荆楚（今津市处荆楚近畿），武进正好符合这一地理定位，而与今津市的地望则不符。

"津"，古指渡口，后也引申指码头、港口，那么"津市"就是靠近渡口的集市或港口城市。武进县位于长江三角洲平原，北望长江，南滨太湖、滆湖。河网如织，主要河流有京杭大运河、大通河、采菱河、武南河、武宜运河等大小河流十数条。因此，武进一带，"津市"就无处不在。

再看李郢的《送李判官》，论者亦认为其中"津市停桡送别难"中"津市"为今津市地名。其曰：

> 李郢在另一首诗《送人之岭南》中写道"关山迢递古交州，岁晏怜君走马游。谢氏海边逢素女，越王潭上见青牛。嵩台月照啼猿曙，石室烟含古桂秋。回望长安五千里，刺桐花下莫淹留。""交州"即为唐朝时的广西，"岁晏"是说时值冬天。诗人送客去广西，澧州倒是必经之地。在大中年间由澧州经过又能称之为"李判官"，我能查到的只有李商隐吧，

李商隐就曾在此之前任东川节度使判官。……李商隐远去交州，李郢赶来相送，于是写下了这篇有关津市的诗。

《送李判官》诗题中的"李判官"究为谁？判官府、州、县都有，而李为大姓，难以确指。诗中也没有说送李判官到哪里，于是便与《送人之岭南》展开联想。李商隐确实到桂州（古交州）任过判官，但考证依然欠严谨。其一："回望长安五千里"，说明李郢是在京城长安附近送人。至于此人经过不经过澧州与李郢何干？难不成李郢将"人"从京城一直送到交州，又在路经"津市"时写这首诗吗？其二：李商隐去桂州是在大中元年（847）二月，是岁首，不是"岁晏"。当时，给事中郑亚出为桂州刺史及桂管防御观察等使，郑亚邀请李商隐同赴桂林任职。五月，李商隐与郑亚一路同行来到桂州，出为观察判官、检校水部员外郎。其三：李商隐于开成二年（837年）中进士，而李郢是大中十年（856）才中进士，李商隐赴桂州早于李郢考取功名十年，这时李郢还是一介布衣，他有资格送李商隐吗？"谈笑有鸿儒，往来无白丁"，在古代，人与人的交往是讲出身的。其四：诗中有"袁褒"人名，论者道："有关袁褒的信息也很少，文载他是唐代的书法家，著有《书林藻鉴》。"不知出自何种"文载"。据笔者所知，《书林藻鉴》为今人马宗霍（1897—1976）所编。内有袁褒，见于鲜于枢小传中，有评鲜于枢书法语，因而其最早也只与鲜于枢同时代，为宋元之际人。与李郢诗中"袁褒"八竿子打不着。

从全诗看，这个"津市"确实在江河边。但如前所述，哪个津渡不临水，津渡边的集镇又何其多？就算这个"津市"为地名，然而古今中外以"津"命名的地方何其多？"津市"可以是地名，但在某些语境下却又不是地名，这需要综合分析其上下文加以考辨。

在《册府元龟》中还见有一处"津市"：

文宗大和四年（830）七月，湖南观察使韦词奏："前使王公亮奏请榷曲收其赢利，将代上供。臣到州察访，自停加配，闾里稍安，人户逃者亦渐归复。但藏挟颇易，挂陷颇多，兼当州土宜少有曲麦，州司远处求籴，搬运甚难。伏请却停榷曲，任商旅将至。当州州司准榷酒，元敕及洪州、鄂州流例，于州、县、津、市官酤，以代人户配额可之。"

这里"于州县津市官酤"实实在在到了湖南，但是它与我们津市还是没有半点关系。这须要对当时的历史背景进行一下考察。关于唐代的湖南观察使，《新唐书·表第九》："广德二年（764），置湖南都团练守捉观察处置使，治衡州，领潭、衡、邵、永、道五州。"又："大历四年（769），湖南观察使徙治潭州。"《旧唐书·地理志》曰："湖南观察使。治潭州，管潭、衡、郴、连、道、永、邵等州。"据此，湖南观察使先治衡州（今衡阳），寻徙潭州（今长沙）。治衡州时领潭、衡、邵、永、道五州，徙潭州后增加郴、连二州。如此，湖南观察使中的"湖南"与今天的湖南不是对等关系，其所领地域乃是名副其实的湖之南。而湖之西和湖之东的朗、澧、辰、沅、岳诸州都不在管辖区内。因而上文中"津市"也不是指今天的津市地名。其句应断为："于州、县、津、市官酤"即说于湖南观察使所领七州各县的渡口码头及集镇由官方卖酒。

二、津市考古学文化遗存概述

所谓考古学文化主要是就调查发现和经考古发掘的地下古文化遗址、古墓葬等（统称古遗存）所反映的时代、文化性质等而言，其地区包含津市市所有现辖区域，不局限于城区，这与"津市"地名无关，也不考虑其辖区的变迁。实际上这是一个相对的、宽泛的年代和地域概念，是大环境下的历史，不局限于一城一地。简要叙述如下。

（一）史前文化遗存

津市发现的年代最早的古代遗存是虎爪山旧石器时代遗址。1988 年初，为了配合津市市委接待处（现津市市水利局）基建工程，津市文管所在虎爪山调查发现二十余件打制石器。随后，省文物考古研究所到现场勘察，确认该地点为一处旧石器时代遗址。历年在虎爪山出土和采集各类石制品近 200 件。

虎爪山旧石器地点的石制品埋藏于四级阶地堆积中，种类有大石片、砍砸器、切割器、大尖状器、石球、刮削器等。根据石制品埋藏阶地的地质年代推断，虎爪山旧石器遗存的时代应为旧石器时代早期的晚一阶段，是湖南境内目前发现时代最早的旧石器遗存，距今约 50 万年。虎爪山遗址现已公布为全国重点文物保护单位。

津市发现新石器时代遗址共 9 处。年代最早的遗址为 2019 年配合安慈高速考古调查于毛里湖镇樟树村 12 组发现的苗儿岗彭头山文化遗址，湖南省文物考古研究所对该遗址进行了抢救性发掘，出土了大量彭头山文化时期的陶、石器及灰坑等遗迹。彭头山文化为湘北地区新石器时代早期文化，新石器时代的考古学文化命名，一般以首先发现并经正式发掘的这一类型遗存的遗址或具有典型意义的遗址命名，由发掘者或考古专家首先提出，获得考古界公认即予以定性。因这一时代类型的遗址首先发现于澧县彭头山遗址而得名。根据质谱法测年，约距今8000—9000年。苗儿岗遗址是津市境内也是澧水南岸首次发现的这一时期的遗址，其发现具有重要意义。

继后为皂市下层文化，因首先发现于石门皂市遗址下层而得名。西湖渔场罗家台遗址下层为该时期遗存，其年代紧承彭头山文化，距今约7000—8000年。皂市下层文化之后为处于新石器时代中期的汤家岗文化，因首先发现于安乡汤家岗遗址而得名，距今约6300—7000年。本时期文化遗存在津市范围内暂未发现。

新石器时代晚期的考古学文化在长江中下游地区主要有大溪文化、屈家岭文化等。大溪文化遗存于1950年代末首先发现于四川（今属重庆市）巫山大溪遗址，大溪文化紧承汤家岗文化，距今约5500—6300年。屈家岭文化紧承大溪文化，距今约4600—5500年，因1950年代发现于湖北京山屈家岭遗址而命名。津市发现这一时期的遗址有涔澹农场青龙嘴遗址、毛里湖镇铜盆岗吉安湾遗址、西湖渔场欧家台遗址。

新石器时代末期的石家河文化，距今约4000—4600年，该类型遗存首先发现于湖北天门石家河遗址，石家河文化是长江中下游一带从石器时代向青铜时代过渡的考古学文化。津市发现的遗址中属于这一时期的有涔澹农场青龙嘴遗址上层、毛里湖镇铜盆岗范家嘴遗址、白衣永兴打鼓台遗址、渡口茶场的山脚嘴遗址以及李家铺的八哥嘴遗址。

（二）历史时期遗存

津市尚未发现属于二里头时期的文化遗存——夏代遗存。津市发现最早的历史时期遗存为商周遗址及墓葬，1990年，涔澹农场在竹田湖修筑安全台取土时发现了两件青铜器——觚和爵，经湖南省文物考古研究所和津市市文物管理所联合调查发掘，证实两件器物出自一座商代墓葬。铜爵、铜觚的造型风格与中原商墓同类器风格相同，属同时期遗物，其时代属殷墟文化早期（即商文化晚期的较早阶级）。这是迄今为止湖南省境内发现的第一座商代铜器墓。因此，该墓葬的发现对于研究商代政治、经济、文化等对江南的影响以及湘北地区在商代所处地理位置的重要性都有着重要意义。

津市发现的商至西周遗址共 4 处，分别为西湖渔场罗家台遗址上层、白衣乡的珠沫湾遗址、渡口翊武中学遗址、市区的肖唐家台遗址。澧水流域一带的商周遗存既有来自中原商周文化因素，也有本地土著文化传统因素，西周遗存已具东周楚文化之滥觞。

东周时期包括春秋和战国两个时期，澧水流域因临近江陵楚郢都，东周时属楚，其文化遗存凸显楚文化特质。津市发现的东周楚文化遗存较多，包括遗址和墓葬，其中遗址 11 处，墓群 19 处。历年配合基本建设和生产建设在市区金鱼岭、新洲花山寺、邵家嘴、渡口八哥嘴等地发掘东周楚墓近百座。

其中最重要的为新洲邵家嘴遗址和墓葬，总面积约 10 万平方米，时代为春秋中晚期至战国晚期。邵家嘴由两块东西并列的黄土台地组成。台地大部分位于大堤与河床之间，一部分被大堤所压，一部分位于堤内。两台地面积相当，其间有一宽约 40 米的自然沟槽分割，以沟槽为界，东台地为居住遗址，极少同时期墓葬；西台地则为墓群，绝无同时期遗址堆积。两类遗存的内在联系非常明显，其所反映的是同一群体的生存场所和最终归宿。

汉及六朝墓葬在我市范围内发现较多而且具有特色，主要分布于市区澧水南岸至新洲的丘陵台地上，汉墓较集中分布于新洲南及嘉山西的肖家湖周围，1992年配合湘北公路建设发掘两汉墓葬 100 余座。六朝砖室墓在我市特色突出，主要分布于市南区至新洲，以明道一带最为集中，出土了众多精美的青瓷器，一级文物铜伎俑即为典型器物。

新洲古城是我市范围内唯一一座城址，因未发掘，城址最早年代尚不能确定。见于史料的新洲筑城为唐澧朗峡团练使兼澧州刺史李泌。《旧唐书·代宗纪》：大历"十四年（779）春正月壬寅朔。壬戌（二十一日），以楚州刺史李泌为澧州刺史"。又李泌传："会澧州刺史阙，（常）衮盛陈泌理行，可检校御史中丞，充澧朗峡团练使，重其礼而遣之。"《舆地纪胜》卷七〇："城乃李邺侯改筑。"注："唐戎昱《新城颂》，在建中二年（781）。"如此，李泌筑新城应在大历十四年至建中二年（779—781）间。李泌是在旧城的基础上增筑，还是另辟新址筑城？这从《澧州新城颂》中可见端倪："古城之东垣，不盈百仞，地偏而僻署斜向，日正而阴阳气互。""因旧址而板筑云集，创新规而雉堞霞映"，说明是在旧址上增葺。如此，新洲古城的年代应早于唐代。新洲周围分布着大量的汉晋墓葬，从地下遗存提供了可供参考的线索，但还需要有史料依据。《旧唐书》中所记晋代"南义阳郡"则是一条很重要的线索。《旧唐书·

地理三》："吴分武陵西界置天门郡。晋末，以义阳流人集此，侨置南义阳郡。"又："隋平陈，改南义阳为澧州。"《水经注疏》："澧水又东，澹水出焉。澧水又南迳（义阳）故郡城东。守敬按：'故'字上有脱文。《晋志》穆帝时，以义阳流人在南郡者，立义阳郡。《宋志》《齐志》并称南义阳郡。《隋志》：安乡旧置义阳郡，谓此郡也。其地在今安乡县西南，澧水正迳其东，则故郡上当有'义阳'二字。"据此，南义阳郡即澧州前身，南义阳为侨郡，可能不领县。揆之《水经注》，南义阳郡治地望似乎应在今新洲古城。隋代所置澧州的前身便是南义阳郡。

澧州最后一次寄治新城在元至正十六年（1356）。"倪文俊陷澧阳，元帅孙毅迁县治于新城。"（按：澧州路治一并迁于新城）洪武五年（1372）州治由元末徙治之新城迁于旧治（今澧县）。

津市范围内发现的各时期古文化遗存，并不能狭隘地称作津市历史，可以称作有人类活动的历史。可能有些遗存在津市率先发现，有些遗存在同类遗存中年代趋早，也出土了一些它处不见、此地仅有的遗物，但并不能说其他地方绝对没有，只是发现局限而已。也还有在其他地区大量存在而津市少有或没有的古文化遗存，这也属于考古发现局限和地域宽狭的缘故，相同和相近考古学文化遗存在一个较大区域内有一定的自然分布规律和扩展半径，不受现代行政区划的绝对限制，但与古代自然地貌有一定关系，譬如大的山脉、河流等。并且这一分布半径随着时代的变迁、自然灾害、人群的迁徙等因素会不断扩大、游移。进入历史时期，还与国家（诸侯国）、民族等的势力分布有关系。随着时代的推移，其趋同现象、文化的统一性范围就越广。总之，在津市发现的古文化遗存的年代早晚、文化属性等与单纯讨论津市历史没有太多必然联系，或许与津市所处地理位置、地貌环境有一定关系。这一节是考古学领域的论题，小节标题"津市考古学文化遗存"，实际上是"津市境内发现的考古学文化遗存"的缩略语，而不是"津市境内特有的考古学文化遗存"的缩略语。之所以在本文中与津市历史一并论述，也是为了以正视听。

津市浅说

⊙ 王培镇（中国台湾）

　　乡、镇，是县辖下的一个行政单位，也是法制体系下的基层自治组织。乡和镇，虽是平行机关，而两者之间，却有相当的差距。镇是指人口稠密、村落集中，尤其在商业、经济、文化诸方面，都有某种程度的形态，乡则次之。在中国的地理上，有几个著名的大镇，如江西的景德镇、湖南的津市镇、湖北的沙市镇、河北的唐山镇等，向为国人所熟知，笔者这里所介绍的，就是湖南的津市镇。

　　湖南省有湘、资、沅、澧四大水系，均注入洞庭湖。澧水源于湘、鄂边境，流长五百余公里，水流平稳且深，极少浅滩，全流均能航行民船，自澧县以下，且能航行轮船，水运非常便利。澧水沿岸，大小商业码头，多如佛珠，不胜枚举。然在商业、经济各方面具备大都市的形态者，则首推津市。津市属澧县管辖，位于澧水中下游的北岸，上濒澧县城，下临新洲市，津市间其中，上城下市，各距二十五里，居贸易、军事双重地位。

　　津市是一个商业河港，因而市区的街道，均依河岸而建筑。正街全长七里零三分，包括市郊，总共八里有余。市内大小街道和巷弄，皆由长方形的青石板铺成，路面十分整齐。街道纵横，略成方格，隔远望之，状如豆腐块。市内建筑，乏现代化的高楼，全为古老式的房屋，看起来古色古香。津市镇的市民，有一个爱好清洁的共同习惯，因此，市内的街道，只需由清道夫清晨打扫一次，从早到晚不管有多少人的往来，道路上见不到一片纸屑或渣滓，总是给人一股清爽感。

　　有人说，津市是个"烧不倒"的城市，愈烧愈富，的确如此。火灾一年数起，岁岁若是，有时还得赔上人命，火后不过半年，市肆依然如旧。救火工作，比不上现代化的都市有专门机构和机械化的救火工具，经费且由政府负担，救火工作行动起来顺利得多。津市的救火队员,组自民间,纯义务性质。救火工具,系古老式的"水流仔",又名"水龙",完全由人工操作,但喷水威力并不逊于现在的消防车,只是费点事而已。"水龙"四轮,精铁制造,行动起来,隆隆作响,尤其深夜,闻之毛发竖立、摄人心魂。

常言道,工业看烟囱、农业看田庄、商业看码头,此说自有道理。津市有个"水上都市"的雅号,其来有自。在津市各个码头的大小船只,层层列列,密不透风,与市街同其长短,市民喻之为"水上长城"。入晚,专事水上夜市的小划子,灯火通明,齐备各式美点,宛如蝴蝶穿梭花丛,来回叫卖。街灯船火,互映争辉,不知是谁家的画笔,绘出如此逸人的夜景。

我国疆域,幅员辽阔,在如此广大土地上生活的国民,难怪有"南腔北调""南蛮北侉"之别了。我国民间生活状况,大抵来说,中、南部地方,较优北部以及其他地方。中南部的精华区,则以长江、洞庭一带为中心。湖南省列入精华区之内,被誉为"鱼米之乡",可谓得天独厚。洞庭湖,古为云梦大泽,其面积之广,及于湘鄂两省,后因长江由上游带来大量泥沙沉入泽底,大泽面积逐渐缩小而名之洞庭。湖南省位于洞庭湖之南而得名,湖面据说八百里。依古老传说,安乡、津市两地,原系洞庭湖之一角,由于澧水自山区夹带之泥沙将岸填高,岸两旁渐次变成陆地,因此,安、津就远离洞庭而成了河港码头。按安、津陆块土质、地理形态、方向位置以及水产等情形的研判,此说可靠性的程度,非常之高,绝非空穴来风。

一个国家国民的生活水准,与其国民所得有着非常密切的关系,生活在津市的市民,当然也不例外。谈到津市市民的生活情形,除了战火灾害另节叙述外,不管在物资上、精神上,套句耶稣说的话就是,生活在津市的人"有福了"。津市地区附近,大小沟渠,纵横交错;湖泊池塘,星罗棋布,各种鱼类,可说是取之不尽,食之不竭,体形肥硕无比,百吃不厌。如若不信,不妨挑其一二随便谈谈。津市人吃鳝鱼,必去其骨,鳝鱼能去其骨者,其体形之大,可想而知。去骨的鳝鱼,肉嫩味美,非常好吃。哪像台湾的鳝鱼,瘦如笔管,若去其骨,只剩下皮,见不到肉的影子了。在台湾吃鳝鱼,须得骨肉同烧,而且价钱昂贵。津市沟渠湖泊所产的鳝鱼,价廉物美,台湾焉能及得与之相比,真是"小巫见大巫"哩!再如鲤鱼,重达十斤乃至数十斤,肉质之厚,高达数寸,其味鲜美无比,如此肥大的鲤鱼,在台湾莫说吃,就是见也未曾见过。还有一种鱼值得一提,津市盛产黑鱼,亦名菜鱼,处处皆是,多数人不屑一顾。在台湾视为珍品,物以稀为贵,此说不假。

津市是个商业都市,经济颇为发达,市民们在穿、吃方面,都很讲究。一般商家平日的菜单是二荤三素一汤，旧历每月初一、十五，两顿丰盛的牙祭。吃海味，如海参、鱿鱼、墨鱼、鱼翅、鱼肚之类，必须逢年过节，才有享用，平常难得一见。津市产棉，尤其蚕丝更盛，衣料除本地棉丝外，喜用阴丹士林和浏阳夏布（冬夏衣料）。浏阳夏布，质料织细，纺织精致，与本地纺绸同受喜爱，闻遍全国。前些日子，笔者与一位浙江老人闲扯，他曾伸出大拇指称赞浏阳夏布之佳。

嚼槟榔，不是台湾同胞的专利，津市嚼槟榔者也大有人在，笔者就是嗜好槟榔者之一。津市人嚼槟榔与台湾不同，台湾槟榔纯粹青仔，除习惯者外，颇难入口。津市的槟榔，名为改良槟榔，种类有石灰、五香、桂枝、冰糖多种，改良槟榔，原属青仔，系脱水、加工而来。经去青、除苦、滤涩经烘干之后，再佐以配料，嚼起来风味绝顶，比吃牛肉干更广受人欢迎，美中不足的是，津市不产槟榔，须于广东、福建运进，因此，太贵了一些。

聊上了槟榔，不妨也来扯扯津市的水果。津市的水果，种类繁多，不一一介绍，这里只提几种特产，是台湾所没有的。①米枣：枣之一种，颗粒小，仅一般枣的三分之一，成熟时，通体菊黄，皮透明，甜度高，香且脆，上市一抢而光。②蟠桃：形扁平、呈四方，状与台湾红柿酷似，青绿中略带胭红，甘甜爽口，味道奇特，色泽耀目，馨香四溢，远非一般桃类可比。据说天上王母娘娘开蟠桃大会就是此桃。可惜产量少，不够应市。云系树苗难培，百难育其一，果尔莫非仙品乎？！③柿子：柿子又有"油柿"之别，油柿无肉质、少水分、油性厚、且苦涩、不宜食，仅作浆渔网之用。柿子，实大如拳，澈体红透，肉质丰，无核，食用时，用手指轻微周转捏压，柿肉经捏压成汁，此时尤须注意，不可使之破裂，不然，柿汁流个精光。柿子不是吃，而是吸，将表皮开一个小洞，如婴儿之吮奶，大饱其口福。④杨梅：杨梅与台湾草莓相像，但颗粒大，有酸、甜两种。津市的杨梅，不管酸甜，别有风味，人人垂涎。⑤樱桃：樱桃每爪颗粒多至七八粒，如大指头大小，红中透黑，煞是好看。樱桃含糖量丰，入口如蜜。此外，菱和莲也堪称一绝。菱莲尽管台湾也有，但与津市所产的，相去甚远。津市的菱角，淀粉质多，含水量少，好吃，另有一种，名之为野生菱角，四角形，粒小，此菱只能生食，不宜熟用，台湾无之。莲藕，依品质分有炖、炒、生食、凉拌四种，四种吃法之中，以凉拌选用之藕为最佳，必须具备甜、脆、嫩、滑四条件，属莲藕中的上品。夏天来盘凉拌糖醋藕，去暑解渴，风味绝顶。

津市郊外，莲池连绵，每年夏季，荷花盛开，红白争艳，一片花海，耀人眼目，渲染成"映日荷花别样红"的花花世界，当莲蓬成熟时，采莲仙子，驾着棱形小舟以手代桨，穿梭于荷茎之间，荡漾于轻波之中，那热情奔放的微笑，胭红的面颊，好一副美人图，不知羡煞多少过路的少年郎。

笔者少念小学，读了一课以纸、笔、墨、砚近乎谜语的对话，其中两则，扯上了菱、莲，且随笔录出，藉以缓和一下笔者的沉思。其一，问：什么圆圆圆上天什么圆圆在水边，什么圆圆街上卖，什么圆圆放桌前？对：太阳圆圆圆上天，荷叶圆圆在水边，烧饼圆圆街上卖，砚池圆圆放桌前。其二，问：什么尖尖尖上天，什么尖尖在水边，什么尖尖街上卖，什么尖尖放桌前？对：宝塔尖尖尖上天，菱角尖尖在水边，粽子尖尖街上卖，毛笔尖尖放桌前。

津市地扼澧水中、上游要冲，河轮航运终点，也是澧县、石门、慈利、大庸、桑植等县的货物吞吐口，进出口商品，必须经由津市转运，居命脉所在，商业地位非常重要。津市是个贸易转口港，出口以药材、桐油、皮油、木油为主，木材、猪鬃、蚕丝次之，进口则是疋头、纸张、钢铁、盐、糖、海产加工品等。商业繁荣，经济发达。

津市对河岸，有街名"香芸"，商业不振，却有两家国际性的大企业设址于此：一为亚细亚；一为德士古两大石油公司。香芸街渡口，与津市观音桥的新码头相对望，系津市出新洲越敖山经德山至常德的陆运通道，贩夫走卒，不绝于途。敖山位于津、常的中心地点，西瓜是其特产，大至六十斤之谱，多属沙瓤，入口即溶，非常好吃。江西码头，是津市几个主要码头之一，位于观音桥，货物装卸量之大，码头工人之多，仅次于中正路的轮船码头。

"澧水乡谭"第四辑周有淞乡长于《谈津市"吃"》一文中，也曾提及"夹街"，笔者在此就有关津市"夹街"的轮廓，作一梗概的补充。津市有条小街，呼之为"夹街"。抗战期间，其名声之噪，虽不能与美国纽约的百老汇齐名，但也远近皆知。此街起自中正路，止于拐子巷，狭而长，以吃喝玩乐闻名。街道固小，但有两家高水准的评剧院：一家址近中正路，一家靠近大河街。有名伶梅兰芳者，一度驻唱于此，曾轰动一时。街之两旁，各种餐馆，鳞次排列，屋檐蔽日，飞禽走兽，河江海产，百味具备，应有尽有。珍肴散发的香气，诱人胃口大开，食客之多，真说得上是"高朋满座""宾至如归"。

章台柳、烟花院，把一条长不及里的"夹街"装饰得如"海市蜃楼"。本地富绅，过往商贾，无不涉足于此，一亲"温柔乡"的芳泽。青楼女子，二八佳人，逾念龄者"鲜矣！"倘若有人，探其姿色，环肥燕瘦，很难介说。笔者不才，无以描绘，只好随手抄录几则中国的女性美，聊作说明。"……胡姬年十五，春日独当炉，长

裙连理带，广袖合欢襦，头上蓝田玉，耳后大秦珠……"（林羽郎篇）"亭亭似乐，
嫵婉如春，芳瑜散麝，色茂开莲……"（丽人赋）"……罗衣何飘飘，轻车随风还，
顾盼遗光彩，长啸气若兰。"（美女篇）以上三说，虽然尽得美人之妙，然词涉笼
统，不如登徒子好色赋的"……增之一分则太高，减之一分则太矮，着粉则太白，
施朱则太赤，眉如翠羽，肌如白雪，腰如束素，齿如含贝，嫣然一笑惑阳城……"
来得真切。又如"……放佛兮轻云之蔽日，飘摇兮若流风之回雪，远而望之，皎
若太阳昇朝霞，迫而察之，灼若芙蕖出深波……"，如此的描述，真是令人拍案叫绝。
更有人把津市"夹街"比喻得"是兜率宫，是离恨天……"越发神气活现。说的
也是，像津市夹街"我见犹怜"那个地方，举目所触，不是闭月羞花、沉鱼落雁，
就是倾国倾城、国色天香，天底下有几个柳下惠？说句丢人的话，笔者年近弱冠，
也曾牛刀小试，不时地走动。记得就"红楼阁"点小桃红、小美红"打茶围"时，
学得几首扬州小调，事到如今，已全部忘记了。

正当长沙会战，全津市发起了一个献金救国运动。献金台扎在中正路口，紧
靠夹街。当时献金者，非常踊跃，只见人头攒动，其情至为感人，与当时夹街的
莺莺燕燕，红灯绿酒，笙歌妙舞，恰成一个强烈的对比。那时，因笔者年轻，一
天到黑，懵懵懂懂，不明事理。而且"天黄""稻草包"兼而有之，因此，不觉为然。
如今回想起来，这不是"……商女不知亡国恨，隔江犹唱后庭花"的写照么？

写到此处，我想也该煞住笔作个结束了，免得给乡亲们一个"老太婆的裹脚
布又臭又长"的感觉，未写本文之先，辱承李策公乡长一连下达"十二道金牌"，
复蒙"一顾茅庐"，令稿为文，临行且嘱之以照，是笔者受宠若惊，逼不得已，只
好不计工拙，献丑交差。忆往昔，笔者虽然写过一段时期不像样的小玩意，但那
也只是在地域、团体的报纸杂志发表，其目的在于逢场作戏，随写随扔，制造脏
乱而已，谈不上存稿。此后一丢就是数十年的光阴，如今猛一握管，不止手抖，
且思考不集中，大有"蚊子咬铁牛，无有下嘴处"之感。本稿写成之后，也曾反
复看过多次，觉得内容缺乏连贯性，如衣衫之褴褛，东挖西补，不成体系。尤其人、地、
事、物，不复记忆，遗漏之处甚多，加以用字遣词不当，致本文残缺不全，破绽百出，
读起来硬生生地，很不顺口。这些还望儒林泰斗，澧水文豪共鉴，以及籍贯津市
的乡贤长者共同批评与指教。

明华阳王世系考订

⊙ 谭远辉

　　记载明华阳王世系的文献史料据目前所能掌握的按年代的先后主要有：华阳王家族墓葬圹志、《明实录》、嘉靖《弇山堂别集》、隆庆《岳州府志》、万历《澧纪》《明史》及今人所撰《南明史》等。其中记载较为翔实的主要为圹志、《明实录》《澧纪》及《明史》，而《明史》又有两种版本，一种是明早期布衣史学家万斯同的《明史》私定稿（下简称"万版《明史》"）；一种是张廷玉等御用史学家编定的《明史》。后者称为正史，而前者称为别史。实际上"正史"是在"别史"的基础上修订完善的。在修订的过程中有将部分原本正确的记载弄错的现象，仅华阳王世系一项就有三处修订错误。还有一些文献和方志错误较多，如明何乔远辑《名山藏列传》、万历《湖广总志》、乾隆《直隶澧州志林》及同治《直隶澧州志》等，本文酌加辨正。

　　据《澧纪·封建》记载，华阳王共袭九代：

　　　　华阳王悦爠，蜀献王第二子，乙巳（洪熙元年，1425）改封，谥曰"悼隐"。

　　　　友埄，悼隐王第一子，丁巳（正统二年，1437）封，谥曰"康简"。

　　　　申鍷，康简王第一子，丙申（成化十二年，1476）封，谥曰"悼康"。

　　　　宾湤，悼康王第一子，壬子（弘治五年，1492）封，谥曰"恭顺"。号默菴。

　　　　让核，恭顺王第一子，庚子（嘉靖十九年，1540）追封，谥曰"康禧"。

　　　　承爵，康禧王第一子，乙未（嘉靖十四年，1535）封，谥曰"庄靖"。号正奄。

宣墭，庄靖王第一子，乙酉（万历十三年，1585）封，号味一，谥曰"温懿"。

奉鈗，温懿王第一子，庚子（万历二十八年，1600）封，号崇一，戊申旌贤王。

至澧，辛丑（万历二十九年，1601）敕封王长子，号敬一。

《澧纪》成书于万历末年，其时华阳王朱奉鈗在世，因而世表中奉鈗无谥号，而朱至澧尚未袭王，《澧纪》较为准确地记录了九代华阳王的承袭情况。现依次考证如下。

一、华阳悼隐王朱悦燿

据《明实录》和《大明华阳悼隐王圹志》，华阳悼隐王朱悦燿生平史实如下：

朱悦燿生于明洪武二十五年（1392）八月初九，他是蜀王朱椿的庶二子，明太祖朱元璋的第三十四孙，母金氏。永乐二年（1404）四月初四册封郡王，号华阳王，永乐三年（1405）春二月初十赐冠袭爵，悦燿当时13岁。永乐十年（1412）七月十三日，册立潞州卫指挥使徐亨之女为华阳王悦燿妃，悦燿适20周岁。又有次妃张氏。洪熙元年（1425）四月初九，因悦燿"有违父教，谋戕至亲"等劣行，明仁宗皇帝将华阳王悦燿贬居武冈州；洪熙元年（1425）四月二十七日，因命岷王朱楩居武冈州，又改命悦燿居澧州。宣德八年（1433）八月初五薨，寿42岁。谥"悼隐"。悦燿有二子，均次妃张氏所生。长子友垶，即华阳康简王；次子友壁，封镇国将军。宣德九年（1434）六月二十六日葬悦燿于关山（位今大同山北麓）。

《明史》作"洪熙元年（1425）别城武冈州，寻迁澧州"有误。"澧"当为"澧"；"别城武冈州"不准确，而是先贬武冈，旋改澧州，何来"别城"？

《直隶澧州志》作"悼隐王悦耀"，"耀"与"燿"属异体字，说起来不算错，但却和明王室命名规则相悖。最后一字都应是带五行部首的字，不符合这一规则的都属错别字，纵然是同字异体亦然。

二、华阳康简王朱友垶

康简王朱友垶的生平简历以《明实录》记载最为翔实。

朱友埍生于永乐二十一年（1423），为华阳悼隐王朱悦燿的庶长子，母张氏。宣德六年（1431）八月二十一日赐名友埍，时友埍已8周岁。正统二年（1437）三月十二日，册封友埍为华阳王，正统二年（1437）十月十七日正式袭位，友埍当时15岁。正统五年（1440）七月十七日，册荆州卫指挥使杨昇妹为华阳王友埍妃；成化九年（1473）十一月初一薨，寿51岁，谥"康简"。已知友埍有嫡子三人，名申鍷、申鈘、申铜；庶子一人，名申鉴。嫡长子申鍷袭华阳王；余子封镇国将军。

友埍出生于四川成都蜀王府，随父谪迁时才两岁。友埍八岁朝廷才赐名，可能与这一变故有关，但更与宗室制度有关。《国榷》"神宗万历三十五年（1607）"下有"福王长子由崧生。藩例五岁请名，至是特百日赐名"。也就是说，万历三十五年（1607）以前，规定5岁以后请名、赐名，以后才是百日请名、赐名。但5岁只是一个原则，一如10岁册封的制度一样，以5岁为限，或晚几年，大于5岁未命名者一次赐名。这种现象在《明实录》中屡见不鲜。如："天顺元年（1457）六月癸巳朔，赐蜀府华阳王第二子名曰申鈘，第三子名曰申铜。"；"弘治五年（1492）九月戊子（二十日），赐代府镇国将军成鎣第二子名曰聪洞，第三子曰聪渻；楚府辅国将军均锽庶第七曰荣沇；襄城王府辅国将军偕淑子曰旭槁；华阳王府革爵镇国将军申铜子曰宾湜，曰宾泌，曰宾澋。"

显然，同时赐名的这些子嗣不可能都是5岁，尤其是同一人的几个儿子。

三、华阳悼康王朱申鍷

朱申鍷的生年不确，《明史》谓申鍷卒于成化二十年（1484）。而《弇山堂别集》称申鍷寿42岁。如此，按虚岁算，则申鍷应生于正统八年（1443）。《明实录》记正统十四年（1449）正月为其赐名，如然，则申鍷适6岁，符合5岁请名的藩例。由此认为，《明史》和《弇山堂别集》的记载都是正确的。据此考证，华阳悼康王朱申鍷的生平如下：

朱申鍷生于正统八年（1443），为华阳康简王友埍嫡长子，母杨氏。正统十四年（1449）正月赐名申鍷，时申鍷6周岁。成化十二年（1476）九月十五日册封为华阳王；成化十五年（1479）闰十月十九日，因居丧无礼，弃母缺养，凶暴贪淫，戕害人命等劣行，命革爵，戴民巾闲住。此时距袭封还不满三年。成化二十年（1484）薨，寿42岁。正德三年（1508）六月，准申鍷之子华阳王宾汯之请，追复申鍷王爵，并赐谥"悼康"。其妃为许氏，助夫人邵氏。子二，均邵氏所生。长子宾汯，即华阳恭顺王；次子宾洪，封镇国将军。

关于该王的谥号和名字有些歧异。万历《湖广总志·藩封》作"怀康王申铨"；《直立澧州志》作"申诠"；《名山藏列传》则作"申煊"。

《明实录》《明谥纪汇编》及《澧纪》等早期和直接史料都作"悼康王申鏵"，因而上述异名都是错的。

四、华阳恭顺王朱宾泟

朱宾泟和其父朱申鏵的情况类似，也是生年不确，《明史》谓宾泟卒于嘉靖七年（1528），而《弇山堂别集》称宾泟寿49岁。如此，按虚岁算，则宾泟应生于成化十六年（1480）。其他记述与这一判断吻合。华阳恭顺王朱宾泟生平考述如下：

朱宾泟，号默菴（或默庵）。生于成化十六年（1480）。为华阳悼康王申鏵庶长子，母邵氏。弘治三年（1490）七月初八，其祖母华阳康简王妃杨氏为宾泟请袭王爵，朝廷"许之"，其时宾泟适10周岁。弘治十一年（1498）十二月二十三日，册封东城兵马副指挥邹贤长女为宾泟妃。此时宾泟已年届弱冠，适可婚配。嘉靖七年（1528）薨，寿49岁。谥"恭顺"。长子让核，未袭即薨，次子有一女，诰封县主，仪宾张鹍龄。

朱宾泟之父华阳悼康王朱申鏵成化八年（1472）娶邵氏为助夫人，八年后生子宾泟，接着又生子宾洪。由于申鏵正妃许氏无子嗣（或只有女儿），宾泟便是理所当然的王位继承人。但因其父申鏵袭王只三年便因罪于成化十五年（1479）革爵，而申鏵薨时宾泟才4岁，直到弘治三年（1490）宾泟10岁时才请封。而《明史》和《澧纪》均作"弘治五年（壬子）"。这可能是"许之"和正式袭封有两年的间隔。因为悦燿册封和袭爵也有一年的间隔；友塪也是正统二年（1437）三月受册封，而到正统二年（1437）冬十月才正式袭王，袭王时宾泟也才12岁。因而，这期间华阳王府就有十三年的无王期。

恭顺王墓是1970年代被阳由乡村民于虎爪山东麓——今津市电力局所在位置挖出。据村民杨多佑反映，里面出有一方墓志铭，内容他已记不清，但他清楚地记得，碑额上有"华阳恭顺王"字样，碑后来不知去向。由此我们得知恭顺王宾泟墓在此。《州志》记载恭顺王墓在关山，虎爪山仍属关山山脉，大致相符。又《澧纪》中有："东曰彰观山，去州十五里，临澧水之阴，四十四福地。黄道冲、范灵二真人修炼山中。……有清远观，宋建。……山有华阳恭顺王墓。"所述恰在今虎爪山东麓。至于《州志·舆地志三》中称"彰观山……华阳隐悼惠王墓在其东。"则是一个完全不存在的谥号和完全不存在的人。

恭顺王《名山藏列传》作"宾涎",而《邵氏夫人墓志》谓"适生二子,长曰宾涏",其是非自明。

五、华阳康僖王朱让核

朱让核因未袭即薨,史载阙如。目前所能见到的有年份为据的朱让核的史料只有三条:

> 弘治十七年(1504)二月甲午(初二),赐华阳王嫡第一子曰让核。(《明实录》)
> 让核,恭顺嫡一子。正德五年(1510)封长子,卒。(《明史》)
> 让核,恭顺王第一子,(嘉靖)庚子(十九年,1540)追封,谥曰"康僖"。(《澧纪》)

另外还有两条也与让核有关:

> 弘治十一年(1498)十二月甲寅(二十三日),册封东城兵马副指挥邹贤长女为蜀府华阳王妃。(《明实录》)
> 嘉靖十年(1531)五月甲申朔,敕蜀府华阳王长孙承爝管理府事。(《明实录》)

根据以上史料我们对朱让核作如下考述:

让核为宾涏的嫡长子,母邹氏。首先,让核出生应在其父母婚配之后,即弘治十一年(1498)十二月之后,其出生最早也应在弘治十二年(1499)的下半年。那么,让核赐名是在弘治十七年(1504)二月,按最低五岁赐名的藩例,往前五年恰是弘治十二年(1499)。不能再前,也不能再后,再前则父母尚未婚配,再后则不足5岁。时间卡得很准。而正德五年(1510)封长子时即为11岁,也符合定制。嘉靖十年(1531)五月初一,敕华阳王长孙承爝管理府事即因让核薨逝,王府无主。《明实录》中另一条记载可为佐证:"万历四十年(1613)八月壬申(十一日），以荣王翊鈘薨，从礼臣请，命荣世子常溔暂管理府事。"承爝袭封是在嘉靖十三年（1534）十二月，也正好为其父让核守制三年。准此，则让核薨时才 33 岁。嘉靖十五年（1536），朝廷追封让核为华阳王，谥"康僖"（《澧纪》作"康禧"误）。妃顾氏，子仅承爝一人，封华阳王。

六、华阳庄靖王朱承爝

华阳庄靖王朱承爝见于史料的年份记载也较少，仅有册封年和薨年，还有一个册妃年。承爝于嘉靖十六年（1537）十二月册王氏为妃，循例应为 20 岁。如此，推算承爝应生于正德十三年（1518）前后。承爝，号正庵（或正奄）。为康僖王让核的嫡长子，母顾氏。生承爝时让核为 20 岁。因让核早卒，承爝由长孙袭位。嘉靖十三年（1534）十二月初九承爝袭封华阳王，袭王时也才约 17 岁。万历元年（1573）七月，赐华阳王承爝书院名"乐善"。万历十年（1582）薨，寿约 65 岁，谥"庄靖"。已知承爝有六子，不明嫡庶，曰宣墭、宣封、宣墠、宣塘、宣堞、宣堸。但至少宣墭和宣封是嫡子，都是王氏所生。宣墭袭华阳王，余封镇国将军。

史料中还有如下歧义：

1.《明实录》记"嘉靖十三年（1534）十二月辛丑（初九），册封华阳恭顺王宾泟长孙承爝为华阳王"，万版《明史》《明史》和《澧纪》均作"嘉靖十四年（乙未）"，究其原因也应为册封与袭爵两事的间隔。

2.《明史》谓"庄靖王承爝，康僖嫡一子。嘉靖十四年（1535）袭封。二十五年（1546）薨"。而万历八年（1580）成书的《湖广总志》称"今王承爝"；万版《明史》记承爝"万历十年（1582）薨"；《明实录》则记"万历十一年（1583）三月癸巳（十一日），赐华阳王承爝谥'庄靖'"。很显然，《明史》所记承爝薨年大谬矣。这一薨年竟与下一王（宣墭）的袭封年相差了近 40 年。

七、华阳温懿王朱宣墭

朱宣墭生年不详，但因宣墭为承爝嫡长子，其出生应在其父母婚配之后。嘉靖十六年（1537）十二月册王氏为华阳王承爝妃，这样，宣墭最早就应该出生在嘉靖十七年（1538）。万历《湖广总志》谓宣墭嘉靖二十九年（1550）封长子。准此，则宣墭适 12 岁，符合宗藩册封之例。关于宣墭册王的年份，《明实录》《澧纪》和《明史》

三书记载一致，都为万历十三年（1585）。宣墥册王之际同时进封继夫人王氏为继妃，说明宣墥袭王之前尚有一位正妃已过世。宣墥还有一位夫人熊氏，她才是让宣墥延续香火的女人。《明史》记宣墥薨于万历二十五年（1597），应该是准确的，因为在《澧纪》编撰时（万历中后期）的华阳王已是朱奉銃。因为宣墥袭封时年纪较大，在位仅十二年即薨，谥"温懿"。其寿岁满算也就 60 岁。宣墥至少有五子，已知三子名，分别是长子奉銃，次子奉鋺及五子奉鐏，都应为熊氏所生。奉銃袭王，余封镇国将军。

宣墥还有三个字号：白厚、味一（或味一道人）、朱玉，其中尤以"味一"多见。《澧纪》中录有华阳王宣墥一篇《登高记》中即有"中席者，华阳王味一也"之自称。《澧纪》中还多处使用宣墥的这一名号。宣墥之友，文人江盈科在"恼鸦"一篇中写道："澧州华阳王号味一者，喜读书，能诗，好延接四方名士 43。"而同治《州志》则说"最后王有味一、敬一"。然而在敬一和味一之间还隔着崇一，味一怎会成了最后王？这是《州志》编纂者在辗转录引过程中变了"味"。

"白厚"为宣墥之字，出现在所著《诗心珠会》中。《钦定四库全书总目》卷一九七，集部五十《诗文评类存目》曰：

《诗心珠会》八卷，浙江巡抚采进本。明华阳王朱宣墥编。宣墥字白厚，自号味一道人。蜀献王椿八世孙。考《明史·宗室表》，其袭封在万历十三年（1585）。是编前有自序，题嘉靖庚申（三十九年，1560），盖作于未袭封时。故其私印一曰"蜀国分藩"，一曰"华阳王长子"也。

"朱玉"之名则见于《直隶澧州志·艺文志二》中"管公堤碑记"。碑记作者为"华阳王朱玉"。文后记为"时万历甲午岁孟冬吉旦"，万历甲午即万历二十二年（1594）。华阳王朱宣墥万历十三年（1585）袭封，万历二十五年（1597）薨。因而万历二十二年(1594)时的华阳王为朱宣墥，然而碑记后却有注记云："考《明史·诸王世表》，万历甲午（1594）华阳王为宣墥，而是碑称华阳王朱玉为记，世表内亦无朱玉名，不可解。"往古之人，大都有名有字，还有号。为了显示亲近，对人尊重，一般不直呼其名，而是称其字号。《礼记·檀弓上》："幼名；冠字。"孔颖达疏："人年二十，有为人父之道。朋友等类，不可复呼其名，故冠而加字。""玉"应是朱宣墥的字。该碑出于乾隆十三年（1748)，知州何璘主修《澧州志林》也是在此年，遂录此碑记于志中。何璘自己就姓何、名璘、字十樵，难道对何十樵即何璘也"不可解"吗？更可笑者，新版《澧县志》在"概述"及"大事记"中竟分别有"洪熙元年，华阳王朱玉自武冈徙封澧，仍'华阳王'号"及"洪熙元年，蜀献王之次子朱玉封华阳王，徙封澧州"之语，实在匪夷所思。短短两句，硬伤累累：

1. "朱玉"怎会是徙澧的第一代华阳王？
2. "自武冈徙封澧"和"仍华阳王号"有关联吗？
3. 华阳王并未到过武冈，怎会徙自武冈？
4. "洪熙元年"只是迁徙年，不是始封年，何以牵连并记？

以上所列既有史实谬误，也有语法毛病，还有逻辑紊乱。

八、华阳安惠王朱奉銋

华阳安惠王朱奉銋的年谱凡两见：《明史》记为万历十五年（1587）封长子；二十八年（1600）袭华阳王；四十年（1612）薨。《澧纪》记为万历庚子（二十八年，1600）袭封；戊申（三十六，1608）旌贤王。《澧纪》终稿时（万历三十八年，1610）奉銋为"今王"。而下一王册封是在万历四十三年（1615）。这些相关的年份都不矛盾，因而所记应该是正确的。朱奉銋，号崇一，为温懿王宣墻的庶长子，母熊氏。子至澍，袭华阳王。朱奉銋生年不详，亦不知阳寿几何。谥"安惠"。

关于奉銋的母妃熊氏，见于圹志、康熙《安乡县志》和同治《直隶澧州志》。其中圹志为残碑，详《华阳王家族圹志考述》。

康熙《安乡县志》中有："华阳王妃熊氏，熊邦宠女。明嘉靖癸丑（三十二年，1553）选配，万历十八年（1590）追封。"万历十八年（1590）时熊氏已过世，因其子奉銋于万历十五年（1587）封长子，故追封为王妃。这时的华阳王为宣墻。

《州志》中录有"明华阳王朱崇一"所作《水溢寄安乡谢令尹二首》诗。序云："安乡，澧属邑也。我先姒熊妃实钟灵焉。昕夕在望，旱干水溢，靡不关心。而今岁且灾涝矣，言念舅氏，不胜渭阳之情。偶外弟熊生自庄手邑令谢君水灾二律来览，罪己忧民展也。"崇一即奉銋，安乡为其母熊氏娘家。

九、华阳王朱至澍

朱至澍，《明史》《州志》以及钱海岳《南明史》等后代史料都作"朱至澍"，但在《明实录》《澧纪》和万版《明史》这三部早期史料中都作"朱至澍"。重要的是由朱至澍自编自刻的《韵谭》八卷也署名"朱至澍"："朱至澍，字国初，天门县人，明宗室。《韵谭》八卷，明朱至澍撰。明万历四十六年（1618）朱至澍刊本。"

但"天门县人"却不类,明代无"天门县",此"天门"应指澧州古名"天门郡"。

至湉为华阳安惠王奉銧的嫡长子,不知何年何月生。《明史》载至湉万历二十二年(1594)封长孙,三十年(1602)改封长子,《澧纪》则谓二十九年(1601)改封长子,《澧纪》为当时人纪当时事,应依《澧纪》。万历四十三年(1615)袭封华阳王。《明实录》及《明诰封镇国将军昭明公之墓志铭》中也有万历四十三年(1615)册封华阳王的记载。《明实录》还有:"天启三年(1623)十二月,赐华阳王至湉,特敕钤束诸宗。"这是给华阳王朱至湉的特权。钱海岳《南明史》记至湉(湉)于南明永历元年(清顺治四年,1647)死于武昌,葬之鹦鹉洲。子平(此字疑有误),被清军押解至北京遇害。

至湉号敬一,这在《澧纪》《州志》等方志及一些诗文答赋中都可见到。而"敬义"仅一见,《州志·艺文志四》中录载夏云鼎的《海棠赋》云:

> 云鼎……天启壬戌二年(1622)五月游澧,以诸生见华藩敬义。时王宫海棠盛开……王命赋之。……王之先王则蜀藩也,粤自都梁迁乎澧宫。历列世以至恭顺、庄靖,而逮于先王安惠。……王也敦性乐善,喜文嗜学,又与厥祖温懿同力并功。……

文中也略列华阳王的世系,但"敬义"应是"敬一"之误。最后祖孙三代华阳王的号名都有"一"字,分别为味一、崇一、敬一。

> (崇祯九年三月)华阳王至湉奏请冕弁二服,许之,仍命亲郡王以后非六世以上不得混请换给冠服。(《国榷》卷九十五)

以上为目前我们所能掌握的九代华阳王的大致经历,因康僖王让核未袭即薨,其封、谥为追赐,故实际袭位的华阳王只有八代。

津市书院简述

⊙ 明文瑜

一、车渚书院

唐朝代宗大历年间（约 770），于晋吏部尚书车允（即胤，清代为避雍正名讳，改允为胤，字武子）故居，官修车允祠，以祭祀车武子。因年久失修，庙宇渐荒芜。到元朝成宗大德五年（公元 1301）五月，官办民助，在车允祠原址，修起三间两进的书院。书院西侧另建一车允祠，供车允牌位。书院定名为"车渚书院"，又叫"萤渚书院"，院址在今嘉山南二里的新洲镇车渚村。唐朝时称车允故居为"车渚"或"萤渚"。"渚"即今之"坪"。渚因车得名，所以叫"车渚"。允年幼时囊萤读书，文人们又称他"萤渚"。车渚书院内设有社学（后称"义学"），置有社师，具体情况失考。明朝时期，车渚书院全部荒芜，只留有遗迹。清朝康熙年间（1662—1772），当地士绅在车武子墓旁的小土丘上修了一座三间一进的小彭山庙，庙内挂李元则和车武子画像，书院与庙合一。《嘉山志》载庙门对联为"山思唐刺史，渚祀晋尚书"。清朝末年（1911 年）当地名人郭春山（名敬，时称"江南才子"），在彭山庙开办"彭山学堂"，即今车允小学前身。

二、延光书院

清朝顺治七年（1650），澧州知州汤调鼎（别号右君）在津市市古书院街（原津市一旅社前面）建立延光书院（汤谓武子之光可延），汤自当社师，讲课评论每月一次核定膏伙钱（即今伙食费）等级，择优送科场考试。一时兴起澧州青年士子读书求进之风气。汤调鼎在顺治七年底离职去澧，延光书院自此荒废。清朝康熙五十年（1711）重修；雍正四年（1726），澧州知州顾琛，奉文（按上级指示）设社学于延光书院；乾隆八年（1743）澧州知州王作宾，重设社学于延光书院；可惜关于重修与两次设社学的具体情况，均无资料可查。延光书院在清同治十三年（1874）以前完全荒废，只有遗址，到光绪末年，津市已无人知道。

三、澹津书院

清朝康熙二十一年（1682）津市陈、吴、汤、樊、黄等大族，集资修建澹津书院，以祀文昌、会文艺、祀孔为目的。但为了设义学，便于子弟士进，于是在古书院街之西古龙法寺左前方关庙街，修建澹津书院。想系津市后枕澹水，故取名"澹津"。澹津书院系砖木结构的建筑整体，五间两进，它的主体建筑大成殿重檐飞角，很像古庙，在大成殿西边修一座大成会办公楼。书院四周有砖砌围墙，高一丈多，前面有卫门，石框石顶，门顶横额有鎏金阴文"澹津书院"四字（此石额在"文化大革命"中被毁），澹津书院自建立到1926年共24年，殿宇如新，其间共经过三次检修。书院内开设经馆与蒙馆，经馆是为童试、乡试服务的，必须是读过四五年蒙馆的人才能进，开设读经、吟诗、写八股文等课程。蒙馆为启蒙教育，开设读书、识字、打算盘等课程，经馆、蒙馆的学生一律招收大成会员子弟。两馆经费与义师俸薪概由大成会负责开支。晚清时出名秀才李礴农、周宾泗等，都曾当过义师。

清乾隆四十五年（1780），贡生翟钟、周景荣，生员翟技、高传礼等捐资置产，复立文星阁，倡议加聘义师，增收附近子弟。嘉庆十五年（1810），职员翟宝瑶，生员徐镰、刘祖峤等，募集房产，兴建宾兴馆。清光绪初年，组成大会。光绪二十三年（1897）以后，津市商业大发展，新兴商业巨户成批涌现，为培育子女，都愿交纳一定数额的会费，要求入会。这时，大成会的主持者为黄林阔、吴端华、陈裕嗣、樊芷庭、汤惠乡、朱渭川、贺子敬等，值年主事与陈裕嗣力主开门，广收会员，增加大成会实力。这个主张很快实现了，大成会会员增至600多人，每年房产收益4万多斤大米。祀孔、办义学、资助与考者，都办得很兴旺、很热闹。

1912年春，大成会主事樊芷庭长子樊友云（号霞斋）由沪回津，力促大成会取缔义学，开办新式学校，取名为津市私立大成两等学校，一律对外招生。大成会同意了樊友云的意见，1920年，大成会为了集中力量办好学校，停办大成两等学校，改名"私立澹津女校"，以发展女子教育。1950年上期，津市人民政府将它改为"津市市澹津完小"，即今津市一完小前身。

津市的书院

⊙ 朱湘泉

津市的书院创办时间之早是楚南独一无二的。津市历史上究竟有哪些书院，下面我们以创办时间的顺序陈述：

车渚书院初创之时比湖南省会长沙的岳麓书院要早数百年，仅仅比皇家创办的第一所官方书院——唐代丽正书院稍微迟一点（《嘉靖澧州志》卷之五名胜纪有详细的记载）。

溪东书院更是南宋时期湘西北最重要的理学讲堂，由宋代心学大师范浚所建。朱熹曾三次来此拜祭、讲学，弘扬朱子理学。明《嘉靖澧州志》没有载入何人修建于何时，但是在澧阳八景中有记录，并有歌颂的诗作（《嘉靖澧州志》卷之五名胜纪）。

元代的学殖书院在新城镇，元大德年间（1297—1307），杨国祯建（《澧州志林》卷之九学校志书院）。

清初的延光书院是当时澧州的州级官办书院。顺治七年，知州汤调鼎建以造士，后毁，康熙五十年修（《澧州志林》卷之九学校志书院）。

清代的澹津书院在延光书院西，康熙二十一年（1682），津市士民公建，以祀文昌、神会、文艺，重修三次，称"义学之能有永者"（《澧州志林》卷之九学校志书院）。是近代最有名气的书院，津市一完小的前身。当时澧州共有七所书院，其中有车渚书院、学殖书院、延光书院、澹津书院在津市，另一所溪东书院原址在津市大洼，明朝重修时搬迁到澧州城关附近。

一、车渚书院

津市的"车渚书院"在中国的书院史上极其重要，唐李泌在大历十二年（777）来澧州，任澧朗峡团练使，治所在新州。于是更筑新城，当地士子为纪念车武子改建车渚读书台为"车渚书院"并迁入新城，是湖南省环洞庭湖最早的书院，比建于北宋开宝九年（976）的长沙岳麓书院要早 200 年左右。当时，全国最早的书院是唐开元十三年（725），改丽正修书院为集贤殿书院，只比车渚书院早 50 多年。

车渚书院在历史上曾多次重修，我们现在能查到的资料有：

元代，澧州教授李寓于大德四年（1300）为重修的"车渚书院"撰写的《车渚书院记》。车渚书院在澧州历史上是作为重要书院存在的，在明代澧州仅有的四座书院中位居首位。第三位是溪东书院。不过这时的溪东书院已经不是宋代的溪东书院了，他已经从彰观山与关山之间的溪流边搬迁到澧阳故州治旧址附近去了。

在元至正四年（1344）之后，车渚书院是作为澧州州学存在的，也就是作为文庙存在的。直到明洪武后期随着州治搬回澧阳故州治遗址，车渚书院的文庙身份没有了，但仍然是一座很重要的书院。

二、溪东书院

南宋时期（1127—1279）的溪东书院是建在津市大洼纸厂厂办及家属居住区那儿的，在厂区小溪的东北面地区，因此叫溪东书院。

我们现在能见到的澧州志中只有南宋宝庆元年（1225），承直朗澧军事推官任友龙的一篇文字《补范文正溪东书院记》。在这篇文字中对书院环境的描述："乃卜澧之阳。惟东彭山突兀，其前诸峰环列左右，旁挟两水，东西来朝，气象轩豁，胜景毕露，岂地灵显晦自有时耶？于是度材鸠工，分画经始，中建一书十年，大通六经之旨之意；立文正公祠于堂之东。偏外又辟一门，缭以周垣，克壮形势，栋宇华丽，轮奂鼎新，实一郡伟观也。"由此可知，此时重新修建的溪东书院，并不是在津市大洼原址的溪东书院。

实际上，大洼原址的溪东书院兴建时间，比南宋宝庆元年任友龙记载的溪东书院重建时间要早一百多年，这得益于当时的理学大师范浚。

南宋绍兴十九年（1149）后，范浚慕泉州人苏庠等文人结社于江西，并在澧阳（故澧州地）筑别墅游憩讲学，来到澧阳，遍游兰澧，爱上澧浦道家第四十四福地彰观山、关山的秀丽景色，结庐在大洼小溪之东北研修理学，并开讲授徒，号溪东书院；称小溪为濂溪，并自任山长。后来有道士莫元良在道家第四十四福地彰观山上重建的宁极观，被南宋皇帝敕赐为"银溪观"，范浚遂改濂溪为银溪，仍号讲堂为溪东书院。一时声名鹊起，时传"澧阳有香溪"，学界争相赴澧阳溪东书院受教。也惊动了当时颇有名气的后学朱熹，年轻的学子朱熹非常崇敬范浚，曾数次去婺州南溪拜见求学，但因缘不就，没有见到，只抄到范浚的"心箴"一章，击节叹赏。

南宋乾道三年（1167）八月，朱熹在林择之、范念德的陪同下到潭州（现长沙）访问湖湘学派的理学大师张栻。闻听范浚曾在澧阳溪东书院开讲、授徒、植士，特地来澧阳溪东书院，此时范浚早于绍兴二十年（1150）去世。在祭奠心仪的师长范浚之时，欣然登上溪东书院的讲堂开讲；结合澧人熟悉的文人苏庠、理学大师范浚等的学术思想，接引学者，受到澧州官吏、士子的青睐。

南宋淳熙十年（1183）秋，朱熹应澧州州牧的邀请第二次来到澧州，把上年编著的《孟子集注》带来澧州，此书收录了范浚的《心箴》，还特地为该书撰写了《范浚小传》。指出澧州是楚南名郡，嘱咐澧州官员要像修建白鹿书院那样，修好澧州的州学，还要把苏庠主讲过的文山书院修好，认为范浚创建的溪东书院过于简陋，应该好好翻修。并当场为澧州书院题写"廉节"二字，澧州学官立即为此二字刻碑保存，筹措资金开始备料准备修建文山书院和溪东书院，以期来日朱熹再访。

南宋绍熙五年（1194）朱熹任潭州知州（今长沙）、荆南安抚使，陪同朝廷御史范处义巡视环洞庭湖十五州，第三次来到澧州。由于范处义本是范浚的私塾弟子，敬仰香溪先生范浚，一路走来情趣相同，十分投缘。登宁极观，再访范浚溪东书院讲堂。离别前，在持节侍御史范处义的支持下，朱熹促成了二件盛事的兴办：一是建议当时的州守和安乡县令，分别修复范仲淹幼年在安乡兴国观的"读书台"和游学澧州的遗址；二是商定修葺溪东书院，并确定溪东书院专辟一室，肖像供奉范浚和范仲淹，按州祭祀规制"同祀二范公"。州、县官吏遵从朱熹、范处义的意见，使溪东书院享受州级书院的待遇，为澧州的人才培植做出了巨大贡献。

元代及后期的溪东书院由于兵祸连连已经废弃，后来重修时搬迁到澧州治近处去了。

三、学殖书院

学殖书院始见于清乾隆十五年（1750）刊刻的《直隶澧州志林·学校志·书院》："在新城镇，元大德间（1297—1307），杨国祯建。"清同治《直隶澧州志·学校志·书院》也载："学殖书院在新城镇。元大德间，杨国祯建，今废。"

可惜在明代的两部澧州志中，虽记载有在元大德年间（1297—1307）杨国祯建书院之事，但没书院名。

由上我们可以知道，学殖书院确实是元大德间（1297—1307），杨国祯所建，并且是当时澧州的州级书院，因为那时州治设在新州城，存在时间大约在半个世纪左右。

四、延光书院

延光书院始见于清乾隆十五年（1750）刊刻的《直隶澧州志林》："顺治七年（1650），知州汤调鼎建以造士，后毁。康熙五十年（1711）修，寻废（澧州志林卷之九学校志书院）。"

可以确认是清代在津市兴建的州级书院，因为那时州治设在津市。延光书院地址在三洲驿接龙桥附近，州治搬迁回澧州旧址后作为社学，直到同治十三年（1874）尽毁。遗址在民国时为第三国民小学。

五、澹津书院

澹津书院始见于清乾隆十五年（1750）刊刻的《直隶澧州志林·学校志·书院》："在延光书院西，康熙二十一年（1682），津市士民公建，以祀文昌、神会、文艺，重修三次，称义学之能有永者。"

清《同治直隶澧州志》载："澹津书院在延光书院西。康熙二十一年（1682），津市士民公建，以祀文昌、会文艺。重修三次，称义学之能有永者。乾隆四十五年（1780），贡生翟镜、周景荣等复立文星阁，重修堂宇。生员翟枝、高传礼等劝捐水田三石一斗，每年收租谷二十石零，房屋地租钱四千八百，为延请蒙师薪俸之资，俾附近子弟就学。嘉庆十五年（1810），职员翟宝瑶、生员徐镛、刘祖峤等，因寒士逢科试阻于资斧，倡义起宾兴会，邀市中有力之家捐买本市基屋一所，每年收租钱九十八千，入书院掌管。乡试之年，诸生赴院饮饯，分赠盘缠，亦盛举也。有碑志，院中奉至圣及文昌牌位。每年首事率诸生虔修祀典，凡地方有关风教者，规劝咸于其中。"

关于澹津书院命名之事，应该是源于津市古时通称澹津；汉献帝建安元年（196），曾封士孙文始为澹津亭侯。也就是说津市是澹津亭侯国所在地，因此书院名澹津书院。

津市会馆觅踪

⊙ 韩川

《津市志》载:"清道光年间（1821—1850），市区有'九庙十八宫'，十八宫多为旅津外籍人的同乡会馆。"所谓"九庙十八宫"，九庙指帝王的宗庙。古时帝王立庙祭祀祖先，有太祖庙及三昭庙、三穆庙，共七庙。王莽增为祖庙五、亲庙四，共九庙，后历朝皆沿此制。明朝设两京十三省，各省在京城建有会馆，遂有"九庙十三宫"之称，清朝改设十八省，于是又称"九庙十八宫"。旧时州府皆有"九庙十八宫"之说，且不说九庙，就是十八省会馆也很少有，只不过是泛泛而说，不可认真，但加上州府会馆，又不止了。

津市会馆，岁久荒废。史籍可考者有:山西、陕西两省会馆，又称关庙、三义宫;安徽、江苏两省会馆，又称三元宫、江南会馆;江西会馆，又称万寿宫、豫章会馆;福建会馆，称天后宫;广东会馆，称南华宫;四川会馆，称川主宫;湖北会馆，称禹王宫;浙江会馆，称列神宫;贵州会馆，称黔阳宫;广西会馆，称桂籍宫，合计共十二省会馆，加上长郡会馆、湘潭会馆、衡州会馆、湘乡会馆、抚州会馆（昭武会馆）、吉安会馆（吉安庙）、黄州会馆（帝主庙）、五府会馆（南昌、吉安、临江、瑞金、抚州）、辰沅靖会馆（又称上南宫、五府会馆）、庸慈石会馆、桑植会馆等，共二十余座。

1950年代初，江南会馆还在，我见过，却毫无印象了。长郡会馆印象最深，我还在会馆读了两年书。大约是为了采光的需要，戏台前是天井。1960年代初，万寿宫部分建筑还在，是机关干部宿舍，房屋高敞，立柱为两人合抱之木。南面花园，残垣断壁，石狮横卧，鱼缸长满青苔，野草肆意蔓延，是我们儿时的百草园。1970年代初，吉安旧馆尚存。芬兰传教士给我们留下了山陕会馆、福建会馆、昭武会馆、吉安会馆、水府庙的照片，让我们有幸穿越时空，一睹百年前的旧景，唯有天后宫颓态尽露。津市会馆何时最盛，众说不一，同治州志记，津市街道有以万寿宫、三元宫、南华宫、天后宫等会馆命名。

十多年前的某天，突然心血来潮，开始了我的津城寻宝之旅。在三元宫找到了断缺的石梁，在万寿宫找到了圆桌般的石鼓，在禹王宫找到了精雕的磉礅，在南华宫找到了半截城墙砖，最后在一文拐巷口的石库门前停下来。

据《津市志》记，庸慈石小学在一文拐，大概就是这里了。画家田芬的女儿田双英是我的老师，《九澧国画名师田芬先生》中记其："专攻国画，负笈远游，入北京国立美术大学，闻鸡起舞，焚膏继晷，朝斯夕斯，日新月异。方期学成，为国大用。忽闻祖父逝世噩耗，家道中落，肄业三载，半途而归。东游慈利、石门一带，卖画为生。至澧州，萍逢黄诗僧先生留数月，相与研究绘画，交称莫逆，然无力为谋一枝栖。辞游津市，邂逅庸慈石会馆，楚玉如劝其暂住糊口。"

楚玉如，又名楚麟书，民国初在北洋政府任职时，与人成立冤愤团，发起反对唐继尧的运动。他历任唐荣阳第五混成旅营长、贺龙炮兵团团长。在津市开堂收徒，号称"峨眉山"，是九澧洪帮龙头，又是船舶大队长（辖庸、桑、慈、石诸县）。1929 年春天，他创办庸慈石小学，任校长。

1913 年 5 月 29 日，以立宪派为主体的民族政党组成进步党，举黎元洪为理事长，梁启超、汤化龙、张謇等人为理事。据《民国初年进步党等党派在湖南各地的组织》记："进步党津市分部，1914 年 1 月成立，曾报请湘支部立案。设会所于津市一文拐。主要职员有吴元勋（部长）、蓝田、黄麟阁、彭光鉴（以上 3 人为副部长）、艾季瑚、唐锡鸿（以上 2 人为驻所干事）等，共有党员 56 名。"这是津市历史上第一个政党组织，时王正雅任常澧镇守使，分部或设在会馆内。正副几位部长，史料记载不多。吴元勋，曾在邹韬奋的生活书店任编辑，1939 年在桂林去世。黄麟阁，光绪二十九年（1903）举经济特科。彭光鉴，1913 年津市五省九团执政在同善堂内设了团正局，公推彭光鉴为团正。唯蓝田不详，疑为大庸首富蓝琪三，待考。

民国伊始，常澧镇守使王正雅是慈利人，唐荣阳是石门人，贺龙是桑植人，常澧保安司令王育瑛是慈利人。1935 年，慈利设庸石慈行政督察区，次年，改设第二行政督察区，辖慈利、石门、大庸、临澧、澧县、桑植六县。枪杆子里面出政权，庸慈石在九澧地位因此蒸蒸日上，故会馆建筑不会太差，一文拐唯一石库门或许就是当年的会馆，津市最后的会馆。

2012 年回津，会馆已成危楼。2014 年棚户改造时，夷为平地。这里原是桑植旅外同乡会,庸慈石会馆在街对面。《桑植县志》载:"桑植旅外同乡会。1925 年 4 月,澧州镇守使贺龙委方裕震为警备司令,该会即同时成立。有砖木结构、两层楼房一栋,在今津市建设街五通庙附近。于对河今'湘澧盐矿'附近置有'义山',为旅津桑植人墓地。山麓有地若干亩,课出收租,并每年向会员收缴会费。春节,旅津同乡必聚餐联欢;清明节,又相聚至义山扫墓。平时为过往县人解决经济或其他困难。1942 年,曾向桑植县初级中学提供建校基金。会长先后为方裕震、谷铎三、石显臣、金慕儒等。"

《桑植大事记》亦载:"一九四二年正月二十七日,桑植县政府,根据国民政府通令,各县筹设县立中学的精神,决定组建桑植县县立初级中学筹备委员会并推陈士任校长,负责筹备工作,其资金来源为:……二、提取'桑植旅津同乡会'的产业及合口木商所购义地。"

桑植会馆因贺龙而建,首任会长方裕震,桑植人。1908 年考入西路师范,1911 年进湖湘法政学堂,南京法政大学毕业。1918 年后,在贺龙部下历任参谋、团副、团长、澧州警备司令等职。北伐时留守后方。1928 年任九澧平民工厂厂长,在五里溪开办雄黄矿时,与谷岸峭暗地支持贺龙。1932 年任淮南煤矿运输主任。1933 年回津,与王子宗、石显臣开设"富强庄"土栈。1936 年后,历任永顺专署科长、桑植保安总队副队长、永顺党部监察、津市军米厂经理。津市沦陷时,回桑植开办民生工厂、救济院。后回津市,住天后宫,1955 年,因历史问题被捕判刑,1967 年病逝,1999 年 5 月 30 日平反。

《湖南名人志》记:"1950 年冬贺龙妹妹贺满姑第三子向楚才,从桑植去重庆看望贺龙,见面后的第一句话就问:'震胡子(指方裕震)在不在?'向楚才回答:'在!'贺讲:'震胡子对我们贺家有恩,他保护过红军和我们贺家,没有方裕震,就没有我们贺家,你要记住,我们贺家要永远感谢他。'并将一套生活照片托向楚才亲手交给方裕震留作纪念,还嘱咐向楚才对震胡子讲:'请他带着子女到重庆来玩,我有话对他讲。'1951 年春,方裕震带着儿子方庭孚专程去重庆,受到贺龙的热情接待并将方孚安排在空军十三师工作。后来方又去重庆两次看望贺,临别时吩咐军区交际处以西南军区司令部名义给津市人民政府写一封信要求当地特殊照顾方裕震一家的公函,并交给方裕震六百元现金作路费。"

谷岸峭,桑植人,1905 年就读于西路师范,1909 年留学日本东京明治大学。1912 年任慈利渔浦中学校长。1921 年任常德二师总务主任。1923 年任常澧镇守使主任秘书。1924 年任慈桑鹤边防指挥官兼慈利县第九区区长。1927 年,利用职务和谷氏族长身份，襄助革命，掩护红军家属。1933年任安徽淮南矿务局蚌埠办事处主任时，病故。谷铎三是否就是谷岸峭，待考。

金慕儒，1926年参加农民协会。马日事变后离开桑植，在津市开"何昌美土货栈"，后易名"协盛油盐号"。金慕儒与贺龙交好，1931年，金仁安在津市一带作地下工作，就住金慕儒家。1933年，贺龙转战湘鄂边界，由于电台损坏，与中央失去联系，派谷佑箴、金家栋到津市找金慕儒，在金的帮助下，他们以"恒昌美"店员身份去上海采购货物为名，与党中央取得了联系。金曾创办津市师益小学，任名誉校长。他与国民党要人宋希濂、陈策勋、王育瑛等来往密切，历任津市商会会长、国民党区分部书记、县青年党筹备委员、73军上校参谋等职，1952年被捕判刑，1960年提前释放，在竹器社工作，1989年去世。

石显臣，桑植人，1933年与方裕震等人在津市开设"富强庄"土栈，经营药材、土货，津市沦陷时回桑植开"宏大"商号。

陈美林的《历史留下的一片红云》记："贺龙等到达津市后，在古大同寺内住了一晚。他与周逸群商量，决定要贺锦斋出面以拜友之名，主动会见一批故旧好友，打听湘西一带的情况，为以后的暴动筹措一部分经费。贺锦斋的弟媳金近姑是津市富商金慕儒的堂妹，而金慕儒又是桑植籍人，素与贺龙交好，贺锦斋决定首先拜会金慕儒。金慕儒对贺锦斋的到来表示欢迎，对贺龙等人表示尽力支持。由他出面，很快联络了在津市的九澧平民工厂黎聚武、吉大祥绸庄的经理王芳九、药材老板石显臣、镇大油行老板张思泉，很快凑齐两笆篓银元，一起来到古大同寺内交给贺龙，并向湘西北特委提供了一批有用的情报。"

贺龙岳父塞承宴是安乡人，迁居慈利，亲友就住会馆附近。塞先任《马日事变后的我来津市工作一百天》记："根据党的指示，由长沙转到津市，计划隐蔽下来。我到津市后，住在刘公桥的合记布庄，布庄老板同我父亲是表兄弟。"1930年春天，贺龙率红四军向洪湖转移，塞先任因怀孕留湘西。贺捷生的《父亲的雪山母亲的草地》记："由进元舅搞一条船沿澧水往洪湖走，让母亲待在船上，伺机把她送到父亲身边……母亲一觉醒来，船已靠上津市码头……在津市，母亲一病不起，足足被困了两个月。"塞先珍在《国难当头国为家》中说红军长征后："父亲带我们逃到津市河街高深站时，恰遇上'恒贺福'店中的旧友，将我们留住了。"

没有人告诉我，在这座其貌不扬的小楼后面还有多少不为人知的历史。站在废墟之上，想起津市之兴衰史，不知几更，会馆犹是也。后人览之，徒增无限感喟而已。

津市夹街轶事

⊙ 丁大洋

　　民国时期出版的《中国地图册》，湖南省八大城市是：长沙、衡阳、湘潭、邵阳、常德、岳阳、津市、洪江。该图册一直沿用到五十年代，可见津市昔日的繁荣。那时在以水运为主的沿江城市——湘潭、株洲、常德，大都是河、正、后三街的格局，唯独津市除河正后三街外，还多出一条夹街，它夹在河街与正街之间。为什么会形成这条夹街不得而知，但从字义上看"夹街"的含义却很明显，正如过去津市话骂人说的："你只怕是夹街上生的！"所以在从前津市人的眼中，夹街几乎成了妓院的同义语。别看这条妓女街，却给津市带来华丽的色彩，成为以妓院文化为主体的津市文化娱乐中心，链动着餐饮美食、茶道文化、戏剧音乐文化、美容时装、牌赌烟酒，以及南北杂货行业的发展，给这座古老封闭的城镇注入新的时尚。所以津市人总显得洋气十足，尤以女性为最。

　　夹街，从新码头到新建坊称长津夹街（因长津剧院得名）；从新建坊到太子庙到三元宫段称太子庙夹街；再从三元宫到拐子巷称大华夹街（因大华旅馆妓院在此）。夹街全长约三里多，太子庙夹街是繁华的中心。

　　夹街有大大小小十来家妓院，其中最有名的是四大妓院，即拐子巷的大华妓院、三元宫的四喜堂、太子庙的望江楼妓院、太子庙口王金山（别名"王瘌子"）经营的翠香妓院，至于新建坊下夹街的两家妓院及长津夹街的野院均属下等妓院。

　　四大妓院中又以大华院和翠香院最有名，属上等妓院。大华妓院妓女客房多、规模大，曾接待过美国、日本的官兵。翠香妓院虽然楼房不大，约十来间客房、十多名妓女，却是百里挑一择优精选的美妓，接待的嫖客都是富商巨贾、军政要员、管账先生、高级店员，加上王瘌子在夹街还经营一所"南京理发店"，是津市最大的美容美发店，为他经营的妓院美容提供方便。理发的全套设备都是从南京上海等地运来，理发师也从南京等地聘请，一名叫金罐子的美发师，能为男士剪出各式西式头，为女士电烫出各种流行发式，用法国香水、头油、面液进行美容，给津市引来了美容时尚。

沈从文先生在湘西散记《桃源与沅州》一文中描述过桃源后江和沅州皮匠街的妓院，在从文自传《常德》一文中提到常德河街上鼻梁根扯得通红的卖淫女，不知道沈先生是否到过湘北名镇津市，见识过夹街妓院的品牌盛况，要不沈先生描述的这一古老职业，对比津市定会是小巫见大巫了。这里关键是妓女的素质和文化品牌，妓院的规模次之。

夹街的妓院大都由下江人开办（苏北一带的移民），南京秦淮名妓、苏杭等妓院文化也就带到了津市，首先他们侧重的是妓女的戏剧音乐素质，这是吸引嫖客的一张王牌，能歌善舞、奏琴寓乐，方能使玩友尽兴求欢，使这一古老的职业更具人性高雅的性爱，绝不类于"后江""皮匠街"那种近乎兽欲的淫乐。津市妓女大都晓得本行的历史人物，这是从戏剧中学到的：玉堂春、杜十娘、秦淮名妓李香君、杭州名妓花魁等，妓院还把玉堂春作为妓神供奉，每天梵香膜拜。为提高妓女的素质，各妓院每天早晨都有专业的教坊乐师教妓女练琴、清嗓、教唱京戏和民歌，学习工尺乐谱，晚上接客时与玩友拉琴唱和。有的妓女能作京剧清唱表演，出众的还能作为票友登台上装演出，并不逊于科班戏子。

翠香妓院原本由王瘸子和他老婆徐大珍经营，后又交给他儿子王修海管理，修海高中毕业，有一定文化素质，能琴善歌，更懂得流行时尚，似有宝玉那种爱胭脂的风度。他接手后决心打造一流的妓院品牌，他从江浙一带（本地也有）物色了一批最为出众的美女，聘请教坊乐师精心教练，使妓女们个个成为能歌善舞、琴棋书画的能手。装束打扮发式引进上海、南京最流行的时尚。翠香妓院不过十多名妓女，但个个从外表形象到内在专业素质都是第一流的。在夏天，妓女们在太子庙路边一排竹床上乘凉兜风，有的穿着丝绸软缎短袖旗袍（中式），有的穿着丝绸绣花连衣裙（西式），坦露出白皙的酥胸，脖子上戴着粗大的金项圈或金项链，手腕上戴着金圈，有的还戴着双圈、宝石戒指、金玉耳环，脚穿长筒肉丝袜、高跟皮鞋，由王瘸子理发店电烫发式、美容、涂抹胭脂花粉口红、喷法国香水，一个个打扮得像贵妇人，吃饭时端着小巧的金边花瓷碗、银制带链筷箸，菜碟里盛着王十井的卤菜，一边吃一边谈笑，像磁石般吸引着过路人的眼球。

翠香妓院的房间陈设高尚典雅，桃木家饰、雕花牙床、绫罗帷幔、花缎被褥、古玩、琴棋书画一应俱全。还有从上海购进的津市首台留声机，放着梅兰芳、马连良的京剧唱段、聂耳的《大路歌》和电影流行歌曲供嫖客把玩，这样的排场不是一般人可以进去的，据说玩友进门一般瓜子茶点的招待（妓院叫盘子钱）也得现洋 3～5 元不等，行房一次 10 元以上，留宿一晚 30 元左右，如果玩友尽兴，对某妓女满意，赏给私房钱就很难说了，有时赏钱高出房事钱的也不在少数。这样，王修海经营的妓院赚了大钱，帮工的妓女也受益匪浅。加上修海心地和善，气质风流大度，博得妓女们的欢心，妓女们一味奉承，生怕丢掉这份金饭碗，于是由修海一手打造的翠香名妓们，就成了老板的私房，可以随心所欲地淫乐，妓女们迫于权势也就百般逢迎，使出浑身的解数，博得主人的欢心。无度的淫欲使修海体况愈下，这可急坏了王瘸子夫妇，为了保住他俩这唯一的命根子，王瘸子多次与儿子发生争吵，甚至臭骂妓女，闹得满街风雨，但无济于事。结果修海得了痨病，父母不惜重金送儿子到省城湘雅医院住院治疗，做 X 光检查，当时照 X 光在津市还是非常神秘的事，价格昂贵，便是正街上的老板都不敢问津，可见王瘸子聚敛的钱财之丰，据说王修海住院治疗花费达数千现洋，还是没能治好。又回到津市，躺在自家门前的靠椅上养病，时不时还见他用稻草围量自己的大腿，看瘦了没有。他对生活是眷念的，不甘心离开这人间天堂，可命不饶人，两个月后他恨别人世。

津市是澧水流域财富聚集的中心，夹街妓院这个津市文化娱乐中心，估计全市约有三分之一的钱财流到这里。从新建坊的德盛米面馆，到春乐园的三鲜麦面、小烧饼、春卷小吃，津市最豪华的企园酒家，王十井的卤菜馆，刘聋子牛肉粉馆，向麦生半步楼的小笼汤包，满庭春的蒸饺，望江楼对面的神仙饭蒸肉馆，拐子巷的王饺儿和面饺。至于油炸小吃、提篮小卖、水果推贩不胜枚举。那些妓院龟头一个个吃得肥头大耳、戴着瓜皮帽、穿着软缎长衫马褂，每天早上提着雀笼，围坐在向德记茶馆的茶桌上，由向麦生送来小笼汤包，一口一个地吃着，一笼接一笼，操着下江话谈笑风生。夹街的茶馆也有十来家，晚上茶楼上笙歌响起，清唱京戏和民歌；龚家茶馆有津市道筒唱本，他对面茶馆是四川人说书，拍着惊堂木，演说《七剑十三侠》《施公案》等传奇，眉目传神，手舞足蹈，茶楼天天爆满，每说到惊绝处，堂木一响"且听下回分解"，那第二天就非来不可。王十井的儿子就是听书入了迷，拿走家中好些两黄金和现洋跑到峨眉山学道，去了两个多月，道没学成，钱财花光，推着一辆菲利普自行车回到家，王十井也拿他没法，儿子安全回来倒宽了老人的心疾。

夹街的妓院文化普及了津市的戏剧音乐，由于妓女们善唱，早晚都有京胡和着京戏唱腔在街巷飘荡，街上的孩童无意中听会了这些京戏唱段，《甘露寺》《借东风》《萧何追韩信》《苏三起解》等谁都能哼唱几段。记得周梅艳这位来自安徽的京剧名旦名妓来到津市，就住在我家望江楼上。她有着全套崭新的京剧服装行头，两个女儿每天在楼上练功耍碟，她和戏友们在楼上排练，晚上到众乐剧院演戏（现在的人民电影院），演了不少京戏剧目，红极一时，但她也行妓，只不过是更高一级的名妓，被红帮头子陈少卿包做小二奶，据说初次行房现洋三百，包了两个多月花费了数千现洋，不久津市解放，陈少卿在武汉被抓获，周梅艳移居沙市，这位科班出身的名旦名妓，为津市传播了京剧文化，使京剧在津市大为普及，至今不衰。夹街的下江民乐团，成员由妓女教坊的乐师组成，每逢津市大户人家丧葬总离不开下江民乐团，江浙一带的民间音乐、潮州音乐等乐曲，由民乐团传播到津市。记得打锣的是用一根竹扁插在后脖子上，竹扁向前弯曲吊着一面铜锣，与其他打击乐配合，"当起当、哐起哐"，弦乐手们拉奏起来，十分悦耳动听。军乐团也在夹街，是一位叫刘阳生的人发起的，小号、中号、大号、黑管、银笛、大鼓、小鼓，吹奏着抗战歌曲，印象最深的是那首由麦新作词、孟波作曲的《牺牲已到最后关头》。这是我小时候学会的第一支歌。夹街军乐团和民乐团成了津市婚丧喜事不可缺少的仪仗，使津市人受到中西方音乐文化的陶冶。

妓院文化牵动了夹街的商业，仅南北杂货店就有十来家，其中以望江楼下面的丁恒发杂货店最红火，丁恒发是我家开的，前后左右被妓院包围。从德和大、百禄斋批来的各式糕点糖果、五香牛肉干、瓜子花生、槟榔烟酒、山珍海味、油盐酱醋、罐头饮料一应俱全，供给妓院享用，每逢年节，购物的人堆成山，我们家确实发的妓院财。

抗战时期，武汉失守，湖北难民大量涌入津市，人口猛增至30万，连阳由垸都人满为患，夹街上的餐馆增至十多家，夹街上的电灯公司及发电厂通宵供电、灯火辉煌，餐馆的锅盘敲打声、吆喝声、划拳声，妓女的清唱声此起彼伏。武汉汉剧团在长津戏院上演汉剧；岳州岳武台在三元宫露天戏院好戏连台；众乐剧院的京剧、川剧、黄皮花鼓戏一场接一场的演出，通宵达旦、川流不息。那种热闹的场面，成了名副其实的"小南京""夜上海"，各方文化荟萃夹街，大长了津市人的见识，开阔了津市人的文化视野，这种历史造就的文化素质和品牌，是澧水流域其他县市无可比拟的。

如今新的一代似乎淡忘了这段历史，现在的夹街看起来也觉冷清，这是天时地利的变化，以漕运为主的时代已一去不返，张家界（大庸）的发现，枝柳铁路的兴建，公路的四通八达，使澧水流域各县市声名鹊起，津市的步伐相对来说似乎放慢了些。但历史毕竟是历史，记得六十年代我从部队转业到津市百货公司，在百货、纺织批发部负责，澧水流域各县上至鹤峰、走马，下至大庸、慈利、石门、临澧、澧县，都由我部统筹计划分配商品，年销售额达数千万元，而九澧一带的土特产大都在津市集散。1982 年中央审定省辖市级单位，澧州与津市争锋时，中央领导经多方历史考证，最后认定津市市，津市正是凭着她昔日的繁华和文化品牌赢得了中央的首肯。

我作为津市老年一代，生在夹街，长在夹街，亲历过这条街的盛衰，写下这篇人文轶事，望津市新一代人，能感受到家乡这颗"湘北明珠""九澧门户""湖北沙市、湖南津市""小南京""夜上海"这些俗成的溢美之词的含义，珍爱这座繁华的历史名城，感到作为一名津市人的自豪，继往开来，共创未来的辉煌。

旧津市"四十八巷"琐记

⊙ 谢南声

　　新中国成立前，津市有 4 条直街，街长 7 里零，前为河街，中为正街，河街与正街之间有夹街，后为后街，横街有 10 余条，有名巷及无名巷共 48 条。巷子自西向东，依次为下列巷名：

　　1. **洋湖口巷**　原贵州会馆西墙外，现生猪屠宰厂东端，南北走向，南直抵河街（现大堤外）北起大巷街南（现屠宰厂路南）。

　　2. **大巷口巷**　现津市汽车站门前，通往大堤闸门下河至河街。

　　3. **甘家巷**　原颜昌友杂货店西墙外。直通大巷河街，位于现生产街医药门市部西侧巷子，直通河边大堤脚下。

　　4. **小巷**　原四川会馆西侧，北巷位于现六完小西侧，原系一弯多曲拐的小巷，巷北可通过后湖直达废牛屠宰厂（品元宫庙）。

　　5. **小巷**　1942 年前坐落在唐涵卿与刘则平两宅之间，位于街北，通往街后湖原四川会馆西侧约 10 米距，现六完小教室楼正中处。

　　6. **徐家巷**　该巷从大巷口正街南通至大巷口河街即岩牌楼西边约 20 米处，位于现燎原旅社东墙外。

　　7. **天主堂巷**　原天主堂西侧，该巷由牌楼口正街通至五通庙河街，位于现粮食三仓库前。

　　8. **天后一巷**　原牌楼口正街，街北直通后湖，位于现猪鬃厂东墙外。

　　9. **天后二巷**　原天后宫正街，刘先甫宅西通往后湖独坪（宅）处。现生产街日杂店，街对面处。

　　10. **一文拐巷**　原方德夫住处，门前往东可通落虹桥路，位于现津市涔澹农场办事处屋后堰边。

　　11. **单家巷**　原为下一文拐口，系个急湾巷子，它通往五通庙河街，巷头下首即原豫大胜油行，位于现在津市车辆监理站屋后西南角处。出口（巷南）即现津市锻造厂大门右侧（尚有一点原巷旧迹）。

12. **五通庙巷**　原巷位于勤大油行西墙外，南北走向，巷宽不过一米，直通河街，系现津市运输公司旧址（刘公桥路）墙西外侧。

13. **灵宫殿巷**　原刘公桥街南出口下一点，即城隍庙街上街口处，直通往河街（龚家码头），位于现文化电影院大门前。

14. **小巷**　原城隍庙大门街对面（即罗伯勋宅西墙外），直通过三益团正街下河，位于现酶制剂厂车间东墙外，此巷仍在，只是北巷口已封闭。

15. **关爷楼巷**　原城隍庙街，德和大酱园铺西端约30米处，一条小巷，南北走向，通往南，三益团正街，位于现无线电厂南大门西南方的街对面。此巷未曾大变，巷内（南口）处上木架空楼屋，仍是原样。

16. **小巷**　原三益团正街，街南边新民皮箱店上首西墙外，巷向南直抵河边，系一挑水巷子，位于现市运输一大队板车修理车间，东墙外，目前尚有残巷留存。

17. **大码头巷**　原大码头横街南端，（三益团正街街南边），巷南口建有层楼，最上层为朝阳阁，供有吕洞宾神像，位于现集农粉馆西墙外，北端巷口已堵塞，由街道建了一个小修补厂。

18. **回子巷**　又名回头巷、回民巷，原黄老三（卖卤味的店子）木屋南边，东西走向，往西直经关庙后墙外，去落虹桥。位于现商业幼儿园正大门的巷子，该巷目前尚存有巷东的旧址。

19. **小巷**　原三洲驿街街东面，距回子巷北约40米，是东西走向，该巷直通后湖，位于现三洲街供水点处。

20. **小巷**　烧箕洼与三洲驿街街南拐角处，去商会后街方向，黄鼎轩木楼屋的东墙外，巷子系南北走向，南临街面，北通后湖，位于现芬芳茶叶店大门处。

21. **紫谷巷**　原商会后街，街北面，巷南口正对谷家巷的北端，巷北直抵后湖边，位于现仙桥商店东端，目前已改变为澹津南路。

22. **谷家巷**　此是津市的一条大巷，该巷南北走向，巷南抵观音桥正街街北边，巷北至商后街，位于现澹津街的西半部（即偏向新华书店至总工会）。

23. **观音桥巷**　原巷从观音桥正街街南边，直通至河街，即许老四香烟号西门前下河，巷中端有一砌砖圆拱门，巷至河边即江西码头过河处，位于现国营饭店东墙处。

24. **水府庙巷**　原隆兴和药号东墙外，巷子南北走向，巷北口至正街，卷南口至河街，位于现津市冰厂东墙处。

25. **二神庙巷** 原吉庆恒药材行（在巷内），巷南北走向，南端系新码头正街，北端至二神庙街，位于现贸易公司生资门市部的南大门处，巷北口处尚存旧址。

26. **新码头北巷** 巷南口抵正街，巷北口至二神庙街，位于现外贸局街对门至神洲药房西墙。

27. **新码头南巷** 原新码头正街街南端，巷北口开益泰绸布庄，巷南口抵河街盐仓西墙外，位于现市副食品公司中心门市部东墙外街面的东半部。

28. **祁家巷** 原徐万昌与杨鼎新之间，巷北口是新码头正街（街北面是津市日报社），巷南口经夹街抵河街。位于现装潢印刷厂西墙外，原巷旧址目前尚存。

29. **小巷** 原福音堂东墙外往东方向去 10 米处有条小巷，直通后湖，位于现火花幼儿园大门左右。

30、**新建坊巷** 原百福斋墙东外侧，该巷口北端为新建坊正街，巷南直抵河街，位于现人民路百货商店街对门，直通人民电影院西端大堤。

31. **新建坊北巷** 原同华银楼街对面，该巷直抵古太平街，位于现工交医院大门前一条巷。

32. **万寿宫巷** 原万寿宫大门前，此巷南北走向，巷南抵新建坊正街，巷北往古太平街至后湖，位于现市武装部门前（即八一路南半截的一部分）。

33. **太子庙巷** 原慈善堂西南方的街对面，该巷是在新建坊正街的街南边，该巷经夹街至河街，位于现轻化建材公司新屋的东墙外，经湘航办西大门至物资局大门南端闸门处，此巷目前尚存西面的少部分旧址。

34. **永宁巷** 原慈善堂大门，街对门下首、巷北口为永安团正街的街南边，巷北口经夹街至河街。位于现津市港务处东墙外，巷东侧尚有少数旧址。

35. **拐子巷** 原大中华旅社设在此巷中部，北口系永安团正街的街南边，巷南口经夹街直抵河街，位于现红旗剧院街对面，经老煤建公司西墙外抵大堤。目前该巷尚存部分旧址。

36. **紫竹林巷** 原瑞芳斋东墙外，此巷南端是永安团正街街北面，巷道曲窄直通后湖，位于现群爱饭店东墙外，即红旗剧院的巷道的一部分。

37. **曹家巷** 拐子巷东侧往东距 45 米处，此巷北口是汤石正街街南边，南口仅到绿荷池池北面，位于现解放路百货商店东墙外。

38. **石家巷** （此巷旧址处尚欠调查）位于现市招待所西墙外，巷南系津市家具厂，巷北口是原二办机械厂。即现津市地方志编纂委员全西墙外。

39. **汤家巷**　原巷北为汤石正街街南边，巷口处系王××青布庄，巷南抵河街蟠桃宫，位于现市人民政府招待所东墙外。

40. **韩石巷**　原贺家拐，上拐处西端，巷北接汤石正街，巷口处系龙百生香烟杂货店，经巷中段，义蚊粮仓，直抵水果行（即河街），位于现东方红百货商店西墙外，目前仍存旧巷部分遗址。

41. **汤家后巷**　原汤石正街街北面，巷口南端与汤家巷对峙，巷北口抵后湖土路（经三眼桥可去潭家湾），位于现市政府西墙外，即今七一路路址的一部分。

42. **鲢鱼垱巷**　原孟体仁住宅与"义渡公"公屋之间（即韩石巷往东去60米处），东西走向，全巷约110米，位于现津市豆腐厂东北角内。

43. **小巷**　原贺家拐下，拐弯处往东距55米处，原倪鹏九与李光浩之间，该巷南北走向，经孟体仁住宅下首至河边，位于现粮食局西墙外。

44. **小巷**　原孟体仁住宅往东去35米处，该巷全长75米左右，南端口为河街，北端抵天乐花园，位于现津市机械厂后门东南角。

45. **小巷**　原上南宫街宋顺臣屋东，系⅃型港，巷子往西弯即耶稣教会后门。位于现津市机械厂西北角。

46. **小巷**　巷北是原李友谋宅与谭维春荒地，南北走向，巷南至河街，巷南口系周定尧与熊义发宅，位于现津市机械厂东侧。

47. **上南宫巷**　原鼎升恒上首，该巷北（正街）南（经堂上首）至河街，位于现市电池厂西墙处。

48. **小巷**　原贫民工厂后门下首东墙外至双溪桥河街，位于现市针织厂东墙外横穿现柏油路（即九仓库内）。

津市的老街巷

⊙ 钟月

　　一个地域长度仅七里零三分的小城，竟有四十八条街巷，应该说，这样的城市和街巷数目之比，在全国同类城市的史志记载中实属罕见。无疑，津市这个城市独特的风景线，从社会学的民俗文化角度看，是颇具研究价值的。

　　昔日的津市有正街、后街、夹街和河街，还有一条北起会仙桥，南至谷家巷的横街。正街西起杨湖口，东到青龙庙，长约七里许。杨湖口，亦称白杨湖口，乃街市最西端的一个路口，属津市街巷的发端之处。据史载，乾隆三十一年（1766），澧州州判移驻津市，在此地设州判衙署，遂称"东廷衙门"。由于衙署的设立，杨湖口到大巷口的地带，便形成了衙署街。由衙署街往东，可经由不少的码头、庙宇和街巷，如热闹繁忙的观音桥、香火鼎盛的水府庙以及颇具气派的新码头（民国初年长津轮船公司首航长沙专修的客运码头）等。若过新码头再往东穿街而过的话，便到了祁姓人家集居的祁家巷。祁家巷的近旁就有一座土地庙。因津市土地庙坊甚多，为区别新旧计，故此，这座土地庙建成后便称为新建坊。沿新建坊往下走朝东不远处，便是津市最大的庙宇万寿宫了。紧接着万寿宫东北方向处又是一座宫庙，那便是几乎与万寿宫齐名的三元宫。路经三庙两宫后，接下来就是连着的三个巷子即拐子巷、石家巷、汤家巷。挨着巷子往东不好远，就到了广东人开办的南华宫会馆。过南华宫会馆约三两百米路段，就是双济桥了。双济桥，即现今的汪家桥。当年的此桥周边，乃是津市东端的热闹处，其中有一座当时极有名的天乐花园，这应该算是当年津市比较大的公共休闲场所了。走过双济桥不远，就可一眼看到桥东气势恢宏的元和宫。一过元和宫，即到了发马桥。最后，就是远近闻名的青龙庙。至此，这一走一转，便可说是履足津市的大街小巷了。

津市的街巷中，特别有名的就有天主堂巷、天后宫巷、一文拐巷、五通庙巷、灵宫殿巷、关爷楼巷、紫谷巷、观音桥巷、水府庙巷、二神庙巷、新建坊巷、万寿宫巷、太子庙巷、永宁巷、紫竹林巷、鲢鱼垱巷等。新中国成立后的几十年里，策划建设者们几经翻修、整合、新筑等工程，遂将大巷口、牌楼口、天后宫、一文拐铺设水泥街合并称为生产街；将五通庙、灵宫殿、关爷楼、大码头、观音桥合并为中华街；将商会街和后街并为人民街；将三元宫、拐子巷、石家巷、汤家巷、祁家巷、新建坊、太子庙并为西河街；将拐子巷、石家巷、汤家巷、鲢鱼垱、上南宫、韩石巷并为东河街；将一文拐、龙法寺、关庙街、会仙街并为建设街。

从这些街巷的形成史来看，我个人认为，大约有以下几种情况：一是姓氏。有些巷子的居住者大都同姓，且有望族大户人家在此巷居住，故巷名与姓氏相同，如祁家巷、汤家巷等；二是祭祀神勇先辈。有些巷子的辖地建有祭拜性庙宇，如关爷楼巷（关公）、二神庙巷（钟相、杨幺）等，故名；三是地理位置。有些巷子的属处有明显的标志物，如大码头巷和新码头等，其本身就是两个水运码头；四是约定俗成。有些巷子的叫法没确定含义，当地居民随口而出，长幼相传，时日一久，和之者众，于是便将某种既定的俗称定为巷名，如拐子巷、回子巷等。

几十年过去了，我至今还保留着儿时对巷子的快乐记忆。津市的每个巷子，多是青石板路，麻条石路或土路，均长短不一，曲直不等，宽窄有别。巷子的两边大都是斑驳的老墙，墙缝和地上的岩面多有长出的青苔和小野花，不管是怎样的大热天，巷子里总有阴凉的风缓缓地吹着。我常和小伙伴们漫无目的地穿行其间，时快时慢，追追赶赶，走过一条巷子，转到一条巷子，再又转入另一条巷子。我们不停地转着追着跑着，觉得特过瘾。若玩累了，可以随便在任何一个巷子旁的院子前停下来，然后坐在院子前的大青石板上喘粗气。如果觉得口干了，还可以进到院内的任何一个住户家找水喝，无论哪家的主人都很热情和善，从不嫌弃。主人给我们喝的可不是一般的生凉水，而是那些年大多数普通人家必备的花红叶子茶呢。我想，一般稍长些的津市人，对这种解暑饮品都应该有各自的清凉记忆吧。

直到今天，不管现在的城市图景发展到了哪一步，我仍对当年津市的老街巷情有独钟。我无意于眼下城市炫目的喧闹与浮华，我梦牵魂绕于昨日街巷的宁静与平和。是的，这种带着芸芸众生的平凡与真切，永不止息地融于这老而美街巷的风情中，抚慰着老津市人的淡淡乡愁，温润着老津市人的怀旧情结，让我们回眸那昨日的风景线——啊，那再也回不来了的昔日津市街巷！

小巷印象：拐子巷

⊙ 韩川

学长从津市回来，给我看他在老家拍的照片，其中有拐子巷的民主饭店，就在前几天，朋友也发了几张民主饭店的照片给我，泛着淡淡的民国建筑风格。

以拐子巷命名的小巷，各地都有，若要考究其名字的来历，却找不到源头。钟月先生说："有些巷子的叫法没确定含义，当地居民随口而出，长幼相传，时日一久，和之者众，日久便将某种既定的俗称定为巷名，如拐子巷、回子巷等。"

津市拐子巷可分三段：北段从群爱饭店到后湖，谢南声先生称之为紫竹林巷；中段从个体诊所到夹街；南段从夹街至码头，古巷虽小，却也通江达海。

1925 年，谷胖子在巷子的北段建民众戏院，设有厅座、楼座和包厢，可容千余人。1954 年易名津市剧场。1958 年新建，改名红旗剧院。其次是巷口的露天茶馆，这里铜开水壶砌的盖碗茶用的是茉莉香片，说书的艺人在台上说得是白沫直扑，茶客在下面喝得是有滋有味，捡烟把把的小孩子在外面看得眼馋，偶尔会混了进去，不过很快就会被轰出来。露天茶馆重修，易名群爱饭店，既有餐饮，又有住宿。对面的京花湘绣社，除了生产绢花、纸花外，最吸引人的是蟒袍、霞帔、凤冠、花翎，林林总总，琳琅满目，没事的时候总爱到那里去，想舞台上的武生，一身白蟒袍，手挥长矛，是何等的威风。

茶馆的北边就是戏院，绕过戏院往北，小巷深处都是住家，我的同学住在里边，我很羡慕他，听戏从不花钱。

中段和南段巷子较宽，是旧城的南北主道之一，每天行人川流不息。巷口的木楼，曾是我同事的家，她喜爱唱戏，尤以老旦见长，可谓字正腔圆，声情并茂，颇有点名角范儿，她没有学戏，可惜了一副好嗓子。她退休后去了常德，因为晕车，五年多没有回家，最后租一辆单摩，两百里路跑了 3 个多小时，我们都为她捏了一把汗，她笑了笑说："没事。"两年后死于车祸，同事闻后唏嘘不已。女儿继承了她的音乐天赋，20 世纪 90 年代多次在省市青年歌手大奖赛上夺冠。

南行不远，左边是荆河剧团小院，南边有一条横巷，黄道师先生在《探访津市九完小原址》中记："进去五米，左侧（东边）的小院就是过去九完小所在地。1979 年荆河剧团搬进来，那时进院北边是一栋两层楼的教室，砖混结构，木楼板；往里走二十多米，东边靠南一点的旧房是九完小的教工宿舍，南栋是后来剧团修的'中专楼'，配给当时常德艺校分到津市的学员居住和办公。再后来，教学楼就拆了；教学楼位置现在是一栋简易平房用来住人，背景是剧团南栋宿舍七层楼；教学楼位置正对的南边，建有平房，地面上铺了木楼板，是演员练功的。"

横巷的那边是民主饭店，也就是过去的大华旅社。谢南声在《日津市四十八巷琐记》中记："拐子巷，原大中华旅社，设在此巷中部，北口系永安团正街，巷南口经夹街直抵河街，位于现红旗剧院对面。"

清末民初年，江苏人冯聚顺率先在拐子巷建大旅社。大旅社罗马立柱、圆拱门、四方玻璃灯，充满西方元素的民国建筑风格。民国初年，各地"旅社酒楼，悉仿西式"，下江人也未能免俗。旅社设客房 14 间，内设津浦盆堂（浴室），亦有下江歌女住此。1928 年出版的《中国旅行指南》，大旅社居津市旅社之首。即使到了后来，规模设施虽不及长沙旅社等新建旅社，但是这家百年老店仍是下江客人的首选。

《津市旅筵业》载："民国初年的'津市大旅社'招牌名气最早最大，开设在三元宫，并兼营澡堂，设备华丽，卖方间以军政、富商、大少等赌博玩妓为主，其房间日售率一天可卖 2-3 次。澡堂设备在津市为第一流，在民国初的年代里，就用上了搪瓷大浴盆，当时又称洋盆，洗澡的休息间，全都是玩乐，床的扶手全用黄铜片镶边，视面金光发亮，工人有 20 多人，每逢腊月开澡堂工人在 50 人以上。"

到抗战时，以大华旅社为最，自建新房，上有楼房十多间，全部一新，其业务也是以富商大少打牌赌博玩妓为主。大华旅社老板冯聚顺是扬州人，他到扬州买来少女又开设堂班，班主又称龟头，少女落在他们的手下，过着奴隶的生活，毫无自由，任其摆布和剥削，少女因故不接客，就要受打骂。

此外还有"福明旅社"，老板也是下江人，同样兼营妓院。此处还有长春、心澧两家旅社，只卖房间，不营堂班，并不开餐，只代办喜庆筵席，专为吃、喝、玩、乐服务，全部设在夹街，即现在的西河街，这是旅社的特点。

大华旅社是下江人来津市首选的旅社，《新华之光》载："四二年冬，李群、高培勋随祁阳毓蒙联华弹棉厂副厂长薛学燕来津市扩建分厂。同行者还有浙江籍工人袁都银、郑国光、张勤等十一人，先在拐子巷大华旅社住了十天，后落脚于油榨街汤万盛木行后面（今桑园街变电所处）。"

大中华旅社也是津市上流社会出入之所，他们在这里打牌赌博，聚会宴请。地下党负责人左承统在《回忆录》中说，1949年初，为了争取江正发部起义，他通过刘老四与江联系，约好到大中华旅社与江正发会晤，不料在旅社门房遇到津市警察局局长陈本章，只好连忙离开旅社，从戏院旁的小巷出城到乡下。

清末民初，巷内开有多家花行、织布作坊，如殷永胜花行、涂德记染坊，稍后有张和清织布坊，赣商陈盈山的老同丰银号也开在巷内。过了夹街，巷子南段大多是木楼，住户以船工居多。这里有津市船工的"搭包会"的茶馆，有旅津湘乡同乡会的"湘汉堂"（腰篇会），等等。

津市解放后，小巷戏院仍是天天爆棚，茶馆依旧客人盈座，只是歌女走了，花行关了，作坊停了，来往的客人少了许多，大旅社的生意也萧条了许多，最后旅社改成了居民住房。

20世纪60年代初，荆河剧团的张淑蓉住在这里，她是常德四小名旦之一，1962年主演《谢瑶环》《双驸马》，赴省汇报演出，轰动省城，报刊载文赞誉，并发表了她的《汇演日记六则》，省里的电台也播放录音。她主演的《贵妃醉酒》，被中国艺术研究院录像存档。

五十年后，学长刘长久在博文《夏日味道》中深情地说："拐子巷是典型的江南石板巷，深可通达澧水河码头，窄可头悬一线天，巷子两边的墙根贴满了青苔……每个夏夜，整条街道都像开了大派对；三伏的夜晚，贼黑贼黑，可星星却格外明亮，躺在竹板床上，仰望星空，河汉灿烂，北斗耀眼，脑际浮现老人絮叨的那些口口相传的故事，很有些童话的味道；烦躁的盛夏，上半夜暑气蒸腾，好瞌睡只有在下半夜，待到一觉醒来，河汉淡去，只有启明星挂在蚊帐一角，伴随黎明升起。"他在诗中吟道："石板巷，吊脚屋，曾经旧景今安在，枕边常想望江楼。拐子巷，三元宫，破街陋巷终难忘，儿时欢乐种乡愁。踩木屐，擎油伞，清脆声声敲心扉，小城几度夕阳红。"

津市的民居

⊙ 王泸

　　清朝末年至民国初年，外省移民纷纷来到津市做生意。夹街、正街、河街的商店鳞次栉比，绵亘数里。江南诸省的移民来到津市后把他们所居住房屋的样式和习俗也带到了津市。这种房屋结合了川、皖、粤、赣等省的房屋特点，也结合了津市街市的特点，修成一种多进穿堂式的民居——筒子屋。这种民居一般是殷实大户人家修的。如正大油行、谦益油行、太吉公司、爱理司洋行、胜家公司、春泰百货店、福兴义布匹店、同义泰土果店、贺盛泰花行、聂隆盛药店、饶同仁药铺等上千家店铺，其建筑基本格局都是这种多进穿堂式楼阁，它一般是砖木结构，很少用水泥，墙壁用石灰浆掺纸筋砌成，最高的墙壁叫山墙，把两边的房屋隔离，以防止隔壁的火灾。这种山墙又叫马头墙，源于古徽州，一般是旅津徽商修建的。山墙高低不同，错落有致，十分壮观。这种房屋又融进了川、黔诸省的乡民建筑风格，一般是四进，也有五进、六进的特大型楼阁。一进一个天井，天井内砌方块青石砖，留下水道。天井的作用一是采光，因为多进楼阁一长条没有空隙，不太透亮，只能用少量的亮瓦和天井采点光亮。二是透气，通过天井透一点新鲜空气。三是倒污水用，将污水从天井中下水道排出。此房屋每一进除了天井，两边还有厢房。而厢房又结合了皖、赣的建筑风格，置于多进穿堂屋房之中。厢房为了隔潮，一般都离地面五十公分高，用灰砖砌到五十公分高时，再铺上木板，津市人叫它做枕板。这样的木板房冬暖夏凉，又防潮湿，住着很舒适。再来，每一进的中间有堂屋，两边有通道可通向另一楼阁。第一进的堂屋供招待客人用，堂屋正中贴有对联、字画，中间放一张红木雕花桌，桌上供有同乡会所信奉的菩萨、神灵。如花行供冬令圣母，金银业供女娲娘娘，木匠供鲁班，糖果业供麻姑娘娘，米业供后稷，鞋业供孙膑，豆腐业供关公，屠户供张飞，等等。供桌上有香炉，主人每天都要上香，保证供桌香火不断。供桌旁有两排木雕太师椅，两张椅中间有茶几，茶几上有花瓶、瓷杯等，很讲排场，用来接待客人、谈生意、商议做会等用。

筒子屋一般都有楼，两层为多，也有三层楼阁的，楼上一般都是卧室。有的在楼上生火做饭，这很危险，因为楼是木制的，板壁、楼板、楼梯、天花板、柱、梁均是木，稍有不慎，就会发生火灾。虽然每进楼阁都修了山墙防火，但只能防小火灾，若起大火灾，就要烧毁一片街市。当时，津市的街市经常起火，几乎每一条街都起过火，如20世纪50年代三洲街、解放路、襄阳街等是津市最大的火灾地，烈火烧毁一整条街，浓烟冲到数百米的高空，实在吓人。楼阁的作用除了睡觉，还有一个重要作用就是防水。每年到了汛期，人们纷纷把商品、货物、生活用具搬上楼阁，躲避水灾。等水退下街市后，人们又把商品、货物搬下楼，年年月月，水灾、火灾让津市人伤透了脑筋！

筒子屋的当街处就是营业店铺，店铺门面修有牌楼，外墙粉饰细麻石和水泥，内墙抹石灰、纸浆，再用油漆刷得油光滑亮。店铺内一般有五尺高的柜台，刷生漆。柜台外有丈余空间，供顾客进店购货用。店门一般都用梭板，不装大门。梭板是用数块木板一块一块嵌进木槽内，清早由伙计一块一块卸掉，晚上再一块一块嵌进槽内。每当傍晚，津市的各店铺都响起"噼里啪啦"的上梭板声，就像放鞭炮一样，十分热闹。

最气派的要数营业店铺的门面，外门面一般有两层楼高，有的修有重檐飞角、外檐、梁坊、门楣、柱头等。重檐一般塑有堆画。堆画是津市房屋建筑的一大奇观。堆画是用石灰浆塑成的花鸟鱼虫、各种山水人物等，栩栩如生。津市最有名的堆画师是贺德启、贺德松二兄弟。贺氏兄弟从小就从事建筑业，聪明勤奋、刻苦钻研。津市九宫十八庙的堆画及大商户店铺门面上的堆画，基本上都是贺氏兄弟与徒弟们制作而成的。堆画的技艺形同西欧宫殿的浮雕，有立体感、质感，聚绘画、书法、雕塑等艺术于一炉，体现出很高的艺术造诣。可惜此技术没有传下来。到了2000年之际，津市修的楼房虽高耸入云，却失去了津市古朴、厚实的建筑风格，再也见不到高雅并具有津市浓郁本土特色的堆画艺术了。

津市的吊脚楼

⊙ 王泸

　　津市的东河街、西河街是民国时期较热闹街市，街上的店铺、烟馆、妓馆、小吃馆，鳞次栉比，异常繁华。当时澧水上游从桑植、大庸、慈利下来的船民及湖北、江苏、浙江等省从长江转洞庭湖上来的船民，纷纷从九码头、新码头、观音桥等码头进入东西河街，租店歇息，用膳玩耍。当时津市知名风味小吃馆在东西河街就占了 6 家，有春乐园饺饵馆、王盛锦卤菜馆、企园酒家、津津点心铺等。入街的商贾、船民，人流如织，人们纷纷看好这块赚钱的风水宝地，拼命想挤进这东、西河街。有些聪明人为了扩展房屋做门面，就在河坡上支起木柱，再在木柱上钉上楼板，做成吊脚楼，这一下，房屋向外拓宽了许多。有几户人家先做成吊脚楼，人们便纷纷仿效，一时东西河街靠河边数里长的河坡上都支起了木柱，像一排排长短不一的腿一样，支撑起一座座吊脚楼。吊脚楼大同小异，首先在陡峭的河坡上立数个青石做成的磉礅，再在磉礅上支起数根松木桩，铺上木板与河岸地面齐平，四周装上板壁，架梁后钉上木椽，再盖上青瓦，如此，悬于河坡的吊脚楼便做成了。

　　夏日里，吊脚楼上最为舒爽。三伏天，燥热难当，但清凉的河风直吹进吊脚楼的木窗内。吊脚楼的地板用木板钉成，不免留一点缝隙，河风带着湿气从吊脚楼地板底下吹来，身置楼中如同风箱一般，凉爽无比。从窗口放眼望去，一片碧水映入眼帘，把盛夏的酷热排开，一直凉透心底，好不舒畅。

　　吊脚楼上观景，最美的要数落日余晖。倚栏凭窗，见如黛的关山托着蛋黄似的落日，云霞也似火地燃烧起来，透亮的金边勾出犬、羊、豹、虎状，把整个山水染得一片橙黄。金色的晚霞像一张金色的巨网撒在清澈见底的澧水河，泛起千万层炫目的涟漪，一层层、一叠叠漾开，似碎银，像散金，状鳞片，壮美极了。你如果是诗人，将会诗性大发；你如果是画家，会激起你立马挥毫。

吊脚楼除了观落日，还有另一种景观，那就是吊脚楼下接近河坡的木柱上，长出一层褐色的苔藓，放眼望去，那如林般无数根长短不齐的木柱像谁用毛笔涂上一层黑褐颜色，木柱颜色自上而下，由浅到深。也许是受了河泥的滋养吧，不知什么时候，有几根新支撑的木柱底下竟长出几片新芽，这是一首诗，一幅画，显得浪漫而富有生机。

过冬日，是吊脚楼难熬的日子。冬天，寒风呼啸，大雪纷飞，那河坡上的吊楼在风中吱吱晃动。刺骨的寒风无情地从门缝、壁缝、楼板缝挤进，使你觉得四面都是寒风，再怎样烤火，也是火烤胸前暖、风吹背后寒的感觉。于是，人们便用铁皮把楼板缝隙封住，板壁上糊上厚厚的报纸，这样一来，吊脚楼内便暖和一些。

吊脚楼是津市这部大书中一页温馨的散文诗，它记录着一个时期津市人民的生活情景，体现了人民的创造力和智慧及对美好生活的追求。

观音桥码头

⊙ 韩川

明嘉靖《澧州志·关梁》:"津市渡,在津市镇前河,设舟一,渡夫二。"清同治《直隶澧州志》载:"津市渡:州东二十里,夫三名。咸丰五年,士民倡设义渡三处,一在大码头,一在五通庙、一在汤家巷。"

《津市志》:"清咸丰年间,江西会馆建观音桥渡口码头,名'澹津渡口'。"故津市渡又称"观音桥码头"。初为毛岩所垒,比较狭窄,因是江西会馆倡建,故称"江西码头",并树立界碑,以防外人侵占。1914年,"江西会馆"主持人喻瑞辉、王芝九、雷洪盛、熊良臣、聂春华、吴少梅等发起改建南北两岸码头,用青石岩砌成,较原来码头平整宽敞。

1930年津市大水,"江西码头"南北两岸均被洪水冲毁,为修复码头,当时"江西帮"领头人李子洁、胡彬生、聂畅和、喻兰生、黄绥来、王紫芝、王德成、王兴财等成立修建会,由杨汇川(隆兴和药号大管事)负责总监修,采用长沙丁字湾麻石精工建造,南北两岸码头历时一年建成。为便于待渡者歇憩,还在南岸码头上建立一座"豫章亭",亭上匾额对联由福泰瑞油号老板黄镜如所书。亭为两层木石结构,梁柱有雕刻彩绘,亭侧有杨柳数株,临流迎风,傍绿席荫,环境颇称清雅。亭上下内外有楹联,分别为:"道出荆沙,区连鼎朗;庭芬兰芷,荫合便楠。""晚道人归沙岛外;收帆风停浪花中。""立定脚跟遵大道;放开眼孔看行人。"

澧水南岸有吉安会馆、昭武会馆,北岸有豫章会馆、水府庙,后来昭武会馆迁到了新码头正街,江西会馆之多,为各地少见。码头建好之后,南昌、吉安、临江各府商人各备渡船两艘,瑞金、抚州两府各备一艘,共计八艘,常年四艘摆渡,四艘维修。每日从凌晨到二更,风雨无阻。

观音桥位于观音桥正街，桥体东西向，条石结构，长 13 米，宽 4 米，下呈圆拱。桥上有亭，梁柱雕物绘彩，悬楹联 4 副，下行小船。道光二十二年（1842）废。市人乃称附近的澧水渡口为观音桥码头。

从传教士拍摄的照片上看，建于咸丰五年（1855）的江西码头，虽然用毛岩砌成，但台阶还是显得平整宽敞，远远望去，北岸码头上也有风雨亭，而且规模不小，可为待渡者遮阳避雨。

一张拍于 1943 年的照片中，驻军正奉命破坏码头，图中凉亭坍塌，码头被挖成陡坡，满目疮痍，惨不忍睹，河中木船一字形排开，搭成的浮桥供军队通过，津市已是兵临城下，山雨欲来风满楼。抗战胜利后，津市码头才陆续得以修复。1946 年，离开 8 年之后，津兰医院的院长雅德博士重回中国，与女传教士贝文玉站在一堆花岗岩条石上合影，看得出来当时江西码头还没有修复。

1957 年 3 月，津市成立轮渡筹建处，改建客轮 1 艘，定载 150 人。8 月 7 日，客轮首航渡客，观音桥码头始称"轮渡码头"。1989 年，津市轮渡有客轮 6 艘，趸船 5 艘，码头 5 座，随着南岸工业的不断发展，日渡 25000 人，年运能力为 900 万人，那是码头最繁忙的一段时光。每天早晚上下班时，码头上比肩接踵、人声鼎沸，为了争取时间，大家不惜翻越栏杆，勇闯出口，被挤到水中的事是时有发生，那一幕幕仍历历在目，恍然如昨。

1989 年 12 月 15 日，津市澧水大桥正式通车，轮渡废弃，古渡结束了它长达两千多年的历史使命。

吉安会馆

⊙ 韩川

　　吉安会馆为一徽派建筑，坐北朝南，依山就势，粉墙黛瓦，飞檐翘角，高高的马头墙特别引人注目。山门右侧粉墙上画有一头麋鹿，凝视着前方的麓头山。会馆坐北朝南，为三进式厅堂建筑，和津市清末的其他寺观相比，它没有关庙庄严肃穆的牌楼和大殿，没有昭武会馆秀丽的园林和楼阁，它像一座道观，更像一座深宅大院。吉安会馆俗称"吉安庙"，讹称"鸡儿庙"。

　　会馆为吉安府籍士商募建。吉安府辖一府十县：吉水、泰和、永新、宁冈、永修、遂川、万安、安福、莲花、吉安。在中国的十大商帮中，江右商帮（即江西商人）仅次于徽商、晋商，两湖素有"无江西人不成市"之说，《万寿宫志》称："津市人口五省杂处，而以江西为最多。"究其原因，江西巡抚查慎行曾云：吉安府"土瘠民稠，所资身多业邻郡"，而"聚族而居，必有宗祠"，宗祠是宗族的活动中心，会馆则是商人的交往平台，津市的江西会馆除了吉安会馆外，还有万寿宫、昭武会馆和水府庙。

　　在津市的赣商中，豫章商人以经营金银业为主，吉安商人以经营南货为主，抚州商人以经营百货为主，樟树商人以经营药材为主，金溪商人以经营布匹为主，瑞州商人经营土杂为主。据本地族谱记载，津澧胡氏、汪氏、杜氏、张氏、杨氏、鲁氏、罗氏、高氏、文氏、黄氏、王氏、谭氏、刘氏、颜氏等姓大多来自江西吉安。胡家是洪武初年间由吉水彭城来到湖南的，在漫长的岁月中，胡家逐渐成为澧州的望族。乾隆五十七年（1792），湘中诗人张九钺主讲澧阳书院，撰《澧州胡咏海明经寿序》，文云："澹津胡氏先生，夙知为清门，今胡公咏海寿跻杖国，以清和月日，值悬弧辰，同人制锦称庆……君家前明即世居津市，自连海公（胡溮）起家，甲科任学使，而族大昌，繁衍至今，弦诵声相闻。"

　　《澧州志林》载："胡溮，字连海。天启壬戌会魁，以文章名世。

擢行入司册封江西。陞河南督学,赋性刚正,忤亲藩退归刻木山二十余年,兵火岗栖,犹手书帙,吟咏不倦,年八十余卒。"

明末清初兵乱,澧州庐舍尽毁,百里无人烟,胡瀚亲人遇难,他避匿津市,文记:"匪岁之余,犊布于野,丝贸入城,罾罟秒秒于兰江,鸡犬呖呖于澹津。"时州治"驻津市,就民屋居,寇至则倚舟退舍以待援,习以为常"。

胡家以耕读传家,人才辈出,州志记胡家有功名者十余人。清末胡毓桢为津澧文化界耆宿,秀才出身,湖南高等学堂毕业。民国初年两次当选省议员,鼓吹立宪。旋由政界退出,出任九澧平民工厂董事长、县立中学校长、明道中学董事长。1940 年 9 月,《津市铎报》被封,记者编辑被捕、遇难。他挺身而出,再创《津市日报》,为军界所不容,被迫辞职,主编流亡浙西。

胡彬生也是吉安人,1927 年来津市,历任"福隆"钱庄经理、"德和"钱庄经理、津市农工银行经理、"祥和"油行经理、复兴贸易公司津市分理处负责人,并兼任津市铎报、津市日报、澧县银行、光明电灯公司、九澧平民工厂的董事长、董事、监事等职。胡母六十岁,蒋介石、孙科等国民党大佬题匾祝贺。津市解放后,胡彬生历任企业公司副总经理、澧东油厂副厂长、信托公司副经理,当选市政协常委,曾应邀出席全国政协会议和最高国务会议,聆听毛泽东、周恩来的施政报告。一个吉安商人,在短短几十年中能走到这步,亦为人中俊杰。

1914 年 3 月 16 日,到中国访问的芬兰大主教参观了吉安会馆,他对津市的会馆文化极感兴趣,此前他去了天后宫、万寿宫、关帝庙、昭武会馆等地,拍摄了大量照片。他惊奇地发现和西方的教堂一样,中国的寺庙也有陵园,他特地站在会馆的山后拍照,有意将江西义山的界碑拍进去。中国人讲究落叶归根,旅居外地的游子死了要扶柩回籍。外籍的商人出葬后,常常会把灵柩暂寄放在会馆内,择机运回原籍。因为这个缘故,当地才有"鸡儿庙,鬼抬轿。海佛寺,鬼写字"的民谣。

1935 年,江西同乡会在吉安会馆建萤台乡小学。津市解放后,易名津市五完小,1960 年代会馆建筑还在。五完小迁到盐矿子弟学校后,这里建起了高耸的楼房和秀丽的园林。今天的津市人中,不知还有几个人知道吉安会馆?

津市民俗举略

⊙ 王泸

还傩愿

　　1963 年 9 月，我随团下乡演出，在当时属澧县的棠华公社的一间农舍大院，目睹了十分新奇的"还傩愿"仪式。首先的程序是报家门先安正堂，堂中三个彩色神门，红帏半掩，庄重肃穆。门内供三尊傩神，中门供青玄妙道傩神真君，男性、黑脸、三只眼；左门供飞天五岳都总大帝，男性、红脸；右门供五通五显华光大帝，女性、白脸。案桌青灯数盏，烛火窜跃，壁影浮动。接着，一阵震耳的闹台声、鼓角声凝重、遒劲，伴和凄凉幽邃的嘶嚎声。第三道程序是巫傩求子，消灾。巫师头戴绣有"日""月"的法冠，身着宽大红袍，前胸绣金黄八卦图，手执八宝铜铃，骑板凳马，口中念念有词，驱鬼消灾。最后一道程序是唱勾愿歌，巫师唱道：

> 宣得清来道得明，判官提笔勾愿心。
> 当日许愿红笔圈，如今许愿墨笔填。
> 先勾年来后勾月，又勾日子共时节。
> 四只角里打一圈，圈过清吉保平安。

　　曲调用当地山歌咏叹，唱完，户主交钱，巫师再唱，此隆重"还傩愿"仪式算完结。

　　津澧一带流传的还傩风俗，乃是古楚昌炽的楚文化遗风的延续。可追溯到母系氏族社会时期、黄河上游的古代蚩尤和黄帝的大战。当时，蚩尤被杀，残部便逃往三苗一带，即今湘鄂之地。《史记》注："左洞庭而右彭蠡。"春秋时为三楚。《汉书》

注："江陵为南楚，吴为东楚，彭城为西楚。"津澧一带乃楚之腹地，春秋时楚国的巫觋是诸国中之佼佼者。韦昭注《国语》云："巫觋，见鬼者。"楚人将鬼与神合为一体，相信巫觋能将社会治理得尽善尽美。楚庄王令大巫法真与弟子张五即在巫山设坛求雨，果真下了一整夜雨，臣民信若如神。楚三闾大夫屈原作《九歌》，便是祭祀鬼神的乐歌。《九歌》程序有布坛迎神、降神、酬神、送神几个过程，与当今津澧一带楚地遗风"还傩愿"十分相似。

既然巫觋是楚文化之核心，那傩与巫有何联系？巫术，是人类最早的一种信仰，比宗教还早。据西方人类学家马林诺斯基的研究，在宗教形成之前，人类已经有了巫术信仰和巫术活动。傩，起源于三苗国对颛顼帝四恶子的报复。傩，也叫驱傩、大傩，亦为先秦楚地举行的一种驱鬼逐疫的仪式。《续汉书·礼仪志》载："方相氏黄金四目，蒙熊皮，玄衣朱裳，执戈扬盾，十二兽有衣毛角，中黄门行之，冗从仆射将之，以逐鬼于楚中。"综述了汉代宫廷中的傩神十二兽。明末思想家方以智在诠释傩神时指出："傩神凡十二，皆使追凶恶。"

傩神与巫神同是为楚人驱疫的神灵，借以抚慰生活在社会最底层的平民百姓。几千年来，津澧一带的百姓将古朴庄肃的"还傩愿"楚俗一代一代传下来，并将傩神称谓傩愿菩萨，许愿、勾愿（还愿），以寄托百姓对真善美的追求，对假丑恶的鞭挞。津市至今还存的"还傩愿"是三千年楚文化的"活化石"，异常珍贵。

杨泗会

清末、民国时期，津市已成湖南六大内河港口之一，领"茹、温、漤、溇、渫、澹、道、黄、澧"等九水悠悠而来，俗称"九澧"，绕碧树叠翠的嘉山，注入浩渺洞庭。由于水路如网，鄂、滇、川、浙的商贾纷纷乘船到津市做生意，一时舳舻云集，舟楫蔽江。众多的船古佬（船民）惧怕水上的灾祸，便祈求神灵保佑，吉祥平安，于是每年农历六月六日在新码头北段的二神庙（供钟相、杨幺）举行"杨泗会"，祭祀杨泗菩萨。这一天，成百上千的船民沐手焚香，将珍肴供品放置香案，磕头作揖。若是船民赚了大钱，还要请客聚餐，并请傩堂戏班到新建坊的"傩愿坛"唱"孟姜女下池"。入夜，用草绳或彩布扎成龙形，点起彩烛，放响鞭炮在庙前挥舞，消祸保福。

"杨泗会"又称"将军会"，是津市驾船业的行会，每年农历六月六日举会，除商量驾船业的大事外，主要是举行一种巫傩祭祀仪式。杨泗菩萨是南宋建炎四年（1130）在古楚地洞庭湖区领导起义的杨幺将军。杨幺本名杨太，排行第四，津澧俗称排行最小者为幺，所以叫杨幺。南宋时期，洞庭一带巫傩甚炽。而巫傩作为人们的思想信仰有复杂的社会背景，宗教就是这个背景的主要成分，巫傩与宗教有着信仰的契机和遇合，所以钟相、杨幺便利用染上宗教色彩的巫傩进行宣传和组织义军，以"法分贵贱贫富，非善法也。我行法，当等贵贱，均贫富"相号召。这为杨幺牺牲后，人们供其为傩神打下基础。杨幺领导的义军利用畅通水道，造了不少数丈高的战船，与官兵作战于沅澧洞庭，履巨浪如平地，被沅澧一带的船民奉为船神。

杨幺死后，百姓修庙供为"杨四菩萨"，但恐官府知晓，巧妙地在四字旁加三点水，后人便称"杨泗菩萨"了。到了明末清初，津市渔业、船业逐渐兴旺，遂在农历六月六日（相传是孟姜女万里寻夫时晒衣的日子，此时晒衣，一年四季不生虫，不长霉）举行"将军会"，后改为"杨泗会"，把"杨泗菩萨"当成傩神祭祀，并与傩神孟姜女巧妙联系在一起。新州镇百姓至今还流传这样一个动人传说：船民晚上或雾天驾船到嘉山脚下时，都会看见半空中挂着一盏红灯，一说是孟姜女娘娘在指路，又一说是杨泗菩萨在指路。

盂篮会

晚清至民国，津市渔民或百姓、缙绅每年农历七月十五日均举行盛大的盂篮会，市井以品元宫为中心，供"天地水府三元三品三宫上帝"，连通城隍庙、五通庙、太子庙、天后官、三元宫等寺庙，奉上纸扎的大瓦房、大箱的锡箔元宝等。夜间，人声鼎沸，摩肩接踵，人们在澧水河畔举行放灯仪式，一时万头攒动，彩灯斑斓。此放灯分两种：放河灯与放阳灯。人们青衫素裹，面目虔诚，纷纷将色纸扎成的状似荷花的小灯，点燃中心蜡烛后放入河中，刹那间，千百盏小灯漂浮在幽暗的河浪之上，悠悠闪闪，明灭不定，五彩绚丽，顺流而下，异常壮丽。百姓们端着筛箕，抓起一把把铜钱大的糯米糍粑，丢入河中，供奉九泉下的宗亲，此谓放河灯。放阳灯者，用纸扎的长一米左右的长圆形灯，内燃巨烛，放出热气，将巨大的阳灯放上天空，超度亡人灵魂，保后人安康，消灾祈福，此谓放阳灯。

"盂篮会"全称"盂篮盆会"，是汉语佛教地区根据《佛说盂篮盆经》于每年农历七月十五日举行超度历代宗亲的佛教仪式。经中云佛之大弟子目连下地狱救母，化为烈火，佛教作此仪式，以度其难，谓以盆贮百味，供养诸佛，以救众生倒悬之苦。我国现存唐慧净《盂篮盆经讲述》、宋普观《盂篮盆经疏会古通今记》、明智旭《盂篮盆经新疏》、清灵耀《盂篮盆经折中疏》均有记载。

"盂篮盆经"举行仪式创始于梁武帝萧衍。《佛祖统记》卷三十七云"大同四年（538 年）帝幸司泰寺，设盂篮盆斋"。自此以后，成为风俗，历代帝王及百姓无不举行，以报祖德。可是到了明代，"盂篮盆会"的内容都变成讽经施食了，"以七月十五日施鬼神食为盂篮盆大斋之会"，变更"盂篮盆缘于目连，谓七月十五日，众僧解夏自恣，九旬参学多得者，此日修供。其福百倍"。此明代盂篮盆会变更，受民俗文化的极大影响。就津市而言，据近期出土的元和宫碑记载，元和宫建于唐代，古大同寺建于唐懿宗咸通年，均乃佛教昌盛之时。唐代佛教传到津市后的一千多年中，如此多的寺庙举行盂篮盆会，除了明清两代帮会集结力量，保护本乡本行业利益外，还有一个重要内容就是古楚的傩祭仪式。

1368 年，朱元璋在应天府（今南京）称帝，国号大明。朱元璋聚众起兵夺取江山，是借巫风神鬼之力量登上九五之尊的，不能忘记巫傩的功劳。在朱元璋的倡导下，古楚腹地津澧一带，楚人遗巫格外昌炽。澧水上游的慈利、石门，传说为放逐欢兜之地 —— 崇山之所在。欢兜乃楚人先祖，其后裔立傩坛降三神以询吉凶，谓之做鬼。位于澧水下游的津市在傩祭孟姜女时，"击鼓铙锣以迎傩神逐疠疫"。创始于梁武帝的"盂篮盆会"到了明代也变成"施鬼神食为盂篮盆大斋之会"。津市百姓放河灯，放阳灯，照亮先祖冥冥之路，施糯米糍粑奉于先祖宗亲，保子孙平安清吉，消祸消灾。津市同时代的傩祭和盂篮盆会均为奉祀鬼神为主，就不难看出傩文化对佛教文化的影响与渗透。因此，我市"盂篮会"亦应是楚文化的一页瑰丽篇章。

消失的器物

⊙ 王泸

木屐

　　从清末至解放初，津市已形成四街四十八巷的街道格局。津市虽有如此多的街巷，但都比较狭窄，最宽处不过八米，一般就只四至五米。正街、夹街、河街中间由青石板铺成，下挖通道，用以排放街上的渍水。旁边人行道和后街及四十八巷全是泥土路面。街道两旁的店铺地面都高于街面，因此，一到雨季，街两旁泥泞不堪，渍水横流，行走十分不便。

　　约在清代中叶，津市市面便有了数家木屐作坊。据老人讲，陈记木屐坊规模最大，老板祖籍江西。木屐匠人据街市路面多泥泞的情况，设计了不同样式的木屐，有男、女成人及小孩三种。成年男人的木屐较大，长约 35 ～ 40 厘米，木屐的帮是用牛皮或猪皮制成，用小铁钉钉在杂木制成的鞋板上。木板下面前后装上两块凹形木齿，高约 10 公分，这是因为男子走路步子跨得大，所以脚掌穿在木屐内深一些，也就牢一些。穿上这种大号木屐，可以在泥泞路上甩开大步行走，又稳当又牢固，有防滑、防水等优点。但因大号木屐太重，所以穿这种木屐不宜走远路，走远了脚背要磨起血泡，甚至双脚抽筋。当然，穿上木屐在近街上办事是最方便的了。女人和小孩的木屐轻便一些，木板较薄，木齿也较矮，但穿上木屐只能慢行，走快了不仅污泥溅在腿上，还会摔跤。这种区别是因为当时生产力还不发达，男人就业机会多一些，男子要养家糊口，往往行色匆匆，一般木屐为成年男子而备。

　　津市的木屐流行了约二百多年。20 世纪五六十年代，不少市民还在继续穿木屐。直到改革开放后，津市的街道都成了水泥大道，这种流行了几百年的木屐才完成它的历史使命。木屐是中国鞋文化的一种独特现象。木屐究竟起源何时？历来众说纷纭。据一些资料记载，早在新石器时代晚期，长江下游良渚文化先民就发明了木屐。这是在出土文物中发现的新石器时期的木屐，比脚大一些，前端呈圆形，正面是平的，屐板的底部后半段有一块长方形浅凹坑，用以防滑。这个木屐的出土，充分说明了我们先祖的智慧。木屐对江南雨季的适用，古楚各地纷纷兴起。据说春秋时，吴王夫差得到美女西施后，立即命人建造了"响屐廊"，让美女西施穿着制作精美的木屐跳舞，那廊中的木制地板碰撞木屐后，会发出像琴一样的音响。吴王夫差与众臣最喜欢听这样的乐舞。"响屐廊"遗址一直留到宋朝，诗人王禹称观残留的"响屐廊"后，吟诗曰：

廊坏空留响屐名，为因西施绕廊行。

可怜伍相终死谏，谁记当年曳屐声。

由此可见，木屐在春秋时代就与楚地人民的生活密切相连了。如此一双小小的木屐，曾伴随着中华民族走过了漫长的数千年，难怪在古楚一隅的津市城如此盛行。

轿子

津市自从形成商埠就有了轿子。据老人讲，明成祖朱棣永乐年间（1403—1424），津市鱼市上就有商贾乘轿子购鱼。到了民国初年，津市已有八家轿行，这八家轿行是仁和档轿行、牌楼口轿行、二圣庙轿行、新建坊轿行等，每个轿行都有20多乘轿子，区区街市，竟有八家轿行，充当轿夫的竟有二三百人。如此看来，津市有坐轿习惯的人太多了。津市的轿业分三种类型，一种是长途，就是乘坐的路途较长，如跨市区的长途，去澧州、常德等外县市。长途轿夫一般由4人组成，抬轿的轿夫走累了，两个一换。长途轿夫非常辛苦，若是晴天倒还可以，若遇风雪天气，道路坎坷不平，轿夫累得汗流浃背，肩膀磨出血来。第二类是短途，如新洲、七里湖、石板滩等地。短途一般十来里左右，由两名轿夫抬轿，不需换人。第三类是市区内，路途更短，只需抬轿串街走巷，更不需换轿夫。津市的轿子约有三种：便轿、大轿、花轿。便轿一般较轻便，轿身比较轻，轿杆较长，由两名轿夫抬，轿子也不豪华，轿帘也只用竹帘。这种便轿一般由平民百姓乘坐，价格低廉，适用市区或短途乘坐。第二种是大轿。大轿一般由四名轿夫抬，有的大轿也由八名轿夫抬。大轿木质很结实，轿身都有绿绸和装饰物，轿杆乌黑发亮，用最贵重的檀木制成。这种大轿可显示出主人的身份，一般是商贾、富户、缙绅等乘坐。第三种是花轿。花轿一般是新娘子出嫁时乘坐，津市的花轿没有什么独特之处，轿身盖着绸缎，轿角扎着红绸花等。轿杆多用竹竿，抬着新娘子晃晃悠悠，故意把轿子抬得"咯吱吱"响，以便向新娘子和她的家人讨点钱财。津市的新娘子花轿有一段儿歌：

> 新姑儿上轿，屙泡大尿。
> 滴滴咚咚，屙一马桶。

这段儿歌唱的是新娘子最怕上花轿，若遇上抬轿的轿夫恶作剧，整得新娘子提心吊胆。

津市的轿子除了这三种，还有东廷衙署州判坐的大轿。这种大轿四人抬，轿上绣有清廷官阶的标志。清雍正十一年（1733），嘉山司巡检驻津市，乾隆三十二年（1767），奉文裁减巡司，移州判驻此，设分州衙门。咸丰年间（1851—1861）称"东廷衙署"。津市东廷衙署的大轿自然是官阶七品的标志。

津市的轿夫是最底层的平民百姓，他们除了受当地官衙欺侮剥削外，还要受轿行老板的盘剥，轿夫要从业，必须向轿行老板提供铺保三至四人，还要交押金，出轿时交租金，这种租金轿夫都称为"杆子钱"，也就是轿夫的血汗钱。一趟下来，累得死去活来，工钱大部分都被盘剥，还要向铺保人交保钱，若是得罪了保人，便除名。轿夫就是在这种重重压迫剥削下，过着悲惨的生活，直到新中国成立，津市轿行才被取缔。

谈津市小吃

⊙ 周有淞（中国台湾）

读"澧水乡谭"第二辑第 138 页，有龚光宪乡姐谈到家乡很多吃的，阅后使我馋涎欲滴，不觉手痒，不计工拙，也来一篇"谈津市小吃"以供各位乡亲茶余饭后笑谈之助。

因津市是水陆码头，故来自四面八方的人很多，因此吃的花样也不少，一些卖"吃"的人，所表现的方式不同，连同叫卖的腔调也不一样，我在这里略举几则：

津市一到晚上（因当时电力不足，生意清淡）约九点钟后各商店就陆续打烊休息了，跟着是卖小吃的相继出现，以挑担流动者为最多，固定在某一角落者较少，他们的活动范围似乎也有一定的界限，比如他们从哪条街出去，再经过哪些地方回来，绝对不会耽误时间或者弄错地方，我想这也许是为了满足顾客的心理作用，那就是使爱吃夜宵的人，一定能按时等到他。小吃的内容，有卖面的，有卖馄饨的，有卖肉丸的，等等，其叫卖的方式有的嘴叫，有的敲梆子（与打更的点子不同，容易分辨），有的摇铃。各种小吃味道都不错，价钱也很公道，半夜三更来它一碗，确实津津有味。

在白天，卖烧饼油条的，也是沿街叫卖，其声音之抑扬顿挫倒蛮好听的。津市夹街，靠近新码头附近，有一家王世井腊味店，老板王世井据说是当年赌国名人，后来发了财就开了这家很有名气的卤味店，他留着一撮山羊胡子，长袍马褂穿着非常整齐，手上经常拿一对大钢珠把玩，有时叮叮当当作响，也许此人还有点武功，有时出去走走，显得闲情逸趣，文质彬彬的绅士派头。他的店里终年都挂满鸡鸭鱼肉以及各种野味卤菜，味道真是醇香可口，在津市是卤味方面的权威。说也奇怪，他的店里的卤菜是以卖出为主，不办大场面的筵席，只有两三个客人在他那里切点卤菜，小酌一番（他店里售零酒）是可以的，但他不卖面食之类的东西，使人看起来，有种特别的风味。

再就是江西码头旁，有家名叫"新合楼"的面馆，楼高两层全部以木材建造，傍津市河边以吊楼式样筑成，每层楼约摆有八仙桌十余张，擦得干干净净。有炒菜，有卤味，包办酒席，并有各式面点、各式香茶、各种名酒等，故生意非常兴隆，真可谓高朋满座（抗战时期确实如此）。他那家酒楼除了吃的之外，最值得欣赏的是一位小二哥了（跑堂的）。第一，他非常有礼貌，从客人一进门起，都是一脸微笑，和蔼可亲，即使桌上原本很干净，他仍照例拿下他搭在肩上的白抹布再擦一通，而且嘴里随时在问客人吃点什么。第二，他记忆力非常强，他本人一字不识，客人点的菜又复杂，但他有能力一一记在脑海里，且不出差错，比如说去了五六位客人，他每人奉上一杯热茶后，问客人吃点儿什么？客人说要半斤酒、一盘花生米、一碟卤牛肉、一个榨菜炒肉丝、一个豆瓣鱼、六个肉包子、二个糖包子、一碗三鲜汤、三碗牛肉面等，他俟客人讲完后，答声马上就来，返身即走到楼口边（不必下楼），以吆喝（唱的）方法往下面厨房唱下去，将以上客人所要的菜点一口气唱完，而下面厨司也不含糊，听得清楚，不一会全部菜点配好，以敲锅声为号，表示菜已弄好，小二哥再下去端。第三，端菜本领强，他一双手可以端五六碗面，或者是炒菜等，步上楼梯十数级而不会掉一点汤，真厉害。第四，心算好，他算账像打机关枪，以很短的时间算完向客人报告最后总账多少，客人付过账，多余的零钱，即送给他，作为小费，他也要向账房报告小费多少，再将小费投入竹筒内，晚间打烊后再行大家分配。第五，不管在座客人有多少，客人如何叫，他都能一一应付，非常得法，而不使客人生气，两条腿一律使用小跑步的姿态，使人看了很觉愉快，难怪他一天得的小费不少。在台湾南、北部，三十多年来大小馆去了不少，还没见到过像这样一位精明能干的小二哥。

关于"油糍儿"，我记得是用绿豆煮熟加盐后，再用棒捣烂，像饭团一样，一粒一粒做好，临炸的时候再用拌好的面皮或糯米将其薄薄的包好后，压扁，一炸即可食用。

津市贺家拐，有家专卖"娃儿糕"的，天一亮即有刚出笼的娃儿糕可吃，既便宜又实惠可口，早上来一盘"娃儿糕"，一壶茶，吃喝起来，真是爽心之至。

故乡的叫卖声

⊙ 韩川

　　老陈是我的拳友，又是学长，高我六届，每天晨练后我们就聊天。那天谈起儿时的叫卖声，他突然来了劲，学唱各种叫卖声，惟妙惟肖，一下子把我拉回到几十年前。

　　那时我住新建坊正街，店铺临街没有窗户，白天靠下梭板，让光线照进来，晚上则点煤气灯。从店铺到院子要通过石库门，后门对着电影院。我住在第二进，木楼两边是高高的封火墙，有些阴森，非亭午夜分，不见曦月，非晴日午时，不得阳光。

　　暑假，上午写作业，下午游戏。因为有穿廊风，巷子里不热。封火墙虽高，但挡不住一波又一波的叫卖声。

　　"洋伞纸伞罗！洋伞纸伞罗！"不用看，就知道补伞人背着大布袋又来了，和大部分江西人不同，他的口音怪怪的。

　　"磨剪刀呀！磨剪刀呀！"磨刀人穿过石库门走了进来，那时还没有《红灯记》，津市磨刀人的叫卖声中没有"戗菜刀！"

　　"牙膏皮子鸡盒子！破布巾子换钱！"补伞人还没走远，荒货佬挑着竹筐来了，没等他进大门，后屋的"胖儿"就在家里捣腾起来，寻找能卖的废品，刚卖了泔水，买冰棒还差一分钱。

　　"今时要就今时买，今时要买就来好哦！"不知道是湘乡人，还是祁东人，浓重的口音永远也听不清，卖剐剐的小贩走近了，几年后听到这熟悉的声音，看到字幕，才知道当年的唱词。

　　"雪花膏！花露水！"小贩就住在太子庙巷口，吴伯说她是×××的三姨太。她的叫卖声单调，没完没了，惹得我的两个眼睛皮开始打架，"毛儿"说不怪她，是我昨天睡得太迟。

　　卖针线的、卖小花篮的、卖老鼠药的、卖打粑糖的小贩次第登场，任凭他们拼命地摇着货郎鼓，敲着小铃铛，卖力地唱，嘶声儿喊，我们仍然无动于衷。

　　"香蕉冰棒！绿豆冰棒！菠萝纸包冰！"这是最有诱惑的叫

卖声，院里小孩都来了，"毛儿"跑得比兔子还快，举着三分钱站在最前面，我远远站在后面。卖冰棒的是我初小的同学，卖冰棒是他的第一份职业。

观音桥是津市最热闹的地方，小摊云集，行人如织，林林总总的叫卖声，不同的方言，不同的声调，抑扬顿挫，此起彼伏，煞是好听。

"焦圻膏药——贴寒湿！""从小跟随师傅上走云南，下走贵州""三斤半的洋老鼠，会蹦会跳，拉屎拉尿。"望江楼下耍猴的、卖药的、跑江湖的来了一拨又一拨。

"藕丸子！"低沉的湖北口音仿佛发自肺部深处，毛丫头说他是龙法寺的票友，专攻黑头，难怪有这样深厚的基本功。

"鸡头米！鸡头米！"旁边的中年女人也不差，声音甜润软绵，周围的人都认识她，她是评弹演员，抗战时逃到津市。

"椒盐瓜子桂花糖！""香烟的纸烟耶！要不要烟的！"两个清脆的声音一前一后，特别引人注意，他们一双赤脚，在青石板上互相追逐着，但仍然没有忘记叫卖。

"胡椒糖！当面尝！"澧水河上的码头几乎都有一个卖胡椒糖的，老人嘶哑的声音、疲惫的背影和小孩形成了强烈的对比。

"和面——，饺儿！"埋头包饺饵的汉子，这时伸起腰，向轮渡望了望，也凑热闹吆喝一声，其实他完全不用吆喝，他的摊前挤满了人。

"米豆腐——！"驼子的最后一个字拖得很长，还转了弯，天气太热，米豆腐生意不好做，他得卖力，否则米豆腐又会卖不完。

"卤蛋卤干子的酒哦！饺子面啦！"河面上传来的叫卖声特别悠扬，带有一丝四川尾音，卖卤菜划子在河边慢慢地游弋。

头更早过，长街已冷清，夜色渐浓，路灯更显得昏黄起来，夜风瑟瑟，饺饵挑担的老板不住地打哈欠，桌上残杯冷炙，最后两个客人起身，互道慢走，卖茶叶蛋的女人还静静地坐在灯下，等待把最后的茶叶蛋卖完……

站在夜里的十字街头，细听小贩的呼声，享受市井的情趣，那些忙碌的小贩背后，隐藏着多少辛酸和悲欢，隐藏着多少不为人知的故事。那一声声叫卖声，深深地刻在脑里，那一幅幅画面，牢牢地印在心中，挥之不去，拂之又来。

清明返乡，恰逢阴雨连绵，待在家里清理旧书，忽听到外孙在叫："娃儿糕、发糕！豆奶！""香蕉！海南香蕉！"我问自己，等到他老时，还会记得故乡的叫卖声吗？

说来你可能不相信，在中国艺术研究院音乐研究所，还保存有1956年音乐学院老师到湖南津市"喊街"的录音，共有30段街头叫卖声，那是儿时的叫卖声，好想再听听！

企园酒家

⊙ 彭伯鉴

　　企园酒家是津市最负盛名的餐馆，开办者宋维藩，长沙人，生于清光绪二十四年（1898），11 岁进长沙曲园餐馆学徒，出师后到潇湘酒馆帮工，历时 15 年。他勤奋好学，刻苦钻研，不仅学得一手传统湘菜的好手艺，而且对不少菜目颇有创新，深得同行的赞赏。

　　宋维藩有兄弟 5 人，他排行第三，人称宋老三。老大和老四早夭，兄弟 3 人合居长沙。1924 年 5 月某日深夜，邻居失火，宋家遭池鱼之灾，财产损失殆尽，宋妻代湘乡厂加工的一批高价绸料亦付之一炬。全家生活顿时陷于困境，且湘乡厂追赔绸料紧迫，宋无法应付，遂带领全家 8 口避来津市。后向远亲津市大生昌盐号店主借得银元二百块，在津市大码头横街经营小熟食店谋生。小熟食店由宋维藩掌作，老二坐柜管账，老五进货收账，其余家人跑堂打杂。经营品种不多，主要是包子和面条。开业之初，因本小利微，业务不大，所得既要度日，又须还债，收支不敷。但由于该店物美价廉，两年后声誉渐扬，顾客盈门。随着生意的发展，赚钱渐多，宋乃放弃包子生意，增加炒菜和包办酒席业务，并于民国十六年（1927）正式取店名为"企园"。按"企"字由人和止二字组成，取其"人到企园止，进园把餐就"之意。尔后企园生意兴旺，纯靠"家人班"，人手已感不够，遂开始向外招收徒工 2 人，并雇请白案、油案、水杂师傅各一人。人员经常更换，忙时请临时工，人数不限。当时，该店主要师傅每月工资 4～6 元（银元），其余人员均无薪给，全靠小费收入。业务越大，小费越多，帮伙积极性愈高。宋维藩系科班出身，擅长经营管理之道，因之业务蒸蒸日上，驰誉一时。民国二十三年（1934）澧县县长贵棠娶媳，特请企园全班人员到澧县帮办喜宴，历时经旬，获利颇丰，名声益振。

民国 24 年（1935），宋维藩将店铺迁到新建坊夹街，招牌改为"企园酒家"。当时，这里餐馆多、戏院多，是津市吃喝玩乐的中心，灯红酒绿，人称"不夜城"。名店又占地利，生意更加兴旺，两年时间，盈余可观。后宋老二妻回长沙省亲，购买彩票中彩一千元，将部分奖金投入店内。民国二十六年（1937），企园酒家遂将现租铺面的第一进买了下来。

1938 年，抗日战争一周年，津市各界开展"七七献金"活动，国民党驻军强要企园"献金"二千银圆，并以烧店相恫吓。宋维藩一时无法应付，忍痛停业。继之，宋氏兄弟析产分炊，宋维藩分得房产、家具、炊具和部分资金。企园歇业后，虽对外不营业，但仍暗中接待熟悉客人和老主顾，做关门生意。一年后，宋又重振旗鼓，开张营业。这时，正值宜（昌）沙（市）沦陷，长沙大火以后，津市市场日益繁盛，餐馆酒楼欣欣向荣。宋维藩乘机大展宏图，特向湖南省银行借款购得第二进房屋，装潢门面，大规模翻修，精心设计，别具一格，进店左是烟酒糖果柜，右为面食点心卤味营业间，另名"芝兰斋"，二进走廊旁是天井，设鱼池假山，盆景花草相围，客厅在天井后，两边置太师椅 8 把，上披椅搭、椅垫，下铺地毯，中有长条桌、围桌布，上列福禄寿三星瓷像及围屏、香炉等。楼上前后两堂共有席位 12 席，每席间用屏风隔开，席间设有沙发围椅，供客休息。餐具用具亦更换一新，从江西景德镇购来高级细瓷杯、盘、碗、盏，并添置锡制蒸盆、酒壶、火锅。布局新颖，装饰富丽，在津市酒家中首屈一指。同时，宋维藩为加强技术力量，专程赴长沙聘请省内名师来店掌勺，并授权自选下把师傅来店。宋本人技术全面而精湛，油案、白案均称高手，对炸、爆、溜、蒸、炒、煮等工艺熟练自如。从此，企园酒家经常保持一个由宋亲自掌管的过硬的技术操作班子，保证了菜肴面点质量始终如一，并不断提高。企园十分讲究原辅材料的选用，酱油专用长沙德茂隆的龙牌酱油，调味品必须是上海天厨味精或日本"味之素"；其他如咖喱粉（油）、蚝油、茄酱、虾酱、虾蛋、豆瓣酱等皆从外地精选上等货色；海味、鸡、鸭、鱼、肉、菌类等都有严格的选用标准，宁缺毋滥。因此，企园酒家精心制作的佳肴美点形态美观，风味独特。上宴席的菜肴，花色品种多，分量少而精，具有一热、二烂、三淡、四油薄的特点，食而不腻。谚云："艺人的腔，厨子的汤"，一席酒席必要好汤，企园酒家特别注重汤的调制。其经常备有的汤有四种，一是毛汤，用鸡、猪肉、蹄膀、猪骨熬制；二是奶汤，用鸡、鸭的骨架、翅、爪、猪肉、蹄膀、猪骨、活鲫鱼熬制，味厚鲜香似乳汁；三是清汤，用老母鸡炖制，清而不浑，味道鲜美；四是高汤，在清汤的基础上再度精制，做到汤清如镜，供做高级清汤菜肴之用。企园酒家还以讲究刀法闻名，扣碟、拼盘，厚薄长短划一，叠摆整齐美观，图案精美，宛如色彩斑斓的工艺品，色、香、味、形俱佳，烧烤乳猪栩栩如生，麻辣子鸡色呈金黄，冰糖燕窝洁白晶莹，红烧鲍鱼金红透亮。该店供应菜目繁多，经常挂牌的达百种以上，任客随时挑选。是时，津市宴请之风盛行，有时同一客人一天在企园酒家用餐数顿，或连续几天在此赴宴，因菜目翻新，很少重复，饕餮之徒，赞不绝口。

企园酒家以酒席、堂菜为主，兼营各种汤面、馄饨、各种点心和腊味。酒席分等级供应，有鱼翅席、海参席、鲍鱼席、鱼肚席等，一般的酒席是四冷盘、十大碗，价4～6元（银元），适合一般人喜庆之用；中等席为四冷、四热、六大菜、二点心、四随菜、一汤，价8～10元；最高级席是燕窝烧烤全席，席前点心、手碟，席面有四高装、四镶盘、四热炒、六大菜、二点心、四随菜、一汤，价16元。各种酒席席面餐具味碟，并备擦拭碗筷之小毛巾和瓶装牙签，一应俱全。企园酒家奉顾客为财神，笑脸相迎。顾客进门，主堂服务员即趋前迎接，安好座位，随即泡茶，递热毛巾，介绍菜目，凭客选点。从客到齐入宴至散席，服务员三次为顾客送上热毛巾供客擦嘴揩手，另换新茶，最后算清账款，代客交付，再彬彬有礼，送客出门，使顾客有宾至如归之感。企园酒家还开展出堂业务，包席上门，根据顾客要求，准时派人携带原辅材料、用具等到户烹制开席。

企园酒家以其雅致的陈设，精美的菜肴，誉满全城，名扬九澧，顾客趋之若鹜，门庭如市。澧县、石门、慈利、大庸达官富贾，家有喜庆则慕名前来包席。每逢春节，津市巨商纷纷在该店包席大宴宾客。有时该店应接不暇，须事前预订，安排日期。企园酒家声誉日隆，生意愈做愈大，愈做愈活，每日营业收入由初来时的60元左右增加到200多元；雇请人员由4人增至10余人，月工资亦较优厚，名师10～12元，一般师傅4～6元，另分小费，帮伙每人每天可分小费约1元，比同业其他酒家高出近两倍。

1949年7月津市解放前夕，国内政治、经济形势发生了巨大变化，官吏富商或携资外逃，或不敢进出酒楼，商场业务活动减少，宴业由盛转衰，企园酒家业务清淡，店主没钱赚，帮伙收入少，宋维藩乃将店铺及其餐、用具租给工人经管，改牌为劳工食堂，宋本人则在新码头横街租一小门面独自经营锅饺生意。1956年公私合营，劳工食堂从业人员和宋维藩都加入津市福利公司。不久，新兴工业城市株洲把宋维藩作为名厨师调往株洲饭店。

津市的小吃

⊙ 全永德

抗日战争时期，津市作为湘西的水陆码头，很是热闹，自然也少不了各种风味的小吃流传，也算是湘北小镇一景，值得回味。

娃儿糕

先说米货，大米是江南的主食，普通、平常，但一加工，也就风味各异。年岁稍大的人都忘不了娃儿糕，儿时的美味，小拳头大小，圆圆的，甜甜的，松软可口。蒸得好，中间十字开口，如果蒸之前在米浆里加两瓢红糖，那叫褐糖娃儿糕，颜色也变成褐色，味道更鲜美，不过要吃刚出笼的。如果是糯米浆蒸出来的叫米包子，像包子但没有芯子，出笼的时候讲究的还在中间盖上四个红点点，十分诱人，味道自然有差异。

甑蒸糕

甑蒸糕，发酵的糯米粉成小颗粒状为主料，而甑却很独特，木制蒸具只有口杯大小，每次只能蒸一个，蒸熟后把糕顶出，刚好把另外一个甑的料下好，这一个又蒸熟了，周而复始，比娃儿糕更可口，但出货率低，吃一个等一个，后面来的客人只能站着等候。能不能改进一下，还得等有心人出招。如果你想尝尝，金帆大厦门口还有一家在经营，不过要赶快，迟了难得等。

白糖酥

米货用油炸那叫炸货。黏米和糯米对开，磨浆、发酵，油温不能太高，下锅前把浆搓成香蕉大小、压扁，顺手一扭。出锅后得放在黄豆粉里，黄豆粉也有讲究，炒熟磨成细粉，但又不能糊，经黄豆粉一拌再夹起来，那叫白糖酥。黄豆粉的香味经热的白糖酥一拌，直冲鼻孔，莫说吃，闻闻就叫人流口水。

麻枣

得用纯糯米磨浆，沥干后，加白糖拌匀、发酵。搓成一坨坨生胚子在生芝麻里面打个滚，冷油下锅，反复两次，待油温升上来后再倒入锅中，胚子浮上油面后用铁丝网撩箕反复搓磨。出锅后，虽有橘子大小，只是一个空壳，但焦脆可口。

现在汪家桥的自然源餐馆制作麻枣有新的发展，出锅的麻枣有小西瓜大小，一盘一个，作为甜食上席，要吃得用剪刀帮忙，很有特色，不过不再是小吃，升格为席上珍品，不信？你可以去尝尝。

米豆腐

大米磨浆后不发酵，直接放在锅里煮，加少许石灰水，不断搅拌、煮熟、冷却，切成半寸见方的丁丁，再加热开汤，放上油、盐、酱油，还来一点干辣椒，但少不了萝卜丁，那叫米豆腐。端上桌时能洒点葱花，那就更好。1950 年代学生娃子过中，真叫价廉物美。1960 年代初，米豆腐又有新发展，为了提高出货率，加热的米浆特别稀，几乎不能成型，出锅后稍冷便倒入一个特制的方桶，桶的下方钻有一排排一厘米大小的圆孔，桶的下面放有一大盒冷水，热米糊糊流出来，不断地用木板在孔上面刮，米糊被刮断后变成一小坨一小坨拌入冷水中迅速冷却，区别于米豆腐，那叫白粒丸。更能进味，堆头又多，那个年代初很受欢迎。

绿豆皮

开汤小吃还有绿豆皮，也算米货，只不过磨米浆时加入了荞麦，加工复杂一些，先做成面皮再切条。因为是小吃，分量不多碗也小，水要开，汤要滚，端给客人之前还特意滴上几滴小磨麻油，香气四溢，你得赶紧往嘴里送，筷子一动，还没嚼出味道，碗里就没了，只剩下汤里的麻油香，汤也不多，赶紧喝下去回味回味，这叫少吃滋味多。早几年还有一家在卖，现在难得尝到了。

油糍儿

米货有特色的还有油糍儿，纯糯米不落锅，浸泡后打矾蒸熟，然后砸成糍粑状，不同的是它有芯子，芯子是绿豆蒸熟捏成圆坨，砸好的糍粑搓成条扯成胚子，包上绿豆芯子压成圆粑粑，入油锅再炸，外焦内软又有带盐的绿豆芯子，一两粮票一个，两个九分钱，买两个加二两烧酒，一醉二饱很是煞瘾。

米可以做那么多可口的食物，家乡劳动人民的智慧真是令人赞叹！这些大米做的津市本土美食，你都吃过吗？

油条

再说炸货。首推自然是油条，油条不用老面，头天晚上打作，配上一定比例的矾、碱、盐自然发酵，一个师傅一本经，互不交流。不同的是，有的师傅要油开锅冒烟才炸，有的师傅油温刚热就炸。好的油条酥松、焦、脆，看上去个头大，但用料不多，配上一碗豆浆或是甜酒，落口消融，那才叫享受，不像现在的有些油条，像一团死面，味道像馒头，实在是差点原有的风味。

麻花

炸货里面麻花也是重头戏，南方和北方的麻花不同在于老面多少，津市麻花讲究打作。打作时，老面要少，水要少，添上一定比例的皮糖，面要打得干，面要揉得匀，站灶的师傅要准确掌握油温，炸的时间要短，这就要求搓麻花要快。当年新码头饮食一条龙的刘师傅，他搓麻花简直算得一绝，只见他手、臂并用，一来一回，眨眼间一根麻花就成型，快得叫人眼睛都跟不上，他的麻花焦、脆，每一股都张得很开，很有卖相，保存的时间长。四乡八路的农村兄弟特喜欢他做的麻花，妇女过月子加餐，上山收割远离了家不方便就餐，麻花就派上了大用场，方便、简单、又能饱肚子，确实是好东西。

油饼

炸货里面的油饼，那是搭头，其他麦面食品的边角余料，收拢来拌上面粉，放在大锅里用一根木棒不断搅拌，熟后冷却，那叫熟扦。铺在揉好的面团上，不断地折叠让熟扦均匀地活在面中间，再制成胚子包糖下锅，吃起来松软可口，就是熟扦的作用。

酥饼

和油饼差不多的是酥饼，但身价不一样，酥饼不用熟扦，而是用熟猪油调生面粉制成酥，加工的过程一样，但包的芯子也讲究得多，自然味道更好，在炸货里面算上品。

春卷

当然，炸货中的上品还有春卷，春卷皮讲究加工，芯子配制要求不同，只是季节性强，过了春日，就很难尝到。要是你碰上了著名的白案师傅向麦生掌作，你尝到一个就不会走，干什么？等下一锅。

油炸坨

炸货里面还有油炸坨，两根筷子把面挑起一个圆圈，中间留孔。看似简单，其实还是要技巧，配料虽说和油条差不多，但和面的水要拿准干湿程度，一念之间，筷子要挑得起来。新洲的油炸坨名气大，老远就闻得到香味，不过五十年代初，城隍庙街有家招牌叫毛元记的饭馆，他炸的油炸坨很有特色：油炸坨中间填了一坨鲜肉糯米圆子，只要一下锅，鲜香扑鼻。儿时路过毛元记先要摸摸口袋，看钱够不够买一个油炸坨，要不然就绕远点，省得馋虫抓心。

纱爬散子

纱爬散子，现在已不多见，配料也和油条差不多，只是要把整个面团搓成肥肠粗细的一整根，一面搓，一面刷油绕成圈圈放在面缸里，开炸时把面条扯细，在左手和臂上绕上几圈，然后用两根筷子穿过，一绕下锅。因为形状特像以前绕棉线的纱爬，所以得名。吃起来焦脆可口，只是工艺复杂，几乎失传。

面窝

新码头的刘面窝，也算一绝。他的面窝一个个炸出来像车股子，发酵掌握得准，从不轻易压碱，米浆里还拌上一些葱花，格外清香诱人。

兰花豆

1960年代初的兰花豆，也很稀罕，正宗的兰花豆是要将近八九分熟的新鲜豌豆，用小刀在上面划一道十字口，加少许盐再炸，不收粮票，五分钱一小碟，再加二两红薯酒，那味道，现在都在回味。我想，比鲁迅先生笔下的茴香豆，味道也不会差，也许更让人怀念。

家乡是美好的，风土人情，点点滴滴都记在老津市人的心中。说说小吃并非为了吃，有人曾说"醉翁之意不在酒，而在山水之间"，爱也是有醉意的。弹指一算，老朽已近八十，记忆渐差，难免疏漏出错，回首这些小吃慢慢品味，也觉得有些地方特色，算是一景，特记之。

米面

北方有面，南方也有面，不过是米面，大米掺上一定比例的饭磨成浆，然后攒成面皮切成条，虽说汤、码和麦面差不多，但米面讲究宽汤，味道硬是不同，清爽入味，很适合津市人的口味。至于后来的炒米面，有人把米面条放在锅里加猪油炒，拌上黄豆芽不开汤，也别有一番风味。

新合楼的包子

要说面食蒸货，首推新合楼的包子，选料讲究，正宗的鲜肉芯子，从不作假，味道特鲜。新合楼的包子卖得也很讲究，从早晨卖到上午九点，没卖完也不再卖，留到第二天打火，所以，要吃新合楼的包子，一定要赶早，过九点就买不到了。伏油包子一咬，你得十分小心，不然嘴角流糖流油，拿起包子的手也会"沾光"，烫得你直叫，假如你图方便用舌头舔手臂上的糖，头一低，手自然向后一扬，那伏油包子的热糖热油就会滴在背上，这叫津市的一句俗语：吃包子烫背心。

记得我姑父胡荣诚是老津市，曾经和郭贻万是老店员同事。1960年代退休后随子女移居汉口，1980年代初，我出差到汉口，问他要带点什么津市土特产，他交代："什么也不要，把新合楼的包子带四个。两肉两伏油共四个。"可见津市新合楼的包子并不比汉口冠生园的小笼汤包差，你信不信？再说津市人对包子有所偏爱，以前每年端午节，大街小巷的饭馆，从初三下午捡场，初三一整夜，初四一天一夜，初五凌晨收工，日夜加班蒸包子，到初五的上午九点钟前后，全部卖光，一个不剩。那个热闹景象，现在六十岁以上的津市人都会记忆犹新。除了包子，还有馒头、花卷、金银卷、马蹄卷、蛋糕，值得一提的是馆里的蛋糕现蒸现卖，和糕点铺的蛋糕不同，吃在嘴里不发干，自然好进喉。

芽子锅盔

面食里的烤货也很有特色，老冰厂的芽子锅盔，又叫草鞋板，尤其是易善国师傅烤的，焦黄、喷香而不糊，撒点葱花、几粒芝麻更添了特有风味。三个锅盔可以饱一上午，价廉物美。要提到的是一文拐的路口建设剧院对门有个小老头也烤锅盔，他的锅盔是圆的，鲜肉芯子风味特别，焦、脆、飘肉香，吃的人赞不绝口。但老头脾气特大，每天十斤面粉，做完收工，从不加码，也不订货，这个规矩也许造就了他的名气。

望江楼炒面

至于各种盖码的面食，经营者得要高桌子、低板凳，食客得要登堂入室，那已经不在小吃之列，不属本文所载的范围，但望江楼的炒面值得一提，水面走油锅妙在一个"走"字，不是炸面而是走，水面就在铁丝的撩箕里，慢慢从热油面淌过，看成色反复几次装盘，然后爆炒三鲜带汁、盖码，趁热上桌，色、香、味可以和名菜云南锅巴媲美，绝不逊色，可惜很难找到传人，令人失落。

饺饵

津市的饺饵和北方水饺不同，关键是面皮的制作，大案、手杖，一次打作最多两斤面粉，加鸡蛋，作要打得干，手脚到堂，擀出的皮子要薄又要有韧性，包的饺饵煮熟后呈半透明状，可以隐约看到里面的芯子。卖饺饵的是一副担子，一盏马灯，击打一只空竹筒，汤开水滚，夜深人静在街头巷尾能来上一碗，饱肚驱寒，有说不出的惬意，用现在的时髦话说叫"爽，特爽！"

船上叫卖

爽的还有，津市畔津而市，澧水绕城而过，晚上停靠的大小船只自然不少，每到入夜初更时分，就会有一叶扁舟，船头挂着一盏马灯，穿梭在舟楫之间，船老板嗓音独特，拖着长腔吆喝"卤——蛋卤干子的酒啊，饺饵的面——咯，猪蹄子——。"一声声的吆喝声，一高二低，有腔有板，像船夫的号子，更像合着特殊的曲谱，尾声拖得很长，在夜色笼罩的河面上回荡，老远、老远就听得到。

吆喝声好听，吃货更诱人，不时地有人喊住小船，买上几样对月小饮，和风习习岂不美哉？虽说是有酒有菜，但无厅无堂，沿江叫卖，也只能算小吃，物美价廉，很受船夫欢迎，不过那吆喝声越传越远，现在也许还能听到。

锅饺

小吃有蒸、煎、炸、炒，其他都讲了，现在说说煎，普通的是汽水粑粑，一口缸改的柴火灶，配上一口平底的煎锅，准备好发酵的米浆就可以开张了，一把火烧过，两分钱一对，小学生中午放学，娃娃们多，生意也还不错，这是普通的煎货。高档一点的有锅饺，鲜肉泥拌鲜韭菜做芯子，面皮是烫面，现擀现包，关键是上衣子，就是那层薄薄的灰面壳壳，水煮过后不熄火，再淋上两瓢菜油，听到锅里炸得响，揭盖，用铲翻过来衣子朝上，锅饺在下，再煎分把钟就可出锅。当年群爱饭店的刘师傅不用铲，双手端锅朝上一抖，整锅锅饺带衣子翻过来接入锅内，一滴油都不溅出锅外。饮食行业也可以显出"艺高人胆大，胆大艺更高"。莫说吃，就是看看煎的功夫也都是一种享受，现在卖的锅饺还得参参师。

水煎包子

档次稍低的是水煎包子，用的是发面，芯子配料没那么讲究，少量鲜肉切成丁，先在锅里放点酱油烧一烧，然后拌上黄干子、芹菜，芯子要有汁水，1960年代初，食材缺乏，萝卜煮透成泥，再拌点肉调味，也能做成芯子。煎法和锅饺一样，也要上衣子，吃起来更实惠，味道也不得比锅饺差，价格也便宜些，只是煎货得另外配碗汤，尤其是刚出锅的，吃快了嘴里容易打泡，有碗汤就好得多，一口一口更能品出煎货的滋味，不信你可以试试。

津市苏食

⊙ 韩川

有人从老家来，总会带一些老家的苏食，正月带酥糖，中秋带薄切，平时带桃酥，使我们有口福，在千里之外享受老家的美食，尽管牙齿有点疼，尽管医生叮嘱要少吃甜食。

津市糕点之精美，远近闻名，曾畅销湘鄂川黔四省一百五十多个县市。明朝中叶，徽商来到津市经商，到清初，已经有十三省会馆，各地风俗文化、生活方式在这里冲撞、融合，形成了津市独特的饮食文化。

中国糕点有广式、苏式、京式之分。津市旧时糕点作坊有恒源福、义源生、汇源祥、公盛荣、其昌斋、仁和、同仁福、大昌福（均正街）黄炳记、怡和协、德亿长、晏庆昌（均后街）德和大（会仙桥）等数十家，作坊以苏式为主，少数作坊也生产广式、京式糕点。加上作坊多以安徽、江苏师傅居多，故津澧一带称糕点为"苏食""酥食"，而荆沙一带称"茶食"。

旧时作坊，主要生产酥糖、桃酥、雪枣、绿豆糕、薄荷糕、蛋糕、枸杞蓺、花根、麻果、寸金糖、法饼熬烘片、雪片糕（云片糕）、烘糕、金钱饼、胡椒饼、惠福来、桃酥、盐薄脆、五香饼、麻占、寸金糖、芝麻片、牛皮糖雪枣、麻枣、瓜片糖、姜片、月饼等数十种糕点。少数作坊还生产各种果脯蜜饯。津市糕点虽说是"苏食"，却兼有各家之长。欲说津市糕点之精品，当属麻蓉酥糖，在湘鄂一带小有名气。酥糖是用麦芽糖、芝麻仁、白砂糖、糯米等原料精制而成，不仅选料讲究，而且制作工艺复杂，仅麻粉的制作就有十多道工序，白砂糖与麦芽糖制作的粉骨子经过拌和、煎熬、起丝、冷却、扯白，最后宛若白霜轻抹、薄白如纸。酥松细润，叠层分明，香味纯正，甜度适宜，浓郁爽口，落口消融。

麻蓉酥糖大约是从下江传过来的，麻酥糖是徽州特色名细糕点之一。徽州习俗，过年时家家都要用酥糖招待客人，拜年走亲戚一定要送麻酥糖，从南宋流传至今。麻酥糖用炒芝麻和白糖加料制成，用红纸包成长方形，其味香甜、质感松软，是品茶时不可少的糕点。

寸金糖是徽州有名的早茶点心，取自"一寸光阴一寸金，寸金难买寸光阴"，也是一种夹心酥糖。旧时津市的葱果糖，与寸金糖、桂花糖相似，只是中间没有夹心的桂花、香元条。

旅台作家李策公先生是蔡口滩人，写过不少动情的怀乡散文。他在回忆儿时在津市街头提篮小卖的往事时说：所以叫它葱果糖，是一种以麦芽糖拉白，吹成约大拇指粗的糖管子，再切成每段四寸长，滚上白芝麻，因系中空像葱叶，并不是糖里有葱的食物。三十年来后，台湾在吃的方面，把大陆上南北口味都学会，唯有这种葱果糖未被发现。所谓"家财万贯，不如一技在身"，如果有人会制这种食品，我相信销路一定不错，可惜我想到口里生津。市面上所售的蛋卷酥，吃起来香脆可口，是老幼咸宜的食品。也像上述的葱果糖，是家乡的一种特产。

也许是从小养成挑食的恶习，到老也改不了。每逢中秋，尽管超市中各式各样的月饼琳琅满目，包装之精美，令人眼花缭乱。但是这里的各式月饼，我是基本不沾，而对津市月饼却是一往情深，一次可吃几个。2007年国庆长假回津市，我买了10多斤薄切带到广东，果然很受欢迎。其实津市也有苏式和广式月饼，但最受欢迎的是薄切。薄切流行于湘鄂一带，不同于苏式、广式，薄薄的，圆圆的，金黄色，宛如一轮明月，上面芝麻如繁星点点。表皮松脆，内含果仁，红丝桂花，酥脆可口，甜而不腻。吃薄切和吃酥糖一样，因为表皮酥碎，吃的时候，最好用纸接着，饼吃完了，再吃纸上的芝麻和碎屑，那真是回味无穷。桃酥各地都有，口味各异。或许是我的偏见，若论色、香、味，比津市好的桃酥，我还真没遇到过。津市桃酥酥松可口，油而不腻，甜香均恰到好处。

苏食如此，西点又何尝不是如此呢？外地的蛋糕不是太甜就是太硬，放到口里，就是找不到那种甜甜的、酥酥的味觉。津市糕点厂的西点师傅，原是芬兰教会的面包师，深得北欧糕点制作之真谛。旧时每年夏天，教会都会在庐山招待领事和各国传教士，丰盛宴席上的每一道佳肴，都是他的得意之作。后来他制作的面包，虽然少了杏仁，仍酥甜可口，透着一股淡淡的北欧风味。

亲不亲故乡人，甜不甜故乡水。对家乡食品的偏爱，到了骨头深处，到老也改不了。家乡的食品承载着太多的记忆，浸润着淡淡的乡愁，挥之不去，时时袭来。

刘聋子牛肉粉馆

⊙ 彭伯鉴

刘聋子牛肉粉馆，是津市一家颇有名气的以牛肉粉和牛肉钵子为主的小吃馆，它坐落在津市夹街（原西河街），至今已有40多年的历史（此文写于1985年）。当时这家粉馆店面不大，房屋非常简陋，但却以独特的牛肉风味名扬九澧，招徕了无数顾客。

刘聋子粉馆的开办人刘松生，汉族人，1898年生于常德，幼年时因中耳炎导致耳聋，于是刘聋子便成了他的绰号。15岁时，刘松生父母双亡，他便到常德沙河街（现民族街）帮几家宰坊看牛，扫牛粪，宰坊宰牛时，他喜欢在旁观察，煮焖子汤时，他爱闻那股香味，老人议论牛肉优劣，他便记在心上，特殊的环境和喜问好学的精神，使他对牛肉的性能颇有了解，后来他挑一副熟食担子，串街走巷赶戏场，做着烧牛肠肺汤锅、卖米粉的生意。1930年与李才三结婚，婚后在刘松生姐姐的帮助下，在常德高山巷佃一个小门面开起馆来，并以其绰号命名为"刘聋子粉馆"。馆子规模很小，一副挑担放在门口，里面仅能摆两张桌子。1931年迁常德果行泉（现名烈士街）营业，规模有所扩大，生意日渐兴旺。然而，好景不长，1938年常德被日本飞机轰炸，刘聋子粉馆亦被炸毁。次年，刘松生夫妇带着一个养女来到津市，求助于姐夫彭思明，姐夫将坐落在夹街住家用的一个小门面让与他开店，刘松生便在里面摆上两张桌子，门前摆开一副担子，挂起"常德刘聋子牛肉米粉馆"的招牌，开始在津市营业。1943年他又租佃了对门的地皮，修了一幢简陋的木瓦房，迁至新居营业。刘聋子虽是汉族人，但他与回族人交往甚密，从而积累了加工牛肉的经验，经他制作的牛肉米粉和牛肉钵子，具有辣、滚、香、鲜的特点，烂度适中，咸淡适宜，与其他牛肉馆比较，确是独具特色，不久刘聋子粉馆便不仅在津市闻名，而且名扬九澧了。1943年冬，日本侵略军进犯津市，刘聋子一家三口逃至合口，在翦伯川家借住两个多月。1944年翦伯川因在合口的房子被日军烧毁，来到津市求助于刘聋子，刘聋子感其照顾，于是将门面、招牌和炊具租给翦经营，翦每月付给租费关金一元。1945年8月，刘聋子收回店面自己经营。至1949年下半年，刘聋子已狠赚了一些钱，女儿也已出嫁，有意歇一歇，便将店子同招牌租给李旭成经营。但是李旭成的生意萧条，经营亏损。1950年下半年刘聋子又捡手经营，直到1956年公私合营。1958年商业人员调动频繁，刘松生调往三洲街回民小吃部，刘聋子粉馆停业。1961年恢复名牌，刘聋子粉馆重新开业，刘松生两老进店掌作。1963年刘松生病故，产品质量有所减色。1966年5月，生产街回民饮食店和三洲街回民小吃部合并到刘聋子粉馆来，其时，回族人认为刘聋子是汉族人，不能代表回族，且本人病故。不同意打"刘聋子"这块招牌，于是改为"西河街回民饮食店"，1969年元月大砍合作商店，人员下放农村或街道，西河街回民饮食店也被取消。年底恢复合作商店，又将下放人员收回一部分继续开业，改牌名为"西河街饮食店"，取消"回民"二字，经营汉族业务。1973年4月又恢复"西河街回民饮食店"的招牌，然而由于该店在很大程度上保持了刘聋子粉馆的经营特色，群众仍习惯于叫它为"刘聋子粉馆"。

1983年，刘聋子粉馆的旧店已拆除，重新修建了一座6层楼房，一楼经营牛肉粉，二楼经营饭菜。刘聋子粉馆供应的牛肉食品汤鲜味美，之所以好吃，关键在于他使用的煮牛肉的香药与众不同。刘聋子在这个问题上也往往故弄玄虚，他购买香药总是不在一个药店配齐，而是东买一样，西买一种，神乎其神，店伙往往求教于他，他总是笑而不答。有一次他从楼上拿下一块药，在店伙眼前一晃，笑着说："香的就是这个。"一店伙后来看清了，原来他拿的就是"肉桂"，又名"中安"。据他的老伴回忆，原来刘聋子用的香药有20多种，究竟哪20多种，她也搞不清楚。现在人们知道的和使用的仅有13种，即：大茴、砂仁、中安、桂枝、甘草、陈皮、公丁、母丁、花椒、三乃、十景香、甘松、小茴。

刘聋子使用香药增加美味是一个重要方面，然而精工巧作却是最基本的功夫。牛肉进店不能让它沤在窝筐里，而要立即用铁钩挂上，分老、嫩、肥、瘦切成1斤左右重的块子，放在清水里浸泡，冬天时间稍长无妨，夏天只能泡一小时左右，清洗干净，挤出纤维中的血水，再用清水反复漂洗、挤压、直至洗清水，然后才能放入炉锅煮熬，煮熬时先将炉锅洗净上水，把香药用纱布装好，放在底部，上面加放牛肉，不要加盖。这样在煮时，牛肉的腥臭散发出去，香药的香味渗入牛肉中。

由于清洗时不可能将纤维中的血水全部挤出，所以煮熬时汤中有血泡浮起，这时要将血泡逼出，同时根据牛肉的肥瘦加放适量的牛油以增加鲜味。牛肉煮到手指能捏烂时便捞起，摊放在盛器内，然后视其原汤份量加入二分之一的清水，再行烧开，端下炉锅，逼尽浮油，澄清汤汁，使之透彻、晶莹，再将清汤舀进另一只炉锅，作为原汤，澄底的残渣血屑，清除干净。

一"热"二"净"是刘聋子粉馆的又一特色，俗话说"一滚当三鲜"，刘聋子下的米粉总是烫得滚滚的，吊的汤总是烧得开开的，一碗米粉端出来热气直冒，香气扑鼻，在下粉时他特别注意碗的清洁，下粉的碗先是一洗二清，临下粉时还要专用一白晶晶的抹布抹干余水。米粉在清水里淘洗二至三次再装入撩箕里，放在沸水里烫热后，沥得干干净净的，倒入碗内不见清水，再吊原汤、盖码子、放佐料。刘聋子粉馆的原汤非常珍贵，每碗粉就那么一小瓢，刚好把粉打湿，多要不给，而粉的鲜味也就正来自这一小瓢原汤之中。

津市的卤菜

⊙ 辜建格

　　入夏以来，津市的夜空里就弥漫一股浓郁的卤菜味道，那种香气让人们鼻子翕动，喉结翻滚，屁股骚动，怎么也坐不定了，六神无主，终于挨到太阳下山，夜幕降临，邀三五个朋友，切几盘卤菜，喝几扎啤酒，东扯葫芦西扯叶，漫漫长夜，炎炎苦夏，自然就已不在话下。津市是一座移民小城，津市卤菜也融合了各帮各派的特色，外观灵醒，口感纯净，很早就闻名遐迩。在津市之外的地方吃饭，酒席上即使有卤菜，我也基本上不吃，味道是一种比较固执的乡愁。

　　津市卤菜，不拘食材，花样繁多，自成体系，也算是有一个不可小觑的朋友圈，猪牛鸡鸭，荤的素的，能卤尽卤：卤猪肉、卤耳皮、卤猪脸肉、卤獠舌、卤蹄子、卤小肚子、卤大肠、卤肥肠、卤猪尾巴、卤脆骨、卤猪心、卤香肠、卤牛肉、卤牛肝、卤牛筋头、卤牛肚百叶、卤鸡、卤鸡爪、卤鸡拐、卤鸡蛋、卤鸭、卤鸭头、卤鸭爪、卤鸭胗、卤鸭架、卤鸭脖子、卤鸭肠子、卤鸽子、卤鹌鹑、卤鱼、卤蛇、卤咳蟆（青蛙）、卤脚鱼、卤小龙虾、卤干子、卤千张、卤藕片、卤土豆、卤毛豆、卤花生米……

　　卤菜并不神秘，配卤药、选食材、熬卤汁、煮食材、卤制、切菜、装盘、调汁，这是做好卤菜的几个主要环节，环环相扣，缺一不可。卤菜首先要配好卤药，有的餐馆大师傅有私密配方，一千个厨子就有一千种卤药的配方，无非是多一种料或者少一种料，再就是分量有些变化，大同小异，味道基本一致，有些细微差别。卤菜口味各有千秋，也只有老饕才品味得出来。过去配药一般去中药铺，现在菜市场也有各种香料，大大小小数百种，常见的也就是八角、桂皮、花椒、甘松、小茴香、白蔻、肉蔻、砂仁、香叶、公丁香、母丁香、沙姜、南姜、香茅草、甘草、草果等。现在超市、菜市场有精细配制的卤药成品，口味是中规中矩的标配，直接用，很方便，名副其实的"大众卤"。

熬卤汁就是要熬出卤料的浓烈芳香味，可去除食材的腥膻，增加食材的香味。讲究的还自己炒糖色，明净红艳，卤出的菜就好看好吃。偷懒的就直接用老酱油调色，颜色也行，味道也足，就是总感觉不如自己炒色那么纯粹。老卤汁只要保管得当，就不会腐坏，可以反复使用，越老越出味道，就如同美酒，如同爱情，有了年份，就有了陈香，就接近真谛。

做卤菜的食材都要洗净沥干水气，动物的"下水"之类食材更要处理干净。必须用天然材料手工操作，有些店家用化工产品处理食材，看起来光鲜艳丽，实则贻害食客，干的不是人事，用老话讲是要折阳寿的。很多食材要预先焯水�煮，可以去些异味，食材有个八成熟就可以捞起进卤汁锅里卤制了。卤制时间根据食材性质长短不一，可以文火浸润一段时间，不急不躁，卤制的食材才能更透彻地入味。有人卤干子（压得比较干的豆腐块）要卤制两次，第一次卤了放到太阳下晒，最好是当西晒的地方，晒的时间长些，晒得更为彻底，再放到卤水里卤，这样卤制的卤干子嚼劲十足，切细片拌料或者直接吃都是喝酒的极品。

津市街上的"站长卤菜""无名卤菜"两家店子算是专业做卤菜的，口碑一直很好。但是，最红火的当然属于夜市大排档的，基本上是些"大众卤"。但不管任何人说得天花乱坠，卤药就是那些基本配方，多一味少一味，一点细微差别。白卤、红卤也就是用辣椒或不用辣椒、上色与不上色的区别，味道不会偏差太远。所以，津市卤菜的关键其实不是如何卤，而是如何吃，吃出趣味才是津市卤菜的精妙所在。

卤制的食材都已熟透进味，都可以直接吃，但是有些卤菜是天生的可以直接吃，如卤蹄子、卤干子、卤鸡爪、卤猪尾巴、卤鲫鱼、卤小龙虾，不用斩切小块，不用蘸料拌料，用手拿着，直接撕，直接扯，直接吃，直接啃，我戏称为"裸吃"，一口卤菜一口酒，吃得满嘴卤香，不受姜蒜葱花的袭扰，如此纯粹，如此干净，如此洒脱，如此豪放，不是一个浪漫主义的诗人，都是一个有故事的浪漫人。

但是有的卤菜还是要剁成小块装盘，比如卤鸡、卤鸭、卤鸽子、卤鹌鹑之类，否则，整鸡整鸭，无从下手，鸡鸭之类肉质细嫩，卤制时间就要浅一些，进味可能不太充分，就还要配上一小碗特制的蘸料，加强味道。更重要的是夹一块卤菜，蘸一点料，有了一个时间差，如此这般，显得收敛，有些雅致。其实卤猪蹄也可以剁小块配蘸料吃的，只是卤猪蹄天生粗犷，过于斯文，风格不符，不够刹瘾。

回锅炒卤菜又是另外一种风味。如卤肥肠冷却之后，脂肪凝结看起来就有些腻，不妨改刀切丝，用青椒、大蒜掺杂回锅炒，油汁饱满，却不肥腻，香润可口，极其下饭。将谷鸭先卤制，再剁块回锅稍炸炒香，然后盛到钵子里，加大蒜、辣椒，用小火煨起，比普通的红烧、香酥、炙烤、清炖之类的做法口感味道又别具一格。

不过更多的卤菜，如卤小肚子、卤耳尖、卤脆骨、卤牛筋头、卤牛肉、卤牛肝之类，适合切块切片切丝装盘，多种卤菜可以任意组合成拼盘，夜市大排档上常常听到喊：老板，来个"猪拼"，来个"牛拼"，老板不用多问，心知肚明，一会儿拼盘就切好了，浇上姜蒜泥、油辣椒，淋点陈醋麻油，撒些香菜、葱花。如果仅仅只到此为止，效果也佳，但是有些卖家偏偏要将拌料拌匀之后上桌，结果那盘卤菜显得极其凌乱，卖相不好，影响食欲。

对于津市人来说，没有什么问题是炖一个钵子不能解决的，卤菜也可以炖着吃，这就是激情四射的热卤。将已经卤制的鸡翅、鸡爪、小肚子、牛肉之类放到钵子里面，加足量的葱姜蒜、干辣椒，用小火煨炖着，还可以加些香菜、葱花，热气腾腾，油汁翻滚，酱色醇厚，看起来都有食欲。那种滚烫之中的浓香，中草药味、姜蒜味、辣椒味、香菜味、葱花味，那种浓烈、复合的香味让人无法拒绝，让人浮想联翩，直接勾引你的眼睛，你的鼻子，你的嘴唇，你的舌头，你的牙齿，你的咽喉，你的肠胃，你会义无反顾，赴汤蹈火，呼之拉之，辣得流眼泪就喝一口冰啤酒，喝到最后，浑身四水汗流，就干脆脱了上衣，光着膀子继续喝，那种爱恨交加浑身舒爽的劲头使你停不下嘴。

吃卤菜居然也是一块试金石，温文或者尔雅，豪爽也许闷骚，你的为人处世是什么风格，你的个性是什么走向，在你拿起筷子端起杯子的一瞬间就暴露无遗，不管选择什么吃法，你一定会吃出别样的趣味。所谓人生，没有别的，做什么事情，无拘无束，尽兴尽情，应该就是难得的境界。

你来或不来，我都在津市等你，直接"裸吃"的半边卤猪蹄，配蘸料吃的卤鸽子，拌料加香菜的牛筋头，再加上几块当了西晒、卤了两次的卤干子，再炖一个热卤，倒上几杯冰啤，在嘈杂声中，消磨夏夜的酷热，这人间真实的烟火，一定给你留下深刻的记忆。

凤尾菜

⊙ 彭伯鉴

凤尾菜是津市著名的地方特产，由一种叫做大兜菜的萝卜，精心腌制而成。它的金黄色的果头连着一丛细密的金黄色菜叶，宛如金色的凤尾，色泽光润，气味芳香。其果头无论切片、切丝、切粒、炒肉、炒豆豉、炒大蒜、炒辣椒或生吃都清脆可口；其菜叶无论氽汤、干炒、蒸食都香气扑鼻。它不仅畅销湖南、湖北、广东等省，而且在我国香港、澳门，新加坡，马来西亚等地市场享有盛誉，与四川京冬菜、榨菜齐名，深受外商欢迎。

在津市郊区，农民历来就有种植大兜菜的习惯，这种菜叶子茂密，果头硕大，含水量较少，不如一般萝卜鲜嫩。可以鲜食，但不太好吃，居民把它买来，一般把叶子切下来做盐菜，把果头腌晒成咸萝卜。菜农也把鲜销后多余部分如法腌制，然后将果头运往集镇销售。后来人们又将果头和叶子一同腌制，取名叫大兜萝卜。

1926 年，津市附近江湾的正兴长糟酒坊看到大兜萝卜味道鲜美，群众喜爱，于是购进鲜菜三四十担，腌制成一千多斤大兜萝卜，运往长沙交水果行销售。长沙的小贩则从水果行转手贩卖。他们见大兜萝卜的菜叶与想象中的凤凰尾巴相似，而凤凰又是吉祥之物，就给它取了一个"凤尾菜"的美名，满街叫卖。"凤尾菜"的名字就这样叫开了，运往长沙的凤尾菜也销售一空。凤尾菜在长沙打开销路后，津市的三友、同永福等南货店纷纷投入生产。1932 年以后几乎津市凡有酱园的南货店都生产凤尾菜，据统计不下十余家。每年每家腌制三百至五百担，少的也腌有百来担，主要运往长沙销售。从此凤尾菜便成了津市各酱园的主要产品。

1956 年公私合营以后，各南货店酱园合并，成立了干菜厂。凤尾菜的生产便集中到该厂，1957 年经外贸局注册，商标为"金鸡牌"凤尾菜,开始远销我国香港,后来又行销到我国澳门、新加坡、马来西亚等地。1957年到1981年间,津市干菜厂共生产凤尾菜12万多担,出口65252担,占总产量的54.4%。最高年产量为1962年的9065担,其中出口7850担。1980年6月"金鸡牌"凤尾菜被湖南省人民政府批准为优质产品。

腌制凤尾菜的鲜菜按品种分有细花叶和大花叶两种,以细花叶质量好;按收获时间分有冬菜和春菜两种,立春前收获的叫冬菜,质量好;立春以后收获的叫春菜,它皮厚、肉老、生茎,而且容易空心,质量较差。

制作凤尾菜有四道工序。第一道工序是腌制。以前腌凤尾菜都是用大缸,后来干菜厂大批量生产,一部分改为用圆形水泥池子。腌制时首先将鲜菜的须根削尽,但不可削伤果头皮,然后果头向上,菜叶向下,在缸内分层排列。每排满一层即用脚踩紧,放少许盐水,再撒上一层盐,这样逐层将缸(或池子)踩满为止。每百斤鲜冬菜需用盐8斤,春菜用盐10斤。经过腌制,鲜菜的水分被浸出,体积缩小。第二天,原来满缸的菜变成了半缸,这时又可在上面继续加踩鲜菜,直到缸内的盐水达到缸面为止。然后用木板或竹竿铺放缸面,用石头压紧,腌制后每天检查一至二次,防止缺水,一旦缺水缸内则发热,表面生白蒲、泥滑,最后霉变。发现缺水要及时加水(经煮沸后冷却),发现霉变时,要及时将上层霉变的菜剔出,另行处理。

第二道工序是洗刷。冬菜盐腌20至25天,春菜盐腌12至15天后即可洗刷(冬菜果头肉心比春菜果头肉心厚实,所以腌的时间要长一些)。洗刷时仍在池内的盐水里,用刷子将果头一个个刷干净,遇到果头的缝隙间夹有泥沙时要用竹扦子把泥沙挑出。洗完后再用澄清的盐水漂洗一次,但始终切忌沾生水。

第三道工序是出晒。经过洗刷的凤尾菜要抓住晴天,及时出晒。如腌制时间过长则会发酸、腐烂、变黑、败味。晒菜时先将晒坪分垄拖沟,铺上芦柴、竹垫或干草,以便底层通风。然后将菜叶抖齐,分行排列晒在上面。由于菜叶茂密,不易晒干,所以必须采用上午果头向西,下午果头向东排列,晒到稍呈白色后方可翻晒。晚上无雨要夜露,早晨露水未干不宜早翻。冬菜连续晒10天,春菜晒7天。视其干湿的程度,可适当提前或推迟1至2天。在晒菜的中途如遇下雨,必须及时将菜抢收进池或堆码加盖,防止生水浸入。冬菜可堆放3至5天,春菜只能堆放24小时,时间过长便会发热霉变。久雨不晴,则应将菜放入缸(池)内踩紧用盐水浸泡。

第四道工序是检验包装。凤尾菜晒干后要一个个检验,如发现菜叶霉心,果头起滑或硬心，则应剔出，另行处理。菜叶蔫了的还要放在那里让它回润，然后将检查合格的凤尾菜装入木桶逐层踩紧，上面盖一层菜叶闭封，放在阴凉的地方，一个月后取出。这时凤尾菜呈金黄色，光润柔软，芳香清脆，最后将过长的叶子剪成 6 寸长，按凤尾菜大小分为甲、乙、丙 3 个等级包装。甲级每斤 1 至 3 个，乙级每斤 4 至 6 个，丙级每斤 7 至 9 个。新中国成立前用篾油篓成装，将凤尾菜层层装好压紧，盖上木盖，糊表一层皮纸封口，贴上商标，涂上一层光油即成，每篓净重 100 斤。1949 年后，内销用麻布袋包装，每袋净重 25 斤；出口用木箱包装，木箱长 58 公分，宽 36 公分，高 34 公分，箱内用料血、石灰、豆腐拌匀糊表一层皮纸，干后刷一层光油，每箱净重 100 斤。

五香黑豆豉

⊙ 黄登书

五香黑豆豉，又名菜花豆豉或盐豆豉，是津市传统产品之一。它除供应市区外，还畅销湘鄂西一带，久享盛誉。

五香黑豆豉营养丰富，素有植物肉之称。食物蛋白质中所含的氨基酸有 20 多种，五香黑豆豉就含有其中多种组成部分，而且味道鲜美，豆香浓厚，色泽乌亮，颗粒饱满，价格低廉，易于保藏，深受人们喜爱，为蔬菜淡季中的度淡佳品。如在日常膳食中荤素混食，能起到蛋白质互补作用，对保持人体健康具有重要意义。该产品于 1981 年元月被评为常德地区优质产品。

黑豆是制作五香黑豆豉的原料，除澧水流域种植外，湖北、河南等省均有生产，其中以湖北郝穴、湖南慈利江垭和津市新洲所产为最佳。

津市制作五香黑豆豉的办法是 1912 年从江西传来的，纯系手工操作，设备笨重，劳动强度大，工序较多，周转期长，经营这项业务的作坊一般都附设在南货店内。开始经营的是义源生南货号，嗣后逐步发展，计有：恒源福、其昌斋、公盛荣等 8 户，每年销售约两万担，常感供不应求。1930 年后，相继又有德和大、百禄斋、芝兰斋等 11 户经营和制作，其中资金最大的如其昌斋、芝兰斋约有光洋两三万元，最小亦有四五千元不等，但均以经营南货为主。

1954 年粮食统购统销后，外省原料断绝，我省产区计划调拨不足，以致生产停顿。1956 年全行业公私合营以后，南货业原工商业者和工人、店员均因工作调动而分散在各个不同岗位，只有少数人员归口在蔬菜公司干菜厂，继续生产。但由于原料缺乏，所以一直不能满足市场需要。

1978 年党的十一届三中全会以来，对农业实行承包责任制，促进了生产的发展，黑豆产量有了一定增长，为扩大五香黑豆豉生产开辟了原料来源。津市干菜厂 1980 年生产五香黑豆豉 26.13 万斤，销售额为 12.23 万元。恢复了湘鄂西边区和本省益阳等地区的销路。

现将五香黑豆豉操作方法简介如下：

1. 将黑豆过磅下缸，用水浸泡 2 至 4 小时，每百斤黑豆拌青矾二两，把缸内水面浮现的破豆、杂质捞净。

2. 将浸好的黑豆取出沥干，上甑蒸熟至无青气，不沾牙，再倒出冷却。

3. 冷却后，摊放在簸箕内，上霉房发酵 7 至 10 天，至豆胚呈现淡黄色霉，霉房温度应保持在 35℃～ 37℃之间。

4. 豆胚从霉房取出后，在簸箕内搓散，用冷水洗涤、沥干，堆放在窝筐内，用草垫盖紧再进行发酵，经 10 ～ 12 小时，待豆胚发热时即进行翻窝，翻窝时用温热水与豆胚拌匀，经过 12 小时转入木桶内盖紧。

5. 再经过 24 小时后，按 10% 比例下盐即可上缸成装。

经过上述方法制成的盐豆豉，每百克中含水分 39.8 克，总酸（以乳酸汁计）2.26 克，氨基酸态氮（以氮计）0.92 克，蛋白质 23.7 克，食盐（以氯化钠计）13.4 克，大肠菌群近似值 30 个，砷、铅等有害元素均未查出，符合优质产品条件。

津市的麻蓉酥糖

⊙ 彭伯鉴

　　麻蓉酥糖是津市历史悠久的传统名特产品，由白砂糖、皮糖、芝麻仁等制作而成，具有酥松细润、层次清晰、香味纯正浓郁、甜度适宜爽口等特色，深受广大群众喜爱，畅销湖南、湖北两省各大、中城市和邻近各乡县镇，以及贵州省铜仁地区各县市。

　　酥糖，各地均有生产。但做法不一，至于何时传入津市，已无法查考。据采访调查，早在两百年前，即有酥糖上市。富商巨贾，喜好此物，并以此作为上等点心招待客人。津市最早生产酥糖的是瑞芳斋、仁和斋，以后有谦吉祥（后改其昌斋）。由于酥糖细腻酥松，油润爽口，销售逐渐扩大。民初以来，先后有公盛荣（后改鼎和）、义源生（后改怡大）、德和大、义兴源、春源义等制作。1937年前后，又有百福斋、百禄斋、芝兰斋、大陆、大昌等相继生产，前后生产酥糖的南货店（号）共计13家。此外，还有徐文赐、唐宏国、李本德、复兴、唐家香、梁美发、易元记、向××、张殿初、厚福、稻香村等11家小作生产，其中以其昌斋采用黑芝麻做的黑芝麻酥糖最有名气，吃起来香脆可口，酥松油润，含有焦盐清味。但在抗日战争初期其昌斋已不生产。

　　酥糖是一种季节性生产的糕点，气温高于10℃时，糖易溶化，易走香味和油脂，只能在入冬以后生产，生产工序较为复杂，利润不高，商户不愿多做，只是为了争夺店誉，应付门面而已。糕点小作坊主要做适合农村销售的粗货，如盐包脆、芝麻饼、小糖果等，酥糖也做一点，但不求质量。还有稻香村、张殿初两家小作，做些小叠酥糖（比一般酥糖小三分之二），夹在中间的不是肉芝麻糖粉，而是黄豆粉为主，加适量的黑芝麻和糖，因此又叫豆香酥糖，这种酥糖成本低廉，味道劣下。

　　新中国成立前，酥糖年产量不过130担左右，抗战时期，由于人口剧增，经济活跃，产量增至 200 余担。新中国成立后，1956 年公私合营，津市副食品公司组建了糕点厂，为了继承和发扬这一名特产品的传统工艺。1978 年该厂成立了技术攻关小组，历经多次改进，产品质量逐步提高。1979 年 12 月，经常德行署评为优质名特产品。1981 年 3 月，被评为全省同行业优质产品。1981 年 12 月，经省人民政府审定批准为优质产品。1981 年以前，年产量约 300 余担，主要销售本市。1981 年评为全省优质产品后，销售市场遍及湘鄂两省，年产量 1981 年 646.7 担，产值为 7.55 万元；1982 年增至 818.7 担，产值为 10.43 万元。

酥糖的制作流程是，首先将原材料加工成半成品，即麻粉子和糖骨子，然后再制为成品。

麻粉子制作过程如下：去麻壳，把芝麻放在缸（池）里，用水浸泡。热水泡 6 小时，冷水泡 8 ～ 9 小时，以水淹没芝麻为宜。然后捞起装在箩筐里沥干，沥干后放入和料机里甩打，同时加入适量植物油（一箩筐二两五钱油）。经过甩打去壳，再倒入箩筐，下河冲洗，壳即浮在水面，最后晒干便成为"肉麻"。

炒肉麻：肉麻晒干后，经过筛选，即用粗筛、细筛两次筛选，除去杂质和草灰，再放入适量的温热水发潮，后入锅炒熟，一次不可多炒，2 ～ 3 斤即可。多炒不易翻匀。火不可过旺，防止烧糊，用去过巅的竹扫帚在锅里来回舞动。肉麻炒成白黄色，颗粒丰满，用两个手指姆能碾成粉子即熟。

糖粉：将白砂糖用磨粉机磨成糖粉。

炒面粉：把灰面放在锅里炒成焦黄色。

拌和：将上述熟肉麻、糖粉、熟面粉按比例（即熟肉麻 100 斤，糖 125 斤，熟面粉 2 ～ 3 斤）充分和匀，再用麻筛筛一道，使其进一步拌匀。然后放入磨粉机连续两次磨粉、筛选，即成为酥糖粉子（又称"麻粉子"）。

制糖骨子：用白砂糖 60%、皮糖 40%，入锅加适量清水熬制，用一根撩杆徐徐舞动。待糖起丝后，用一根短木棒，让糖浆糊在木棒上，放入冷水中冷却，进行检验。糖遇水冷却凝固，不沾木棒便成。然后倒在盘中，待冷到不烫手时放入扯糖机里扯白，取出后用糕粉（糯米粉）保养，便成为糖骨子。

制成品：以上麻粉子和糖骨子均为半成品。尚需撒粉开皮，叠层开条，切块成型，成包装盒，才能成为成品。做成品时，一面把糖骨子敲碎，放入盆里加热软化，一面将麻粉子炒热，将软化后的糖骨子放在案板上用滚筒开皮，上面撒麻粉子，再折叠过来，又撒一层麻粉子，每叠一层即撒麻粉一层。然后，用力压紧，开条切块，成包装盒。

最是难舍望江楼

⊙ 陈小鹰

啊哈！有钱人在望江楼嗑瓜子饮酒，没钱人在街上行走哇……

从小听民间艺人说书，开场白往往就是这句话。尽管那时不知道望江楼是什么，它在哪里，但充满着憧憬和向往：那是一个有钱人去的，好多好吃好喝的好地方。

稍大才知道，望江楼在津市，离我住的澧县县城约20里地，是个繁华热闹的城市。

读中学后，在节假日去过几趟津市，都是走路去的。那时澧县到津市一天只有两趟班车，三毛钱的车费对我们来讲太奢侈了，所以来回都是步行。在公路上碰到运货的马车，求情后或许可搭个便车，后来人大了胆也肥了，扒过拖拉机、卡车，很有成就感的。

北有沙市，南有津市，是那个年代的流行语，津市沿澧水两岸而建，是个水道交通枢纽，几百年的货物集散地，因此又叫"津市大码头"，人称"小南京"。

"舳舻蚁集，商贾云臻，连阁千重，炊烟万户。"就是古人对津市的绝妙写照。

望江楼就坐落在澧水河畔的码头岸边，登楼极目远眺，水上樯桅如林，百帆待发，渡船如鲫，汽笛和鸣，岸上建筑错落有致，商楼鳞次栉比，百年江景如梦似画，令人叹为观止。

望江楼建于1959年，最有名的是它大门的楹联：饮武陵酒，品鹤峰茶，望皇姑秀色，听江水涛声，九澧名楼今胜昔；吟太白诗，诵东坡赋，招屈子忠魂，忆贺龙壮举，千秋佳话慨而慷。

真正一睹望江楼的风采，已是几年之后了。

1972年，我高中毕业，几个同学约好专门去津市玩玩，参观一下当时湘北地区最高级的津市百货大楼，再看场电影。走出百货大楼就是轮渡码头，人群熙熙攘攘，接踵而至，再向左边一看，望江楼三个大字赫然入目。

啊，这就是传说中的望江楼！管他有钱没钱，进去看看又不犯法。于是我们麻起胆子，人生第一次走进了望江楼。

刚进门，口水就涌出来了，我的妈呀，实在是太香啦！隐约仍能记得那个味道。望江楼一楼是冰厂，各种冰饮品种很多，从几分钱一杯的甜冰水、橘子汁，到一毛左右的绿豆沙、冰甜酒和麦乳精，最贵的就是冰莲子，是三角一碗。二楼是茶室，以中老年人为主，喝的都是盖碗茶，辅以小碟瓜子花生点心之类。三楼是小吃饮食，望江楼名扬千里好吃的东西都在这里：三鲜面、牛肉粉、肉包、汤包、锅贴、蒸饺……令人目不暇接，垂涎欲滴。再往上才是正式吃炒菜，炖钵子的餐厅，各种各样钵子随客人需要，再配上炭火炉子。依稀记得杂烩钵是一元一个，甲鱼钵是一块五。

望江楼里人声鼎沸，盅碗叮当，热气腾腾，香味扑面。终于见到了打书匠所描绘的"有钱人在望江楼嗑瓜子饮酒……"的真实场景！

楼上楼下走了一遭，口水不知吞了多少，肚子饿得咕咕直叫。我们一核计，既然来了，不能白跑，总得吃点。干脆，不看电影了，省下钱来每人吃了碗一毛八的肉丝面，虽只半饱，却品尝到了传说中的人间美味。

翌年，我们这届高中毕业生全部下放到七里湖柴山管理所（现为澧县芦苇总场），成为了光荣的上山下乡知识青年。

芦苇场地处澧水下游，洞庭之滨。澧水流入洞庭湖形成了许多支流港汊，冲积出大片的滩涂河洲，形成了一望无涯的芦苇荡，我们就在这片广阔天地里炼红心。

津市，就是我们从老家到农场去的必经之地。冬去春来，时光荏苒，一年总有几回途经津市，逛逛街，闹闹事，看看电影，当然少不了去望江楼打打牙祭。

我们下放的是国有农场，每月有 8 元津贴，在当时 8 元可不是个小数目，偶尔在望江楼解解馋完全不是问题，当然也只能吃个包子面条什么的，不敢奢望吃点菜。

芦苇场每逢秋冬之交时是最忙的收割季节，几乎全县的农民都会聚集在这里砍芦苇，打包成大捆的芦苇像一座座小山似的，整齐地堆码在河洲之上，等待着全国各大造纸厂的铁驳轮来把它们拖走。芦苇可是造纸的上等原材料，也是我们县里财政收入的主要来源，所以小小的芦苇场居然是县财政局的直管单位，可见我们下放到这里是沾了光的，小日子过得还真不错，至少饭能吃饱，还有些小钱花，使得下放到纯农村的其他知青们对我们羡慕不已。

在这收获的季节，我们把芦苇顶端的穗须剪下来，扎成扫帚，挑到津市去卖。这种芦苇扫帚是当时最好的扫把，好看又耐用，小的扫床扫灶，大的扫地，很受欢迎。每年到街上卖扫帚也是美差，因为可以到津市大码头玩玩，多好的活呀。

有次终于轮到我们五个哥们了，卖完了扫把，天色尚早，商量着在哪吃晚饭的事，我说每次在望江楼都吃的小饮食，今天要不吃个点菜？大家一拍即合，来到望江楼炒了几个菜，饱餐一顿，算是了却心愿，好歹也是在望江楼作古正经下过馆子的人了。结账时总共三块五，每人摊了七毛钱。

回到场里，自然忍不住向哥们姐们炫耀一番，谁知闯下了大祸。

先是被积极分子举报，说我们大吃大喝，铺张浪费。接着查我们吃饭的三块五是不是贪污的扫把钱，这可是犯罪行为。经过再三算账，卖扫帚的钱分文不差。可还是召开了全场大会，对我们的资产阶级享乐主义思想进行了批评教育。什么大手大脚，大吃大喝，没有劳动人民的思想感情，只知道个人享受，不知道节约和艰苦奋斗的重要性，等等，不一而足。副场长最后上纲上线，作了总结性发言：世界上还有三分之二的劳苦受难大众吃不饱、穿不暖，等待着我们去解放，你们却在大吃大喝，有没有阶级感情？有没有全局观念啊？有几个小钱不知道勤俭节约，吃点就算了，居然还去吃上了望江楼！

会后，副场长又和我们促膝夜谈：哎，年轻嘛，也不能怪你们，我在上海当兵时，到国际饭店吃过酒席，一顿饭花了80多块呢，望江楼算个么的哟！他一走，我们七嘴八舌议论开了，都认为副场长是吹牛逼的。

1978年秋天，我考上了复旦大学，临行前洋气了一把，在望江楼请了大客，吃的是最高档的酒席。

我们款款上楼，十多人在最大的圆桌前坐定，大叫点菜点菜！服务员过来问道：吃合菜还是点菜？我愣住了，问她，什么是合菜？她说合菜就是包桌，我们配好的，最贵的是十元一桌，还有八元的和六元的，点菜就是你们按菜谱叫，便宜些。我高声吆喝着：搞最贵的，来一桌十块的合菜！

饕餮一顿，十几个年轻力壮的哥姐硬是没有把这桌合菜吃完。

半个世纪一晃而过，我们已是年近花甲，儿时的望江楼已从鼎盛湘鄂到人去楼空，不复存在，今日已变成了津市一房地产小区的名字。望江楼有前世已无今生，令人扼腕不已，但心中的望江楼是永远挥之不去的记忆……

附：望江楼简历

1936年新码头大火，新合楼迁往大观楼旧址营业；1952年新合楼易名"劳动食堂"；1959年，新合楼被拆，建望江楼，为津市第一楼，独领风骚五十年。2006年，望江楼被拆。从此，澧州再无望江楼。

新洲的民间对联

⊙ 王泸

　　1985 年，为考察研究嘉山孟姜女故事，我曾在新州镇住了半年之久，走访了城乡百余户人家，竟发现大多数传说的民间故事都穿插有对联，而且对仗工整，有意境，遣词造句也很讲究，对联的生活气息也很浓郁。故事中的人物郭春山、刘大厦、陈二郎、田老八、朱云武、李博龙、杨阁老、亥学士等，连宋代大诗人范仲淹、文天祥也在传说之列，他们大多都是世居新洲及附近的乡民和才子。刘大厦就是大明天顺年间（1457—1464）的进士，弘治六年（1493）为左副都御史，回乡后乐于农耕，作《孟姜山志》，居住在孟姜山即嘉山。传说有一日，刘大厦干农活，知县丘某路过，曰："水田放水不视流。"流是刘的谐音。刘大厦当即回曰："平地掘地哪见丘。"丘指丘某。二人用对联说话，甚是有趣。有次，刘大厦拜访一位老学究，老学究说："深根大树，不栖无翼之鸟。"刘大厦一笑，说："浅水小池，才卧有翅之龙！"二人相互奚落，亦用对联。

　　相传陈二郎乃新州才子，明末秀才。陈二郎有些傲气，不愿为八百钱去教书。徐财主以为他嫌钱少，说："只为金钱两戈分上下。"陈二郎即回曰："不过言谈二火见高低。"徐财主一惊，不想示弱，见夕阳里大风吹起湖中波涛，说："风吹浪滚，面去里回水打洞。"陈二郎轻轻一笑，说："月引云飘，东升西坠阳翻身！"徐财主自知才气不如陈二郎，遂噤口不语。

　　清初，杨阁老父子、亥学士来到新州大德寺游玩。天气很热，寺庙和尚送上西瓜，杨阁老不接，说出一幅下联，要和尚对上联，和尚满不在乎。杨阁老出下联："东庙和尚，敬西瓜，天大人情。"和尚随口对上联："南方道士，朝北斗，些小礼物。"杨阁老点头称绝。晚上，三人上澧水河边一渔舟食鱼小饮，亥学士来了酒兴，一口气将渔舟上灯烛吹熄，吟上联："火吹燃，灯吹熄。"

杨阁老一时对不上，着急，谁知船上渔姑一见自己渔舟上一只枯干木桶，灵机一动，对下联："船漏沉，桶漏干。"对罢，四人捧腹大笑。

清末新州人郭春山，少年时受家乡先辈车胤囊萤照读的影响，刻苦攻读诗书。一日，京城主考官来澧州监考，下雪天游城墙外宝塔，吟一上联："宝塔层层，伸出黑颈吃白地。"当时，无一人对出下联，少年郭春山得知，挥笔写出下联："城墙垛垛，露出白牙啃青天。"从此，郭春山名扬九澧，人称郭才子。几十年下来，郭才子对了数百首对联，最有名的是智对磨督学。磨督学才高八斗，是晚清榜眼。来到新洲嘉山游孟姜女大庙。郭才子想教训不可一世的磨督学，穿上棉袄，拿蒲扇横卧路中。磨督学停轿，用对联说话："穿冬衣，拿夏扇，不知春秋"，郭才子即答："出北京，走南省，什么东西。"身材矮胖的磨督学又说："磨矮矮，齿槽槽，进粗出细。"郭才子对曰："秤钩钩，星朗朗，识重知轻。"磨督学没占到便宜，第二天来到郭才子执教的学堂，出下联曰："稻粱菽，麦黍稷，这些杂种，哪个是先生？"郭才子冷笑一声，即对上联："诗书易，礼春秋，许多经传，何必问老子？"磨督学自知没趣，无言走开。晚年的郭才子来到澧州宝塔游玩，远望每层两孔相通，登上宝塔，里面四方通明，心一动，写下一副上联："宝塔七层，层层孔明诸葛（角）亮。"直到他死，也没人对出下联。一百多年以后的今天，也没人能对出下联。

相传宋代大诗人范仲淹十岁随继父来至澧州，留有"洗墨池"的传说。清代嘉庆年间（1796—1820）两江总督陶澍仰慕新洲车胤，来到车胤墓前，亦写下一副对联："台接囊萤似车武子方是学者，池临洗墨看范希文何等秀才。"此联道出陶澍对澧州所辖小镇新洲文化名人的钦敬之情。

听新洲老人言，在民国初年，有人看到新洲南麓嘉山孟姜女大庙南宋诗人文天祥撰写的歌颂孟姜女的楹联。我一直打听、查访，直到1987年赴陕西潼关考查孟姜女，才找到这副文天祥撰写的对联。据说是题在山海关城东13华里望夫石村凤凰山上的孟姜女庙柱上："秦皇安在哉万里长城筑怨，姜女未亡也千秋片石铭真。"

文天祥来过新洲没有？无史考。但山东、陕西与湖南澧州（今津市）是孟姜女主要流传地域，也可能是后代文人将文天祥题在山海关孟姜女庙的对联，带到新洲嘉山孟姜女大庙。

在这风光旖旎的新洲小镇浓浓的对联氛围中，连官宦恶少调戏村妇，村妇痛斥恶少，也用上了对联。恶少出游，见一桥上有村妇淘米，便出联调戏："有木也是桥，无木也是乔，去掉桥边木，添女变成娇。阿娇休避我，我最爱阿娇。"村妇出联斥曰："有米也是粮，无米也是良，去掉粮边米，添女变成娘。老娘虽爱子，子不敬老娘"。此联虽无上下平仄，不太工整，却是副拆字妙联。道出新洲劳动人民的文化修养和机智。

新洲人爱对对联的习俗直到民国，同样盛行。民国 28 年（1939），国民党在新洲建立"自治局"，搜刮民财，民怨沸腾。一位新洲才子梁少灏，撰写一副长联，以揭露其恶行："公议古车城，看这些老爷公：皮公、郑公、梁公、小小执事公，握公务，掌公权，狐假公威，狗食公款；公堂上，公谈公论，却像几个公人。究竟公心何在？公理何有？唯之借公以利己。局设新州镇，筹什么自治局：牌局、赌局、饭局、大大洋烟局，立局屋，悬局牌，狈为局身，狼是局头；局屋里，局渣局草，哪有一点局面。难道局内者生？局外者死？不如无局反安民。"

这副 132 个字的对联，据说至今仍是三湘大地最长的一副对联，对当时国民党统治的新洲自治局搜刮民脂民膏的腐败行径，揭露得惟妙惟肖，入木三分，是研究当时政治、风俗、文化的珍贵资料。

对联，一般用于文人雅士吟诗作赋，为何成为小小新洲镇一种由来已久的习俗呢？这得从新州镇几千年的历史文化说起。

新洲镇在秦朝时属黔中郡，汉朝属武陵郡，东晋属南平郡。咸康六年（340），车胤出生在此地。隆安四年（404）车胤 60 岁，才名籍籍，功勋卓著，被晋安帝司马德宗封为吏部尚书。车胤家乡父老出于对车胤敬仰，用石头雕琢"车城"字样嵌在城头上，此地便开始叫车城。南北朝梁代，梁敬帝萧方智绍泰二年（556）建澧州，将车城划为澧州管辖。唐代，大约是在开元年间，大诗人李白从巴蜀经湘西入洞庭湖，来到湖北岸新洲嘉山澧水河畔留下"洞庭破秋月，纵酒开愁容"的诗句。唐代宗大历二年（767），朝廷翰林学士李泌出任澧州刺史，慕名来到古车城，挖护城河修新城，以后车城改叫新城，将长安的孟姜女故事带到新城。唐大中年间（810—859），大诗人李商隐来到新城南麓药山寺访惟俨禅师，可惟俨已于大和八年（834）圆寂。李商隐伤心吟诗："岩花涧草西林路，未见高师且见猿。"960年，赵匡胤建立宋朝，改澧州为澧阳军州，仍辖新城。文人墨客慕车胤之名，题咏更多。大文豪苏轼吟曰："墨翻彩袖吾方醉，纸落云烟子患多。"范成大吟曰："苇岸齐齐似碧城，江船罢岸逆风行。"王齐舆吟曰："只认夜深萤聚处，便应泉下读书人。"元代又升澧阳军州为澧州路。元至正三年（1343），澧州路总管府迁往新城，遂为州治，新城改称新洲。元代大诗人塔不觯游澧水之滨新洲，留有诗句："兰浦香涛接澧湘，渔舟数叶泛沧浪。"明初，澧州知府在新洲置巡检司，俸银七两二钱。巡检司是受理百姓官司、维持社会治安的地方政权机构，官级为九品。明代，由于明太祖朱元璋实行崇祭政策，嘉靖十三年（1534），湖南巡抚林大辂、澧州知府江侹在唐代就流传孟姜女故事的新洲嘉山修建孟姜女大庙，曰贞烈祠。因此明、清时就有数十位诗人、名人慕名来到新洲，瞻仰孟姜女、车胤两位在全国有影响力的名人，如何景明、李如圭、刘崇文、陶澍、何磷、游远凯、翟启迪、刘嘉善、林则徐等，留下百余首诗篇。自唐以后，历朝历代文人墨客纷至沓来，给小镇新洲增添浓浓文化氛围，凭借车胤、孟姜女两位名人带来的灵气和自豪之气，历朝新洲人便开始吟诗作赋，连日常生活对话，都用上了对联，历代相传，便成为一种习俗，直至民国。

新中国成立后，盛行在新洲的对联习俗逐渐消失，人们只在过春节时贴春联，而春联大多都是从商店买的印刷品，如要用毛笔写，其内容也是从报刊上去抄。新洲人自己创作对联和从事对联的民俗活动愈来愈少了。

津市上海老同兴酱园

⊙ 蔡斌源　张和标

　　津市上海老同兴酱园，创办于 1941 年春季，原是常德上海老同兴酱园派蔡斌源来津市办起来的，主产酱油酱菜和醋，兼售南杂商品，加入南货业同业公会。

　　上海老同兴酱园开创于湖北沙市，是几个浙江绍兴人挂出上海老同兴酱园的招牌，生产酱油酱菜，兼营绍兴老酒。酱油是绍兴历史上有名的三缸之一（即酱缸、酒缸、染缸），采用绍兴传统工艺生产的酱油质量好，销路广。

　　抗战时期，国都西迁，南京失守，武汉沦陷，沙市危急，沙市上海老同兴酱园为避免空袭，决定疏散物资迁移内地。经理汤志轩带一班人向西转移，经宜昌进四川，沿途经过宜昌、巴东、万县、涪陵、重庆、泸州、成都，每到一地就开业营生。另一路由监理许松龄副经理朴庆忠带一批人向西南来常德、沅陵、贵阳、长沙、衡阳、桂林、昆明等地开业营生。他们每到一地就落地生根，生意兴隆，主要是他们采用绍兴传统制酱工艺，生产的酱油质量好、色味美、价格低，群众欢喜，所以上海老同兴酱园就这样遍地开花。抗日胜利后不仅都在原地生根，还向武汉、南昌、上海等地发展。

　　常德上海老同兴酱园是堵茂堂任经理，后来堵去贵阳开设上海老同兴不能回常德，经理由徐恒昌担任，长沙大火后省府西迁沅陵时期，徐恒昌去沅陵办上海老同兴不能回常德，经理由蔡斌源担任。沙市、宜昌沦陷时期，沅澧一带盐的来路被切断，盐的来源紧张，这对酱园是极大的威胁，当时津市盐商云集，经三斗坪转运盐，津市成了川盐的集散地，这时在常德的许松龄带两个人来津市观察市场情况，看到津市人口猛增，市场十分繁荣，盐商和运输队五万多人。同时认识的两个同乡人，一个是税所的鲍所长，一个是张锐全先生，他们介绍了津市情况，并说津市群众爱吃上海酱油。回常德商议之后，派蔡斌源来创办津市上海老同兴酱园，决定以常德股东为股东不另增股东，常德沅陵津市三家一体，每年在常德结算盈亏，由朴庆忠负责总经理（包括沙市），许松龄负责长沙到昆明一线总管理。1950 年津市上海老同兴为工商登清理资金按比例与常德分开独立核算。

蔡斌源初来津市办上海老同兴酱园时只有 3 个人，一个主管业务兼进货，一个营业兼管账，一个榨油兼做饭。开始运来两船酱胚和必要工具，一到津市首先拜访两个同乡人鲍所长和张锐全先生，经他们帮助在祁家巷夹街张福生租来一间房屋立足开业，酱油是群众日常生活的必需品，开始供应市场，生意很兴隆，以业养业，销路逐渐扩大，就着手建园工作，在太子庙河街买来一块空地建房，又买来五十只缸，增加五个人，形成一个酱园正式开业。日本投降后的 1946 年初，蔡斌源回常德恢复常德上海老同兴酱园时，张和标接任津市上海老同兴经理。

津市上海老同兴酱园的经营特点，是以服务迎顾客，为广大群众日常生活需要服务。酱油本身就是群众日常生活必需品，大部分顾客是零售，生意小，顾客多，一分二分不嫌少，小票烂票都来买酱油，营业员一天到晚为顾客打酱油，还要代客洗瓶子，清理小票烂票忙个不停。大一点的顾主送货上门，生意越做越好。日本投降后一度人口还乡生意清淡，就在新码头设门市部，在澧县丁公桥设分店补充业务保持营业收入。经营方针以质量争市场，采用绍兴酱油的传统工艺制作，色味美，群众喜欢吃，秤足一斤有一斤二两。业务由小到大，由零售到批发，由本地推销到外地，向东到安乡、南县、华容，向西到澧县、石门、慈利、大庸、桑植，向北到湖北公安、松滋各县，都欢喜津市上海老同兴酱油。

企业发展也很快，由 3 个人发展到 20 多个人，开始清一色浙江人，后来增添本地人，开始从常德运酱胚来津市榨油卖，由一架榨发展到三架榨，全部在津市制作，不再从常德运酱胚来了，三架榨一天可出 2000 多斤酱油。酱油品种有太油、双油、顶油、二油 4 种，贴金鸡牌商标的酱油也有 4 种：虾子酱油、味精酱油、麻茹油、原汁酱油，金鸡牌虾子酱油风行一时。1943 年每斤销售价：太油四角八、双油三角二、顶油一角六、二油一角，批发七折。达官富商吃太油双油，上等馆子送顶油和二油，普通饮食店送二油，刘聋子粉馆每天送 150 斤顶油。

解放前后，津市上海老同兴酱园为党的革命事业做出过一些贡献，一是津市新华工厂地下党组织在津市活动中遇到困难时，老同兴以同乡关系曾给予经济上的帮助；二是津市刚解放时带头使用人民币，活跃市场经济；三是响应政府号召，扩大经营，繁荣市场；四是津市解放后头 3 年，每年上缴税款一万五千元，为支援社会主义建设作出了贡献。

1928 年《中国旅行指南》关于津市的介绍

路程

由长沙附小轮，约行五百里到。由常德或沙市附小轮，均行一百八十里到。由澧县附小轮，约二十五里到。

轮船码头

长津汽船公司码头即长郡码头（新码头河街）；日清公司码头、戴生昌码头、三北公司码头（均水府庙巷下）；太古码头（新建坊公码头下）、怡和码头（新建坊公码头上）；美孚码头（一在水府庙巷下，一在对河）；亚细亚码头（对河）、德士古码头（对河）。

小轮价

至长沙三元，常德二元，汉口五元，沙市一元六角，澧县三角，以上均统舱价，房舱加倍，官舱加二倍。

民船码头

大码头、江西码头、慈利码头、湘乡码头、浏阳码头（均轮船码头上），新码头、祁家巷公码头、新建坊公码头、汤家巷公码头（均轮船码头下），宝庆码头（上南宫前）。

民船价

较轮船统舱价减半或三分之二不等。

轿价

以日计。每名轿夫每日约一元五角。

挑力

凡行李在本码头以内,每担日一角,夜二角,隔一码头加倍,隔两码头加二倍,
余类推。

客寓

津市大旅社（三元宫巷）、华洋饭店（新码头夹街）、国民饭店（太子庙夹街）
万森园大旅社（新码头河街）、吉祥公、德顺公、同福栈（均后街）、长兴公、澧
湘旅馆（均夹街）、聚涔栈（正街）、永福栈（城隍庙街）、天福公（一文拐）、仁
义栈（刘公庙上首）。

繁盛街市

大码头正街、观音桥正街、祁家巷正街、新码头正街、新建坊正街、谷家巷后街。

金融机关及银钱情形

钱庄:福隆、厚泰（均正街）、正记、裕荣长（均河街）。

钱价:最高在三钱六七分,最低在二钱七八分。银币价格,最高在七钱二分,
最低在六钱七八分。市上通用铜元,以四川省所铸之当五十文者为大宗。

工厂

贫民工厂（油榨坊）,有机械、纺织、竹木藤工、革工、染色诸科,经纶袜厂、
利湘袜厂（均城隍庙街）、大成织布厂（牌楼口）、电灯公司发电厂（太子庙河街）、
慎昌铁工厂（汤家巷正街）、年丰机器米厂（油榨坊）。

大商店

首饰:喻义和、喻茂顺、陈正和、陈义和、罗长兴、宋正兴（均正街）。

疋头:伟纶（后街）、吉大祥、大纶、伟章、福兴义、九旭（均正街）。

洋货:幕新、正康祥、振昌、春源、刘昌记、新兴、最新昌（均正街）。

南货:恒源福、义兴源、义源生、汇源祥、公盛荣、其昌斋、仁和、同仁福、
大昌福（均正街）,黄炳记、怡和协、德亿长、晏庆昌（均后街）,德和大（会仙桥）。

油盐:和记、汇昌源、德丰、谦裕厚、同庆昌、成顺公、福裕隆、鼎亨裕、贺祥泰、
成玉公、大生昌（均正街）、罗恒兴（夹街）。

油行：大德昌、天赐荣、益大生、福聚祥、元大兴、燮昌荣、美利（均正街）。

粮食:裕和永、日新盛、和兴顺、赵仁和、同春森（均河街）、周玉昌、宋景裕、永泰宏、刘生发、陈长发（均正街），周万泰（后街）、杨万泰（刘公庙桥）。

图书:力新书局（后街）发售商务书馆、中华书局、世界书局的各种图书及文具，并附有石印印刷所。义元长、三元庆、仁昌祥、善成堂（均正街）。

茶叶：漱芳、同丰信、茶业公（均正街）。

帽：正兴和、吉品厚（均正街）。

钟表：锦纶、光明斋（均正街）。

眼镜：光明斋、胡光远（均正街）。

洋行：太古、怡和、戴生昌（均夹街）、日清公司（河街）、爱礼司（后街）、谦和（夹街）、亚细亚、美孚（均正街）。

轮船：三北公司、利昌公司（均夹街）、长津公司（河街）。

饮食处

澧阳楼、聚贤楼、饮和居（均长郡码头），异兰香（夹街），企园（大码头横街）、钰珍馆、醉仙乐、三盛园（均谷家巷）。

戏馆

松绣园（祁家巷北巷）。

浴室

长津盆堂(中华饭店内)、津浦盆堂(津市大旅社内)。特等二角,二等一角五分。

理发

剪发二角，剃发一角，修容一角。

洗衣

长褂每件五分，短褂裤每套五分，夹衣加倍。

电报

局在后街。

邮政

局在后街。

会所

商民协会、总工会（均正街）。

会馆

福建（牌楼口）、山西（关庙街）、江西（正街）、江南（三元宫）、宝庆（上南宫）、湘乡（观音桥河街）。

官署

商团（关庙街）、保卫团（后街）、鳌金局（正街）、榷运局（新码头北巷）、督察局、杂税局（均正街）。

警察

警察所（旧州判署）、第一派出所（太子庙）、第二派出所（贺家拐）、水上巡逻队（汤家巷河边）。

教育

澧县东三区学务委员会（旧书院）。学校：澹津高等小学校（元和宫）、福建高等小学校（天后宫）、豫章小学校（万寿宫）、长郡小学校（后街）、汤石团国民学校（汤家巷）、保河团国民、中和团国民（均后街）、永安团国民学校（正街）、三益团国民学校（城隍庙街）、紫薇国民学校（龙法寺）、镇福团国民学校（川主宫）、澹东国民学校（江湾）、澹津女校校（旧书院）、津兰学校（福音堂内）。

名胜古迹

皇姑山（对河二里），关山（对河五里），嘉山（距镇十五里）为孟姜女故宅，朝阳阁（大码头）为镇最高处，登其巅，全市在目。

祠庙庵观

中武当、古大同禅林、不二庵（均对河），元和宫（油榨坊）、关圣庙（关庙街）

刘公庙（刘公桥）、城隍庙（城隍庙街）、观音阁又名挹云庵（街后堤边）、龙法寺（关庙街）、清真寺（三洲驿）。

教堂

福音堂即信义会（后街）、天主堂（上河街）。

医院

大同医院、普利医院、津兰医院（均后街）、体仁医院（正街）。

慈善团

同善堂（后街）、慈善小补堂（万寿宫）。

气候

华氏寒暑表，最高九十七八度，冬最低三十二三度。

著名土产

米、麦、豌豆、芝麻、棉花、黄豆、绿豆、高粱、菜油、木油、牛皮、苎麻、枯饼。

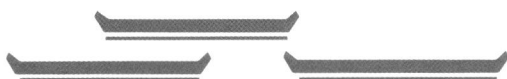

城 | 市 | 基 | 因

津市文史丛书

文 存 卷

下

政协湖南省津市市委员会 编

湖南师范大学出版社
·长沙·

目　录

后 记

社会逸史

旧津市的报刊

⊙ 亦然

津市创办报刊约始于 20 世纪 20 年代初，现知 1922 年已有《西声报》。1931 年，《澧光报》创刊。此后，津市报刊遂此停彼创，未曾中断。截至 1949 年秋，津市先后创办报纸六种、旬刊两种、通讯社一家。其时报刊均为民办。除《铎报》处抗战时期，以积极宣传抗日，影响较大，《津市日报》以规模大、时间长为人所熟知以外，其他的大都规模小、为时短暂，不为人瞩目。

《西声报》 1922 年已经出现，其创停时间、内容、篇幅等情况不详。经理为大庸县人熊世锟。

《澧光报》 创刊于 1931 年，禹彦平创办。报社初设谷家巷口，后迁至观音桥正街（约在当时国营饭店西侧）。报纸 4 开铅印，为三日刊，由澧县澧兰印刷厂印刷。内容以地方新闻为主，兼载国际国内新闻，亦刊文艺小品，但发行量小。经济上主要依赖津市特业公会（鸦片业行业公会）支持。禹彦平病故后，由刘萍、刘剑石接办，后因经费困难，于 1933 年停刊。

《澧声报》 创刊于 1933 年 5 月，为张一胤等就《澧光报》改组而成，报社初设《澧光报》旧址，后迁至财神殿（今邮电局内）。双日刊，4 开铅印。内容以地方新闻为主，辟有文艺副刊。定价每月二角五分（银圆），但销路不广。后因所刊消息触怒省府权贵，令澧县县政府出面，以未登记领取许可证为由，于 1936年被迫停刊。

津市通讯社 国民党澧县县党部委员文震烈 1933 年创办。设旧大同医院楼上（今总工会附近）。文震烈任社长，樊凡介任编辑兼记者，主要采访津澧地方新闻，供长沙、澧县各报采用。经费除稿费外，靠募捐以补不足，后因经费困难，于次年停办。

《民进旬刊》 于 1934 年创刊，龚道广创办。龚任社长，樊凡介任编辑，周文定、樊生龙任撰述。《民进旬刊》系综合性刊物，内容偏重于对地方事务之评述，16 开铅印本，经费靠筹措。

后因所刊文涉及九澧联立女子师范学校办学缺点，学校认系诽谤，向法院提出控诉。诉讼经年，亏损颇巨，后以经费不继停刊。

《晨曦旬刊》 于1934年7月创刊，为豫章学校教师傅鼎武、敖卓明、唐润华、王亦黎、刘剑石等发起创办。16开铅印本，每册八页，发行量千余份，经费为私人筹措，1935年因大水停刊。

《铎报》 于1937年1月创刊。詹苍云、胥远鹏等发起创办，经费采用发行股票、私人集资形式，设有董事会。铎为铃，古以木铎（木舌铃）作布政器具，后引申为宣扬教化之人或物，故以此为名。报纸8开铅印，直排，三日刊，次年改日刊，1939年又扩为4开，改横排。同时设营业部与"现代文化商店"，开展印刷业务与抗日进步书刊销售。报纸内容除国内外及地方新闻、文艺副刊外，另有"市场行情"专栏，并有社评。发行量为200余份，后因添置电台及得"国际新闻社"供稿，消息迅速，评论公允，为读者所欢迎，渐增至1300余份。因为报纸常刊呼吁停止内战、一致抗日之文章，后又编《怒吼》周刊积极宣传抗日。1940年8月，报社被当时津市驻军国民党53军查封，记者胥远鹏、宋先熙、肖荣镇、高本复、彭仲五人横遭逮捕，彭仲被杀。

《津市日报》 于1940年12月创刊，报纸为日刊，4开铅印。内容以国内外新闻为主，兼刊本地新闻、商业行情，并辟有文艺副刊。国内外新闻采中央新闻社广播稿，地方新闻为自行采访。1943年日军侵扰常德、桃源、澧县一带，一度停刊。日军撤退后，第二年秋复刊，此后直至1949年津市解放。报社有铸字、印刷、通讯等设备，设三部九室，有工作人员60余人，为津市报刊规模之最大者，但发行量有限。经济往往不能自给，常向津市商界筹款。报纸为增加收入，1947年设营业部，开展印刷业务。先后担任社长、副社长者有胡毓桢、樊生龙、孟体仁、张一胤等，任总编辑（主编）者有胥远鹏、禹洪等人。

《正风报》 于1948年11月创刊，为津市正风学社创办，设祁家巷内，经费为学社成员私人筹集，工作人员无报酬，全为义务性质。报纸为日刊，8开石印，内容以地方新闻为主，兼载国内外大事，亦刊文艺作品。前期以大胆泼辣敢于揭露社会黑暗现象见称，为此报社曾被捣毁，后期多刊社会上之奇闻轶事，发行量初为200余份，后增至500余份，末期复减至200余份。先后担任总编辑（主编）者有刘思铭、童礼泉，名誉社长余子述（当时的澧县县长）。报纸于1949年6月停刊。

津市《铎报》

⊙ 宋先熙

　　1936年，津市《澧声报》停刊后，原负责人不甘寂寞，经一段时期筹备，将其改名《铎报》。于1937年1月1日《摇铎迎年》（该报"发刊词"题）声中，《铎报》在《澧声报》原地址正式创刊发行。

　　《铎报》为地方性小报，没有官方津贴，力求以报养报。报社设董事会，成员多为津市商界大亨。津市商会主席孟体仁任董事长。董事会虽为报社最高决策机构，但除选举正副社长外，一般不参与社务，实际上是解决报社经费问题的工具。创刊以来，社内日常工作均由社长詹钺、副社长张一胤负责处理。

　　《铎报》因袭《澧声报》，规模很小，初仅设编辑、经理两部，员工20余人，报纸铅印4开版，内容分社评（含广告、启事）、国际新闻、国内新闻（含地方新闻、市场行情）、副刊（初名《余音》，后改《战号》），各占一版。创刊之初，没有新闻通讯设备，均剪录外地报纸以实篇幅。刊出之后，新闻已成旧闻，且器材简陋，铅字模糊，残缺不全。如一版某字用得较多，则往往以"〇""×"代之，令人无法卒读。报纸消息迟缓，内容贫乏，销量有限，月仅400份左右。报社入不敷出，处境维艰。幸员工同甘共苦，各方援手，在艰困环境中，勉力支持报社继续出版，未尝停刊。

　　1937年7月7日，抗日战争全面爆发，津市油业公会首次购得收音机一台，供同行收听战况。经该会同意，报社每天派两个编辑按时前往收录中央广播电台新闻，编辑后在次日报纸登载。从此开始改变了"新闻不新，乞灵剪刀"的落后局面。其后，因感长期在外收录诸多不便，乃于年底自置收音机一台，收录新闻；但以收录人员不谙速写，有时收音机发生故障，噪音过大，致使新闻记录时有遗漏、错误的，甚至某些较长的重大消息亦因遗漏过多而无法刊登。虽然如此，但报纸有所改进，因而销量逐月增加。

武汉撤守，长沙"文夕大火"后，1939年，《铎报》根据战局发展的需要，又添置了一台收报机，聘请报务员，培训译电员，在编辑部设立了电务室，日夜抄收中央社新闻电讯，既充实了稿源，也克服了收听广播时记录错误的缺点，提高了报纸的质量。与此同时，报社为扩大营业，新购各号铅字和其他印刷设备，成立了营业部，对外承接各种印刷业务，经理部人员也重新作了调整、分工，全社员工增加到近50人，已是肝胆俱全，初具规模。其后，报社和部分同仁集资，开设了"现代文化商店"，经营抗日书刊和进步文艺书籍，丰富群众的文化生活。这年夏，　记者高泳采访路过津市，造访《铎报》，允诺按期寄送该社印行的《国际新闻通讯》，自此，报社开辟了第二条新闻渠道，丰富了内容，很受读者欢迎。

随着敌骑深入，沙（市）宜（昌）沦陷，敌我隔江对峙，各地难民大量涌入津市，人口骤增，市场形成畸形繁荣。局势动荡，人们注视战局变化，关心身家安危和商场信息，端赖报纸以作抉择。当时，澧水流域各县均无报纸，仅澧县有《澧县民报》（国民党澧县县党部机关报）、《晓报》与《铎报》鼎足而三，《铎报》以消息迅捷见长，一枝独秀。因而读者激增，九澧各县纷纷订阅，报纸发行量直线上升，突破千份大关，至《铎报》停刊前夕，已达1300份，创造津市地方报销售额的最高纪录，成为九澧一带较有影响的报纸。

1940年暑假期间，津市驻军国民党53军政治部韦来宽（中共地下党员）组织津市在外读书回家度假的大、中学生和部分小学教师成立"怒吼歌咏队"，教唱抗日歌曲，并商借《铎报》副刊版面编发《怒吼》周刊，激发群众爱国热情，掀起抗战高潮。副刊《战号》也为文呼吁停止内战，一致抗日，表达了人民的心声。

在反共逆流中，长沙《力报》和衡阳《开明日报》先后被封。1940年8月初，津市驻军军部暗中传出了"津市《铎报》是共产党掩护机关，从事地下活动，现正调查中"的消息。由于驻军反共心切，急于邀功请赏，当月中旬，该军军警稽查处派兵查封了《铎报》和"现代文化商店"，并先后逮捕了编辑主任胥远鹏，编辑宋先熙，记者彭仲、肖荣镇、高本复等人，社长詹钺闻讯远逃浙西。

报社被捕诸人被关押18天后，经过多方奔走营救，并由军部指定数家殷商大户联名出具保结，方始带着"随传随到"的尾巴被释放出狱。记者彭仲外传因与军长周福成有隙，竟惨遭冤杀。

《津市日报》史话

⊙ 宋先熙

　　1940年夏，津市《铎报》被驻军国民党53军查封后，全部器材交由地方处理，孟体仁以商会主席的身份予以接受，随即以原《铎报》董事会为基础，组成了以孟体仁、胡彬生为正、副董事长的新董事会，决定重新出版报纸，并定名《津市日报》。经过积极筹备，《津市日报》以原《铎报》旧址为社址，于当年12月12日在祁家巷正街正式创刊。

　　《津市日报》是地方性小报，报社董事会是最高决策机构，它任命正、副社长，决定报社重大问题，交付正、副社长执行。正、副社长主持报社日常工作，但不插手具体业务活动，主要代表报社与外界接触。首任社长是胡毓桢，副社长张一胤。次年2月，胡以年老体衰为由坚请辞职，由樊生龙接替。1944年秋，樊因他就，选由孟体仁继任（董事长一职，董事会推胡毓桢担任），副社长一职，迄未易人。

　　报社分两大部：一为编辑部，设主编一人，编辑、记者数人，下辖电讯室（抄收中央社新闻电讯）、校对室、排印房；一为经理部，设经理主任一人，下分发行、广告、财会、总务等组，并管理对外承印业务。报社经常在50人左右，各有职守。

　　《津市日报》以刊登国际新闻和国内新闻为主，4开4版，第一版登载广告、启事和不定期的社论；第二版为国内新闻（包括地方新闻、商情、短评等）；第三版为国际新闻；第四版大部分是以文艺为主的综合性副刊，小部分刊登广告、启事。每版设编辑一人（第一版广告栏由主编负责，不另设编辑），另有外勤记者两三人和聘请外地特约通讯员数人，专司采访、撰稿。因抗战之际、时局动荡等原因，人员时有变动，先后聘任的有主编樊凡介、胥远鹏，编辑宋先熙、胡有成、鲁万实、禹洪、杨忠道、刘恩明、明文榆等；肖荣镇、禹洪、杨忠道等先后担任经理主任。

《津市日报》属私营性质，以报养报，自负盈亏。遇有亏损，则由董事会向各大商户募捐资助。创刊初期，除一部无线电收报机外，设备破旧简陋，印刷条件极差，仅有一台4开平台印刷机和一副老五号铅字和供标题用的二号铅字，有时不够应用，则以木刻代替或以"△""○"符号代字，版面不清，字迹模糊，时需猜阅。由于条件所限和当时长沙各报派员驻津竞销，《津市日报》销量不大，仅在本地发行，月印600份。以后，因战局变化，鄂西各县相继沦陷，交通中断。抗战中期，津市偏安一隅，难民云集，市场畸形繁荣。这时，外地报纸隔绝，群众关心战局，《津市日报》的销量逐步上升，发行范围扩大到九澧各县，发行数激增到2000份以上。销路打开，奠定了报社的经济基础，开始着手更新设备。1942年，报社派员远走重庆，添置了部分一、二、三、四各号铅字以供标题之用，同时又购回一副五号字体的铜模和铸字机一台。投入使用后，顿时版面清晰，焕然改观。1945年8月15日，日本宣布无条件投降，报社收到中央社无线电快讯后，当即以大字标题印刷"号外"500份连夜发售，迅被抢购一空，赶印300份，又很快售完。当时，《津市日报》消息快捷，一枝独秀，零售额也有所上升，展现了报社新的局面。

《津市日报》既遵循"以报养报"的经营方针，有时也采用不正当手段，以增加财源，扩大业务。1946年10月湖南纱厂派杨某在南县、津市等地设点大量收购棉花，杨某勾结津市棉商，在收购中玩弄花招，贪污中饱。报社记者侦悉其舞弊详情后，写成新闻报道，扬言将在报社披露，意在要挟杨某。杨恐内幕暴露，托人向报社疏通，自愿向报社"乐捐"一笔巨款，报社目的已达，此事遂寝。后来，报社就以此款添置了圆盘印刷机两部和其他铅印器材，于1947年春在报社门首设立了印刷营业部，努力扩大报社业务范围，增加资金积累。

《津市日报》既无政治背景，又无稳定的经济基础，鉴于当时的历史条件和社会环境，对言论素持谨慎态度，但有时激于义愤，稍作批评，即遭打击。1946年夏，报社撰发一篇文稿，对当时镇公所有所指责，触怒了镇长徐树人，唆使亲信打手徐兴发等，伺机在街头寻衅，将报社记者杨忠道夫妇予以殴辱，致使两人多处负伤，进院医治。事件发生后，社会上私议纷纷，但无人敢于主持公道。记者挨揍，报社也无力申诉，仅在报纸的地方新闻栏空白三天，以示无言的抗议。不久，长沙《小春秋》晚报，详尽地报导了事件的经过，使徐臭名远扬，徐后在津市镇长竞选中落选。

1949年夏，宜、沙等地人民解放军大举渡江南下湖南，进抵津澧，社长孟体仁仓皇出逃，但报纸仍照常出版，静待人民政权接收。7月23日，津市庆祝获得解放。8月初，《津市日报》为人民政府接管，改出《新华电讯》。

民国时期津市的图书馆

⊙ 亦然

　　民国时期，津市出现过两所图书馆，一公立一私立，但因政府不重视文化事业，无论公立私立，限于财力，亦规模小，设备简陋。同时由于战乱与水灾，存在时间亦短暂。

　　澧县三区区立图书馆创办于 1931 年，为澧县三区教育委员办公处（当时津市的教育行政机构）创办，当时津市属澧县三区，为区公所驻地，故名。图书馆设在财神殿（今邮电局），有阅览、藏书室各一，借阅免费。教育委员樊生龙兼任馆长，办公处工作人员钱炳坤兼管理员。经费由教育委员办公处开支。后因战乱与水灾，图书大部散失，1933 年闭馆停办。

　　该馆有图书数千册、报刊十余种。图书主要为《万有文库》《古今图书集成》两大部，《古今图书集成》为赵志堂私人藏书，乃为充实馆藏商借者，后索回。《万有文库》则为查禁日货时罚款所购，由县教育局分配津市者，后损失一部分，余书在停馆时移交三区区公所第三股。津市社会服务处成立后，又移交该处，因无人具体保管，津市解放后散失无存。

　　囊萤图书馆设在新洲南街，创于 1944 年，因新洲乃以"囊萤照读"著称的晋吏部尚书车胤故里，故名。馆为砖木结构平房，乃罗懋莹私人筹款所建，总面积约 350 平方米，除临街部分租人开店，屋后留一谷仓外，图书馆占房约 100 余平方米。图书多为各界人士捐赠，约万余册，分经、史、子、集四部，借阅免费。另辟有娱乐室，供人弈棋。1948 年停办。

　　罗懋莹字畅情，新洲镇人，清末秀才。后进保定陆军军官速成学堂。毕业后追随孙中山参与资产阶级民主革命，为早期同盟会会员，1948 年病故于新洲。

津市第一所新制学校——大成两等学堂

⊙ 樊生龙

　　清光绪末年，经过戊戌变法，在教育体制上，废科举、立学堂，各通都大邑仿效欧、美、日本新制，先后建立了一批新制学堂。当时津市有志之士，负笈出外求学者渐多，有樊友云、李斗青、崔振球等考入上海中国公学，胡毓桢、杨道馨、樊友松等考入长沙湖南高等学堂。津市地处偏僻，风气闭塞，社会上仍流行私塾教学方式。辛亥革命成功后，在外学生陆续毕业回乡，锐意进行教育改革。1912 年由樊友云发起，就津市澹津书院基础，津市第一所新制学校——津市大成两等学堂创办，以津市大成会会产为基金，樊友云任校长，李斗青、朱渭川、樊寿乔、赵壁城等为教师，开办诚级（高等）静级（初等）两个班级，招收学生百余人，设置国文、英语、算数、格物、修身、历史、地理、音乐、美术、体操等课程，大改过去私塾专攻四书五经的旧制，一时社会上呼之为洋学堂。学校由于教学认真，学生思想进步，在社会上引起一股求学潮流。第一期毕业学生中，很多都得到升学深造，如朱务善、孙世灏、黄承鼎、彭天柱、孟体仁、樊生佐、文燮禄、孟雨膏等均考入国内各大学。朱务善后来成为中国共产党早期党员，留学苏联，为革命作出一定的贡献。孙世灏留学西欧，成为国内知名画家。黄承鼎留法勤工俭学，成为上海纺织界名工程师。樊生佐专攻铁路管理，对陇海铁路建设，有一定的贡献。一时人文蔚起，实皆与早期培育有关。1915 年，袁世凯阴谋帝制，派汤乡铭为湘督，大肆残害革命党人，樊友云因与国民党关系，在其通缉之列，不得已潜离津市，转移北京（后在京病故），大成两等学堂随之解散。直至 1923 年由大成会同人集议，筹备恢复，更名津市大成学校，仍以原澹津书院为校址，并在大殿后坪扩建教室 3 间，教员住室 4 间，朝会坪一块，公推樊友云之弟樊友松为校长，松秉承乃兄遗志，为学校建设竭尽心力，首先为保证教学质量，在九澧一带重资选聘教师，当时教师中如龚子中、李雪舫、莫少铭、张俊民、王楚痴、薛三鑫等，都是有名望的教师。学校设高级初级两部，学生除津市子弟外，还有邻近各县及附近乡区学生来校就读，高级部完全住宿，共有学生百余名，设有国语、算术、英语、历史、地理、工艺、体操、音乐等课程，当时高级班除部分课本外，增授《古文观止》，英语教授会话、文法。高小三年毕业，实际程度超前，1925年，由学校组织参观团，派吴式曾、陈裕嗣、朱渭川、龚子中等赴长沙、上海、杭州等地，参观考察各名牌小学。返校后进行教学革新，改注入式教学方法为自学启发式教法，建立学生自治会，模拟社会警察法院设施，举行起诉、辩论、公审以及游艺竞赛等活动。食堂实行分食制，全校划分整洁责任区等，一时为九澧各学校开风气之先。该校第一班学生于1926年毕业，大部分学生考入长沙明德、岳云等名牌中学，其中有李汉身、陈克绍、陈克纯、胡友成、龚道广、熊应栋、朱振炎等均继续考入大学或出国深造，中华人民共和国成立后，李津身、熊应栋当选全国人大代表，成为津市后起之秀。1927年大革命时期，因提倡女子教育，该校合并为澹津女校，大成学校于是宣告停办。

回忆津市澹津女校

⊙ 樊生龙

　　垂暮之年，往事如烟，经历虽多，但大都时移境迁，印象不深。唯在 50 年前青年时期，担任津市澹津女子小学校长，时间较长，艰难岁月，至今难忘。

　　澹津女子小学前身，为 1912 年先父霞侪公创办的大成两等学堂。五四运动后，受新思潮影响，在 1921 年左右开设澹津女校，汤惠卿为首任校长，初小男女兼收，高小专收女生。1927 年大成学校停办后，澹津女校规模扩大，周文定为校长，学生达两百余名。配合大革命运动，为妇女求得解放，起到了一定作用。1933 年，杨鳣堂出任校长，我担任教务主任。当时最大的问题为学校西首校舍已经动工拆建，而经费尚无着落，陷于停顿。杨校长邀同吴端华、罗荣卿等 5 人各借出银圆 50 元（共计 250 元）作为开办经费，剩余部分再募捐成事。不意 1933 年杨校长病逝，我被选为校长，毅然承乏其职。一面筹备秋季开学事项，一面恢复建筑进程。其后募捐事项，煞费苦心，在校董中几乎无人慷慨解囊，只得向社会募捐。首先得到学生家长黄斗瞻先生乐捐银圆 100 元，以后经过努力，各方奔走，共募得银圆一千数百元，使新校舍建设得以完成。自后遇有洪灾，全校器具文书，得以迁移此处，避免损失。

　　1935 年遭遇特大洪灾，津澧发生战事，学校经费来源枯竭，几乎难以为继。经学校教职员工同心协力，不计待遇，学生学业不致中断。于是秋季开学，经费全靠少量学费收入，教职员仅能维持日食，仍然兢兢业业，热心教学，毫无怨言。至 1936 年农业丰收，学校始得恢复正常。但大灾之后，疫疾流行，是年暑期经县教育局选派，我参加了湘雅医学院主办的健康教育讲习会，归来后在学校建立卫生室，推行朝会卫生检查、期中学生体格检查、每月大扫除等措施，收到较好的效果。

　　1937 年学校进入发展阶段，学生达到 560 余名，并开设幼儿园。幼儿园设备除桌椅由学校备置外，其余均由私人捐助，我首先捐购留声机及唱片一套。此年开始创办《澹津校刊》，选登学生作品，兼作学校与家长联系之用，一学期发行4期。学校随时召开教学会议，研讨教学方法，坚持学生晨读制度，每日清晨6时至7时半为晨读时间，由教师在场督导，虽严寒酷暑，亦无间断，读书风气较为浓厚。课外活动为适应女生要求，组织口琴队、乒乓球队。图书室、文艺演出等活动，均为学生所喜爱，在地区运动会上，学校多次夺魁，在当时津市各学校中成为规模最大、设备较好的单位。教职员工长期稳定，很少调动，如杨诗科、毛懿青、周用让、章祖裔、何步云、朱务道、陈叔兰、韩克珍、左钰明等老师，均终身献身教育事业，数十年如一日。历届毕业学生中，不少考上大中院校以至留学国外者。1949年以后，津市教育战线以及工商各界均有本校出身者。

1937年上期学校在较好的形势下，决定再图发展，拟于幼儿园小学班级之外，增设女子职业班级，首谋校舍的扩建。当时津市周围旧碉堡系用城砖修造，修后并无作用，日久残缺散失，实属可惜。经学校呈请国民党区保安司令王育瑛批准，由学校拆除，作为建修校舍之用。但拆卸搬运，需费甚多，经私人借贷数百元，作为拆运费，计得城砖十数万块，有些基础。正准备校舍设计施工之际，抗日战争爆发，国难当头，一切计划遂成泡影。自后战事日趋紧张，学校为维持学生学业，在艰难环境下勉强支持，而幼儿园因之停办。

1939年下期，学校发展暂无希望。个人正当盛年，亟思投入抗日洪流，决定辞去校长职务。在校务会议上，经我力争，废除了过去校长人选为大成会员的限制，自后继任校长樊凡介、孟体仁、杨诗科等，均以非大成会员当选，这对学校的发展较为有利。

我于1934—1939年担任该校校长，历时5年，虽竭尽心力，亦无所建树。今日目睹国家振兴教育事业，莘莘学子在良好环境中，享受教育之权利，昔日澹津女校已成为市第一小学，校舍设备均已焕然一新。回首当年，新旧对比，感触无已，旧社会地方学校校长常以筹集经费为苦，捉襟见肘，不能专力主办校务，欲求发展，动辄为经费所限；现今政府为学校统筹经费，建修校舍，使教职员工得以安心发展教育事业。党的十一届三中全会以后，更是蒸蒸日上，教师享有崇高荣誉，比之旧社会教师待遇弱薄、地位低下，实不可同日而语。

省立津市农校办学始末

⊙ 宋泽启

1945 年 11 月底，驻重庆的"中央教育部"兼任各省教育复员专员，去主持收复区各学校机关的复员安置工作。当时湖南省的教育复员专员是辛树帜先生，得到任命后，到沙坪坝中央大学会见湖南籍的一些教师，征求有关湖南教育复员方面的意见。此时，我在重庆等候中山大学同学结伴去广州复学，恰好在一老乡处遇会他们跟辛树帜谈这件事。他们当面向辛树帜建议：湖南教育，湘中为盛，长沙集中，湘西落后，澧水流域最差。其实九澧一带不是学生少，而是学校少，尤其没有省办学校，许多中学生不得不远赴长沙就学。沅水流域有省立三中（今常德一中）、省立女子师范学校（今桃源师范学校），上游还有芷江师范学校、沅陵中学等，唯独九澧流域，洞庭湖西，没有一所省立学校。而千百年来，这一片大地给国家提供的人力、物力、财力不少，未必教育事业方面不值得省里重视？谈到省办学校选点问题时，多数人主张选在津市。因为津市是九澧水陆交通枢纽、货物集散转运中心，且津市西衔湘西北丘陵地带，东连滨湖平原，是粮棉主要产区，农校迁此，利于滨湖农科事业的发展。大家谈了好一会儿，辛树帜才离去。

"四职"迁津

1946 年春，省立第四高级农业职业学校（简称"四职"）从泸溪县浦市镇迁来津市，九澧平民工厂为临时校舍，因工厂窄狭，不利于发展，决定在澧水南岸黄牯山（皇姑山）南麓开辟农林牧场，兴建校舍。1947 年 7 月，"四职"改名为"省立高级农业职业学校"。据校刊所载，刘澍霖与郭荫人老师的任教回忆，"四职"始建于 1905 年，初名湖南省立甲种农学堂，草创于长沙市北门外铁佛东街文昌阁的旧庙宇内，辛亥革命时停办（此后长沙屡经战火，学校停办多次）。1933 年前后，一位姓罗的湖南籍留美学农的大学毕业生任校长，他仿照美国职业学校办法办学，改校名为湖南省立高级农业职业学校，在长沙市河西左家垅建造新校舍。1938年，侵华日军实施狂轰滥炸，在长沙"文夕大火"后，学校迁至泸溪县浦市镇，1946年由泸溪县迁到津市。由于农业经济科余光炳老师临时调离学校，校方1947年11月请我去代课，第二年便聘我为专任教员。那时学生的来源是招考省内各县初中毕业生，尤以湘中及沅澧二流域居多，一般年龄比普通高中大一二岁。学生不缴学费，但要缴伙食费。家庭经济困难的有"政府"垫付的"学生生活贷金"，这笔钱限在毕业工作两年期间内扣回。学校原来不收女生，迁到津市后始招女生，但也只有一二名点缀而已。学生最多时达300多人，农艺科、农经科较满，每班40人左右，林科每班20多人，牧医科最少，有的班仅十几人。教职员工与教学班的比例，要比普通中学大些。此外，还雇有园艺工人、畜牧工人和林场巡警等。学校各科教材，基础课如语文、数学、物理、生物等，用现成的高中教材。各专业课教材，多利用大学有关教材加以节减，补入教师搜集整理学习所得的教学资料，由学校印刷室加以石印或油印，分发给学生。抗战期间，内地教科书奇缺，各种教材只得自选自编自印。

护校斗争

1948年冬至1949年初，人民解放军进行了三大战役，国民党放出和谈烟雾，妄想以长江划界，形成南北对峙局面。国际国内形势复杂，学校内的斗争也复杂。以校长易劲之为首提倡学校东迁长沙，而广大师生则加以反对。双方的矛盾尖锐，气氛紧张。当时，学校地下党组织分析，这场斗争表面上是地方派系之争，实际上学校反动当局一是想借这场斗争转移学生的视线，不去注意国家政治；二是想借此拖垮学校，使人民政府收下的只是个烂摊子。地下党组织立即作出决定，组织校庆纪念活动，发动老校友和曾在"四职"学习和工作过的地方名流，话"四职"，谈感想，陈述南迁的弊端，揭露迁校的阴谋。1948年冬到1949年春，省厅把农校建校稻谷和教员的工资谷，拨在澧县乡下，要学校派人去运。校中部分人别有用心，收的几船都被运到长沙去了，教员因工资无着，十分恐慌。把后收的稻谷抢运来津市，存在袁家粮食行，每月按时价支钱给学校发放工资，才使人心稍安。就在同一时期，建新校舍用的四百根杉树，途经洞庭湖时，又有人策划要将树排运往长沙。我们几个教师听了，力劝校工坚决把树排放回津市，后来，果真运回来了。在这期间，校长易劲之住在长沙老家，很久不管学校了。教师们很是气愤，呈文教育厅另委校长，或指名学校一教师做代理校长。当时就公推与易既是金陵大学同学，又有交谊的本地教师余光炳为代理校长（这样，易就无话可说了）。当时，《津市日报》还发表了几个老师署名的揭露易劲之贪污行为的文章。易由长返津后，大发雷霆，要署名的教师登报否认，余光炳等人又登报"澄清"。易劲之此次来校时间短暂，并面托余光炳代理校务，指示学校五月放暑假，不久又返回长沙去了。

此后，我们的护校斗争又进入了一个新阶段，即反对国民党的军警特务的破坏。随着解放战争的节节胜利，解放大军已迅速推进到长江北岸，国民党见大势已去，欲作困兽斗。为防止其狗急跳墙，学校组成了"护校委员会"。谭徽岗同志派我掌管图书馆，派伍龙章老师掌管仪器室，不许任何人装箱打捆外运。为了加强护校力量，我和毛冠锦老师把铺盖行李搬进了学校，同住在礼堂楼上小房内。为了就近保管图书，我由礼堂楼搬进校门内一间小房里。反动军警几次前来骚扰，护校委员会都巧妙地应付过去了，使这所学校原封不动地回到了人民手中。

撒播火种

"四职"是所有着光荣斗争传统的学校。中华人民共和国成立后我才知道，"四职"有党的地下组织，左承统、谭徽岗等一些老师和学生是地下党员，而我的家曾作为他们进行秘密聚会的地方。1949年春，左承统任书记的澧县工委在澧县东边几个乡夺取枪支，举行暴动，成立了中国人民解放第四突击大队。左任政委，刘玉舫任大队长，谭徽岗任副政委，农校有几个学生任中队政治指导员。一次，学校收到澧县狱中搭来的信。接过来是苦瓜叶大的粗糙纸写的，正面用铅笔写上"我是四职农校工人卢汉，请援"，反面两个字"陈汉"。我们断定是参加游击队被俘的学生陈汉。于是，我和两个教师商量，要本校教员毛冠锦利用他与澧县县长张仁山新洲同乡的关系，到县政府找张，证明陈汉系我校工人，因去毛里湖买实验用种子，被误抓。最后陈汉被放了出来。左承统带领的这支部队，在牵制国民党地方部队，配合人民解放军和平解放津市，起了很好的作用，"四职"作为津市地下党的一个据点，它的油印室很自然地成了地下党的印刷厂。地下党通过进步工人吴悦农等翻印了一大批迎接解放的标语口号，一夜之间津市大街小巷到处张贴有这些革命标语。反动派来农校油印室搜查，结果一无所获。

中华人民共和国成立后，第四突击大队编入中国人民解放军。"四职"农校地下党组织的成员走上各级领导和工作岗位，我也为有幸协助做了些工作而感到自豪。

（潘一兵整理）

旧津市的初等教育

⊙ 周道鹏

私塾

津市在民国以前，虽清朝闭关自守的政策有了改变，务洋风气风行一时，但僻处内地的津市波动不大，所以开始并没有设立什么正规的"洋学堂"，依然沿袭着旧的"私塾"制。一般富商巨贾，为了造就子弟，进取功名，继承商务，掌管财产，都不惜重金，千里迢迢，延聘蒙师，设馆讲学，这些教师中，有入过学的秀才，也有功名不遂的文人。学生除富家子弟外，也接受他人附读子弟。另外，也有由文人自己设馆招生，或由同乡会馆出资聘请教师教学，为一般平民子弟给以求学机会。每馆私塾学生少在七八人，多至二十余人。就读时间一般为三五年，学生辞校后，或学徒就业，或自学深造，求取功名。

私塾陋习根深蒂固，讲学前，须向孔子神位叩头以祭神灵，对老师也同样毕恭毕敬，叩头拜师。教师待遇由主宾双方议定，一般年俸大谷一二十石。逢年过节，还要向教师献礼。当时私塾教师中有声誉者为杨大炎、苏佩禄、匡南浦等人。

学生课业讲授偏重于灌输"敬孝悌以重人伦，笃宗族以昭雍睦……"的封建意识。从《三字经》《百家姓》开始，继学四书五经，诗、词、歌、赋，以至诸子百家。私塾讲究习字，每日大小字各一篇，交教师评阅，每月作文两篇，由讲师译改。民国初年，也有加授时事论文以及算术等课的。《三字经》的内容也由"人之初、性本善"的旧本改为"今天下，五大洲；亚西亚，欧罗巴，南北美，与非洲"等。

1900年，在反帝反封建的革命影响下，废科举、兴学校。津市开始兴办小学校，社会上称之为"洋学堂"。但由于浓厚的守旧思潮，直到辛亥革命后，私塾仍是津市子弟求学的主要形式。五四运动后，社会上新制学校先后设立，而守旧者则认为这类学校误人子弟，只有读私塾才有出路。这种新学与守旧的争夺，一直持续到私塾被勒令关闭之初，有钱有势者，仍私下聘请教师设馆教授子弟，还有把子弟送往外地就读的。更有采取阳奉阴违的办法，政府视察官员一到，就讲国文、史地、算术，而视导离去，仍然是"子曰学而时习之……"随着社会的不断发展，人们认识的逐渐提高，私塾逐步由盛到衰，终于被各种新式学校所取代。

书院

书院是另一种读书求学获取功名的学习场所。

津市于清康熙二十一年（1682）创建了澹津书院，据《澧州志》载："在延光书院西，康熙二十一年，津市士民公建，以祀文昌神，会文艺，重修三次。"所谓"士民"，是指当时津市陈、吴、汤、樊、黄五大姓。书院供孔子牌位，内部组织机构是由上述五大姓和其他士族人士所组成的大成会，每逢春秋隆重举行祀孔大典，激励子弟发愤攻读，争夺功名，凡考中秀才、举人者均分别给予金钱奖励。

清光绪三十二年（1906）废科举、兴学堂后，陈、樊、吴等士族子弟，原延师在家读私塾，感于埋头诗云子曰子弟功名无望，便由陈裕嗣、樊寿乔、汤惠卿、吴端华、黄觉身等发起，为了纪念"至圣先师"，袭用大成会之名，于1912年左右创办"大成两等学堂"，为子弟提供攻读新学、开拓前程的场所。

大成两等学堂的经费，主要由发起人和其他大成会会员事先自动捐助。因此，发起人和大成会会员的子弟不收学费。其他子弟须先有一定数量的捐献，方能入学。

大成两等学堂的首任校长是樊霞侪。学校开两个班：诚级（高小课程），静级（初小课程），每班学生约40人，均为男生，全校教职工10多人。

1917年左右，澧县办起了九澧女子师范学校，开始提倡女子教育。为了满足和照顾大成会成员家中女孩们的读书要求，经大成会商议决定，于1920年2月办起了澹津女校，并由汤惠卿任校长。采用复式教学的方法，初小一、二年级与三、四年级各开一班，除小学课程外，还有缝纫、刺绣等课，共有女生40多人。所授课程（除工艺外）由大成学校男教师兼任。

1923年，大成两等学堂已发展为100多名学生的学校。当时的学制初级为四年，高级为三年，为了加强师资力量，特从澧县、临澧聘请当时有名望的教师莫绍铭（教英语）、龚子中、李雪舫、薛三金、张俊民、王楚痴、郑光兴等，课程开设齐全，有国文、算术、英语、历史、地理、自然、工艺、美术、体操、音乐等。

大成两等学堂与澹津女校并存，实际上由大成会统管。由于社会的发展，要求入学的儿童日益增多，于是大成会负责人陈裕嗣、吴端华等以该会成员为基础，扩大吸收一部分殷商富户参加组成校董会。为了集中精力办学,经校董会研究决定,于1927年改大成两等学堂为澹津女校,扩大招生范围,学生不限对象,均交学费,男女兼收。办学经费除大成会会产一部分收入外,主要由校董会负责筹募。

澹津女校春秋两季招生,校董会选出第一任校长周文定,开始办初、高级各4个班,200多名学生,全校有教职员工20多人,供给膳宿。后来,由于当时津市各校高小班不多,不能适应初小毕业生升级的需要,不久又增设了两个高小班,在校学生增加到300多人,成了津市第一个班次齐全的完全小学。在往后的进展中,它直接影响着逐步形成和发展的津市初等教育。1949年津市解放后,澹津女校由津市人民政府接管,1952年更名为"津市市第一完全小学"。

小学

在戊戌变法的影响下,津市初等教育在与私塾的争夺中,逐步兴办起来,因而不少学校先后创立。除上述由大成两等学堂发展起来的澹津女校之外,还有建于1922年的县立第二高级小学校,校长张云帆,校址设在元和宫。这个学校专办高小班,以解决各级初级小学学生的升学问题。设高小一年级两个班,二、三年级各一个班,每班有学生30人左右,学制三年,教师10余人。办校经费由县教育局筹办。直到1936年,因行政区划的改变,津市属澧县第二区,地处澹水之滨,故将该校更名为"县立澹津高级小学校",校长李祖灵。学校有教员13人,设4个班,其中一个复式班,学生132人,还有区立初级小学6个,如禄保小学,校址元和宫,校长李祖灵,教师6人,班级3个,均为复式,学生80人(系澹津高小学校代办)。汤石保小学,校址汤家巷,校长滕开元,教师6人,设班4个,学生147人。保合小学,校址太平街,校长樊生强,教师6人,单式和复式各两个班,学生132人。师益小学,校址城隍庙街,校长金壹元,教师5人,4个复式班,学生136人。三义小学,校址龙法寺,校长徐镇武,教师3人,两个复式班,学生54人。镇福小学,校址川主宫,校长朱务敏,教师6人,一个单式班,两个复式班,学生104人。区立学校经费,由区教育局筹款、各校资产、学生学费几方面解决。

此外还有兴办起来的各私立学校。如长郡初级小学(1926年创办),校址保合后街,校长黄永祥,教师4人,3个复式班,学生105人。庸石慈初级小学(建于1927年),校址一文拐,校长龚光华,教师5人,两个复式班,学生68人。豫章初级小学(创立于1934年),校址万寿宫,校长王士彬,教师5人,两个复式班,一个单式班,学生137人。津兰小学(1932年芬兰人办的教会学校),校址津市福音堂,校长田德贞,教师7人,3个复式班,学生125人。此外还有第七短期小学

（1936 年设立），校址元和宫，校长张文武，开一个班，半日二部制，学生 51 人。凡私立学校经费，均由各校董会筹办。

到 1936 年，当时津市有县、区及社团开办的公私立学校 12 所，46 个班，学生 1309 名，教师 86 人。

抗日战争时期，由于外省难民涌至，津市人口猛增，商业更为兴旺，学龄儿童日益增多，为往后的津市教育发展奠定了基础。

解放战争前后，津市行政区划又有了改变，因而教育管理机构也随之而变更，直至 1948 年，除私立学校外，公立学校均由镇教育股管理。这时原县立澧津高级小学校改为津市镇中心国民学校，校址元和宫，校长杨文敏，教员 16 人，高级班 3 个，初级班 6 个，学生有 470 人。一般原区立学校先后分别改为保国民学校，如三、四联保国民学校，校址牌楼口，校长方德夫，教员 7 人，初级班 6 个，学生 309 人；五、六保国民学校，校址城隍庙，校长禹湘帆，教员 6 人，初级班 5 个，学生 254 人；一、七、八保国民学校，校址保合后街，校长周浮沦，初级班 5 个，学生 238 人；二、九、十保国民学校，校址三元宫，校长褚东之，教员 8 人，初级班 5 个，学生 305 人；十一、十二保国民学校，校址汤家巷，校长曹友钦，教员 7 人，初级班 5 个，学生 215 人。还有吉州半日学校，教员 1 人，学生 40 人；私立澧津女子学校，校址关庙街，校长杨诗科，教员 18 人，高级班 3 个，初级班 7 个，学生 538 人；私立津兰小学，校址福音堂，校长汪青学，教员 13 人，高级班 2 个，初级班 5 个，学生 307 人；私立长郡学校，校址保合后街，校长易劲之，教员 12 人，高级班 2 个，初级班 4 个，学生 252 人；私立豫章小学，校址万寿宫，校长傅云辉，教员 10 人，高级班 1 个，初级班 4 个，学生 195 人。这个时期全镇公私立学校共 11 所，教员 107 人（管理人员除外），高、初级共 64 个班，学生 3093 人。

津市初等教育，顺应时代的要求，民众的愿望，在不断发展中逐步充实提高，发挥了应有的历史作用。

从明道中学到津市一中

⊙ 宋先熙　王永谟

　　1942 年初，胡丕顺、胡子元、杨体先、刘用光、覃程杰等澧县教育界人有感于澧县仅有一所县立澧县中学，高小毕业生绝大多数不能进入中学的情况，酝酿筹划开办一所私立中学。

　　根据当时湖南省教育厅的规定，开办私立中学应具备三个条件：一、不动产田地 800 亩，年收大谷 1200 担；二、动产现金 10000 元；三、有固定校舍。他们两手空空，三个条件无一具备。于是他们想方设法创造条件，聘请胡毓桢、向郁阶、彭朝球等知名人士成立了董事会，公推胡毓桢为董事长。为了筹备办学，胡子元等乐捐田地 943.27 亩，年收大谷 1239 担。流动资金则由胡毓桢董事长出面，最后用转账存款办法由湖南省银行津市分行出具存条金额 10000 元。新洲大户孟庆朝捐献的大屋改作校舍。

　　当时教具和设备一无所有，经过多方努力，列单立约，商请工匠承包，采取先货后款、分期付清的办法，从而及时保证了开学的需要。

　　条件既备，湖南省教育厅批准备案。于是，以窑坡渡孟家大屋为校址，并取"正其谊不谋其利，明其道不计其功"（朱熹建庐山白鹿洞书院题旨）之意，取名湖南私立明道初级中学。1943 年 2 月，校董会选向郁阶为校长，春季正式开始招生上课。当时按规定收新生两个班，每班 55 人，共 110 人。另外还在附近场所设立了一个有 100 多人的先修班。以后，每年春、秋两季各招一个班，两年后，全校 6 个班，共有学生 330 人，其中女生占 15%。当时学校收费标准比公立中学为高，包括学杂、书籍、膳宿等费用，学生每人每期缴纳大谷 12 担（折合光洋30 多元）。由于学校经费全靠自筹，所以学校设备简陋。教学用品添置很少，学校仅有图书 485 册，仪器 77 件。办学条件差，校长也迭经更替。1944 年，向郁阶校长因事辞职，次年由杨体先接替，1946年下学期，杨体先病逝，胡子元继任。1948年下学期，孟遂出任校长，直至津市解放前夕。

明道中学教职员工20多人，教师待遇菲薄，工资不固定，视收入分配，除伙食校供外，开始每人每学期薪俸一般仅15～16担大谷，课时较多或有兼职的18～19担（以每担3元折发现金），这是最离谱的报酬。以后随着班次的增加，收入较多，虽然有所改善，亦不过30担大谷左右。如胡丕顺老师创办该校时，除主动全部捐助兄弟共有祖遗田土15亩作为校产外，还放弃了在澧县中学每月工资100元的优厚待遇，自愿担任该校教师，每学期的酬劳仅是18～19担大谷。他们乐育英才，都能自甘清苦，不计得失。

明道中学创办到津市解放的7年中，就读学生1000余人，毕业生450人。为国家树人育才做出了应有的贡献。原哈尔滨军事工程学院教授吴泽其、人民大学教授皮纯协、湖南财经学院教授许孟和、大庆石油学院教授陈抡元、陕西教育学院院长田家盛、广东中山大学副教授张克东等都先后在明道中学就读过。

1949年上学期结束时，正值津市解放前夕，校长孟庆国畏惧出走。学校一时无人负责，教学陷入停顿状态。副校长伍龙章、教员覃程杰向教育局反映情况要求予以接管。1950年1月，津市市人民政府正式接管明道中学，派杨立远为校长，学校迁至市区原津兰学校（今火花幼儿园）上课。1950年12月，明道中学改为津市市立初级中学。1951年3月，学校迁到津市农校。1952年8月，津市并入澧县，津市市立初级中学改为澧县第四初级中学。1953年，常德专署改派周贻武为校长，教职员32人，学生人数438人，学生中工农家庭出身学生占全校学生总人数85%以上。由于洪水的侵袭，校舍破坏较大，1954年8月，澧县和津市市分治，学校报请行署转省育教厅拨款8万元购买澧水南岸麓头山原澧县县委会和县人民政府两栋办公楼和礼堂作为新校舍，随即南迁，并更名为津市市初级中学校。

1956年，学校增设了高中班，改名为津市市第一中学。1957年，奉津市市人民政府指示，学校将初一两个班划出，开办津市第二初级中学，津市市第一中学当时有初中11个班、高中两个班，全校学生共有650人。随着学生人数增加，校舍扩建，教学设备也逐年添置，学校初具规模，成为津市唯一的一所完全中学。

（根据胡丕顺、孟庆朝口述，参照有关资料整理）

津市解放前的剧场和农村演戏习俗

⊙ 赵训科　杨善智

津市剧场的兴建

荆河戏班早期的活动中心，在湖北是沙市，在湖南是津市，两地的演出场所均以庙会为主。约在 20 世纪初，不少私人茶社，筑起戏台，顾客边饮茶边看戏，茶园连戏钱一起计算收费，是为商业化剧场的开端。随着辛亥革命和五四运动的爆发，新文化向全国传播，沙市、津市的专业剧场便应运而生，有的是茶园改造，有的就简兴建，条件虽差，但均属专业剧场。这些剧场售票演出，很少再唱"庙戏""会戏"了。津市解放前的 20 年间，先后建起了以下一些剧场：

中华大戏院　1930 年由三元宫的旧戏楼改建而成。露天戏院，可容纳 800 余人。抗日战争时期被废弃。

民众剧院　1930 年在拐子巷建成。内有厅座、楼座、包厢，可容千余人。1949 年后改建为红旗戏院，1985 年拆掉新建。

松秀班剧场　1930 年由周汉章的父亲发起集资，在河街巷口专为荆河戏松秀班修建的剧场。木架平房，可容 600 余人。1932 年毁于火灾。

长津戏院　1937 年建于夹街。砖木结构平房，可容 700 余人。解放前被拆除。

众乐戏院　1938 年建于西河街。有座位 800 个，内设楼座、包厢，是解放前津市最大的戏院。1949 年后改建为津市工人电影院，后扩建为津市人民电影院。

白宫戏院　1939 年在商会街建成。砖木结构平房，可容 800 余人。1949 年后被拆除。

明星戏院　1940 年建于西河街。座位 700 多个，有看楼、包厢，舞台后部直伸河心。津市解放前夕被毁。

农村演出习俗

早期荆河戏班，多数在农村集镇演出。各个戏班的"管事"，经常四处奔走，联系演出业务（俗称"卖戏"）。生意一经谈妥，即与演出所在地的联系人（俗称"头人"，或称"首士"）达成协定，或者签立合同。戏班按序，逐点演出。一个点演戏的多少，在协商时即已确定，一般是"四写五唱"和"八写十唱"。即定四本戏要演五本，定八本戏要演十本，演十本的为"一筒"，演一个点就叫"一案"。"一案"戏结束，即转到下一个点，有时也发生"抢箱子"的现象，在上案结束，接演下案，派来接"行箱"的单位，同时来了两个（甚至还多），于是发生争执，在戏班调解无效时，双方等戏一完，就动手"抢箱子"。发生这种现象，一般由两种情况造成：一是戏班管事在"卖戏"时演出顺序排得不明确；二是有一个"抢箱子"的有后台，势力大，仗势来抢。但"抢箱子"一般不会造成很大的混乱和麻烦，因为有一条不成文的规矩：谁抢到了"把子桶"就归谁接演下案，没有抢到"把子桶"的就要退让，把抢到的其他行箱，一齐交给对方运走，不能刁难扣留。

在村镇演出时，无论是寺庙戏楼，还是临时搭的草台，都是演日场。每天开演前（上午六七点钟），在演出地点放上三铳，因铳响声大，传得远，使邻近地区的群众知道今天有戏看，借起"广告"作用。约八点钟，戏台上响起"闹台"（即用打击乐演奏成套谱子）。"闹台"起两个作用：一是催"客"（观众），说明戏将开演；一是催演，说明开演时辰快到，要赶紧上台化妆。荆河戏班还有条规矩："打闹台"时，艺人都要上台，如果在"闹台"打完以后上台的，就要扣除他在本日这本戏中应分的报酬。有时"闹台"反反复复打个不停，就是为了等待个别名角上台。

大约上午九点钟，演出开始。每个点头本（第一天）演出，称为"亮台"。"亮台"时，台下燃放鞭炮，以示欢迎。头本戏先要演"神戏"，如《祖师登殿》《三星归位》等，借以"酬神"；接下来演"帽子戏"（又称"垫台"），即一个"折子戏"；然后演正本大戏，如果演完时间还早，再加演个"杂戏"，大约下午五点钟才结束。

艺人在戏台上十来个小时的表演，是非常辛苦的。为使这种状况得到稍微缓解，或使一个大戏（连台本除外）能演一天时间，于是在演出中加进"跳加官"，在剧中用不少"登场""起霸"，以便拖延时间，使艺人有个喘气的机会。

每本戏演出过程中，要出现一两次"打加官"和数次"谢赏"活动。"打加官"是由一名头戴相貂、身着红蟒、足登朝靴、腰围玉带、面罩面具、一手执牙笏、一手执上书有"天官赐福""一品当朝"等语的艺人和一名陪同者（未化妆）同时上场，由陪同者高呼："×××先生（或太太、小姐、××长）一加官。""打加官"的艺人随即展开"加官条"，出现上述字样，然后下场。被"打加官"的先生等即自认光彩，送"加官钱"到戏台上，作为酬谢。据老艺人介绍：扮"打加官"者有两个传说：一说是唐初，唐明皇演戏要魏征扮个角色，魏征怕丑，明皇就叫他戴个面具，这显然讹传。一说是五代时期的冯道，因当时朝代迭变，他仍官居高位，笑骂由人。所以后世视他为"无廉鲜耻"的典型。戏班扮他出面"打加官"讨钱，意在解嘲，似有道理。"谢赏"是在演出过程中，观众中有人对某出戏很欣赏或者认为某个艺人演得好，出钱赏艺人，艺人接到"赏钱"后，立即"煞锣"（或"么锣"）。"公赏"由当场旦角代表全班，"私赏"由受赏艺人或代表出场，由陪同人高呼："谢×××先生（或太太、小姐、××长等）赏！"受赏人随身行一鞠躬礼后退场。"谢赏"结束后，继续演出。

　　每天演出的剧目，是由演点的"头人"与戏班"管班"商定的。一天演完"么台"时，台下放了鞭炮，就算演完一本，管班就去找头人商量第二天（第二本）的剧目。如果"么台"时未放鞭炮，这本戏第二天要重演。旧社会对戏班的要求很严，有时因为一句唱词、道白，或者一个动作不到家，就会白演一场，拿不到戏钱。遇到"么台"时没放鞭炮，戏班要检查演出质量，找出漏洞，以便重演时改正。有的戏甚至连演两三天都得不到承认，艺人因此吃了不少苦头。据老艺人介绍，为了应付这种困境和刁难，先辈艺人对一些容易出现漏洞的动作，作了妥帖的处理。如表演上下楼动作时，上楼则一步一步地上，而下楼则先是一步一步地下，到中途则以"摔跤"或"滑倒"落地，这样，上、下楼步数都可以多少不拘，再不致因上、下楼步数不合而被"罚戏"了。另外，荆河戏班早年名须生田育远有个传闻：他在某地演《斩黄袍》时扮赵匡胤，当陶三春闻赵匡胤斩首的噩耗，兴兵造反，军探向赵报警时，陶三春因慌忙出场（一说有意拆田育远的台），探子错将陶三春报为"穆桂英造反"，台上台下无不愕然，担心田育远无法下台。但田育远沉着从容，随机应变，脱口编唱下面一段词："孤王江山倒了运，探子报事不分明；明明反了陶三春，为何报成穆桂英！孤王再赐你一只令，再探再报要小心！"接着军探一声："得令"下场，戏圆满演到结束，观众无不交口称赞！

　　荆河戏班以前没有幕布、铃子等作为开演和闭幕的信号，所以每本戏演完，台上捡场艺人将"一字桌"前的桌围掀翻盖在桌上，即表示今天的戏已经终场，看戏的观众请明天来。一案戏结束的那天，除掀桌围外，还由两个艺人，每人披上一件黄色袍子，在台上跳窜几下后进场，这叫"拜台"，表示本案戏已经全部演完，告诉观众，明天没有戏看。

津市戏剧活动述略

⊙ 亦然

　　津市的戏剧活动约兴起于清中叶，最初仅有戏剧爱好者自娱的围鼓堂、丝弦班，作为舞台演出最早形式的庙戏、会戏，则至清末始随经济发展、人口增加以及附有戏楼的寺庙、会馆的大量兴建而出现。

　　清咸丰年间（1851—1861），津市已是商业重镇，经济活跃，市面繁盛，科班乃开始组建剧团。新洲的老同乐、老文化班，市区的松秀、双胜班先于此期间开科、组建，后因演员外流，阵容日衰。宣统年间新洲再开小同乐、小文化班，市区于民国初年再开宝和、同胜班，此后风气渐行。1920 年代津市出现戏院，于是寺庙、会馆演出的形式渐被淘汰，京、汉、楚、湘以及不歌不舞的滑稽戏、文明戏等剧种，相继出现于津市舞台上，前此荆河戏独占剧坛的局面遂被打破。

　　流入剧种以京剧影响较大，不仅来津剧团多，观众踊跃，且很快流入民间。20 世纪 30 年代已有人学唱，并出现商界人士组织的京剧俱乐部。抗战爆发后，流亡机构、人员大量涌入，影响所及，京剧爱好者与日俱增，京剧俱乐部大量涌现。一时公廨、私居、茶楼酒肆，管弦所被，无非皮簧，且堂会、演出颇繁，极一时之盛。其他剧种，除滑稽戏、文明戏因艺术平庸为观众冷落早绝迹剧坛外，其余虽未流入民间，但亦曾各以其特点轰动一时。如巴陵戏（俗呼其剧团为"岳舞台"）的《天宝图》《杨香武三盗九龙杯》以其武功、机关布景，曾吸引许多青少年观众争相观看；而湖北楚剧（俗呼"黄坡花鼓"）的《孟丽君脱靴》更是风靡一时，令不少妇女如痴如醉。其他如湖南湘剧的彭俐侬、湖北汉剧的尹春保等的演出，亦是众口交誉，观众如涌。

　　此时，西边花鼓（俗呼"土花鼓"）、皮影戏、木偶戏很活跃，李家铺、保河堤曾是科班培训花鼓戏演员，李家铺曾组建花鼓戏班，小丑喻春满当时被誉为"花鼓王"。皮影、木偶此前即时有演出，此时则足迹遍及城乡。其中皮影以用荆河戏科白、唱腔，且不需舞台、场地，尤为人喜爱。当时津市从事皮影制作与演出者为数不少，仅阳由垸一地即不下十余人。20世纪40年代，当时风行于后方各大城市的新兴话剧，开始传入津市。此乃当时外地读书的大、中学生为进行抗日宣传而带回者。他们在街头和戏院先后演出《放下你的鞭子》《上前线》《打东洋》《三江好》《最后一颗手榴弹》等剧。1940年，他们又与津市教师、社会青年排演宋之编剧的大型话剧《黑字28》，连演数场，座无虚席，曾得票款三千余元汇往前线。此后又先后排演《野玫瑰》《夜啼》《春暖花开》等大型话剧，均轰动一时。1948年国民政府国防部一演剧队（失名）曾来津演出陈白尘编剧的话剧《升官图》、小歌剧《王大娘补缸》，此为解放前津市仅有的一次由专业剧团演出的歌话剧。

20世纪50年代，群众因初获解放，翻身的喜悦加上人民政府的支持，业余戏剧活动活跃。1949年，津市解放后第一个群众文艺团体——人民戏剧音乐社建立，由该社与教育工会组织，曾先后排演歌剧《白毛女》《血泪仇》《土地的主人》，话剧《野猪林》以及《九件衣》《林冲夜奔》《追韩信》《甘露寺》等京剧。当时演员、观众热情均高，剧场内外热气腾腾。有的剧团因观众要求一再延长演期。其后，人民戏剧音乐社解体，一些大单位乃继起组织。1953年开始又先后排演《反击》《春风吹到诺敏河》《万水千山》《梁山伯与祝英台》等歌话剧。

其时，津市已先后兴建建设戏院、津市剧院、红旗剧院，同时组建了荆河剧团。并开始培训荆河戏演员，专业剧团演出亦渐行活跃。1960年代后，由于其时津市物资较丰，各类剧团来津演出者摩肩接踵，一时形成高潮。当时每年接待剧团20余个，剧种则京、汉、楚、湘、越、祁、阳、花鼓、话剧、歌舞、曲艺等几乎无所不包，观众人数与剧院收入亦成倍增长。仅红旗剧院即由1950年代的117285人次、21328元增至261415人次、77151元，1962年最高，曾达378669人次、119852元。为适应此一形势，文化馆开展剧评活动。编辑油印刊物《剧评》与《朝阳》，并组织人员发掘濒于失传的津市丝弦，成立津市丝弦演出队。津市荆河剧团在此期间亦北上沙市、宜昌、公安、松滋，南下长沙、衡阳、株洲、湘潭，演出频繁。经过一段沉寂的业余戏剧活动，此时以财贸业余文工团的建立为标志，又重新活跃起来。

"文化大革命"期间，戏剧活动全部停止。剧坛万马齐喑，前后持续了十年，及至1978年，随传统戏的开放、荆河剧团的重建始渐恢复。由于人们对文化生活的渴求，很快形成高潮，当时剧院前观众潮涌，途为之塞，虽日演三场，向隅者仍大有人在。农村观众有住旅社等候看戏者。此时，业余戏剧活动亦随即活跃起来，西边花鼓清唱组，南边花鼓队、曲艺队、小乐队、京剧队等业余戏剧组织纷纷建立，并先后排演了《于无声处》《权与法》《一撞钟情》；南边花鼓《刘海砍樵》，京剧《伍家坡》《女起解》《打渔杀家》以及相声、说鼓、渔鼓等曲艺。津市与常德两地京剧爱好者还进行联合演出，轰动一时。1980年各业余戏剧组织开始合并改组为广播业余文工团、职工业余文工团、业余艺术团，同时为满足群众需要，将西边花鼓清唱组扩组为职工花鼓剧团。

此后，因电视、录像的普及，新潮歌舞的流行，戏剧活动渐趋衰微。专业剧团演出日渐减少，偶有外地剧团演出，亦因上座率不高随即离去，业余戏剧活动处于停顿状态。剧院则已全部改为影剧院，借放电影以补收入之不足。而专业剧团除"民间花鼓剧团"（西边花鼓）尚具活力外，"荆河剧团"已是度日维艰了。

津市的戏曲科班

⊙ 童醴荃

旧时培训戏曲艺徒，称为"科班"。津市开始于明代，多为民办。举办者之目的在于艺徒出科后组班牟利。科班仅供艺徒以粗粝饭食，且实行体罚制度，学习条件艰苦，故艺徒多为无出路之贫寒人家子弟。中华人民共和国成立后始由政府举办，采办戏剧学校、训练班形式，学员从学校招收，废除体罚。学习期间供给饭食及衣服、毛巾、肥皂、牙膏等日用品，实习时并发零花钱，学习以专业技术训练为主，兼学政治、文化，学习期间合格者分入剧团，其余或回校读书，或另作安排。

津市自明永乐二年（1404）至 1985 年，共开科班十一次，办训练班五届，先后培训荆河戏演员约 600 名。由于资料缺乏，现仅就能考见其始末者，略志其梗概。

老同乐班　明永乐二年（1404）开科班于新洲。

老文化班　明永乐二年（1404）开科班于新洲。

同乐班　为别于后来所开的同乐班，亦有称老同乐班者。清代咸丰、同治年间开科班于新洲，为新洲北街黄雨元等创办，有艺徒 60 余人，出科后较有名气之演员有小生张茂喜、旦角向凤喜、花脸许天喜等。

文化班　亦称"老文化班"。清代咸丰、同治年间开科班于新洲。为新洲南街鲁玉祖等创办，有艺徒 42 人。出科后较有名气的演员有生角田育远、谭三元等。

宝和班　1915 年开科班于津市，班址设在北斗丘（今人民路储蓄所后），有艺徒 30 余人，学期三年，满科后部分艺徒分别进入松秀班、双胜班。较有名气者有生角杨宝彩、花脸雷宝千等。

小文化班　1915 年（一说宣统元年）开科班于新洲，班址设在南街。为新洲樊永付、杨楚尚等创办，有艺徒 60 余人。成名演员有生角彭化万、小生杨化喜等。

小同乐班 1915 年开科班于新洲，班址设在北街，有艺徒 60 余人。成名演员有花脸周小太等。

同胜班 亦称"云字班"，1916 年开科班于津市，为津市澧阳楼酒家老板滕六爹创办，班址设在襄阳街玉星阁。学期三年，有艺徒 30 余人，教师有柴寿贵、陶林芝等，出科后部分艺徒进入松秀、双胜两班。

松字班 1930 年创设于津市，为松秀班所开，本次招收艺徒全部为女性。出科后均以"松"字为艺名排行。

松秀班 1936 年，开科班于津市，亦为松秀班所开。

嘉字班 1943 年开科班于新洲，为新洲张小玲创办，有艺徒 40 余人，后组班流入湖北。较有名气的演员有旦角胡嘉淼、胡嘉霞，花脸严家猛等。

常德专区荆河戏小演员训练班 津市、石门、临澧三县市联合举办，班址设在津市古大同寺，有学员 43 人，其中津市 22 人，学期两年，教师有贺甲龙、王合福、张申华、崔翠菊、胡兴猛、李元寿、李国光等。

一九六〇届小演员训练班 1960 年 11 月由津市举办。班址设在蔡家河，学期两年，招生 50 余名，经筛选，结业 20 余人。学员结业后曾和新洲文工团学员合并进行实习演出。教师有蒉同荣、王化金、张福松、杨化喜、杨嘉霞等。

一九六四届小演员训练班 1964 年 2 月由津市举办。班址设在窑坡渡，学期两年，招生 41 名，经筛选，结业 12 名。教师有王化金、王振文、黄福秀、张觉龙、王桂英等。

一九七一届小演员训练班 1971 年 10 月由津市举办。班址设在蚕桑场，学期三年，招生 50 名。1973 年底并入市文艺工作队，时仅余学员 29 名。后荆河剧团恢复，经筛选留剧团 15 人，教师有刘运志、满文武、王桂英、滕焕金、周用德、罗金彬、汤迪林、蔡慎义等。

一九七六届小学员训练班 1976 年 11 月由津市举办。班址设在蔡家河，学期三年，招生 45 名。教师有刘运志、满文武、王振文、易云福、黄开国、裴松枝、王化金等。

旧津市的戏班

⊙ 亦然

松秀班　荆河戏班

始建于清中叶，由慈利县一朱姓富户集童仆、佃户子弟科班组成。朱女松秀酷好戏曲，对戏班曾多方扶持，后许津市陈姓，出嫁时朱以戏班陪嫁，随女来津，并以女名为班名。后陈姓中落，戏班流入民间。为纪念松秀的扶植，一直沿用旧名。

松秀班初无固定住所，一般农历一至七月于津市各寺庙、会馆唱庙戏、会戏；八至腊月则往来于澧水、荆江流域各乡镇唱草台戏。1929 年津市建松秀戏院，其流徙无常的境况始有改善，并开始于戏院演出。1930 年、1936 年曾两次招徒授艺，培养青年演员。该班初以旦行戏为主，后因各地演员竞来搭班，一时名优荟萃，文武不挡，成为享誉九澧、鄂西名班之一。故一直拥有一批造诣较高的演员。如做派老生，擅"拗马车"等特功的滕和瑛，曾长期搭班；而誉为松秀双璧的傅庆寿、彭化万则更是与戏班共始终。但旧社会艺人地位低下，生活困苦，致使服装道具破旧亦无力更新。津市民间因有口语"松秀班的行头"，嘲喻物件之破旧。戏班于津市解放后改组。

双胜班　荆河戏班

双胜班组班于清道光年间（1821—1850），由津市码头工人集流散于津市的荆河戏艺人所组成，主要于津市各寺庙、会馆唱庙戏、会戏。当时松秀班以旦行戏著称，该班则生、净行戏有特色，故有"公双胜、母松秀"的说法。主要演员有生行张和宝、于永林，旦行廖庆香，小丑汤魁云等。后因主要演员外流，阵容日衰，于光绪三十一年（1905）散班。

大京班　花鼓戏班

1939 年，大京班组班于李家铺，有演职员二十余人，每年农事稍闲之三季（正月至插秧、春收至秋收、秋收以后）往来湘鄂边农村唱草台戏，间亦于津市、沙市等城市演出。人员按底分计酬，最高十分，拿六分者须精各行，能跑满场。跑龙套者则仅分零头钱。常演剧目有《大劈官》《阴阳二审》《阴阳界》《韩湘子化斋》《秦雪梅游地府》《罗半仙算命》《白马驮尸》等大小八九出。后改组为福兴班，于 1949 年散班。

新华班　荆河戏班

1941 年，新华班组建于新洲，由张子成集流散的荆河戏艺人五十余人组成。演员多出身于新洲科班"嘉"字班。各地荆河戏演员多曾搭班演出。该班于 1950 年去湖北演出，后留于石首县。

津市松秀班简史

⊙ 乐山

松秀班的历史

津市松秀班是九澧一带很有名的戏曲班社，已有近百年历史。相传清光绪年间，慈利县有个朱姓大财主，家在偏僻山区，看戏很不容易，便从外地聘请了荆河戏名艺人来家起了个科班，艺徒都是家中雇请的佣人和佃户子弟，从不到外地演出，只在家族中寿诞、嫁娶喜庆日子和本地丰收年景才搭台演出几场，平日艺人照常帮工或干活。朱家有一女名松秀，父母爱如掌上珠，年方二八，许配给津市陈姓巨商为媳。临别出嫁时，四箱四柜、衣服齐全，既华丽又阔气，但松秀仍不满意，哭着要将家中戏班作为陪嫁，否则不肯出嫁。父母只得依允，将戏班冠上女儿名字叫松秀班。松秀小时喜看旦角戏，还能清唱几段，因此，松秀班多旦行戏。这恰与当时本地喜唱生、净行戏的双胜班成鲜明对比，于是流行着"公双胜、母松秀"的说法。朱松秀去世后，松秀班便走上社会，到各地演出，一直保留着"松秀"牌名，到1951年才更换新名。

荆河戏的源流

"松秀班"属于荆河剧种的戏班之一，荆河戏属地方戏曲剧种，而以湖北荆河和湖南澧水两流域最为集中。荆河戏的沿流大致有四种说法：第一种说法是明末李自成起义失败，退走澧州，将女儿嫁给安福（临澧）县蒋家时，将随军南下的戏曲艺人一同留在安福，以后发展成戏班，是为荆河戏发脉；第二种说法是清初某将军率军进驻澧州，军中有戏班随从，后留在地方发展成荆河戏种；第三种说法是汉剧艺人来到荆江一带演出落了户，受本地艺人的影响，形成别具特色的剧种，因其地处荆河一带，故名"荆河戏"；第四种说法是根据"松秀班"老艺人和本地爱好荆河戏的人回忆，认为荆河戏系澧州华阳王被朝廷贬来澧州时，随带王府中的川剧戏班，以后澧州历代华阳王都加以扶持，延绵二百余年。明末，清兵入关，明王朝覆灭，王府被焚，府中川剧艺人四处逃散，流落湘鄂西边区。川剧艺人，艺术精湛，在与汉剧艺人和民间艺人接触中，相互借鉴，取长补短，久之，形成了既不同于川戏又不同于汉戏的新剧种，以前称"上河戏"，津市解放以后政府以其形成地方是在荆河一带，定名为"荆河戏"。荆河戏为荆、澧两流域群众喜闻乐见，发展很快，戏班遍及湘北、鄂西，影响极大，曾被誉为"荆、湘、楚、汉"两湖四大戏。

松秀班历代艺人都十分重视艺术的继承，在声腔和表演艺术上还有所创新和发展。荆河戏粗犷，舞台语言是用澧州官话音调。唱腔分弹腔、高腔、昆腔、小调，以弹腔和南北路为主。南路有快板、慢快板、三眼、马头调、原板、一流、二流、三流、黄八板、平板（四平调）等；北路有倒板、快板、慢板、慢流水、摇板、滚板、草鞋板、十三板、灯笼拐、哒腔等。还有南反、北反、南北反，通称"四板十八眼"。曲调有小放牛、花鼓调等。荆河戏还有起堂用的堂曲，用唢呐演奏，丝弦过场音乐有柳金娘、一蓬松、三句半、伴庄台、哭皇天、八板、步步紧、满江红、节节高、菩萨蛮、得胜歌、闹元宵、鸾凤和鸣、汉东山、四季花、相思草、金串子等70余种。松秀班伴奏乐分文武两场面：文场面有胡琴（两根线）、月琴（四根线）、三弦（三根线），俗称"九根弦"，还有唢呐、笛子（后又增加了板胡、扬琴等）；武场面有堂鼓、板鼓、大锣、小锣、马锣、云锣、苏锣、头钹、二钹（后又增加了京鼓、鸡呐等）。演员用嗓，一般说来老生、老旦用冷音；须生用夹嗓、边嗓；小生用本音加小嗓；旦行用小嗓；花脸用虎、炸音；其余用本音。这些嗓音的运用，对表现人物性格和丰富声腔艺术都是十分有利的。此外，花脸抖壳子更是荆河戏所特有。

津市"松秀班"演出的传统剧目很丰富，约有五六百个，经常演出的有二百多。剧目多来自《说岳传》《说唐》《封神榜》《杨家将》《三国演义》《水浒传》中的故事。"松秀班"和荆河戏班一样，剧目中多带有"山"字，如《凤鸡山》《定军山》《火烧绵山》《广华山》《飞虎山》等。这有别于汉戏，湖北汉戏多带有"关"字，如《文昭关》《武昭关》《天水关》《反武关》等，荆河戏重做功，汉戏重唱功，已家喻户晓。"松秀班"和其他荆河戏班在演出剧目中另一引人注目的是以演"三杀、五图"戏闻名。"三杀"即《杀阎婆媳》《杀海和尚》《打渔杀家》；"五图"即《百子图》《八义图》《铁冠图》《八阵图》《孝义图》。"松秀班"还有不少剧目由于艺人的精湛表演艺术而载誉一时，比如"松秀班"艺人彭化万演出的《孔明拜斗》，独具特色，连演不衰，被誉为"活孔明"。荆河戏长于做功，"三年学打，两年学戏"，把基本功看得比戏更重要。入科时注重学行武,讲究拳术,练成一套表演硬功夫。长期以来,荆河戏艺人在实践中,总结出表演艺术内、外八大功（又称内、外八大块）。内八大指喜、怒、哀、乐、惊、疑、痴、醉等,外八大指手、眼、腿、腰、裆等。内八大侧重人物心理刻画和外部表情,为无形无声的动作,外八大侧重于舞台动作的优美、洗练,为体态动作。外八大是内八大的支持,内八大通过外八大起作用。"松秀班"艺人由于重视内、外八大的勤学苦练,所以在演出时发挥得很好。

荆河戏行当分生角、小生、旦角、丑角、花脸、老旦。生角有正生、老生、杂生,旦行有正旦、花旦、武旦、摇旦等;花脸行有大花脸、毛头花脸、霸霸花脸等。

"松秀班"在表演艺术上形成了比较完整的程式,如翎子功、水发功、盔头功、罗帽功、口条功、水袖功、翅子功、扇子功、把子功等,它对刻画剧中人物思想感情变化、表现其性格特征、加强艺术的表现力起着重要作用。

"松秀班"艺人处境和遭遇

"松秀班"生活在封建社会里,旧思想、旧意识、旧风气、旧的规章制度牢固地控制着艺人,使艺人长期过着非人的生活,状极可怜。可以归纳为以下几方面:

1. 封建迷信严重

旧社会"松秀班"入班学戏的学徒,虽有艺人子弟,但多数为穷苦农家孩子,也有极少数是街头流浪儿。他们进班社都立有字据:"生死祸福,听天由命,私自逃跑,打死勿论。"每科一堂学,少则20人,多则三四十人不等。进科班后只有饭吃,别无其他补贴。学徒进入戏班,首先要向老郎菩萨叩头,接着是拜师三叩头,然后是"剁尾巴":男学徒打屁股12板,打时嘴巴要啃住板凳角;女的要打手心12板,预示学艺时12月"月月红"。以后便开始练基本功,学身段,走摆步。过一时期再根据学徒嗓音、扮相、形体等条件分行当进行训练,训练期间,稍有过失,轻则罚站、罚跪,重则打屁股。到学徒可以授戏时（口述或发单杠本子）,学徒要向师傅叩头以示感谢。学徒学戏一百天期满,准备登台演出时叫"挂衣"（将衣服挂起来换上戏服）,登台前,先向传艺师傅、掌管三箱传艺师傅和文武两场面师傅叩头,请求关照。当艺人转到另一戏班演出时,也要向班内师傅拱手作揖,请求关照。谁要是这些礼节不周到,定会遭到责难和麻烦。"挂衣"演出收入全部交本家后再分得一点点报酬。得了"赏钱"要奉敬老师一部分,以示酬劳。戏班里还有许许多多的忌讳,如不准讲"散"字,雨伞要叫"雨盖";不准说"梦"字,见到姓孟的要改口唤作"醒××";放鞭炮不准放单鞭,单鞭意味着散了股、炸了箍,因为这都是不吉祥的字眼。新戏"踩台"时,扮演《杀无常》的无常要喝雄鸡血酒，挨家逐户讨钱，演《风波亭》时，后台要供岳飞牌位，烧纸钱。扮演花脸的演员如果用珠笔在小孩额上点一下，便会"长命富贵"。化妆时穿什么"行头"，用什么"道具"，不能随便挑选。妆化好后静坐候场，不得谈笑乱走动。还规定旦行坐大衣箱，生行坐二衣箱，净行坐盔头箱，丑行则大小衣箱、盔头把子箱都可坐，任何人不得坐打小锣的位子。以上这些规定，都反映出"松秀班"和别的戏曲班社一样，班内封建、迷信色彩是极浓厚的。

2. 社会地位低下

旧社会，戏曲艺人社会地位是极其低下的，"松秀班"也不例外，长期被人讥之为"戏子、忘八、吹鼓手"，列入下九流。那时，"松秀班"一年四季有三分之二时间在农村演出，如果是被地方上约去为庆丰收，或是为地主豪绅家祝寿、嫁娶等喜庆演出，安排较好一点；如果是为了谋生到乡下演出，情况就不同了，先要由班内管事到地主豪绅家登门拜访，取得允许后，再请求点戏，点好戏才能"开锣"。演出时，限定一场分上下两本，上本戏前要加"垫台戏"，下本戏完了要加"压台戏"（通称"杂戏"），每场演出时间长达四五小时，艺人弄得疲于奔命。即使如此，还会遇到刁难，演出中间，要临时换戏、换角，稍不服从，便会鸡蛋里挑骨头。如演出《仁贵扫雪》，仁贵扫雪回到窑洞将扫帚在门边敲两下，清掉帚上雪，如果多敲一下或少敲一下，便认为功夫不到堂，不是扣钱便是箍台、哄走，分文不给。"松秀班"在津市演出，日子也不好过，往往剧场客满了，地方官僚、恶霸一到，便吆喝着前排观众让座，管事只得下台来几方面说好话，又是递烟，又是送茶。演到中途，不仅又会出现要求换戏、换角的，甚至还给坤角（女演员）出难题、添麻烦。稍不顺意，便借"打彩"之名，将铜钱、光洋、石头对准台上的演员打去，打得演员头破血流，急忙躲开，演出被迫停止。遇到流氓地痞去剧场内惹是生非，还会出现茶碗满天飞，观众一哄而散，而管事还得在散场后到这些地头蛇家低头请罪的情况。更有甚者，不论是农村还是城市，官僚、地主、恶霸看准哪个女演员时，还要强迫拜干爹干妈，收作三房、四房小老婆。这类事，在"松秀班"和其他一些戏班里是不乏其例的。

3. 生活穷困至极

"松秀班"艺徒生活艰苦，要求亦严。三年学艺时，睡地面、滚稻草，没有垫和盖，一百天学习期间不准会亲人，不准外出，还不准剃头。他们每天睡半夜、起五更地练功，一日两餐，粗茶淡饭，仅能饱肚子，只有在七月二十三日老郎菩萨生日时才有一点荤进口，叫做"傍神享福"。吃饭听"盖方"，盖方响一下站队，响两下上桌，响三下动筷子，谁要是讲了话或敲了饭甑，"盖方"会没头没脑打来。

旧社会戏班唱一本戏收入只有几斗米钱，加上天旱水淹，灾祸频仍，求生不得，哪还有闲钱、闲心看戏，这就给"松秀班"带来极大困难，一年到头，全班人员生活也难顾，更谈不上添置新戏服和盔头了，旧社会有四句歌谣形容"松秀班"的穷困："头上戴的稀巴烂，身上穿的用线绊；我要本家添行头，本家叫我就着玩。"可见其戏服、盔头破烂不堪到什么程度。

那时旧社会比喻一个人穷酸潦倒样子，便以"松秀班的行头"为出口语。

"松秀班"艺人生活待遇低微。每案戏演出后，按每股十分付酬。名角分十分账，次之九分账以下，直到三分。每股账过去以铜板计算（以后是角票），此外，拉线子（胡琴）的可分到点"线钱"，花脸可分到一点"油粉钱"，检场的可分到一点"烟火钱"，为数也不多。过去戏班里跑手下的也还分头、二、三、末四等，头等才分到六股账，二等四股，三等二股，四等的只有碗饭吃。因此，无论是"好佬"（名角的尊称）或"邹佬"（对普通艺人的称呼）生活都是极其艰苦的。于是戏班里出了名的青年演员不得不依附其干爹干妈，从他们那里得到一点打牌的头子钱做几件衣穿穿，而艺不到家只能天天跑龙套的演员，便三五一伙，利用空隙时间在戏场门前靠押彩字宝捞点外水，补贴零用。旧艺人处境之艰难，是局外人难以想得到的。

4. 演出时风餐露宿

旧社会在农村是没有剧场的，城市里也只1931年左右才出现剧场，但一般也极其简陋。"松秀班"长期在农村演唱"庙戏"和"会戏"，有时在寺庙戏楼演出，更多时候是临时在野外空坪搭一座简陋舞台，上面用斗垫遮住，称作"草台"。艺人唱草台戏，夏有烈日晒，冬有寒风刮，遇到雨雪要停演。每次打场，衣箱、盔头箱靠艺人自己背和挑，住宿地方只能借祠堂、庙宇，那时一年四季，多在农村活动（正月唱土地戏，二月唱观音会，三月唱佛祖会，四月唱单刀会、城隍戏，五月唱青苗戏，六月唱雷祖戏、禹王会，七月唱盂兰会，八月唱丰收戏，九月唱重阳会、老祖会，十月唱阳春戏，冬月唱财神戏、水官会，腊月唱迎春戏）。戏班艺人就像是一群"苦行僧"，状极可怜。

从以上种种情况看，"松秀班"当时社会地位之低，工作条件之差，艺人生活之苦，可以说已到了无可复加的地步。这样难的处境延续了近百年，直到1949年中华人民共和国成立后，艺人才得到彻底翻身。

三十五来的变化

"松秀班"作为津市唯一戏曲团体，解放前走过了漫长的坎坷道路。津市解放时，"松秀班"还在湘鄂西边境演出，艺人们怀着对幸福生活的追求，决意回到津市，要和全国人民同享翻身的欢乐。但是，那时解放战争在这一地区刚刚结束，农村还没有复苏，社会秩序还未安定，演出困难重重，艺人生活困苦，不得不靠替船主背纤维持生活，好不容易才在 1950 年冬回到津市。津市市委和市人民政府对"松秀班"的归来，给予了热烈欢迎和妥善安置，1952 年改其名为津市群众湘剧团，1955 年定其名为津市荆河剧团，从此，剧团走上了健康的发展道路。津市"松秀班"由一个旧的戏班改造成一新型文艺团体，历经了三个阶段。

1. 恢复时期

1951 年秋，津市文化部门举办了第一期艺人学习会，"松秀班"全体艺人参加学习。这一期学习主要是政治学习，组织艺人运用新旧回忆对比，进行热爱共产党、热爱社会主义的教育，通过回顾旧社会的黑暗、艺人的处境，揭发封建地主阶级和戏班本家、头人对艺人的残酷压迫和剥削，以提高阶级觉悟，初步树立国家主人翁思想。这次学习，还使"松秀班"艺人认识到：中华人民共和国虽已成立，但经济还处于刚刚恢复时期，不能依赖政府的补助和津贴，必须自力更生，勤俭办戏曲事业，逐步摆脱贫困。从 1950 年到 1952 年的几年时间中，"松秀班"全体艺人表现出对集体事业的高度热爱和维护，他们每天演出几场，全部收入统统作为公共积累，演职人员除吃饭由集体供给外，每人每天按演出时贡献大小只分得劣质"老虎牌"香烟三五支，最多也只能分到 10 支。当时生活之艰苦可以想见。由于大家勤俭办团，克己奉公，积累渐渐增加，有计划地添置了服装、道具，并且到 1952 年每人发给了一件棉衣，结束了长期戏服破烂不堪的局面，演员生活也安定下来。更由于市文化部门积极组织学文化，不少艺人摘掉了文盲帽子。

1952 年，"松秀班"全体演职员参加了市文化部门举办的第二期艺人学习班，这次学习为时半年，主要学习业务，按照省文化领导部门提出的要求，集体学习了文艺为谁服务、戏曲存在哪些精华和糟粕、自觉清除舞台上不健康的艺术，禁演了一些有害的剧目。

通过这两次学习，艺人的政治思想觉悟和对艺术的鉴别能力有很大的提高。"松秀班"为了使戏曲艺术成为教育人民、团结人民、打击敌人的有力武器，针对舞台上不健康的艺术形象，从以下几方面采取了一些果断措施：

一是取缔跷子功。缠小脚是我国历史上妇女受压迫、受屈辱，以致生理残废的病态，是对妇女一种野蛮的摧残，它是中华民族历史上的一个污点。但舞台戏曲中的跷子功，就是以小脚作为艺术供观众欣赏。如在《梁红玉抗金兵》《拾玉镯》《穆桂英挂帅》等旧戏中，旦行都要穿上小脚鞋帮，还要有意表演一番跷子功来博得喝彩。在一些台词中还有"莲步""三寸金莲"的语言，学习后被取消了。

二是消除迷信恐怖。旧戏中宣扬迷信、恐怖的特别多，最典型的有《玉清观》《活捉三郎》《游地府》《探阴山》等，舞台上出现牛头马面，死尸还魂，弄得鬼气满台；《三叉口》中，一刀刺出肠子；《战宛城》中，典韦举尸当武器；《铡美案》中，一刀铡去，血淋淋人头落地等。残忍、野蛮的动作，使人恐惧而浑身发抖。学习后，明确了神话与迷信的界限，使舞台形象得到了净化。

三是纠正了淫荡、低级内容。旧戏中宣扬色情的戏更多，舞台上常常出现淫秽语言和色情表演，演员在舞台上调情，眉来眼去，用食指上下比划，示意苟合等不堪入目的表演，还有些表现男女爱情戏如《莺莺与红娘》中，红娘满口淫秽语言，令人闻之肉麻。这些迎合落后观众低级趣味、败坏社会风尚和民族道德的内容也得到了纠正。

四是革除了打屁股、流鼻涕等动作。打屁股是封建社会对人的惩罚手段，在舞台上打得满台滚，叫苦不迭，《打渔杀家》就是一例，使观众看了难受，严重损伤了民族自尊心。《广华山》一戏中，演员鼻涕从鼻孔中垂下一尺长，肮脏的形象使人恶心，而竟被当作绝技叫人"欣赏"。此外，在台上时，或由检场的送上茶让演员边饮边唱等不良习惯，学习后也克服了。

总之，舞台上一些不健康形象，通过学习后，得到了改正，这受到观众欢迎，也使戏曲艺术得到了真正体现。

除了舞台艺术不健康形象得到改革外，在化妆上用油彩取代了土颜料，用大、中天幕和边条、布景等取代了习惯上使用的竹廉当天幕和"出将""入相"等马门吊幕。在演出节目上，更是大胆尝试，1952年从武汉移植了现代戏《血债血还》，经过一个多月排演，演出两个月共百余场，场场客满，有力地配合了当时镇反、"土改"和城市民主改革，取得了很好的效果。当时戏曲团体演出现代戏，这在全省是别开生面的创举，受到各级党、政领导部门的好评。

"松秀班"经过学习和不断改革，提高了演职人员的政治觉悟，他们自觉地组织了"抗美援朝捐献义演"并赴黄山头参加荆江分洪工程的慰问演出，进一步改变了人们对"松秀班"的观感，各级领导部门更加强了对演员的培养。"松秀班"改为剧团后，1950年代先后有彭化万、向华英等被选为政协委员，刘运志被选为人民代表，王天柱、刘运志等6名演员光荣入党，胡楚金、王天桂、王振文等还被接纳为省戏剧家协会的会员。

在这以后的几年中，剧团还大力组织对传统剧目的整理修改，改编的《反武科》赴省演出获得二等奖，改编的《白罗衫》获得演出三等奖。

一个落后、穷困的戏曲团体，经过几年的努力，迅速改变了面貌，恢复了生机，走上了健康发展的道路，

2. 鼎盛时期

1960 年代初期的 5 年，是津市荆河剧团的鼎盛时期。表现在以下几个方面：

一是演员队伍壮大，素质不断提高。1960 年和 1964 年，荆河剧团先后招收了两批小演员共 50 余人，由剧团老艺人进行培训，结业后分配到剧团来，使演出阵容增加了新血液，全团演职员（包括退休演职员）达到了 120 人。

二是经济收入增加，设备逐步完善。由于坚持勤俭办团，日夜两场演出，不断增加经济收入，公共积累日益扩大，1962 年全团收入达 7 万元，除一切开支外，银行存款达 2 万余元。在这时期，更新了服装、道具、布景、幻灯，还修建了剧场，新修了艺人宿舍，剧团处处焕然一新，生机勃勃。

三是继承挖掘传统剧目，增排现代剧目。1962 年，常德地区荆河剧挖掘继承委员会借用津市荆河剧团小演员班办公，市荆河剧团抽出老艺人参与工作，许多面临失传的传统剧目，经过挖掘整理后恢复了生命。同时，市荆河剧团不少青年演员趁此机会向老艺人学习，继承了《百花园》等剧目的表演艺术真功夫，提高了演出水平。与此同时，市剧团还增加了专业创作人员，着手整理旧节目，如《双驸马》《双合印》《杨排凤》《赶春桃》等；新编了现代戏《太平村》《李定国》等；新编了历史剧《洞庭杨么》；挖掘出失传剧目《辕门射戟》《马前覆水》；移植了《谢瑶环》《董家山》《鸳鸯谱》《拦马》《盗草》《柜中缘》《秋江》《宇宙锋》《断桥》等。使舞台上演的节目大大丰富起来。

四是精心排练，提高演出质量。1962 年，省文化局安排市荆河剧团赴省做汇报演出。10 月，市剧团到长沙剧院演出了《谢瑶环》《双驸马》和《董家山》等近十个节目，省委第一书记张平化和谭余保等六位书记以及各厅长、局长、处长和省会文艺界人士到场观看演出，盛况空前。演出结束后，以张平化同志为首的几位书记和省文化局正、副局长亲自到后台慰问演出成功。省会各报还刊出演员剧照和评论文章。接着，剧团被邀请到省军区大礼堂为全省三级干部会议演出。誉满长沙，震动极大。

1964 年 7 月，全省举行现代戏会演，市荆河剧团将《湖南文学》上《我们村子里的故事》一文改编为《太平村》大型现代戏，参加地区会演，名列第一，代表常德地区赴省会演，演出后，中南局文化部魏文伯部长给予很高评价，大会评选出《太平村》代表全省参加中南会演。省会各报亦作了很高评价。后因全国范围开展对戏曲中间人物批判，未能去广州会演。但本团编剧杨善智、导演吴云录等以湖南代表身份赴广州观摩学习。这以后，剧团演员张淑容、彭朋、吴云录、刘运志、翦同云、易云福、黄继英、严天柏、罗松林、王天柱等光荣加入常德地区戏协为会员。

这一时期，市荆河剧团各个方面有了新的更大的起色，不仅在常德地区而且在全省享受很高声誉，成为剧团鼎盛时期。

3. 振兴时期

从 1966 年开始直到 1976 年，文艺事业遭遇空前未有的破坏。市荆河剧团受到极大摧残，由于极"左"路线的干扰、破坏，市荆河剧团被污蔑为文艺黑线的产物，1969 年剧团撤销，另建毛泽东思想文艺宣传队（后改为文工团），演员被污蔑为"帝王将相的贤子孝孙"和"牛鬼蛇神"，并且人为地分为两派，互相揪斗，传统节目禁演，服装、道具被廉价拍卖，一部分还被焚毁，名演员受到迫害和人身攻击，大批老、中、青年演员被下放到工厂、农村当工人、农民，有的扣以各种罪名遣送下乡劳动，或开除出团。政协委员、鼓师向华英被关押，最后自缢身死，含冤九泉。此外，葛乐山为剧团创作的历史剧《洞庭杨么》、杨善智创作的《太平村》都被污蔑为毒草，受到无情批判，检讨不断。

粉碎"四人帮"后，党中央召开了十一届三中全会，进行拨乱反正，平反了冤假错案，被下放、开除和被遣送的演员也都陆续回到了剧团，恢复了政治生命。被批判的自创剧目也平了反，重新搬上舞台。编剧人员恢复了创作活动，深入生活，编出一批新的剧目：如《血凝图》《访贤记》分别参加到地区、省会演出。1982年，全省"戏剧季"演出时，市荆河剧团修改了《双驸马》参加演出，被评为二等奖，颁发奖金 1000 元，全团演员增加工资一级。剧目被拍摄成电视节目公开放映。1984 年全省青年演员会演，市剧团青年演员赴省演出《百花亭》，童小平被评上青年优秀演员一等奖，参加省观摩团赴上海等地学习。

1984 年，省戏校常德地区荆河戏科学生毕业后，全部分到津市，为市剧团增添了新的血液，它将对津市戏曲事业的进一步繁荣发展产生更大的影响。

回顾津市解放初期的演剧宣传活动

⊙ 周文仁

　　我是 1949 年自动脱离旧银行，从南京回到津市的。在南京总行时就亲耳听到从解放区归来的同事谈起共产党、解放军秋毫无犯的事例，回到家乡后，受到袁生玉、詹苍云等同志的影响，便积极投入了津市的迎接解放活动，暗地张贴和寄送解放军布告、《约法三章》及《三大纪律八项注意》等，并劝说商店老板不要疏散资财，安心经营维护市场秩序。参加这些宣传活动，心情十分喜悦。

　　1949 年 8 月 4 日建立人民政权后，在市委李明忠、魏子文领导下，"津市人民戏剧音乐社"成立，向市民进行宣传教育。詹苍云任社长，我为歌话剧部、京剧部负责人。全部参加人员均系业余，并无丝毫报酬。社址设在"津市日报社"临街楼上。

　　当时我们正处"而立"之年，目睹解放时的新人新事新气象，心头爆发不可遏止的革命激情，在短短的 20 天时间里便聚合了近百人，排练演出了大型歌剧《白毛女》和大型京剧《九件衣》。当时在财力上两手空空，没有剧本，大家便分头抄写，没有资金，大家便分头筹募，没有镜片大家分头找废物代用，并自己动手制作。我们夜以继日地工作，哪里有什么上班和下班。除了供应白开水外，肚子饿了，导演一声令下，大家回去吃饭，来去时间只限一小时。排戏经常排到深夜，地点有时在报社（旧时叫财神殿），有时在豫章完小（江西会馆）。《白毛女》伴奏乐队请的是当时驻津人民解放军 480 团文工队，我们合作良好。

　　我们演《白毛女》和《九件衣》两个大戏，因季节不对，寒暑颠倒，对演员是一次强烈的耐性考验和适应性锻炼。演出《白毛女》时，我担任执行导演，并扮演剧中杨白劳一角。当时正当夏秋之交，炎天酷暑，而剧中却是"北风吹，雪花飘"的严冬。我穿一身破烂厚实的棉衣裤，扮演黄世仁之母的李明穿着皮袄，扮狗腿子穆仁智的易国栋穿的长皮袍，一场戏演下来浑身汗湿成水。特别是演到第四天时，津市大水上街，那时未修大堤，市面顿成泽国。演出地点在夹街的"众乐戏院"，舞台也被大水浸泡了几天。水退后，为了满足观众的热烈要求，我们不等舞台晾干，立即继续演出。有一场戏是我饰演杨白劳服卤水自杀躺在地上（湿透了的舞台木板上），饰演喜儿的王月华（当时王在津兰医院工作，演前喜儿；后喜儿由陈淑兰老师扮演）扑在我身上痛哭，有一段较长的歌词，要唱十多分钟。我一动也不能动，内部汗流胸背，外部湿地浸入，温差极大，真是"内外交困"，表里夹攻，难受极了。我一下场，就由津兰医院的医生、护士打强心针和喂药，保障我在下场执行"舞台监督"的职责和次日能坚持继续上演。其他演员也大多如此，这样才顺利地演出了 7 天。

我们演出多场大型京剧《九件衣》时，正是春节前后，大雪飞扬，数九寒天，而扮演申大成的熊佐泉（已故）要打着赤膊，插标绑赴法场；我演花二，只穿一件绸料单褶子，是要有股精神支持的。那时司鼓的，前面是车长津，并兼演了一角；申大成一角被杀后，后面由熊佐泉司鼓。服装行头是前台负责人易伯（易国栋之父）借给我们的。那时有个职业剧团因亏本，把衣箱抵押在前台。解了我们的燃眉之急。

1950 年夏，我与我儿时演戏的老搭档余剑林（现在中南林业科技大学执教）联合执导了吴祖光的大型话剧《野猪林》。我主演林冲，余扮演陆谦，戏虽不多，反派演来入木三分，甚获好评。李西园（现在常德师范执教）演鲁智深，吴传新演高俅，李俊华演高衙内，周乃珍演林娘子，李法端演董超。演出地点在后街"白宫戏院"。当时周兆源还为我们拍了许多剧照。"文化大革命"期间，我几十年的业余演出剧照全被抄走，包括抗日战争时期与四大戏剧家之一的熊佛西和一些名噪全国的电影明星的合照，颇令人惋惜。

同年和次年在正街（老商业局）隔壁的一个火场内，演出过几天京剧。我与夏业璋等演过《龙凤呈祥》，与雷鸣春、杨丽娟（均作古）等演过《审头刺汤》，与周梅艳（职业京剧演员）演过《打渔杀家》，与吴波卿等演过《黄鹤楼》，等等，以上，是为了迎接第二野战军过境和抗美援朝而义演的。

1951 年人民银行组织储蓄宣传晚会。我与当时正在津市演出的"沙市京剧团"周东洋（较有名气的下海演员，是个跛子）合演了《仁贵回窑》。我演薛仁贵，由银行的小通讯员周运才演薛丁山。一折戏三个人，三个人都姓周，当时被人们都戏称为"周家班"。

忆黄猫球队

⊙ 朱振炎

　　1930 年左右，我们一群在长沙念书的青少年，每逢寒假或暑假，总爱聚集在一起，走东家、串西家，或下棋、或打牌，当然更多的时间是议论赛球或练球。有禹彦平者，嗜球如命，家人呼之为"球哥"。禹是津市富商禹惠堂后裔，初辟其门前空地为篮球场，旋即树立篮球架，并购买篮球供练球用。当时社会对体育运动反对的多，支持的少，举一个例子，某小学校长，因其子踢球致伤，乃召集全校学生训话，并以其子作典型，声称："幸伤者是我儿子，若是其他学生，将何以向其家长交待？今后此种激烈运动，本校一律禁止。"由此可见当时开展体育运动之难，一日，有陈克绍者，向球类爱好者出示其自制黄猫图案一幅，征求意见曰：可否将此图案粘贴在白色运动服上，后面贴以号码，凡愿参加者，每人自费购买一件，组成一个球队，包括篮球、足球、排球、网球，取名为"黄猫球队"。大家一致同意后，选用黄色尼绒制成猫形图案，缀在运动服左前胸上，背后亦用黄色尼绒缀以号码，另由少数人出钱，制成白色绸面旗帜一幅，旗面仍缀黄猫图形作为队旗。经过一番筹备，黄猫球队就这样组成，成员一致推选禹彦平为球队队长。球队组成后，再就考虑开展比赛活动。那时津市没有中学，小学生不是对手，只有澧县城里有中学，交通不便，步行要走 20 多里，经过一番联系，澧中愿意和我们打一场排球赛和篮球赛，在约定日期里，为了养精蓄锐，每人雇轿子一乘，我们一行 20 来人，抬轿的 40 余人，一路上浩浩荡荡，奔走在澧津大道上，坐轿的全是青少年，引起了农民们不少猜测，有说是婆亲的，却没看见有一个姑娘，或说是上学的，为什么都坐轿？就这样欢欢笑笑，到达了澧县中学。稍事休息后，球队出于礼貌，聘请澧中老师担任裁判。上午比赛篮球，下午比赛排球，黄猫球队大获全胜。此次比赛，围观者极众，这样的比赛，当时尚属新鲜事物，社会人士亦复不少，保安团团长李华南偕夫人亦曾到场观赛。

比赛结束后，队员已精疲力竭。是晚或留宿澧城，或漫步回津。喜讯传来，互致祝贺，津市铎报社随队记者禹彦平（即黄猫球队队长）将球赛经过作了详细报道，其中有两句夸张语言，使澧中部分师生恼羞成怒。不数日，禹彦平因事去澧县民报社，消息传至该校，即由澧县中学老师带领学生20余人赶往民报社将禹彦平强行推至校内，软禁达3日之久，后经津澧各界人士从中斡旋，始告平息。正是"一句骄傲言，惹出大麻烦"。一年后，队员们均各奔前程，偶尔会时，谈及球队事，均倍感亲切。

黄猫球队队员是：禹彦平、汪文斋、陈克绍、罗祖兴、周先练、陈克纯、龚道广、李浚身、李惠民、罗祖和、何伯康、孙慎武、向多炽、李津身、郑翼承、胡友成、潘启云、柳炳熔、任丕武、朱振炎等。

津市邮政话旧

⊙ 贺家振

    津市邮政机构的设立，始于清朝末叶，先有民办，后有官办。

    光绪二年（1876），市人曾云程在谷家巷开设曾森昌民信局，继之有李永隆民信局（设祁家小巷正街）、全泰盛民信局，民信局主要经营民间信业，以寄送信件、物品为主，包括书信、契约、票据、证券等；并经办汇兑，以现银运递交付。收取信资分酒资与号金两种。信件寄费由收件人付，货包、光洋、北票寄费一律预收，主要以商界为多。1922 年，曾森昌民信局邮件封发的地点，计有沙市、汉口、常德、长沙、万县、重庆等处，投递范围较广。据津市邮局 1920 年资料，当时除全泰盛已收歇外，曾森昌、李永隆民信局尚在营业，1930 年国家查禁私人递信事业，方被取缔。

    光绪二十七年（1901），津市开办大清邮局（自办分局），属岳州关税局管辖。光绪三十年（1904）湖南划分长沙、岳州两邮界，津市局属岳州邮界（总局）管辖。宣统三年（1911）邮政正式脱离海关，津市邮政分局改称支局，属常德府（分局）管辖。1912 年大清邮政改为中华邮政，津市邮政支局改隶长沙府（分局）管理。1914 年邮界和分局名称取消，按行省设邮区，湖南邮务管理局成立，对大清邮政机构进行全面调整，并以业务收入多寡为设局和分等的主要依据，不以县治为标准，分别拟定改设一等、二等、三等邮局。津市邮政支局重新定为二等邮局。1929 年，每等再分甲、乙、丙级。津市二等邮局又定为二等甲级局，当时全省仅湘潭、衡州、宝庆、岳州、津市、益阳六处。1931 年，津市邮政属湖南邮政管理局领导，1949 年 7 月 23 日津市解放，8 月由市人民政府建设科和专署第四接管组接收邮局，11 月中央邮电部成立，津市邮局改称邮电部津市二等邮局。

    查 1920 年《津市街道示意图》，老邮政局设在大码头正街。

1922 年迁移至后街（筲箕洼）郭玉泰铺户。1934 年迁至财神殿十一号钱庄会馆（现邮电局所在地）。1938 年因津澧一带连遭日机轰炸，临时迁至郊区鲁家河，次年转移至阳由院。

津局开办之初，下有代办机构，委托殷实铺商代办挂号信、包裹及小款汇兑等业务，代办所主仕以殷实商人任之，由其出具保证，报经省局批准发给执照。1914 年，津市邮局所辖邮寄代办所共 5 处：澧州、安福、石门、新洲、合口。澧州代办所于 1915 年改升三等邮局。第二年，石门代办所亦改升三等邮局。两个代办所先后脱离津市邮局领导。津局代办所历年增减频繁，截至 1950 年津市邮局所辖邮寄代办所共 7 处：新洲、官垸、梦溪市、焦圻、理兴垱、张家厂、花畹岗。

局以下代办机构还有信柜，委托当地商店、客栈或士绅负责经营管理，办理收、投辖区范围的邮件和包裹，每日或间日由信柜派人至近处邮局或代办所接送邮件的为甲种信柜，只办理收、投的为乙种信柜，办理收揽而不投递或将待投邮件委托便人捎带给收件人的为丙种信柜。

1919 年 11 月，津局在新安开设信柜，十二月开设汇口信柜，此为津市邮局较早开办之村镇信柜。1920 年祁家巷正街设一号信柜，贺家拐设二号信柜。1927 年一号信柜由寿星公司朱玉和接办；1929 年二号信柜由生生堂号孟赞臣接办。为津市邮局早期开办之城邑信柜。津市邮局所辖信柜后因业务需要，有所增加，至 1950 年，津市周围集镇共设信柜 17 处，地点是：福兴厂、宝塔寺、白洋堤、永镇河、如东铺、杨家垱、牛奶湖、周公渡、东港、余家台、红庙、夹夹市、乐府拐、汇口、李家铺、菱角桥、青化驿。

津市江西码头、义渡的起源

⊙ 黄友义

　　江西码头，即观音桥码头（今轮渡码头），建于清咸丰五年（1855）。津市士民倡建五通庙、大码头、汤家巷 3 处义渡。昔日的大码头，包括观音桥一带，为津市最热闹街段，清人曾有"绿酒红灯大码头"的描绘。观音桥又处于市中心，是南北两岸过渡的必经之地，每天南来北往过渡者川流不息。摆渡由南岸私人板划操纵，无钱休想过河。每遇洪水季节，过河费比平时超出数倍。有时水大，南北两岸过渡中断，来往行人只是望河兴叹。当时"江西会馆"在津市人多店多，财力大，又乐善好施，对公益事业义不容辞。面对过渡中的问题，便积极主动筹划兴建义渡。当商定以观音桥码头为义渡地点时，这引起了私人板划船主反对，几乎发生械斗，幸好本地人极力支持，械斗才得以避免。"江西帮"行好事，事件得以平息。码头初为毛岩所垒，比较狭窄。因是"江西帮"所建，称呼"江西码头"，并树立界碑，以防外人侵占。1914 年"江西会馆"主持人喻瑞辉、王芝九、雷洪盛、熊良臣、聂春华、吴少梅等发起改建南北两岸码头的行动，码头用青石岩砌成，较原码头平整宽敞。1930 年津市大水，"江西码头"南北两岸均被洪水冲毁，为修复码头，当时"江西帮"领头人李子洁、胡彬生、聂畅和、喻兰生、黄绥来、王紫芝、王德成、王兴财等成立修建会，由杨汇川（隆兴和药号大管事）负责总监修，采用丁字湾麻石精工建造，南北两岸码头，历时一年建成。为便于待渡者歇憩，还在南岸码头上建立了一座"豫章亭"，因系江西籍人所建，故得此名。"豫章亭"三字是津市名书法家黄镜如所书（福泰瑞油盐号老板），亭为两层木石结构，梁柱有雕刻彩绘，亭侧有杨柳数棵，临流迎风，傍绿席荫，环境颇称清雅。亭上下内外有楹联，分别为：

　　　　道出荆沙，区连鼎朗；庭芬兰芷，荫合便楠。

晚道人归沙岛外；收帆风停浪花中。

立定脚跟遵大道；放开眼孔看行人。

1940 年抗日战争时期，国民党实施焦土抗战，下令所有公路、桥梁、码头一律毁掉。"江西码头"遂遭挖毁。抗战胜利后，1946 年，码头被修复，焕然一新。

江西义渡码头建成后，由"江西帮"南、吉、临、瑞、抚 5 府的南、吉、临各备渡船两艘，瑞、抚两府共备两艘，共计 8 艘，常年 4 条船在河上摆渡，4 条船在岸上修理备用。渡船分壹号归南府（南昌，南货，估衣）；贰号归吉府（吉安，布匹、南货）；叁号归抚府（临江，药业）；肆号归瑞、抚府（瑞州、抚州，金银业、油业、纸炭业）。总管由杨汇川负责。船只修理及其他费用，由各府按自管船号承担。每条船雇请 1 人住在船上看管，行驶时掌舵，划桨由坐船的青壮年人负责，不给过河费。遇有红白喜事过渡，则略给船上舵工一点钱。每天摆渡时间从凌晨到二更前止，风雨无阻。每遇洪水季节，照常行驶。义渡不仅方便了南北两岸过渡者，还较以往安全，再也不受板划过渡的卡索。有时私人划子争过渡人，往往靠近"江西码头"招客，常与渡船掌舵人发生争吵，但因害怕"江西帮"人多势大，只得停靠在义渡下首，南岸则停靠襄阳街码头。

旅津湘乡同乡会馆见闻

⊙ 朱炳翰　杨克诚

　　清光绪元年（1875），湘乡倒耙子运煤船到达津市岸边时，因沿河码头属当地人所有，船到埠无码头停泊，货物不能起卸，纠纷时起。光绪十年（1884）古七月的一天，有船民80余人，手持木棍（铰锚用之棍），登岸与当地人争夺码头。当时，津市人恐惧曾任礼部侍郎的湘乡籍人曾国藩的权势，作出了让步。经煤商冯经胜等人调和，才避免了一场流血斗殴。后由冯同湘乡船户刘志阶、谭三爹集议，向船户筹集大洋300多元，在水府庙上首河坡建起杨泗庙（原望江楼河坡），凡湘乡船抵津均停泊庙前，通称湘乡帮船码头。前辈人常说，码头是"打出来的"，故流传"打码头"。船户运载货物安全抵埠后，手持香、炮，进庙敬奉杨泗将军，亦称为"拜码头"。杨泗庙即湘乡会馆，主事者为冯经胜、刘福桥等人，刘福桥住庙房兼管庙务。

　　津市是九澧门户，入洞庭之咽喉，商贾云臻，是粮、棉、油、山货物资集散地，驾船来津的有张山湘、王炳泰、欧阳紫富、刘季坤等100余船户。此期间有的船户因遭海损等灾害而弃驶，定居津市，如经营煤炭行的曹茂阶等4家。抗日战争时期，驾船来津市港的船户增到180多户，水手400多人。煤店增到16家。开船只修整厂的有杨长贵等5家，船工手艺者有40多人。经营木屐店的有周振和等7家，开铁店的有谢冬林等3家，开粮饼行的有晏舜臣等3家，锯木屐板的有张益发等2家，开槟榔店的有孙金生等2家，经营药店的有建民、遐龄2家和冯春桂外科诊所1家，行医者有朱炳翰、尹锡纯等6人，从事教育者5人，印刷雕刻者5人，缝纫师3人，搬运、厨师、理发、杂务有温谷生、王炳球、陈海华等50多人，巫师迷信职业者有龚桂生等6人，离开旧军、政、警界从商者有陈少卿、徐光富等10人。旅居津市的湘乡同乡累计达1400多人，估计资产大洋4000余元，为津市交通运输、燃料、生活服务等事业作出了一定贡献。

长期以来，旅津同乡与本地和客籍人士和睦相处，互助互济，团结谋生，人际关系处理得好。1938 年，由会馆主事者备文，呈澧县县政府获准，旅津湘乡同乡会成立，继任理事为陈少卿。由同乡筹集资金，置有木瓦房屋一栋 3 间于三元宫半边街（原东河街），置义山于汤家湖西南麓头山西北坡（原市造漆厂址及其周围山地），在津亡故者便葬入义山，义冢 800 余座。每年会产房租收入折米 18 石，除用于捐助长郡学校和接济过境同乡外，还用于房屋庙宇修缮。

同乡会为接济辞政职患肺结核病的杨宗藩，使其免费住会产房达两年余，并补贴其治病费用。还有文福星、彭碧云等人同样免费住房，并被安排从事教学谋生。船民陈应生、陈国兵等 20 多户被津市水警队借口捯船当差敲诈，同乡会出面与水警队斡旋使陈等被释放，船只始得装载起运，免遭水警队勒索。

同乡会偶有同乡发生口角斗殴纠纷时，理事者出面主持调解平息事态，避免因诉讼而导致家破人亡。

同乡会对旅津的孤寡同乡、身残者也予以一定接济，如龚桂生瘫痪后同乡募资帮其做一木轿屋，轮换送其到同乡聚住区供膳，并于龚桂生死后将其安葬。还有甘八哥因工伤被锯去双腿，同乡募捐购一小划船，让其摆渡过活，类似事例不胜枚举。

此外，在同乡会的支持下，同乡船工集资置有木瓦屋一栋，计门面住房三间于拐子巷河街，谓之"湘汉堂"（腰篙会）。凡同乡船工患病登岸免费住房治疗，或一时未就业者，亦住该堂待业谋生，其照顾船工住、吃、医药费用来源，均靠该堂门面出租佃金及在职船工公积金维持。

旅津同乡乐于筹资，开展各种娱乐活动。每逢新年正月耍狮舞龙，赞土地神；三月清明集会打着锣鼓登山祭扫义冢；五月端阳节赛龙舟，活跃市面节日气氛；六月六日杨泗会（以船户为主）纪念杨泗将军诞辰，趁此会期议定运输价格；七月中元盂兰会扎彩船，在河面上放荷花灯，祭祀已故同乡等。

1949 年 7 月 23 日津市解放后，湘乡同乡会会产房屋庙宇及湘汉堂房屋均上交市人民政府接管，相沿数十年之同乡会活动至此终止。

抗战时期津市的民训

⊙ 杨炳煌

　　1938 年抗日战争进入战略相持阶段，这年 10 月袁经纶率湖南省保安第八团驻防津市，由万鑫副团长主持公务人员进行军事训练，简称"公训"，规定各机关公务人员上至主管下至办事员一律参加，以后扩大到各保保长，共 360 余人，编成 3 个中队 9 个分队，每天早晨在万寿宫后坪训练两个小时，受训人员身着草黄色军装军帽，军容整齐。与此同时澧县第二区区长周文定也主办了民兵训练，简称"民训"，凡年龄在 8 岁至 45 岁青壮年一律参加军事训练，并规定镇福、三义、师益、保合、汤石、永安等 6 镇，各编 1 个中队，3 个分队，人数约 700 人。袁团长从第二营抽调连、排、班长和上等兵配合区公所武装进行军训，穿蓝色军装戴军帽同在万寿宫操坪训练，内容进度是一致的。按照《步兵操典》，进行徒手训练，当每个受训人踏着晨星步入操场的时候，一二三四的跑步声此起彼伏，蓝黄两队，使劲比赛，训练三个月结业，还举行了阅兵式、分列式，庄严整齐，很像一支抗日队伍。当时澧县县政府官员和应邀来参观的，都对此给予了高度评价。1939 年 10 月澧县成立民众抗日自卫团，津市成立大队，镇长张平兼镇大队长，徐树人为副大队长，刘炳荣为大队长副。各保称保长，以保长为保队长，以甲长为甲班长，各甲凡 18 岁到 45 岁男子均编为民兵。不久，徐树人从澧县开会回津市，开办澧县民众抗日自卫团津市大队干部训练班，负责训练民兵骨干，由各保推选出 4 人到镇大队，训练班民兵共计 60 名，脱产学习 3 个月，集中开餐。训练班设在城隍庙，在家住宿，从天亮集合到下午晚餐时，每天训练约 10 小时，除下操之外，还学《步兵操典》的文课。

　　1940 年，全镇共办了 3 期民训，轮流对民兵进行训练，每期 3 个月，以保为单位，每保一个分队约 40 人，全镇 15 个保的分队，共约 600 至 700 人，3 期合计约 2000 人。民训亦不脱产，每天早上训练2个小时，民兵身着军装军帽，还发有澧县民众抗日自卫团津市镇大队的民兵徽章，训练地点在万寿宫后坪，各保集合以后，整队进入训练基地，训练完毕，各保带回。每周星期一还集中训话，由张平或徐树人讲话，鼓舞抗日士气，大讲抗日道理，徐树人曾主讲过防空演习与灯火管制，引导安全疏散和安全隐蔽，学唱抗日歌曲。曾搞过唱歌比赛、训练比赛活动，又发动大家参加抗日战争纪念日捐献飞机火炮的献金活动，还在10月10日这天带领民众抗日自卫团受训的民兵，参加全镇各界民众国庆纪念活动，带着队伍整齐列队游行，高唱抗日歌曲，高呼抗日口号，盛况是空前的。

1941年澧县民众抗日自卫团撤销了，改称澧县国民兵团，津市镇大队张平、徐树人任期已满，改由张一胤任镇长兼镇大队长，刘炳荣任大队副。抗日民训仍然执行，刘炳荣萧规曹随，沿用徐树人方法，又办了6期民训。1941年办的3期情况还好，重新制发了澧县国民兵团徽章。但到1942年就一期不比一期了，人员逐渐少了的原因是日本帝国主义强盗的侵略步步紧逼，空袭使人一日数惊，津市市区经常关门闭户，老百姓都到郊区躲警报，加上成天为生活发愁，不愿挤出早晚时间去参加民训。但民训还得支持，只好每户指定一人作为专职受民训的人员（多半是学徒或勤杂人员），代替老板店员去受训，真是一鼓作气，再而衰，三而竭，抗日时期的津市民训，也就龙头蛇尾偃旗息鼓了。

记日伪统治时期的"津市维持会"

⊙ 彭克见

1943 年日军侵占津市时，驻军国民党四十四军不战而退，逃往临澧县太浮山，镇公所和警察局等机关也分别逃往澧县龙山乡熊家盐铺和益阳乡村。老百姓也只好离乡背井，纷纷逃难，十多万人口的津市留下不足万人，白天街上行人稀少，晚上死般沉寂。一小撮卖国求荣的人纠合在一起，打着"维持社会治安"的幌子，成立了"津市治安维持总会"。为虎作伥，甘当汉奸，其活动情况记述如下。

阴谋策划，筹组维持会

1943 年秋，鄂人杨云甫、戈德明、季明元等人随国民党国防部别动队第四纵队一支队二大队（又称"坚强军"）大队长商国屏先后来到津市，这伙人既是坚强军的基层骨干，又是红帮"楚善宫"的兄弟伙，杨云甫又是国民党第六战区第十集团军谍报队特务，他们潜来津市的任务是"侦察敌情，扰乱日军"，到津市后便将他的队伍散布在周围，杨则在杨家花园开设货栈，做起了布匹生意。戈德明擅长说书，住进天乐花园孔继春茶馆，操此营生，并结纳随孔习武的徒子徒孙如徐兴发之流。

是年 11 月 10 日，他们探知鄂西一带日军和皇协军（汪精卫部队）约计 6 万人，分三路南犯，矛头指向常德，其中一路由湖北公安直下津常。这时津市已成空城，各大商号尚有部分货物未及疏散。商、杨、戈、季等人认为时机已到，可以趁火打劫，大发国难财。通过密谋，决定打着"保卫津市、防止日寇破坏"的幌子，成立"津市维持会"。地址设在商会内，由杨云甫任会长，戈德明任副会长。同时，他们又从湖北招来"楚善宫"的兄弟伙，并在津市网罗了一伙地痞流氓，充当维持会的骨干，并给他们封官委职：委彭启彪为副会长，兼任"阳由分会"会长；委杨大器为警卫秘书股长；委李洪燕为警卫股长，徐兴发为副股长；委李鑫为物资股长，姚家其为副股长；委何明达、曾飞为交际正副股长；委李正初为总务股长。

为了欺骗群众，笼络人心，维持会在下面的 15 个保中，号召居民参加维持会，入会者每人发给一个维持会袖章，凭袖章可免派款和夫役。每保参加维持会的有二三十人，再由会员推举保长 9 人，以供驱使。就这样，在日军侵入津市的前两天，杨云甫、戈德明等人沐猴而冠，粉墨登场，正式宣布成立维持会。

认贼作父，迎接侵略军

1943 年 11 月 15 日，日军进犯津市，下午三时许，8 架飞机对津市狂轰滥炸，在汤家巷、阳由垸投掷炸弹，炸死居民朱玉富等 16 人，炸伤 20 余人，炸毁、烧毁房屋 36 栋。轰炸之后，日军联队和皇协军从小渡口窜入市区，不但没有遭遇一点抵抗，反而受到维持会的欢迎，因此对杨云甫、戈德明等人大加赞赏。

日军占领津市后只留下两个小队（次日又调走一个小队去澧县）和一个皇协营驻扎市区，其主力部队继续往澧县方向进犯，维持会当晚即为日伪军安排好食宿，并招待皇协营全体官兵 300 余人到长津剧院观剧，请两个日军小队约 20 余人到维持会杀猪宰羊，操办了几桌酒席，盛情款待。维持会内灯火辉煌，摆设得十分阔绰。杨云甫、戈德明之流曲意承欢，与日军频频举杯祝酒，酒醉饭饱之余，杨云甫指使交际股办事员李文斌招来妓女两名，使其为两名日军小队长陪宿，任其蹂躏。

助纣为虐、搜刮民脂民膏

日军主力虽未驻扎津市，但日军头目都经常往来于津澧之间，杨、戈等人总是奴颜婢膝，笑脸相迎，围着他们的屁股前后左右转，俯首帖耳，唯命是从。杨云甫指使物资股横征暴敛，大肆搜刮民脂民膏，经常向各保派款派物以孝敬日军。就以 12 保为例，维持会物资股在 7 天之内，向保长汪祚香勒索光洋 500 元，大米 200 多石，牲猪 6 头，此外还有鱼、蛋、糖、酒等物资不计其数。有一次上交五爪猪一头，被物资股察觉，副股长姚家其威胁汪说："如果上面怪罪下来，就要杀你的头！"汪保长一方面对维持会贪得无厌的勒索穷于应付，再方面又怕遭杀身之祸，就连夜逃离了津市。日军进占津市后，发现沿河一带有四五百个立方米的木材，遂命皇协军和维持会强拉民夫 100 多人，就地扎好树排，由日军和皇协军押解着民夫运往汉口。此外杨云甫、戈德明与商国屏勾结潜伏在津市周围的一部分坚强军化装成便衣，乘机抢劫各商家来不及疏散的物资，变卖瓜分，以饱私囊。

根据津市镇公所呈报澧县县政府的调查统计，津市沦陷期间，被炸毁烧毁的房屋计 50 栋，抢走的谷物 1702 石，耕牛 25 头，各商号、省营事业、长津轮船公司等财产损失达 270 多万元。此外储存襄阳街声和碓坊的积谷 97 担，船运至龙山乡罗家坝时，也被日军阻截抢去。除经济上蒙受损失外，百姓伤亡也很惨重，被日机炸死和杀害的就达 75 人，受伤致残的有 21 人，天乐花园附近有一个妓女叫小红，被日军糟蹋后，又被杀死在家中，直到她的亲属逃难回来，才发现她的尸体已经腐烂，场景惨不忍睹。

掳船架浮桥，临走一把火

津市沦陷后，日军为了继续入侵常德，责令维持会协同驻津日军和皇协军在津市两岸架设浮桥，他们在河下拦截了几十条民船和渔划子，抓来了大批民夫。维持会又在各保征集了大量的木板和门板，很快在江西码头架设一条连接南北两岸的大浮桥。日军把从澧县、津市掳抢来的物资和军用品，源源不断地运往常德前线。每天通过浮桥的挑夫络绎不绝，运往常德的物资平均达 100 多担。除军用品外，还有粮食、油盐、酒、肉、布匹、糕点、糖果等物资。

日军进攻常德遭遇到余程万师的坚强抵抗，伤亡很大，虽然攻下常德，但发觉将处于我军包围之中，遂决定从原路撤走。同年 12 月 18 日，日军在隆兴和药铺的晒楼上放了起身炮，并以放火为号，通知津市周围的日伪军急速撤退。这一天，杨云甫、戈德明按照日军纵火为号的布置，首先放火烧掉了胡德彪设在河南岸的阜隆堆栈，后又在贺家台附近放火烧掉了几家民房，等日伪军通过浮桥后，又将浮桥淋上汽油放火烧掉。一时之间，南北两岸和河心火光冲天，在一片大火中，日本侵略军狞笑着撤离了津市。

1944 年元月，津市人民强烈要求严惩维持会汉奸。四十四军军长王泽濬为了缓和民愤，掩人耳目，被迫逮捕了杨云甫、戈德明等人，但不久又将他们"无罪释放"，还说："津市如果不得杨、戈见机行事，早已化为灰烬，他们不但无罪，反而有功。"就这样杨、戈在驻军的包庇下，得以继续在津市安身。杨云甫利用打劫来的财产，在福音堂对门开了一家"环球客栈"，因为生意萧条，后携带妻儿迁居汉口。直到中华人民共和国成立后，杨云甫才受到应有的惩罚，被武汉市人民政府处以极刑。在镇反运动中，维持会的主使人商国屏，也于 1950 年 12 月 20 日第一个被津市人民政府镇压。

国民党 53 军驻津纪事

⊙ 彭克见 胡永见

  国民党 53 军，原系张学良的东北军，驻津期间，隶属于国民党第九战区二十集团军（总司令霍橙彰）领导。1939 年元月，该军进驻津市，驻防近 4 年，1942 年 6 月调防贵州，后去缅甸。下面就 53 军在津市驻防期间，我们亲闻到的部分情况，整理如下。

军部机构设置和住址

  军部设在津市功德林，军长周福成（中将）；副军长朱鸿勋（中将），1941 年在湖北省公安县藕池镇视察该军所辖 130 师防务时，被日机炸死；继任副军长赵锡庆（少将）；前任参谋长赵镇藩（少将），后任参谋长刘德裕（少将）。

  军部机关下设：政治部驻汪家桥平民工厂，主任杨竹墅（少将），秘书甘圣哲（上校）；参谋处处长王冠英（上校）；副官处处长张明弼（上校）；军需处处长王景阳（上校）；军法处处长金希筠（上校）；军医处处长张鸿范（少将）；军械处处长刘德裕兼任。军警稽查处驻津市万寿宫，先后担任处长的有：吴××（少将），佟道（上校），韩风舞（中校）。秘书室设在军部内，秘书室主任郝履和（中校）。

  军部直属部队：特务营，营长韩风舞（中校），驻不二庵。通信营，营长王久华（中校），驻果园村。工兵营，营长张××（中校），驻阳由村。炮兵营驻大石桥。修械所、野战医院驻江湾。骑兵连，连长姚××（上尉），人称姚小胡，驻新洲镇。

  军部所辖两师：130 师师长由朱鸿勋兼任，参谋长赵龙韬（少将）。下属 3 个团，即 386 团、387 团、388 团。130 师师部在津市轧花厂驻了很短一段时期，后长驻湖北省公安县藕池镇。116 师师长赵宗绍（少将），赵病亡后，由赵镇藩兼任。参谋长佟道（上校）。下属 3 个团，即 346 团、347 团、348 团，116

师师部驻南县。两个师各团分别驻守在岳阳、城陵矶、白螺、石首、藕池、南县、华容一带。

全军官兵总计 16000 余人，70% 是东北人，团以上军官全部是东北人。

驻防期间主要活动

1. 抗击日寇

长期与日军对峙，130 师和 116 师各团防地，全是抗日前沿阵地，经常与日军发生小规模战斗，军部与师部的往来电报中，经常有战报情况、日军敌情、要求补充损失弹药报告等。4 年来，53 军防地没有丢失土地，全军官兵怀念故土，思念家乡，气氛很浓，抗日决心很大。特别是副军长朱鸿勋在藕池被日机炸死后，全军上下掀起了一个不小的抗日高潮。许多东北籍官兵表示要为朱军长报仇，把日寇赶出中国去。

2. 维护社会治安

53 军驻津期间，军长周福成经常到津市镇公所、商会等处视察，还规定一切大事都要向他汇报，每月镇公所要组织召开一次"国民月会"，由他作训示报告。此外，53 军还在津成立了军管稽查处，处长由军方代表担任，副处长由津市警察所所长兼任。军部关于处理社会治安问题的旨意，都由稽查处下达执行。为此，53 军驻津市期间，地方上的重要事情都要请示周福成后才能施政。

3. 枪杀韦来宽、彭仲、王政德

1940 年农历七月十八日，军长周福成下令，由军部军法处和军警稽查处联合执行，查封了津市铎报社，逮捕了韦来宽（53 军政治部政工人员，津市怒吼歌咏队指导员）、彭仲（铎报社记者）、王政德（可大卷烟店工人）等 11 人。18 天后，将韦来宽、彭仲、王政德 3 人枪杀在不二庵附近，其他人取保释放。韦、彭、王 3 人究竟是否是共产党员，这里无法证实，但搜集有这样一些情况，特记录如下：韦来宽是江苏省人，1940 年被枪杀时年仅 22 岁，1938 年上半年，韦在镇江读高中，是年 8 月，镇江沦陷，韦来宽和戴潜、杨康、韩谷震、张德云、杨毅（女）、法瑞仙（女）、许立华（女）、冯隐（女）等 9 人抱着抗日的热情，从镇江出发，有时步行，有时乘便车同到上海，再从上海乘轮船经香港到广州。到广州后，张德云擅自离开，韦等 8 人又从广州乘车到了长沙，适逢 53 军政治部秘书甘圣哲在长沙招考政工队员，被全部录取，随军部驻防津市。当时，政工队员的主要任务：一是宣传抗日，二是监视文艺战线上的反蒋情况。1940 年 6 月，由李西园等人发起，在津市组织了一个"怒吼歌咏队"，由李任队长，队员相继发展到 20 多人，并聘请了韦来宽担任歌咏队的指导员。当时参加歌咏队的都是一些有抗日救国进步思想的热血青年，他们经常聚会，研讨歌咏队的有关问题。歌咏队主要活动是教唱抗日歌曲，宣传抗日。如当时教唱的就有《义勇军进行曲》《黄河谣》《抗日救亡进行曲》《游击队员之歌》等歌曲，在津市各界反映强烈，齐声叫好，但同时也引起了甘圣哲的注意。

甘把韦来宽的女友冯隐找去讯问情况，冯年轻幼稚，在甘的哄骗下，说出了韦和彭仲俩人关系很好，经常在一起抨击国民政府，同意共产党的抗日主张，同时又把韦多次邀冯去陕北"抗大"的事，也向甘进行了密告。3天后，韦、彭等人被捕，在53军特务的严刑拷打下，彭仲坚不吐实，态度坚决，拒不承认自己有任何过错，更不承认自己是共产党员，认为宣传抗日无罪！表现出高贵的民族气节，然而韦来宽则受刑不过，供出了可大卷烟店工人王政德，使王政德很快遭到逮捕。即使这样，在"宁杀勿纵"4个大字的批复下，韦、彭、王仍被枪杀。韦来宽死后被就地掩埋，冯隐带着忏悔的心情，给他立了块石碑。由于怕惹麻烦，碑上只刻了"怒吼歌咏队指挥，同乡冯素梅立"的字样，碑上没有提韦来宽的姓名，冯在碑上也用的是原名。这时冯隐已怀孕，怕遭到韦来宽同样的下场，在别人的帮助下，逃离了53军，在衡阳亲戚家生下了小孩。中华人民共和国成立后，冯隐在广西桂林市饮食服务总店工作。

4. 执行九战区命令，拉拢西北军 128 师

1940年至1941年，西北军128师驻防在湖北省石首至洪湖一带，一面靠近日军，一面靠近八路军。为了防止128师叛变，九战区多次指示53军要尽力拉拢128师，特别要防止128师倒向八路军。当时九战区为什么要53军出面拉拢128师呢？其原因有三：一是西北军和东北军有很深的历史渊源，1936年时，东、西两军在西安发动事变，扣留过蒋介石，进行抗日兵谏；二是驻防很近；三是东、西两军都是杂牌军，由东北军做西北军的拉拢工作，也可看出东北军执行蒋介石命令的态度。周福成接到九战区的指示后，马上派了军部参谋处少校参谋谷振寰去做128师的工作。以后谷经常往来于128师和53军之间，拉住了128师师长王劲哉，防止128师倒向共产党。谷第一次到128师时，看到王把自己的头像和蒋介石的头像并挂在一起，这在国民党内是最忌讳的事。后来通过谷做工作，王取下了自己和蒋介石并挂的头像。由于谷的工作完成得出色，不久就被提为军部参谋处中校科长。

常德会战时日军进犯津市和撤退情况

⊙ 乐山

　　1937 年 7 月 7 日卢沟桥事变，日本开始全面侵华。紧接着日军疯狂增兵，扩大对华北、华东广大地区的进攻范围，由于国民党军队步步退让，日军长驱直入，使得河山变色，人民遭殃。

　　1938 年武汉沦陷后，日军继续南犯，11 月占领岳阳。从 1939 年 9 月起到 1941 年的 9 月和 12 月，日军连续三次越过新墙河南犯，对长沙造成威胁。1943 年日军根据整个战略部署，为了夺取长沙，打通粤汉铁路，驻守在华容和鄂西一带日军的矛头对准常德，以策应湖北日军对长沙的进攻。1943 年 11 月，华容及鄂西一带日军 6 万人分三路：一路经南县、安乡、汉寿进攻常德；一路由石首经公安、澧县、津市、临澧直趋常德；一路经澧县、石门、慈利、桃源迂回常德。3 日，华容日军攻陷南县，6 日攻陷安乡，15 日攻陷津市、澧县、汉寿、石门，19 日攻陷慈利，20 日攻陷桃源，从东、西、北三面包围常德，与守军余程万所部第五十七师 5000 人展开攻防战。

　　在日军大举进攻常德之前，日军对津市的战略地位肯定作了一番估价，因为津市地处澧水下游和湖滨，水陆交通方便，是湘鄂两省通道，国民党 53 军沿江设防，军部就驻在津市，因此日军要想占领常德，必先拔除津市这个重要据点。早在 1943 年 3 月 9 日，日军就派出一架飞机对津市进行侦察，那天天气晴朗，日机飞临大石桥至宋家渡一带上空，见江面上有一火轮驶往澧县，便俯冲下去，在轮船上空盘旋，轮船立即靠岸，旅客为了逃命，争先恐后跃上江岸，四下狂奔，敌机用机枪猛烈扫射，当场打死 3 人，打伤 11 人。4 月，一股驻守在长江北岸的日军开始向南进犯，矛头直指津澧。驻津国民党守军和地方政府，眼看正值汛期，为了保住津市，下令将环绕津市北、东、西三面的红庙、大围、九垸、夕阳、人和等堤垸大堤掘开放水，阻敌前进。顷刻间洪水灌满垸内，一片汪洋，虽然日军进犯被水所阻，但老百姓疏散不及，损失惨重。同年 5 月 6 日上午，日军两架飞机，向津市对河南岸驻扎 53 军军部的功德林、阜隆堆栈等处投弹 10 余枚，炸死平民刘承文等 8 人。13 日，又有 8 架日军飞机侵入津市上空，向对河阳由垸、果园一带扫射投弹，炸毁美孚镇大煤油公司设在对河的油库和军部所在地功德林、不二庵等处，炸死居民朱玉富等 16 人，炸伤 20 余人，36 栋房屋被毁。11 月 11 日，日军开始分三路进攻常德，其中一路经公安指向津市，15 日前锋迫近黄山头、梦溪市一带，驻守津市第 44 军王泽浚一个团未加抵抗，仓皇撤往临澧太浮山区，镇公所和镇警察局的官兵见势不妙，逃往南岸乡下，十多万人的城市此时仅留下老百姓万余人，许多富商巨贾和殷实大户的财物一时来不及全部疏散。日军进入津市后，便纵容士兵到处烧杀、奸淫、掳掠，原先潜伏在津市的国民党特务分子——杨云甫、戈德明、季明元等趁火打劫，出面组成"维持会"，杨云甫任会长、戈德明任副会长，还有一批流氓地痞、帮会分子充当维持会骨干，对日军俯首帖耳，奴颜婢膝，为虎作伥，带日兵抢劫粮食、牲畜。那时日军公开宣传他们占领津市等湖区城乡后，"吃的剥皮鸡，困的美貌妻，抓的蠢东西"，日军抓来一批老百姓当民夫，把掳来的粮食、油盐、酒肉运往前线。按民夫年纪分配担子重量，20 岁挑 20 斤，50 岁挑 50 斤，把一些年老体弱多病的市民和农民活活折磨死了，弃尸在沿途。

日军进攻常德时，守军和城内百姓为抗击日寇浴血奋战了近 20 天，12 月 2 日，余程万部损失惨重，撤出城外。日寇进入常德后，大肆抢劫与烧杀，此时，国民党援军李玉堂、王缵绪、王耀武、欧震、鲁道源部从四面八方驰援，迫近常德。日军旋即退出常德向北撤。12 月 18 日，津市日军在隆兴和药号晒楼上放炮，并下令纵火烧毁河南岸阜隆堆栈和津市澧水浮桥，然后仓皇撤离津市。

在日军 11 月 2 日发起进犯常德到会战结束北撤的一个半月中，滨湖和澧水下游的人民生命和财产遭受到重大损失，受灾民众 40 万人以上，139100 人被杀害，38080 余人受伤，33185 名妇女被奸污，83497 名青壮年被掳走，73382 栋房屋被烧毁，无家可归的难民达 300 余万人。其中，津市在沦陷的 1 个月零 2 天中，被炸死和杀害 75 人，受伤致残 21 人，被奸污妇女 50 人，被抓走百姓 200 余人，抢走谷物 1720 斤，耕牛 25 头，烧毁房屋 50 栋，抢走木材 500 立方米，日军向常德发动的侵略，给常德地区十个县（包括津市）造成了巨大损失，带来了一场空前未有的大浩劫。

宋希濂来津纪事

⊙ 金慕儒

1949 年春，我收到一位好友来信，说宋希濂将来津市，叫我无须存任何顾虑，尽力给予妥善安排……从此，凡是宋派来津、澧办事的人员，只要找到我时，我都尽心尽力。

1949 年 6 月中旬，全国的局势：解放军已相继解放了长江中下游的南京、上海、武汉等大城市及江南广大的农村，正溯江而上攻取沙（市）、宜（昌），挥师西南，意直捣重庆；一部正待发起湘赣战役而后攻向两广。西北大军计越秦岭、翻大巴山，欲解放川西北。国民党内部矛盾更加激烈，蒋介石明下野，暗控制，死不放权；桂系明登台，反控制，要抓权。白崇禧便调集几个兵团布防长江中游南岸，宋希濂指挥的几个军布防在江北宜昌、沙市、当阳等地，想凭借长江天险阻止解放大军前进。宋希濂就是在这种局势下来到津市的。

宋来津的头天，已电告驻津暂编二师的师长陈策勋，他转告了我。镇长方德夫同时也接到澧县县政府电告：宋要来津市，千万注意社会秩序。当晚陈、方两人先后到了我家，陈将其部执行戒严一事和方进行了商讨。方走后，陈对我说："为了宋的安全，宋住宿最好在师部。"而我却认为绥靖公署在津市设有金融调剂处，另外陈克非的第二军还有部队在津附近，且宋尚有军船在港，均可任宋下榻，故最好的办法是待宋抵津后由其自己决定。陈策勋同意我的意见，并坦率地告诉我，他的部队最好是调回桑植。因为江正发团虽规划归二师指挥，但江团靠不住，自己虽有 3 个团的桑植兵，也怕吃江的亏，要我在宋的面前美言几句，请宋同意将其部调回桑植老家。当时我想：陈部大多是拖枪出身，和江部发生冲突，无论谁胜谁负，吃亏的还是老百姓，津澧城镇将会受到破坏。想到这里，我一口应允。陈在深夜方始离去。

陈、方与我商量的意见是：由于局势的关系，欢迎宋时，除绥靖公署及二军、暂编二师团级以上的军官参加外，镇政府、工商界去的人应少，为了不造成紧张气氛和影响市面营业，戒严是暂时性的，由暂编二师负责执行。

第二天去迎接宋时，见有宋直属的几位军官在场，我和方德夫站在人列稍后，但宋却先和我握手，陈策勋走过来嗫嚅着问宋："司令官今晚下榻……"宋便向我笑道："我看，就宿在金先生家。"我大吃一惊，和陈策勋不约而同地齐声说："您的安全……"宋答道："我早考虑了，不用担心。"我只好随同他向正街去，但宋却拉着我走在最前面，一路上问津市的情况，我真是受宠若惊。

由于突然戒严，沿途屋檐下挤满了被阻的群众，大多是菜农，偶尔还能听到群众的埋怨，临街的窗口和阳台上也有人伸出脖子往街上瞧，大码头至新码头一带所有铺面都停止了营业，店员们齐朝街中望着，这时除我与宋的对话声和偶尔听到一两声咳嗽外，整个城市都像死一样沉寂。

没有乐队的欢奏，也没有整齐的军步，欢迎的人流行进在空荡的街心，尾随着宋与我，朝我协盛油盐号走去。到协盛后，宋回身向人们挥手致意，请大家止步。为了宋的安全，陈策勋请求留下，竟被婉言谢绝。

当我跨进协盛店门时，看到我的儿子旦生和店员们齐站在柜台前看热闹，我喊旦生随我进内。并叫学徒杨翰香、彭次松等到后面来，听候吩咐。就在这一瞬间，我脑子里产生了一连串的问号："宋希濂为什么要住在协盛？是早想好的吗？第二军在津市附近仍有部队，除此还有陈策勋师部等，便于保卫，而协盛无一兵一卒，宋却偏偏要住在我家？为什么除宋本人外，随他来津的几位军官却未宿我家？是怕给我增加麻烦？"我带着这些问号陪着宋走进了屋。

协盛开设在新码头正街，后门直抵夹街，坐南朝北，共分四进，一、二、四进营业用，每进楼上都有屏墙阻隔，无路可通。第四进的后门，除起卸货物外，平常是不打开的。后门距轮船码头（原汽渡上首）还不到两百米。当时由于宋的到来，我叮嘱大师傅，不经我的允许，任何人不得打开后门。

我的一家人住第三进，楼下盐业公会办公，三楼凉台，中间是旦生的书室，书室四壁中皆是玻璃窗户，光线很好，宋希濂就下榻于书室内。

上下楼梯口和转弯处各有两名警卫，书室外小房有两名来回放哨的，宋的警卫军官身在书室内，两眼却不停地盯着四周。凉台四角各有两名警卫，墙角上架有轻机枪一挺，西北角墙边有两人，一人手抱小炮筒，另一人坐在炮弹箱上。三进上二楼的前后楼梯都很宽，警卫除腰挂小手枪外，还肩背冲锋枪式卡宾枪。客厅长屏风外，除宋的副官外，尚有两名警卫在楼廊上走动。后门夹街上直到停炮艇河边，每隔一定距离站立着武器配备精良的士兵，听说他们和三楼的警卫都是宋的直系亲属。协盛其他地方均未设岗哨，但据我所知，陈策勋暗中派有十多名便衣在协盛店门附近巡逻。

我和陈策勋谈话的二楼客厅，门是八扇双开雕花的长屏风门，进入客厅首先映入眼帘的是四扇刻有唐诗的屏风。后墙正中，挂有刘昆的行书"中堂"，中堂下是高长条供案，上置有青花瓷瓶一对。案前约两米处是紫檀木方桌，外配八把大理石坐凳，是我家招待至亲好友就餐的地方，客厅东是旦生的卧室，西是我的卧室，卧室门外两侧陈列两套茶几和四把靠椅，都是檀木的，使客厅显得更高雅、堂皇。

宋和我分别躺在睡椅上谈话，旦生坐在我的身旁。宋希濂虽略带微笑，但看得出他内心是忧郁的。在谈话中宋对为他在接待上的安排表示感谢，我笑着说："请司令官不用客气，为您尽力不多，这次下榻敝舍，我是深感荣幸的，但对司令官不可言不由衷，我内心确还有点担心。"

宋说："我知道，住在你家，你为我的安全担心，可能还会想为什么要住在你家中。其实是我之前早考虑好了的，何况还带有不少人。我并未将你当外人，当你明白我来津目的后，就知道我为什么要住在你家了。我了解你，你是个商人，是个可信赖的人，这次我来津市，是为了第二军开往长沙的事，也是为了黄埔，为了我们校长；第二军现在开往长沙，连老百姓都知道，这是白崇禧下的调令。他将桂系的主力调往衡阳等地，竟拿我黄埔二军挡头阵；第二军是我所指挥的几个军中装备最好、战斗力最强的军，调走后，我的防御实力大大削弱。第二军由白指挥会吃亏，这是白用的釜底抽薪之计。现李（李宗仁）、白他们大权在握，要调二军去长沙，陈克非（第二军军长）不得不服从。我来津住你家，是要说服陈克非停止行军长沙，向后转回湖北。谈这类事在你家方便，反而更加安全可靠。"

我说："白长官想得真妙，一举三得，搞垮了您，削弱了二军，保存了桂系实力。但陈军长是明白人，他对白之用心难道想不到？"

宋说："想到了又怎么样？军人以服从为天职，他不得不考虑违犯军令之后果。我就是要给他讲明利害，指出办法，使他违反白的调令有所借口，而不去长沙。"

我说："请您放心，此事关系重大，我决不会对外乱说，我的孩子也比较懂事。"

宋笑道："不放心你，也就不来麻烦你，不会告诉你我此次来津之真正目的了。"

我说："谈不上麻烦，接都接不到，司令官有什么事尽管吩咐。"我见宋这时心情好了点，就转变了话题，将陈策勋要回桑植的想法转告了他，并谈了我的看法，宋毫不犹虑地就同意了。

与宋共进午餐，席间谈到了当前时局，想到了朋友信中提到的宋之为人，我大着胆问："司令官，外面都传说二军装备极为优良，并配有化学武器。还说你曾奉命在必要时使用毒气，请问有这回事吗？"

宋以肯定语气道："我是决不会使用毒气的！打仗还是看谁得到老百姓拥护，共产党的军队所以打胜仗，就在于有老百姓拥护。"

我又嗫嚅着问道："有个问题，不知当问不当问，但我还是要问，想听听您的高见。南京失守后，武汉又丢了，我就担心，宜昌到底保不保得住？您对今后大局的看法如何？"

我提问后，旦生也停止了筷箸，望着宋，大家都沉默不语。许久，宋才叹口气苦笑："这个问题，我本不应随便讲，从局势来看，前途并不乐观。"我见宋未生气，便紧接着问："那我们怎么办？他们（共产党）对我们会怎么样？"

宋说："怎么办？这要看你自己了，至于我……我只要对得起校长，到时，要看事情的发展和具体的情况而定。他们来了，对老百姓是有好处的，但像你我这样的人是要吃亏的，他们会做宣传工作，群众拥护他们。"

宋愈说愈慢，声音愈说愈低，就再也没往下说了。而这时的我却显得很尴尬，宋要对得起校长，我呢？我是个商人，我对谁？……

由于所谈的内容是些敏感问题，大家心情都很不愉快，使得午宴难以继续下去，宋离席洗了脸，就上三楼休息去了。

回房后，虽然心情不佳，但还是想到下午宋是否有事要我办，于是要旦生上楼去问，不到几分钟，他就下来了，并听到他在客厅里惊奇地嗯了一声。我立即由房里走出，看到旦生拿着一封信正站在睡椅旁，我抢下了信，只看几句，右手就不住地颤抖起来。看完信后，我已不能控制自己了。

信的内容共分三部分：前部分是讲当时的形势，武汉已解放，沙市、宜昌指日可下，解放西南广大地区也为期不远；第二部分是说宋本人还是明智的，是会认清形势的；第三部分指明前途，是坚持与人民为敌，为人民所唾弃，还是投靠人民，取得人民的谅解？摆在将军面前的是两条路，奉劝将军切勿再执迷不悟为蒋卖命，起义才是上策。

我匆忙朝三楼走去，一心想将信呈宋一阅，刚踏上楼梯时，我猛然省悟，觉得信交宋，有三点不当：一是将信交给宋，不但于事无补，反而增加紧张气氛；二是宋为人坦诚，想起午饭时宋说："要对得起校长。"若宋看完信后，万一怀疑是我父子借此威胁他，岂不是惹火烧身；三是即使宋不怀疑我父子，也会迁怒于警卫人员和那位副官，不是挨责罚，就是关禁闭，这将使我感到内疚。若查出了送信人并被处死，则我罪莫大焉！想到此，不觉心寒，何况我和共产党多少还有点关系，从前也曾冒着身家性命掩护过地下党员。

　　为了澄清是否有人上楼，我又不便向警卫问，便急忙下楼，查问翰香、次松两个徒弟，但他俩从未离开三进大门，也没见有人上楼到客厅去，我回到卧室后，将手中的信烧了，痴呆地坐在沙发上，想到今后命运，前途难测，焦虑之情，无可言表。由于旦生已告诉我宋下午有事外出，不需为宋做晚饭准备，故我下午未出房门一步，百事不问。宋是什么时候出去了，又什么时候回来的，我一无所知。

　　晚饭后，我发现每个警卫一脸严肃，表情紧张。正猜想陈克非要来时，却见他已从楼下进入客厅，我慌忙迎上，陈仅仅喝完一瓶汽水，匆忙地向我道声谢谢，就上了三楼，我望着陈走去的背影，在心里默默地为宋祈祷希望他劝阻成功……

　　由于晚餐时多饮了几杯闷酒，一进卧室，倒在床上就进入了梦乡，梦中老伴将我摇醒说："宋主任有请。"我忙穿好衣服来到客厅，宋正等着我，对我说："对不起，把金先生吵醒了，有劳你的款待，给你添了麻烦，我现在就走，特向金先生告辞。并请转告陈师长，我不能赴他的宴了。"

　　我望了望天色，一看怀表，尚只三点多钟，大吃一惊地问道："离天明还早，如何急于要走？陈师长特设午宴为您接风，您答应参加的，怎么临时提前行期？"

　　宋说："才不久获得可靠情报，地下突击队计划于路上设伏截击我，为了安全，艇上的官兵都劝我提前动身；几个地下武装，靠我所带武力，也用不着怕，但考虑到万一路上受阻时间过久，我不能到达宜昌指挥，则会影响我的部署。在此非常时间，我不得不考虑这点。"

　　宋说明原因后，我不好坚持挽留他。喊醒翰香、次松开了后门，将他送走。

　　宋希濂离开津市没几天，陈克非第二军果然开了倒车，回到了湖北。由此可看出国民党派系之争的内幕。

　　两天后，陈策勋、陈植树来到我家感谢我说："宋来电，同意我部在必要时可以离津。"果然，陈部不久逃回桑植，江部进驻了津市。

　　至于劝降信一直是个谜，是谁将劝降信放在茶几上？这个谜至今未能解开。

（金旦生根据金慕儒口述整理）

旧津市的土膏业和鸦片烟

⊙ 朱振炎

昔日的土膏业

土膏，是制作鸦片的原料，经过熬制便成鸦片。鸦片危害之大，流毒之深，妇孺皆知。

清末同治年间，鸦片已流入津市。先是达官贵人吸食，继而富商巨贾，以至贩夫走卒等，都嗜吸成癖。由于吸食者众，经营土膏业务者亦与日俱增。1926—1927 年间，津市经营土膏业的商人，均向澧水上游产地桑植、永顺、大庸、慈利等县进货，来津市销售。上游产地多属湘西地区，交通不便，土匪出没无常，时有抢劫之虑。加以军阀割据，战争经常发生，往往货至中途，长期不能抵津。因此，风险很大，但获利亦丰。当时，产地各县所需的布匹、食盐、百货、南货等商品，则向津市市场购进。因而搞活了流通，一度为津市市场带来了繁荣。

1923 年津市土膏店（行）就有公大土膏行、庄德盛、和协盛、恒昌美、同庆生、复兴荣、玉昌永、协和、恒康等 9 家。其中因经营土膏致富者有禹惠堂、禹禹三、胡异三、金慕儒、曹菊舫、余树人等。

土膏业在城隍庙街设有同业公会，任务是：申请派兵护送土膏、交纳特税、分摊各种捐税、调整价格等。主持同业公会的主席是余树人，常委有金慕儒、曹菊舫、禹禹三、庄季良等。

津市的鸦片烟馆

1926—1927 年，津市鸦片烟馆林立，遍及大街小巷。据当时统计，烟馆多达 51 家，其中较大者如裴泗记，设有铺位 40 张，一次可供 50 余人横卧抽吸；较小者有佛香阁（澹津街）、杨合记（二圣庙）、周大记（新建坊）、樊德记（三元宫）等，夫妻二人在家陈设一铺或二铺的经营者，尚难统计。

烟馆无论大小，均无正式招牌，一般仅在门口挂一纸糊灯笼，上书××记，以此为标志。有烟瘾者，一看便知。烟馆各自经营，不被社会正式承认，因此没有同业公会组织。

鸦片的制作和烟具

鸦片的制作，均系手工操作，分南烟和公烟两种。南烟是指一般鸦片，公烟则是在南烟的基础上加以提炼而成。土膏又有南土北土之分，凡桑植、永顺、大庸生产的烟土称南土；湖北所属鹤峰、恩施等地生产的称北土。其制作方法是：先将烟土浸泡煎煮，煮沸后，冷却过滤成卤水，再将卤水煎煮呈胶状，即为鸦片，一般称为"南烟"。在卤水煎煮一次后再过滤，反复一两次，去掉杂质，呈黄色，即称"公烟"，这种烟质纯、有香味，价亦较贵。

吸食鸦片，没有烟具是不行的，烟具有烟盘、烟枪、烟签、烟灯、烟盒。

鸦片的毒害

鸦片确有药物功效，能起镇痛、安眠、麻醉作用，但贻害极大，一旦上瘾染成恶习，吸食者会形销骨立，斫丧身体；有的弄得倾家荡产，最后沦为乞丐以终。

二十世纪二三十年代，津市吸食鸦片者，遍及社会各阶层，如"松秀班"某些艺人、苦力轿夫、码头工人……鸦片一经染瘾，很难戒掉，瘾发时，全身不遂，涕泪满面，状极狼狈，只有及时吸食鸦片，方可复原。由此可见鸦片之害耳。

国民党政府的禁烟

国民党政府亦知鸦片烟危害甚大，曾采取禁烟措施，由于屡禁不止，从未禁绝。何键主湘时，采用"寓禁于征"的办法，将土膏列为特税，作为军饷来源之一。1923年津市还成立了"四路军总指挥部监护处"，公开武装护送鸦片，为贩运烟土者披上了合法的外衣，经营者更有恃无恐，从而流毒愈广。虽然后来津市成立了不少禁烟机构，还3次设立戒烟所，1次设立勒戒所，后来又设立禁烟督察处，并由警备司令部兼管禁烟，还先后枪毙了傅三哥、陈顺燮、马红等3名烟犯，但在当时贿赂公行、上下争利的条件下，收效甚微。

中华人民共和国成立后，1952年，党和政府采取积极措施，坚决禁种、禁运、禁吸，流毒社会几十年的鸦片方始根绝。

漫话津市禁烟

⊙ 彭克见

　　禁烟，就是禁止吸鸦片烟。追溯烟毒在津市泛滥的历史，是在清朝中叶，清政府为了镇压太平天国运动，加紧勒索财源，大开烟禁，允许公开贩运和吸食鸦片。为此，鸦片在津市开始泛滥。民国初年，政府下令禁烟，鸦片交易遂不敢公开进行，吸食者只能偷偷摸摸。军阀混战时期，"烟苗税"成了军饷的主要来源。各路军阀竞相保护烟土产销地区，因此，黔、滇烟种又流入湘西使之得以大量种植。国民党政府为了解决军需，这时对鸦片烟采取"寓禁于征"的办法，对贩、营鸦片者都征收较高的特税，企图通过这种手段，达到多捞钱和抑制鸦片烟毒蔓延的目的。谁知适得其反，不但烟价不断地上涨，同时还促成了鸦片交易的合法化。1923 年，湖南省政府成立了"四路军总指挥部监护总处"，津市在城隍庙街设立了"监护处"，有一个连的武装，用以押运鸦片，保护交易。与此同时，又在津市成立了"特税局"，欧阳秉钧任局长。特税局刚成立，到局内来申请领照营业的土膏（生鸦片）行、店就有不少。所谓行，就是做土膏批发生意；所谓店，是将土膏拆零贩卖。另外鸦片馆有 51 家，遍及津市小巷，最大的鸦片馆是"裴泗记售吸所"。根据澧县档案馆历史档案记载：自 1932 年以来，湖南省政府、澧县政府为津市的禁烟，先后作过一次计划，下过一次密令，成立过三次戒烟所，一次勒戒所，一次第一戒烟所，一次特别禁烟专员办公处，一次禁烟科。成立的这些禁烟机构，都由警察所（局）的主管长官担任其中主要负责人。如 1937 年 6 月成立的"专员办事处"的专员，就是由驻津市的澧县警察局局长邓阳轼兼任。1932 年设立的禁烟科，也设在警察局内，由局长兼任科长。1933 年，蒋介石为了剿共筹备军款，将"特税局"从财政部拉出，特税局所收的烟税，全部抵作军费开支。津市此时特税局局长也换成军方人员，由上校军官易风腾兼任。每年征收的"烟苗税""交易税""营业税""执照费"等，总计可征收15万元左右之巨。但在表面上，为了敷衍舆论，仍三令五申下令"禁烟"，背地里却暗中支持泛滥。在这样"明禁暗倡"政策的卵翼下，到1939年6月时，津市仍有土膏行、店6家，售吸所30余家。

1935年，湖南省政府曾以津市烟民众多为由，划津市为禁烟特区，任命李宗溥为禁烟特区特派员，设专员办事处，直属湖南省政府，不受澧县节制。还设立了戒烟毒医院及勒戒所，当时全市共有烟民5022人，其中已领执照的1075人，登记而未领执照的229人，已戒断烟瘾的3718人。1940年禁烟专员办事处撤销，由澧县县政府接受津市禁政。1940年代初期，国民党财政收入情况开始缓和，为了粉饰政府清正，不得已忍痛撤销了特税局。同时免除了吸食鸦片者个人执照。

1940年2月，澧县政府成立了澧县禁烟委员会，并发文要求全县年底以前戒绝鸦片烟。委员会下属的津市第一戒烟所所长，由津市警察所所长郑家义兼任。为了抢功，郑家义下令逮捕了贩运鸦片烟犯傅马红，上诉到澧县地方法院，傅马红被判处死刑，在津市枪毙。是年6月，津市土膏行、店、馆表面上收束，随即郑家义向澧县政府报告称："津市烟民于6月底已经戒绝。"但这些土膏行、店、馆得到"监护处"和"税务局"的暗中支持，暗地里吸烟的人仍然很多。1945年，毛景彪任常澧警备司令，颁布禁烟令，在津市又大张旗鼓地杀了烟毒犯陈顺燮，烟毒之风稍有收敛。1947年8月，津市又成立了勒戒所，由当时的津市警察所所长潘少奇兼任勒戒所所长。按照省政府的规定，采取"调验"的方法，即到指定的戒烟医院，化验便溺和检查头部、手指，注意生理变态情况来发现吸毒者。一经发现，按照下列规定予以处罚：（1）自动投戒戒绝后而再犯者处以三年以下有期徒刑并科五百元以下罚金；（2）勒戒戒绝后而再犯者处三年以上十年以下有期徒刑并科一千元以下罚金；（3）三犯者处死（三犯指贩、吸、又犯）。如1947年9月26日，警士傅力和、戴明佐当场拿获毛德鉴、谭张氏两人吸食鸦片后，判处了毛、谭两人各一年有期徒刑。这样，使贩运鸦片者和吸食烟毒者的活动又有所收敛。但是，警察们利用这个规定，经常进行敲诈勒索，这其中尤以刑警组最甚。刑警组长周某经常带着刑警组的人，到河边搜查上河下来的船民，有一次在东河街河边（1948年上半年）搜出一个卓姓船民，身带土膏40两，周当场要罚光洋200元，最后罚光了他身上的180元，才放了他。罚款全部被周纳入私囊。刑警组副组长程泽举本人就吸食大烟，但他却打着禁烟的招牌，在1949年2月一次就敲诈烟馆老板叶老二光洋20元，又敲诈大烟贩子王大金等两人法币55万元。刑警组员毕家元、沈英、张海波、王友才等人，在1948年下半年的一下午，发现住三洲街的魏氏在家里吸鸦片烟，抓住后，罚了她43块大洋，现交8元，每人分2元作草鞋钱，另外40元，魏氏无现款，只得打了借条，陆续归还后，他们4人又各分得10元。更为滑稽的是，烟老板许梅生，为了保住生意，通过贿赂刑警组，还成了刑警组员，跟着贼喊捉贼地禁烟。警察所办事员黎福卿在1947年底，一次就向大烟业勒索了法币80万元。巡官唐碧如，在1948年至1949年期间，经常向烟馆老板胡绍明、叶老二进行敲诈，每月向他们要3至5元光洋的草鞋费，像这些例子不胜枚举。这样的禁烟禁到津市解放时，仍有贩卖鸦片烟馆9户，吸食者290多人。

中华人民共和国成立初期，津市公安机关根据1950年2月24日政务院发布的《严禁鸦片烟毒的通令》，把禁烟当做本身的主要工作任务之一。根据现有材料记载：1949年8月至1952年6月，津市公安机关办理了贩卖烟毒案件76起，采取关押服劳役和没收的方法处理了47人，共没收了大烟378两，价值16000多元。如烟馆老板叶长青，1951年10月贩卖和吸食鸦片时，被公安机关抓获，判处劳役3个月。

为了保障人民生存权利和身体健康，彻底清除鸦片烟毒，1952年7月10日，津市市政府发出布告，成立禁烟禁毒委员会，由市长张邦信担任主任，下设办公室，办公室主任由公安局局长刘哲民担任，开展群众性的禁毒运动。禁毒运动的第一阶段是查清鸦片烟毒的贩卖者和吸食者的情况，在这个阶段中，召开全市干部大会2次，到会各级干部共计938人。与此同时，各界大张旗鼓地召开群众大会，阐明禁毒运动的伟大意义和重要性。并多次组织群众讨论，组织吸毒者家属现身说法，控诉吸食鸦片烟毒的危害。三洲街居民汤圆英在讨论会上泣不成声地控诉说："鸦片烟毒害得我家破人亡，我父母在1931年学会抽大烟后，把什么东西都卖光了，最后烟瘾发了，没有钱抽鸦片了，丢下我们这些不懂事的子女双双自杀了。我只好跟随叔叔生活，哪知叔叔也是一个鸦片鬼，把婶娘卖了抽鸦片，最后也自杀了。政府禁烟，我从心里拥护，禁得好，这又是人民政府为人民做的一件大好事！"市禁烟委员会还号召群众起来检举揭发，控告贩毒的罪恶，这样，在不到一个月的时间内就收到群众检举揭发信和口头检举共计1167件。同时，市禁烟委员会还向烟毒人员讲明了党的政策：不管问题多大，只要坦白交代，可以得到宽大处理，重点是打击那些贩毒者当中最顽固的人。

通过调查，全市共有鸦片烟毒贩卖者和吸食人员281人。其中90%是历史性的，10%是津市解放后才开始吸食的，专门贩卖烟毒的只占15%。

在调查中，公安机关摸清了烟毒来源，发现鸦片烟毒是从湘西大庸、桑植、永顺一带通过水路贩运来的。船上隐藏大烟的地点一般是夹杂在货物中、船舱处、夹底箱子和篓子底层。有些鸦片运到津市后，还通过贩卖者的周转，转卖到长沙、汉口、沙市、宜昌一带。为此，从 8 月份起，公安机关采取措施，加强了对水上来往船只的检查，仅在 8、9 月份，就抓获了贩运鸦片犯 24 人，没收了大烟 3864 两，价值 15 万多元。

从 8 月 24 日开始，禁毒运动进入第二阶段。这个阶段主要是动员烟毒人员到公安机关指定的地点彻底坦白，登记悔过。截止到 9 月 2 日，公安机关调查掌握的烟毒人员基本上都到指定的地点进行了登记，表示悔过。有的烟毒犯只交代部分贩毒问题，还有一部分严重问题没有交代，但总的说登记工作还是有成绩的，这其中还出现过很多感人至深的典型。如生产街青年龚仁杰，通过禁毒运动的学习，觉悟提高很快，在家里就督促吸鸦片的母亲戒烟，公安机关号召登记时，他第一个带着母亲进行了登记，下了保证书，终于使母亲戒掉了持续的烟瘾。

根据党的政策和调查掌握的材料以及烟毒人员登记悔过、坦白交代的情况，公安机关在禁毒的第三阶段中，先后逮捕了烟毒犯 44 人，打击的重点仍是那些顽固抗拒坦白的贩运烟毒的分子，44 人中贩运 1000 两以上的有姚福初等 6 人，居住在解放路的朱云清，从 1939 年起就贩运制造鸦片烟毒，拥有资金 6000 万元（旧币），专门贩运倒卖鸦片达 2000 多两，还从他家搜出鸦片等毒品 110 多两。逮捕贩卖鸦片 500 至 1000 两的有 17 人，贩卖 100 至 500 两的有 21 人，没收鸦片、吗啡等共计 4427 两，价值 18 万多元。此外，还向其他省市县提供了有关烟毒罪犯材料 84 件，涉及 247 人。

1952 年 9 月上旬，对逮捕的 44 名烟毒犯，公安机关向禁毒委员会汇报后，转呈津市人民法院审理。同年 9 月 18 日，津市人民法院经请示市政府同意后，召开了全市群众大会，宣判了烟毒犯的处理结果，判处顽固不化、抗拒交代的烟毒犯姚福初死刑，立即执行。判处有期徒刑 10 年以上 3 名，判处有期徒刑 5 至 10 年 14 名，判处有期徒刑 3 至 5 年 17 名，判处管制 1 至 3 年 6 名，判处拘役半年 1 名。对能彻底坦白交代，并有悔改表现的 2 名从宽处理，予以释放。

在此后一年多的时间内，虽然还发生了一起烟毒案件，但被公安机关及时打击处理了。至 1954 年，在津市流行近百年的鸦片烟毒，从此绝迹。

旧津市推行保甲制简述

⊙ 樊生龙

　　1934 年，国军对红军"围剿"失利后，蒋介石坐镇江西南昌，策划反共新战略，一方面实施碉堡封锁政策，一方面颁布新县制，实施保甲制度。

　　保甲制度是承袭唐宋以来封建王朝统治人民，防备叛乱的严厉制度，1934 年，澧县奉令实行新制，执行保甲制度，全县划分为十区。津市由原东一街区，改称为澧县第二区，设区公所，委任孟体仁为区长。区以下设 6 镇 2 乡，即：镇福镇，镇长吴泽博；保合镇，镇长刘长庚；安石镇，镇长彭家祥；师益镇，镇长陈万玉；禄保镇，镇长唐竹书；三义镇，镇长 ×××；澹南乡，乡长贺国镇；澹北乡，乡长喻年舫。乡镇以下十户为甲，十甲为保，分设保甲长（以后根据地域划分，保、甲、户数均有增加）。另设水上一保，以一船为一户，由刘某担任水上保长，归津市水警队与区镇公所共同管理。保、甲、户实行联保联坐，一人犯法，知情不报者，联保坐罪。一时雷厉风行，闾里骚然。

　　1935 年王育瑛任湖南省第二区（辖常德地区）保安司令，司令部设在津市。为加强治安，王育瑛亲自督办津市保甲工作，多次召开保甲工作会议，加强实施联保联坐办法。王育瑛家住安石镇石家巷，还兼任当地甲长，以示倡导。

　　1939 年，澧县废区扩乡，津市由澧县第二区改为津市镇，划出两乡，保留市区，设镇公所，张平任津市镇长，镇以下划分为 14 保，196 甲，共计 4320 户，21424 人。

　　1945 年 2 月，国民党军毛景彪部进驻津市，在津设立津澧警备区指挥部，毛任指挥官，很重视保甲工作。为查办陈顺燮私售鸦片烟一案，认为该保保长朱希襄（津市勤大油行老板）未曾察觉报告，应实行联坐，将朱拘押惩办，后陈被处决，朱得毛景彪公馆房东胡彬生说情开脱，才得保释。

　　1937 年抗日战争全面爆发后，保甲工作进入军事管制阶段。

津市成立国民兵大队部，各保设保队部，由原保长兼任保队长；另设专任副保队长和保队副，每日清晨适龄壮丁集中操练，曾有喻义和金号少老板喻腾生因拒绝操练，被拘留处罚。同时召集家庭妇女，实施救护训练，一时掀起军训热潮。另由驻军保安五旅召集各机关团体公职人员，实施军事训练，当时确有一番热闹景象，但后来日军来犯，津市沦陷时，群众星散，却未起到应有的作用。

抗日战争进入相持阶段时期，镇保甲长主要担负征兵工作，由政府根据人口数分配各镇保征兵名额，保甲长就境内适龄壮丁，张榜分期抽调。因战争失利，征调频繁，战士生活艰苦，且危险性大，津市各商户均不愿子弟和店员应征入伍，经各方合议，由商户及居民按壮丁人数，集资雇请壮丁顶替，各保保长负责代办，形成壮丁市场，有不少"兵油子"一次应雇，可得稻谷数十石，入伍后乘机逃脱，又再次应雇，如此多次循环者，不乏其人。接受新兵的机构只求凑数，不讲质量，对顶替的新兵本来可以察觉，但由于贿赂公行，得以通行无阻，有的镇保长也从中渔利。还有各地农村不少壮丁为逃避兵役，潜来城市匿居，各保甲长抽查户口，常捉这类"飞丁"抵补兵额，或受贿放行。

1945年，根据新县制规定，各保保长实行民选，并选举镇民代表2人，组织镇民代表大会，再由大会选举县参议员、镇民大会主席及镇长。选举由国民党和三青团操纵，双方展开激烈竞争，尤其是镇长的选举，以致动武，后由肖荣镇当选镇长。保长由各保选民直接选举，群众对投票不热心，有的保长候选人采用请吃一碗麦面，拉投一票；有的还包下当地餐馆，吃后算账，形成变相贿选。至于甲长由各户推选任职，由于征兵派捐，招惹民怨，很多人不愿担任，后来有的保只得采取各户轮流担任的办法。津市解放初期，人民政府号召原镇、保、甲长戴罪立功，协助办理支援前线工作。1950年7月，市人民政府根据湖南省委取消保甲制度的指示，市区改设居民委员会，郊区设窑坡、阳由、复兴、护市4个乡。至此津市保甲制度宣告消失。

解放前津市警察机构的设置和演变

⊙ 彭克见　鲁继炳

　　津市警察机构的产生，是从 1733 年开始的。它经历了以下几个演变阶段。

一、设巡检司

　　雍正十一年（1733），津市人口逐年增多，社会治安问题也逐年增加。为此，澧州知州在津市设了巡检司，巡检官系九品，每月俸银七两二钱，专门负责维持津市社会治安。巡检司没有司府，仅有 2 至 4 名差役，地址是现在的生产街，首任巡检叫彭鳌，四川人。

二、设州判署

　　乾隆三十二年（1767），津市商业日益昌盛，外来经商的人日益增多，治安事务纷繁。为此，澧州知州决定将津市巡检司移驻石门水南渡，澧州州判署移驻津市，州判下有吏胥、差役 20 多人。州判管理地方行政事务，审判各类案件，维持社会治安，处理民事纠纷。州判署又称"分州衙门"和"东庭衙门"，直隶举人蔡汇征为首任州判。

三、设警卫队

　　1913 年，津市五省九团执政。五省即同乡会组织，包括江西、福建、江南（安徽、江苏）、山陕（山西、陕西）、广东。九团包括镇福、师益、会龙、三洲、保合、永安、汤石、上禄保、下禄保。他们联合起来，罢黜了津市最后一名州判李德金。在同善堂内设了团正局，由五省九团的代表公推彭光鉴出任团正。团正局下设书记处和警卫队。书记处管文、钱、粮，警卫队维持社会治安。地址设在原州判署，共 30 人，分 3 个班，警卫队队长肖永满，使津市社会治安秩序在辛亥革命后一度比较稳定。

四、设警察所

1920年，澧县警察所在津市设立了分所，1924年改为津市警察所，警察所是在津市警卫队的基础上改编而成的，首任所长肖永满。地址仍在原州判署。

五、设公安局

1930年，澧县警察局改为澧县公安局，设有司法科、督察室、巡官室、拘留所、书记员、事务员、探警、卫生巡长等，下设4个派出所，每个派出所驻有1个班的警士，澧县公安局还在澧兰镇设立了公安分局，派了3个班的警士。当时全局达139人，但都没有配备武器，巡逻执勤使用的都是棍棒。

1930年11月4日和12月3日，贺龙、王炳南率领红军两次攻克津市，打垮了"湘西王"陈渠珍驻津市的警卫团戴季陶部和川军马昆山旅。红军占领津市后，为了抗击国民党军队的反攻，拆除公安局大部分房屋，构筑了工事。红军撤离津市后，公安局到筲箕洼租赁民房办工。1931年底，澧县公安局向省公安局和澧县政府报告后，共申请到光洋1580元，加上本市商家捐款，在关庙街新修了办公场所。

六、设警察局

1935年3月14日，湖南省政府对全省各公安机关进行了一次改革，将澧县公安局易名为"驻津市澧县警察局"，在保留原局内机构设置的基础上，精简了半数工作人员。改革后，给派出所工作的巡长、警士配发了武器弹药。

七、改设警察所

1939年12月7日，澧县政府为了工作方便，决定将警察局从津市移驻澧县城关镇，津市又改设为警察所，所长起初由警察局局长丁学礼兼代，不久令沈其林为所长。警察局在迁移时，将局内所有枪支弹药和办公用品移交给津市警察所。津市警察所的规模缩小了，但仍保持4个派出所。

八、又改设警察局

抗战全面爆发后，逃难来的群众日益增多，津市人口猛增到10多万，治安问题纷繁，津市警察所警力不足，不能完成维持社会治安等任务。为此，省警务处决定将津市警察所改为警察局（属三等局），将派出所改为分驻所。局内设了司法科、总务科、巡官室、督察长室等，隶属于省警务处直接领导，警力增加到10个班，每班 10 人，每个分驻所有持枪警士 12 个人，全局工作人员达到 140 人左右，其规模和活动达到了解放前津市警察机关的全盛时期。局长由原警察所所长郑家义留任，警察局地址仍在关庙街。

九、改设特种警察所

抗日战争胜利前夕，国内形势好转，原逃居津市的外地人，纷纷返回原籍，津市人口大幅度减少。1944 年上半年，全市只有 5 万人左右，省警务处认为津市警察局人员太多，开支过大，于 1944 年 6 月 30 日，决定撤销津市警察局，改设津市特种警察所，隶属澧县警察局领导，全所人员下降到 70 余人。所内机构设置进行了调整，需要设立一个刑警组，又称侦缉队或便衣队。其组长又称队长，由所长及县警察局局长派令。组员由组长去网罗，全组共有 20 多人，除 4 至 6 人是所内编制人员外，其余组员不需要警察所负担费用。刑警组表面上办理刑事案件，暗地里却干一些敲诈勒索的勾当。1947 年 3 月，湖南省警务处看到各县逐步建立起来的刑警队，是一支镇压革命人民、妨碍共产党活动的重要力量，遂命令各县正式成立了特种刑事警察队。津市亦正式设立刑警组，第一任组长是刘清舫。至此，刑警组便名正言顺成了警察所内的一个正式设置机构。

十、改设甲种警察所

抗日战争胜利后，1946 年 1 月，澧县政府将津市特种警察所，降格为甲种警察所，警察所人员进一步精简。4 个派出所本应全部撤销，但所长谢炳常为了保存实力，只撤 1 个，改为 3 个派出所，第一派出所设在大巷口（现汽车站），第二派出所设在万寿宫（现武装部），第三派出所设在天乐花园（现粮食局）。全所人员下降到 60 余人。警察所所长感到警力不足，委任了额外的巡官、办事员和雇员。其工资由警察所想办法解决。1949 年时，额外人员就有 8 人之多。

1949 年 7 月 23 日，津市和平解放，当天下午 1 时左右，共产党领导的"湖南人民解放突击队第四大队"，在副大队长龚剑萍的带领下，包围了警察所，所长张书琴只好宣布缴械投降，由办事员张远升办理缴械手续，交出了武器及档案文件等。至此，津市警察所宣告倒台。

民国时津市几起引人瞩目的治安事件

⊙ 彭克见　鲁继炳

一、乱军抢劫商会

1921 年 12 月 29 日午时，乱军窜入津市，打死 3 人，打伤数人，后又冲进商会，抢走商会为驻军李营长所筹而尚未上缴的军饷光洋 5200 块，铜元 4500 串，以及澧县东四区团正局暂存商会的光洋 1500 块。津市遭此兵燹，警察所袖手旁观，由商会自行料理，这么大的公开抢劫案，不了了之。

二、赈饥踏死灾民

1926 年腊月，津市小铺慈善堂和其他慈善团体，在万寿宫后坪联合赈饥，每人发铜元 1 串，灾民闻风而至，人山人海，拥挤不堪，当场踏死小孩 3 人，重伤数名，因饥寒交迫而饿倒者百余人。是日，从上午 8 时到下午 4 时共发了铜元一万余串。

三、抗捐示威游行

1927 年 1 月 11 日，在北伐战争胜利的推动下，津市各界联合举行万人游行，抗议勒筹军饷。13 日下午，群众自发行动起来将津市厘金局和税收机关捣毁净尽，并打伤公丁朱高阳。

四、军警挟嫌寻衅，百姓受惊

1943 年 7 月的一天，津市警察局局长郑家义与祥丰绸缎铺老板匡国基等人在打麻将，忽然冲进 6 个便衣，拔出短枪，对准郑家义，郑当即起身讯问："这是何意？"答称："我们是情报队长派来抓你的。"郑又问："何故？"来者说："现在值汛期，你身为局长，不顾老百姓死活，在此打牌赌博，实属玩忽职守。"言毕，要将郑带往古大同队部，虽经旁人多方劝阻，来者仍执意将郑带走。学徒朱普斌见势不妙，赶往警察局告急，警察局闻讯后，立即整队赶往祥丰绸缎铺，将该店团团围住。情报队见被包围，挟持着郑家义，扼守门口，扬言谁敢过来，就抢谁汉阳棒子（汉阳造的长枪）。附近商店纷纷关门闭户，一时间路断人稀，气氛极为紧张。正当双方相持不下之际，恰有驻军上校蔡参谋路过，进屋查讯此事，情报队方才吐露真情。原来在一次警报期间，警察局的人不准他们通行，这次特来找警察局局长寻衅出气。蔡某听罢，哈哈大笑："这真是大水冲破了龙王庙，一家人不认识一家人了，误会，误会！"这样双方才撤除警戒，当天晚上由祥丰老板在"企园"酒家置办了3桌酒席，和解此事。军警双方挟嫌寻衅，致使老百姓饱受一场虚惊。

五、众乐戏院血战

1945年7月，为了新修澧县监狱，津市各界到众乐戏院（现人民电影院）募捐义演，驻津163军后方医院伤兵成群前往，与在场维持秩序的警察所和国民大队发生冲突，镇长徐树人得悉伤兵滋事后，随即发动百余人赶往戏院，双方大打出手，秩序大乱，观众夺路逃走，有的鞋帽丢失，有的挤倒受伤，伤兵徒手打斗，很多人又添新伤，当场被打死的达十多人，遂陈尸舞台，以示抗议。此外，在河畔还发现有溺毙的伤兵死尸十多具。事件发生后，镇长徐树人被传讯到县，第二天就被释放回津，是年农历八月徐树人被免职，一场人命官司，就此了结。

六、银行兑币风潮

1948年8月19日，国民党政府颁布《财政经济紧急处分令》，宣布改革币制，以金圆券代替法币。规定金圆券1元兑法币300万元，并限期在11月20日前兑换完毕。10月底，市民眼看兑换截止日期迫近，纷纷前往省银行津市经理处兑换，由于兑换者越来越多，拥塞街头，银行借口秩序太乱，无法进行兑换工作，将大门关上，激起群众公愤。有的投掷砖石将该行临街玻璃和门窗砸碎，有的抬来柱头将银行围墙撞倒，然后拥进银行，砸乱办公桌椅，分理处主任吴锡猷立即打电话报告津市警察所。警察所所长陈本章闻讯后，率领全体警察赶到，鸣枪示威，驱赶并殴打群众，但群众越聚越多，多达千人。这时，澧县政府商请保安二旅派一连人赶来津市，荷枪实弹，扬言逮捕肇事者，群众纷纷逃离，少数逃避不及的被士兵和警察抓住，县警察局局长王晓伯对抓来的十余人，当街各打五十大板。事后，澧县政府为了缓和事态的发展，不得不指令该行延长兑换日期。

九澧船民汉口械斗记

⊙ 刘海清

解放前，各地船帮在汉口均有自己的码头，彼此界限森严，不得稍有逾越，否则即起争端，甚至械斗。"码头是打出来的"是当时船民崇奉的信条。

九澧、永州两帮码头比邻。永州帮的船多装草席等轻泡物资，船多载多，有时不免泊过码头。双方为此时有争执，民国三十五年（1946）为此几乎械斗。幸时有咸宁县长（慈利县人）在九澧船上看望岳父，带有两名警卫，永州帮船民见船上有枪，退回，一场械斗始未发生。

但此事引起了九澧船民的警惕，为安全起见，乃与九澧驻汉庄客（约似今之采购员）宴请在武汉三镇任职之湘西同乡：宪兵团长龙波（汉寿人）、宪兵营长李柏州（临澧人）、警备司令陈协谋（石门人）、平汉铁路主任袁炳凡（石门人）、第二航空大队长王育根（慈利人）等，请求支持。席上，宪兵团长龙波表示："湘西、九澧帮有事，只管来找我！"

民国三十六年（1947）冬腊之交，两帮船民又发生争执，慈利船民苏海宁挨了几记耳光，但因当时九澧帮船少，未敢还手。当晚有 21 艘九澧船运煤抵汉，船员得知此事，无不气愤。次日，适一永州船因走滩打锚不住，欲抛缆绳搭九澧船而上，石门船民陈文发乃手持菜刀，不许对方揽绳。于是争端又起。

不久，永州帮集中八十多艘船，船上约四百余众，气势汹汹，蜂拥而至。为首三人，双手持铁剑，余众持棍棒、拿砖石，向九澧船上飞掷石块。一时间将孙福堂、刘海清等船雨蓬打得篾皮乱飞，千疮百孔。孙因其妻正在船中分娩，被吓得跪在船头磕头求饶，胡依卯等三艘船正在做饭，其炉锅也被砸破。九澧各船慑于其人多势众均躲入舱中，不敢露面。当时围观者虽众，然多袖手旁观，不置一词。附近站岗警察也溜之大吉。

此时，年已六旬，行伍出身的大庸船民徐达武，遂召呼九澧船民聚商对策。周会栋（石门人）、张泉成、覃善芝、徐玉明、李宏福（安乡人）、张三（慈利人）、宋枪手（大庸人）、孙福堂（临澧人）等十七人愤怒地表示要坚决给以还击。徐当即叫老婆拿出白布三段，按五尺一条撕成十七条发与大家作为标记。又从船上取来神锣一面，递与刘海清（津市人），叫刘听其指挥发锣。并交待众人：锣响则进，锣止则停，如此这般……安排就绪，便将铜锣挂在船桅上。只听得一阵锣声响起，喊杀声大作。但见刀光闪闪，十七人头裹白布，各持两把菜刀，由临近湘西的辰帮船上搭条冲上码头，背靠背，直朝对方三个拿铁剑的杀去。对方猝不及防，仓惶迎战，几个回合，三个持剑者被乱刀砍倒。接着，汉江两岸的川帮船工齐声呐喊助威。附近辰帮船里又突然响起一片疾骤的锣声，永州帮为此声势所慑，又见为首者被砍倒，不敢恋战，纷纷四处溃逃。这边张三等人一直追赶到两里外汉正街某巷口，将对方耳朵砍掉一只，其间辰帮船里出来了十二个头裹丝包头、摩拳擦掌的麻阳妇女准备为九澧帮助阵，因见九澧帮得势才未动手。一场恶斗，从下午三时直到黄昏。这次械斗永州帮三人被砍成重伤（一人终身致残），九澧帮无伤亡。

当晚，九澧帮恐对方反击，遂请求宪兵营长李柏州派了八条短枪来船坐镇，以防不测。

械斗发生后，茶馆酒楼流言四起，有谓："九澧帮里都是贺龙的菜刀客，好不厉害！"或讲："明天鹦鹉洲还有好多湘西的排古佬要来帮阵！"等等。永州帮原已斗败胆虚，流言传来，心情更怯，至深夜便有二三十条船悄然走开。

翌日，九澧帮仗有宪兵撑腰和辰帮支持，再次进行报复，对方不敢交手，弃船避往对岸。九澧帮乘势将对方坐船砸乱捣毁，胡依卯等人带头，又将对方八条船上的炉锅碗盏一齐砸毁，铺盖行李抛入江中……正在此时，当地刑事队闻讯派枪赶来，封锁江岸码头并将九澧帮捉去三十二人，声称要拿那个打锣的，然而刘海清早已上岸往宪兵团报信去了。团长龙波得知此事，当即打电话给警备司令部威吓说："九澧船帮被捉去三十二人，如差一根毫毛找你们算账！"

刑事队带着三十二人在汉口游街后送往水警队。水警队说："谁捉的人由谁处理。"不敢收。乃送往旱警队，旱警队说："不关我们的事。"也不收。后又送往市政府，也无人理会。最后刑事队只好放人。但这些人赖着不走，弄得刑事队骑虎难下。最后刑事队只得说好话，并在馆里请每人吃一碗大面才算了结。

接着，汉口各报纷纷报导了此次械斗的经过。但其中说九澧帮雇请四川打手参与械斗云云，与事实不符。

（童醴泉根据老船工刘海清的口述整理，来源：《津市交通志》）

解放前津市发生的一次银行换币风潮

⊙ 潘一兵

　　解放前老百姓是不揣着票子过夜的。商贾收到货款赶紧进货，穷人挣来的几个血汗钱赶紧买米。这是因为时局动荡，物资匮乏，价格飞涨，货币贬值，钱不值钱。再加上"四大家族"变着法儿搜刮民脂民膏，用发行纸币的办法强行兑换民间黄金白银，然后又滥发纸币，使票子的面额越来越大，简直成了天文数字。实际上是用一张废纸来换老百姓的金银。有人算过一笔账：1937 年，一百元法币可以买两头黄牛，到第二年只能买一头牛，第五年只能买一头猪，到第七年只能买一只鸡，第十年（1946）只能买一个鸡蛋，1949 年就只能买一粒米了。今天的青少年是怎么也理解不了两头牛是如何变成一粒米的。

　　当时我虽未成年，但对有些事记忆犹新，抢兑金圆券酿成风潮就像是昨天发生的事那样展现在眼前。那是 1948 年 10 月的一天上午，父亲把三哥潘宜炎（朱生炎）、我和侄儿潘训栋叫到跟前，交代上后街银行里换票子去，说是 300 万元法币换 1 元金圆券，随即给每人塞了一大捆法币。那时三哥才 10 岁，我和训栋才 7 岁。这三个半大伢儿，各揣着一捆票子上路了。这么多钱，不怕别人抢？钱不值钱了，谁还抢这个？家里大人也不过抱着换得一文算一文的心态，并不寄多大希望。不然怎么放心让几个伢儿去兑票子。津市银行坐落在后街（今和平路中医院门诊部）白宫戏院（今市区税务二所）旁边。我们小孩子家常往白宫戏院看"白"戏（花点小钱买根金堂烟递给守门人就可进去），或是等到最后看"幺台"戏，因此对这一带很熟悉。我们家"潘恒茂号"（祖父潘宏贵的牌号）离银行不到两里路，连蹦带跳只十多分钟就到了。等赶到那儿一看，银行早已被兑换金圆券的人里三层外三层围了个水泄不通，而且街两头的人仍源源涌来。麻条石的街面本就不宽，成百上千的人挤过来涌过去，叫骂的，呐喊的，人声鼎沸。三哥怕我们被踩着，交代只能站在银行对面店铺的街沿上。他一会儿钻进人群，一会儿钻出人群，既怕兑不上票子，又怕我们出事。人群里有穿长袍子的商人，有穿短褂的小贩，有打赤膊的苦力；男的、女的、老的、少的都有。人们被烈日烤炙着，喉咙干得快要冒烟。银行大门又紧闭着，任你千呼万喊就是不开。人们被激怒了，不知是谁喊了声："不开，就砸它！"随着这喊声，砖头瓦砾纷纷向围墙内掷去，玻璃"哗哗啦"被砸得粉碎。早已躲在围墙后面身穿黑制服的警察探出头来叫嚷："谁在捣乱！"接着就是"砰砰"几枪。听见枪声，胆小的拔腿就跑，一大捆一大捆的法币扔在地上也没人去捡。我们小孩家没经过这阵仗，吓得调头跑回家。

吃过午饭，三哥又邀我去看热闹。好家伙！银行门前依然是人山人海，比上午的人还多，叫骂声、呐喊声一浪盖过一浪。银行仍旧是老对策：不开门，不安抚，不理睬。人们等得愈久，火气愈大。这时，只见几个人在摇动街边一根木电线杆，摇松后又奋力把它拔起，接着，一二十人抬起电杆，由一人指挥，呼喊着号子用力朝围墙撞去。只三五分钟围墙就被撞了个大洞，群众从洞口蜂拥而入。在外边只听到里面噼啪作响，像是打门窗砸家具的声音，事情闹大了，秩序更加混乱，外边的人在散去，我们也默不做声地回家了。

后来听大人说，银行方面还从县城里搬来了保安旅的救兵，抓住了几个看热闹的老百姓打了几十大板屁股，以示"惩戒"。一场换币风潮渐渐平息下来了。

毛里湖大火

⊙ 高永南

毛里湖位于津市市东南 20 余公里的新洲、李家铺、保河堤、棠华、白衣诸乡镇交界处，湖周山冈环绕，植被茂盛，故谓之"毛里湖"。它之东侧一角有集镇以湖为名，坐落于澧县、常德、临澧三县结合部，水运便捷，物流畅达。石板小街呈双"十"字，横长里余，常住人口 200 余户，多为茅屋。《澧县志》载：它形成于民国初年，1980 年代中期以前曾叫过一段时期毛里湖公社、毛里湖乡，后更名为保河堤镇。

因人烟稠密，茅屋紧挨，街面狭窄，每年总要发生火患一两次，1950 年代初就发生过烧毁北街好几栋茅房的火灾，经义务消防队奋力扑救才未酿成大祸。

1956 年秋后连续一个多月无雨，秋干物燥，新棉上市。一天下午 5 时许，街中心的杨文炳家正在做晚饭，突然"轰"的一下，油锅腾起大火，慌乱中杨妻一瓢凉水泼去，烈火遇水火球升腾，接上灶头上熏烤的干枯竹篾，片刻火头接上厨房茅草顶。随着呼救声，杨文炳从前面正房店铺赶来，火焰就烧出了头，已开始向四周扩散蔓延……

木匠黄高明和肉店老板肖学舫慌乱中召集了几个人挑水去救火时，火在房顶上呼呼爆燃，高达几丈，杯水车薪，无济于事，他们只得逃离火场，去抢救自家财物。

当年 16 岁的肖汉林，刚从河洲劳动回家，挑着木桶去街坊邻里收喂猪的米汤潲水，看到烟火冲天，赶紧回家，战战兢兢，和父母胡乱搬了些能搬动的家什，不一会儿，家就被烈火吞没。

刘南轩与事主杨文炳等合办商店，常与股东跑乡下分店摆摊经营，当天到家刚端起饭碗，听到动静，赶去总店抢出两篓鸡蛋后，大火就已封门，只得急忙赶回抢搬自家东西。

我姐夫施介民其时刚从毛里湖小学放学回家，眼看大事不好赶紧扯蚊帐、抱被窝，还抢出自家饮食店里的一个柜台酒坛、一个猪油缸。他告诉我："石磨搬不动，被大火烧毁了。"

上面两位说："设在没收来的田国庆 7 间大瓦房里的国营供销合作社，位于合作总店斜对门，经理马建国等 7 人喊救火，喊抢搬货物又怕人趁火打劫，开门、关门，左也难，右也难。慌乱间，连房带货几乎全部烧毁，自己家也未顾上。"

我当时 4 岁，大火肆虐时被大人远远掩护在屋后堤坡下，对大火没有记忆，印象最深的是火熄灭后，我看到废墟外不远处临时搭建的平顶小茅屋上有两个人，他们穿宽大红色长袍，戴戏帽，手舞足蹈，哼哼唱唱："该烧，该烧，王八日的该烧——"大人告诉我等是谢火神，但好多年我却一直把他俩当火神菩萨牢牢记着。这次肖汉林告诉我："那是道士黄怀远和他的徒弟曹庆章受到好事者聘请，依旧俗惯例，感谢火神降临，惩罚人们的罪过，祈求以后平安。"

我小姐姐抢出一筛子生花生，母亲事后笑着嗔她说："好吃佬就只抢吃的。"我外公从几里外看到火情，慌不择路，鞋子跑掉了，帮着家里抢出了一些物品。

大火持续了 5 个小时左右，尽管无风，但烈焰火球飞到了 4 公里开外的范家湾。第二天一早，一片乌黑，满目疮痍，处处冷烟，200 余户无一幸免，就连砌筑了高大防火墙的黄雪章住宅也烧得只剩下四壁。供销社一大片废墟上，百货店的搪瓷脸盆、缸子翻转着，扭曲着；布匹店，零星的布片不时随风飘起；收购部的鸡、鸭蛋烧成焦炭，运气好的还可以从中翻捡出几个未完全烧焦的蛋充饥。我养父田东江先天下午从田家山挑回的那担堆在堂屋的红薯，中间部分烧得火候正好，香甜可口，我们八姊妹至今还口留余香。

最近我们还访问了时任毛里湖乡乡长的郭南舫先生，那天他们正在澧赋村催粮，等接到消息紧急赶回时，火已烧得差不多了。灾后澧县郑先荣副县长到现场察看了灾情，乡政府指派干事王泽金逐户登记损失，后政府酌情一一发放了救济金，施介民还记得家里领了 40 元（8 石谷值）。

1954 年因整治西洞庭湖保河堤，上林家滩等澧水支流河口封堵，津澧经毛里湖通常德水路中断，政府动员居民迁往 5 里开外的新码头保河堤等地，但故土难离，人们多不愿意。1956 年大火后几经发动，又挨了一年左右大家才陆续搬离，少部分搬往澧水堵口后新挽的垸——渡口新民垸（被奖励开垦吸引），从此毛里湖作为集镇就彻底消失了。

（梁治国整理）

疯狂的病毒——澧州明清时期见于记载的大瘟疫

⊙ 谭远辉

在古代，人们总是在与天灾人祸的抗争中生存与发展，瘟疫是一种恶性传染病，而且致死率较高。瘟疫的种类有疟疾、鼠疫、痢疾、天花、伤寒、猩红热、霍乱等。

瘟疫在南方发生最为频繁，由于环境、医疗水平、防范措施等因素，古代瘟疫爆发的频率远高于现代。梁启超《新民说》曾记："近十年来，广东人死于疫疠者，每岁以数十万计。"但在古地方志中对灾害的记录主要体现在战乱、水旱、蝗灾、地震等，记载瘟疫的较少，澧州的志书中亦然。

澧州在明代辖安乡、石门、慈利三县，以及永定、九溪二卫，桑植安抚司、津市属澧州直管。在弘治《岳州府志》、嘉靖《澧州志》和康熙《安乡县志》中检索到三处有关瘟疫的记载。

1. 弘治《岳州府志》卷十《慈利县·祥异志》："大疫：宣德十年（1435）夏，大疫相继，亡者数百人。官为命医行疗，越数月始息。"

2. 嘉靖《澧州志》卷四《正祀纪》李槃《澧州城隍庙记》："又昨岁（嘉靖四十一年，1562）春夏之交，民苦厉疫，兹岁复作，里闾倏倏异槽者累迹。"

3. 康熙《安乡县志》卷二《灾祥》："（万历）戊子十六年（1588）大水，疫疠，死徙载道。"

清代澧州辖安乡、安福（今临澧）、石门、慈利、永定五县。见于记载的瘟疫有如下几条：

1. 乾隆《直隶澧州志林》卷十九《禨祥》："顺治元年甲申（1644）三月大疫，安乡死者过半，民废耕，米肉价三四倍。仰给常、澧，赖开五厂，活命万计。永定饥，疫同。"

2. 乾隆《续修安乡县志》卷八《禨祥》："（康熙）丙戌四十五年（1706），熟。疠疫遍行，死者无数。""丁亥四十六年（1707），熟。疠疫历春始消。"这次瘟疫在乾隆《直隶澧州志林》

中记为："康熙四十五年（1706），澧州、县瘟疫大作，次年尤甚，孤丁寡族至有田宅无主者。"

3. 同上："（雍正）戊申六年(1728)，微旱，半熟。民多疾疫。"这次瘟疫在民国《安乡县志初稿》卷九中说得更具体："（雍正）戊申六年（1728）春，大疫，田半荒。大饥之后复瘟疫数月，一家或连死数人，赤身埋堂中，比邻不知。"

4. 同治《直隶澧州志》卷十九《机祥》："（乾隆）三十四年己丑（1769）六月，疫。"

5. 同上："道光十二年壬辰（1832）大疫，道殣相望。"该条并见于安乡、安福（今临澧）两县的条例中。但石门、慈利、永定等县不列。

以上宣德十年发生于慈利的瘟疫、万历十六年发生于安乡的瘟疫以及乾隆三十四年发生于澧州的瘟疫都在夏天，且安乡的瘟疫乃由水灾引发，应与暑热、环境污染等因素有关，可能为霍乱、痢疾一类肠道传染病。嘉靖四十一年澧州的瘟疫首先发生于春夏之交，当年可能平息了。"兹岁复作"，以致"里闬倏倏异椁者累迹"，意为到处可以看见匆匆忙忙抬棺木的人。顺治元年的大瘟疫也发生在安乡，为暮春爆发，致"死者过半"。而且这一年在永定也发生了疫情，也很严重。

康熙四十五年至康熙四十六年，自秋徂春，"澧州、县瘟疫大作"，数月乃息，多县殃及。"疠疫遍行，死者无数。"雍正六年安乡也爆发了两次瘟疫，先是春季大疫，以致田地无人耕种，造成饥荒，大疫后再次发生瘟疫，持续数月。致有"一家或连死数人"，无人掩埋的惨状。

道光十二年的大瘟疫波及澧州、安乡、安福（今临澧）三地，"道殣相望"。

以上主要以安乡和澧州处于湖区和平原的瘟疫为多。在湖区其实还有高致死率的血吸虫病，虽然不易在人与人之间传染，但在血吸虫泛滥的疫区常能造成群体死亡，"万户萧疏鬼唱歌"。在今天澧县的洪湖区、津市、安乡都有血吸虫疫区，而今天，血吸虫病不再是不治之症了。

瘟疫传播的最大特点就是人群越密集的地方瘟疫爆发的概率越高，所以古代军队在作战期间就经常发生瘟疫，还有家庭感染，一家之中只要有一人得传染病，家庭其他成员就先后染病，乃至有灭门之灾。

在古代，人们面对瘟疫毫无办法，全靠自生自灭。于是上自皇帝、下至百姓只好向神灵祈祷，祈求消灾弭祸，祐我苍生。于是各种神庙应运而生，如城隍庙、龙神庙、五岳四渎之神等，凡水旱疾疫无所不祭，这在古代文献中随处可见。

工商探源

聂隆盛药铺

⊙ 聂明鉴

皇姑山下，澧水河北岸，罗家坡（刘公庙南）上有一栋明清时期建筑，它就是名闻九澧一带的"聂隆盛药铺"。

据《津市志》载："津市大事记，清顺治元年（1644），津市聂隆盛药铺开业，是为市境中医坐堂之始。"又载："……嗣后，或有自研医书，悬壶济世；或有父课子读，世代相传；或有拜师习业，挂牌应诊，为此奠定津市医药之基础。"又据1985年12月津市工商史料之《津市的医药行业》载："早在明代末期，津市即有聂隆盛中药铺，为药材行业之发展定基础。该药铺一直维持到解放后转中医诊所。"由此可见，聂隆盛药铺为津市的医药始祖，并非言过其实。

聂隆盛药铺自先祖聂大金公从江西清江松湖迁移至津市，看中此地发展潜力，在此兴业济世。药铺前门临水朝山，共有五进。前堂药店，上梁悬挂有"聂隆盛药铺"楷书金字牌匾，相传为清朝某皇帝下江南路过津市时所书，可惜在"文化大革命"期间被当成"封资修"烧毁了。店内物品摆放有序，店后有院，再往后有寝室、书房数间，还有天井。聂家先辈在此创业，繁衍生息，产业不断扩大，继聂隆盛药铺之后，先后分出聂隆升药铺、聂济康药铺，有的还迁往常德、安乡等地，祖辈数代一直兼营医药未变。清朝末年和民国时期，市面萧条，药铺日渐衰落。聂家先祖曾有诗写道："烽火转流离，妻病多儿女，温清相扶持，就事家澹水，盗去叶残糜，磨蝎又十年，苦茶茹甘饴，星移物更变，胜负如围棋，静悟倚伏理，德为福之基。……"这首诗反映了当时聂家所处时代的一面。"聂隆盛药铺"虽后衰微，却也维持到津市解放后。

自从聂隆盛药铺在津市兴业之后，江西樟树药帮在聂家影响下，也先后往津市迁入数十家药铺，到民国时期，小城内外各种名号的中药店、药材行、参茸店星罗棋布，有近百家之多，都以"道地药材，精心炮制，优质饮片，品种齐全"特色闻名湘西北，形成了以津市为中心的药材集散地，并辐射到周边荆州、常德、长沙等地。其中源远长药铺、饶同仁药铺、隆兴和药铺等大型药铺后来居上。据老人们讲，饶同仁药铺曾喂养一只老虎供人参观，这在当时全国大型药铺中也极为少见，其药铺规模可见一斑。至此以药兴市的发展模式，带动了其他行业，津市逐渐走向繁荣，成为澧水流域中心城市。

"聂隆盛药铺"秉着"诚信务实、尊古炮制、精研医术"的经营理念，该理念在聂氏家族中一代一代传承。"诚信务实"就是要讲究信用，恪守诺言，诚实不欺，在不损害他人利益和社会利益的前提下追求自己的利益；"尊古炮制"就是尊师古人丰富的炮制经验，中药的不同炮制方法可起到去毒、转化、协同等作用，使临床用药安全有效，所谓"甘草柳叶片，白芍飞上天，姜夏鱼鳞般，槟榔不见边，炙草不粘，白术漂油，龟板酥脆，朱砂飞净"是对中药饮片炮制的真实写照；"精研医术"就是习医之人一定要潜心研究医道，博览群书，对《内经》《难经》《伤寒杂病论》《温病条辨》等古典医籍熟读深思，精心揣摩，为临证打下坚实基础，正如《大医精诚》一文中说："故学者必须博极医源，精勤不倦，不得道听途说，而言医道已了，深自误哉。"

三百多年来，"聂隆盛药铺"名医辈出，载誉九澧一带，历经数代而不失传，如聂大金、聂宗麒、聂之蕃、聂之荫、聂庆年、聂詠丰等。至今在津市，"聂隆盛药铺"仍有后人在行医，这可说是津市医药史上的一个奇迹。

聂之荫，生于清朝咸丰年间，字松园，号聂氏一得云人，人称"聂家三爹"，为清末民初九澧一带名医，与清朝状元大学士陆润庠同窗，陆润庠曾为其书写对联一副，款识：松园仁兄大人法属，凤石陆润庠。上联是"绿印苔痕留鹤篆"，下联是"红流花韵爱莺簧"。他袭祖辈衣钵，面和心善、博览群书、精通医理、善治温病、书法秀美。他刻意精求丸散膏丹及各类剂型配方，分门汇集秘方、古方、家传秘方、历史验方，并为聂隆盛药铺制作药品建立起严格的工艺规范。津市地处洞庭湖湿地，每到夏季，蝎子时常出来伤人，居民谈蝎色变，为消除蝎子带来的恐慌和伤痛，他研制出治蝎子咬伤的奇方，无不应验，可谓造福一方。他尤以对儿科病擅长，小儿病诊，药到病除，是以当时药帮内小孩生病，皆请他，随请随到，市上有名声的人延医诊治，则雇轿接送，诊金一元（银圆），然贫困户上门求医，他不仅不收诊金，连药费等不取分文，可见医德高尚，以济世救人为本，此难能可贵，深得群众信赖，自此聂隆盛药铺的声誉大振。

聂詠丰，生于1926年，湖南省名老中医，中共党员，副主任医师，系明代名医聂尚恒（字久吾）第12代传人。他历任常德市中医学会理事、津市市中医学会理事长、津市市中医院院长、常德卫校兼职教师。自幼即从祖父聂之荫习医，上承先祖聂尚恒治病心法。中华人民共和国成立后自办"咏丰诊所"，后又组织几家中医诊所成立"联合医院"（现市中医院前身），长期在津市市中医院工作至退休。聂咏丰从事医疗工作40余年，对中医内、妇、儿科领域的常见病、多发病、疑难杂症、危重症积累了丰富的临床经验，尤擅治肝病，对急、慢性甲乙型肝炎、肝硬化等病的治疗颇有建树，自创"茵田四苓汤""何夏合剂"，治疗急慢性肝炎均获满意疗效。他在任市中医院院长期间狠抓业务管理，使医院眼科、脉管炎科在全省乃至全国都有很高的声誉。其事迹以载入《湖南医林大观》《津市市志》《津市名人录》等书中。

聂明鉴，生于1959年，自幼受到中医氛围的熏陶，非常热爱中医事业，从父聂咏丰临床习医二十年，深得家传。他毕业于湖南中医学院，任主治医师，曾在市中医院行医25年，2000年自行设立聂明鉴诊所，现为全国未来医学会会员、《中国全科医学杂志》特约编辑。从医的数十年中，聂明鉴深知肝病尤其是乙肝给患者带来的痛苦，故潜心研究治疗肝病的良方，并在湖南中医学院肝病中心深造，在中医院创办肝病防治研究所。在反复的临床实践中，他采用父亲聂咏丰主任医师治疗肝病系列秘方，不断创新并有所突破，开发出疗效优于同类药物的系列方剂及何夏乙肝丸，治愈乙肝患者百余例，解除了许多肝病者的痛苦，未发生毒副反应，并起到了提高人体免疫力、清除乙肝病毒、恢复肝功能、促进气血运行等功效，同时对急性黄疸型肝炎、肝硬化、脂肪肝等肝病疗效卓著，受到患者好评。他曾在国家级、省级学术刊物上发表论文多篇。其在医学上的成就先后收录于香港长城出版公司出版的《香林群芳谱》及中国中医药出版社出版的权威大典《中国当代中西名医大辞典》等书中。

"聂隆盛药铺"取隆盛之意，其义含有聂氏愿天下繁荣昌盛。随着时代变迁和城市建设的不断发展，津市的面貌发生了很大改变，如今"聂隆盛药铺"已不复存在。我时常在旧址上徜徉着，思索着：一座建筑无论如何华丽如何坚固，但它总有褪色和衰败的一天。而一种道德、一种精神、一种技艺，可以穿越岁月，永久地留给后世。

津市的旧商会

⊙ 宋先熙

　　津市位于澧水下游，扼九澧门户，北毗沙（市）宜（昌），南达长（沙）常（德），水陆交通方便，素为湘鄂边区货物集散地。远至清咸丰年间（1851—1861），市场就呈现繁荣的局面，一度有"湖北沙市、湖南津市"并称的美誉。

　　此后，随着市场形势发展的需要，产生了商会这一民间机构，对组织行业、搞好市场、促进当时社会经济繁荣起到了一定的作用。现将津市历届旧商会情况分期概述如后。

民国初年至大革命时期（1913—1926 年）

　　1911 年清王朝覆亡，当时津市分州衙门瘫痪，由津市头面人物彭光鉴、樊乐斋、黄麟阁等人出面，组成了"五省九团"的临时组织，管理津市政事。在"五省九团"领导下，津市于 1913 年成立了津市第一届商会，由各行业代表 37 人组成，他们公推唐泉生（长沙人）为会长。1915 年，由当时虞信长绸店经理康靖吾（尔维，江西人）继任。这时正值军阀割据混战，1920 年冬，湖南第十区司令李抱冰部攻打盘踞澧县的王育瑛部失利。在王部尾追下，经津市败退安乡，路过正街（即现中华路、人民路至解放路一线），边退边抢，沿门大肆洗劫，商会猝不及防，无法事先采取措施，使津市精华地段商户大受损失。1921 年至 1926 年，熊良臣、向济川、陈裕嗣三人先后接替会长职务。1925 年，商界为了保护他们的利益，成立了称为商团的武装组织，有枪一百多支（后于 1933 年编入澧县保安队）。他们三人在任期内，除应付驻守、过境军队军差（包括饷款、粮秣、柴草等）和行情挂牌作为市场参考外，还干预了一部分金融活动。当时，市场上滥发纸币，金融混乱，各商店没有准备金也可印发票币流通市面。特别是当时的商钱局，大量印行钱票投放市场，投机渔利，剥削群众。后该局倒闭，市民手存钱票成为废纸，群众深受其害，甚至遭受断炊之苦。因而当时戏谓商钱局为"伤心局"。这时市场上除纸币外，尚有银圆，大、小铜元同时流通。由于银、铜价格的波动和其他原因的影响，市场交易时，对银圆和铜元的折合比价问题常生纠纷。因此，商会为了保证稳定，统一比价，每日挂出兑换比价，便利商民遵循，在一定程度上避免了金融市场上的投机紊乱。1923 年，常澧镇守使唐荣阳驻津时，常有士兵滋事，引起地方不安。商会见状，出面找关系，通过士绅吴六阶（唐荣阳好友）向唐反映，唐不得已就地处决了滋事士兵，杀一儆百，抢掠勒索之风得以暂时制止。

大革命时期，津市成立有共产党员参加的市党部，负责人是高彝，委员有刘天职（平民工厂技师）。1927 年，在市党部的领导下，孟体仁（煤炭业）、熊受益（竹木业）、刘松鹤（饮食业）、崔光耀（棉花业）以小商身份组成了津市商民协会，由孟体仁任会长，取代了原商会的职权（后杨锡堂继任）。商民协会根据党的布置，召开大会，组织游行示威等宣传活动，并接待进城的农协会员，紧密联系，配合进行革命工作。"商协"经费则由中、小商民自动筹集捐助。后来，由于革命形势的演变，成立仅一年左右的商民协会便解体了。

大革命后期至抗日战争全面爆发（1927—1937 年）

商民协会解散后，商会恢复活动，当时原商会负责人有的外出未归，有的不愿接任，孟体仁图以商会为晋升之阶，树立个人社会地位，因势利便，于 1927 年乘机攫取了商会头头的职权。

1930 年 9 月，津市工商业界成立了同业公会，并由同业公会代表依次选出商会执委、常委和理事长组成商会领导班子，选出陈建勋为理事长。1935 年，陈任期届满时，孟体仁蠢蠢欲动，思东山再起，但考虑在威望、才能和社会关系等方面均难与陈匹敌，遂各方拉拢，抬出伍葆元（在津市、石门政界、商界都有一定影响的人士）出任理事长。伍在任期内，只挂名不理事，由孟幕后操持，掌握实权。

这一时期，正是第一次国内革命战争的紧急阶段，随后中国革命进入低潮。面对动荡局势，商会采用了两面应付手法，交替使用。在陈任后期，川军马坤山部驻津。开拔前夕扬言"火焚津市"，以此胁吓，勒索巨款。全市惊恐，闭门停市，经商会出面捐献光洋一万余元了事。1930 年，贺龙率部第一次进驻津市时，商会负责人之一的范汉泉（当时绸布业公会理事长、大伦绸庄经理）曾图利用商会名义请津市地方武装挨户团抗击红军，但没有成功。1933 年夏，反动当局采取堡垒政策围剿红军，并令全国普遍施行。翌年，商会执行常澧警备司令部的指令，动员力量，拆除关庙、青龙庙、挹云庵等寺庙，在津市近郊要隘路口修筑碉堡 12 座，想以此阻击和限制工农红军的行动。另外，旧商会也在当时作过一些有益于革命的工作：1932年，贺龙驻扎湖北根据地时，由于国民党军封锁，一度与党中央失去联系，遂派谷佑箴和金家栋两同志来津找恒昌美土膏店经理金慕儒想办法转赴上海找党中央，并以恒昌美店员身份为掩护，派往上海采购货物，顺利找到了党中央，恢复了联系。1935年，贺龙率领的工农红军第二次攻克津市时，商会应红军的要求，又积极筹粮派款，保证了艰苦作战的红军对粮饷后勤的急需。

抗日战争全面爆发至胜利时期（1937—1945年）

1937年初，伍葆元辞商会理事长职，孟体仁夙愿得偿，登上了理事长宝座。5年后，孟因另有他谋，于1942年交曹友钦接替理事长。

抗战时的津市，由于武汉、长沙撤守，江北沦陷，难民涌至，市场畸形发展。商会除进行日常工作和协助有关部门维护地方秩序外，对动员群众支援抗日也搞了一些活动：1938年"抗日战争纪念日"，商会配合抗敌后援会，发起"七七"献金活动，积极号召商民献金支援前线。两日之内，群众捐献钱币、金银首饰、珠宝、衣物等，折合银币达两三万元。每逢节日，商会组织商民携带钱物，前往驻津163后方医院慰劳，表达人民的敬意和关心。在寒风料峭的日子里，商会与各界一道几次发起了为前方浴血抗日战士捐献寒衣的活动，把后方的温暖送到抗日前线。

1943年秋冬之交，津市一度沦落敌手，商会陷于停顿。随之，以当时环球旅社老板杨云甫（湖北人，红帮大哥）为首成立了津市伪维持会。

抗战胜利后至津市解放前（1946—1949年）

1946年，商会改选，津市国民党、三青团为了争夺商业控制权，开始竞选商会理事长，代表三青团一方的喻兰生获胜，接替曹友钦为理事长。当时，国民党反动当局发动了全面内战，党领导下的人民解放战争正在进行，喻接任后，眼看局势瞬变，无法应付，深感力不胜任，乃于1948年下半年要求商会改组，由金慕儒担任理事长。1949年春，解放大军南下，长驱直入，进逼津澧，商会会务一时处于无政府状态。6月，在党的地下组织支持下，津市商界几个头面人物为了收拾残局，由龚道广为理事长，恢复商会活动。商会的协助工作，对保全地方、迎接解放起到了一定的作用。解放前夕，湖南人民解放突击队第四大队为了配合野战部队渡江南下作战，在津澧周围开展游击活动，生活艰苦。商会通过关系，暗中送款维持其给养。七月中旬，湖北保安二旅流窜来湘，乘船途经津市时，索款光洋五千元离津，后在澧县被歼。游杂队伍江正发部是陈策勋授意留守津市的。据说，陈临走时曾对江面嘱："今后撤走时，上起颜昌友，下至何伯康（两人是津市大户，一住街头，一住街尾），可以烧、杀、抢。"江正发部在津时，到处滋事，民不安枕。商会在地下党的授意、支持下，由龚道广出面数次找江面谈，晓以利害，劝其早日退出津市。最后，以助给养为名，送江巨款，江部才撤出津市，秩序暂由警察所维持。7月23日，第四突击大队一枪不鸣进入津市，野战大军随后到达，从而津市完整无损，和平解放，人民力量顺利接管政权。

津市旧商会历届会长（理事长）名单

1912 年　康靖吾（尔维）

1920 年　唐泉生

1922 年　向瑞泽

1926 年　熊良丞

1927 年　孟体仁

1930 年　伍葆元

1931 年　陈建勋

1933 年　刘松鹤

1936 年　孟体仁

1942 年　曹友钦

1947 年　喻兰生

1948 年　金慕儒

1949 年　龚道广

（提供材料和情况的有陈万玉、彭家祥、王紫芝、朱振炎、崔永恭等）

津市徽商

⊙ 韩川

康熙平定三藩之后，湘西北重归安宁。九澧门户的津市，商业日趋繁荣。乾隆《湖南通志》载："楚南民朴，所需者日用之常资，故富商大贾亦不出其间。惟米谷所聚，商贩通焉。其余则小肆店而已。……澧州居辰、沅之总汇，舟车担负必集于常，而松杉、桐油、盐米之类必集于澧之津市。洞庭以西，市镇之殷繁无过于此。"

雍正十三年（1735），津市商业进入鼎盛时期，各类货物云集，牙行铺栈林立，赣商、徽商、晋商、闽商、粤商往来其间，津市商业初具规模，河街"舳舻蚁集，商贾云臻，连阁千重，炊烟万户"。清末《湖南商事习惯报告书》曾记："近以省会长、善二县城内、城外，省外长沙县属之靖港，以及湘潭、益阳、武陵、衡阳、清泉各县，并澧州所属之津市，会同所属之洪江，均作为繁盛，其余各州县市镇，概作为偏僻。……查帖费、验帖费，各属以常德、津市、湘潭为最。"

津市商业的蓬勃发展，引来了各地商人来津发展。在津商人，赣商为首，徽商次之，徽商又以宁国商人为主。

宁国商人是徽商分支，严格说来晚于徽商。主要活动于长江中下游地区，若论宁国商人，莫过于泾县朱家。朱家先祖原籍婺源，宋朝南渡时迁至泾县，是泾县望族之首。胡温玉《泾县乡土记》载："朱氏族大，散居于县之东乡，纵横十余里，户口数万，人文蔚起，朱理之政事，朱村（王存）之辞章，至今族人能称道之，世业盐，财富甲于一邑。"

津市的会馆起源于明末，康熙年间逐渐增多。陶澍就说："会馆设在市廛，为众商公所。"会馆寄托的是乡情亲情，每逢佳节同乡之人，无论关系亲疏，富贵与否，语同音，食同俗，祭乡土神，演家乡戏，亲不亲，故乡情，思亲之情，乡愁之苦，在这里得到了慰藉。江南会馆成为联络徽籍人士的纽带，是苏皖商人在津市组成的一个小社会。

会馆还规定按经营所得抽取一定比例的资金，并置有房屋田产以收取租息，对同籍人士的生养死葬予以资助。关于津市徽商最早的文字记载，是道光年间（1821—1850）《津市重修江南会馆碑记》。碑记：津市"殷赈骈堕之区"，康熙九年（1670），津市徽商创建江南会馆，初规模不大，又屡遭水灾，后会馆被毁。道光二年（1822），包括泾县商人朱惇元在内的七姓徽商倡率重修江南会馆，耗白银二万多两，道光三年落成。朱在其说："所以敦乡谊，齐物价，平息争端，制良善。"

在津市交通局的院子里，至今还可以看到残缺的石梁和石柱，上面密布的裂纹是关于江南会馆的记忆。

联乡谊是与祀神祇联系在一起的，各地商人都祭祀各自的神祇，津市江南会馆祭祀的神祇是三元宫。关于三元宫，有人说："相传旅津江南籍人（以安徽南部为主，并包括江苏、浙江等地人），为庆贺家乡连中三元，遂筹款修建此馆，故名，今不存。"坊间传说，我疑有误。何谓三元，道教以天、地、水为三元。根据上关日赐福、地关日消灾、水关日解祸而来。徽商建会馆，也有供奉"乡土神"朱熹的，据光绪《婺源县志》载，在江西景德镇，婺源商人筹划新安会馆，"阅二十载，竣事，奉朱子入祠"。

三元宫是道观，一般分前、中、后三进院。前院由5个殿组成，中院为观音殿，供奉圣观音、吉祥观音、杨枝观音等；观音殿东侧是关帝殿，关帝殿东侧是八仙殿，供奉传说中的八仙；观音殿西侧是药王殿，再西侧是龙王殿。5个正殿两侧前，各有配殿，东为三霄殿，西为马祖殿。中院东侧有娘娘殿，供奉海神娘娘、厚土娘娘、女娲娘娘。后院的三清殿为主殿，供奉道教最高尊神——元始天尊；三皇殿供奉伏羲、黄帝、神农三位华夏祖先；三星殿供奉福、禄、寿三位神仙。

陶澍曾给果园的太子庙题联："雨过空山问磬声，佛火分灯照读书。"他也曾给三元宫题联："鸟飞天外山如镜，人到云中海似杯。"另一副是："海甸涌名山，烟复云回，位业真灵参五岳；洞天开福地，阳舒阴雪，馨香瑞应启三元。"

郭嵩焘也有一首题为《夜宿三元宫》的诗："遥夜江山静，丛林桧柏幽。星云依绝壁，泉后带残秋。殿壁灯微暗，阶池水细流。道人知客意，置酒对林邱。"和他同时的作品《接龙桥》《会仙桥》《观音岩》一样，都是在衡山所作。

会馆设有义学，让本地域的贫寒子弟也能有读书识字的机会。津市九完小前身永安小学，就是江南会馆的义学，1970年代的九完小曾设初中班，迁到北大路后，更名津市三中，即现在的双济学校。

和许多寺庙会馆一样，江南会馆也有戏台，上演的以昆曲居多。虽然无法考证最初徽商到津市的时间，但昆曲流行与徽商有不可分割的渊源关系，哪里徽商生意兴隆，哪里就有昆曲流行。明嘉靖三十六年（1557），上荆南道徐东溪在澧州作《古诗四首》，即有"亮哉托越调，悠然谐楚吟"。龙膺的《诗谑》亦有"腔按昆山磨嗓管，传批水浒秃毫尖"。可见在明朝中叶，徽商在沅澧流域已成气候。

1930 年，戏楼改建，易名"中华大戏院"，因系露天场，故名"露天戏院"，可容纳 800 余人，经理易鹤仙，津市解放后，更名红旗剧院。戏院南面的茶社（后来的解放路饭店），称露天茶馆，每天有艺人在茶馆说书。

很难相信一条主街穿馆而过，也许街南的交通局是江南会馆，街北的剧院和学校是三元宫，不过三元宫是江南会馆筹款修建。不管怎样，津市徽商曾经的富有令人称叹。

现在很难区分津市商人中哪些是徽商，哪些是晋商，哪些是本地人。朱姓人就更不用说。有些在津市的徽商生意越做越大，把店开到外埠。中科院某著名院士的祖父就是在津市出生，后来举家迁往宜昌，不久又迁往汉口。

宁国商人除朱家外，还有胡、洪、郑、汪四大家。咸丰五年（1855）徽商胡齐官在津市开办榨油作坊，为津市榨油业之始，后多家油榨坊相继开业，形成油榨坊一条街。

津市徽商的商业网络一直延伸到九澧各县，光绪《慈利县志》载："吴客自津市来市者，咸萃县城及东羊渡，故县城东羊渡有木子行。"

读民国文人的文章得知，自古就有"湖北的沙市，湖南的津市"和"湖北的荆州，湖南的澧州"的说法，荆州和澧州自古就是大江南北的军事要地，津、沙又都是两州的商业中心，两地有太多的类似之处，但荆沙地处长江，历来地位和繁荣程度都高于津澧。就是沙市徽商也比津市多，泾县的宁国商人在沙市曾设泾太会馆。

我站在澧水码头上，耳边响起欸乃的橹声，迷雾中，仿佛看见一群徽商，告别妻儿，夹着雨伞和包袱，登上装满徽州茶叶、纸墨的夜航船，从徽州的大山深处出来，溯江而上，经过漫漫苦旅，来到津市，他们中的大多数人再也没有回去过，他们的子孙对那里的唯一记忆，就是祖籍安徽。

数百年后的今天，徽商的后裔又一次背起了行囊，怀着朦胧的憧憬走向远方，故乡在岁月流逝下，渐淡了，渐远了。

旧津市的药业

⊙ 黄友义

津市药业源远流长，至清末民初，已初具规模。

元明时湘省各府州县大都设有官办惠民药局，澧州惠民药局设于署西，清朝始废官药制，至此私营药业才趁机得到发展。

津市的中药行业，是随着津市商业市场的发展而兴起的，历史颇为悠久。据史料记载，早在清顺治元年（1644），津市就有了第一家药店——聂隆盛，为这个城市药业的发展，奠定了基础。此后，饶同仁创立于清乾隆六年（1741）。清同治十年（1871）至清光绪二年（1876）即有隆昌义、敖和顺山货行设立。清光绪四年（1878）隆兴和、邱豫临开设。1912年以后陈九思、源远长、吉庆恒、协和生相继开设。到1930年间，药材市场已日益繁荣。当时有聂隆盛、隆兴和、源远长等著名的药铺10大家，彭仁昌山货药行5家，从业人员206人，资金12万元（银圆），年营业额为70万元。

津市批发、零售药材的来源，有的从川、会、广、浙等地进口南药，有的直接从产地采购，有的从重庆、汉口、湘潭等地购进。地产药材主要交易雄黄、木瓜、五倍子、次麻（洋芋、土豆），其次是蜂糖、杜仲、常山、桂皮、龟板、鳖甲。数量最大的是雄黄，每年2000桶（每桶200市斤），木瓜近万担。这些土产药材，大部分由当地药商收购转手外运，主要去向湘潭、汉口、重庆，有的运营口、香港。据1936年交通部邮政总局编辑的《中国通邮地方物志·湖南篇·物产调查》，《1936年湖南各地省产中药材运销情况表》记载：津市外销雄黄每担最高价三十九元，最低十二元，全年运销量为三千四百担，销往汉口、四川一带。大庸运销津市粉葛每担最高价十二元、最低价十元，年销量一千担。（以上价为银圆）

津市药业各户之间，虽互有盛衰消长，但整个药材行业，还是得到比较稳定的发展，如清末民初药材业务最大的隆兴和、饶同仁、裕茂仁等均属批发、咀片兼营。迨至 20 世纪 30 年代，源远长、吉庆恒、济康（以上 3 家专营批发），源顺义、协和生、隆兴和（以上 3 家批发、咀片兼营）6 家年经营额都在 10 万元（银圆）以上。

津市药业之所以能较稳定地发展，有得天独厚的几个条件：一是地利，津市位居九澧门户，又属集散市场，是湘西及鄂西鹤峰县等地产药材（包括山货土产）外运必经之地和集散地，并能就地换回工业品及所需外地药材。二是津市药业资力较为雄厚，货源充足，具有吞吐能力，附近各县难以比拟。湘西一带药材当地极少收购，更乏人远途运销。三是津市药业老板与帮工全是江西人，经营药材有经验，且讲究质量。而距津市较近的沙市，当时仅有恒春茂一家经营药材批发业务，卖原包毛货，质量不及津市。因此，不论本省的南县、华容、安乡、澧县、临澧或是湖北的公安、松滋、石首、江陵等毗邻津市的地区，均有很多药店来津购药。四是有雄黄、木瓜优势，虽非地产，但集散于津市，外运各省以至香港市场，一直畅销，"津市雄黄"驰名国内外。

1937 年至 1945 年，津市市场一度出现繁荣，是历史上商业集散市场的鼎盛时期，药材行业也不例外。主要是 1935 年涨大水，滨湖澧阳平原大部分堤垸溃破后，土地异常肥沃，1936 年又风调雨顺，农业获得数十年罕见的全面大丰收，大量的粮、油、棉等农副产品上市，盛产药材的澧水上游各县，亦纷纷运出当地药材下津市换购布匹、纸张等日用工业品和所需川、会、广、浙药材。再是 1938 年武汉沦陷和长沙"文夕"大火之后，日本侵略军到处发动攻势，湘中、湘南交通中断，货源阻塞，尔后津市近邻宜昌、沙市相继失守，日本侵略军盘踞江北和江南藕池一带，敌我对峙，形成胶着状态。在很长一个时期里，津市成了"保险箱"，各地难民逃到津市，摆个摊子就能做生意；汉口、沙市、宜昌、河南等地商人，也纷纷携带货物来津市营业，城市人口陡增，达十七八万人（含流动人口）。这时，药材行的设立有如雨后春笋般，不断兴起。计有同和、豫湘、恒兴、竞成、久康、天庆、吉泰、信成、兴成、公益等 13 家，主要集中在城隍庙街和三洲驿一带，从业人员共 140 多人。当时三斗坪已有一些药材挑子来津，药材行大部分是代客买卖，亦有部分自营，业务以黄友恭开设的吉泰为最大，因其与老河口等地均有联系。经营批发咀片的大小药店共 24 家，人员近 300 人，资金达 80 万元（银圆），年营业额比抗战前增长了十倍。这一时期，雄黄虽未开采，但湘西和鄂西地区十多县的山货药材，源源不断运到津市集散，加之南北药材交流业务更加活跃，最多的是川、广、浙药材及进口药材，亦应有尽有。在日本侵略军的封锁下，运输很困难，除部分通过水运往长沙绕道下广东、浙江、江西一带外，主要靠津市至三斗坪之间崎岖山路，这条川湘孔道，担负着大后方物资交流主要任务。三斗坪是鄂西山区的一个小山镇。从津市出发，入湖北西斋，经茶庵寺到三斗坪，全程400余里，来往运输，全赖肩挑背负，摩肩接踵，不绝于途。仅津市药材行店每天就要发出500个挑子，多时达600—700挑。当时几家药材批发店，货源不愁，又不需资金，由药行送，贷款5至10天，反正鱼咬尾（即前搭后账）。批发业务首推协和生，不分淡旺季，每天从早到晚，应接不暇。原来业务不振，难以支持的隆兴和、饶同仁、吉庆恒也相继而起，全市年营业额达1000万至1200万元（银圆），此时是津市药业鼎盛时期。

1945年抗战胜利后，长沙、武汉、沙市等地市面恢复，药材业务转回武汉、湘潭，13家药材行相继迁移或歇业，津市药材市场开始恢复抗战前的状态。尔后，解放的消息自北而南，不少资本家怕共产，偷偷抽走资金，如源远长一次用20万（银圆）资金换成桐油、棉花等物资运往长沙。协和生也抽走大部资金在长沙买房子，囤积药材，作好退路准备。津市药业的一度繁荣从此渐衰。

附：津市的几家著名药店

聂隆盛

创设于清顺治元年（1644），为津市开设最早的一家药店，也是津市药帮历史悠久的药店。该店专营咀片，祖传8代，均兼医营药。虽后衰微，但一直维持到解放后，招牌没有变，兼医营药没有变，店铺地址没有变（五通庙河街）。

津市聂姓开店均系由该店分支出来，如聂隆升、聂济康。后扩展到安乡的聂仁安、聂九安，亦是聂姓在九澧一带开药店的始祖。1921年，由其后人聂之荫主持店务，并沿袭祖辈衣钵，医理高明、待人和蔼、平易近人，因而被称为"聂家三爹"，尤以对儿科病擅长，小儿麻疹，药到病除。是以当时药帮内小孩生病，都请"聂家三爹"，随请随到。市上有名声人去请，则雇轿接送，诊金1元（银圆），然贫困户上门求医，不仅不收诊金，连药费也不取分文，可见医德正直，以济世救人为本，深得众人信赖，难能可贵。聂尚恒死后，由其子聂咏丰接替，仍秉着祖传医术，服务社会。后调到津市市中医院担任副院长，并为内科主治医生。

饶同仁

创立于清乾隆六年（1741），坐落于新码头正街（原人民路神州药房），经营批发、咀片业务。并经营雄黄和地产药材外销。前期曾和郑、傅二姓合伙改牌为同仁昌。清宣统以前，业务鼎盛。民初郑、傅姓下股，恢复饶同仁原牌。店主饶伯明主持。因资力削弱，兼之扩修街道，租肖姓屋后垫资修建石库门面亦耗去不少资金。乃以咀片门市为主,兼营小批发。仍经营一定数量雄黄和其他地产药材。因经营有方,业务日益扩大。

1943年是津市药材市场的最盛期,药材行店家林立,货源充足。湘潭沦陷后,其长子瑾昆携资来津,次子本纲亦回津,他利用人力财力的优势,重振旗鼓,恢复批发业务,由于招牌较老,信誉犹在。经过一番努力,业务大振。加上人员大部是亲戚,更为卖力,不到2年资力即渐雄厚。

饶同仁经营200余年中,自己独创一套经营作风。一是批发商品认真,保持经常,使顾客信得过,石门一带药店是该号老主顾。二是重视药品质量。举凡丸散膏丹的配料用原件亘货投料,不用下脚货,饮片遵古法炮制,因此饶同仁的信誉与日俱增。参照古方精制的参桂鹿茸丸、虎骨追风药酒、防疫济生丹、附桂膏药等近百种,行销九澧、湖北公安、松滋一带。三是扩大宣传,如店堂内养活虎,欢迎参观,并备玻璃大镜框刊载各种丸散膏丹品名,供顾客选购、扩大影响,以广招徕。

饶同仁是津市药业历史较久的第二家药店,虽经几度兴衰起伏,但该号在经营上信守诺言,因而在群众中有较高信誉,一代传一代。1951年,药店将经营资金和人员投入公私合营的津市企业公司药材部。1952年饶伯明去世,由其妻陈玉英任经理。1956年1月,药材部资材人员转入全行业公私合营,从此走上新的道路。

隆兴和

创设于清光绪四年(1878),原牌为聂隆升,坐落在水府庙正街(现人民路望江广场),经营批发咀片业务,因经营不善以致亏损,无法维持,处于关闭状态。1912年由澧县吕裕和药号资助与聂姓合伙,资金各半,改牌为隆兴和,由聂春华主持店务。聂擅长交际,尤善于经营,曾任津市商会常务,颇有声望。由于资力增加,人员充实,从此老牌焕发青春,业务大振,成为津市药业的佼佼者。1921年聂春华去世,由吕裕和老板吕君伟(大股东)引荐黄绥来主持店务,黄绥来是该店学徒,出师后勤奋工作,得到老板器重,也得到同行的尊敬。

由于老板多,且坐吃不做,隆兴和至1936年黄绥来负债累累,经多方周旋,才了清经手债务而告退,由聂锡桂接管时,已是奄奄一息。适值抗战时期,津市药材市场进入鼎盛之时,隆兴和得以起死回生。津市解放后,1951年,由聂锡桂组织津市5家大药号申请投入公私合营津市企业公司,聂锡桂任药材部经理。兄弟锡兰、锡梅也同时加入。

协和生

1921年由陈伟臣与李澄湘、杨霭清3人合伙开设,资金陈占百分之五十,李、杨各占 25%，由陈伟臣主持店务。协和生租芦姓房屋开石库门面，坐落在当时繁华之地观音桥正街，经营批发兼咀片业务，同时着重雄黄等地产药材外销，因经营有方，业务日趋发展。1930 年，购买新码头正街黄麟阁房屋，由杨汇川负责监修，1938 年迁入新址，业务更加兴旺。抗战初期，资力亦日益雄厚，后来居上，批零业务冠于全行业。1945 年津市药材市场是南北药材集散地，货源不愁，吞吐量大，是药材的大受主，行家宁愿贱卖给协和生，一笔兑现，货主满意。协和生当时大量收购龟板、雄黄等，经三斗坪转运重庆，运回当归、黄连、川芎、天麻等川货至津销售。

1943 年 11 月，津市曾一度短期沦陷。各商店迁避一空；协和生大部分货物疏散到新洲荷花堰（陈在此置田 50 亩）。日本侵略军撤出津市后，市面又恢复正常。协和生由于货物未遭受损失，又能及时运回供应，发挥了"人无我有"的优势，财源滚滚而来。

协和生店主陈伟臣为人冷静沉着，深谋远虑。合伙股东李、杨每年坐享其成，陈实为不甘。1946 年春，正式谈判按照股份比例分货，帮工也占一份，停业 5 个月，由于当时货币贬值，反而得利。拆伙后改牌为协和堂，石库门面原协和生招牌，是江西名人所书，毁掉可惜，当时由黄友义模仿字体将"生"字去掉换成"堂"字，成为完整招牌，可算鱼目混珠。分伙后资力有所减少，然业务不减，2 年后又恢复原有资金 65 万元（银圆）。

1948 年，协和堂资金逐步开始转移至长沙，由其婿卢永庆囤积药材外运，又花 5000 元（银圆）买房 2 栋，其妾胡运华迁长居住。1951 年在津全部资金（除房产）35000 元投入公私合营津市企业公司，陈本人因近花甲，未随企业转入。

旧津市的外商企业

⊙ 彭克见

解放前，在津市先后经营的外商企业共有近20家，其中有影响的有8家，在这8家外商企业当中，经营英属煤油公司的有3家，经营美属煤油公司的有1家，经营英美烟草公司的有2家，经营美属油行的有1家，经营英属轮船运输公司的有1家。它们的经营方式，基本上以代购代销、"杀猪回账"、组织代运为主。通过调查和搜集的材料，现将这8家外商企业的情况，分别整理如下。

津市谦益经理亚细亚煤油公司

1902年，英国商人在我国上海开设了"亚细亚煤油股份有限公司"，又名"英派煤油公司"，经销英国煤油和洋腊。1908年，其在长沙市设立了"湖南省分公司"，1916年在津市南岸（原阳由乡的阳由村）修建了煤油池，设立了油栈，并通过江西人晏炳桌在津市一带开始销售煤油，1927年正式在津市设立了"津市谦益经理亚细亚煤油公司"。该公司的成立情况是这样的：1927年，石门（或澧县）县长伍葆元，见晏炳桌在津市经销煤油有利可图，便指使其弟伍守益通过亚细亚津市油栈稽查郑芬介绍，以5000元光洋作为押金和汉口分公司代办芦中岭签订了合约，并在津市新码头挂起了"津市谦益经理亚细亚煤油公司"的招牌，伍守益任经理，吴子良任管总，芦清云当管事。

"谦益"开业后，用"汇账"的方式经销煤油至九澧一带，每年达30万斤左右。每年能获利光洋计4000至5000元。

1933年下半年，汉口代办芦中岭来津市视察，见其销售量大，就以此为借口，要挟伍氏兄弟加押金，伍葆元迫于芦的压力，又因其弟伍守益因病死亡，本人又不能管理店务的情况（伍葆元以当伪县长为主，原"谦益"实际负责人是伍守益）便决定拉人合股改组"谦益"，至此"谦益"结束。

津市福记经理亚细亚煤油公司

1933 年下半年，伍葆元为了继续经销煤油业务，便找大生昌盐号经理刘涤生和股东焦寿涵，3 人合资 1.5 万元光洋作为押金，和汉口分公司代办芦中岭重新签订了合约，改名为"福记经理亚细亚煤油公司"，地点仍在新码头正街。经理刘涤生，业务负责焦寿涵，总账吴子良，管事芦清云（1934 年刘涤生死亡，由焦寿涵继任经理）。

"福记"开业以来，生意兴隆，除经销煤油外，还经销洋腊。煤油和洋腊，都直接由汉口分公司用铁驳船运来。煤油有散装、听装、简装，运到津市后存入油栈。汉口分公司直接派稽查保管。"福记"到油栈出货，以按月"汇账"的经营方式，通过澧县、临澧、安乡、慈利、石门等地的代销店，每年销售煤油达 70 多万斤；销售"伦帽牌"洋腊达 500 箱左右（每箱 50 包，每包 6 支）。

"福记"以抽"回扣用钱"取利（即按销售煤油的数量比例抽成），销得越多，就抽得越多。为了多赚钱，对所属各代销店除采取"杀猪回账"的经营方式外，还不分业务大小，不分路途远近，不厌其烦地组织运油，并专派 2 至 3 人巡回到各地收账。此外，为骗取煤油价格情报，还拼命笼络油栈稽查，如果煤油下月提价，稽查便向汉口分公司多报销售额；如果煤油下月跌价，稽查先报信。因此，每年能赚钱达万元光洋。

1937 年下半年，抗日战争全面爆发，煤油来源断绝，"福记"停业。但由于各地往来账项需进行清理，到 1938 年下半年才正式结束。

津市寿记经理亚细亚煤油公司

1945 年抗日战争胜利后，亚细亚总公司于次年恢复业务。焦寿涵邀集刘涤生大儿刘重巷，合股共 5000 元光洋，由焦寿涵出面与汉口分公司代办芦中岭重新签订了合约。回津后，仍在大码头正街开设"寿记经理亚细亚煤油公司"。经理焦寿涵、刘重巷，总账刘建蓉。

"寿记"开业以来，由于汉口分公司调拨给津市油栈煤油较少，开始每月只供煤油 10 至 12 桶（每桶 300 斤），后来稍有增加，但最高时也不到 50 桶。每年只能经销煤油 10 万斤左右，业务和"福记"相较要减少 6 倍。致使"寿记"赚钱不多，入不敷出。到了 1948 年下半年，汉口调运给津市油栈煤油更少，"寿记"业务愈不景气，逐渐亏本；又加上焦寿涵家庭不和，大儿焦敏文、大女焦菊琴闹着分家。焦寿涵只好向汉口分公司退出押金，结束了"寿记"业务。

津市"谦益、福记、寿记"都是经销英商的煤油和洋腊，因此，1933 年至

1936 年期间，英国人带着翻译和汉口分公司的代办芦中岭，每年都要来津市视察 2 至 3 次，他们来津市后，津市"谦益"、"福记"的老板总要盛情招待，直到离开为止。

津市仪记烟公司

英美两国商人于 1919 年，在我国上海合资成立了颐中烟草运销股份有限公司，1924 年又在长沙设立湖南省分公司，1933 年在津市设立代销处，即"仪记烟公司"。它的开办情况是：1932 年底，颐中湖南省分公司，驻津市"裕云长烟公司"段长朱云水，通过津市复记烟公司总经理黄兆林，出面找赵本立接洽，三人商量后，由朱云水写出介绍信，到常德找颐中湖南省分公司驻常德代办黄伯琴接头。黄伯琴同意在津市新成立"仪记烟公司"，一方面打电话与湖南省分公司代办张润苍联系，一方面亲来津市与朱、黄、赵 3 人共同商量，决定于 1933 年 2 月在津市原商业局后面祁家巷开办"仪记烟公司"。赵本立担任总经理，黄兆林担任副总经理，朱云水担任颐中湖南省分公司驻"仪记烟公司"段长。资本由赵本立、赵祖贻、赵祖赔、赵祖贵、赵祖贞叔伯 5 兄弟合资 3000 块光洋组成。

"仪记烟公司"开业以来，得到了上级的信任和较雄厚的资金。建公司初期就先后挤垮了裕云长、德记、复记 3 家烟公司，此后独有仪记存在。随着业务的发展，公司设立了货栈，1933 年下半年又在安乡设立了"仁记香烟分公司"，在澧县、大庸、慈利、石门、临澧、安乡的九澧一带设立代销店 22 处；津市设立代销店 31 处。每月能销售小大号、双刀、紫金山等牌香烟 500 箱左右（每箱 100 条，每条 50 包，每包 10 支）。香烟是由汉口太古轮船公司装运到津市的。"仪记烟公司"自身组织，健全了管货、管账、营业、推销员、管钱等一整套组织班子，达 24 人。

1935 年上半年赵祖贵、赵祖贞在长沙经商亏本，赵本立便私自从"仪记烟公司"抽走资金 2000 元光洋，弥补长沙的亏缺，从而引起段长朱云水的不满，朱前往长沙向颐中湖南省分公司代办张润苍汇报商量，为了有利控制，决定改组"仪记烟公司"，由颐中湖南省分公司直接投资经营，维持现有业务。朱云水回津后和赵本立进行了结算，结算时"仪记"资本尚剩千元光洋左右，并派黄子良接管了总账，朱兰其接管了管钱，留用"仪记烟公司"所有人员。赵本立仍任总经理，每月薪金 50 元光洋，其余人员月薪 16 元至 18 元光洋不等。

1936 年下半年，"仪记烟公司"货栈失火，全部库存香烟被烧光，"仪记烟公司"就此破产。

津市厚安烟公司

"仪记烟公司"于1936年下半年货栈失火歇业后，津市无人组织经营香烟业务，颐中湖南省分公司为了不放弃津市的香烟经销市场，于1937年下半年，由分公司代办张润苍和朱云水（当时调长沙当分公司段长）决定在津市重新组织香烟经销业务，并派了笪长生在原三洲街口开设了"厚安烟公司"，货源从汉口直接调拨，并健全了组织：段长是彭××，总经理是笪长生，副总经理是钟日升，李××等人负责管账、管货和推销。

厚安烟公司经营范围，除未设安乡分公司外，仍维持原"仪记烟公司"的旧业务基础，即澧县、慈利、大庸、临澧、九澧一带设代销店22个，津市设代销店31个，每月能销售香烟300箱左右。

1939年日本帝国主义侵略中国的中南地区，长江流域的重要城市沙市等地已处于危急疏散状态，造成了香烟调运上的困难，因此于1939年下半年结束。

津市美孚镇大煤油公司

美国商人于1911年在我国汉口成立了美孚石油公司，同年在长沙设立了支公司。1923年上半年，澧县巨商"乾太昌"花行老板张思泉，闻知津市"美孚正大煤油公司"垮台，便通过原"正大"总账张闻轩出面，派长子张伯俊同赴汉口，与美孚石油公司签订合约。美孚同意以代销回账的方式，让其经销美孚煤油，张以光洋一万二千元作抵。手续办妥后，张思泉收缩了在澧县的花行生意，迁居津市新码头。在新码头修建房屋，在阳由乡阳由村修建煤油池，开设门面，取名为"美孚镇大煤油公司"，由张思泉任经理，张闻轩管总账。

由于"镇大"得到"美孚"的信任和支持（美孚第一次调拨给镇大的煤油就达40万斤，价值光洋4万余元），为此，"镇大"业务逐步扩大，健全了管账、管钱、营业员、推销员、庄客、管事等组织达38人；并用"裕记"字号发行一串文票面纸币20万银圆，在九澧一带商业市场通用。"镇大"每年销售煤油高达80万斤左右，货源由汉口直接调拨，销往临澧、石门、慈利、大庸、澧县、华容、南县、安乡等县。在外县设分销处5个，代销店17个，津市设代销店45个。汉口、长沙、大庸、慈利、溪口并有负责调运、收购（即收购桐油）和推销的专庄。为了迎合美孚石油公司的需要，还在"镇大"内设"申昌油行"，大量收购桐油，运往汉口。

由于"镇大"业务销路广，更加取得了美孚石油公司的信任。先后到"镇大"巡视过的有美国人贝大班、中国翻译谭子衡及周原帮、陈子惠、毛作宾、简克章、庄汉杰等人。巡视内容主要是调查了解津市煤油业务销售和当地商业等情况。

1931年张思泉病死，由其二子张伯玑继任经理。由于张伯玑好赌好嫖，好吃好玩，很少过问公司业务，加上1934年和1935年津市两次涨大水，冲坏煤油池等原因，致使"镇大"业务逐渐亏损。美孚石油公司为了加强对"镇大"的控制和领导，从1934年起派谭子衡以调查员的身份常驻"镇大"。1936年下半年张伯玑病死，经理由其弟张玉珊继任。不久抗日战争全面爆发，美孚石油公司停业，煤油来源断绝，"镇大"暂时停业。

抗日战争胜利后，美孚石油公司恢复营业，1946年张玉珊前往汉口，重新找"美孚"接洽后，恢复了津市"镇大"业务。

恢复后的"美孚镇大煤油公司"共有流动资金3000元光洋，固定资金5000元光洋左右（包括房屋在内）。以贩买贩卖为经营方式，每月"镇大"用几箱子它票（当时它票不值钱，用箱子装的）到沙市调拨2至3次煤油，每次20至30桶（每桶300斤），每月约能销售煤油70桶，即2万斤左右。销售地点仍是石门、慈利、澧县、安乡、临澧一带，在津市也基本上维持了45个代销店的业务。外县或津市代销店对"镇大"都是以贩买贩卖的经营方式。这时"镇大"本身的工作人员包括经理、庄客、管账、营业员、炊事员在内只有11人。

1948年底，张玉珊因病死亡，由其五弟张瑶如继任经理，生意亏本，1949年6月"镇大"垮台。

太古轮船公司津市支公司

英国商人于1905年在我国湖北省汉口设立了"太古轮船公司"，同年在湖南省长沙市设立了湖南省分公司，1932年在津市设立了支公司。它的开办情况是：1931年下半年，常德市日本商人经营的"日清轮船公司常德支公司"经理张锐泉，看到经营"太古"比经营"日清"更赚钱，便主动前往汉口，找"太古轮船公司"挂钩，并以1000元光洋作为押金签订了合约。然后，总公司以派出机构名义将张锐泉派往津市担任"太古轮船公司津市支公司"的经理。张锐泉到达津市后，撤回了原在常德"日清"的所有资本，在津市西河后街修建了一幢房屋，组织工作人员，于1932年元月挂起了"太古轮船公司津市支公司"的招牌，正式开始经营运输业务。

"太古轮船公司津市支公司"内设经理，即张锐泉，副经理兼管钱卫景园，文书杨志鸿，管账朱久如，理货员张善祥、张敏德、吕林书，业务员黄清堂，服务员刘秀山、丁贵生。每天由理货员或业务员到津市街上与各商家联系运输业务或商家直接上门找"支公司"联系。每当货物运输量达150吨左右时，"支公司"就发电报给汉口"总公司",由"总公司"调船来到津市运走货物。每次汉口"总公司"派的船是一艘小火轮、2艘铁驳船,铁驳船有50吨位和100吨位不等,一般铁驳船来津市时,从汉口给津市各商家带运百货等物,但数量不多,一般都不满吨位。每逢冬季水浅,津市来不了铁驳船时,就由小火轮拖木帆船,到柳林嘴调装铁驳船。

每月津市支公司与各商家联系的运输量计300吨左右,从津市运的货物是桐油、山货、棉花等,由汉口带来津的货物是海带、百货、布匹、煤油。但"津市支公司"没有船只,也无权管理、调驳船只。

"津市支公司"的经济来源是:汉口"总公司"每月只付张锐泉个人工资50块光洋,"支公司"在运费中抽5%作为"支公司"其他工作人员的开支,除去开支,每年张锐泉能从这5%中,赚得光洋500～600元。

1936年下半年,"太古轮船公司湖南省分公司"总经理(英国人,姓名不知)带着翻译随小火轮来到津市向张锐泉询问津市运输业务情况,并在津市街上步行转了一圈。

抗日战争全面爆发后,船只来往津市不便,加上津市不属开放口岸,运输业务又因抗日战争的影响逐渐减少,为此在1941年底,"太古轮船公司津市支公司"逐渐裁员,不久结束。

祥和油行

1920年美国商人在中国汉口成立了"德士古煤油公司",同年在湖南省长沙市设立"德士古煤油公司长沙支公司"。1945年下半年在津市设立代销处,即"祥和油行"。

1938年春,胡彬生、胡异三、王紫芝、胡叙伯、胡醉六、李九卿、曹菊舫、向醒予邀集钟运寿、黄愧吾、徐辉翔、李伟才、肖仲禹、胡连城、陈建勋等15人,合股3万块光洋,在津市中华路(原衡器社处)开设了"祥和油行"。经理胡彬生,副经理胡异三,业务经理邹福元,管账曹杞安。

由于"祥和"资金雄厚,多种经营,开业不久,就成为津市第一家油行,并逐步健全了管理机构,设有管事、管账、草账、管钱、管栈、庄客、营业员、推销员等,最多时工作人员达到48人。先后经营过的品种有桐油、煤油、皮油、梓油、木油、菜油、茶油、棉油及棉花、香烟、百货、粮食、黄金、白银,但桐油占整个业务的70%。每年要通过临澧、合口驻津市代庄徐光龄,澧县、王家厂、垱市驻津市代庄胡坤炎、陈宗付,大庸驻津市代庄李德记,慈利江垭、溪口驻津市代庄朱美成、江南宛等人到永顺、龙山、桑植、石门等地收购桐油8000担左右,皮油

3000担左右，梓油、木油1500担左右，菜油、茶油、棉油200担左右。然后经"祥和油行"派驻外地的长沙庄、衡阳庄、广州庄、汉口庄、香港庄销售到国外或全国各地。当时油类价格波动很大，仅拿桐油计算：一般每担（包括运费）收购价25至26块光洋，销售价26至27块光洋；但一遇外国人或桐油缺货，每担价可卖高达70块光洋，从中可攫取暴利一倍多。

抗日战争胜利后，"美孚石油公司""亚细亚煤油股份有限公司"先后在津市设立了分支机构。"德士古煤油公司"为了争夺津市一带的销售市场，便拍电报找津市商会联系，"祥和油行"经理胡彬生（当时在津市商会有一定的地位）见经销煤油有利可图，即亲自前往汉口，和"德士古煤油公司"挂了钩，并签订了以贩买贩卖方式经营煤油的合约。从1946年起，"祥和油行"每年能代销"德士古"的煤油500古左右（每古300斤，即15万斤左右）。煤油从"德士古"汉口总公司或长沙支公司购进，用船运来津，再通过各地驻津市的代庄，销售到九澧一带，亦用贩买贩卖的方式。煤油进价（包括运费）每古光洋26～27元，即每块光洋能买到煤油12斤左右。销售价：零售，每块光洋10斤（"祥和"本身也零售）；贩卖，每块光洋11斤。每年"祥和油行"代销"德士古"煤油，能赚光洋1000多元，但把桐油等物倒卖给"德士古"又能从中赚得高额利润。因此从1946年开始"祥和油行"经营煤油占了整个业务的20%。

津市解放后，"祥和油行"继续代销"德士古"的煤油。1951年9月经公私合营并入津市企业公司。当时有资金光洋7万余元，除去本钱外，13年来共赚得了光洋4万多元。其全部工作人员，由企业公司重新安排留用。

旧津市的桐油业

⊙ 彭伯鉴

　　津市是澧水流域桐油集中地，"其数量之多，仅亚于常德一埠"，为湖南省第二大桐油市场。津市桐油业不仅对于密切津市与澧水流域各县关系、搞活金融、活跃市场，起着十分积极的作用，而且在全省植物油业中亦占有重要的位置。

　　我国桐油的输出从同治八年（1869）开始。民元以来，发展迅速，尔后一跃而居于各类出口产品之首。但是，由于帝国主义的操纵，官僚资本的垄断，战争灾害的影响，我国桐油业的发展起伏曲折，津市的桐油业亦几经盛衰。

一、津市桐油业的兴衰

1. 以内销为主的早期津市桐油业

　　光绪末年（1908）津市的油行是以"介绍买卖，抽取行佣"为获利手段的牙行方式经营。清政府核准津市开设5家油行。油行开业前需请领牙帖，每请一帖交帖费制钱一千串，油市的生意则由这5家油行垄断，货价说一不二，油行获利甚丰。

　　辛亥革命以后，国民政府沿袭旧制，核准津市油行由5家增加到10家，其中专营9家，兼营1家，其概况如下表：

牌号	经理人	货物	牙帖等则	给帖年月
光大	李桢	油	乙种	1912.10
合兴永	芦合兴	油	乙种	1912.10
朱福聚	朱福聚	油	乙种	1912.10
唐中孚	唐中孚	油	乙种	1912.10
安贞吉	安贞吉	油	乙种	1912.10
大德生	禹大德	油	乙种	1913.6
盛昌祥	盛昌祥	油	乙种	1913.6
隆大生	隆大生	油	乙种	1913.6
李元大	李元大	油	乙种	1916.8
王福生	王福生	油纸炭	乙种	1913.5

民国初年，油行的经营发展到"经纪""运销"并举，但收购油类时仍按市价扣取佣金，九八五扣（船运）或九五扣（旱挑子）。经营以皮油为主，每年集中量为 3 至 4 万块，运销汉口，由德商收购出口。桐油的集散量仅为皮油的 1/3，约 1 万担，以内销滨湖一带为主。

1916 年以后，军阀割据混战，交通阻塞，苛捐杂税摊派繁多。1919 年前后，光大、合兴永等几家大油行损失巨大，都先后收场。津市油业发展颇受阻滞。

2. 第一次世界大战后发展期的津市桐油业

第一次世界大战后，各工业国桐油需求量日益增多，桐油国际市场日益活跃。1921 年日商三井洋行在津市设立营业处收购桐油。湘西山区农民也积极扩种油桐。据李石锋所著《湖南之桐油与桐油业》载："1924 年以前，资澧二水流域之油亦多运此（常德）销售者……嗣以军事频兴，河道梗塞，出油之区，类多改由川河津市益阳等埠运销汉皋。"这说明 1924 年以后澧水流域的桐油已全部汇集于津市。在数年之内，津市桐油业得到迅速的发展。桐油增加到每年约五六万担以上。油行由经营皮油变为经营桐油为主，由内销变为出口为主。

1926 年聚兴诚银行在津市设立贸易部收购桐油，取代了三井洋行。1927 年施美洋行的买办义瑞公司在津市设行，后改名直称"施美洋行"。津市迁往汉口的巨商，这时也在汉口开设油庄，经营津市桐油。津市的桐油生意越做越大，每年桐油集中量达 10 万担左右。这一时期的油行其牙帖几经顶替，到 1930 年仍为 9 家。其概况如下表：

牌号	经理人	组织	帮属	资本（银圆）	行址
益大正	李子洁	合伙	江西	30000	谷家巷正街
申昌	张伯玑	独资	津市	美孚挪用	新码头正街
元大兴	李紫东	独资	江西	10000	新码头正街
福聚权	吴文卿	独资	江西	5000	新码头正街
勤大	朱清扬	独资	江西	10000	观音楼
豫大祥	张才生	合伙	江西	10000	五通庙
燮昌荣	李平东	合伙	江西	20000	新码头正街
美利	吴六阶	独资	石门	20000	新码头正街
天锡荣	李鉴清	独资	江西	20000	大码头正街

3. 抗日战争全面爆发前夕极盛期的津市桐油业

1931 年以后，国外桐油市场出现了一个衰落时期，1932 年津市桐油营业总数降为八万二千担。1933 年市场继续疲惫，津市油价洋盘降为 17.65 元一担，最低时仅 14 元一担，加以当年桐油歉收，桐油业一落千丈，营业总数猛降至四万七千余担，"营业方面毫无盈余，仅能免于亏累而已"。1934 年油市有所复苏。1935 年"桐油外销，颇见起色"。"本年川鄂湘浙皖各省产桐区域，桐籽产量均见丰收，含油量也比往年为良好，桐籽每市担约十九元，较三三年高七元"。1936 年桐籽丰收，含油量比往年更高，"外销承二十四年的顺利，继续坚俏"，汉口油价曾达每担 77 元。这是津市桐油业的极盛时期，全年桐油集中量达十三万担以上。1936 年津市油行仍为 9 家，牌号及经理人有所变更。概况如下表：

牌号	经理人	组织	帮属	行址
元大兴	李紫东	独资	江西	正街
福聚权	吴义斋	独资	江西	夹街
勤大	朱清扬	独资	江西	正街
豫大祥	张才生	合资	江西	正街
申昌	张思泉	独资	津市	正街
益大正	李子洁	合资	江西	正街
德丰荣	李品升	合资	江西	正街
公昌	赵裕初	合资	大庸	正街
天锡生	彭怀初	合资	江西	正街

4. 抗战时期衰落的津市桐油业

　　1937 年抗日战争全面爆发，上海失守，桐油由汉口至上海出口路线阻塞。1938 年几家大油行如益大正、德丰荣等尚能将桐油运香港出口。1939 年国民党政府为垄断桐油出口，牟取暴利，对桐油实行统制。我省桐油由贸易局在衡阳设桐油部收购，津市设有收油处。1941 年桐油业移交复兴公司办理，"油商仅能预先登记，向复兴公司缴货，但该公司既不能尽量收购，手续复甚麻烦"。全省收购量不过 10 至 20 万担。1941 年 9 月日本侵略军骚扰严重，财政部指定澧县、安乡等 8 县为桐油禁运资敌区，其时津市桐油业的衰落不言而喻。1943 年日本侵略军两次进犯津市，油商携油逃避，沿途渗漏丢失损失不小。1944 年 5 月津市大量桐油运至湘潭之石潭，遭飞机轰炸，大油行损失达千担以上，中小油行亦损失数百担之多。津市桐油业元气大亏，回津后多改为做山货、杂货、盐号等小货生意。

　　抗战期间，油业虽然颠沛流离，但由于政府对牙帖控制放松，交上 30 至 50 银圆即可领帖开业，又加以油行基本都是兼营性质，所以户数反而增加，到 1944 年有 16 家之多。

牌号	经理人	行址	牌号	经理人	行址
春源	李子洁	谷家巷	同济	黄槐吾	新码头正街
勤大	朱清扬	五通庙正街	义泰	章梓榜	新建坊正街
华盛	汪文斋	观音楼正街	源诚	饶伯平	五通庙正街
裕丰	杨志宏	观音楼正街	豫大盛	吴如元	观音楼正街
协盛	金慕儒	新码头正街	同美	朱美臣	观音楼正街
祥和	胡彬生	大码头正街	集源	邓升平	观音楼正街
大正	赵裕初	观音楼正街	鼎大	枝元初	大码头正街
谦诚	杨绍勋	观音桥正街	森记	周孚沦	齐家巷河街

5. 解放战争时恢复期的津市桐油业

1945年抗日战争胜利后，出口贸易迅速开放，津市各行也收拾残局，重整旗鼓，或改组，或重新开业。为处理脚油，同业公会办起了新公益秀油加工厂。出口行也积极活动，每日召集油业同行开盘交易，也有资本雄厚的油行，如祥和、同德等为求好价，自运香港销售，桐油的集中量恢复到每年七至八万担。1948年全市油行增加到23家，而且均系兼营性质。如下表：

牌号	经理人	行址	牌号	经理人	行址
祥和	胡彬生	大码头正街	元成	饶伯平	五通庙正街
协盛	金慕儒	新码头正街	豫大盛	吴如元	观音楼正街
春源	胡连成	新建坊正街	济民	苏传才	观音楼正街
华盛	汪文斋	观音楼正街	鼎大	枝元初	大码头正街
义诚	章梓榜	观音楼正街	同美	朱美臣	观音楼正街
大正	赵裕初	观音楼正街	益大	鲁德典	观音楼正街
同强	曾宪坤	新码头正街	公和福	禹方正	观音楼正街
裕丰	杨志宏	观音楼正街	广福	饶年甫	观音楼正街
谦诚	杨绍勋	观音桥正街	广兴裕	吴德臣	观音楼正街
元大	朱振炎	观音楼正街	集源	邓升平	观音楼正街
中大	禹平年	五通庙	勤大	朱清扬	五通庙正街
亚西	龚道广	五通庙			

这一时期桐油业务虽然略有起色，但是由于汇率过低，出口税重，致使外销无利可图，内销"其价格不能随百物而高涨，从事该业者，以不够成本，驯至怠废于桐油之栽培者有之，停顿桐油之榨制者有之，其且山农为生计所迫竟有砍伐桐林，以为薪炭之料者"。桐油业仍然步履维艰。

1949年上半年，国民党政府货币已完全丧失信用，解放战争激烈进行，桐油没有销路，油行几乎全部停业，仅由同业公会组织一公行，进行小宗业务，获利后每小油行分发若干，维持生计。津市解放后，油市又现起色，公行解散，各油行自行营业。1950年上半年津市桐油集中量达四万七千担。1951年资本比较雄厚的油行，如祥和、谦诚、春源、同强、正大、同美、华盛等，先后加入公私合营津市企业股份有限公司，其余油行组成交易所。1953年人民政府对桐油实行统购统销政策，交易所则结束其业务。

二、津市桐油的收购与储存

1. 津市桐油的来源

津市的桐油主要来自澧水上游各县，其中包括慈利、石门、大庸、桑植，澧县也有相当数量。此外沅水的支流酉水上游的龙山、永顺，湖北鹤峰、来凤等地桐油也多运津市。当交通顺利、津市油价好时，桃源、宜昌和四川的桐油也曾运来。产油区的桐油，首先在当地集中，然后运往津市。枯水季节，就采用肩挑、骡子驼的办法运输；涨水季节，则用帆船运输，帆运主要有澧水、溇水、涔水三条渠道。因为水运比旱运方便，所以汛期一到，津市油市就进入旺季。

2. 津市桐油的收购

油行是桐油买进卖出的居间商人，在桐油的经营中起着主导作用。油行的桐油主要向代庄、贩户及挑子购进。所谓代庄就是受产油区贩户或油行委托，代售桐油于本地油行的机构。

1934年前后，"津市有代庄数十家，其中以元生和、德意生二家为最著，前者为义兴源号所兼营，后者为刘高峰所经理。此外油行亦有兼营代庄者，如益大正受大庸益记之委托，元大兴受石门利大兴之委托，勤大受石门协记之委托是也"。贩户运油到津市后，一般都要带大量的百货、匹头、南货回去，所以往往先落这些行业的店子，并请店主派人打听行情，卖油后随即进货。从1930年起，油行本身一般也兼营盐号，油客卖油后便买盐回去。桐油市场的活跃带动了其他行业的生意。挑子一般是油农自己挑来，一来价格好些，二来可以买点东西回去。挑子到津市后有人专门迎接介绍到油行，每担向油行收取佣金一角。代庄、贩户或挑子的油运到津市，都只能出售给油行，其他任何机构都不能直接收购。但如果价格不好，不愿出售，也可直运汉口出口。

购油的另一途径是派人直接到产油区设庄收购，如申昌油行主要靠在大庸设的万亿生油庄进油。其他油行一般设临时庄，有油收就派人去，没有油就回来，如祥和、益大正在大庸，源生和在石门皂市，豫大祥在慈利江哑都设有临时庄。

津市以经营白桐油出口为主，在极少的情况下，永顺、来凤、桑植、大庸有少量的老色油运来。在收油时首先对质量进行检验，看是否掺假，有无杂质。掺假的方法很多，一般以低价油掺入，如梓油、麻油、罂粟油、矿油、松香等。到津市来的桐油一般掺梓油。慈利一带出木梓，掺假的多一些，皂市也有掺假的，大庸、桑植的油质要好一些。早期检验桐油的方法非常简陋。一是用稻草系一圆圈，浸到油内然后提上来，圈内便有一层薄膜，薄膜存在的时间长，油质便好；二是用一铁瓢舀少量油放在烈火上煎熬，如凝成蜂房者为纯油，否则以夹杂论；三是用一铁管吸取底层油，滴入少许在手中察看有无杂质。冬天油凝结后则用掺筒（一半边铁管），插入油内旋转后将油取出，如呈鱼子黄的颜色则为好油，否则以劣质论。其后，改用折光计（俗称验油机）检验。其折光以 1.5208 度为合标准，低于这一指数削价购进，一般每低 0.001 度，则每担降价 5 角。油行在外销时则采取高指数油与低指数油兑掺的办法，使其折光指数达到略高于 1.5208 度为止。购进的桐油折光指数比较高，则在里面掺入梓油也是常有的事。

收购桐油时，先将每篓油编上序号，然后逐篓检验，如折光指数低于标准，则用标签记上度数系在该油篓上，掌称的便过秤，记码的记码。到了晚上便将检验和过秤结果交给油客核对，照码单结算。桐油入栈，如有怀疑则可重验重称。"油行购进的桐油均为毛货，以十七两二钱为一斤，是为行秤，但售于出口行者为十六两八钱为一斤称为磅秤。故后者秤小而价格较高，用以抵补各项费用。至于买卖桐油不外银油对交，先油后银；先银后油，后者即普通所谓期货是也。"

津市油行以出口为主，吞吐量较大，行情变化快。为解决资金周转问题，多采用买汉票或省票的办法（俗称拉汉票、拉省票），即油行向在汉口或长沙设有庄号的百货、匹头等行业的店子以九八折借钱（即借 980 元到期还 1000 元），收购桐油运到汉口或长沙出售后，在规定的时间内（半个月至一个月）再向这些店子在当地的庄号还款，供其进货之用。油业的兴旺带来了金融的活跃。

根据行情及时抓好桐油的购进是经营桐油的重要一环。所以津市各油行在这一经营环节互相倾轧的情况十分严重。那些资金雄厚、势力大的油行往往利用消息灵通，明抛暗收；有的凭着自运外销能力强而提价收购，左右油市；有的则挖墙脚，烂宾主。"见涨即贪"是津市油行的风气，如桐油一涨价，各油行一方面抓进货，一方面抓存货，一滴也不出售。油行老板在桐油的购进上是用尽了心机的。

3. 津市桐油的储藏

各油行的桐油一般都储藏在自己的栈房里。栈房大小不一，大的可存放上千篓，存放时层层堆码。油太多放不下时便另外租赁房屋。有的油行则备有油框，油框是一种方形大铁框，小的可装 200 担油，大的可装 400 担左右。冬季气温降至 10

华氏度（4.44 摄氏度）左右，桐油便会凝结。如气温继续下降，又不采取措施，到来年解冻时便会形成疵油，失去效用。所以在冬天气温下降时则将桐油煮沸并加入少许生姜，然后在每篓油中灌进 10 斤左右，用纸固封其口。有的将油倒入一大铁桶中，下面用微火加热保温，这种办法在气温太低的情况下不适用。

三、津市桐油的包装及运销

津市的桐油百分之八十以上出口，现将其包装、销售及运销线路概述如下：

1. 津市桐油的包装

津市桐油以篾篓包装为主。篓形圆而口略小，里面糊一层草纸，2 至 3 层皮纸，然后刷一层猪血石灰，油上光油。油行购进的桐油，篓子大小规格式样轻重不一，一律都要改装为 130 斤一篓。全市一年需数万只油篓，有十来篓坊专门为油行做篓子。经过改装后的桐油，上面封上牌名，名字可以自己取，在牌名旁又用小字标名油行的牌号，以取得信用。早期有的还在油篓上面画一些漂亮的鸟兽图案（即唛头），称为"打花码"。打了花码的，每篓可多卖 2 钱银子。此外桐油还分正牌和副牌，正牌的标准就是篓子重量一致，油质好而且标准一致；副牌就是杂牌子，质量有好歹，篓重不统一。抗日战争胜利前后，亦用有少量木桶和铁桶。木桶圆形，两面皆平，口小底大，装油百来斤。铁桶圆形，亦名青果桶，普通装油 380 斤左右。后来也有少量用听装，即煤油听改装，每听装油 30 斤。

2. 津市桐油的销售

津市的桐油主要运往汉口出口。油行一般在汉口设有油号，又称汉庄，探听市面作为买油行情参考，并代卖津市油行运往汉口的桐油，按油值抽取 1% ～ 1.5% 的庄费。津市驻汉的油号，共有 6 家，其概况如下表：

汉庄牌号	津市牌号	汉庄经理人	设立年月	地址
同林公	元大兴、豫大祥、勤大	余子岭、罗书铭		台武书院
瑞记	元大兴、亿茂	徐若龙	1928	台武书院
同春生	益大正	涂子白	1928	小夹街松寿里
舒润记	福聚全、勤大	舒润泉	1928	黄坡街恒庆里
李云记	德丰荣	李云荪	1928	小夹街松寿里
裕记	申昌	张玉珊		集家咀美大行

（注：本表系综合津市聚兴诚贸易部及施美洋行调查编成）

桐油外销需假手于出口行，出口行亦称"洋庄"，在汉口有德商瑞成洋行；英商安利洋行、沙逊洋行；日商三菱、三井、住友等洋行；美商施美洋行等十数家，

1926 年以后，先后有 3 家出口行在津市设庄收油，其概况如下表：

行名	国籍	经理人	地址
施美洋行	美国	吕禹书	正街
聚兴诚银行贸易部	中国	周庚甫	夹街
合义洋行	美国	徐策安	正街

（注：本表根据津市油业公会之报告编成）

桐油销售价格的涨跌，除产量之多寡、政局之宁乱、外销之增减、外汇之涨落诸因素的影响外，美商的操纵为最主要原因。桐籽还没收获，他们就派人到产区估计桐油的产量，到各地调查商情，然后电告本国。国内油商亦复电通知需要量。最后根据供需的多寡定出价格，通知各地办事处，丁某种价格内收油。遇到来年或国外需要量少，则把价压得低低的，并以雄厚资本为后盾，操纵自如。津市出口行则每日以此开盘，油行认为价格适合则抛售，否则自运汉口。初期出口行将价压得很低，油行大多自运，其后才不得不将油价适当提高。

津市桐油运往汉口，水小则以帆运为多，水大多用轮船运输。桐油上船时均举行过磅手续，途中须经过岳州报关，如为帆运，每担需洋 3 角左右，产销税及附加税已在原产地纳完者，不必再征，仅将原票交与运商（可索还税价）而已。挑运，须交关税。

4. 津市桐油运销路线变化情况

抗日战争以前津市桐油主要运销汉口。抗日战争全面爆发以后，上海、汉口相继沦陷，首先是改经粤省运往香港出口，广州沦陷后，运衡阳交复兴公司。太平洋战争爆发后，海口全被封锁，津市桐油则多运往湘潭等地寻找内销出路。抗战胜利后，桐油一方面运往汉口，一方面运到长沙，初期汉口价高，则运往汉口的量大，尔后，价格一跌，又多运往长沙。长沙由广帮人经营转口。解放前夕，长沙的广帮商人多抽走资金，收束业务，津市亦有油行自运广州售往香港。

（除参考有关资料外，由向多铸、熊受益、曹菊舫、向义甫、吴鸿钧、吴汉钧、刘年樵、朱润才、向德炎、章梓榜、罗伯勋、周国光、齐昌辉、李家俊、王松德等口述提供）

旧津市的棉花业

⊙ 彭伯鉴　王大秀

　　湖南主要产棉区域集中在湘西及滨湖诸县。津市则为湖南棉花产地最大集散市场，全省棉花约有40%先在该处集中，然后输往各地。津市棉花业的兴旺，也造就了津市异样的繁荣。

一、津市棉花集散情况

　　清朝初年，津市附近就已有人植棉。因产于湖区，故曰湖花。但品质低下，产量亦少，仅足当地人民衣被之资。迨至光绪中叶，通州棉花继湖北棉花之后而输入我省，品质优良，价格亦高。利之所在，人咸趋之。津市地处棉产区之中心，自然成了著名的棉市之一。

　　清末民初，津市棉花业并不十分发达，棉花来源仅津市附近产棉区域，主要销往大庸、桑植、永顺、来凤诸县，后来发展到郴州、永丰、宝庆。各地棉商，或坐庄津市收购，或随船自带银两前来收购。

　　1921年以后，津市棉花生产发展迅速，花源也逐渐扩大，澧县的蔡口滩、车家溪、马家河、邓家滩、贾家渡、樟柳河、邱家洲、余家台、东港、王家港、田家口、官垸、长发垸、七星湖、夹堤口、张石窖、观音港及安乡的焦圻、新码头等地的棉花纷纷运来津市。1924年起，湖北江口的细绒花涌向津市。渐渐湖北公安、松滋、常德的篙子港以及临澧、石门、汉寿、安乡等地的棉花运来津市。棉花生意兴旺发达，汉口、长沙、茶陵、宝庆、四川等地的棉花商在津市都设有花庄。湘东、湘南一带的花贩则挑辣椒过来，贩棉花过去。津市也出现了棉花运商，将棉花自运下河，销长沙、汉口。不少花行也在长沙、汉口设庄，经销棉花，直到抗日战争全面爆发前。这一时期津市棉花集散量无准确统计。据湖南省银行经济研究室1944年出版的《湖南之花纱布》载，津市"战前常年棉花交易约三万担"。

据湖南经济调查所依产销税票估计，"1933 年澧县运销省内棉花约为四万一千担"。然而津市棉花集散量的多寡主要取决于棉花产量的高低，丰年则大大高于此数。

抗战时期，1939 年宜沙失守，湖北公安、松滋一带的棉花几乎全部涌来津市。据澧县县政府统计，"1939 年澧县各乡棉花生产共五万九千一百六十八担。全由津市转运外销"。1940 年津市棉花"交易又竟突增至十二万担。其中公安、松滋输入之棉达八万余担"。1941 年全省棉花丰收，年产达四十三万五千一百六十四担。据湖南省银行《三十年度湖南各地商业调查》统计，该年津市花粮行营业额为三千万元，按当年物价换算，其棉花集散量应在二十万担以上。抗战期间津市棉花在省内主要销长沙、湘潭、衡阳、安江、祁阳、湘乡、邵阳（宝庆）、大庸、沅陵等地，省外则销四川之重庆、江津。

抗战胜利后，交通恢复，湖北棉花流向有所改变，津市棉花来源恢复到战前状况，其集散量由于棉区产量大大提高，所以比战前亦大有增加。这时除原有销路不变外，贵阳纱厂也在津市大量购棉。

二、津市的棉花市场

棉花市场有初级市场、中级市场与最终市场之分。市场的组织有花行、花贩、花庄、运商 4 种机构。津市的棉花市场主要收购花贩及棉农的棉花，售给运商、外地花客和纱厂派员，故为中级市场。所谓花行就是棉花交易之中介人，向政府领有牙帖者，俗名经纪。清末花行先后主要有贺盛泰、贺万泰、高银才、钟万盛、贺二记、殷永胜等 6 家，分布在三洲驿、大码头、大巷口、拐子巷。民国初年，津市的花行，据湖南省政报公布，主要有 4 家，其概况如下表：

牙商姓名	营业牌号	牙帖等级	货物名色	给帖年月
洪大丰	大丰	丙	粮食花	1913.6
欧阳成立	同人济	丙	丝纱花	1914.10
杨缵先	泰临丰	丙	丝纱花	1916.3
廖维新	通顺美	丙	丝纱花	1916.3

行属于丙种牙帖，每请一帖需银圆三百元，一般一个人请不起，多是几个人合伙请一帖，名叫"蓬帖"，然后分头经营。分设的经营点不能叫"行"，只能称"庄"。所以经营的网点大大多于牙帖的数目。

棉花生意季节性很强，一般农历八月棉花上市至冬月就接近尾声。在清末民初花行一般请三色帖，经营花、纱、丝。每年三四月间花行就做"桑叶子"，即给蚕农放倒账，五月份蚕农收了丝拿到行里代卖，一把把的丝挂在门市上，上面还有卖主的姓名。买主来了，交易成功，花行取佣钱，余下的钱就还账。后来花行不仅兼营丝，而且还为外商收购蚕茧。八、九、十月经营棉花。正月过年，来年二月份收点零星的花纱。曾有一首民谣说花行是："六月里赶风乘凉，七月里打扫华堂，八月里请客上庄，九月里大来大往，十月里有钱儿郎，冬月里到处拉账，腊月里朝煤山一望，好不稀慌。"这是对花行经营规律的生动描写。

1928 年前后，丝和蚕茧生意逐渐冷落，花行一般改为经营杂粮枯饼，名叫花粮行或花粮饼行。至 1935 年 1 月，津市共有花粮行 16 家，其概况如下表：

行名	资本额（元）	行名	资本额（元）
源泰	1000	贺同益	1200
仁昌	1200	源升和	1000
正昌	1000	裕泰荣	800
万泰协	1000	德和大	1500
复兴长	1200	聚兴盛	1200
乾顺成	1000	利贞吉	600
洪升福	1500	恒记	800
万盛福	1200	裕盛生	1000

到 1935 年 10 月津市的花、纱、粮并称"茧行"共有 14 家，其概况如下表：

行名	地址	经理	行名	地址	经理
崔恒记	油榨坊	崔藩侯	乾顺成	会仙桥	翟郴君
怡顺福	油榨坊	袁铭卿	聚庆永	油榨坊	梁卓炳
源升和	三洲驿	杨远振	裕泰荣	会仙桥	
贺尧阶	三洲驿	贺尧阶	福太昌	油榨坊	
福兴长	三洲驿	周烈甫	向曾记	大巷口	向德曾
春生永	大码头	雷福春	万盛福	会仙桥	
洪升福	大码头	殷海庭	义兴隆	大巷口	王耀南

但是，在 1931 年至 1935 年间，由于洪水泛滥，特别是 1931 年和 1935 年两次特大洪水，使棉花产量下降，津市的棉花业也经历了一个萧条时期。

抗日战争全面爆发以后，湖北棉花大量涌向津市，棉花业出现了畸形的发展，成了名副其实的"花城"。津市的花行历来开设在街口要道上，主要是三洲驿、大巷口、油榨街。三洲驿主要接收从湖北及澧县北部来的棉花，大巷口主要接收澧西的棉花，油榨街则接收官垸、大围及安乡来的棉花。在抗日战争期间这三条街变成了棉花街。仅三洲驿一条街就有 30 多个门面经营棉花，从清晨到深夜，忙个不停。每天到街头接挑子的、挑运棉花往三斗坪上路的不计其数。不少其他行业如杂货铺、鱼贩子等也纷纷改营棉花。1941年,有罗大记、颜昌友、福昌、升福、万盛、惠隆等40家花行,人员达400人。1942年又增至48家,加以蓬帖分庄设点,花贩自立门面,全市棉花经营网点达一百多家。在这兴隆时期一些商人从中发了横财。

1945年抗日战争胜利,湖北棉花来源减少,津市花行亦有所缩减。但是由于货币贬值,商店老板是抓货物,不存现钱,而棉花是市场主要货物之一,于是各行各业都抓棉花,或存放栈房,或运售外地换回百货、布匹、食盐等。1949年上半年,花行老板听说解放军要来了,不知时局如何变化,于是集中起来,分别成立了4家公行,以应付变化。其中油榨街有"群策""群力"两家,三洲驿有"集中"一家,大巷口有"集力"一家。每家公行有30~40人,举有经理、会计、出纳、称秤、接客等职务。接客的甚至要到湖北公安一带收购棉花。至解放后,津市设立花纱布公司,周围农村成立供销合作社,由花纱布公司委托供销社收购棉花,花行失去作用随之解散。

花贩是津市棉花市场的又一活动分子,所谓花贩就是购进籽花,出售皮花,取得轧花费,并在买卖价格上获得少许差额之利益的商贩。1935年前津市周围的澧县一带共有花贩三四千户,轧花机七八千架。在津市市区也有一些花贩,他们都是花业的老人,没办法开行,就做花贩,一个人带一杆秤,带点菜,到茶馆里一坐,边喝茶喝酒,边做生意。没有固定的地方,哪里有业务就在哪里收花。收来的花可卖花行,也可卖给织布的。

花庄就是外地花商在津市设的收花店,或津市花商在外地设的销花商号。外地在津市设庄的主要有大庸、永丰、长沙、白沙等地花商。据《湖南之棉花》载,1935年津市庄客共有16家。其概况如下表:

牌名	帮号别	牌名	帮号别
德怡生	大庸	敏慎正	大庸
天生源	大庸	益 记	大庸
恒利丰	大庸	和生利	大庸
庄德盛	大庸	合 记	永丰
复新荣	大庸	庆 华	永丰
赵恒记	大庸	源泰和	白沙
田启记	大庸	正 有	长沙
楚义华	大庸	正 和	长沙

津市向外地派庄主要是汉口、长沙,1935年长沙共有5家。其情况如下表:

庄名	地址	经理	资本（元）
邓本记	太平街	邓本立	7000
罗寿记	谦益公	罗寿山	5000
长　记	大西门	胡德彪	7000
刘涤记	谦益公	刘广礁	7000
丁佰鹤	谦益公	丁佰鹤	5000

运商就是自运棉花销往外埠的商号。津市的运商是在1921年以后开始兴起，当时澧州镇守史唐荣阳开采雄黄矿，由吴子良在汉口坐庄经销，津市的花行就找吴子良在汉口为其代销棉花，于是就出现了运商。当时运汉口的花行有刘万盛、裕丰太、裕康祥、道生恒、崔恒记、赵伟新、恒庆裕、万顺益、元力成等。1925年津市运往汉口的棉花在仓库里起了大火，花行损失很大。1927年津市运往长沙的一千多包棉花在船上失火，损失殆尽。所以到1929年前，凡上述运商先后垮台，后来棉花外运一般是其他行业在外设有庄的商店兼营，其中有青布庄、油盐号、榨坊、鞭炮庄等，势力也颇强大，1935年有40来家，在全省首屈一指。

抗战胜利以后，津市有能力的商店大多自运棉花外销，棉花市场的特点是经营者众多，变化性大，而且其他行业经营棉花的现象非常普遍。这正是由于集散量大，棉花业务季节性强所造成的一种繁荣景象。

津市的棉花商人希望生意兴隆而祈福于神灵，形成了每年农历七月初七做"花神会"的传统习惯。他们认为主管棉花的菩萨叫冬令圣母。而农历七月初七又是她的生日，每年这一天，鞭炮鼓乐闹声喧天，参加祭祀的人一边喝酒一边看戏，人来人往，整日里川流不息。到了晚上就要观风，预测今年的生意，看是吹北风还是南风。据说是"南风吹到北，有钱买不得；北风吹到南，无钱买几担"。然而棉花市场的盛衰却主要取决于花源，充足则市场兴旺，反之则衰落。

三、津市的棉花交易

棉花的收购。我省的棉花有湖花与山花二种。湖花又有洋花与土花之分。洋花即美国陆地棉；土花即中棉，有铁籽、白籽等。铁籽绒细而润泽，俗称细绒花，其收获量及轧花率均低。白籽绒粗而干燥，俗称粗绒花，其收获量及轧花率均高。津市经营的棉花以粗绒花为主，退化美棉亦有一定的比例。

花行收购棉花，首先是找庄客讲好花价，填好议单，然后庄客根据议单付款。其方式有三种：一是一笔交清现款；二是用折子付款。即花行有一个折子，上面盖有行章，写有"以折子为凭"字样，用这个折子向庄客把钱取回；三是由庄客出条据到钱庄或商号取钱。

花行拿到钱后就派人到乡下找花贩或找乡码头的花行联系，定好价后他们到四乡去收花。收回的花再卖给花行，然后按庄客的要求成包向庄客交货。民国初年，棉花成包的小费如下力、划力、踩包、绳索、印花税、窗税、厘头税都由庄客出，一并开在发票上。1923年后，这一切就都包在价格里，花行在交易中则向卖方取5%向买方取3%的行佣（对花贩不取行佣，对棉农照取）。

收购棉花还有现花与期花之分。所谓现花就是一手交钱，一手交货。期花则是在棉花还未上市时买主与花行议定价格。交款时依惯例以三分之一包盘。照议定价格计算，以三分之二抄庄即照交货时价计算。

民国初年时，花贩、棉农自己不能轧花，花行只能收到籽花。籽花收进后还得自己轧成皮花，所以那时花行里还摆有轧花的车子，俗名叫"搞子"。少者3张，多者10数张。开始是本国木制的，叫"木搞子"。后来进口了日本的吕方根轧花机，人们叫它为"洋搞子"。花行觉得这种经营方式很不方便，不仅晒花、轧花占地方，而且人力也不足。于是花行渐渐把轧花机转卖给花贩收购籽花，轧成皮花再卖给花行。这样花行方便，花贩也可以从轧花中取得收入。

棉花交易衡器比较复杂，湖北一带的秤一斤有48两的，有24.8两的，有23两的。津市一斤为17～18两。大抵花行进货秤两大，出货秤两小。如津市花行收皮棉一般是17.3两进，17.1两出。至于花贩所用秤两均较市面所用者为高，棉农家无衡器，暗中所受损失，为数甚巨。

棉花的包装。花行收进的棉花包装非常混乱，必须统一改装为60斤一包，打包用长1.3米、宽0.5米、高1.5米的木架子。木架两边装有活动木板，上端两头各装一撑捧和一根活动横杆，还有一根绞棒。打包时先把花包布缝或大小适当的花包袋子，收口处穿进一根用清油擦过的大麻绳，然后把花包袋子撑在撑棒上，使之成为一个长方形的花包形式。再由一个人往里面放棉花，一个人站在上面用脚逐层踩紧，踩满后用绞捧把收口的麻绳绞紧，取下活动板，即可取出花包过秤，多退少补，过秤后用一块红布掩在收口处，用麻线接在花包收口周围即成。

棉花成包以后，在花包的正面要盖上"澧阳××花座（行）"的木印，反面盖上"××花行"的毛印，两侧盖上"卫庄足组"的毛印。"卫庄"表示是最好的花，"足组"表示斤两足够。下面还盖有棱形或圆形的毛印，中间只一个字，代表某个花行。封口处还盖有两个压肩的毛印防止偷盗。到20世纪30年代，销下河及湘南的棉花增多，花包封口改为用白布，"卫庄足组"改为"省庄足组"。抗日战争时花包就不封口了，把收口处的绳索系好，便于挑下河。印字也改为用铁皮制板后用刷子印刷。

棉花的运销。津市棉花运销澧水上下游，上游概用帆船或人力肩挑，运销分桑植、大庸两埠；下游则用轮船，分长沙、汉口两埠。有长津轮船公司及太古轮船公司，专做长沙、汉口的棉花运输。

棉花运销，捐税繁重，尤以从津市上运石门、大庸、桑植等地更为突出。

棉花交易中的作弊行为，在棉花交易中，无论是花行还是花贩，都是想方设法以次充好，以贱卖贵，其弊端花样百出，其中尤以花行作弊最甚。有的花行老板就是靠这一手发了大财。作弊手段主要有以下几种：

第一，掺哑瓣。

第二，掺籽棉。

第三，掺黄花。

第四，掺毛铁或其他重物。

第五，掺石膏粉。

第六，做潮。一种是天潮：籽花晒干后轧成的皮花叫火皮子。把火皮子露天存放增加湿度和重量。另一种是人工潮：把水喷在棉花里。

第七，换秤砣。即在收花时花行的人吵里手架。并装作要打架的样子，把小秤砣甩进去，把大秤砣甩出来。

第八，兑秋。就是把秤砣上的秋换一个大些的。

第九，压卡子。在称秤时用大拇指压秤杆的左端，一百斤可压成九十来斤。

（根据有关资料和李先云、崔永泰、周纯霞、王经庸、王永政、罗智泉、彭信吾、段维元等同志口述整理）

旧津市的南货业

⊙ 彭伯鉴

南货业经营笋子、黄花、木耳、荔枝、桂圆、红枣、干辣椒、粉丝等干货和鱼翅、海参、鱼肚、蛏虾、瑶珠、墨鱼、鲍鱼等海味。因其主要商品产自南方，故称"南货"。南货店包括糕点、豆豉、酱园作坊，规模较大，资金较雄厚。

津市南货业有南帮（长沙）、西帮（江西）和本地帮之分，以江西帮经营最早，清末民初有此类商店十来家，有的批零兼营，有的只作批发生意，称"折货店"。至 1921 年津市南货店主要有以下 15 家，即：谦吉祥、义芳斋、天生永、公盛荣、广源祥、福源生、仁芳斋、大昌福、诒芳斋、仁和斋、吉记、和顺合、瑞芳斋、罗恒兴、德意长。直到抗战前夕，由于市场对南货需求量比较稳定，故网点增减变化不大，仍稳定在 15 家。

抗战期间，津市人口猛增，长沙南货业商人来到津市开设店铺，南货店相应增加，至 1942 年达 29 家，其主要商店有如下 18 家：

牌号	经理人	牌号	经理人
德和大	王明富	百禄斋	江宗藩
怡隆	贺敏卿	义源生	饶桐生
百福斋	朱叔钧	春芳	
义成	张余三	谦运长	肖子勤
久和	饶德生	义兴元	吴佛僧
春源义	饶均培	周鸿兴	周麟山
罗恒兴	罗世亮	厚余	刘宝桢
芝兰斋	邓涵德	德昌	黄友德
恒源福	张纯泽	老同兴	蔡斌源

抗战胜利后，外地商人纷纷离津。1950 年尚存 16 家，资金 136804 万元（旧人民币），在全市各业中列第 5。1956 年公私合营时，尚有 9 家，10 个门市部（百禄、百福为一家），如下表：

牌号	经理人	组织	地址
鼎和	李品升	合资	观音桥正街
德和大	王明富	独资	会仙桥
永福	赵友三	合资	正街
同成	贺敏卿	合资	观音桥正街
德昌	杨昌善	合资	大码头正街
源丰	黄登书	合资	新码头后街
百福斋	王永长	合资	新建坊正街
义兴荣	吴南僧	合资	观音桥正街
怡大	张余三	合资	观音桥正街

牌号	经理人	组织	地址
谦运长	肖子勤	独资	拐子巷正街
瑞芳	周树德	独资	拐子巷正街
升昌	王业舫	独资	
广隆	饶德生	合资	后街
厚泰			新码头
芝兰斋	邓涵德	合资	祁家巷正街
永安	严仲玉	合资	新码头正街
百禄斋	朱叔钧	合资	新码头正街
老同兴	张和标	合资	观音桥正街

津市南货进货渠道有三：第一是长沙，津长交通方便，上海、汉口等地商品也多荟萃于长沙，品种齐全，故长沙是津市南货主要进货市场，津市较大之南货店在长沙均设有专庄或代庄。第二是汉口，津市南货的海参、鱼翅等海味以及黄花、木耳、红枣，北方产的"龙口"粉丝，美国太古糖等大多来自汉口。第三是宜昌、沙市，四川产的川糖、川酒、榨菜，房县木耳等都通过宜、沙这条渠道流入津市，津市南货业在此两地亦设有座庄。

津市南货业进货渠道比较稳定，仅抗战期间，因交通中断，其进货地点一度转到湘潭。

南货业商品首先是供应本市居民日常需要，除此之外，销澧水流域各县及湖北毗邻县市，其中主要是桑植、石门、大庸、慈利、临澧等县。上述各县盛产桐油，客商运来桐油，然后带回南货。安乡、南县及湖北公安、松滋、闸口、南坪等地运棉花来津，带回南货，澧县各集镇则随到随买。

南货店很注意根据季节和市场变化选择适销商品，如三月份多准备芝麻法饼、牛奶法饼、盐薄脆、烘糕；四、五月间绿豆糕、薄荷糕上市；七月份开始销售月饼、金钱饼；九至十二月份大量供应寸金糖、酥糖、芝麻片、牛皮糖、枸杞红、花根、糖果等年货。不同季节，不同的俏档商品，总是要涨一些价，一般上涨 4.5% 至 10%，个别的要超过这一幅度。

南货店与杂货店关系密切，杂货店一般向经营批发的南货店进货，批发起点比较低。南货批发价格可以自行定价，但零售价格，行业有统一规定，不能低于某一标准，否则引起同行公议，给予罚款等各种处理。批发销售多赊销，分期付款，称为比期，有的十天为一比，有的半月为一比，且多采用前期付款，后期继续赊购的鱼咬尾的方式进行。

南货业一般均有自己的库房，因南货容易变质，较大的店子设有专人负责保管，主要是防潮、防霉、除虫伤。整件货物购进后，都要开包开箱清理，发现霉烂变质的要清除，然后按质量好坏分出等级，按级定出销售价格。对易潮的货物要及时晒干，有些货物还在盛器底部放上石灰隔潮。库房经常保持阴凉通风，发现货物有霉变、虫伤，立即组织工人、店员翻晒、整刷。

南货店一般设有糕点、豆豉、酱园加工作坊，也有少数店只有豆豉、酱园作坊。津市前店后坊的南货店，一般保持在 12 家左右；糕点、酱、豆工人，1945 年有 90 人左右，1946 年有 120 人左右。

糕点作坊。主要生产法饼、蛋糕、熬烘片、绿豆糕、薄荷糕、雪片糕、烘糕、金钱饼、胡椒饼、惠福来、桃酥、盐薄脆、五香饼、麻占、寸金糖、芝麻片、牛皮糖、枸杞红、花根、麻果、雪枣、麻枣、瓜片糖、姜片、喜饼、月饼等数十种糕点。还包括生产部分蜜饯食品，1942 年起津市的糕点作坊才开始生产糖果。糕点作坊有大有小，大的有工人 6 人左右，小的仅 2 个人，一般有 3～4 人，其中有一名掌作师傅。生产工具都比较简陋，两块案板、一个吊炉以及刮刀、切刀、擀面棒、各种筛子、盒子、钵子、缸等。其中吊炉是烘烤的最主要设备，每天生产的品种和数量均由掌作师傅视门市销售情况、季节变化而定，缺什么补什么，保持品种齐全，货物新鲜。

酱菜作坊。酱园主要生产酱油及麦酱、黄豆酱、蚕豆酱（俗称"豌豆酱"）、酱瓜、酥萝卜、五香萝卜、味精萝卜、甜萝卜、辣萝卜、藠头、凤尾菜等各种酱菜，每个酱园一般只有生产工人 2 人，主要生产设备是酱缸，小酱园有二三十口，大的有一二百口，每个酱园一般每年腌制鲜萝卜 500 担，凤尾菜 200～300 担，酱油 100～200 缸。津市酱园历来附属南货店，1942 年常德老同兴在津市设立，才出现专营酱园店。

酱油是酱园的主要产品之一，一般分味精虾子酱油、老油酱油、普通酱油三大类，普通酱油又以质量优劣分为上、中、下数等。酱油生产主要原料有黄豆、蚕豆、面粉、盐。首先是制酱，将黄豆淘洗干净、煮熟，按 100∶27 的比例拌和面粉入房上霉，霉好后晒酱即成原酱。然后是压酱，每百斤水加入原酱 70 斤、盐 30 斤，充分拌和，装入生丝口袋，上轧挤压出汁即成酱油。味精酱油、老油、虾子酱油，只是将上述方法压出之酱油，再按 100 斤酱油加 70 斤原酱再轧两次，浓度高，味道鲜美。酱油轧出后还需造色，用皮糖加适量的水，再加少许肥田粉，在锅内煮沸，将水汁兑入酱油中即成。

豆豉作坊。至少要两人操作，以生产五香盐豆豉为主，每天生产一作，每作下料黑豆 600 斤，产盐豆豉 800 斤。

店员工资。抗战胜利前管事每月 16～20 元（银圆，下同）；店员 11～12 元，最高 16 元；批发业务人员每月 16 元。学徒伙食、理发、洗衣费用由老板开支，江西帮学徒到年底发少量零用钱（第一年一元，第二年二元，第三年三元）。长沙帮没有。店里老板、先生们打牌时可抽得一点水子钱，替老板给别人送礼时可得到一点打发钱，此外再无收入。出师后第一年每月三元五角，第二年每月四元，抗战胜利后工资以米价计算，普通店员每月八斗至二担。店员除在店里做业务外尚可合伙自己做一点小生意，得到少量收入。作坊工人在起下货物时，可得到一点力资，酱园出售酱渣收入，归工人分配，但金额极小。

南货店一般每年正月初四盘存，取初四这一天寓意"四季发财"。独资店盘存比较马虎，只估一个大概，合资店盘存十分认真，盘存后结账，盈利分红。南帮将纯利分为 14 股，股金占 10 股，正副经理合分一股，其余人员共分二股，留一股为机动资金，西帮将纯利 80%～90% 分给股东，余下 10%～20% 分给同事，其中正副经理占五分之一，管事和当家先生又略低，剩下的才分给工人、店员。独资店无一定的规矩，由老板酌给。

南货业同业公会设在义兴荣内，先后担任理事长的有王明富、邓涵德、黄登书。同业公会的任务一般是提供行情、议定货价、摊派捐款、调解纠纷等。

旧津市的绸布业

⊙ 傅泽荣

　　津市在明末清初就有人经营土布店，那时市场不大，布店不多，没有形成行业，至 20 世纪初期店铺日多，逐渐发展，1925 年间先后成立布业和绸布业。

土布店由发展到淘汰

　　20 世纪初，全市有经营土布为主的布店 20 余家，上至五通庙河边，下至韩石巷正街，全是独资经营，还兼营染坊。那时的铺店有曹瑞记、周永兴、福顺昌、德裕祥、太康祥、许福兴、王荣昌、胥恒记、荣春森、福茂恒、万盛荣等。当时农村妇女亦从事手工纺织土布，津市有 3 家土纱土布行。土布收购后大部分由各染坊加染青、蓝色，有的做成印花布，土布质粗价廉。这些布店有个别"殷实户"，如周永兴当时拥资银圆三四万元。曹瑞记也有相当资金，这是土布店兴盛时期。后因机器纺织的发展，"洋纱布"逐渐取代了土纱布，布店逐渐被淘汰。也有个别店子改弦易辙。如福顺昌王善庆认识到大势所趋，改营进口绸布，后来成为绸布业的首户；福兴布店改为经营香烟。迨至解放前夕只剩曹瑞记和兴记染坊两家勉为撑持。

　　布业最早的代表人是福茂恒布店余树人、胥恒记布店胥积堂，后为曹瑞记布店曹瑞庭、许福兴布店许义斋。布店同业公会于 1926 年成立，负责人胥积堂，继为曹友钦，曹以布业负责人身份，选为商会理事长。

青布业发展，取代了布业

　　20 世纪 20 年代初，机纺"洋纱"织布蓬勃发展，长沙、平江、浏阳一带，用木机织成一尺五寸宽的洋纱布，染成青色，称为"平江布"，后织成二尺宽的称为"青官布"，也有洋纱经土纱纬织成的，还织花条布、花格布等。津市产品无法与之竞争，从而长沙、浏阳一带的布商在津市大量销售，在 20 世纪 30 年代他们先后集中商会后街设店营业，称为"青布庄"。最初在津市开业的有刘润记、朱荣记、有道生、庆华、生记等。后来，青布店、青布庄逐渐增加，大多合伙经营。1936—1940 年，青布庄如雨后春笋般，其时多数青布庄改组换牌，如刘润记改名介福，有道生改为肇记。抗战期间开业的恒新易名恒和，还有和济、新丰、鸿华、福裕、伟成、鑫记、源源、鼎康、日新等店设立，这些店庄经营时间较长，时间较短和未设店的尚不在内。1945 年起布业理事长由雷南凯继任。直至 1950 年才合并于绸布业，布业公会才告一段落。

1946—1949 年布业各户统计表

牌名	地址	经理人	资金（光洋）	从业人员（人）	备注
介福	商会街	雷南凯	6000	8	原牌刘润记改组
肇记	商会街	聂肇开	15000	10	原牌有道生改组
恒和	商会街	傅泽荣	15000	10	原牌恒新改组
鑫记	商会街	沈伯衡	4000	6	原牌生记改组
源源	商会街	陈本炎	3000	6	1945 年开业
和济	商会街	杨书春	6000	8	1946 年开业
新丰	商会街	周长生	10000	6	1946 年开业
福裕	商会街	张松荣	5000	8	1947 年开业
伟成	商会街	李墨卿	5000	6	1947 年开业
鸿华	商会街	周德厚	5000	10	1945 年开业
曹瑞记	汤家巷正街	曹友钦	2000	5	1921 年开业
兴记染坊	商会街	周光海	3000	15	1931 年开业
合计			79000	98	

绸布业的发展

当时经营绸布业的称"绸缎庄"或"绸缎号"，但实际经营的绝大多数是棉布。丝毛麻纺织品比例占得很少。绸布业与布业迥然不同，绸布业是经营上海布匹浙杭绸缎和省产青布，以设有门市、规模较大、人员较多、批零兼营为其特点，津市的绸布业发展，可分为以下几个时期：

1. 1930 年以前缓慢发展时期

在 1930 年之前从上海内销布匹，全系外国货或外国人在上海一带设厂生产的产品，因当时农业生产不振，购买力极差，绸布业发展停滞不前。那时绸布店有江西帮吉大祥、福兴义、聂庆记、伟章、伟纶，"长沙帮"声大、大纶、九昶，同行多嫉妒，两帮业务竞争非常激烈。当时实力较大的吉大祥、福兴义趸批畅销商品可以从上海进货，其他各店从长沙等地采购，有时也从附近常德、沙市购进，那时除聂庆记一家系内字号批发店外，其余均是门市批零兼营，由于沙市和常德绸布业实力雄厚，夺走了澧水一带的市场，津市绸布业难与抗衡，导致生意清淡，发展缓慢。

1930 年前绸布业统计表

牌名	地址	经理人	资金（光洋）	从业人员（人）	备注
聂庆记	观爷楼正街	聂庆南	20000	12	专营批发
吉大祥	观音桥正街	王芝九	50000	25	
福兴义	水府庙正街	吴南僧	60000	28	
声大	新码头正街	沈炳生	25000	16	
大纶	新码头正街	范汉泉	20000	18	
伟章	新码头正街	黄咏禅	25000	20	
伟纶	祁家巷正街	周乔松	20000	18	
九昶	祁家巷正街	马子庭	20000	20	
合计			240000	157	

2. 1931 年至 1935 年衰退时期

这几年水灾连年，灾民载途，农村购买力急剧下降，1935 年水灾更大，购买力更差，加以外货大量倾销，纺织品价格大幅度下跌。布匹店大户，多数亏本，有的甚至破产，如九昶收歇后，聂庆记迁其地址，不久聂庆记、福兴义、伟章、伟纶、大纶有的倒闭，有的已先后收歇，例外的是土布店福顺昌迁移大码头后扩展为绸布店，该店经营有方，不但未受亏损，还得到了相当的发展。实力较大的吉大祥，有常德绸布业的后援，还能固守。

3. 1936 年至 1940 年兴旺发展时期

1936 年是前所未有的大丰收年，农村购买力大幅度提高，绸布业务成倍增长，绸布业生意兴隆，吸引其他行业人士加入投资。1937 年福兴义兄弟拆伙，吴琏生邀集钱业、油业有实力的李九卿、胡彬生、胡异三等以银圆 6 万元（外有股东附存 2 万元）开设怡和绸布店，伟纶的周稽山与聂东海筹集资金 2 万元开设大孚绸布店，彭开太、匡国基等组合祥丰绸布店，聂东海又在商会街组设福康匹头庄。一时市内绸布店林立，生意兴隆，市场十分活跃。1937 年 7 月抗日战争全面爆发，继之上海沦陷，正常运输切断，布匹价格猛涨，各个绸布店存货较多，均获大利。次年，广州、武汉相继失守，上海货物改由温州、宁波、金华陆路运来，津市市场成为澧水湘西北和鄂西南集散中心，呈现畸形发展，转手倍利，一时成为商人的黄金时代，物价不断上涨，以纺织品颜料领先，如福顺昌原来资金不过几千元，几年大发展后已拥资银币 30 余万元。有实力的吉大祥、怡和、大孚等除股息红利外，还拥有巨额资金，其他铺店都有不同程度的发展。

1936—1940 年绸布业统计表

牌名	地址	经理人	资金（光洋）	从业人员（人）	备注
祥丰	大码头正街	彭开太	20000	15	
大孚	观音桥正街	周稽山	80000	20	
吉大祥	观音桥正街	刘瑞麟	150000	28	
福顺昌	水府庙正街	王善庆	200000	25	
怡和	新码头正街	李九卿	150000	28	
声大	新码头正街	沈炳生	40000	18	
大华	新码头正街	罗锦江	20000	20	
大纶	新码头正街	范汉泉	50000	20	
伟章	新码头正街	吴迪凡	30000	29	
伟纶	祁家巷正街	周乔松	20000	15	
福康	商会街	聂东海	30000	12	专营批发
福兴义	水府庙正街	吴南僧	20000	7	
合计			810000	237	

4. 绸布业两个经营管理典型

1935 年前连年水灾，绸布业生意清淡，多数亏本，但也有个别商店，善于经营管理，虽是荒年，也能获利，如声大布店由于经理沈炳生讲究门市业务，花色品种配备齐全，每日必亲自坐镇营业间，顾客进门，营业员必须千方百计投其所好达成交易，否则即追查原因，对营业员待遇从优，五、八腊有带薪还分享红利。当时同行业亏本，而声大还有少量盈利。又如 1930 年以后福顺昌布店经理王善庆认为土布行业没有前途，两度迁移地址，改修门面，发展绸布业务，起初借债进货，薄利多销，遵守信誉，招聘人才，扩大业务，门市零售采用加尺放尺招揽顾客，在信息方面利用电话电报，床头设置电话机，便于深夜通话，还经常自己上街与有关单位联系汇兑，到同行各店攀谈，取得信息战胜对手，各项费用开支无不精打细算，不久王善庆已成津市大户，并保持长盛不衰。

5. 1943 年至中华人民共和国成立前夕

沙市、宜昌失陷后，日本侵略军逼近津市。1943 年津市一度陷落，社会秩序紊乱，绸布业稍有实力者均将大部分资金抽走，外迁避难，留下的铺店家具和残存货物作为股金，与店员合作，改组继续经营，用以控制基础，以待时局安定，再度回津东山再起。这种"金蝉脱壳"的办法，津市的绸布业不乏其人，不啻一次全面大改组。抗战胜利后的 1946 年，长江恢复航道，沪杭纺织品来源逐渐流通，后因国民党发动内战，解放军节节胜利，津市外迁商人已在长、常等地开展经营，不愿回津，从此津市绸布业资金大为减少。

1943—1949 年绸布业统计表

牌名	地址	经理人	资金（光洋）	从业人员（人）	备注
大昌	原大孚地址	聂东海	15000	20	大孚周稽山迁常德后改组
九源	原吉大祥地址	王兴才	20000	28	吉大祥刘瑞麟迁常德后改组
维新	原福顺昌地址	陈省恩	20000	25	福顺昌王善庆迁长沙后改组
大和	水府庙正街	刘国民	10000	17	吉大祥店员分出组合
介华	新码头正街	周润富	10000	20	由长沙人来津组合
益泰	原怡和地址	匡国基	15000	22	祥丰拆伙后组成
信大	原声大地址	汤渊泉	10000	15	声大沈炳生迁益阳后组合
振丰	原大纶地址	王振湘	20000	24	原福顺昌店员邀伙组合
锦纶	原伟章地址	黄庭瑞 朱永濂	25000	25	原声大店员邀黄庭瑞组合
新业	祁家巷正街	章寿芝	15000	18	原福顺昌改昌明后章析出组合
怡华	祁家巷正街	许炳容	8000	12	原福兴义店员组合
大新	原聂庆记地址	兰泽鋆	10000	20	兰泽鋆邀澧县绸布业组合
美丰	新建坊正街	周德厚	10000	14	原兴记染坊周邀人组合
五福	原伟纶地址	范乔初	10000	15	原大纶店伙析出组合
日新	商会街	吴涟生	8000	7	原怡和股伙析出独资开设
鼎康	商会街	肖毅臣	10000	9	肖自岳阳迁来与吉大祥店伙组合
合计			216000	291	

发挥公会作用，实行三业合并

1949 年 7 月津市庆获解放，工商业者开始对共产党抱怀疑态度，不敢大胆经营，这时担任同业公会理事长的是王振湘，他经常参加由津市人民政府领导的津市商会布置的学习，学习党的方针政策、法令等，他学习后又组织同行业人员学，觉悟有所提高，各店方始正常营业。在同业公会主持下对支前借粮、购买折实公债、支援抗美援朝、捐献飞机大炮以及工商登记、缴纳税收等，作出了一定的贡献。

绸布业从业人员较多，劳资关系比较杂复。例如 1951 年春天度淡时期，多数铺店营业少、人员多，难以支持，按照政策在不裁减人员的原则下，节支费用度淡，最大的支出就是工资，在市工商局、总工会指导下，同业公会负责人多次周旋，反复劳资协商，在思想悬殊情况下最后才统一认识，从长远着想，以免铺店倒闭，人员失业。在淡季劳资双方均减少工资 20%，进入旺季即恢复正常，得到劳资两利的妥善解决。

继又组织行业联购，减少中间环节，直接向上海统购布匹，分给各户销售，收到一定效益。

1950 年、1951 年为便于工商管理，布业和估衣业先后与绸布业合并。布业系商会街青布庄 10 户，经营商品与绸布业相同；估衣业计 6 户，即：裕源、祥隆、裕康、黄兴太、义兴、久成，他们早期货源是从"当"铺里的死"当"衣物选购的，后来"当"铺随着社会的发展，逐步消失，经营估衣业的有的改做成衣，大部分系经销布匹，与绸布业业务相近，遂并入绸布业。因此，实行三业合并统称绸布业，仍推选王振湘为理事长。

担任绸布业同业公会理事长的，自 1925 年至 1956 年全行业公私合营止，先后有王芝九、范汉泉、聂东海、章寿芝、王振湘、肖毅臣、周克炎。担任布业同业公会理事长的有胥积堂、曹友钦、雷南恺。担任估衣业同公会理事长的有徐名臣、徐慕华。

1956 年全行业公私合营前，绸布业同业公会设在益泰楼上，有办事员两人，通讯员一人。这时，同业公会对组织原工商业者走国家资本主义道路，起到了一定积极作用。

走国家资本主义道路

1951 年国家花纱布专业公司成立，批发业务均由专业公司经营，绸布业只能经营零售，这年党和政府号召私营工商业走国家资本主义道路。接着几家较大的油、盐、绸布和药材铺店响应号召。1951 年 10 月 1 日经政府批准公私合营津市企业股份有限公司宣布成立，绸布业祥康、锦纶、振丰三家被批准加入公私合营，这时政府为维护私营工商业经营，采取六项经济措施，调整人员，信大、久昌，大成三家难以支持，经政府批准歇业，人员先后均得到政府安排，裕生、新业两家分别转入了其他工业，联成转了一半资金和人员去株洲设店经营。1956 年全行业公私合营时，都走上了社会主义光明大道，这时各户合并于锦昌、益泰、大和、联成、美丰五家，被安排为五个公私合营零售店，同业公会完成了它的历史使命，宣告结束。

旧津市的百货业

⊙ 彭伯鉴

百货业主要经营口杯、面盆、袜子、汗衫、背心、毛巾、胶鞋等日用工业品，其商品多由上海、南京、广州等地经汉口、长沙输入津市。故早期百货店又称"京货铺"（商品来自南京）或称"广货铺"（商品来自广州，且品种多），百货业又称"苏广业"，1921年后，方逐步以其品种繁多衍称"百货店"或"百货号"。

清末民初津市有百货店17家，其牌号及经理人如次：春泰（贺春阶）、春源（贺家祥）、成章（罗云卿）、厚记（宋兴太）、光明斋（胡普生）、新新、正康祥（刘子楚）、荣新美（李寿庭）、华新（谭海清）、德昌祥（王德洪）、李大兴（汤维元）、亿丰（邵仁臣）、刘昌记（刘耀庭）、徐信义（徐镇武）、亚中（王美中）、裕丰（饶宜之）、亚新（魏玉成）。百货店主要集中在观音桥正街、新码头正街、关庙街、祁家巷正街，上述店子除光明斋和新新专营零售以外，其他均批零兼营。

1921年以后，刘昌记收束，荣兴美改牌裕民（经理徐声扬），李大兴改牌民强（经理毛玉坤）。另新开设罗义泰（经理罗智刚）、同兴益、吴荣记（经理吴必庆）、振昌、大和昌（经理辜尊福）、周同兴（经理周孝炽），百货店共增至19家，并稳定至抗战前。

抗战时期湖北人流入津市，多开百货店和摆百货摊，百货店由19家增至27家，另有百货摊30个以上。

抗战胜利（1945）后，裕兴、合兴迁回湖北，协丰、许燮记收束，其余27家继续经营，但部分店更改牌名（见上表）。协丰收束后，徐声扬顶其门面，组设美成百货店；许燮记收束后，刘育万顶其门面设裕太百货店；此外又有唐修培合资开设永康于新码头正街，朱锦华独资开设荣丰于大码头横街，汤铭川合资开设新丰于新码头正街，王裕兴线铺兼营百货，百货店增至29家之多。1950年工商登记时，百货店尚有25家，资金82780万元（旧人民币）。1953年增至29户，1956年对私改造时，有百货店 25 个，百货摊 39 个。

抗战时（1937—1945）津市百货店一览表

牌号	经理人	组织形式	经营方式	店址	备注
华新	谭凯瑞	独资	专营零售	祁家巷正街	后改大庆
杨明记	杨明远	独资	专营零售	新码头正街	
光明斋	胡普生	独资	专营零售	新码头正街	
精华	岳辉云	独资	专营零售	观音桥正街	
新昌	谭维新	独资	专营零售	万寿宫正街	
许汉记	许广权	独资	专营零售	新建坊正街	
蒋万新		独资	专营零售	新建坊正街	
许燮记	许权玉	独资	专营零售	祁家巷正街	
杨名记	杨名西	独资	专营零售	祁家巷正街	
毕仁记	毕家仁	独资	专营零售	城隍庙街	
雷庆记	雷维庆	独资	专营零售	新建坊正街	
裕兴	刘玉祥		货郎担批发	后街	
合兴	龚成章		货郎担批发	后街	
民强	毛玉坤	合资	批零兼营	观音桥正街	后改有和
荣和昌	辜尊朴	合资	批零兼营	大码头正街	后改大和昌
亿丰	邵仁臣	合资	批零兼营	观音桥正街	
协丰	赵昌斌	合资	批零兼营	观音桥正街	
益新	聂筱珊	独资	批零兼营	新码头正街	
周同兴	周友典	独资	批零兼营	拐子巷正街	
同力	郑昌玺	合资	批零兼营	新码头正街	
有和	毛玉坤	合资	批零兼营	观音桥正街	
裕大	陈宪章	独资			
吴荣记	吴必庆	独资	批发为主兼零售	祁家巷正街	后改新云和
正康强	刘子楚	独资	批发为主兼零售	祁家巷正街	后改祥兴
裕民	徐声扬	合资	批发为主兼零售	新码头正街	后改益大昌
徐信义	徐镇武	独资	批发为主兼零售	关庙街	后改五义恭
达人	邬国珍	独资	批发为主兼零售	观音桥正街	
秦美厚	秦长发	独资	零售百货兼织袜	新建坊正街	
德昌祥	王德范	独资	零售百货兼织袜	关庙街	
褚福太	褚东之	独资	零售百货兼织袜	万寿宫正街	
华丰	黎季冬	合资	零售百货兼织袜	新码头正街	

　　清末民初百货主要来自汉口、湘潭、长沙等地。铁路通车后，以长沙进货为主，少部分货直接从广州购进。百货店一般在长沙设庄，仅厚记在汉口设有庄。抗战

胜利后，华丰亦曾在汉口设庄，兹将主要百货店设庄情况列表如下：

店名	庄客	设庄地点	店名	庄客	设庄地点
裕民	丁伯鹤	长沙	亿丰	邓国璋	长沙
正康祥	肖迈生	长沙	协丰	熊永斌	长沙
吴荣记	吴馥庆	长沙	周同兴	沈至宽	长沙
民强	毛玉春	长沙	美成	熊永斌杜仲甫	长沙上海汉口
荣和昌	丁世昌	长沙	华丰	陈世荣李仲甫	长沙广州汉口
徐信义	刘维则周炼云	长沙			

庄客一般佃屋居住，可带家誉，伙食及招待费如实向店报销，年底回津，同行各店设宴款待，以示慰劳。专庄不取庄费，商店支付薪水，代庄则取手续费，一般按购货额提取1%，也有高于此比例者，无统一规定。

津市百货批发销大庸、慈利、临澧、南县、华容、澧县、湖北公安、松滋、石首等地。抗战时，四川万县也来津进货。凡批发购货者，备有办货清单，上写品名数量，当面议价，然后成交，清点商品，名牌名产不必一一过目，新产品则要仔细挑选。付款方式，采用赊欠往来，所欠货款，账上记载，无须欠条，下次购货付清欠款，再进新货或到期派员索回，批发生意成交额大，历为各店重视。如裕民百货店为争取小河来的业务，在小河船停靠处天主堂河边，专设接待站，备有电话，生意谈妥，打电话回店，准备酒席，热情款待。

百货零售生意，亦以农村顾客为主，尤其是秋收后，为婆亲嫁女购买聘礼和嫁妆的顾客，则常采用期货销售，生意颇为可观，百货零售习惯喊价还价，有"喊价齐天，还价齐地"之说，价值一元的商品总要喊成一元二以至更高，等顾客还价到一定幅度才成交；遇到大笔零售生意，则开始在某两种商品上有意少价，使顾客尝到"甜头"，然后又在其他商品上加价收回。故经营百货，利率较高，一般在20%左右，而且各类商品悬殊较大。

百货交易中为便于同行议价，其价目均用暗码代数，以"丁、元、台、罗、吾、交、花、分、旭、针"十个字分别代替一至十个数目字，此暗码在九澧百货业通用。此外各店另有自定暗码，如华丰用"告星共北斗高照九南"，吴荣记用"仁义而已矣何必曰利"。将暗码价写在货物的封皮上，做到心中有数，在遇到顾客讨价还价时，店员可用暗码当着顾客的面与其他店员商议。

百货畅销商品，根据季节，各有不同，春季以丝纱袜、毛巾、头巾、头夹、胶鞋、套鞋为主；夏季销汗衫、背心、香水、香皂、爽身粉、澡巾、肥皂、草席、芭蕉扇等；

秋季则积极筹备镜子、插屏、花瓶、瓷坛、脸盆、台灯等;冬季主要销冬帽、围巾、棉袜、毛毯、雪花膏、哈利油、生发油、生发膏等。

大型百货店均批零兼营,小店则专营零售。零售店除综合商店外,也有专营店,如达人专营益阳细纱袜,周同兴以经营颜料为主,德昌祥以织袜为主兼营小百货,杨明远主营眼镜,光明斋专营玉器、眼镜、湘绣及高档化妆品等。

百货店一般农历腊月二十八盘底,并按股金 8% 提取股息。次年正月初四,各股东、店员聚集会餐,称谓吃"红账酒"。初十以前开股东会,商议提红、利润分配、开业日期、定人员、定工资、定进货地点。合资店红利分配,按利润总额提取 20% 作为红利,红利中 50% 分给经理、副经理、管事、管账、庄客,其余 50% 分给店员、伙计,一般店员可分得 30～40 元(银圆),学徒 15～20 元。部分得力人员分红后尚可得到老板暗里的奉送,多少不定。独资店红利分配由老板自定。

百货店人员,大店一般 20 人左右,其中管事 1 人,管账 1 人,管钱 1 人,坐柜收款 1 人,庄客 1～2 人,跑街收钱 1 人,炊事 2 人,店员 8～10 人,学徒 3～4 人。中等店 15 人左右,小店 7～8 人不等。店员工资一般每月 7～8 元(银圆,下同),次之 6 元,能力较强者 10 元左右,最高 15 元,庄客 20 元左右,病事假不扣工资,药费自理。抗战中期开始,货币贬值,以米计算,一般 2 银元 3 担米一月,庄客 4 银元 5 担米一月,学徒仅有饭吃,没有工资。

担任津市百货业同业公会会长、理事长的自民国初年起至 1956 年全行业公私合营止,先后有罗云卿、王美中、邵仁臣、唐修培、周友典。同业公会原无固定地址,谁是负责人,就在谁的家里商议同业公会议价、行情、捐款摊派、调解纠纷等事宜,自后业务扩大,往来增多,即将会址固定在华丰楼上,有办公人员 2 人,茶房 1 人。中华人民共和国成立前,每年农历三月十五日举行一次财神会,吃酒看戏,耗费颇大。

旧津市的旅筵业

⊙ 谢国庆

一、概况

津市市地处湘北，乘澧水水运之便，市场因此繁荣。富商大贾，多集于此，旅社酒家亦随之而发展。1915 年即有酒饭馆如澧阳楼、新合楼等 9 家，烹调属澧水风味。1931 年成立筵业同业公会，属商会领导。主管行业者称理事长，当时理事长是易鹤仙。其职权对上有纳捐税款的义务，对下有制定行规、议定行价和调解劳资关系的权利。当时旅筵业不包括小商贩、小客栈，只管旅社商号，筵席小客栈、小饭摊另有饭业同业公会，据查证当时饭业公会理事长姓夏，津市人，会员每月应向公会交纳会费。同业公会在皇姑山买有土地一块，会员和家属死后，可在该地埋葬。

抗日战争全面爆发后，1938 年武汉沦陷，沙宜失守，外省难民、商人蜂拥而至。人口猛增，商业随之发展，湘菜、鄂菜、川菜、下江风味店，先后开业者达 76 户，小型客栈更是星罗棋布，遍于大街小巷。

1945 年抗战胜利，大批外商歇业还乡。人口减少，市场凋零，旅筵业也不例外，酒家只剩企园一家。

1949 年津市和平解放，人民政府对工商业采取发展生产、繁荣经济、公私兼顾、劳资两利政策，经济逐步得到恢复。在政权改革中，行业理事长解职，重新民主选举行业主任，设正副主任、委员 5 人，行业名称仍称旅筵业，主任委员是谢国庆，副主任委员是汤惠源等。

1955 年对私营工商业进行社会主义改造，全市在绿荷池召开全行业公私合营的万人庆祝大会。从此旅筵业被批准为全行业公私合营。

二、饮食业

津市筵席，属澧水流派，乡土风味浓郁。在官府菜中，烧烤席为冠。烹调和选料考究，用专制铁叉，叉上去毛整净的仔猪置于炭火上烧烤，达到质地软烂香脆，红润光亮止。筵席不但数量丰盛，其规格排场也大，菜馆送筵席至官府（指澧州镇守使唐荣阳官府），将烤好的整仔猪，猪头向上用叉叉着扛于肩上，后随装菜的高大竹花篓，厨师勤杂工具担，成队经过街市，鱼贯入府，十分显耀。二等筵席算烧方席，此席选肥猪上脊部位，约一尺见方，先用柴火烧成半成品，到开席时，再用炭火烧烤精制而成，故称"烧方"，随价格不同，配菜数量相应增减。

地方民间的筵席，以鱼翅席为主，鱼翅属海味类。此筵席分沙帮（指长沙帮）和津帮之别：长沙帮称燕翅烧烤全席（燕指燕窝），筵席规格，有进门点心、十手碟、四高桩、四香盘、四热炒、六大菜、二点心、四随菜、一汤。津帮简称鱼翅席，为八大八小、十二围碟、四高桩、十鸳鸯碟、四点心。八大：即八个大菜，如鱼翅、全鸡银耳等。八小：八个小菜，如炒红白肚尖、鱼、莲子等。十二围碟：指各种冷盘和拼盘。四高桩：用高脚碟，装上各种水果，水果上插牙签。十鸳鸯碟：一半装花生米、一半装瓜子，每人一碟。四点心：全席有四次点心，客人进门送上第一次点心，又称到岸点心，每人发生肉小包子一个，用生肉馅做成包子蒸熟，鸡蛋面一小碗半两；二次点心是烧卖脑髓卷各半；三次点心是蛋糕；第四次是酥货子，即小酥饼类。酒毕不吃饭，每人一碗糯米稀饭。二等筵席是鱼肚、鲍鱼、海参等席名，海参稍高一级。也有纯地方风味的酒席，称大小酒，即四冷盘、十六碗菜，也称四冷四热、六大菜二点心、四随菜一汤等席名。

民族菜和寺院菜，津市无专业菜馆，有的回民小吃部以牛肉为主，用小炒、煮、炖的烹调技术供应市场，常见能够持久的是牛肉粉。寺院菜在市场更无，仅在寺庙、庵堂即经堂有之，材料以豆制品为主，拌上面粉做成鸡、肉、鱼型，用油炸而成，如用竹叶糊上配料的面浆，用油炸便是鱼型，因此全席也冒称有"扣肉""扣鸡"等名称，但正统的佛教和道教像葱、蒜等香料，称"五辛"为"五荤"，也属禁食，这种筵席也只有达官贵人、富商巨贾才能品尝得到。

三、名牌网点

清末以澧阳楼最为著名，三层楼营业，故又名"三层楼"。其堂菜面食有独特的风味。1915 年，经营筵席的主要有玉珍馆、银珍馆、集贤楼、德贤楼（又称"四层楼"）、大观楼、桃源楼等 9 家。到抗战时又有发展，仅大型酒家就有企园、长沙、湖北 3 家，并中小型饭菜馆共达 38 家，后以企园筵席出名，该店远到长沙，专聘有名的厨师，如洪百生、刘太臣、李清泉、刘廷玉、何长生等人，由于这些名厨来津，带来了长沙风味，仅面食就改称三鲜、酱汁、肉丝、光头等面名，取代了津市原有的名称大面、中面、常面等叫法，故而名牌企园也保留至今。

中型的酒馆，有新合楼、顺发，但以新合楼的包子有名，肉馅拌笋尖，其包子质泡、松软，馅散而爽口。小型饭馆有双合楼、满春园、同庆、同顺，以双合楼的饭出名，米饭软硬适宜，且装饭满碗堆尖，经济实惠。粉馆刘聋子、黄义发、胜利、爵春发、黄阳记；面馆有四盛园、春乐园、多谢馆。但粉馆以刘聋子的牛肉粉最具特色。此店既无屏风也无华丽装饰，仅凭牛肉香气散发于街，招来顾客。多谢面馆的羊肉面，满碗红油而不辣，俗有美吃不如美看的说法，这可算美在其中。春乐园的饺子（外地称馄饨）、四盛园的面，均有名气。

网点分布，津市是沿河街一条直街，中段有河、夹、正、后四条街，河街是行、栈、茶馆、小吃馆多开设在此。夹街类似旧上海的四马路，剧院、旅社、妓院、三大酒家，均集设在此，饮食小吃馆，多到仅一壁之隔，开门相望，如企园隔壁是盟华园，对门又是春乐园和兰香斋，这段小街仅 50 米长，就有大小馆子十多家。

正街是油业、盐业、百货、布匹、药材等几大支柱行业所占有，其小型饭馆多开设在正街两头延至街尾。后街是集中商号（住客及庄客）、青布庄（批发商）、南货店（农民称为货栈），也有少数的面粉馆。

上述所谓名牌，纯系经营者在了解顾客的喜爱，适合其口味，在色、香、味、型等方面下工夫，不断创新、改进，既讲质量，又讲服务态度，因而远近顾客，慕名而来，自然形成名牌。各种饮食店，毗邻而立，顾客有比较、有鉴别，稍有松懈，则会被淘汰。网点的布局亦然，也没有谁领导，也没有谁干预，凡经营是业者，无不选择人口密集或比较热闹地区作为开业地段。

四、名厨名菜

名厨应技术全面，擅长配料，无论叉子、炉子、橛子、盘子应样样在行，更要有一手突出的绝技。民国初年，名厨汪若湘，九澧驰名，名人雅士应邀赴宴，有人说无汪厨师掌作而不食。他炒的冰糖排骨光亮香甜，且起丝而又脱骨。刘光进的海味颇具特色，做的鱼翅海参菜，色美透明清而爽。吴起凤擅长改切作拼盘，切片如纸，长短匀称，层叠分明，造型美观而大方。宋驼子对吊烧卤味有一手绝技，还有陆傅银、肖得汉等。名厨宋维藩，长沙人，1909 年在长沙曲园、潇湘两家酒店学徒帮工 15 年，1923 年来津市，因技术全面，又有一套经营管理方法，故而当上了企园酒家的经理。公私合营后只剩老一辈的名厨蒋润生、蒋运庭（大案）、蒋云定等。

1915年，津市名菜有猪肘，又称为膀，最受群众欢迎，不但色、香、味、形具全，而且分量也多，质肥而不腻，入口即烂，老少咸宜，有口皆碑。个别酒馆，一天可卖40多份。蒸笼格子菜，有乡土风味，蒸笼小得只有直径五寸大，一格一碗菜，全部荤素搭配粉蒸，如粉蒸排骨、粉蒸碎花、粉蒸肥肠、粉蒸牛肉、粉蒸鱼肉等，一般用芋头、南瓜、藕等素菜作底，蒸笼一套八九格，高达二三尺，一锅共有四套，人站到远外，就能见到腾腾热气和闻到扑鼻的香味，颇具诱惑力。

抗日战争时期，湖北酒家、顺家、顺发酒馆从湖北带来了湖北风味菜，如鱼糕、酥鳝鱼、桂圆肉等，由南京、扬州迁来谋生开店的有精制板鸭、卤鸭、水蹄花、红烧狮子头等，属下江风味，抗战胜利后，这些深受群众喜爱的名菜，因原料短缺，已面临失传。

五、麦面米粉

津市最大的面粉作坊是陈二记，还兼营油炸食品，它拥有磨盘四套和十多头牛，四部头的压面机四整套，工人有10多人。产品有面粉、面条两类，油炸食品的品种繁多，规模也大。炸货又分大小案，大案生产双麻饼、牛奶发饼，每逢春节还生产花根、雪枣；小案炸油货，如油条、麻花等15个品种。经营方式以批发为主，兼营零售，农村小商进货用担挑，城市小贩则手提竹篮串街叫卖，批零差价是九六扣。另外还有潘恒茂、戴士辉等20多家。

油货品种有油饼、白糖酥、肉酥饺饵、糖酥饺饵、油条、油炸砣、糖麻花、糖油糍粑、盐油糍粑、筋鼓条、油汤圆、藕饺饵、葱油饼。

中华人民共和国成立前米粉作坊有4家，是前店后厂生产米粉，工具原始，工人们被束缚在笨重的体力劳动中。米粉生产从磨浆、煮浆、榨粉、捞粉到上架成品等11道工序，全部是手工操作。有一首歌谣唱道"手推笨重磨，脚踏阎王碓，猴子抱桩把粉榨，寒冬腊月汗成河"。

六、甜食点心

有名的甜食店是石万泰，由石家兴创办，其甜酒无论生熟均甜而不辣，熟甜酒散粘且泡浮于面，渗有少量的小汤圆，其汤圆小似珍珠，给人以美感，糖汤圆讲究精细，香甜而松软，糖馅稀化而不流，入口光滑，老人喜食。该店同时经营米货品种，如米发糕、肉汤圆、娃儿糕、生甜酒、汽水巴巴、米包子、熟甜酒、糖汤圆、糯米团子共十多种。

专营点心的不多，为时也不长，以津津点心店一时有名，其品种有八宝饭、冰糖莲子、各种花卷、小笼包子等。甜食点心能保留至今的，有细点类：三鲜炒面、肉丝炒面、虎皮蛋糕、猪油红枣、夹心蛋糕、猪油豆饼、锅饺、八宝饭、白糖莲子、凉发糕、白蛋糕；烤点类：红烤饼、六公苏、芙蓉酥、月亮酥、龙条酥、蝴蝶酥、佛手酥、凤尾酥、梅花酥等。

七、经营管理

旧社会私营企业，也有一套旧的经营管理方法，在创办企业时，先要选好地点，也称码头，招牌也经过深思，如企园酒家的招牌，寓意深远，想使人们走到这个酒家，就要止步，"人""止"为企，因此定名为"企园酒家"。要管好饮食企业，本人务必要懂行。企园的老板，不但技术好而全面，且善于管理，亲自把好生产关。他用人远到长沙，请有名的厨师，还安排当神目（读 mò 音），即现在的厨师长，还授权他挑选配套师傅进店，为企业卖力。

旧社会饮食业为了在竞争中而求生存，为使顾客称心如意，对烹调技术绞尽脑汁，精益求精。对食品的色、香、味、形等方面十分讲究，千方百计使顾客的口、眼、鼻、耳等均有美的享受。

各种音响，达于户外，人们一听便知此地是饭店，如炒菜时的敲锅声、火炉风箱的乒乓声、白案的拍面声、案板上的弹跳声等，不仅如此，还有跑堂的大声呼唱号子声，店内气氛十分热闹。号子又有沙帮和津帮的不同，津帮的号子叫面的唱法是"大面一碗"（仍三鲜面），"双油饱条"（指面和油多点）"还要带哨"（指快一点）。沙帮的号子则唱法不同，叫面是"三鲜或酱汁一碗"，又唱"带行"，干（指面要硬而少放汤），或唱溶排、宽（指软点而多放汤），最后补唱一个"来原"（指放肉码子里的原汁汤）。因此唱出了顾客的心里话，也是安慰话，无非是想把店铺搞得热热闹闹，招徕顾客，俗话说，"吃面要找行时馆"（生意多汤好面也好），"喝茶要找背时店"（茶客少有真开水喝）。

为管好企业，在生产过程中也做足功夫，举两个例子：第一如企园酒家，首先把好进货关，该店专用长沙德盛隆的龙牌酱油、上海天厨的味精、名贵的虾酱、郫县的豆瓣酱作调味品，鸭子选用 4 斤左右的淮鸭，鸡母只用两斤半左右的，特别讲究调制煮汤，俗话说"艺人的腔，厨子的汤"，一席好菜，必须要有好汤。第二是刘聋子牛肉粉，也同样从进货到生产，层层把关。牛肉进店，立即挂上，不使它沤窝在箩筐里，后分老、嫩、肥、素切成一斤左右的块子，放在清水里浸泡，挤出纤维里的血水，反复一至两次挤清水为止。在煮牛肉时，将 20 多种香料药物，用纱布袋装好放入水底，后放牛肉，让药的香气蒸发，渗进牛肉里，使牛肉的腥味随气体蒸发出去，但不要加盖，防止腥气反入牛肉里，并随时滗出浮上血泡，使汤汁澄清。

在工种和工资方面，旧旅筵业工人工资，在旧社会就形成了多劳多得的萌芽，除名师每月 10 ~ 12 银圆外，其他一般工人是按营业额加收百分之十的小费。还有烧火的试煤钱（由煤店出钱），小货、残菜、油渣、灰面袋等收入归工人所有，由于这些收入随营业额的多少来计算分配，所以大伙对业务特别关心卖力。但分配又有等级，油案工、站灶工一股，每股分为十厘等分；解切工拼盘分一股；干杂工杀鸡整肚，分 8 ~ 9 厘；面案工，正案掌握小碱分一股，一等帮案工做大碱分 9 厘，三等帮案工站蒸笼分 8 厘；堂倌正堂工迎客排席分一股，二堂工现堂报账分 9 厘，三堂工上楼送菜分 8 ~ 9 厘，四等站堂工送巾送水，分 6 ~ 7 厘；水杂工挑水送货分一股；座柜或叫掌柜，结账收款分一股。

在设备和餐具方面，讲究华丽，筵厅分普座、雅座、包厢等级别，其设备用具雅座与普座有显明的区别，在餐具上也有差别，高级筵席的菜碗，冬天用水碗（双层中间盛上沸水保温），又名套碗、套壶、套杯，即酒壶、酒杯也保温，为减少空气污染，用山西汾酒烧火锅炉子。饭碗全用金边花纹高级瓷器，如象牙筷子等。

八、旅业

津市旅业，历来十分发达，旅馆起源于饭铺或称歇铺，后改客栈，其招牌用纸贴，有的用木制灯笼，有的用长扁形亮牌灯，上书"××客栈食宿便宜""未晚先投宿，鸡鸣早看天"等。多为夫妻店，一两个房间住宿，并供给饭菜，价格便宜，多接待力人、小商贩等。随着商业的发展，出现了旅社、商号、公寓、栈房，设备齐全，少数商号备有电话，主要接待庄客和行商。住时短者数月，长者数年。旅社出现较迟，1930 年 10 月 6 日，旧行政院公布，凡带旅行上谋方便，和一切旅行事务之商业，均为旅行业，因此，旅社的招牌从此出现，旅社的设备比客栈、商号更雅致，多为城市富商大贾和农村大地主及军政便衣人员提供打牌赌博、狎妓宴欢场所，旅社则以民国初年开始的大旅社最为著名。在抗战时，旅业蓬勃发展，多达 48 家。商号公寓集中在商会街，旅社多设在夹街。1947 年总共 43 家，房间总数 193 间。饭铺经营灵活，变化很大，栈房招牌的名称到清末民初尚有福临公等 6 家。

旅馆 民国初年的津市大旅社，招牌名气最大，开设在三元宫，并兼营澡堂，设备比较华丽，卖房间以军政、富商、大少等赌博玩妓为主，其房间一天可卖 2 ~ 3 次，澡堂设备在津市为第一流。民国初，就用上了搪瓷大浴盆，当时又称"洋盆"，床的扶手全用黄铜片镶边，视面金光发亮。工人有 20 多人，每逢腊月开澡堂年工人在 50 人以上。

到抗战时，以大华旅社为最，自建新屋，上有楼房十多间，全部一新，其业务也是以富商大少打牌赌博玩妓为主。大华旅社老板冯聚顺，扬州人，他到扬州买来少女又开设堂班（即妓院）。班主又称龟头，少女落到他们的手下，就是奴隶般的生活，毫无自由，任其摆布和剥削。少女因故不接客，就要受打骂。解放后在民主改革中，冯聚顺因罪恶深重，畏罪自杀。还有福明旅社，也是下江人开办，同样兼营妓院；长春、九澧两家旅社，只管开设房间不管堂班。旅社在当时是以卖房间为主，并不开餐，只代办喜庆筵席，专为吃、喝、玩、乐服务，全部设在夹街。即原西河街，这是旅社的特点。

商号　商号以住庄客和商行为主，如老东江有 30 多年的历史，该店多住湘西推销桐油、皮油、梓油等客商。同人利商号，系浏阳人创业，在商业行号中算是上等，装有电话，常住庄客一住数年之久。客人多系长沙、湘潭、浏阳等地收购棉花、粮食、油料等物资之人。华安、两湖两家商号，系湖北人经营，住湖北的行商客，专门买进卖出，这类客人又称跑单帮。长沙商号，在抗战时多住四川庄客，专收购棉花、棉纱、土白布等。还有谭兴元，多住力人、掮客。商号以开餐为主，并用伙食的优质优量来争取顾客。同业公会虽有行规行价，如规定八人一桌，每桌是三荤三素一汤，每家收费是一致的，但是，三荤是未知数，两个鸡蛋蒸一碗，可算一荤，如换用清蒸活鲫鱼也是一荤，因此各家想方设法把菜搞好些搞多些，来招徕顾客。

客栈　客栈比商号设备次之，它以卖床位和行铺为主，也同样卖饭菜，它不固定开桌饭，而是随着客人的要求来供应，只吃一样小菜也可，一份荤菜也可，要火锅炉子也行，灵活多样。所住的客人多系力人和小商，住宿费低廉，招待很简单，适合劳动人民的生活习惯。有的客人进客栈后，吃饭洗脚就上床，它的特点是方便旅客，提供最经济的餐宿，按现代的物价计算，二角钱可住宿，三角钱可吃餐饭，只花五角钱可进城过上一餐一宿。

饭铺　饭铺顾名思义，以卖饭为主，每家门前必有一个饭摊，上面陈列各种荤菜和素菜，如 1～2 条鱼一盘约 4 两、干子炒肉一盘 3～4 两，小菜等都有盘子分装，按每份售价。这类饭铺的特点是方便过路的力人和小商等。既经济，又快速，随到随吃，便于赶路。也兼营住宿，但一般只有 1～2 个房间，开成通铺或单铺。通铺是一床被子睡两人，收费按人头计算。

骡马店　旧津市牌路口，六合春饭铺，实属骡马店。当时澧西北垱市以上山区的桐油、皮油、梓油全用骡马运输下来，也有少数山区的粮食同样也靠骡马运出。

骡马店设备齐全，有马房、马槽、饲料等，使客人有"宾至如归"之感。

铺外店　在铺以外的歇家，也经营住宿餐食，但不挂招牌，像津市宫庙街的胡真家就属这类。专为接待打官司的富农、地主，他们多为土地、房屋、遗产、公产等纠纷，进城告状。一行数人，一住数月。店主务必懂得法律，常以律师身份来为住本店的原告和被告，包揽词诉。另一种铺外店是专门租棉被给饭铺或客栈的，租金按被子的质量收租费，以日计算，大的出租店拥有棉被 20～30 床。

旅业在旧社会最受压迫。旅社是公共场所，顾客复杂，打牌赌博是常见的事，因而旧警察视旅业管理为重点。加上国民党政府表面也规定禁赌博，这就给警察以敲诈勒索骗取钱财的好机会。每晚 6—7 时，警察高举警局的扁形纸糊灯笼，逐户逐家查号簿（旅馆来客登记的），气势汹汹。各家务必以好烟敬待。否则，麻烦不小，这是警士的一套搞法。常以做生日及小儿周岁等为故，红帖上门，各家务必送礼送钱，这是警官的搞法。而警察所长高超的骗钱术使我难忘，在 1946 年安化县谢炳常来津任特察所长之初，住长沙商号，随带亲信 5～6 人，住房间 3～4 间，每日供给饭菜 3 餐，为时 4 天，分文未付；仅上任半月，该所长派人向我借 40 万伪币（大约折现币 400 元），说明半月后归还，为了免事只好将庄客所存巨款，暂挪借垫，此款一去两月无音信，本人只好去信请求归还，去信后，仅隔 3 天的晚上，有 5 个伪警化装成商人，私带赌具来店投宿，在半夜时，只听房间里有人大声喊"抓赌"，叫我起床。当场拿获赌具，带警察所，不但前借款 40 万元未付还，又以聚众赌博罪罚款 20 万元，才准取保释放。其工人也同样常受压迫和打骂，旅业老服务员胡伏祥，一次在送菜时，警官发现菜碗里有苍蝇，指给胡看，满面凶态，胡顿感大祸临头，为挽救老板的损失，自己免受打骂，眼明手快地将苍蝇拿手上说：这是黑豆豉，往口里吞下，才算了事。到中华人民共和国成立前，旅社、商号、客栈等共 39 家（附表如下）：

牌名	业别	开业年代	房间数	地址
长春	旅社	1924 年	1～14 间	夹街
九澧	旅社	1934 年	1～9 间	
福明	旅社	1937 年	1～18 间	夹街
大华	旅社	1944 年	1～14 间	夹街
同福	商号	1912 年	1～11 间	商会街
老东江	商号	1921 年	1～10 间	商会街
同仁利	商号	1917 年	1～20 间	商会街
谭兴元	商号	1933 年	1～6 间	贺家拐
长沙	商号	1944 年	1～12 间	商会街
华安	商号	1944 年	1～5 间	商会街
两湖	商号	1944 年	1～4 间	商会街
天顺	客栈	1912 年	1～3 间	汤石巷
湘鄂	客栈	1932 年	1～2 间	三洲街
杨悦来	客栈	1935 年	1～2 间	三洲街
熊万兴	客栈	1943 年	1～2 间	三洲街
胡兴发	客栈	民国		生产街
张胜记	客栈		1～3 间	关庙街
刘铺记	客栈		1～4 间	五通庙
六合春	骡子店			生产街
孟武记	饭铺			生产街
唐兴发	饭铺			生产街
林双和	饭铺			生产街
邵兴发	饭铺			生产街
庆和	饭铺	1919 年		贺家拐
丁时兴	饭铺	1922 年	1 间	生产街
黄显记	饭铺	1923 年	1～2 间	五通庙河街
顾永发	饭铺	1926 年	1 间	老车站
关和记	饭铺	1931 年	1 间	老车站
云和	饭铺	1934 年	1 间	三洲街
双和记	饭铺	1935 年	1 间	老车站
田长发	饭铺	1935 年	1 间	小渡口
朱兴发	饭铺	1937 年	1 间	生产街
久兴	饭铺	1940 年	1～2 间	五通庙河街
四恒荣	饭铺	1942 年	1～2 间	五通庙河街
彭德记	饭铺	1944 年	1～2 间	五通庙河街
黄六记	饭铺	1944 年	1～2 间	五通庙河街
许恒记	饭铺	1944 年	1～2 间	五通庙河街
三星栈	饭铺	1944 年	1～2 间	五通庙河街
陈星太	饭铺	1946 年	1～2 间	生产街

津市的当铺

⊙ 朱振炎　张启典

　　当铺,历代名称不同,有"典当""押店""质库""质肆""解库""长生库""小押典""小押当""押当铺"等,最早的典当为南朝时寺庙所经营的当铺。津市亦称当铺,它是以收取衣物或其他贵重物品等动产作抵押,向市民发放高利贷的一种金融机构。清光绪三十年(1904),津市有山西人罗和强等2人在现解放路电力局地址,开设"德记"当铺,规模不大,名为当铺,实为押铺。其资金在光洋七八千元左右,当时当铺初创,市民对此不甚了解,获利不丰。清光绪三十三年(1907),有赵植堂者,以其宽大房屋投产入股,扩大经营,改牌为"同德"当铺。时正值清朝末年,民国初兴,局势动荡,人心不安,业务时起时落。当铺利润虽厚,但捐税应酬亦重,幸经营管理有方,尚能在夹缝中苟延一个比较漫长的岁月。

　　1927年,由常德开当铺和钱庄的张学贤、胡彬生牵头,他们见到津市当铺业务有利可图,邀集常德方面吴良甫、张枝春、张学贤、李万生等,集资两万银圆,在津市关庙街(现生产街西段)开设"公诚"当铺,胡等均系江西人,故称江西帮,当时胡彬生又系津市福隆钱庄经理,很有金融优势。开业一两年,由于军阀混战,自然灾害严重,各业经营不振,人民生活困难,被迫将财物典当忍受高利贷剥削,这就给当铺创造了有利条件,因而每年获利两三万元。1930年红军进入津市,在打土豪、分田地的浪潮中,当铺属于重利剥削大户,应在打倒之列,乃开仓济贫,将存放衣物散发给贫民。红军西去后,公诚主持人因年老返赣故里,遂告破产。此时"同德"尚在作艰苦挣扎。1932年,红军再度来津,公诚亦已歇业。1933年,长沙人朱淑钧,原是泥工包头,讲究工程业务,获利较丰,后在津市开设百禄、百福两个南货店,并任津市商会常务理事。朱淑钧交游较广,脑筋灵活,消息灵通,颇善经营,他看到津市两家当铺均已先后停业，若能补缺，实一经营良机，遂邀集津市社会名流，富商大贾如伍葆元、胡毓桢、龚象一、胡彬生等，折价购买"公诚"当铺全部家具，集资4万元，改牌为"瑞隆"当铺，自任经理，除上述股东中少数人在铺任职外，仍聘请"公诚"原班人马，分职管理上下左右、里里外外一切事务。开业以来，每年获利2、3、4万元不等，直至1937年抗战军兴，法币贬值，当铺业务无法生存，遂一蹶不振，才告歇业。从此当铺成为津市历史遗迹。

当铺的经营方式：当铺在开业时，需要投放一笔资金，与其他行业相反，不靠农业丰收，如遇荒年，则一年便可收回成本。凡持衣物或其他贵重物品进当铺用以抵押现金者，均属一筹莫展、借贷无门之人，他们为了解决燃眉之急，不得不进当铺以解临时之危；另一部分是属于游手好闲之人，他们在夏季则把冬季衣物当去，到冬季则又把夏季衣物当去，如此反复，甘受当铺重利剥削，借顾眼前生活者；还有吸毒成癖者，凡家中所有只要当铺愿收之物，不管日后有无赎取能力，能达到眼前过瘾目的而后止。上述情况，是说明当铺的主顾和对象。

当铺的管理：管理方法是历年相沿，分朝房和银房两大部分，朝房即柜房，其中有：朝奉，旧时对当铺中管事的店员的称呼；包板，相当于现在负责搞包装的店员；草薄，即记发票、记抄账和取当后销账的店员；出楼，与保管员同；巡更，值夜班人员等职务。朝奉又分头柜、二柜、三柜，头柜负责品评古董、玉器、字画等贵重物品，二柜负责对较为贵重的衣物作价，三柜负责对一般衣物和普通物品的估价等；银房设总薄，相当于总会记；银管负责金银首饰和古董字画及贵重物件的进出保管和银钱的进出；守房负责保卫银房物品和值夜班等；上街负责了解市场情况、钱庄拨兑涨跌情况等。

当铺的衣物保管在当时条件下，较为慎重，由于保管时间至少要在一年左右，其打包方法，亦颇讲究。在收到衣服后，打包成圆捆，吊上牌子，即交库房保管，为了防止鼠咬，库房养猫多头以防鼠患。

津市当铺人员，多来自山西省，他们的口音本地人听不懂，加以他们还有术语、行语，局外人很难知其底细。其术语或行语，由朝奉验货后，说明当值，征求当主意见，当主同意后，即向草薄先生用行话高喊，如：新衣一件则唱旧衣一件，旧衣唱破衣，破衣唱烂衣，某某衣物。当价、赎期由草薄先生开票，其票面字样，亦属特殊，非当铺人员，很难识别。

当铺的柜房装置，与其他商店不同，柜台内低外高，外高1.4～1.5米，宽1.2米，结构扎实，不易推倒，站在柜外，很难看清柜内什物，说者谓藉以防盗也。

当铺的收入：当期为10个月，月息一分二厘，逾期一天，作一月计息，余类推，一年死当，即不拘任何货物，一年后均归当铺处理。取当时，除付利息外，还要交包板费和保管费。死当后的衣物处理：津市的当铺与估衣行业是有密切联系的，死当后的衣物大部分由估衣业成批购买。凡死当后的衣物，当铺一般是以值价对折当进，售与估衣业时，则加为六成或七成，当铺除赚息外，还可以赚价，而估衣业亦可低价销售，分享渔利。死当后的金银首饰与金号银楼作价处理;珠宝字画，则遍觅与地方士绅、巨商大贾，索价而估，有人形象地将当铺、估衣、金号比作荷花、莲子、藕都是三位一体，不可分割的。

当铺的生活和待遇：当铺的生活和待遇较一般商店要高，自经理至学徒，均由当铺供给伙食，每日三餐，每餐三荤三素一汤。每逢农历初一、十五打大牙祭一次;每逢初八、二十四打小牙祭一次。大牙祭每人加肉半斤，小牙祭每人加肉三两。当铺的工资也比较高，经理月工资 50 元（光洋下同），总管 40 元，内管 40 元，外管 40 元，交际迎酬实报实销，朝奉 30 元，草薄 30 元，银房 30 元，二柜、包板、出楼均为 24 元，三柜 18 元，出师先生 6 元，打更 8 元，学徒 2 元还另有小费收入，每年还有工作服两套。

津市西药话旧

⊙ 志翔

　　西药出现在津市市场上的时间，可以远溯于 1902 年芬兰国派遣教士来津传教播道时，当时教会虽有西医但没有小药房，仅帮助教友治疗小伤小病，且药品品类不多。迨至 1911 年 11 月，教会正式建立津兰医院后，西医药在津市之应用始公开推行，当时教会医院对接受治疗患者要求必须接受传教士的讲经播道，许多人对此感到厌烦，故上门求医的，仍多限于少数教友。

　　1920 年至 1930 年间，广东人郑国宝在津市开设了牙科诊所兼西医。尔后由教会资助在高等医科学府毕业的余赉周以及习业于津兰医院的医生如王松雅、刘长庚、杨玉六等人相继在市上开设了医药诊所，从此西医药在津市的运用遂进一步扩展。当时这些医院诊所的药品来源，大多都从上海邮购，少数是托人捎带。常用药物除粉散、凡片、膏浆、针剂外，一般都少不了用酊、醋之类现成水药给病人服用。20 世纪 20 年代，津市虽无专营西药之药房，但开业在水府庙正街的复新诊所和在旧商会街的济生诊所则已开始兼售碘酒、二百二（即红汞水）、胶布、阿司匹林、奎宁丸（截疟用）等零星西药。在这期间，国外药商广泛宣传，不少舶来品西药已陆续打入内地行销于市，特别是治疗梅毒的德国狮牌六〇六、法国皮隆氏九一四等针药，已逐渐广被人知。因此，当时医院诊所几乎家家都挂有"注射六〇六、九一四"的黑板白字招牌用以招来患者。

　　进入 20 世纪 30 年代，随着西方各国厂商竞相争夺世界药品市场的影响，国内上海创设的药厂产品也相应增多，针剂中如用于退热的"福白龙"、用于强心的"樟脑磺酸钠"等注射液，津市各家医院诊所都视为不可或缺之药。与此同时，国内生产的各种中西成药亦逐渐增多，如上海科发药房出品的"沃古林"眼药水、唐拾义药厂出品的"久咳丸""止症丸"、广东出品的虎标永安堂"万金油""八桂丹""头痛粉""清快水"以及张思云创制的小儿驱虫药"鹧鸪莱"等成药在市场上均颇行销。在当时旧币不断贬值的情况下,许多人还把"万金油""鹧鸪莱"作为"硬俏西药"用以囤积保值。鉴于西药发展趋势见好,于是在1933至1934年间便有江西籍津市中药商陈伟臣、何舒润等人集资在津市观音桥正街开设了津市第一家西药房 —— 中西大药房。这家药房是借取上海中西大药房的牌号,经营则多限于成药,由于当时百业萧条,西药市场尚不旺盛,经营者感到获利不多,因此,这家药房仅经营一年多就歇业了。

20世纪40年代初,由于抗日战争的战火蔓延到内地,武汉、沙(市)宜(昌)先后陷敌,各地难民大量涌进津市,津市人口剧增,西医诊所增多,加以湘鄂边境一带城乡诊所都在津市进购西药,因而当时西药十分紧俏。由于国内大中城市多被日寇占领,交通阻塞,西药来源比较困难,为解决货源困难的问题,便出现了以下几种形式:一是在同行中互相转让、调剂余缺;二是过路行商由重庆等地经三斗坪少量带入;三是经常有些被称为"江北客"的湖北商贩从敌伪区辗转带来。后者每人每批药品数量不多,且假货和日本货不少,日本货中又多以日本军用品居多。其中如冒牌"德国狮牌六〇六针药",瓶内所装之粉末就完全是以葡萄糖粉着色之后灌封装成。用时以蒸馏水兑化成溶液,患者注射后,轻则于病全无疗效,重则发生严重反应,大至危及生命安全。在此时期,随着医疗业务的扩展,西药需求量日增,从事西药买卖的掮客亦应运而生,这些掮客当时在津市多达20余人,他们每天多次走访客栈旅社,找到货源,谈好盘子(价钱),拿到样品后即奔走于各家诊所、医院或药铺兜售,从中牟利。有湖北江陵难民孙××一家五口,来津时一无所有,开始在谷家巷开设一小诊所暂维生计,不久,在从事西药过手买卖中,收入渐丰,没两三年,便在正街独资开设了"五洲大药房",同时,还雇请了店员、徒弟、会计、炊事等四五人。之后,津市又先后有人开设了"华洋""神州""长益"等牌号西药房。40年代中期,货源主要来自长沙,少量邮购。40年代后期,货源改以邮购为主,少数系自行采购。在上述期间除以上药房专营西药外,有些中药店也兼售一般西药成药。如大码头正街"协成"中药号兼营西药成药外,还经营针剂、西药丸片及橡皮布之类,批零均售,业务收入不亚于上述药房。

解放前,对药品的生产、经营、使用,在津市一无管理机构、二无检查制度,因此,即使对人民身体健康造成危害也很少有人过问。那时,各种药品一般都无生产日期、批号与保管有效年限,如注射药液,尽管存放已10年、20年,只要肉眼看不到沉淀,仍可继续买卖、使用,注射"盘尼西林"(即青霉素)时,一般都不先作过敏试验,即使遇反应事故发生,也少有人追究处理;有的药商为了谋取厚利,经常将药品以次充好,以假代真。20世纪40年代磺胺消炎片应用较广,当时疗效高、毒性低、价格贵的是"S、D"，次一等的是"S、Z"，再次之者为"S、M"，如果药片上无字印可资识别，有的药商往往就以"S、M"冒充"S、Z"，以"S、Z"又可冒充"S、D"，用坑人害人的方法来非法牟取高利。由于对使用剧毒、限（制）的药物缺乏明文管理法规，所以因乱用、错用药物致不良后果的问题也时有发生，较突出的事例如1947年秋，市上居民舒某之独子，20余岁，因患阳痿症，到津市商会街一诊所求治，诊所医生张××给患者处方"士的年纳粉"（属马前子提炼之剧毒药）2包，误将每包0.3毫克写成0.3克（相差1000倍），患者领药回家首服一包，迅即毙命，待家属弄明情况找到发药之诊所时，该张医生早已逃之夭夭，以后竟不了了之。

津市盐务史话

⊙ 李克明

　　津市盐务，自清季迄民国，在省岸盐务机关管辖下，经历了引盐时期、专卖时期和自由贸易时期，历时百余年。现分项记述如下：

一、盐制

　　引盐时期：商人行盐有地方，州县销盐有定额。明初，湖广均引淮盐，道光十一年（1831）废除专商后，津澧地区仍属淮盐引地。咸丰二年（1852）太平军兴，由湖广扰江皖而陷金陵，长江梗塞，淮盐片引不抵楚岸者3年。后来，经湖北巡抚罗遵殿奏请以川盐、潞盐接济湖北、湖南澧州六属（澧县、临澧、石门、慈利、大庸和安乡），食用的部分川盐，多由湖北宜昌办运。同治十年（1871），曾国藩与湖广总督李瀚章奏：岳阳、常德、澧州三属宜销川盐，因澧州与荆州相近，川盐往返，路捷价轻，暂行分与川销，这是澧属六县形成川盐、淮盐并销之始。

　　民国以来，仍沿其旧，食盐引地未废，专商亦复存在。湖南76县，其中划分"湘岸"即淮盐销区59县；"省河"即粤盐销区11县；"济楚岸"即川、淮并销区澧州6县。

　　1937年抗战以后，淮运阻隔，打破了销区藩篱，津、澧六属，划为特区，全部改销川盐。1941年始公盐来源日少，储量不及，政府鼓励人民免税挑运川盐济销。到了这时，引岸制度才无形中被完全打破。从1942年1月开始，政府采用官收官运办法，全面实施专卖，并视其源运情况，采取按人定量、计口授盐措施。1945年1月，专卖停止，又复征税制。抗战胜利后，到1946年2月，国民党行政院颁发了《盐政纲领》，对当时盐政提出：采取民制、民运、民销和由政府管理的原则，实行自由贸易制。对于旧有专商、引岸、分场、分界及其他类似独占办法，一律废止。此后，食盐供销均由津市盐务机关统筹调节，食盐场价和仓价,亦由盐务机关规定。商民购盐一担以上者,可按仓价（即批发价）,自由行销；商运不足,即由盐务机关酌办供应。为满足民食需要,其时,津市仍以川、淮并销,并有天津塘沽"久大"盐业公司的精盐应市。

二、盐管

我国盐务,历属官办专营,有一套完整的官办体系。

津市盐务,清初属盐法道管辖。嘉庆、道光年间,澧州在津市设立盐务分局,职掌盐法,司理纲引。凡盐到岸,赴局挂号,守轮待售,勿许绕越；时价贵贱,悬牌晓示,商行不得自行增减盐价,其盐由盐行代售,缴其值于官,官扣厘税,本利归商,批清批结,互不拖欠。盐种销区,各有经界,保固藩篱,疏通销路。

同治三年（1864）,两江总督曾国藩奏请恢复四岸（湘、鄂、西、皖）淮引。湖南是湘岸,设督销总局,津市设督销分局,并在澧县和安乡设立卡所,委派官员士绅,分途经理行销事宜,统归局辖。

同治以后,津市改称津市子店委员。光绪二十年（1894）,津市改称督销分局。1912年,湖南设盐政处,津市设分处。1913年,湖南改榷运局,津市设分局。

1914—1915年间,重新整理,官制迭变。盐务机关分为行政、稽核和缉私三大系统。行政方面,湖南改督销局为湘岸榷运局,下设27个分局,津市改设湘岸榷运局津市分局。稽核方面,湖南设立湘岸稽核处,津市于1922年9月组设湘岸稽核处津市收税局,并设稽征处,管辖花畹岗、五公嘴、金雀嘴、中河梁、大堰垱和安乡等6所税卡的稽征工作。1928年,津市设榷运分局,下辖花畹岗税务局卡。

1932年,国家先后把缉私和行政两个系统,并归于稽核机关接管。湘岸榷运局奉令改称为湘岸盐务稽核处,津市分局改建为直属津市收税局,坐落在津市夹街（原湘航上首）,局长黎树星（广东人）。下辖石门、安乡、花畹、大堰垱4个办事处和合口、五公嘴、金雀嘴、中河梁4个验放处与津市一个查验所9个机构。

1937年4月,津市奉令改称湘岸盐务办事处津市分处。

1938年,局长黎树星,乘抗日国难之危,私加牌价,撤职查办。继由张春耗（北京人）接任。分处地址搬迁至现在人民电影院旧址。

1939—1940年,据省府《湘政五年统计》载:津市收税局管辖华容、安乡、石门、慈利、澧县、临澧和大庸7县供应。

1941年,"借问淮商今何往? 为避烽烟解缆回"。自京沪一带相继沦陷后,淮运梗阻,只好大量调入川盐济食。为接转川盐,津市增设川盐督运委员办公处津市分站。

1942年，津市改称湖南盐务管理局津市分局，局长祝勋国（沅江人）。局址迁移到太子庙正街。据1945年《财政年鉴》载：津市分局下辖澧县、临澧、慈利、石门、大庸、安乡等6县食盐供应。

1944年6月，敌寇入境，其沦陷各地分支机构，分别裁撤，重新部署。

1946年3月，津市改设湖南盐务公事处津市分处，处长陈××（长沙人），正式编制12人，仍管澧州所辖6个县。同年5月奉令紧缩，重新调整，津市分处改为临时据点，但查验所仍保留未撤。

1947年8月，因全国盐税税率划一，查验所已无存在必要，津市临时据点及查验所先后均被裁撤。

1947年7月，疏散来湘的湖北盐务办事处和湖南盐务办事处合并，改称湘鄂盐务办事处。津市复建湘鄂盐务办事处津市分处，处址设在城隍庙（原钢丝厂地址），处长陈理庭（江苏人），后因陈贪污渎职，由张赉周代理处长，处址设福音堂内，直到解放前夕疏迁。

1949年9月，湘鄂盐务办事处在《关于所属分支机构最近情形》一文中写道："津市分处，据前报，部分人员已疏迁沅陵，其余员工，在津保管公物公产。"

1949年7月23日，湘鄂盐务办事处津市分处被津市人民政府全部接管。

三、盐运

1. 盐运路线

淮盐运线：帆运以江苏省十二圩盐栈江船装运，路经下关、芜湖、九江、汉口，到达湘岸岳阳盐局。此段水程2110里，岳阳至常德水程600里，再由常德过驳转运津市水程300里，全程水路计3010里，如由淮北各场办运的引盐均系轮运，抵达我省岳阳，开驳中转，再雇小驳船，直运津市。

川盐运线：川盐入津，主要由湖北沙市经公安、石首运入我省澧县花瓂岗。另一线由四川酉阳、秀山运入湘西保靖所属里耶（属龙山），再转津市。亦可由贵州省铜仁运转湘西凤凰再入津市。据载：民国时，行销澧县、安乡等六属的川花盐，均自宜昌、沙市船运由虎渡河入湘，经花瓂岗、五公嘴、中和梁、金雀嘴达津市。每担运费六角上下，秋冬水枯，提滩驳浅，另需驳费四五角。

抗战时间，沙宜一失，交通断阻，川盐改道运津。据省盐务局1942年《工作报告》载：川盐入津，由四川自流井经重庆至三斗坪，再经旱挑，运抵津市。

1941—1945年间，津市在盐源极度匮乏的情况下，有人走出了一条通往三斗坪的小路。三斗坪，是鄂西山区的一个小山镇，这里高山峻岭，羊肠小道，步行艰险。

途中的蚂蚁山和母猪峡，上下 60 里，要踏五六百级石阶。来往运输，全赖肩挑背负，每日上路者数以万计。从津市出发，入湖北西斋，经余家桥、轮溪沟、蚂蚁山、母猪峡到三斗坪，全程 400 余里。白天怕敌机轰炸，多是晚上肩运，月亮天通宵达旦赶路，一般往返需时半月，天雨顺延，有时达月余之久，可谓艰辛之极！

2. 盐运手续

帆运 津市帆运引盐，由江苏十二圩运抵岳阳后，在岳阳收税局登记，转请湘岸稽核处指挂津市，派员上船，按舱单点验包数，逐包过秤，提入驳船。每船定载，由岳阳收税局填发护运凭单，第一张交船户护运，第二张护运联寄达津市分局，以凭收仓。

轮运 湘岸办理轮运，例由省处指派高级人员，在岳阳组织临时轮运管理处，会同岳局办理，轮运指挂津市，必须改驳分运。分驳时，均由管理处负责监视封舱，并加盖火漆印，以资严密。过驳完载，由管理处分填载运凭单，以一联交船护运；以二张正、副联寄达津市分局，以凭验收过秤，还要呈请省处备案。

川盐 战前川盐入津，数量零星，收税处对于旱运盐斤，随到随派司秤员逐挑过秤，按斤征税；对于水运者，司秤员盘舱过秤，则系按担征税。川盐一次过秤征税，制发税票以备关卡查验。

战时在三斗坪运盐，由盐商先在津市盐局申请购盐证，到三斗坪盐局登记盖章，依次购盐，向交通银行交款，再用交款收据向盐局换取出盐单，到茅坪船上出盐（茅坪距三斗坪十余里，来回全靠步行）。出盐后，进行改装，用布袋 50 斤一包装好，打印封口，以便挑运。

四、盐销

1. 销盐数量

根据林振翰 1928 年编《盐政辞典》载：清初乾隆年间（1736-1796），澧州销淮盐定额 20600 引（注：每引坝秤 364 斤共折合为 91.875 市担）。据《澧州志》载：国初额销淮盐 26000 引（每引改子盐 41 包六分九厘六毫）。乾隆十三年（1748）、十六年（1751）两年，奉上谕每引加盐 20 斤，后每引改子盐 44 包。嘉庆二十一年（1816），奉上谕派销淮盐 35500 引，据 1941 年省府统计室编《湘政五年统计》载：津市收税局，管辖华容等 7 县供应，1939 年实际销盐 221057 担，1940 年开始实施"计口授盐"办法，实际销盐 185555 担。

2. 销盐方式

清朝末年，设有盐行。到了民国，裁撤盐行，革除行用，盐店迳向盐局购买。

食户不买 100 斤者不能向盐局迳购。如向盐局购盐，须按规定办理登记、交款、纳税、起运、验查等手续。

抗日战争期间，淮盐、川盐，源运俱艰，省盐务局于 1931 年春，呈请财政部，并商呈湖南省政府筹办官销，以期直接对食户售盐。1940 年与 1941 年之交，津市成立城区模范官销所，依照湖南省计口授盐暂行办法，开始转售，人民凭购盐证按月领购。

官销办理一年，因为占人多、耗费大，又奉上令，对零售业务需利用商店经营，后将官销办法改为代办制度，津市遂改设食盐专卖所，管理下属各代办所，执行计口授盐，核发盐所，收取公本费。代办所由合作社或公卖店负责，承办零售业务。

津市因属淮、川并销区，计口授盐初期，划为半自由区，即每人每日由国家按食用一钱五分配发淮盐（16 两市秤制，下同），川盐则可自由购买。1942 年 8 月，奉令取消半自由区，统筹支配，全部定量供应。于当年 8 月起，按人口每月 8 两规定月额，配盐备销。其购盐方式是：群众一律凭购买证，向所属公卖店或合作社按量分期购买；军盐凭兵站机关通知书核发；渔、酱用盐，凭特盐购买证供应。

抗战胜利后，交通恢复，川盐由渝江运抵宜昌转运岳阳，直抵津市，淮运也逐渐复航。《盐政纲领》规定以民制民运民销为原则，盐政改征税制，销务同时放弃管理，任何商民，均可赴盐局采购税盐，自由行销。

五、盐价

1. 定价内容

解放前，津市纯属销区，销区有三种价格，一是进价，又叫场价。二是仓价，即批发价。仓价由四个项目构成：一是场本及其运杂费用，二是金融涨落，三是供求变化，四是税收。历年来盐价变化，均基于税制轻重至巨。三是零售价。零售价由五个项目构成：一是仓价（即批发价），二是营业费（3% 到 5%），三是利润（3% 到 5%），四是运杂费，五是耗失费。

抗日战争前，津市江航便利，运量充足，一般物价平稳，运缴费用有限，所以盐价涨落极微。

2. 战时盐价

抗日战争以后，财政部于 1938 年 11 月核定实施《战时各区统制食盐牌价暂行办法大纲》，为适应非常环境，兼顾稳定盐价，根据战时运输难易情况，规定各区主管盐务机关，按当地具体情形，先行酌拟增加牌价数目，呈由省盐务局核明，转呈盐务总局报财政部核准后，公布实行。

湖南省自抗战发生后，盐价各异，十分混乱，为划一价格，于 1940 年 7 月，湘北（含津市，下同）食盐一律改成每担售价 45 元；8 月份，为平衡全省盐价，湘西改按 64 元每担发售；9 月份，全省划一盐价，统以 88.5 元每担发售。1943 年 6 月 1 日，奉上令，复将全省划一仓价，改为分区划一，规定湘北按 1600 元一担发售。

津市战后食盐仓售价（批发价）为：

年份	每担售价（元）	增长（%）	年份	每担售价（元）	增长（%）
1937	16.00	1.00	1943	1208.45	75.53
1938	26.40	1.65	1944	7285.17	445.32
1939	34.64	2.17	1945	28196.00	1762.25
1940	107.53	6.72	1946	38715.00	2419.69
1941	362.00	22.63	1947	88000.00	5500.00
1942	660.75	41.30			

（以上资料源于 1943 年和 1947 年编《中国盐政实录》年末盐价篇）

津市战时食盐零售价为：

年份	每担售价（元）	增长（%）	年份	每担售价（元）	增长（%）
1937	17.00	1.00	1940	108.00	6.35
1938	28.30	1.66	1941	380.00	22.35
1939	35.00	2.06	1945	42000.00	2470.59

（以上资料源于 1943 年编《中国盐政实录》第二辑，其中 1945 年零售价源于盐务总局年报）

3. 盐价上涨原因

津市食盐官价上涨原因，大体有如下三条。一是场价（进价）激增。1942 年 4 月 1 日《省内一般经济要闻》中写道："此次官盐加价原因：川、粤盐价、运费俱增，为免亏损，改增牌价，各川盐收购，已由每担 230 元增至 290 元……故省价由 457 元增至 638 元，计每担增加 81 元。"二是税费加重。据 1944 年《国民日报》载："3 月 3 日，行政院核定国军支付食费每担一千元，故每担食盐牌价由三千四百元核增为四千四百元。"又据该报 1945 年载："3 月 16 日，每担食盐税增五千元，故盐价由一万三千八百五十元核增为一万八千八百五十元。"三是利润提高。据 1942 年 8 月 3 日《阵中日报》载："各公卖店零售价内容：营业费按进价（即仓价划一牌价 658 元）加 2%，利润由 1.5% 提为 3%，加上运费、耗失费等，核定零售盐价每担提为六百九十五元四角。"

但最主要原因，还是战时通货膨胀，导致货币贬值。

六、盐税

盐是集中生产、分散消费的人民生活必需品，因此，盐税历为国家收入大宗。据载：宋元时期，盐税占全国财政总收入的三分之二。1922 年前后，湖南盐税占全省财政总收入的强半，所以历代统治阶级无不独霸盐产资源，控制盐的运销。

清末时期盐税，循明旧制，按引征课。引课中分正课、杂课两种。正课就是盐的正税，杂课即附加。此外，还有"盐厘"，即食盐运入通过税。出于税率紊乱，省自为制，中央户部对于税入从无精确统计。直到宣统末年（1911），严加清理，拟将课厘加价及杂捐等项归并一致，统称盐税。民国时期，盐税有四大类别，即正税（包括场税、岸税）、中央附加、地方附加和特种捐费。据曾仰丰著《中国盐政史》载：1921 年前后，全国盐税项目，竟达七百余种。当时国人讥为"民国万税"。

1. 税率

湖南盐税，历以盐类、岸别为计征标准，即等差税率。据 1922 年《湖南财政说明书》载：津市淮、川税率，以每百斤计税。淮盐税率是：①正税：场税 3 元，岸税 1.50 元；②附加税：军费 0.60 元，教育费 0.60 元，新币口捐 0.40 元，军费口捐 0.50 元；合计 6.60 元。川盐税率是：①正税：钱 1500 文；②附加税：军费 0.40 元，教育费 0.40 元，军费口捐 0.50 元。

据 1933 年《中国盐政实录》载：1931 年，近岸津市淮盐、精盐（即天津久大公司的再制盐），每担税率是：场税 3 元，岸税 1.50 元，附税 3.16 元，军税 1.50 元，建垸费 0.10 元，教育费 0.80 元，慈善费 0.40 元，路股 0.10 元。津市川税局在本岸征收的川盐税收，分水运、旱运两种。水运入津者，税率是：正税 0.56 元，附税 0.90 元，路股 0.10 元。据曾仰丰著《中国盐政史》载，1936 年，津市每担淮盐税率是：场税 3 元，岸税 1.50 元，附加税 5.90 元（其中：外债 0.30 元，中央附加 1.58 元，中央筹备费 0.10 元，地方附加 3.92 元），合计 10.40 元（其中场税 3 元在淮征收）。川盐，凡从四川富荣、济楚、花盐水运入津者，每担征正税 4.15 元（其中场税 1 元，岸税 2.50 元，其他 0.65 元），附加税 9.6 元（其中外债 0.30 元，中央附加 7.40 元，中央筹备费 0.10 元，地方路股 0.10 元，剿匪 1.5 元，平浏路捐 0.20 元），合计 13.75 元。

1941 年，盐税改为从价计征，分产销两税，产税在场征收，湖南销税税率为 30%，全省不分盐种、地区，每百斤统按 55 元计征，另附征省府加价 1 元，偿本费 8 元，合计每百斤食盐征税 64 元。1944 年，每担征税高达 11.60 元，1945 年每担征税为 4.44 元。1946 年，抗战胜利，税率并未减少，相反应纳盐税每百斤高达 7 元之多。1949 年 4 月，税率调整，淮盐每百斤征金圆券 45.816 元，川盐每百斤征金圆券 19.636 元（省府加价在外）。7 月 22 日，奉财政部电令，淮盐每百斤征银圆 8 元，川盐每百斤征银圆 5 元 6 角。

2. 征税手续

据 1933 年的盐务署盐务稽核总所编《中国盐政实录》载：本岸征税，根据湘岸稽核处规定，由稽核处统一征收，计分淮、川、精盐三种。

历年税入：据光绪二十一年（1895）《实业杂志》第十期载：光绪二十一年津市督销分局扣收课银 17300 两。川盐税入：澧县花畹岗川税局于光绪二年（1876）收税银 3924.33 两，十二年收税银 1974.231 两，十八年收税银 2221.65 两。三十年收川盐卸税银 11759 两。

民国时期津市盐税收入，尚无资料考证。

七、盐商

津市最大最早的盐业运销商是许合兴，自清咸丰年间（1851—1861）开业后，历时 60 余年，直到民国初年，才逐步破产。

宣统三年（1911）以来，由于军阀混战、交通阻塞，食盐极为紧张，盐商由五六户逐步发展至 16 户，计有：大生昌、成顺公、谦裕厚、罗生记、同庆昌、行济、福泰瑞、朱顺兴、昌记……资金最大者为大生昌，约有光洋 3 万元，最小者也有资金光洋五千元左右。

同业公会组建于 1916—1931 年间，当时时有战争发生，物价极不稳定。资本雄厚者，则囤积居奇，小本经营者，则朝不保夕。每户柜旁内尚贴有"货价当面言定，早晚时价不同"等字样。为了解决这一矛盾，由小户发起于 1926 年组设盐业同业公会，地址设福泰瑞内，公推该店经理黄镜如为负责人，每日上午在该店议定统一牌价，并商谈有关业务，还订农历每月初一、十五在企园酒家设宴两席，商讨有关购销事宜，其经费按每户销售额每担食盐抽光洋一角，作为同业公会开支。

抗日战争时期盐业 1938 年以后，武汉失守，沙宜相继沦陷，长沙又发生大火，各方难民，争相涌入津市。这时食盐更为紧张，淮盐无法运入，川盐水路不通，唯一办法，只有依靠人力肩挑，绕道湖北三斗坪山区，向四川盐商求购。

1940 年，津市盐业同业公会，由九家盐铺集资，组成"九华公"合资经营，前往三斗坪采购川盐，在三斗坪设立采购站，王国顺就是这个采购站负责人。

1943 年，津市一度沦陷，运输中断，盐价猛涨，每担稻谷有时只能兑换 1 斤盐。

因为食盐有利可图，在日寇撤退后，盐商日益增加，由原来的十多家发展到 40 余家。此外，津市河街一带，还开设有盐、耳行十多家，全国最大的"久大"精盐公司，在津市也设有栈庄，推销其精盐。当时，计有盐商 60 户左右，均参加同业会。公会设在协盛盐号内，由该店经理金慕儒任理事长。但此时的同业公会不可能起统一议价作用，仅为应付地方各种捐税、统一分摊各项负担而已。盐业负担各种捐税，占全市 60 多个行业的五分之一。同业公会设有办事员 2 人，茶房 1 人。抗战结束后，外地盐商陆续返回原籍，至 1945 年底止，尚存 28 户。

解放战争时期的盐业 抗战胜利后，交通畅通，食盐业务日趋平淡，因而无利可图，有的大户拆伙，有的迁往长沙另作他图，盐业已呈萧条景象。1948 年淮海战役以后，国民党溃散部队，或路过津市，或在津市整编，秩序混乱，这时盐商仅存 3 户。商店关闭后，所有盐业失业人员已达 240 人，同业公会理事长金慕儒于 1948 年离开津市，后公推朱顺兴盐号经理朱振炎接任理事长。1949 年 6 月，乃自行组成津市盐业失业人员合作社，仍推朱振炎为总经理，设总店 1 所，按照市区上、中、下三段，分设 5 个销售点。凡属从事盐业的人员，不拘经理、店员、学徒、炊事人员，均可参加，但每人应集资食盐两担，每 10 天结算一次，借以维持每人最低生活费用，直至解放。1950 年 4 月，因人员复杂、劳资意见各异，不易开展业务，经市工商局批准，宣告解散。所有人员，由其自行组合、另立牌号继续经营，部分人员已参加政府工作，到 1956 年全行业公私合营时，盐业同业公会即告解散。

商业宝地大码头

⊙ 宋先熙

由于地理环境的原因，津市市场的形成和兴起，是由上而下、也就是从西往东逐渐发展的。聂隆盛药铺的首先出现，就证实了这一点。

津市大码头（大桥上首），位于澧水津市段水位最深处，据传下有深潭，适于大船停泊。明清以来，官船常泊于此，舍舟登岸或弃轿上船，官府迎往送来频繁；当时商贾货船亦在此起卸货物，吭唷之声不绝，极一时之盛。

码头至岸有数十级，上有门洞，俨如城门，可避雨遮阳。门洞上建有朝阳阁，供吕纯阳像。登阁凭栏远眺，关山历历烟树，澧水点点白帆，尽收眼底，为当时津市胜景之一。

津市旧习，街道命名，悉以所在地码头、宫殿、里巷等之名定之。故此，从大码头至新码头这一东西走向的通衢大街就名大码头正街（为了称呼方便，后来便简称"大码头"，省却"正街"二字。后观音桥码头兴建，又称"观音桥正街"）。

清末民初，这条街虽人烟辐辏，生意兴旺，但街面狭窄，鹅卵石铺路，高低不平，路滑难行。1922 年，唐荣阳率部驻津，主持修路，路面改用麻石，平坦整齐，街宽可容车马通行。津市商店铺面历以梭板上下敞口营业。这时，大码头富商趁扩街之机，纷纷改换门庭，仿效外地商业建筑风格，雇请外地工匠，先后兴建石库牌楼门面，高大雄伟，内面厅堂轩敞明亮，令人观感一新。旧貌换新颜，大码头首开津市商店新型建筑之先河。

津市素为澧水流域各县土特产和其他商品的集散、吞吐口岸，万客云集。本地的、外来的殷商巨贾都看好大码头正街这块商业宝地，纷纷投入庞大资金，设店营业。从而店铺栉比，百业俱全，特别是大店、名店咸集于此，人们购物趋之若鹜，形成街上万头攒动、商店内顾客拥挤的兴旺局面。银圆源源不断流入各大商店的钱柜和大老板的腰包。彼时，附近各具都交口赞誉津市是"银子窝"。此时的大码头正街就是"银子窝"的核心地段。这是当时大码头的一大特色，也是大码头的一代骄傲。

大码头正街是津市商业的黄金地段，寸土寸金。房地产大多操于殷实业主之手，很少易主；房租昂贵，20世纪20年代，罗怡和药号的年租高达1200元（银圆，下同）。由于粥少僧多，供需失调，后来者想插上一足，颇非易事，因而出高价、挖墙脚之举时有发生，纠纷不断，甚至对簿公堂。

民国时期，大码头正街著名的殷实店铺先后有吉大祥绸庄（几度改组）、协和生药号、喻义和金号、大生昌盐号、福顺昌布庄、裕明百货号、杨鼎新纸庄等，他们实力雄厚，原始资金都在万元以上，有的高达10万元。吉大祥在鼎盛时期，年营业额多达二三十万元，年可获利3万元左右。

大码头正街的老板们，大多出身商业世家，作风较为正派。他们重信誉、守商德，货真价实，一诺千金，不弄虚作假，不欺蒙顾客，诚实经营。他们富有管理经验和能力，努力扩展业务，减少购销环节，遍设网点加大营业额。他们批零兼营，并视其实力派人赴各地设立购销网点，广泛联系、沟通信息，从而增强了经营的主动性、灵活性，有利于积累的增加。

为吸引顾客，他们都很重视门市，商品花色品种齐全，中高低档俱全，充分满足不同层次顾客的需要；尤其注重服务态度和服务质量。顾客甫一进门，老板、店员随即起立，趋前笑脸相迎，有条件的还敬茶奉烟，尊若上宾。那时不兴称顾客为"上帝"或"皇帝"，也不书写"服务公约"张贴墙上，但他们在思想行动上，是把顾客视为"衣食父母"的。在接触中，耐心介绍商品，并作顾客参谋，主动热情，真的做到百问不烦、百拿不厌。不论成交与否，态度始终诚恳谦和。送客出门时，对未成交的顾客表示歉意，欢迎下次惠临；如顾客购货较多，携带不便，则派人送货上门或到户取款。在这样温暖的购物环境中，顾客深觉宾至如归，往往成了回头客，奠定了老宾主的关系，加深了友谊和业务往来。基本顾客队伍的形成，也是生意兴盛的原因之一。

"福兮祸所伏"，大码头也逃不脱这一法则。民国初年，军阀混战，津市地当要冲，过境军队频繁，拉夫派款，负担巨大。1920年12月30日，湘军李蕴衡部攻打澧州失利溃逃，败经津市，明火执仗，沿街公开大肆抢劫。时值岁尾，年关在迩，大码头各店年货准备充足，在外货款大多收齐存店。败兵破门而入，悍然抢掠，凡贵重易带货物和现款以及家藏金银首饰，均被洗劫一空，笨重商品、器具悉遭捣毁，无一完整。事后调查，大码头各店损失各在万元以上（含捣毁器具物件），有的积蓄丰厚者几近5万元。大码头劫后余生，路断人稀，一片萧条。商人是要做生意的，大码头老板们虽罹浩劫，仍不忘业，决心清点残存商品，另筹资金和利用原来业务往来关系争取货源，另起炉灶，惨淡经营。时逢附近农村丰收，购买力增强，市面活跃，各店业务均有起色，渐复旧观。迨至抗战中期，战局一度呈胶着状态，津市偏安一隅，偷得一时苟安。是时，豫、鄂难民和川籍及湘北、湘南部分商人纷纷群居津市，人口激增，造成畸形繁荣。当时，沙（市）宜（昌）沦陷，长江、洞庭湖布雷，水运中断，津市形成川、湘陆路运输的主要孔道，肩负了沟通前线和大后方物资交流、互通有无的桥梁中转任务。因此，川、湘道上人流如织，"到三斗坪去"成了当时的口头禅。在这种经商热潮下，各地来津商人和本地商人，还有非商人在内，见状技痒，使出浑身解数，不择手段，大显神通，或囤积居奇，或长途贩运，或倒买倒卖，有的甚至走私资敌、浑水摸鱼，大发国难财。

大码头更是焕发昔日青春，再现辉煌。各店生意红火，老板腰缠万贯，踌躇满志。街头行人摩肩接踵，更显拥挤。津市人们常把人多的地方形容像"大码头"一样，是亲历之谈，也是当时大码头的一大特色。人多就声音嘈杂，每天大码头街头，自晨至暮，都充溢着小贩的叫卖声、三斗坪运盐长途归来的挑夫吆喝声、各店起下货物时挑夫哼唱的劳动号子和行人的欢声笑语、争吵声，各音杂陈，谱写了一首并不和谐的市声交响曲。

十四年抗战，是国运乘危、苦难深重的年代，也是津市商人的黄金时期。暴发户不断涌现。

大码头老板们，各有机遇不同，但都获得了不同程度的暴利。福顺昌昆仲长袖善舞，在一次生意中盈利 12 万元。裕明百货店、杨鼎新纸庄在时局动荡中发展壮大，财力大增，很快成为各行业翘楚。就是 1942 年才挤进大码头的利隆盐号，原始资本仅食盐 400 担，后加入三斗坪运盐行列，几经周转，至抗战胜利前，股本最多时已有食盐 1200 担，当时，这还不算突出的事例。

1945 年 8 月 15 日，日本无条件投降。当晚，《津市日报》收到中央社电讯，印发号外，广为散发。全市人民欢呼胜利，群情振奋。大码头各店门首很快挂上汽灯、电灯，灯火辉煌，街上被照耀得如同白昼。有的店还在门首高悬国旗。庆祝离不开鸣放鞭炮。各店首先出动整批抢购，嫌零星鸣放不够热闹，整箱放置门首不远处，打开箱盖，用炭火引爆，一时火花飞溅，爆声震天。是日，鞭炮声彻夜未停，全市鞭炮店存货告罄。次日拂晓，大码头纸屑遍地，厚处几可淹没脚面。鞭炮不拆分，整箱鸣放，这在津市尚属首次，大码头的老板们以此方式抒发爱国热情，庆祝抗战胜利。

抗战胜利后，大码头顿失几许热闹，老板们在兴奋之余，各作新的打算，筹谋在新的形势下，业务更上一层楼。但策略未定，时局倏变，内战继起，货币不断贬值，物价逐日猛涨，经济面临崩溃边缘。生意已不好做，退而缩小业务，小打小闹。临解放前夕，深怀共产忧惧，老板们为了保存既得利益，有的携资外逃，想在外地另谋发展；有的买房置地，留福子孙；有的化商业资本为个人生活资金，仅留少量资金维持门面，采取以静待变的态度。

津市解放后，国有经济逐步占领了津市市场。1951 年，津市成立公私合营企业公司，大码头资金较大的老板们连人带资金投入了这个公司。1956 年，全行业公私合营，至此，社会主义经济占领整个市场。

历史偏爱大码头，它虽历经沧桑，但容貌未改。解放后，混凝土代替了麻石路面，使路面更为宽广平整；澧水大桥临空横跨南北，临岸轮运码头，客流络绎，客货畅流，水陆两便，形成交通枢纽；大桥东侧街头，百货大楼与工商银行大厦巍峨对峙。特别是改革开放后，国有企业与个体商户比肩营业，形成购物中心，因而又被誉为"金三角"。

岁月悠悠，时移势迁，叫"宝地"也好，称"金三角"也好，名称虽异，内涵却同。大码头风采依然，辉煌再现。

津市商民协会纪实

⊙ 熊受益

成立经过

　　1927 年，津市商民协会应运而生。在这以前，由于津市地处澧水下游咽喉，又当湘、鄂西交通要道，成为军事战略要地。当时，军阀割据，南北军队过境和驻防，强行派款勒索，拉夫掳船，民不堪其扰。加之民国以后，帝国主义将魔爪伸向津市，扩大经济侵略，利用买办资本家在津市开设美孚、德士古、亚细亚等石油公司销售点，以后又有英美烟草公司，英国太古轮船公司、怡和洋行，日商的日清、戴生昌轮船公司在津开设营业处。由于外货倾销和低价收购农副产品，中小商户面临破产，手工业濒于失业边缘。第一次国共合作开始后，津市成立了有共产党员参加的市党部，号召成立商民协会，得到中小商人的拥护，很快批准成立了津市商民协会筹备处。刘玉舫任筹备处主任，委员有孟体仁、崔光耀等，刘松鹤负责文书，李委梅负责财务，熊受益负责宣传，朱叔钧负责交际，孟体仁兼文书，各业分别成立分会。经过一段时间筹备后召开选举大会，选出执行委员。再在执行委员中选举产生常务委员，成立常务委员会，由孟休仁任委员长负责日常工作，刘玉舫仍为商运特派员，方策为商协裁判员，杨锡霖为执委兼宣传部长。与此同时，各同业分会也先后成立了油业、盐业、竹木业等分会。一些小行业便合并起来成立分会，如山货、衣料、银楼等。山货业分会，由李召洁负责，竹木业由熊受益负责，煤炭业由孟体仁负责，熟食业由刘玉舫负责。

　　市商民协会成立后，便在正街光明斋百货店隔壁（今邮电局对门），正式挂起"津市商民协会"金字招牌。每位会员拥有镀金链子系着的会员证章一枚。所有商民协会办公费用均由各个行业分担，金额不大。

开展斗争

在党的领导下，商民协会的任务也有明确规定，主要是宣传国民革命的意义，教育商民积极投入革命运动，反对帝国主义的侵略，反对滥派捐款、敲诈勒索，维护中小商人和店员的利益，改善学徒待遇，保证起码工资不受损害。

当时，津市设有厘金局。本来省里已改征统税，规定只收一道税，但津市厘金税是由一个名为"千字团"的组织向省里承包的，他们置法令于不顾，到处设关卡，强收税。有一次一艘运货来津市的轮船在安乡被卡住了，商协派我前往交涉，指出他们这样做是违法的，我说："你们硬要完税，我同你们一道到省里去解决，一切由我们商协负责。"斗争结果是我们胜利了。那时，津市油榨坊街有许多榨油作坊，由于收税太重，准备迁到乡下去榨油（当时乡下榨油不收税），但乡下又有土匪滋扰，觉得进退两难。我们商民协会便根据当时国共合作，扶植手工业的精神，向省财政厅提出免税要求，省财政厅厅长刘梅齐同意津市减去榨坊原料一税（那时统税分为原料税和成品税两种，棉籽、木籽、芝麻完原料税，菜油、桐油、樟油、麻油完成品税），这就大大减轻了中小商人负担，使油榨业得以稳定下来。

1927年春夏，澧县农民运动进入高潮，津市附近农民协会如雨后春笋般出现。农民打击土豪劣绅，上街示威游行，声势很大。为了支持这场斗争，4月12日，市党部发布了宣传大纲。商民协会在万寿宫后坪召开民众大会，开展宣传。还组织上千名会员在街上游行，振臂高呼"拥护联俄、联共，扶助农工"等口号，齐唱打倒列强、除军阀等歌曲，声震全市。许多观看游行队伍的人也自动参加进来。以后又到对河襄阳街等处开展宣传活动。这对进一步促进商民团结，提高商民觉悟，推动民众革命运动发展，都起到了很大作用。

白色恐怖

5月21日，湖南省省长何键指使三十三团团长许克强发动反革命叛变。国民党和反动军队到处镇压民众运动，开始了疯狂大屠杀，腥风血雨，笼罩津、澧一带。津市四乡农民协会负责人有的遭到关押、监禁。曾经领导农运、商运的共产党员，有的光荣牺牲；津市商民协会负责人孟体仁等被关押，成员纷纷逃散；特派员刘玉舫逃到桃源去了；我一时来不及走，没想到在镇大油行门前正好碰上搜捕我的那帮人，幸亏我已化妆，没有被认出来。回忆起五十年前参加商民协会的斗争情景，恍如昨日。想起那些死难的烈士，悲痛万分。

抗战时的津市商场

⊙ 宋先熙

　　抗战时期，津市是前线的后方，也是后方的前线，人烟稠密，店铺林立，运输繁忙，市场兴旺，商业畸形发展，在战火中呈现一派空前"繁荣"的景象，投机者趋之若鹜，成为当时"冒险家的乐园"。

特殊的条件

　　津市扼九澧咽喉，濒临洞庭湖，北连鄂西，南通长（沙）常（德），帆船上溯澧水直达石（门）、慈（利）、（大）庸、桑（植），水陆交通均称便利，素为澧水流域各县土特产集散地，商业发达，在九澧各县中首屈一指，曾有"小南京"之称。

　　自 1938 年武汉撤退，长沙"文夕"大火，宜昌、沙市等地相继陷落后，长江水运中断，洞庭湖区布雷，水路受阻，津市物资运输除短程水路外，主要依靠人力陆运。国民党政府已迁都重庆，沿长江南岸川、湘山道遂成了大后方物资运输的主要通道，津市更成了物资交流的集散、转运枢纽。

　　由于津市不是行政中心，更非战略要地，因而抗战 8 年多来，除 1943 年短期沦陷外，既未遭敌机狂轰滥炸，也没有发生争夺激战，更未遭受"焦土抗战"的火焚之祸。在抗战中期的一个时期内，日寇盘踞江北，敌我对峙，形成胶着状态，津市虽临近前线，尚能偏安一隅，被人们称为"桃源乐土"。

　　这样的地理环境和战争形势，就为津市商场的畸形发展创造了有利的条件，为追求暴利者提供了逐鹿之所。

畸形的发展

　　津市商场素来繁荣热闹，抗战时期更是畸形发展，极一时之盛，尤以 1940—1943 年为空前的全盛期。由于战局不断变化，难民络绎流亡来津，加上川帮、豫帮商人的蜂拥而至，津市人口大量增加。据当时津市镇公所的非正式统计，在这东西相距 7 里长的狭小市镇上，居住人口多达 13 万以上（尚不包括每日流动人口），比战前 4 万常住人口剧增了三倍多。当时因市内容量有限，人们遂在上街头、下街头、三洲驿桥外原公路两侧和对河阳由垸沿堤一带，自行搭建简易棚屋栖身或兼作小本买卖，势如连营，自成区域。

人口的增加，促成了津市商场的繁荣活跃。这时的津市，百业俱兴，店铺鳞次栉比，新店不断增设，业务鼎盛，顾客川流不息。当时，如大、小中药铺就多达 36 家，比战前的 16 家增加了两倍多，年营业额达七八百万元，约为战前的十多倍。街道两旁，更是摊担密布，形若长龙。行人熙熙攘攘、万头攒动；搬运力夫的吭唷声不绝于耳；货船满载，码头起卸一片繁忙。入夜，电灯、汽灯齐放光明，商店、摊担夜市不衰，饮食挑担走街串巷，担头油灯星火点点，随处闪烁。

战时，津市的商业除新户不断增加外，新兴行业如雨后春笋般应时而兴。粗略估计，有盐耳行福隆等 20 多家，花纱行罗大记、颜昌友等 30 多家，药材行豫湘、恒兴、兴成、竞成、友昌、久康、天庆、吉泰、建成、同和等 12 家，从业人员共 140 多人；贸易运输商行汉永义等 30 多家。当时，通货恶性膨胀，币值日跌，物价飞涨，人们重货轻币，钱庄应运而生，最盛时估计，以"和光"为代表的大、小钱庄多达 100 余家，遍布全市。它们采用高息率吸收和投放游资，兼搞投机活动，在市场上推波助澜。在新兴商行崛起的同时，手工业也有所发展。湘北大战时，很多湘阴人流亡来津重操旧业，利用木机生产土布，约有 20 多户分布在大巷口、牌楼口一带，整日机杼声声，此起彼应。另外还有很多个体户摆摊设点，手工自制、出售低档纸烟，一时廉价卷烟充斥市场，行销颇广。不属于各行各业的单帮客，风尘仆仆，东奔西跑的也为数不少。

市区人口的膨胀也带来了服务、娱乐行业的兴旺。据估计，当时市上的旅社、商号由原设的不上 10 家增加到 30 多家；酒楼餐馆和各种饮食店达 40 多家，是战前的 4 倍；电影院与演出京剧、汉剧和荆河戏的剧场等娱乐场所共 5 家；特别是茶馆、饭铺在通衢路口、背街小巷一带星罗棋布，真是五步一茶馆、十步一饭铺，随处可见，总共有 240 多户，为战前的 6 倍。因外地妓女的内迁和因生活所迫沦为娼妓的人日多，市上妓院娼寮猛增，略为战前的 3 倍，达 50 余处。而入夜侍立街头拉客的野妓和暗娼，更是无从统计。

受战时环境的影响，津市商界打破了过去"开铺坐店、专业经营"的旧习，采取了远购远销、跨业经营、快买快卖的经营方法，一般手中不存钱，仓库少存货，加速了货物、资金的周转。当时津市进出口的主要商品是布匹、盐、木耳、木材、花纱、纸张、百货、锅铁等。布匹、百货通过长、衡远购自浙江金华、温州；药材来自豫、鄂、川。宜、沙陷敌后，隔江对岸的三斗坪成了川湘孔道，担负着大后方物资交流的主要任务，因而津、巴（东）道上商贩络绎往来，力夫肩挑背负，摩肩接踵，不绝于途，每日上路一万多人。其中大宗商品由川运津的有盐、木耳、药材等，由津进川者有青布、棉花、土纱、纸张、百货、锅铁等，每日进出量在15000担左右（包括其他路线的进出）。试以药材为例，通过津市药材行店外运的，每年约20万担，营业金额达1000万至1200万元。

这时，有些店铺和个人受暴利驱使，走私跑江北（长江北岸鄂西一带）沦陷区，偷运出口药材（主要是水银）、纸张、瓷器、棉花、土纱、黄金等，带回西药、颜料、高级布料等。走私虽获利倍蓰，但冒生命危险。当时因走私在湖面触雷或其他原因致死的时有所闻。如有一药店派店员陈某和一纸庄胡某携带水银、纸张分别偷运江北，一去不归，音讯杳然，后悉触雷身死。抗战8年来，纵横于津市商场的冒险家们投抗战之机，发国难横财，一时八仙过海，各显神通，尔虞我诈，诡谲莫测。根据市场情况随时变换手法，采取买空卖空、倒买倒卖、转手套购、期货交易、囤积居奇等手段，进行殊死的角逐。在这场较量中，有的侥幸胜利了，立成巨富；有的不幸失败了，倾家荡产。有个暴发户颜某（江西人）原以修补旧衣为业，抗战时来津，经人介绍为安江纱厂在津长期采购棉花。他从中弄虚作假，利用花价波动，伪报货价，有利归己，亏损报公。几年来，积聚横财折合光洋20多万元，颜某在长沙有公馆，津市有住宅，还在广东购置房屋4栋。陈九思药号抗战前面临破产，抗战时利用帮会关系，与石门雄黄矿挂钩，垄断同行，独家长期赊购该矿雄磺运销外地，远至香港，获利甚丰，从而由破产而暴富，拥资15万元（折合光洋），还金屋藏娇，给小老婆（女伶）在武汉买房屋一栋。福顺昌绸布店有次在外地以桐油拨款购布匹一批，两船运回津市，一次获利伪法币约10万元，当即购置正街门面房屋一栋。津市较大的和光钱庄却因投机失利，经营不善而终于负债破产，当时人们讽为"和本光"。

抗日战争时期，特别是抗战中期，津市商场的特点是：暴发户多，资金大，"气魄"足。由于当时长沙一带和邻省各地的主要物资如花、纱、杂粮和四川一部分土产均赖津市商场源源供应，占全省运销货物比重很大。从而在一个时期内，津市商人几乎掌握了长沙市场的变化，如每日长沙的"红盘"，都要等待津市商人开盘后才能成交。全省花、纱业务，物价起跌，在很大程度上都为"津帮"商人所操纵。这时，不尽财源滚滚来，投机者腰缠万贯，是津市商人津津乐道的"黄金时代"。

抗战时期，津市的夹街是市场畸形发展的一个缩影。这里是津市的销金窟，是当时人们寻欢作乐之所。在这长不到 1000 米、宽不到 3 米的狭小街道上，酒楼、茶肆、妓馆、戏院汇聚于此；在这里，吃喝玩乐随时都可得到满足，极尽声色犬马之娱。这里有专办筵席的企园酒家、盟华园和具各地口味的川菜馆、湖北菜馆、下江餐馆等，有享有盛誉的王盛锦的卤味、春乐园的金钩饺饵等独具风味的小吃店；戏院有名角登台演唱；妓院有名妓艳笑接客。每当华灯初上，这里夜市就进入高潮，灯光照耀如昼，街上行人拥挤，酒馆茶楼高朋满座，小吃店门庭若市，戏院座无虚席，妓院人影幢幢；猜拳行令声，管弦丝竹声，笑语喧哗声，混合组成了一首行乐交响曲响彻夜空，通夜不息。富商大贾在"商战"之余，挟其巨资，经常光临此"不夜街"，穷奢极欲，大肆挥霍，呼朋引类，酒馆进，妓院出，大嚼豪饮，狂嫖阔赌，一掷千金，毫无吝色。请客摆宴，动辄 10 多桌，满桌珍馐，烟酒杂陈，"富人一台酒，穷人半年粮"，习以为常。赌博一次下注千万元亦不以为奇。有次有个经营军米加工的周某推"牌九"做庄，一档赌金为一千担大谷，可谓豪赌。当时的一些地方官吏，不关心民瘼，也是终日牌赌。如 1943 年夏，正值汛期，津市警察所所长郑家义与商人匡国基、胡普生、彭开泰等在祥丰绸布店打牌，被当时驻津国民党别动队"坚强"部队情报队人员发觉，以抓赌为名，扬言要将郑家义等人带走，郑当即召来武装警察百多人前来祥丰"护驾"，一时双方对峙，形势紧张，群众见状，惊惶万分，纷纷关门闭户。后"坚强"部队蔡参谋闻讯由澧县赶来津市为双方解释"误会"，一幕狗咬狗的闹剧方始收场，群众饱受一场虚惊。当时还盛传安乡"谷大少"（地主儿子）曾某久慕在津演出的某汉剧团一女伶的艳名，特地来津捧场，结识后同宿一晚，花去大谷五百担，挥金如土，被称为"现代王三公子"。

国土大片沦丧，敌我隔江对峙，前方正浴血苦战，后方却醉生梦死。"商女不知亡国恨，隔江犹唱后庭花"，对当时津市来说，是沉痛真实的写照。

津市工业的发轫

⊙ 樊生龙　张远成

一、手工业的兴起

明朝中叶，津市因水运便利，遂逐渐发展成农村小集镇，商业、手工业亦随之兴起，开始出现了为水运、渔业服务的木船修造、渔具制作，为附近农业和人民生活服务的纺织、铁木、农具、砖瓦、食品加工等行业。当时手工业只是作为农民副业，忙时务农，闲时务工，摆摊设点或走街串巷，不拘于一定的形式。至明末清初，市场日趋繁荣，有了手工业店铺作坊开业。据《九澧共和报》1912年11月10日第十版载："九澧近闻：津市人口正户1500户，附户1410户，有店铺723户，其中各项（消防）危险物店铺，有鞭炮店13户，有铁铺15户，铜锡铺23户，柴炭行12户，油轧坊12户。"可见当时手工业店铺已很普遍。据调查访问，津市窑坡渡就是因遍布砖瓦窑而命名。砖瓦窑为津市成长最早的手工业之一，始于明洪武二年（1369），先后有韩承斌等11户组设窑厂，生产青砖布瓦，历时数百年不衰。随着津市水运的发达，民国初年木船业有所发展，先后有杨长贵、李祖生等14户从事木船修理制造工作，船木工有时多达数百人。其他较早较大的手工业户，有升太隆秤铺、曾鸿发圆木铺、刘宏顺棕索铺、张万和与邹万顺笔墨铺、毕宏发皮革作坊、于大友陶器厂、永康服装公司等。

津市附近农村，盛产棉花，故纺织印染业为津市最大的手工业。清朝末年（1911）有土布店和染坊数十户，产品有青布、白布、蓝布、印花布、格子布等；1923年长沙、常德等地商人刘福生来津开设袜厂；清光绪元年（1875）津市人彭先正在刘公桥开设彭宏太丝线号，以后有梁养和、裴恒新等20户相继开业，发展到生产棉线、线带。

清末民初津市碓碾坊有十余户，除碾米供应民食外，大部分兼营槽坊，酿酒熬糖作为副业。其中夏新发槽坊开业最早，杨正记碓坊规模最大。1923 年常德鑫记机器店迁来津市，更名胜昌机器店，以修理机械为主，兼营袜机、压面机制作。以后有德昌机器店、鑫胜机器店相继开业，为津市机械行业的开端。1912 年，津市已有石印店数家，取代了以往的刻板印刷。如开明印刷公司、又新图书印务馆等。此外还有刨烟业恒兴、开太等 25 户，后发展为手工业卷制金棠烟。抗日战争时期，很多难民用手工卷烟，最盛时容纳工人数百人，但为时不久，抗战胜利后即告结束。至此津市手工业已有建材、船舶、渔具、纺织、皮革、缝纫、针织、蚕丝、食品、铁木、五金、机械、印刷、烟草、竹器、笔墨、雕刻、鞋帽、制索、油漆等 30 多个行业，200 多个品种，170 多家作坊，总共从业人员 4300 余人。

二、资本主义工业的萌芽

清朝末年朝廷为挽救危亡,倡办实业。清光绪三十四年（1908）津市人龙于成、马恒益、杨芝堂等在汤家巷创办津市惠中纺织公司，下设铁机科、木机科、毛巾科，生产各种布匹、毛巾。后由福音教会接办，改名信生染织厂，有工人近百人，具有资本主义工业雏形。

1916 年，英商亚细亚煤油公司分销经理，宁波人殷仁卿邀津市商人徐振岳、龚树堂等人创设津市昌明电灯公司，设厂发电，供各商户照明之用。

清光绪年间江西人喻瑞辉等来津市开设喻义和、喻茂顺金号，加工金银首饰，资金雄厚，营业逐渐扩大，成为九澧各县镇金银业首户。

第一次世界大战之后，国内兴旺发达的民族工业一度受其影响，1922 年大庸人熊兴锟随部队来津市，与商人金大用等集股筹办九澧民生工厂，以熊兴锟之弟熊世风为厂长，华容人罗甸元（驻津市的湖南陆军第二师第四旅军需官）为经理，筹划设机械、纺纱、织布、织袜 4 科，未及一年，因资金困难，人员星散，计划未能实现。当年湖南陆军第二师第四旅旅长兼澧州镇守使石门人唐荣阳以原九澧民生工厂为基础，发起组织九澧第一贫民工厂，敦促军商各界捐助银圆 5 万元，委任向瑞泽（当时津市商会会长）为厂长，罗甸元为经理，分男女二厂，有染织、缝纫、织袜、碾米、纺纱、竹工、编织、化学、藤器等科，产品有布匹、呢绒、棉纱、服装等数十种。后贺龙继任澧州镇守使兼任该厂名誉董事长，改名九澧平民工厂，业务得到扩充，职工最多时达 600 人，此后津市纺织工厂作坊次第创立。1928 年津市人禹方正创办建民棉织厂，投资银圆 13000 元，雇工数十名，出产各色花布中山呢、罗布、印花布、绒毯、白布、充花呢、府绸、十字布、葛丝呢、竹布、官线布等，随后有恒源染织厂、邹森记染织厂、谭同益染织厂等相继设立，都具有手工机械，共计染织工厂7户，染织作坊75座，拥有织布机280余台。

1915年，湖北商人刘炳珊来津市开设炳泰元皮革作坊，后改组为万盛元皮革作纺，改革制革工艺，能作皮鞋原料，津市皮鞋业由此兴起。

1932年，省棉业试验场在津市开办动力轧花厂，为津市引用电力办厂之始。1938年，津市电灯公司经过改组，供电能力增强，先后有祥丰、松正茂、民生3家机器米厂兴办。

1928年，江西人饶仪集资开设澧阳玻璃厂。1942年，商人金慕儒与武汉商人合伙开办大华猪鬃加工厂，为津市猪鬃行业走向工厂化开辟了道路。

津市资本主义工业兴办较晚，自萌芽以至发展，前后不过40余年。基础薄弱，进展缓慢，后经战乱冲击，外货倾销，便成江河日下之势了。

三、盛衰演变

自明朝中叶津市工业兴起以来，较长时间停留在作坊阶段，其中大都是前店后厂，夫妻经营。只少数作坊窑户，雇佣工人。清末海禁开放，外货倾销，手工业产品遭受排挤，难于发展。第一次世界大战以后，外货来源断绝，刺激内地生产，武汉、长沙、常德等地工商业者多有来津投资经营，手工业遂又蓬勃发展起来。据湖南实业杂志1935年调查记载："津市袜业发轫于1921年，自1925年以后，小厂相继以兴，1926年—1929年为津市袜业全盛时期，当时全市袜厂计有30余家之多。"又如1926年澧县人曾美华在津市引进外国缝纫机，促进津市缝纫业的发展，其他有皮革制品、西式家具、钟表修理等行业都应运而生。1930年及1935年，津市相继发生特大洪水，受灾惨重，加之连年战乱，市场凋零，手工业同受影响，渐呈萎缩状态，较大纺织业户建民棉织厂也因水灾停办。

1937年抗日战争全面爆发，国内大中城市大多沦陷，津市顿成入川孔道，市场一度非常繁荣，手工业户也骤见增多，但因处于战争前线，较大工厂无法生产，原有九澧平民工厂和津市轧花厂都因避难迁移，陷于停顿。1945年抗战胜利结束以后，国民党全面发动内战，社会动荡不宁，津市工商行业也都处于艰难困苦之中。解放前津市工业盛衰演变，自始即受天灾与战乱的制约，凡丰收安定年份，尚得一定的发展，如遇灾歉与战乱年份，就显得萎缩不振。数十年来在反动统治下，灾患频仍，战乱时起，使津市工业无长足进展，只因交通发达，人口增加，至解放前夕，各工种行业，数量上仍有增加。

四、解放后重新起步

1949 年 7 月津市获得解放，由原来的县辖镇改为市的建制，成立了津市市人民政府。由于国民党遗留的影响，解放初期，市场衰落，工业处于停滞状态，人民生活有一定困难。人民政府采取以工代赈，生产自救的措施，缓解民困。1950 年开始兴建南岸皇姑山粮食仓库，并参加荆江分洪工程，都是以工代赈的形式进行的。又先后办起了贫民自救染织厂、军烈属工厂、洗棉厂、回民织布厂、工联生产自救织布厂等简易工厂，同时鼓励各私营手工业作坊及个体户复工开业。1950 年津市手工业有 41 个行业，959 户开业恢复生产，其中最大的行业是染织针织业，有 144 户。1951 年本市国营商业与供销合作社以加工订货的方式，联组领料，分户生产，分别结算加工费，以后逐步改为集中生产，统一结算。1952 年增加了统购包销的方式，经过 3 年国民经济恢复时期，市场日趋繁荣，手工业也有了发展。接受加工订货的重点行业——染织针织行业生产自救的组织发展到 219 户，从业人员 570 人。自后由低级的生产自救组织过渡到高级的手工业生产合作社，有计划、有步骤地发展了手工业生产的互助合作运动。

五、新建与扩建的工厂

津市解放后，人民政府开始围绕农业办工业，1949 年接收了津市轧花厂，恢复生产。接收原打米厂改组为人民米厂，光明电灯公司继续开业。1950 年新办澧津烟草公司，生产香烟。原新华弹棉机器厂扩建为新华农业机械厂，生产农用机械。1951 年新建"一九""五一"两个机制砖厂，私营袜厂合成一新与裕湘两厂。1952 年人民政府鼓励原商业户集资转营工业，新建公私合营澧东机制油厂，生产植物食油。新建澧南粉厂，生产粉丝。另有私营康乐酒厂与新新五金电池厂投产。1953 年"一九""五一"两砖厂合并扩建为津市建新机制砖瓦厂。1954 年津市轧花厂改为植物油厂，同年并入澧东油厂。新建新津五金螺丝厂、五三皮纸厂、新中瓷厂、九一陶器厂、人民印刷厂，康乐酒厂改组扩建为地方国营津市酒厂。1955 年新建造船生产合作社及第一至第四染织生产合作社。1956 年肥皂厂改组为湘航木船修理厂。津市轧花厂恢复独立。新建干菜厂、糕点加工厂。1957 年九一陶器厂并入建新砖瓦厂。至此第一个五年计划期间，津市已有地方国营工厂 9 家，公私合营工厂 9 家。主要产品有电力、皮辊轧花机、老虎钳、木螺丝、元钉、食用植物油、油饼、棉布、毛巾、背心、袜子、蜡纸坯、皮纸、电池、灯头、肥皂、猪鬃、印刷品、白酒、糕点、粉丝等 20 多种，初步奠定了工业生产的基础。

旧津市的纺织工业概略

⊙ 杨镇华

　　津市地处湖南桑、棉产区，南宋绍兴三年（1133），澧县蚕茧年产2500担以上，居全省之首。宋末元初，湖南始种棉花；元末明初，滨湖棉花产量约占全省三分之一。津市同时又是澧阳平原和洞庭湖滨的蚕茧、棉花集散口岸，纺织原料较为丰富。

　　明朝隆庆（1567—1572）年间，《岳州府志》曾载"津市盛产青布，列为贡品"。其时民间俗称"官布"。土法纺纱织布，拉丝棉、捻土绢是农家的主要副业。明末清初，随着商品经济发展，社会分工细化，城乡民间从事土纺土织的个体专业作坊有所发展，植桑养蚕也更普及。与此相关的花、纱、布行、靛铺和染坊、丝店亦应运而生。易兴茂、朱大记就是清代专营土布的老字号。清光绪元年（1875），津市人彭先德开设宏大丝号，收蚕茧制丝线，拉丝棉应市。清光绪十年（1884），津市人曹瑞庭、许南山开设专业染坊，前店后坊，收购土布，自染自销。继之有涂法记、娄中和、李祥发等十余家染坊先后开业，成为津市手工业的一大行业。清光绪十五年（1889）岳州开埠设关，帝国主义列强势力伸向中国内河港口，洋纱、洋布、洋靛充斥津市市场，津市刚刚兴起的手工业染坊受到挫伤。辛亥革命前后，沿海城市和内地大中城市，倡办实业之风吹到津市。清光绪三十四年（1908），举人龙于诚与商绅马恒益、杨鳣堂等人合资兴办惠中纺织公司，改良铁木织机，生产布匹、毛巾，后转让给商人金治清，金只留营业部作布匹买卖，将机器设备转让给中华信义会（又称福音堂），开办信义纺织实业学校，旋改信生染织厂，宣称"在布道中生产，在生产中布道"。

　　1922年大庸人熊世锟在津市办《西声报》，以提倡工业、改造民生为号召，向九澧及津市商界募股集资，筹组民生工厂，委其弟熊世凤为厂长，华容人罗甸元为经理，拟在汤家巷大通机械厂和关庙街当铺原址，分设机器制造、纺纱、织布、织袜

4 个分厂。因资金未能筹齐，熊世锟又被选为省参议去长沙，筹厂工作于 8 月中止。9 月，湖南陆军第二师第四旅旅长唐荣阳，以九澧民生工厂为基础，组成九澧第一贫民工厂，任其参议官、津市商会会长向瑞泽为厂长，所属 23 团军需官、原九澧民生工厂经理罗甸元为副厂长，向九澧流域的澧县、临澧、石门、慈利、大庸、桑植、安乡、南县、津市、永顺各界筹集资金五万银圆，在汪家桥下首置地新建厂房，添机具，招收学徒，分男女两厂，设纺纱、染织、缝纫、织袜、皮件、靴鞋、藤竹、石印 8 科，职工学徒共 186 人，生产初具规模。1924 年 11 月唐荣阳下野，工厂陷于停顿。同年底，川军第九混成旅旅长贺龙率部入湘，1925 年初，进驻澧州任镇守使，并荣升为国民革命军第九军第一师师长，师部移驻津市。贺指派副官聂佐泉整顿九澧第一贫民工厂，拨款帮助恢复生产。同年 9 月 8 日工厂开工。1926 年 8 月，将原厂维持会改为董事会，扩充资金，更厂名为九澧平民工厂，注册商标"双狮牌"，并申报湖南省建设厅、财政厅核准。在九澧各地的棉、粮、油、麻等货物及船、渔、屠宰、特货（鸦片）等捐税附加，留成作为办厂补助经费。该厂纺织设备有绞机 8 部，铁木织机 90 部（其中铁机 38 部），毛巾机 20 部，手摇袜机 40 部，缝纫机 6 部，津市的织布、织袜、缝纫业生产由手工操作步入到机械化。只是原定的利用澧水所产棉花就地纺纱，虽试制成功，但因质量粗劣未能批量生产。其时津市商界成顺公、大生昌等殷实字号，则瞄准时机，跨业经营，从上海大批水运棉纱来津，售予织布、织袜厂户。津市织袜业相继而兴，1926 年到 1929 年，为津市袜业全盛时期，当时全市袜厂计有 30 家之多。《湖南实业杂志》203 号称津市年产棉纱袜 26 万多打。

1928 年 10 月，津市富商禹禹三以其弟禹方正为厂长，创建津市建民织布厂，资本 13000 银圆，共有 50 台织机，职工 33 人，生产较高档的中山呢、葛丝呢、竹布、线布、府绸、线毯等十多个品种，年产布匹近万匹。《湖南实业杂志》也报道过。1930 年因遭水灾停办。同年秋湘阴人彭菊生 4 兄弟开设彭大成染织厂，有织机 16 台、踩石 10 副、染缸 10 口，雇工 30 多人，既织又染。接着桃源人陈福兴和湘阴人彭赢明开设的染织厂也相继于 1931 年和 1932 年开业，这种既自行染织又承接胚布来料加工的染织工厂，逐渐取代了靠收购土布自染自销的传统染坊。

《中国实业志》（庚卷）对 20 世纪 30 年代的津市纺织工业有过这样的记载"津市工业以棉织、针织两业较为发达，虽有机械设备，但无动力发动机，其中只有湖南植棉试验场津市轧花厂有柴油引擎设备，其余均用人力"。这里所指的津市轧花厂，全称湖南省棉花生产运销社津市轧花厂，始建于 1932 年，原是湖南省棉花试验场，在场长袁辉（曾任过中山大学教授）的精心策划下，为大面积集中推广良种，于澧县、安乡、汉寿、沅江、南县、华容设置 20 座合作棉场，总面积 9407 亩，选择澧水和滨湖棉花集中口岸的津市为建厂厂址，先后购置 25 马力柴油引擎 2 台，12 马力柴油引擎 1 台，10 千瓦电机一台，32 寸辊轴式轧花机 62 台，打包机 2 台，打花桶、棉籽筛各一台。初创时全厂员工 218 人。收购各县合作棉场良种籽棉，集中轧花、打包、运销和收回良种，分发推广良种等一揽子经营。仅 1932 年 8 月 21 日至 1933 年 1 月止，开创初期就共收籽花 26865 担，轧出皮棉 4532 包（机包每包 90 公斤），获利 2 万余元。其注册商标为"新农牌"的机包良种棉花，除大部分运销湖南第一纺织厂外，还远销汉口申新纱厂，上海溥答纱厂和南通大生纱厂。目睹大批优质棉源源不断运出，1934 年，津市商界人士陈松安等创办松记纱厂，图以改良铁木纺纱机 30 台试纺细纱，终因质量成本未过关而停纺转织。1936 年"津市纺织业虽有 22 户"（《湖南实业杂志》203 卷），但实际是有织无纺，纯为单一的加工性产业结构。1937 年广东丝商来津市大巷口建灶 48 口收茧缫丝，运销广州、香港，次品当地打捻丝线。彭宏大、梁美和、裴恒兴、周日兴等制线作坊生产的清水丝棉、五彩丝线、青丝包头等在湘、鄂、川、黔很有名气。抗日战争期间，武汉、沙市、长沙一批工商户陆续迁来津市，以专营青布批发的业务日益壮大。工商之间产销分工，使本小利微的个体织布户减少储备原料和成品的资金压力，一批只有 3 ～ 5 台布机的个体机坊大量涌现，并逐渐形成了湘帮（湘阴、湘潭、湘乡、长沙），主要集中在大巷口和一文拐织染青布；桃源帮和本地帮主要集中在贺家拐、汪家桥一带染纱，生产花布、打包布、蚊帐布、毛巾、澡巾。据工商调查资料记载，1942 年，津市纺织业有 55 家，比 1936 年增加了 1.5 倍，从业人员 439 人，织布机 136 台，踩石 12 副，年产量约 8 万匹布。1947 年，抗日战争胜利后，外地迁来的富商大贾陆续返回原地，而小本经营和帮工糊口的织布手工业者大部分滞留津市惨淡经营。1946 年染织业有 116 户，562 人，资金 49180 元（折合人民币），织布机 283 张，踩石带 26 条，年产值 24.35 万元（折人民币）。织袜业在上海"金杯"、益阳"达人"名牌竞争中虽处劣势，但所产线袜厚实，适销农村，1949 年有 14 户，勉强维持生产，年产袜子 2.7 万打。线带业有 18 户，生产丝线、棉线。缝纫业大多是夫妻、师徒小店铺或上门做衣的匠人，共 113 户，从业人员 200 人左右。

在解放前漫长的年月里，尽管津市地处桑棉产地，但丝织、棉纺工业却是空白，棉织、针织工业也是小打小闹，不成气候。

津市九澧平民工厂始末

⊙ 曾凡俊　樊生龙

　　20世纪20年代初期，津市已是澧水流域唯一口岸了，当时除商业贸易外，也有工业的兴起。津市九澧平民工厂就是名闻遐迩的综合性企业。该厂先后投资银圆10余万元，历时21年，职工最多时达到600余人，各类产品有90多种，兼有教育慈善性质。创办之早，规模之大，不仅在澧水流域为首创，在全省各县市也是少有的。

创办时期

　　1922年2月大庸人熊世锟随部队来津市，任津市《西声报》社经理。又与商人金大用等人出面集股，筹办九澧民生工厂，厂址设在津市汤家巷，由股东会选举熊世锟之弟熊世凤为厂长，华容人罗甸元（驻军湖南陆军第二师步兵第四旅军需官）为经理，筹设机械、织袜、纺纱、织布4科。计划出产出花机、纺纱机、织布机、织袜机及轮船维修部件，并弹纺津澧一带棉花，纺织布匹、丝光线袜等。是年9月因资金告急，工厂陷于停顿。

　　同年湖南陆军第二师第四旅旅长兼澧州镇守使唐荣阳驻防澧水流域，鉴于实业救国之说风行一时，为顺应潮流，遂发起组织津市九澧第一贫民工厂，以原有九澧民生工厂为基础，敦促军商两界私人捐助银圆5万余元，在双济桥（今汪家桥）购地建厂，添置设备，委任津市商会会长向瑞泽为厂长，罗甸元为经理，以招收无业贫民、教养授艺、从事生产为宗旨。全厂分男女二厂，设染织、织袜、缝纫、碾米、纺纱、竹工、编织7科，后纺纱、竹工、编织3科因产品质量不良而被取消，另添设化学、藤织两科。各科聘用专门技师，教导制作，工厂设备有纹机8台、手摇机52台、铁机38台、毛巾机20台、袜机40台、缝纫机5台。全厂员工共计136人。染织科生产各色呢、绒、布、毛巾、围巾等21个品种；纺织科生产细纱、棉纱等6个品种；缝纫科生产西装、夹裤、马褂、长衫、蚊帐、卧单等 31 个品种;织袜科生产袜子 8 个品种;竹工生产箩筐、筲箕、菜篮、筷子、扁担等 19 个品种;编织科生产羊毛刷、猪鬃刷、铜丝刷、油纸扇、麻草鞋等 7 个品种;碾米科生产大白米、小米、粉糠、车糠、粗糠等 5 个品种。每年总产值约银圆一万五千元。经营管理方面,厂长经理之下,设工务、教务、物科、营业 4 部,每部委用 2 人任正副主任,另设庶务、司账、收捐等职员。艺徒白天习工,晚上习文 2 小时,设有英文、国文、图画、算术、修身、簿记、音乐等课程。教师由工厂管理人员和技师充任。习艺期间,艺徒除供给伙食外,成绩优良者,发给奖品,没有工资。工厂以救济贫民为宗旨。艺徒边学边制的产品,不能抵制外来货物的倾销,售出之货,往往不敷成本,常年经费不敷之数,由镇守使令准在九澧土特产出口货物税中附加捐款,计有棉花、粮食、食油、麻、鱼等附加捐,还有筵席、门捐和特捐(烟土)等捐。工厂附设乞丐收容所,凡在津市行乞之乞丐,一律勒收入所,收容后每日供给粥饭各一餐,每年寒衣一套、夏服两套,被席两人一床。年轻有力者列入劳工室,老者列入养老室,幼者列入育婴室,病者列入病室。劳工室之乞丐,男的从事伙夫、清道夫、雇工、看护、管门、织履等劳务;女的从事洗衣、织袜、纺线制索、抚育等劳务。劳作 3 个月后,收入工厂习艺。收容人数以 60 人为限。逾额时将外籍乞丐押送出境,本地幼稚乞丐交该姓团族抚养。天灾流行,饥民众多之时,另由地方设法筹赈。

1923 年,工厂因慈善和教育开支巨大,入不敷出,厂长向瑞泽宣布征收艺徒每月膳食费银圆 2 元,艺徒皆因家计困难,缴纳不起,纷纷要求出厂。教员多表同情,亦以辞职相要挟,工厂陷于混乱状态。后经唐荣阳所属二十三团团长唐振铎出面维持,重新指令向瑞泽为厂长,罗甸元为副厂长,黄人强为经理,王兆缙为副经理,余祖则为副经理兼会计,调整了管理人员,经费不敷之数,则由船业保安费项下拨付。并以罚款及特别费接济流通资金,厂务遂得以继续维持。1924 年底,唐荣阳败走石门,九澧平民工厂因军事影响,经费支绌,无法维持,1925 年春暂时停办。

发展时期

1924 年 9 月,讨贼联军师长贺龙自桃源出发,攻克澧州津市,任澧州镇守使。1925 年 6 月亲莅津市,指示组织津市九澧贫民工厂维持会,派师部聂佐泉与津市人胡毓桢主持工作。同时训令澧县、安乡、南县、临澧、石门、慈利、大庸、桑植、永顺及津市各摊派银圆 4000 元,共计 40000 元。在原九澧贫民工厂旧址,扩建厂舍码头,添置机械,扩充营业经费,贺龙本人解囊捐助银圆 4000 元,作为开办经费。又下令军事检查所所长贺与立将炒土(烟土)捐拨归该厂,并承续前贫民工厂各项捐款作为补助。在贺龙镇守使的热心扶持下，维持会派出有关人员赴上海、汉口等地考察。自澧水各县招收艺徒600余名，于1925年9月11日正式开工。采用工读方式，分设西染、纹机、铁机、手机、女织袜、制革、皮件、藤竹、西履、石印、缝纫等12科。年产值约银圆14万元，产品行销津市及澧水流域各县。文科分甲、乙、丙各班，每日白天和夜晚各学习2小时，课程有体操、三民主义、音乐、国语、作文、珠算、习字、簿记、公民常识课，女艺徒另设挑花一课，聘请教师，进行教授。工厂主办人员，历年均由津市驻军长官委任，因军事影响，阻碍工厂的发展与稳定。1925年维持会开会决定：一、遵照贺龙镇守使指示，贫民习艺后，不能仍为贫民，应与一般国民平等；二、维持会改为董事会；三、董事会由澧县、安乡、南县、临澧、石门、慈利、大庸、桑植、永顺等9县各派代表3人，津市选派代表5人组成；四、选举聂佐泉为厂长，胡毓桢为董事长；五、敦请贺龙为名誉董事长；六、推举澧县崔振球、石门晏葆初、津市胡毓桢、赵席珍为常驻董事；七、选举晏葆初、王育琦为监察董事，陈震南、符正平、聂凤鸣、张超、赵席珍、崔振球为保管董事。旋由董事会派晏葆初赴省办理立案手续，取得省建设厅认可，厂长由建设厅给予委任状，并由省建设厅每年发给津贴费银圆7200元。因此，九澧平民工厂成为各县地方联合性质，进入一个稳定发展的时期。

衰落时期

1925年下半年，贺龙率部撤离津澧，董事长胡毓桢辞职，由董事会选举晏葆初继任。1927年蒋介石发动"四一二"反革命政变，九澧平民工厂笼罩在白色恐怖之中，国民党在厂内大肆搜捕共产党员和进步人士，职工惶恐不安，生产和教育受到极大影响。1928年1月，厂长聂佐泉在长沙被国民党逮捕枪杀，工厂失去了领导，原定的扩充厂房设备、自建装卸码头、自备轮船等扩展项目，都成为泡影。董事会存放的两箱银圆也被瓜分一空。后由晏葆初接任厂长，勉强维持残局。其后陆续有彭步皋、伍葆元、王兆荣、杨鳝堂、蔡思泉、崔润民、马选清等人继任厂长，都因技术落后、销路不畅、经费支绌，形成一蹶不振、每况愈下的局势。

1938年湖南第二区保安司令（辖现常德专区）王育瑛被选为九澧平民工厂厂长，唐渠清任代理厂长。不久，王育瑛找到曾在西欧留学，专攻毛纺业的石门人李静安，向董事会推荐由李担任厂长。当时抗日战争正在进行，日本飞机曾在津市上空盘旋过，工厂为了安全，决定迁往慈利山区杨家溪地方，并在大庸和慈利象耳桥建立两个分厂，迁厂后只设纺织、织袜、织布、缝纫等工种。迁往的设备有40台铁机和几十台木机。抗日时期，外地布匹来源减少，农村棉布销路增多，工厂在农村开了几个门市部,经销本厂产品,借以维持生产。1940 年 1 月末的一天晚上,有一伙土匪,窜入杨家溪总厂,抢劫财物,技师周永泉被砍成重伤,除现金外还抢走了一些布匹。劫后人心惶惶,多数员工主张再迁厂址,不得已又将总厂迁往石门江家湾。这时工厂生产棉布,虽然不愁销路,但棉纱来源却很困难,工厂曾经派人去各处收购土纱,仍不济事。后与吉首一家国民党军工厂订约,由军工厂提供棉纱,工厂织成布匹,由水陆两条途径运出,又曾把布匹运到重庆,换回棉纱。为长远计,董事会决定在慈利开设"七七纱厂",由津市大商人禹禹三投资数十万元(当时法币),向长沙自力纺织机器厂订购小型纺纱机器 4 套,准备纺出棉纱,供应工厂原料。并决定由李静安负责筹备"七七纱厂",九澧平民工厂由张云门任厂长。不料日军陷长沙,自力纺织机器厂迁往桂林,时逾一年以后,才将纺织机运到慈利试车,尚待一些配件到厂,方能开工投产。1943 年日军进攻常澧,慈利、石门一度沦陷,工厂人员分途逃散,九澧平民工厂从此倒闭,以后未曾恢复。

对地方的影响:九澧贫民工厂创立之初,适逢 1923 年长沙为收回旅大发起反日运动,随即发生"六一惨案",工厂职工联合商学各界声援示威,游行演讲,并组织国耻演讲团,发动大家抵制日货,激发人民爱国热情,开展各项爱国活动,颇有成效。该厂招收艺徒,男女兼收,女生数量有时超过男生,妇女走出家庭,参加生产,冲破当时封建习俗,促进了澧水一带妇女解放运动。自后进入大革命时期,津市工人运动蓬勃发展,由该厂厂长聂佐泉兼任津市总工会委员长,共产党员施建白在厂内主持工人运动,打倒土豪劣绅,宣传革命政策,工厂成为当时津市工运的根据地。马日事变后,工厂职工备受压迫,工运渐告沉寂。

该厂开办时,原名九澧第一贫民工厂。原因是当时湖南省政府为发展职业教育,通令各县筹建贫民习艺所,澧水流域各县因财力所限,多未设立,该厂原计划艺徒在该厂毕业后,分发澧水各县,次第建立分厂,以该厂为母厂,故有第一之称。自后各县因财政困难,仍无分厂之设立,但该厂毕业艺徒为数甚多,先后在各县市镇就所学手艺建立织布、织袜、织履、印刷、缝纫等作坊,遍布澧水流域各城镇,对发展地方手工业生产,具有一定的影响。

津市轧花厂的创办

⊙ 韩川

津市轧花厂是津市第一家省属企业，是湖南省创办最早、规模最大的机械轧花厂，是历史最悠久的棉花加工厂。在津市工业史上，津市轧花厂的文献资料最为丰富，现摘录几段作为我对它的纪念。

1932年的《实业消息》报道："建设厅为救济滨湖各县棉种缺乏，及改良棉种，增加生产起见，曾商准华洋义赈会，于农赈项下，拨洋四万元，交由棉业试验场，派员赴山东采购优良棉种六千八百余担，运赴滨湖各县贷放，并实行棉场合作计划，派员负责指导，计成立合作棉场十万亩，兹为集中优美棉绒，保持纯良棉种起见，特由棉场设立轧花厂于津市，办理轧花运销事项。该场拟具轧花厂组织章程，轧花运销办法，开办费已提交省府通过，由该场委派经理一人，并派推广股主任兼监理，于津市租赁房屋，装置机械，计开办费三千二百元，轧花打包机械费一万二千四百五十元，经常费二万九千余元，以四个月轧花六万担计算，收入约计三万三千四百余元，现已由湖南第一纺织厂及上海商业储蓄银行，借款十七万，作为收花流动资本，实行经营矣。"

1933年8月，《棉业》杂志在津市创刊，第一期上记载了津市轧花厂筹备经过："厂屋之租赁：二十一年春，本场在澧县、安乡、汉寿、南县、华容、沅江等六县，推广脱字棉种六千六百七十一担八十斤，设合作社二十处，计合作农户一万三千四百七十一户，合作棉田面积九万四千九百零七亩。于六月中旬发种结束后，始克从事轧花厂预算之造报，决定厂址设澧县津市。以限于经费，不能自建厂屋，唯有出于租用民房之一途，时津市以连年天灾人祸，市面萧条，余屋颇多，有数处均可租用，唯以关庙街伍姓房屋较为适用。经多次接洽磋商，于九月六日正式成立契约。契约要点：1、全年租金1500元；

2、五年内屋主不得退佃及增加租金；3、五年内厂方得随时退佃，但须于二个月前通知屋主；4、佃定后所有内部一切房屋，听凭厂方改造。原屋计小五开间两栋（层）楼房五进，六开间西式三栋（层）楼一座，三开间两栋（层）楼一所，仓库一所，平房十五间，大厂厅一所，总面积为三万二千一百零三平方尺（3567平方米）。

轧花间引擎间之改造厂屋租定后，即就原有厂厅及平房一部地点拆除，改建轧花间（轧花车间）、引擎间（动力车间）。轧花间面积五十九平方丈（约2200平方米）。引擎间十八平方丈（约670平方米）。轧花间用抬梁，中间距离墙二十三英尺处各有柱一排。四壁为防偷漏起见，无窗。屋顶有气楼八字披厦，每隔数尺安明瓦四张，空气极流通，光线极充足。轧花间与引擎间之间，有墙分隔。

轧花间、引擎间自九月十六日动工，拆除旧屋，改建新厂。因下脚极费工，至十月二十五日始完成。所费工料费除水泥外，计一千一百元，水泥共用五十九桶。

机件之购办：全厂机件，计二十五马力柴油引擎（即柴油机）二部，十二马力引擎一部，二基罗瓦特（千瓦）发电机一部；三十二时新式辊轴轧花机六十二部；打包机（俗称天津架子）二部；附件配件工具秤具，全部购置费一万八千元。

机件之装置：轧花间总地轴三路。轧花机作单面排列。引擎间人字木地脚深六英尺。轧花机地脚深二英尺。总地轴安装于抬梁上。总皮带盘尽头之地轴由人字木抬架过墙，用墙头箱子。轧花机每部占4～6英尺，两排相对。轧花间之交通路10英尺，以便取籽、取皮花。机后坐人处两机相距6英尺。中间两排因各有木柱一排，上籽花箩时有一部分稍觉不便。轧花机全靠北端，每排最少留十八英尺。"

文中提到的姓伍的屋主，即津市商会会长伍葆元。租赁的厂房位于仙桥附近的关庙旧址，是1923年伍葆元、唐荣阳办雄黄矿时购置，原系津市信义纺织实业学校（即九澧贫民工厂前身）的校址，也是津市兵工厂、亚细亚洋行旧址，这里有厂房、仓库、办公楼和宿舍。1925年，兵工厂起火时烧了一部分。1927年，唐荣阳从汉口回津市，隐居此处，直到1932年去世。唐荣阳去世后，袁辉提出租赁，伍葆元满口答应。

1933年，轧花厂收轧合作农户籽花一万三千五百余担，运销皮花四千二百余担，盈余二万七千一百余元（计获盈余六千余元，棉籽八千余担。除棉籽留作种外，盈余现款，经拨四千作选种经费，其余则依据轧花运销暂行办法，分摊农户）。

初试牛刀，即见成效，建设厅和棉业试验场马上安排异地扩建，第二次建厂的经过，厂长周干在《津市轧花厂第二次报告》中有详细的叙述：

本厂厂屋，原系租赁民房改造；局势狭隘，仅能容纳轧花机六十二部。复无仓库设备，管理既感不便，火患尤属堪虞。且今年棉田扩展至十二万三千余亩，机械固应添置，而厂屋尤应随之扩充，爰于四月间，拟具二百架轧花机之轧花厂计划，及建筑设备费十四万八千七百五十元之预算案，呈请建设厅核定，并提出省政府委员会三百五十四次常会议决：由省库垫发建筑设备费洋银十万元，余由本场筹措，其垫款至年底已由财建两厅陆续发出，下列事项，得以分列进行：

购置厂基：新厂预算，经建设厅核准，并由省库垫发经费后，即着手购置基地。原勘就津市对河印家洲（孟姜垸），嗣以地势低下，易于淹水，适有该市油榨坊谭、禹两姓相连房屋六栋，连同晒坪码头等出售，计面积一千一百七十五方丈（43663平方米），地滨澧水，交通便利，颇适厂用；而房屋材料，大部分可供翻造，遂协议以价洋二万元收买之。

建筑厂屋：立契以后，从事建造轧花间及引擎间各一所。因时日短促，未及全部完成，棉花即已上市，遂仍就旧厂开工，至年底该项工程始行竣事，计用建筑费八千余元。

添置机械：轧花厂原有机械：计二十马力柴油引擎二台，十二马力柴油引擎一台，二基罗瓦特（千瓦）发电机一台，三十二吋轧花机六十二部，打包机一台，本年新预算成立，复向上海、汉口、长沙各处，添置四十五马力煤气引擎一台，二十马力柴油引擎一台，十基罗瓦特（千瓦）发电机一台（共有柴油机5台93.35千瓦），打包机二台，三十吋辊轴轧花机九十部，以及传动机械零件，均行添配；此外应添机件，因新厂建筑未成，尚待来年再行购备。

资金之筹措：轧花运销，原应由棉花生产运销合作社办理，惟合作社虽经成立，但组织未臻健全。运销出入，动辄十万金，非目下社中所能胜任，依社章第九条规定，在该社未充分健全以前，其所有业务由本场办理。又滨湖频年旱涝成灾，农村枯窘，不独社员股金，急难凑缴，而社员花价并须立予现金。故运销合作，所需资金，全部须由本场筹措，爰于七月间，与上海银行商洽成立透支契约，金额三十万元，时间次年三月底止。又湖南省银行亦成立透支约数万元。

迁建工程包括新建轧花车间厂房两栋、动力车间厂房两栋、能容纳两万担籽花仓库一座，建筑能容纳棉籽七万担仓库一座。又新建仓库两栋、办公室三栋、职员住房及杂屋二十余间、晒坪一方。据澧县《建筑志》记载："澧县津市轧花厂办公楼位于津市市汪家桥，1933年建成。楼房系砖结构，建筑面积926平方米，采用砖柱承重，条石基础，双坡屋面布小青瓦，青砖压脊，设有走廊，填装板门，拱券形四页玻璃窗。地、楼板全为木质，涂油漆防腐。门上方设有翻窗，以通风、采光，楼房结构坚实。该楼是县内近代两大建筑之一。"《常德建筑志》载："1932年，修建澧县津市轧花厂，其办公楼是中西结合式的建筑，与沅江酒精厂同时誉为湖南近代两大建筑。有《轧花厂记》碑志刻于两块大理石，镶嵌于办公楼大门的两侧。"1986年办公楼因修建新楼被拆，如今新旧楼均毁。

1947年10月《新湘日报》载："津市轧花厂沿革：战前共装轧花机一百部，产量日以千担计，中经停工，战争破坏，三十六年经省建设厅、农业改进所会商第一纱厂共同经营。资本：预计复员资金十七亿，原有资产估计为十一亿，农业改进所投资二亿，第一纺纱厂投资四亿。设备：就原有设备机件加修整得四十部。产销：现月产一万五千担左右，全部由第一纺纱厂承销，副产品棉籽月约四万余担，以乏炼油设备多系分售小油商加工。又该厂已就滨湖棉产区分设收花所十二单位收购棉花，其价款则由第一纺纱厂垫付，将来该厂陆续以产品归还。"

1935年长江流域遭到特大水灾，滨湖各县一片汪洋，农民流离失所，哀鸿遍地，惨不忍睹，春季发出的种贷无法收回，试验场遭到了致命的打击，轧花厂举步维艰，资金告罄。1936年3月，工厂交省第一纺织厂试办，由纺织厂厂长范新度兼任轧花厂厂长，仍无起色。1937年，轧花厂仍由第二农事试验场（即棉业试验场）接办，然而抗战爆发，工厂业务日趋萎缩，加上津市濒临前线，棉花属一类战略物资，因故停产外迁。1941年10月16日晚失火，办公楼、仓库毁于火灾，损失惨重，元气大伤，几一蹶不振。1943年日军南犯，120台轧花机被日军焚毁大半。1947年5月恢复生产，次年徐国栋接任厂长，旋去职，周愈之继任，然而时值解放战争，人心涣散，工厂均无起色。

津市长津轮驳公司

⊙ 黄庭瑞

津市地处澧水下游，东濒洞庭湖，水路四通八达，逆澧水而上，航船可达临澧、石门等县，顺澧水而下，可达常德、益阳、长沙、岳阳和湖北的沙市、宜昌、武汉等重要港口，是澧水流域的物资集散地。

清末由津市运往长沙、武汉、沙市、宜昌等地的物资，均由木帆船装载，木船行驶慢，运输时间长，不能满足市场发展需要。民国以后，长江一带已行驶了火轮，逐渐发展到湖南。

当时处于军阀混战时期，军队经常乘坐轮船，往来行驶于长沙、津市间，但以拖运军人军火为主，尚无客运商船。1916年，长沙商人吴伯熙在长沙开设日星昌绸布店，时常至上海、汉口等处购货。当时长沙英商太古轮船公司有一艘轮船在长沙，经上海太古公司介绍，将此船售与吴伯熙，取名为"通和轮"。开始行驶长沙到津市一线，以带拖民船为主。1919年遂自制拖驳，开始客货两用，行驶津市一线，由于经营独揽，别无他轮竞争，因此业务兴旺，发展较快，经济效益很大。

同年有益阳矿山郭梅舫等与张司耀等人合资购买轮船一艘，定名为"新安庆"，也行驶津市到长沙一线。尔后由周又成、杨广元等共同购买"新安"和"新安太"轮以及"长太轮"，在长沙和津市成立了六轮公司。其组织形式是各轮自负盈亏，而公司的开支是以营业额多少，用抽扣的办法来维持。船工人员工资，由各船主负责。1921年，由于发展需要，成立了长津公司，以长沙为总公司，津市为分公司，长沙由王桂生负责，津市由周又成及杨广元负责，业务逐步发展，又先后添置了"强化轮""永绥轮"各一艘，后由吴伯熙、王桂生又购置了汽船一艘，每条轮船还配备拖船一只，扩大行驶津市到湖北沙市的客货班。到抗战初期的1937年，这个公司已拥有轮船9艘，拖船8只。

由于长津公司业务的兴旺，垄断了津、长航运权，在货运价目上经常上涨，引起津市货主客商的不满。

这时由浏阳秋船卢东海等发起，与津市部分大商人合资组成福利公司，购买两艘轮船，定名为"鑫盛轮"及"杨子轮"，又租货轮船两艘，行驶津市至长沙间，班次与长津公司相同。1923年由于竞争，互不相让，因而导致双方亏本。后由津市商会出面与长津公司商洽，长津公司主动提出两方合作，将运费降低，改为一家公司经营，定名为长津福利联合公司。1924年又改组为长津轮驳股份有限公司，长沙为总公司，由王桂生负责。嗣后又成立董事会，董事长为郭梅舫，副董事长为胡德彪（津市商人）。这时拥有轮船12艘，拖驳12只，汽船2只，津市为分公司，经理黄庭瑞，副经理张司耀，生意日趋兴旺。仅一年多时间，将两公司所负债务全部还清，货运费也合理调整趋向稳定。按照长江航运局规定价格计算，航行班次按时行驶，客货两用，班期稳定，两地客商满意，群众称便。

1943年，日寇侵犯长沙，津市被侵时间不长，长津两地轮船均被日寇及国民党溃散军队打沉，损失殆尽，只有津市仅存轮船两艘，长津公司财产遭受严重损失，全部财产只剩下百分之二十。在这种极端困难的情况下，津市由黄庭瑞主持，将长途改为短途行驶，仅开设津市至毓德铺、津市至澧县两地航线，借以维持员工生活。

1944年长沙公司负责人王桂生等来津，与常德鸿安公司、民众公司、津澧轮船公司合作，改名为湘西轮船公司，增设津市至常德航线。当时长沙仍在日寇盘据占领下，长津班不能开航。

1945年日寇投降，公司迁移长沙，业务各自分开，恢复长津轮驳股份有限公司，将打沉的轮船打捞，重新修理，所有轮船集中，向长江下游开放，行驶长沙到武汉、长沙到津市、津市到湖北沙市、宜昌等处班次，接着又与四川民生公司签订联营合同，开展长江一带航运，业务蒸蒸日上，逐步获得发展，并将原先所有失业员工都安排了工作。

1949年7月及以后，津市、长沙相继解放，所有轮驳船只均投入支前运输，后又运送军粮物资等。由于海损过大，在1951年长津公司除赔偿外债外，其余全部交公私合营新湘轮船公司经营，即现在的省航运局。

津澧公路兴修记

⊙ 童醴荃

津澧公路出现前，1918年第十六混成旅旅长冯玉祥驻常德时，曾动员官兵修筑由常德经临澧、澧县以至津市的大路，路面规定宽一丈二尺，"做得平坦端直，人民看见这样阔坦的道路，都喜欢不得了"（冯玉祥《我的生活》）。此路兴修，系为便利军运、行旅，故竣工后未通车营运。

津澧计划修建公路，始于1924年。湖南原于1913年即已开始修建公路，因战争影响与财政短缺，一直成效不大。1924年，湖南各地军阀出于割据与军事上的考虑，个个倡言修路。于是叶开鑫、贺耀祖在湘中，唐生智在湘南，唐荣阳在湘西各建组织，各订计划，开始修建公路。

1924年7月18日，澧州镇守使唐荣阳召集所属唐振辉、唐生明两旅长，常、桃、澧、临、慈、石、安七县行政长官及各公法团代表开会，讨论修路问题，决定以自筹资金、官督民办的形式，修筑常澧、津沙、澧津、常桃、澧慈、常津六线公路。并决定发行常澧汽车路股票，暂筹资金50万元，股金由各地方商会分担。当时津市商会分担股金8万元，仅次于常德。后因川军旅长贺龙部进驻津澧，唐荣阳被逐，此计划未获实现。

1926年1月，湘中、湘南、湘西三路局成立。其时湘西路局兴修线路，仅有常益、常辰、洪武三线，未有津澧。1928年路局改名为湖南第一、第二、第三汽车路局，第二汽车路局所建线路，亦无津澧。为便于管理，1946年5月，交通部正式划出部分线路为"国道"。为此，省公路局谋增加省道，遂于1947年提出"八线工程计划"，即兴修新路五线，修复旧路三线，常澧（包括津澧段）即为计划修复线路之一。工程于是年开始，经一年多时间，于1948年11月修复通车，以迄1949年津澧解放。

津市国民银行建行始末

⊙ 宋先熙

　　1934年春，津市商界头面人物孟体仁、罗云卿、宋仲青、朱季桢、曹友钦、魏静安等以调剂金融、繁荣市场为名，发起组建银行，并发出招股章程，筹集资金，但响应者寥寥。除发起人认定一定股金外，便采取类似摊派方法，向各股实户动员，强拉入股。股票既定，发起人等经过酝酿成立董事会，公推孟体仁为董事长，选出罗云卿为经理，宋仲青为副经理，银行定名为津市国民银行，行址择定在商会后街。于当年10月12日正式开张营业。当时，银行全部股金为83100元（银圆、下同）其中大部分尚是以不动产票据作抵押的，实际现金仅16000元。为补金额不足，在当时政府三令五申、严厉取缔民间滥发纸币的禁令下，竟大量印发纸币，泛滥市场，并在具保时谎报发行总额为10多万元，但据后来清查核实统计，该行开业后的两年内，先后三次印行一角、三角、五角3种票面纸币共831800张，总额为208240元。超过现有资金两倍多。纸币不断投入市场，在本市、澧县和澧水上游各县以及南县、华容、安乡等地广泛流通使用。

　　国民银行开业伊始，即置"调剂金融"于不顾，少务正业，乘当时天灾战乱之机，与官商勾结，利用本行纸币，囤积居奇、贱买贵卖，从事粮食投机活动。在长沙设办事处，南县设"明记庄"，各县普设临时机构，进行购销活动。将澧县县府前科长何某拉为股长，任驻省办事处主任。同时，经常贩运烟土（鸦片）牟取暴利，开设"瑞隆"当铺，重息典押，并在行内布置精室，整日聚赌敛财。据1936年7月澧县县政府调查统计，仅贩毒、聚赌两项，未及一年，该行就非法获利3476元。

　　国民银行开业后，广结官府权贵，银行俨如衙门，宴请酬酢，挥霍浪费，花销颇大。加之内部管理混乱，有关人员贪污中饱，亏空挪用，同时一些权贵以各种名义向银行借贷，仅前县长何某、前警察局局长詹某等就借款近 2000 元，欠债不还，银行不断遭到蚕食，有盈利少积累，底子日薄。津市群众对银行的经营作风及其所作所为，早已心怀不满，有人曾报湖南省政府请予制止。1936 年 6 月 8 日，湖南省政府训令澧县县政府，批评县政府不遵令呈复，勒限国民银行收回纸币一事"殊属玩忽训令再次限令严予取缔"。15 日，此训令在长沙各报披露，消息很快传到津市，群众携带该行纸币纷纷兑换。至 17 日，各地纸票持有者闻风而至，情势愈趋紧张，形成挤兑风潮，银行门首人潮如海，遂宣告止兑停业，关门倒闭。

国民银行停业之日，正值农历端午前夕，市场需款流通，纸币因停兑变为废纸，群众不甘忍受损失，很快激起公愤，舆论哗然。随之市面出现"快邮代电"，以"湖南九澧灾区数百万人民"的名义，缕陈事实，揭露国民银行种种非法和不义勾当，呼吁政府迅速法办该行负责人，全部兑换该行纸币。

挤兑事件发生后，澧县县政府惟恐事态扩大，影响社会治安，县长蒋固旋即赶来津市，召集各公法团体负责人商讨解决办法，并表面循群众之请，令驻津市警察局监视该行董事长孟体仁、经理罗云卿，以防逃逸（后群众反映，对孟等是名义监视，实则保护），责令筹款，限期继续开兑。同时组成"国民银行清理委员会"负责清理该行放款债务及各项账目，并商准湖南省银行津市办事处，以罗云卿、宋仲青、朱季梅等人 10 栋房产契约作抵押，借法币 58000 元作周转金，又陆续收回外部欠款，方得恢复兑换，终因该行纸币发行过多，最后仍有少数无力兑现。

1938 年 4 月初，湖南省政府以国民银行向湖南省银行津市办事处借款时将两载，还未偿还，训令澧县县政府追缴上项款项，并派委员李如九、许季和前来办理，县府奉令后，即将银行抵押房屋查封，限期清庄。4 月 6 日，县府委员陈正时来津，会同省府委员，召集各法团负责人在津市商会开估价会议，由工程师对 10 栋抵押房屋实地测算，进行估价，后几经周折，始将房屋折价抵还借款，了结此一公案。

国民银行的倒闭，遭遇各有不同。负责人罗云卿、朱季桢、吴南僧、魏静安、曹友钦等以产偿债，有的元气大伤，有的濒于破产；强拉入股的不在职股东，不明不白，投资顿化乌有，掌握大权的董事长孟体仁则得政府庇护，"免予处分"而毫发未损。

津市轿业史话

⊙ 醴荃

　　"轿"在古代指小车，是由马牵引的。后社会生活复杂化，出现了与车分离的"肩舆"，即由牲口牵引变为人抬。王安石告老后居金陵，子侄们劝他出门用"肩舆"，他说："自古王公贵人无道者很多，还未有以人代畜者！"《挥麈录》记宋徽宗以小轿召苏叔党入宫画壁，则北宋末男人乘轿已是名正言顺了。大抵轿之以人代畜，并作为交通工具而广泛使用，是在宋南渡以后。

　　以前，轿有官轿、私轿、出租轿 3 类，官员乘坐者叫官轿，是政府官员配置的交通工具，其用人、大小、质地因官阶而有不同；私人乘坐者为私轿，是私人置备的交通工具；私人置备但用来出租牟利者，则为出租轿。其轿之大小、质地也因用途不同而有所区别。后来出现了汽车、人力车，官轿、私轿逐渐被车辆所取代，出租轿除偏远城镇外，也在淘汰中。

　　解放前津市是个商业市镇。居民多为流寓经商者，鲜有豪门巨宦，并无私轿。由于商业繁盛，过往行旅多，出租轿比较发达。1936 年津澧公路因抗战爆发自行破坏，来往行旅不便，出租轿得以延续到解放时止。

　　解放前津市有轿行 8 家。津市轿业、搬运业之规模，素称"八抬八挑"。所谓"八抬"，即指此 8 家经营轿子出租之轿行。这些轿行及其经营者是：

仁和垱轿行，经营者田南山；

牌楼口轿行，经营者龚晓意；

一文拐轿行，经营者孙映健；

灵宫殿轿行，经营者王庭松；

关庙街轿行，经营者李祖述；

谷家巷轿行，经营者罗绍武；

二圣庙轿行，经营者 ×××；

　　新建坊轿行，经营者杨舒富。

　　8家轿行的规模大小不一。一般有20～30乘轿，50～60名工人。业务有长途、短途、市内三类。长、短途主要指距离，一般距离在60里以内，能当天往返者为短途，反之为长途。

　　短途以往来于澧县者居多，此外还有焦圻、新洲及澧县附近各小镇。长途则有常德、大庸、慈利、石门、公安、沙道观、狮子口、三斗坪等地。长短途所用之轿，轻便简陋，俗称"便轿"。市内业务情况较复杂。若如婚丧嫁娶时之迎送宾客，病患者家之接送医生，富家子女之出游，士绅之集会宴饮，外来者之拜客酬酢……一般均以轿代步。所用轿比"便轿"大，质地也较便轿好，俗称"大轿"。这类业务，轿不是作为交通工具，而是表示身份、地位的一种标志。这是一种植根于等级观念的旧传统，后随社会风气的改变逐渐减少。另外有一种花轿出租，花轿专供娶亲时新娘乘坐，不仅质地、装潢精美，而且打扮花哨，但取费较高。仅谷家巷、灵宫殿、一文拐、新建坊几家轿行经营。

　　轿行业务当时并无明确分工，只是习惯上仁和垱、一文拐、灵宫殿三家以短途为主，其他轿行侧重于长途与市内。但实际中并不严格遵循，因而不免常发生纠葛。20世纪30年代津市出现了人力车，业务上又出现轿与车的矛盾。由于人力车竞争力强，轿业阵地日渐缩小，矛盾渐趋尖锐，终于酿致一场争斗。后经澧县县政府调解，协议车行拨给轿业一部分人力车，由轿业兼营，一场风波始告平息。纠纷的解决，是一种内部调整，并非业务增加。津市终为一座小城，粥少僧多，业务的不足，尤其时局影响出现的某些特殊情况，是轿业、搬运业、人力车业均须面对的现实。所以1942年后，三业之许多人不得不改行去跑三斗坪（一种人挑的长途运输），有的轿行老板也乘机改当包工头，包揽承运去三斗坪的货物，如牌楼口轿行之龚晓意即是如此。

　　民国前后，市内业务兴旺，长短途亦复不少，可算津市轿业之黄金时代。20世纪30年代后旧传统渐被摒弃，新风气趋尚简约，市内业务日益萧条。长短途业务尚不少，但介入了人力车，轿业只能勉强维持小康局面。40年代战火蔓延至湘北，由于战争影响，轿业几乎处于瘫痪状态。抗战胜利后，因国民党整个经济濒临崩溃，市场凋敝，未恢复元气之轿业，又处于风雨飘摇之中。

　　轿业工人多来自附近农村。工人进轿行不收押金，但要铺保，一般要取3至4个（所谓"铺保"，即由工人请一家或几家店铺出据，表示对其行为负责）。工人进轿行后，如有生意，即向行方租轿，并按规定交租轿费。租轿费俗称"杆子钱"，系按日计算。工人抬轿出去只要还轿时间不超过第二天早晨，即按一天计。比例约为力资十分之一强。40 年代之租费，约当一升米值。也有不管是否有生意，一早就租轿出去，守候于要道路口者，他们是寄希望于侥幸。至于租费，轿子出了门，不管抬人与否，是一分也不能少的。工人不出轿，故不交租轿费，可自己也无收入。而轿行是既不供食宿，也不负担工资，更不管工人是否有活干的。轿行实等于一个无须招徕主顾的经纪。轿行之所以称"行"，大约即因其带有此种"经纪"（牙行）的性质，其不同仅在：卖主的商品为劳力，而经纪从成交中得的报酬，要通过租轿的形式来体现而已。正因如此，工人中出现的问题主要靠自己去处理。因此一些有经验的老工人成了工人们的当然领袖，他们排难解纷，处理业务、公差，与老板联系日常事务等。当然最初还要通过形式上的推选。一般一个轿行都有这样的老工人 4 人，随缺随补。工人中有一些不成文的规矩，是经长期酝酿而在工人间逐渐形成的一种习惯，它是处理有关问题的准则。这些规矩，有的是各地轿行均共同遵守的，如"打对"（所谓"打对"，系指长途中，甲地去乙地之轿，中途遇着乙地去甲地之轿时，双方乘客换轿，轿工各自抬原轿返回）。有的则只运用于一地或一家轿行，如出公差及其补贴等。

与搬运业一样，轿业也有公差。其情况与搬运业大致一样，其不同在于：新工人只需先出 3 次公差即可参与老工人的轮转。无论新老工人，出差之生活费均为自理，在家者不给以补贴。另一点即轿业的公差比较多。因津市地当要冲，附近地区之乡保长常在津市要差轿去澧县。本地者更是如此，甚至清明上坟也要差轿。

轿业也有同业公会，它成立于 1935 年至 1936 年之间。轿业公会之性质与箩业公会一样，它为各轿行老板所把持。40 年代最后一届理事长为龚晓意，先后担任过常务理事、理事者有罗绍武、孙映健、李大冠、杨振林、杨舒富、田南山等人。

解放后，轿业与人力车业合并为车轿业。后取消车轿，车轿业工人乃全部转入搬运工会。交通运输工具逐渐由卡车替代。轿，作为一种传统交通工具，从此在社会上消失了。

津市搬运业发展史

⊙ 醴荃

　　津市之有专业搬运，大抵起于清康熙年间（1662—1722）或稍后。此前，从事搬运者多为店铺之杂工、厨工，间或杂以其他人。即在有专业搬运后的长时间内，某些行业仍保留着这一习惯，只是后来在专业搬运的控争下，除零星物资外，大部分交由专业搬运。

　　专业搬运最初之社会分工是"上供文武衙门奔走差徭，下为出入客商挑运货物"，即不仅从事物资搬运，还要为政府服役。其时，"凡迎接上谕、火牌、摺差；四季京饷、京贡；军糈月饷；各处善仓出进谷担以及春秋二案囚笼；各城设厂，发账……"，均为搬运工人之力役。这类"力役"，名义上虽有"站贴"（生活补助），但其数甚微，经中转克扣，到工人手，实等于无偿劳动。民元以后箩业、轿业有公差，但多无报酬，即沿袭于这一制度。

　　搬运物资非挑即抬，箩筐是唯一工具，所以称搬运业为"箩业"，称码头为"箩行"，称搬运工人为"脚夫"。货船一般泊于受货地就近之码头，船泊何处，其货即归何处工人起运。津市沿河长七里，为便于起运，清代，曾按大致相近之距离设立九个码头，并以所在街巷命名。如罗家坡码头、关爷楼码头、大码头、观音桥码头、新码头、新建坊码头、太子庙码头、三元宫码头、汤家巷码头。后来太子庙码头并入新建坊码头，乃成八个码头。以前所谓"八抬八挑"中之"八挑"，即指这八个装卸码头。

　　码头多为大商或群众团体（如同乡会馆）修建。主权攸关，使用者必须征得同意，并给予一定补偿，这种手续旧称"租箩"。"箩"即"箩筐"，此处借指装卸搬运。"租箩"即租码头进行装卸搬运。"箩"以"担"为单位，码头租费系按"箩"计算，故"箩"又指名额。每个码头都有固定的"箩额"（即码头能容纳工人名额）。"箩额"是箩东（码头修建者）最初与有关各方合议所定，以后逐成定规。津市各码头之笋额为：罗家坡码头 40 担、关爷楼码头 32 担、大码头 26 担、观音桥码头 36 担、新码头 32 担、新建坊码头 32 担、三元宫码头 36 担、汤家巷码头 60 担，共笋额 294 担。

工人应募后由头人引见笋东，以后即直接向笋东交纳笋租。笋租按年计算，遇闰月加钱若干。如逾期不交，则由笋行垫付，以后从其工资中扣还，同时另处罚款若干充公（光绪年间为 400 文）。其时津市搬运力资每担为 8 文，如年平均每日以 20 担计，笋租约当工人收入十分之一。

"笋"是可以买卖的。有的笋东为急需会卖出部分笋位，但全部卖掉的情况较少。"笋"价视码头业务好坏有高有低，如 20 世纪 30 年代罗家坡码头一担笋只能卖一两担棉花，而观音桥码头则可卖两三担；新码头最高，一担笋可卖四至五担棉花。笋位又是可以典当的，笋契也可私下用来押钱。事情往往积久生弊，后来，有的头人乃利用此种情况大搞笋位卖空，而笋东私增笋额、提高笋价的现象也接踵而起。笋业自康熙历雍、乾、嘉、道近 200 年相沿不改之制度，咸丰以后无复旧观。

其时搬运，只有一个价格，无泡载买载、路远路近的区别。因为店主认为只有重量才是唯一标准，而不承认其他。在距离上则坚持：津市码头距离大致相近；有横街四条，河街夹街最近，正街居中，后街最远，以正街为标准，远近适当拉平。在清代，工人与店主为力资发生过不止一次控争。每次控争后，都将排解意见刊石著为章程以共同遵守。可惜这些碑石现均无存。

民国时的笋业，其制度基本沿袭清代。码头（笋行）头人改称管事，码头一般有管事 2 人，个别小码头 1 人，如关爷楼。管事由工人推选，其职责为一人联系安排业务，一人结算账目。只一人者则一身而二任。管事一般不参加劳动，其报酬为参加工人的分配。全镇有笋业公会，这是一种行业性的组织，职责主要是协调同业间的行动，调停行业内部或与外部之纠纷，并居间作为联系政府与码头的桥梁。笋业公会设理事长、副理事长、理事。人选虽说是由工人推选，每年改选一次，但实际为把头所把持。其办事费用由各码头摊派。

工人进码头需先租笋。租笋需有铺保，并请把头们喝酒。为省事，一般是交管事二担四斗米钱，由其包干代办。工人进码头后，即按规定数额分季交纳笋租（20 世纪 30 年代的笋租一季约为银圆 1 元多）。否则，笋东可阻挑、提笋、暂停或不许工人在其码头上从事搬运工作。笋租与租笋费用成为工人极大负担，许多人为此不得不借高利贷，债务往往拖数年始得理清。

清代的力役，民国时变相为公差，在城市范围内由笋业扩展至轿业、船业。负担以笋业最重。特别是抗日战争时期，由于出公差的人多，码头时常出现无人搞事的情况。其时，公差分长差、州差、短差三类，或有钱或无钱并不一定。公差由镇派到篓业公会，篓业公会派到码头，码头再按次序轮转到人。轮着什么差即出什么差。如有钱公差，工人可得少许生活费。遇着无钱公差，其生活费则由在家工人负担。但新工人不在此列。码头规定，新工人须无偿地出满"三长六短"公差后，始能进入上述范围。"无偿"是说，出差时之生活费全部自理，即使有钱公差，其钱也要交公。所谓，"三长六短"，即三类公差各出三次，因后二类均属短差，故合称"六短"。

还有一种非公差之公差，即为镇、保各级办事人员私人服役。把头们深知地头蛇怠慢不得，每要人即给。自然受累的仍是工人。

公差以短差较好，因一两天即可返回。长差多为军差，不仅时间长，或十天半月，或一年半载不等，而且前途难卜。虽然多数人最后回到了津市，但交差后被拉充壮丁，或一去不知所终，或病伤死于道路者，也不乏其人。故工人多视长差为畏途，不免谈虎色变。

工人因公差受累，把头则借公差揩油。因公差费为篓业公会掌握，把头们钱账在手，略施小技即可捞点油水。虽说按月结算，算账时码头各派两人参加，但多为管事，间有工人也多不识字，所以算下账来往往是亏多盈少。再就是算账结束无论亏盈照例要大摆宴席，把头们不仅能大饱口福，而且可以吃完又包，泽及家人，并美其名曰"同差酒"。由于盈亏属码头，所以其负担最终仍落在工人身上。

民国时各码头之业务范围，是按地段划分的，畛域极严，有同一店铺，因堆货地点不同而分属两个码头者。如"三泰恒"碓坊（约在今一旅社对面），前屋属大码头，后屋属关爷楼码头。各码头为防止业务被夺走，常派工人在区域内巡逻，发现越出区域情况，即予制止。为此，工人间不免常发生争执乃至斗殴。其时也有行店自行雇人搬运者，原油榨坊一带之花行就常这样。油榨坊为汤家巷码头业务区，汤家巷码头工人因此曾与非专业人员发生斗殴。后因江正发支持码头工人，业务才未被夺走（江原为土匪，后被国民党政府收编，被任为伪团长，时驻津市）。

那时的业务，除正常的季节性淡、旺以外，还有因时局影响的特殊情况。一般的淡季，负担重的工人，可兼带给人挑水，或干点杂活，以弥补搬运收入之不足。在特殊情况下，就不是个别人的问题，也不是兼干点杂活所能解决的。像1942年以后，因抗日战争的影响船只不能进出，那时几乎所有搬运工人均面临着失业的威胁。此时幸于湘鄂边之崇山间开辟了一条通四川的小道，许多工人乃得以改行从事挑货去三斗坪的长途运输。这种情况持续时间较长，搬运业务渐渐恢复生气。但由于国民党政府整个国民经济濒临崩溃，市场不景气，使搬运仍处于半饱状态，直至解放。

津市从事搬运之工人，大部分来自附近农村，小部分为流落津市之外乡人（其中有国民党军队下来之官兵，也有外地逃难之老百姓）和本地之贫民。其时，码头无工棚、食堂，家在农村者即早出晚归，包饭上街；无家者则在关爷楼、大码头之亭子上栖身，就食于小饭馆或熟食摊。他们或困苦穷蹙，瘦死于破庙之中；或不堪劳顿，倒毙于出差路上；或老病伤残，沦落于乞丐之间。幸存者无论原为农村还是外乡者，多终生以搬运为业，在津市定居下来。津市现在庞大的搬运队伍，就是在以他们为基本力量的基础上发展起来的。

搬运的专业化，是社会的自然分工，是应社会发展的要求而出现的。但封建或半封建的特定历史环境，只给它以生存的条件，而不允许它进一步发展。它是在内力的推动和外力的桎梏的夹缝中，挣扎着一步步走过来的，所以它身上带有明显的历史的伤痕——封建性。这种封建性，除表现为那些陈规陋矩外，还有一个突出的特征，即没有割断它连在母体——封建徭役身上的脐带，仍然负荷着沉重的力役。这些就是过去专业搬运得不到发展，搬运工人在困苦中挣扎的根本原因。当然，那些陈规陋矩、沉重力役、层层盘剥，已随旧社会的过去而不复存在；但作为存在过的社会现象，它将作为历史永远留存于文字记载之中。

跑三斗坪

⊙ 高永南

今天的三斗坪是举世闻名的三峡水利电力枢纽工程所在地，是全国最大的水电能源中心。其实，三斗坪早在 70 年前就很有名气，湘西北、鄂西南一带 50 岁以上的人大都记得儿时常听老辈们唠叨"跑三斗坪"。

三斗坪地处长江西陵峡谷内，离宜昌市 50 多公里。街巷高高低低，迂回蜿蜒，街坊间张挂各式招牌，甚至有武汉、河南、天津等大城市的商号。1939 年国府西迁重庆，宜昌以下均被日寇侵占，长江上中游水运中断，于是以三斗坪为枢纽的战时运输线路应运而生，中下游货物从陆路迂回经湖南津市转运至三斗坪，再经长江入川，三斗坪一时成为川鄂湘豫等省物资集散地和转运站。1993 年版《澧县志》载："长途挑运盛行于 1941 年至 1945 年。当时，由于日军封锁，长江中下游水路交通中断，县内农民被迫到湖北三斗坪，运销粮食、棉花、陶器等，以换回食盐、红糖等生活物资。全程 230 公里，往返需半月，时称'跑三斗坪'。"

拙文《余伯和他的民间艺术》里曾有小段文字提及此事，最近因为采写一叶庵、1935 年大水，顺便与 94 岁高龄的余其祥老人聊起跑三斗坪，了解到很多尘封的故事。

余老生于 1914 年，开始跑三斗坪时正值盛年，年轻力壮，再加上勤劳善良，很有人缘。最初得知消息后，老人在乡邻的保举下加入这一世所罕见的长途挑运的力夫行业。

津市组织货源和转运货物的老板主要有新华公司、九华公司、天成福洋行三家，澧县城有一家专事棉纱经营的川湘赣公司。每天日常发货数百挑，接收货担数大致相等，每担多在百斤以上。余老开始挑 80 多斤，后来挑过 145 斤。一早从津市出发，走蔡口滩（涔澹农场）过河，经岩板墙、青泥潭，当晚到宜万乡高河堰过夜，行程约 60 里；第二天，经蔡家坡、康家桥进湖北松滋县西寨，赶到胡家冲住宿，路程 50 里；第三天，过安子岭、陵寺，夜宿枝江县余家桥，行程约 60 里；第四天，走胡家河，在毛家沱过河，经余里岗，至赵家坪歇息，赶路 70 余里；第五天，走鄢家坪（宜都市）过河，经大小担子垭、老陵坡、生姜坪，夜宿乱溪沟，行约 60 里；第六天，爬 15 里长坡至界岭，走王家坝 12 里，再赶 30 里到长阳县西牛溪过夜；第七天，一早赶 20 里到穿心店吃饭，再上山下坡走车溪、蚂蚁山，到野茅溪住宿，行程 60 里；第八天，经十里长坡至母猪峡，下百步蹬，过蔡子坡、郭家口、羊角店，最后赶到目的地——宜昌市三斗坪，赶路 70 里。

余老告诉我，三斗坪一是盐店多，有几百家，专门经销川盐（大粒子盐）；再就是糖铺、药材行多。二是人多，除成千上万的力夫客商外，更多的是宜昌一带难民，无家可归或无亲可投者，就只得沿着长江往上迁移，一家老小到此已饱受磨难饥饿之苦，不得不停歇下来。许多人无店可投或无钱住店，只得倒卧街头巷尾，甚至露宿荒野。人们手里大多紧握一个白布条，这是临时性的救济标记，凭此每餐可领到一碗活命粥。如果老板办货不及时，或有零担滞后掉队一时交不了账，有时就要在此等候一两天，然后挑起货物顺原路返回。

向余老打听力资工钱，他告诉我，开始便宜些，百余斤担子来回能挣 800 ~ 1000 块（中国银行发行的法币，相当银圆 8 ~ 10 块），当时可买 8 ~ 10 石谷（每石 120 斤），最后力资涨到 2000 多块（也有法币贬值的原因）。苦是苦，但比种田合算，主要还是农闲时"跑"。挣得多，花销也大。几百里路途中，两旁客栈、饭铺一家挨一家，沿途农民丢下田地不种，专门开店赚钱。澧县边境一带饭钱便宜，只要一块钱一餐，入湖北境不远价钱就贵起来了，余老印象最深的是在车溪吃饭：一碗米饭要价 3 角，最高时要 1 块；有时，一人要吃 16 碗才饱，这还不算菜钱。客人要几碗店家送上几碗，最后数碗结账。余老每天总要喝一点酒解乏，花销更多些。有少数人还有些额外花销，赚的钱就更少了，有人嗜赌，往往白跑一趟。

力资随行就市，货多人力少，天气不好，价钱就高些。有时货物积压，对方公司催要，货物有风险（炮弹、子弹），力夫可以自行喊价。1941 年农历腊月十三，雨雪连绵，余老与几位工友在澧兰镇一家茶馆喝茶聊天，有人受老板之托招募力夫。天冷、路滑，没人愿去。来人不断加价，最后他们"狠心"要了超过 50% 的力资，为老板跑一趟，挣点钱好过年。这一趟风雪无阻，日夜兼程，劳苦艰辛远非平常可比，来回用了 12 天时间。第二天动身时，余老与另一工友受人雇用，合资买了一架竹轿，当了 6 天轿夫，不仅钱挣得多，而且比挑担还轻松些。

顺便向老人打听，那个时候兴不兴拖欠"民工"工资。"从来不！"余老回答干脆。动身上路时先预付少部分力资供力夫路途开销，行程过半后，带队老板（相当现在的项目经理吧，讲究的老板一般雇滑竿领头走，途中上税、安排住宿等事宜，另雇专人挑钱随行）再分发一部分力资，货担到齐，交接完毕，力资足额付清。

余老最后还回答了我两个问题：一是有些路段险要难行，是否摔死过人；二是是否有人借机拐带偷走货物。老人说，听说摔死过人，在路上还看到过血迹。另外还曾遭遇日军远程冷炮轰击，死伤过人，为此，行进路线常有改变。拐跑货担的事很少，力夫都有老板熟悉的人作保，陌生人初次入行要持身份证。但有一次5个石门人持假身份证骗跑了五挑布匹和偷走了一包贵重药材，他们先放火烧小旅店，然后趁乱携货逃走，老板那包一直贴身携带的药材，不料也被歹人盯上。不久，歹徒出手货物时被警方逮住。鄢家涂、毛家沱一带还盛行"加班"，当地人常站在路边，帮累得实在挑不动的力夫换换肩，挑上几里、十来里，挣上几块钱。余老总怕别人挑走他的货担，累了咬咬牙，加上身子骨硬实，又心疼钱，从不喊"加班"。

余老前后跑了五年共几十趟，时间过去了近70年，老人至今耳聪目明，鹤发童颜，牙好、胃口好，健谈，身子骨硬朗，只是因早年过于负重劳累，脊背有些弯曲。余老日常坚持做些家务，还编织渔网，有时坐坐茶馆。

百多斤担子，近500里路程，且多为山野崎岖狭窄小路，他们"装备"的行头是什么呢？一条扁担两个筐（旧称"挑八根系儿"）不用说，还有肩上一个密密缝制的多层土布肩褡，既保护肩头筋骨少受磨损，也保护衣服多穿几水。赤裸的脚上一双草鞋，即使寒冬腊月也如此，下雨下雪防滑，再在草鞋脚掌部位牢牢系上一个铁制"脚码子"。本地稻草绳编织的草鞋不耐穿，一天要一双，湖北山里用茅草芯绳打制的草鞋柔韧度强、耐磨，一双可穿几天，价钱当然贵些。

人们常说解放战争胜利是东北、华北人民用小车推出来的，是不是也可以这样说，抗战胜利至少有一部分是湘西北、鄂西南农民——力夫用肩膀挑出来的。即使仅从原始状远距离、大规模挑运异常艰辛繁重世所罕见的角度，也值为老辈们长歌一曲，只可惜这秃笔写不出他们艰苦卓绝的非凡业绩，远不能表达出我辈的敬意。我们的史志应该浓墨重彩地记录这一壮举，而不仅是三言两语甚至有意无意地贬损他们。我曾突发奇想，某个时候，相约同好，踏着祖父辈们当年负重跋涉的脚印，寻觅那些崎岖狭窄小路，重"跑三斗坪"。

回忆抗战时期我在三斗坪搞盐运

⊙ 王国顺

　　三斗坪，是鄂西一个很不显眼的小集市，周围山峦起伏，道路崎岖，交通极为不便。集市里几间稀稀落落的小茅棚，既无百货匹头店，又无茶肆酒馆。赶集时，开市迟、收市早，远道山区农民携带少量土产品出售，换回所需用品。外地客商，很少有人问津。

　　抗战中期（1940年以后），这个小小集市发生了戏剧性的变化。这期间，茅舍林立，商店遍布，茶肆酒馆比比皆是，行政机构、海关银行、各种税收机关、武装警察及散兵游勇等，真可谓五花八门，无奇不有。入夜，还有汽灯照明，亦显得这块小地方热闹非凡。

　　当时，沙宜失守，宜都沦陷，长江水道，遍布水雷，敌军据点，碉堡林立，交通阻塞，货不畅流。当时津市，已成死角。正在山重水复疑无路时，有人发现津市有一条经湖北三斗坪直通四川的小道。我是盐商，适值中年，消息传来，欣喜若狂。乃奔走相告，邀集同行，前往一试。这条路线是：津市—西斋—余家桥—胡家河—乾溪沟—蚂蚁山—母猪峡—三斗坪，行程200多公里，需时五六天，天雨顺延。这里多是山区小路，高山峻岭。蚂蚁山和母猪峡，上下30公里，要踏5600多岩磴，登高眺望，敌人炮楼尽收眼底。俯视山下，万丈深渊，羊肠小道，只能鱼贯而行。商品运输，全靠肩挑背负，中途不可稍歇，否则即掉队很远。每日上路者，数以万计。挑运商品有棉花、棉纱、药材、纸张、食盐等，沿途有临时设置的茅棚旅舍、饭铺、茶馆。此时沿途赌博嫖妓和吸鸦片成风，有的挑夫不顾辛劳，挣来几个钱，一夜输得精光，也有铤而走险，大肆抢劫的。我就是在这样一个环境里经营盐商业务的。

　　1940年，津市盐业同业公会，由9家盐店集资组成名为"九华公"的团队前往三斗坪采购川盐，在三斗坪设立采购站，我是采购站的负责人，半年来，我购了几十批食盐运往津市。

回忆当年，我们购盐也不简单，先是在津市盐局申请购盐证，向斗三坪盐局登记盖章，以便依次购盐，再向交通银行交款，用交款收据向盐局换取盐单，至茅坪河下木船上出盐，茅坪距三斗坪约十余里，来回全靠步行。河下盐船众多，盐有粗细之分，一般认为粗盐质量比较好。这时，既要给予船户小恩小惠，更要给经办盐务的公务人员行贿，方能顺利出盐。出盐后，至河滩上起坡，堆放在茅屋里，并进行改装。盐从四川运来茅坪是篾制包装，每包两百来斤，长途运输，劳力挑不起，必须改装。我们乃用白布袋将盐装好，打印封口，每包 50 市斤左右，以便挑运。白天不能走，怕敌机轰炸，多半是晚上走。遇着月亮天，就要通宵达旦地走。

当时有津市商会组织的运输公司，湘鄂川运输公司等。我们运盐业务大，为了减少手续费，没有交他们运。我们雇请由澧县、临澧、津市附近农村的劳力组成的班子帮我们运输，他们有大带班和小带班，由于我们的货多、时间长，他们愿意和我们打交道。首先我们和大带班谈判，看看他的证件。运价也有浮动，劳力多，则运价低，反之则高，价钱谈妥后，签一个简单合约，即开始过秤发运，由他们再发小班，到岸如缺斤少两，由大班负责人赔偿，他们也会层层追责到人。起运时先付一半运费，至中途监视。我们要求劳力按指定地点住宿，禁止打牌赌博，以免影响运输。如遇天雨，或中途发生病痛等，也作适当照顾，沿途关卡很多，押运员还要搞应酬交涉，以免耽误路程。到津后，我们店里随到随收，并即时结账，该赔则赔，该扣则扣，均无异言。

我们购盐的款子没有通过银行汇兑，原来宜昌美康绸布店与我们交往很深，他们逃难至三斗坪开店，需要在津市购买布匹，双方都要现款交易，乃采取驳兑方式。彼此都有利，还可避免长途风险，后经双方辗转介绍，使我们的业务都越做越大了。

1945 年 8 月，日本帝国主义无条件投降，我们这些跑三斗坪的盐商亦随局势好转而终止了。

抗战时期津市至三斗坪的挑运

⊙ 胡泰荣

1938 年以后，南京、武汉失守，沙市、宜昌又相继沦陷，长江被封锁，入川黄金水道中断。加之国民党军队推行交通破坏战，挖毁公路，致使通往大后方的交通运输受阻。1941 年至 1945 年，抗日战争正处于相持阶段，地处湘西北一角的津市，曾出现相对安定的局面。为沟通大后方物资的运输，避开江北敌占区，于是在湘、鄂、川三省边境地区开辟了一条民用交通运输线。此线主要起于长沙或衡阳，经水运至津市，改运至湖北三斗坪，然后沿长江运至巴东、万县、重庆。当时进川大宗物资主要有布匹、棉纱、百货、药材、瓷器等，均购自浙江金华、温州辗转来长沙，或购自广州、柳州至衡阳。出川物资以盐、糖、药材、土产为主，主要运销到长沙、衡阳等地。津市正处于此交通线水陆衔接处，因而成为此线物资的中转站。津市至三斗坪一段，全系人力挑运，俗称"跑三斗坪"，当时参加挑运者达万余人，每天发运物资数百至千余挑。其规模之大，历时之久，运途之长，道路之艰险，为津市交通史上前所未闻。

跑三斗坪的挑运者主要是津市篾业、轿业工人，余为附近农民，其中不少为"躲壮丁"的人及外省逃难者。从事挑运途径有三：一是自行组合，自觅货主，但限少量物资，多为本地人；二是受雇于运输商行，以外地人为主；三是通过盐务大队。当时济湘官盐由湖北茅坪起运，盐务局成立盐务大队，名为专门运盐，实则无所不运。参加挑运者只要愿交收入百分之十的管理费，来者不拒，且去来自由。故当时为生计所迫者多走此途径。挑运队伍先由津市篾业公会组织并确定带队人员，带队有大小之别，大的有三四个队，小的仅一个队，每队 50 人，每人负重一百至一百五十斤。由"带队者"写下"交保"一纸，篾业公会开出路条，才准予发送担子。带队者还需持有当地把头的片子，以应付沿途军警和关卡。其形式颇似清末镖局走镖一样。

　　跑三斗坪东起津市，由澧县入丘陵，尔后穿行于高山峡谷间，历经湖南澧县、湖北松滋、宜都、长阳、宜昌县境，西迄三斗坪。中需渡河 3 次、涉水一次，全线长约 480 里。一般行程 7 天，每天约走 70 里。如途中不遇大雨耽误，6 天可到。即由津市出发，第一天歇高河堰或者清泥潭；第二天歇西寨，此处需过河：第三天歇荟园寺或余家桥，余家桥要摸水；第四天歇安子岭；第五天歇魏家河，此处亦需过河；第六天歇鄢家坪或生姜坪、赵家坪，其中鄢家坪至赵家坪需搭船约一里；第七天即到乱茅溪或馒头嘴。中有一长坡，人称蚂蚁坡，最为险要，上 15 里、下 30 里，山陡路窄，仅容一人，上山如登梯，鱼贯而上，前后脚头相接。下坡后为萝卜垱，此处离三斗坪还有 35 里。此线初系走江边小道，途中有一叫手扳岩的地方，全是光滑岩壁，经过此处需一手攀住岩缝，一手按住扁担，脚踏岩缝，一步一步向前挪动，令人心惊胆战。后在这里架设木桥才好走，又因隔江日军常向此处放冷枪，而被迫改道。

　　当时西上物资主要肩挑，东下物资多为背负，挑夫们一路上坎坎坷坷，跋山涉水，寒天暑日，历尽千辛万苦。不少人累死路途，被同伴"软抬"而归，情景令人悲怆。当时工人中流行这样一句话"上七下八千层过，肩挑背驮汗成河"。这正是他们上山七里、下山八里的生动写照。

　　跑三斗坪力资无统一标准，一般一个单帮力资约十担谷值，返回时可挑货或贩运盐糖等物。其时，津坪两地物价悬殊，茅坪一担盐约合五六担谷值，津市则一担谷一斤盐，所以尽管跑三斗坪辛苦、危险，还受中间人盘剥，人们仍然趋之若鹜。

　　跑三斗坪的挑运是战争环境中的特殊产物，是在极其困难的条件下组织的民间运输，对于促进战时的物资交流，使源源不断的物资集散得以畅通，保证大后方的供应，促进津市市场经济的繁荣起到了一定的积极作用。抗战胜利后，长江交通恢复，物资流向改变，跑三斗坪挑运也随着消失了。

榨坊旧事

⊙ 韩川

据州志记载，同治年前，津市双溪桥以下是双溪桥路、元和宫路、法华桥路和青龙庙路，后来因榨坊渐多，改称油榨坊。

榨坊历史悠久，北宋《广韵》有："榨，打油具也。"明宋应星的《天工开物·膏液》记："草木之实，其中蕴藏膏液而不能自流，假媒水火，凭借木石，而后倾注而出焉……"

湘鄂一带榨坊，"多者数百家，少者三四十家，每家设置木榨一座至三四座不等，视当地桐籽产量丰富及经营者之资本厚薄而异"。

清咸丰四年（1854），太平军攻打安徽泾县，百姓纷纷出逃，如张翰所称"大江以南，荆楚当其上游"，难民大多侨居荆楚一带。

《轧花厂厂志》记："道光年间，崔永恭创办同裕和榨坊，1940年代初，崔家已拥有三家榨坊。"《津市志》记："咸丰五年，安徽籍人胡齐官开办榨坊。咸丰八年，安徽太平赵廷俊随父来津市开榨坊，至民国，赵家亦有两家榨坊。"清代榨坊以安徽人居多，素有"太平帮"之称，赵廷俊为江南同乡会会长。太平帮开榨坊，并非津市独有。宜昌14家榨坊中太平帮占11家，《中国商业通史》称："清前期，湖北沙市有泾太商人垄断了油市。""沙市油坊，概为太平帮。"

究其原因，《湖北工业史》记有："早期沙市油坊亦以压榨、捶榨为主。同治年间，安徽太平人前来开设榨坊，并改进工具，变压榨为撞榨，开始生产皮油与梓油，比以往单一的木油质量显著提高。"

津市和汉口、沙市一样，商家"外埠居九，本地仅一"。安徽巡抚英翰派人到湘鄂两省收税，奏曰："皖省委员赴楚收寄籍捐，虽收之于楚省，仍收之于皖人。"

至民国，油榨坊有信成立、谦和信、信昌祥、吉熙和、同裕和、厚生和、谭万兴、崔恒记、正大等20余家榨坊。

　　榨坊前店后坊，临河而建，主要工具是石碓、木榨和石碾，并以碓之多寡衡量榨坊规模之大小。如"宜昌有4张碓的有阳记朱大顺、洪盛昌和德厚荣，各有100多人；有3张碓的有陈敦大、同盛和同泰，各家都有八九十人；其他2张碓的，每家雇人50个左右。是时，全行业从业人员大约为1000余人"。汉口"每家榨坊，资本在万两以上，工人百余名"。津市同裕和榨坊至少养16头牛，据此，应该有2台以上的碾槽，10台左右的木榨，数十工人。保守估计，油榨坊榨坊从业人数近千人。

　　关于榨坊的格局，谦和信的赵承鼎先生回忆说："榨坊初建时，虽然规模不大，但划圈地盘较大，约占一千多平方米。前靠澧水河岸建有石阶码头，码头上来建有牛栅和晒场，穿过街心才是油榨坊。以后随着业务的扩展，连接榨坊仓屋又建了住宅。单独的双合大门，共有三大进。第一进是家庭住宅区……第二进是个很大的像工场型的敞屋，分隔成了储油房、粮食仓、轧花场、家庭厨房。"

　　据轧花厂的档案记载："谭记、禹记两家榨坊占地面积为1175平方丈，约20亩。而谭记、禹记在榨坊中不算大的，上首两家更大。"

　　榨坊劳动强度很大，需要强壮的体力，更需要团体的合作。几个大汉在粗犷悠扬的号子声中或进或退，最后"嗨！"的一撞，一瞬间，地动山摇，惊心动魄。整个号子一气呵成，酣畅淋漓，无疑是劳动与艺术完美的结合。我无法想象几十棚榨坊此起彼伏的吼声、撞击声融合在一起，是怎样的声音，是怎样的情景！澧阳书院主讲陶澍曾为榨坊题联："榨响如雷，惊动满天星斗；油光似月，照亮万里乾坤。"

　　榨坊永远洋溢着油的香味，仿佛空气中的每一个分子，都充满着油的气息。春天的菜油、夏天的麻油、秋天的棉油、冬天的茶油，季节不同，香味不同。榨坊的师傅以宝庆、上河人居多，冬天一件破棉袄，夏天一条装巴裤，师傅那时年轻，只系一块遮羞布，秀着浑身的肌肉。榨坊师傅的力气很大，四五百斤挑起就走。榨坊的师傅爱喝酒，炖一钵五花肉，老远就可以闻到香味。

　　榨坊的原料来自九澧各县。乾隆志就记有辰州、沅州等地的桐油"必集于澧之津市"。《慈利志》记有："吴客自津市来者皆萃县城……在木子行，其一岁出口货盖二万石、五万石不等。"民国石门调查表记有："太平、子良、苏市等乡产皮油33500市斤，运销津市。"

　　1932年，油榨坊建起了湖南第一家现代化的轧花厂，棉籽在榨坊开始唱主角。丰富的油脂资源催生了津市的日化工业，20世纪30年代津市有"湘西""光明""昌盛""远东""美丽""正光""强华""南洋"等十多家肥皂厂。

　　每逢榨季，油榨坊码头樯帆林立，人声鼎沸，大小船只络绎不绝，沿河码头之繁忙无以言状。然而旧时的农业看天吃饭，榨坊的生意就像过山车一样跌宕起伏。棉花丰收，日夜加班，皆大欢喜。若遇水灾旱灾，则是三天打鱼，两天晒网。都说油行的老板迷信，行会敬奉的是燃灯古佛，每日祈祷保佑九澧五谷丰登，榨坊生意兴隆，如果我没有弄错的话，榨坊分会的最后一任会长是崔永宽。

榨坊碾槽用牛，大一点的榨坊都养有十多头牛，草料的储备格外重要。1941年同裕和榨坊因一场大火，损失了10万元，轧花厂更是损失惨重，从此一蹶不振。

20世纪30年代连年战争，苛捐杂税多如牛毛，商家不堪重负，百姓怨声载道。1930年，谭某、禹某经营举步维艰，将榨坊出售给轧花厂。1943年，熊记歇业，将榨坊租赁给新华工厂。1927年，津市商会前往汉口请愿，最后勉强同意减免榨油原料税。

民国时，禹辉堂的"吉熙和"和何伯康的"正大"榨坊规模较大。据说一次驻军催饷，禹辉堂一人拿出12万银圆；何家底细不详，但津市论商界巨子，素有"上有源远长，下有何伯康"之说，因此谁为翘楚，难分伯仲。在战火纷飞的年代，油榨街的青年人纷纷到上海、北京、武昌等地，甚至远赴美国、日本求学，后来成为著名的金融学家、园林学家、影视演员、科研工作者和企业家。

轧花厂每月生产40000担棉籽，除留种外，其余分售给各家榨坊加工。工厂不愿肥水外流，受制于人，早在1933年，厂长周干就提出了建榨油厂的计划，1934年列入了湖南省的三年建设计划，因为水灾、战争未能实现。

1951年10月1日，何伯康、禹禹三、胡彬生等发起集股建设澧东油厂。1953年冬，津市轧花厂与油厂合并，轧花厂终于有了自己的油厂。不过好景不长，1956年，两厂分家，一家属澧县管辖，一家属津市所有，给后来的变故埋下了隐患。

抗战期间，东北军160师驻轧花厂，刘凡随父住油榨坊。六十年后旧地重游，发现面貌全非，不甚感慨地说："整条街只见到一间木板平屋，原来轧花厂旁边那一栋挨一栋的木结构的二层老式楼房，早已不见踪影。"当时仅存的木楼，是谭寿清先生的旧居。

榨坊消失了五十多年，榨坊的老人越来越少了，前几年回津市，偶尔在街上还可以遇到，现在恐怕难了，年轻的至少也有80多岁了。与榨坊有关的口头语还在流行，人们用"撞杆"形容对方迟钝，用"打油匠"形容衣冠不整，我记起了师兄的打油诗："三月桃花到窑坡，那个不爱……"

澧津烟厂创办记事

⊙ 樊生龙

　　1949 年以前，津市香烟市场十分兴旺，香烟以进口英美香烟公司等外烟为大宗，国内烟厂如南洋兄弟烟草公司等。

　　1949 年以后，市人民政府积极筹划工业建设。1950 年初，由陈洪洲提议，湖北沙市有一家快要倒闭的烟厂，如能把他们迁过来，可以容纳不少人就业。经市人民政府研究同意，于是开始进行联系工作。

　　1947 年，津市地下党员李群、陈洪洲等人在沙市设立分厂时，认识了杨振之。1948 年，李群、陈洪洲等为进行地下革命活动，组织建立沙市新民主主义大同盟，吸收杨振之、于需之等人参加，与杨振之的关系得到了进一步加深。为烟厂迁津事，经李群、陈洪洲等人与杨振之联系商议后，1950 年 3 月，杨振之将私营的复兴烟厂所有的设备和技术人员迁来了津市。

　　经市人民政府筹划，由市政府、驻军 480 团和原复兴烟厂合股组织公私合营澧津烟草公司。政府指派代表王文臣，军方指派代表张祖坤，资方代表杨振之共同商定：由王文臣担任经理，张祖坤、杨振之担任副经理，烟厂由杨振之担任厂长，并组设工会。公司流动资金由市政府和驻军筹给，初期资金约人民币 2 万元，资方即以原有设备入股。

　　1950 年 5 月 1 日，澧津烟厂在津市关庙正式开工，技术上由杨振之的叔伯兄弟杨泽生负责。日产香烟 5 大箱，每箱 250 条，年产值 20 万～ 30 万元。烟草原料自河南、贵州等地购进，销售于湖北、湖南边境县市。

　　1951 年，烟厂迁移对河洋油池，由于产品滞销，烟厂只得派员工挑担下乡推销。当年水灾，烟厂设备浸坏，资金困难，无法改进设备，扩大生产。1952 年 7 月停办，资方人员回沙市，设备及技术人员调入常德烟厂，普通工人就地安置。

津市企业公司的创办和转业

⊙ 朱永濂

　　抗战时期，津市成为沿海与四川物资中转要地，人口剧增到近 20 万，工商业呈畸形发展。抗战胜利后，国民党统治腐败，金融紊乱，物价波动，地方政府无理摊派，一般工商业者元气大伤，面临破产境地。中华人民共和国成立初期，物价尚未稳定，工商业者普遍存在重货轻币思想。不久，物价趋于稳定，但货物滞销，因而经营者信心逐渐消退。当时，市政府一方面宣传"发展生产，繁荣经济，公私兼顾，劳资两利"的政策；一方面组织私商采取联购联销、联购分销、深购远销等办法，来提高工商业者的信心，终于很快扭转了被动局面。但由于种种因素，原工商业者经营的企业出现了几种新情况，如布匹、百货、药材、南货业有业务而没有资金；油业、盐业、香烟业有资金而无业务；部分工商业者消极、彷徨、苦闷，这一严重消沉现象必须采取相应措施，不能让它发展下去。同时社会上也还存在一部分闲散资金，没有充分利用起来。

　　为了充分利用游资，解除部分工商业者的顾虑，达到发展和繁荣工商业的目的，只能采取公私合营方式，走国家资本主义道路。1951 年 8 月 12 日由市工商联牵头，召集大的行业负责人开会，共商工商发展大计，市委书记张邦信、副市长张瑞峰出席了这次会议并讲话，经过广泛征求意见并充分酝酿后，决定筹建公私合营津市企业股份有限公司，许多工商业者都积极响应，并提出建议。会议明确了企业公司发起人为张邦信、张瑞峰、王树桥、刘钧、傅朝华、王锡文、李明忠、宋进城、龚道广、曾子东、黄愧吾、朱振炎、王明富、胡彬生、朱永濂、徐声扬、王振湘、聂锡桂、朱剑溪等。当即成立筹备机构，拟定公司组织章程，发出征股书和认股书。经过会议发动，宣传酝酿，在自愿原则下，先后吸收绸布、百货、油盐、药材、香烟、土特产、南货 7 个行业 28 户，劳资双方 319 人，资金 50 亿元（旧币）

成立了公私合营津市企业股份有限公司，下设百货、布匹、土特产、信托、药材 5 个行业共 5 个门市部和 3 个批发部，先后于 9 月 18 日和 10 月 1 日开业，成为我市第一批国家资本主义高级形式的公私合营企业，实行"四马分肥"的利润分配办法，当时这在全省也处在领先地位。

公私合营津市企业股份有限公司组建起来后成立了董事会，由张瑞峰任董事长，王敬任总经理（公方），张云卿任副总经理（公方），胡彬生、朱永濂分任副总经理（私方），下设业务、人事、财务、总务等课和信托、布匹、药材、土产、油脂等部门，副课长和正副经理均由私方人员担任。

公司开业伊始，由于绝大多数工商业者被分配到基层领导岗位上来，他们长期经营中小型企业，有专业知识和经商能力，熟悉商场业务。首先在全国大中城市遍设采购机构，如长沙、上海、重庆、广州、武汉等长期设立有办事处，大庸、慈利、龙山附近县、镇均派有采购员，他们多是行家里手，精打细算，会做生意。企业党组织亦给大家以充分信任，放手经营，公私合作共事关系较为融洽。因此，开业后不到一年半，就取得可观的经济效益。尤其是药材畅销不衰，效果显著；布匹花色齐全，进销快速，3 个月就取得约占公司资金总额 20% 以上利润；土产部购销两旺，沟通城乡物资交流，深受农民欢迎。公司定息 8 厘，年终按时照付，获得各方面信任和赞许。1953 年，我国进入了计划经济建设时期，津市正处在商业转向工业的大好时机。津市的"五反"运动选在企业公司开展，仅用 3 个月时间就胜利结束了。当时商业国营系统分别成立了盐业公司、油脂公司、花纺布公司、百货公司、贸易公司和供销社，与企业公司业务上竞争激烈，矛盾重重，在干部队伍上他们正处于青黄不接之际，而在这方面我们的工商业者都有其优势。因此，给国有企业发展带来了极大不利，正如供销系统的一份意见书中所指出："如果让这种企业（指津市企业公司）延续下去，势必打击国营，挤垮合作社，建议必须让路。"为此，经市委研究，根据国家过渡时期总路线的要求，结合津市实际情况，作出了商业逐步转向工业的重大决策。

随着六项经济措施的公布，津市企业公司领导经过全面调查和周密考虑，报经市领导批准，将全部资金分期分批转向工业，人员按需要输送到市属国营单位和机关领导层工作。当时澧东油厂开始投产，急需资金运转，公司遂投入资金约半数以上，使该厂获得了新的活力，生产得以健康发展。

解放初期"群众会计学习班"办学始末

⊙ 彭仙旸

一

中华人民共和国成立初期，人民政府刚刚新建立起一批企事业单位，均急需会计人员；加之税务部门为了贯彻执行国家的税收政策，保证税收任务的完成，要求私营企业加强经营管理建账建制，而当时津市工商企业的会计核算，一直都是沿用传统的上收下付的单式记账，这种记账方法比较简单，但不能全面、系统地反映和监督一个企事业单位的生产经营情况，难以适应经济发展和经济管理的要求。如果在津市企事业单位内用科学的复式记账取代单式记账，兴办一个会计学习班，作为传授和推广复式记账原理的借贷记账法的基地，既符合政府的要求，又满足了企事业单位的需要。有鉴于此，我为了发挥一技之长，在有关部门的支持下，经市人民政府批准，于1950年3月创办了"群众会计学习班"，积极为政府培养急需的会计人员，这就是我创办会计学习班的动机和目的。

二

参加学习班学习的学员，有私营企业在职的会计、青年店员学徒、社会上一部分苦于无专长为就业而来学习的失业人员以及家庭妇女。开设的课程，根据当时津市这个商业城市的特点，为适应需要，除开设政治课外，会计专业课的重点是商业簿记和基本会计学，都是以借贷记账法原理设例施教的。政治课每周一堂，是请当时文化馆的葛乐山馆长担任的讲师（义务的），会计专业课是我亲自讲授的。由于我们备课认真，理论联系实际，深入浅出，学员易懂，因而受到群众赞誉。

群众会计学习班从1950年3月开始创办，到1951年9月我被聘为津市新成立的第一家公私合营大型的商业企业——津市企业公司担任财务课副课长时停办,历时 18 个月,共办了 5 期,培训学员 300 多人。学习班采用半脱产学习方式,每期授课 3 个月,每天 4 课时,结业考试及格者,由班发给"结业证书",经市文教部门审查,再在"结业证书"上加盖"津市市人民政府"的大印。说明当时人民政府对会计教育事业的重视与支持。在中华人民共和国成立初期,津市缺乏懂借贷记账法的会计人员,所以一部分中青年在学习结业后,很快就被政府有关部门招收录用,未被招收的也能自谋职业。如去新疆自谋职业的朱远钦、刘桂荣(女)、贺家本等同学,带着"结业证书"到乌鲁木齐等地与当地劳动部门联系登记后,不久就安排了工作,并成为各企事业单位的财会业务骨干。在群众会计学习班学习过的同学中,有几个曾任省厅一级和县市一级的领导职务;有的担任过县市局(科)级和企事业单位的领导或财会科(股)长;有的授予了会计师、经济师职称。

三

学习班系民办性质,一无上级经费补贴,二无教学基地,主要是自力更生和社会上各方面的支持因陋就简办起来的。课桌、坐凳由学员自备,教室原设在人民路同仁盐号的楼上,老式木结构建筑,面积约为 30 多平方米,像这样的场地也要容纳 30 ~ 40 人,以后由于每期人数增加到 70 ~ 80 人,楼上容纳不了,同仁盐号的全体同仁,又腾出楼下内进堆盐的场地作教室,后因该号改组需屋,学习班于 1952 年迁到和平路广场协昌染坊楼上,也是简陋的木结构房屋。尽管学习条件差,但每个学员求知欲强烈,他们排除一切困难,比如解放初期,社会活动比较多,企事业单位大小会议频繁,工作安排很紧,一天到晚很少有休息时间,但大家都以一种顽强的毅力坚持按时学习,那种学习的自觉性和积极性是极其难得的。由于我的办学思想旨在培养财会人员,多为人民作一份贡献,所以收费标准极低。每个学员全期仅收学杂费人民币两万元(旧币,折合新币两元,以下同),经济困难的学员还可免收学杂费。在教学中,坚持既教书,又育人,政治、业务学习并重,使学员学习目的端正,思想觉悟有所提高。1951 年 6 月、7 月,正值人民群众自觉捐款献金,支援国家抗美援朝购买飞机大炮以抗击美国侵略军,为了保家卫国,响应党的号召,我带头把全期收入的学杂费 160 万元全部捐献国家,支援抗美援朝,当我对学员宣布时,80 多个学员深受鼓舞,争先解囊,一霎时就捐献了 100 多万元。市委宣传部为此在全市设置的黑板报上进行了报道,公开予以表扬。

四

　　为了推广借贷记账法，我除了教学外，还配合政府协助私营企业建账建制。那时对于账目清楚、手续完备、数字真实、日清月结的一些企业，经过税务部门查账鉴定，在纳税形式上，可以申请由民主评议变为查账征收。我当时工作的联诚布匹号，首先于1951年上半年被批准为查账征收户，政策兑现后，在本市较大的私营企业中震动很大，大家不约而同来店观摩，互相交流经验。此后，又有几家被批准为查账征收户。由于这些企业在建账建制中推广借贷记账法带头引路，进行示范，而全市又有广泛的技术基础，经过会计业务学习的学员，遍及全市各行各业（这时市里还有一所大众会计学习班，办了两期，后因特殊原因停办，在"大众"学过会计的学员，也是一支力量）。这支新生力量在推广过程中付出了辛勤劳动，起到了积极的推动作用，因此，在1951年年底，全市较大的私营企业的会计核算，都采用了复式记账原理的借贷记账法。把记账方法由单式记账推进到复式记账，无疑是我市核算发展史上一个重大进步，被公认是一个重大贡献。

　　群众会计学习班办学时间不长，但后来由于经济建设不断发展，会计人员青黄不接，我继群众会计学习班之后，在地、市有关部门的领导下，30多年来，先后被抽调在常德、津市、澧县主办、联合举办和参与举办工业、手工业、商业、乡镇和预算等专业会计培训班（并任教）计50期，培训学员2911人次。

1970 年代的津市百货公司

⊙ 钟月

与现在车水马龙，霓虹璀璨的津市景象相比，1970 年代的津市街貌自然不可同日而语。平静的大街上，几乎没有什么亮眼之处。如果要说有的话，那就是靠河的大码头一段算是唯一的繁华地带。这种所谓的繁华，其标志无疑是矗立在正街的地标性建筑——津市百货公司（另有西侧对面的国营饭店）。毫无疑问，作为一个九澧门户的商贸城市，那时的津市百货公司，就是实至名归的一张城市名片。

年长些的津市人应该不会忘记，那个年代，凡津市发生的大事，无论是庆祝欢呼，还是炮轰打倒之类的游行，这队伍的行经路线，其他街巷可以忽略不计，唯有这百货公司地段，是必到之地。每遇这种场面，专业的、业余的摄影者们，便早早地爬上街道两旁的高楼，支起三脚架等摄影器材，抽着烟、聊着天，耐心等待队伍的到来，力图抓拍一些好的镜头画面。每到这种时候，队伍中的号鼓队、腰鼓队、龙狮队，或踏着行进步伐义愤填膺喊着口号的方阵，便格外地起劲卖力，生恐表现不佳，他们谁都心里明白，头顶上好多闪光灯在对着自己呢。细心的人们可能会发现，那些年举办的不少大小展览中，凡布置有街头大型活动的画面，百货公司大楼的不少镜头总是鹤立鸡群，独树一帜，那各种俯、仰、推、拉、摇、移等画面镜头十分鲜亮，惹人注目，可见当时其举足轻重的位置。

1970 年代，全国所有的商业都是国营性质，国家还处在计划经济时期，绝大部分的物质都需要凭票供应，买粮要粮票，买肉要肉票，买油要油票，等等。因此，在一个物质匮乏、供应紧俏的年代，位居商业龙头之首的百货公司，无疑成为了人们羡慕的好单位，成为大家心目中的"香饽饽"。那时如果有人在百货公司上班，那不只是她（或他）本人感到风光和自豪，就连一家人都感到极有面子。因此，社会上曾流传着这样的说法：

部队不少当兵的找对象，家里人问你到底想找一个么得样的人，当兵的立马回答，找百货公司的。家里人说，你那么就一根筋"按赌哒"（死心眼）百货公司的？当兵的说得干脆，百货公司单位好，女的年轻又漂亮，我就要"按赌"那么搞！家里人反问，人家单位好，人年轻漂亮，那人家"姑儿嘎"（指姑娘）看不上你，你有么得整呢？当兵的回答得更用力，只要我和百货公司不管哪个女的有一次踏马路（即散步）的机会过了瘾，什么时候甩掉我我都甘心情愿！这当然是一种搞笑的戏谑之说，不足信的，但所反映出来的一种社会心理和价值取向，由此可见一斑。

我有一个小学同学，她很早就进入百货公司工作，由于表现出色，几年后很快晋升为公司的书记和经理，执掌全面工作好几年。当她谈起当年公司的情况时，显得一往情深，异常兴奋。她说公司最大的优势，就是可以从上海百货总公司直接进货（不是所有的公司都有这种优势），比如号称"四大件"的自行车、手表、缝纫机、收音机，便是令人艳羡和抢手的上海货。此外，还有座钟、布匹、腈纶运动服、海魂衫、回力鞋、搪瓷脸盆、铁皮暖壶，乃至郁美净、润肤霜、雪花膏、铅笔、钢笔、纸张、簿本、玩具等，都是上海货。那个年代，人们对于独占鳌头的上海货情有独钟，甚至到了迷信的程度。不可否认的是，上海货的确名实相副，精美无比，和其他出产地的商品比起来，就是不一样。

现在的年轻人，当然不可能身临其境地感受那个年代的职场氛围了。那时节，只要你一踏进百货公司的营业大厅，你就会看到琳琅满目的各类商品摆放得清晰明了、井井有条，顿生一种舒适感和愉悦感。大厅内，整洁有序地放置着若干个商品专柜，每个柜内站着一至两名售货员，当然是一色的女性。她们衣着朴素大方，不施粉黛，素面示人，和颜悦色地接待每一位顾客。顾客选好所需商品后，一律现金交付。售货员接过顾客的钱，拿过柜台上的算盘（那时没有计算器），噼噼啪啪几下算好账，迅速地写下票据，然后将钱和票据用专门的票夹夹好，挂到柜台上方的一根铁丝上，手稍微用力送了出去，这票夹便"唰"地一下顺着铁丝滑到收款台。这收款台的值班人员很快取下铁丝上的票夹，极其熟练地处理好退付钱款，而后将票夹挂上铁丝，又"唰"地一下打回到售货柜台前，售货员当即取下票夹，礼貌地将钱款如数递给顾客，然后相视一笑，平静而快速地完成了交易。这种从售货柜台到收款台挂票夹的铁丝不少，即每一个售货柜台起码有一个这样的对接渠道，简单而便捷。由于他们业务熟悉，办事专注，因而效率很高且不会出现差错。这种交易场面若是放在晚上的话，在灯光的辉耀下，你会看到，那无数根银亮的铁丝，在细微的"唰唰"声中闪着跳动的光斑，煞是有趣，恍若是一幅流动的画呢。

百货公司的声名远播，是特殊年代计划经济赋予的特殊色彩，这是历史进程中的现实存在。但津市百货公司的一枝独秀之处在于，除了整体的业务素质外，公司还拥有一支非常出色的群众文艺宣传队伍，其影响之大、范围之广，至今有人提及时还啧啧称道。可以毫不夸张地说，以百货公司为主体的这支商业系统的文艺宣传队伍，占据了津市业余文艺宣传的半壁江山。他们的文艺宣传活动，令整个常德地区各县区的同行俯其项背，自叹弗如。那些年，他们的演出水平和名次直逼长（沙）衡（阳）株（洲）潭（湘潭），常德都未属其列。我当时就看过他们的不少节目，除了大量的歌舞曲艺外，还有歌剧《刘四姐》《婉桃》，花鼓戏《打铜锣》《补锅》《挑货郎》，荆河戏《游乡》，等等。这支队伍中，确乎有些这方面的人才，我至今还记得的就有姜岳金、鲁春英、贺振禄、邓春生、蒯业勋、方德姣、曾桂珍、谭瑛、张亚武、李克明等人。这些人中，特别要提及的一个人就是姜岳金，按照现在的话讲，他就是当年的"老戏骨"。那时有一个说法，叫"无姜不成戏"，上面提到的所有戏剧和其他节目，编、导、演他全占份。由于他在这方面的突出表现，当时颇负盛名的常德地区歌舞团招募他成为了专业演员。还有一个要提及的女性，那就是鲁春英。她端庄大方，气质不凡，悟性高，演技好，上面提到的绝大部分剧目主演非她莫属。在多年的群众文化舞台和各种大型演艺活动中，她总是众望所归的聚焦点，成为当时家喻户晓的人物。如果拿现在的一批一线女明星来对比的话，她就是津市当年的巩俐、许晴之类。她现在虽然年事已高，但还是玩票唱京剧（几年前我还为她京胡伴奏过《钓金龟》的老旦唱腔）。像这样的男女骨干还有不少，他们长期磨砺，不辞辛劳，共同打造了一个高水准的群众文化平台，为津市的宣传发展赢得了声誉，至今传为佳话。

如今，这一切已成过去，一幕幕辉煌的情景已不再，一些曾经被无数人钟情过的事物渐渐地变得陌生、模糊……我在心里问，这张当年的城市名片是不是真的就这样丢失了呢？如果没有丢失的话它如今又在哪里呢？我想，对于亲历过那个年代的人们来说，那些刻骨铭心的记忆是不会忘却的——我确信，这张当年的城市名片，应该永远地珍藏在心里了。

向华国锋书记汇报

⊙ 高汉泉

1971 年晚秋，时任湖南省委书记的华国锋同志沿在建的枝柳铁路线由南至北风尘仆仆地走来。进入常德地区工段，陪同他视察的有常德市委书记张文光同志、常德地区铁路建设指挥部部长兼党委书记刘佳时同志（常德地委副书记），还有好几位华国锋的随从人员，这些同志在我们津市涔水桥工地作了简短的停留。

华书记微笑地指着伸出水面的几个桥墩说："修桥难就难在水下的工程，修出了水面就好办了。"他问我："基脚有多深？"我回答说："一号桥墩基脚接近八米，其他几个桥墩基脚均为六米多。"接着，华书记体恤地说："哎呀！够你们挖，够你们挑的了。"我说："就是作业面小，我们分四班昼夜不停地施工，总算是抢在冰冻前将桥墩浇灌出了水面。""那不错，"华书记高兴地说："后续工程是高空作业，据气象部门报告，往后，有一段雨雪天，要特别注意安全。""请首长放心，我们会全力抓好安全施工的。"我们在场的人一齐回答。

看完后，华书记一行继续往北线走去，临走时，刘佳时指挥长对我说："今天晚上你到澧县招待所去，将工程建设情况向华书记汇报，你要认真好好地准备一下。"

真不凑巧，政委王能文同志回津市武装部开会去了，好在前几天写有一个工作总结材料，我又召集各部门负责人和连队干部开了一个紧急会议，对总结材料作了一些补充，写了十多页纸。向华书记这样的高级干部汇报我还是头一次，心里很不踏实，对材料又熟悉了几遍，自认为各种数据都比较齐全了，赶到澧县文庙（澧县招待所）后，还有点时间，又抓紧将材料看了几遍。

吃过晚饭，接着就是开会，第一个向华书记汇报的是澧县铁路建设指挥部指挥长杜慎茂（澧县县委副书记）同志。华国锋书记用钢笔在笔记本上不停地做记录，时而插话："你用不着面面俱到，重点讲几个问题吧。"问得杜慎茂同志念不成句。

我第二个汇报，华书记没等我发言就先打招呼说："什么好多好多人呀，好多连、好多班等一些基本情况就不谈了，就讲一讲你们抓了几件事情吧。"他这么一说，我立即打消了照稿子念的念头，心里划了个框框，一讲政治动员，二讲抓安全工作，三讲及时克服了一些带倾向性的问题。我说："我们抓的第一项工作就是对民兵进行政治思想动员，上路前就召开了连以上干部会议，反复讲明，修建枝柳铁路是三线建设的一项重要工程，是党中央、毛主席的伟大战略部署，就是要和帝、修、反抢时间、争速度，就是要立足于打仗，每个人都要以战斗的姿态投入铁路建设。之后，我们又分别到各个连队对民兵进行思想动员，像参军一样，个人申请报名参加铁路建设，形成父送子、妻送夫上铁路的热烈场面。""这件工作抓得好，抓得早。"华书记放下钢笔插话，"使民兵懂得为什么要修这条铁路，自觉自愿地上工地修铁路。""队伍出发前，我们召开了誓师大会。"我接着说："市里所有领导都到场送民兵队伍上路，到达工地后，头一项工作，还是对部队进行思想再动员，掀起班与班、排与排、连与连、部门与部门开展革命竞赛。王能文政委扎根五连蹲点，抓民兵的政治思想工作，他亲自写了不少的表扬好人好事的小快板、小演唱，在广播、手提喇叭里播，让宣传队在工地上演唱，搞得热火朝天。""好，好！"华书记说："这项工作抓得扎实，思想工作就是要这样抓住不放。""王政委还抓了一个后进变先进的典型。修理排有个民兵，开始上路时，搞事拈轻怕重，每天拿把小梳子对着小圆镜梳几次头发，还涂上凡士林，放光发亮，蚊子上去都要挂拐棍，别人跟他起了个绰号叫玻璃相公，他看到周围的同志都争分夺秒地干活，都在广播里、喇叭筒里受到表扬，他再也按捺不住了，和大家一起甩开膀子干，终于评上了先进。"华书记听后，一阵哈哈大笑。

我又说"我们抓的第二件工作就是安全工作。"我们的口号是："安全工作天天抓、时时抓、处处抓、事事抓，安全工作不分家，干部群众人人抓，订安全工作指标是百分之百，百分之九十九都不及格，在安全工作方面没有半点打折扣的余地。"

华书记听后表扬说："津市这个口号提的好，安全工作只能是百分之百，不能留有余地。对于工程建设来说，不伤人、不死人、部队生龙活虎，这就是政治，你的工作做得再好，伤了人、死了人，就说不起话。"我接着说："前些日子，我们市里荆河剧团来工地慰问演出，我们用门板搭了个戏台，晚上演出，刚刚演完两个小节目，看戏的沿线民兵和当地群众蜂拥而来，起了人浪，我们原来没有预计到会有这么多人来看戏，人还在继续拥来，我们立即意识到将会发生踩踏事故，立即将全体演员喊在台上当场卸装，并宣布明天白天演员到工地演出。观众这才离去。"华书记看了看我说："好危险，幸亏你果断决定，不然，不堪设想。"

"第三，我们在施工中，及时抓了一些带倾向性的问题，比如有的民兵挑双担，有的民兵挑起担子起跑，为了保护劳动力，我们在工地及时召开了班以上干部会议，不提倡上述做法，不超负荷，轻一点挑，轻快轻快，反而会起到快的效果。"华书记放下钢笔插话说："是的，我们的干部要特别注意爱护劳动力，保护劳动力，在'大跃进'中，有的人不讲科学，搞瞎指挥，鼓励女同志也打赤膊挑担子，结果损伤了劳动力，甚至因此死伤了一些人，应当吸取这些严重教训。"

最后向华书记汇报的是地区主管工业生产的屈邦照同志。当他汇报到完成年度工业生产计划时说："如果省里原定拨给我们的 10 台解放牌汽车能够到位的话，我们今年的工业生产计划是可以完成的，如果……"华书记插话说："我听懂了你的意思，如果省里原定 10 台解放牌汽车能够拨给你们的话，你们今年的工业生产计划是可以完成的，如果这 10 台汽车不能到位的话，你们今年的工业生产计划完成就会有困难。"这可把屈邦照同志问得哑口无言。会议开到转钟一点才结束。华国锋书记及随行人员休息去了。文光同志又将我们留下来提了一些要求，最后将话题转到了屈邦照同志身上："老屈呀，老屈，我看你是白吃了五十多年大米，你这么讲哟：如果省里原定 10 台汽车今年能够拨给到位的话，我们今年的工业生产计划就可以大大的超额完成，如果万一不能到位的话，我们也会千方百计地超额完成今年的工业生产计划，罚酒三杯。"

记两次大型交易会

⊙ 刘巨之　刘树之

　　津市先后召开了两次大型物资交流会，规模之大，人员之多，效果之好，影响之深，都是空前的。它对扩大商品流通，促进地方工业生产起到了很大作用。因此，人们把它们称之为津市商品流通史上的两大丰碑。

1961 年津市物资交流大会

　　1960 年党中央提出"调整、巩固、充实、提高"方针，调整国民经济，落实"农业六十条"。津市市委这一时期狠抓了副食品和日用小商品的生产，市场供应丰富许多。这时，全国正疏通流通渠道，改变物流不畅的状况。市委为了发展有利形势，扩大津市影响和知名度，决定召开一次比较大型的物资交流会。

　　首先，市委成立了津市物资交流大会组织委员会。由市委副书记刘勤华任主任，财贸、工交、邮电、银行、交通、商业、供销部门主要负责人参加。组委会设"秘书处"，由市财贸办副主任张振华任秘书长，并下设秘书宣传、业务、后勤三科。财贸办秘书李宝林任秘书宣传科长，商业局局长朱普斌任业务科长，饮食公司副经理李斌初负责后勤。1959 年才建成的望江楼三层全部腾出做交易大楼。各县市代表团住宿以刚建成的"和平饭店"和第一旅社为主。邮电部门在望江楼专门安装了几部电话，保证与各地电信畅通；人民银行在望江楼设办事处，及时处理"委托收款"业务；交通部门随时办理货运手续。为了扩大影响，还在《大公报》《新湖南报》刊登了大会广告。

　　11 月初大会正式开幕，有 14 个省市、98 个县（市）、125 个单位的 1300 多名代表参加。在红旗剧院举行了开幕式，第二天即开始在望江楼进行交易活动。当时交流会以农副产品和小商品及日用工业品为主，各区县提供了大批箩筐、土箕等竹木生产资料；湖区县提供了红花草籽、兰花草籽；上海、青岛、武汉等城市提供了大批日用工业品。一时望江楼绳索横牵竖挂，挂满了各种商品招贴，代表们互相交谈，交易非常活跃。业务科人员忙于为各地代表签订合同，每天都忙到晚上十点多钟才收手。青岛市代表团当时提出可提供大批海带，求购生产海带用的草索，津市副食品经理部与之签订了长期供货合同。这样，津市运入海带畅销各县市，而卫星索厂由此又扩大了生产，以后青岛与津市来往不断，关系非常密切；上海市代表团除提供了日用工业品外，还特地给津市提供了一批刚生产的"上海牌"手表。

物资交流会进行了 3 天，共成交 1300 多万元。大会闭幕时，秘书处专门举办了一次大型招待会，感谢各地代表对大会的支持。另外，还给每位代表赠送了一把建华五金厂生产的铜钥匙，作为纪念。

这次交流会影响较大。《新湖南报》专门派记者前来采访，并报道了物资交流大会盛况。省商业厅邓副厅长带领一个工作组来津调查了津市市场情况和这次交流会的情况，肯定了津市搞活流通的做法。

1980 年湘鄂边区物资交流会

1980 年 9 月，津市市委、市政府为了重振商业雄风、沟通商品渠道、活跃市场经济，决定乘党的十一届三中全会的东风，组织召开一次湘鄂边区物资交流会。市财贸办公室主任郭贻万及时与湖北襄樊、宜昌、沙市、公安、松滋以及本省的澧县、大庸等市县联系，并把他们请来津市开会商议，并推选津市为大会东道主。经过紧张筹备，湘鄂边区物资交流会于 9 月 17 日在津市隆重开幕。

大会召开前夕，津市显得格外繁忙，数十辆车日夜赶运物资；商店、旅社日夜打扫门庭，整理店容店貌；各主要路口悬挂着迎宾横幅；各个店堂内外都装饰有彩灯彩旗；每个批发部的展室，都陈列了上万个品种的商品。襄樊、宜昌、沙市均运来数十卡车物资，在我市设馆销售。我市中心展馆，设在工人俱乐部。此外，从大码头到新建坊的街道两旁还设有零售市场，把津市打扮得分外繁华。成千上万的人们也纷纷涌向市区，观光购物。几千条沙市"鸳鸯"床单和津市软缎被面一抢而光。一时市场上人山人海，水泄不通，真有些像昔日"小南京"的再现。

17 日，来自湖北襄樊、宜昌、沙市、公安、松滋、鹤峰、恩施及我省澧县、临澧、石门、慈利、常德、汉寿、安乡等 30 多个县市 1600 多名代表，50 多个市、县级领导纷纷云集津市。省商业厅一位副厅长、常德行署副专员徐明魁、行署财办主任刘德玉等专程来津指导。新华社、人民日报社、中央广播电台、湖南日报社、湖南人民广播电台、中国经济日报社、省委新湘评论社等新闻单位的记者编辑，也兴致勃勃地前来大会采访报道。

这天，市委招待所、第一旅社等接待处，车水马龙，工作相当繁重，市财办主任郭贻万、副主任朱普斌及商业、供销部门的主要负责人，整天守候在大厅门前迎接来宾。市委书记韩养义、副书记张芳清；市长贾光富及人大、政协的领导也先后来到代表的住处，看望客人，与客人们握手言欢，促膝谈心。

会议开幕式在红旗剧院举行。会场内外，五彩缤纷。最引人注目的是主席台两侧悬挂着一幅称颂湘鄂边区、澧水两岸人民的深情厚谊、共同振兴湘鄂边区经济的巨幅对联。整个会场洋溢着节日的气氛，一片欢腾。

从第二天上午起，各地代表纷纷参观展馆，看样订货，进仓选货。各公司、批发部专门设有接待室，代表们每到一处，都受到热情的欢迎和款待。

为使这次盛会开好，让代表们高兴而来，满意而归，以市财办主任郭贻万为首，组织了200多人的后勤服务队伍为大会服务，还组织了10多人的巡逻医疗队，为代表送药看病。成立了安全保卫科，20多名干部日夜巡逻，为大会保驾护航。后勤服务的同志，不分日夜，有的带病工作，有的彻夜不眠，战胜了一个又一个的困难，为津市人争了光，使大会取得圆满成功。大会的服务工作深深感动了与会代表，会议结束时，有的送锦旗、锦牌，有的书写感谢信，都说津市好。

会后，中央和湖南省的各新闻单位以"花团锦簇""狠抓商品流通、活跃城乡市场"等为题报道了大会盛况。省委新湘评论社专门为津市商业撰写了一篇长达万字的支持地方工业生产的理论性文章。

这次盛会，不仅活跃了津市商业，沟通了新老渠道，而且也促进了地方工业生产。3天成交额达2600多万元，其中地方产品销售占1000万以上。据1981年统计，商业购销总额由1979年的1亿多上升到2亿多，社会商品零售额由1979年3000多万增到6000多万元，这是中华人民共和国成立以来出现的第二次购销高峰，也是1930年代即抗日战争以后的第三个兴旺繁荣时期。

人物春秋

中共创建时期的老党员——朱务善

⊙ 宋先熙

朱务善（1896—1971），曾用名王理堂、王一鸣、朱悟禅，湖南省津市市人，是中国共产党创建时期的老党员。

朱务善出生于一个破落地主家庭，小时就读于津市大成两等小学和澧州中学堂。由于勤奋好学，他在校成绩优良，往往名列前茅。他学习兴趣广泛，在中学时，涉猎了不少中国古典著作，特别是喜读司马光的《资治通鉴》，其中每段司马光之议论几乎全能背诵，因而中国传统的旧礼教思想侵蚀着他幼稚的心灵，使他只知埋头读书，不问外事，对于一切所谓"越礼犯分"的思想和行为都难以接受。十五六岁中学毕业前后，他借读了从京、沪和长沙等地寄来的报纸、杂志，很欣赏梁启超的《饮冰室文集》和梁编的《新民丛报》，由此开阔了眼界，接触了孔孟以外的新思潮。这是他在幼年时代从封建主义旧思想转变为民主主义新思想的开端。中学毕业后，因父亲病故，家境困难，无力继续深造，他辍学在家，一时借贷无门，备尝艰辛。当时所处的生活境遇和社会环境，也决定了他较易接受新思想的影响。

1919 年 4 月，他几经奔走求援，得到了同学和父辈长者的帮助，积聚了少许资金，束装前往北京升学，同时考取了北京大学、高等师范和法政专校。因为那时北大是全国新文化运动的中心，他就决定进入北大念书，与邓颖超成为同班同学。在北大念书的初期，有三件大事给他很深的印象：第一，"内除国贼，外抗强权"的狭隘民族运动；第二，反对旧礼教、提倡新文化的"新青年派"的革新运动；第三，俄国十月革命的影响及马克思主义的宣传。那时他与很多先进青年一道，因为国内、国外革命运动的高涨，都各自寻找、探索着挽救中国的道路。

十月革命一声炮响，送来了马克思主义。他如饥似渴地阅读了当时北京的《民国日报》副刊"觉悟"和《新青年》刊载的关于马克思主义的论文，特别是那时候日本河上肇、高畠素之的关于马克思主义的著作；后来又读了马克思的《共产党宣言》及考茨基的《马克思的经济学说》等书，对他产生了很大的影响，使他从狭隘的民族主义思想转变到马克思主义的轨道上来。在五四运动、六三运动以后，中国一般的青年，就显然划分为两派：一派是李大钊所领导的马克思主义派，一派是胡适所领导的美国式的德谟克拉西（民主）派。朱务善就是团结在李大钊周围的接受马克思主义的知识分子。与他同时的，如邓中夏、罗章龙、张国焘、何孟雄、黄日葵等都是当时的出色人物。由于胡适宣传唯心主义，反对马克思主义，朱务善曾在一次会议上，针锋相对地当面讽刺胡适很会"一点一滴地解决问题"，如称溥仪为"皇上"、在"善后会议"上坐冷板凳等，引起了胡适对他的仇视与谩骂。

朱务善在北京大学学习期间，深受同学爱戴，被选为北京大学学生会主席，还担任过北京学生联合会主席。

1920 年初，朱务善结识了当时北京大学图书馆主任李大钊，并在李大钊的帮助下，开始研究马克思主义和俄国革命经验。这年 3 月，在李大钊的领导下，朱务善和邓中夏、罗章龙、刘仁静等发起组织了北京大学"马克思主义学说研究会"。这是一个公开的学术团体，旨在宣传马克思主义，吸收先进青年到马克思主义行列中来。11 月，朱务善等又组织成立了"北京社会主义青年团"（就是那时的，后因组织不纯，于 1921 年 5 月解散），公开招收团员，自由报名参加。该团成立后，积极开展活动，发展很快，那时绝大多数的先进青年都被"北京社会主义青年团"所吸收。同时，朱务善还到北京蒙藏学校宣传马列主义，灌输革命思想，在少数民族中造就了一批优秀的无产阶级战士，如云泽（即乌兰夫）、奎壁、多寿、刘锡五，都是那时北京社会主义青年团的先锋，为少数民族地区早期建党做出了积极的贡献。

1920 年 9 月上海共产主义小组成立。随后，北京也建立了共产主义小组。朱务善由李大钊、邓中夏二人介绍，加入了这个小组，当时参加这个小组的有张太雷、何孟雄、高君宇、罗章龙、张国焘、刘仁静等。这时，朱务善受到"到群众中去"这个口号的影响，以为要挽救中国，非得使中国广大民众了解革命斗争内容不可，所以就参加了那时北京大学学生组织的"平民教育讲演团"，并选为主任。和邓中夏等人进行了许多工作，逐渐把它变成了北京共产主义小组的一个外围组织，为宣传社会主义思想、扩大北京共产主义小组的影响服务。迨北京共产党组织成立后，1921 年，又由李大钊、邓中夏两人介绍，朱务善加入了中国共产党。

北京共产党成立初期，活动的对象有两个方面：一是组织工人运动，主要是北方铁路工人运动；二是领导北京的社会运动和学生运动。朱务善是社会运动和学生运动的领导人之一。自劳动组合书记部由上海迁到北京以后，北京共产党才开始发展在北方的工人运动，主要是铁路工人运动，中心即在长辛店。1921年，先后在那里组建了一个劳动补习学校和工人俱乐部。在工人俱乐部举办有定期讲演，朱务善是长期的演讲人之一，每逢星期天，朱务善、邓中夏几个人一清早就坐上火车去长辛店找工人谈心、交朋友。他利用讲演的机会，设法接近工人，宣传马克思主义，如讲"什么叫做政党？为什么工人阶级要有自己的政党""马克思学说的主要内容和它与工人运动的关系""为什么我们主张承认苏联"等政治问题。在这段时间中，他介绍了几位优秀工人入党，后来成为长辛店铁路工人运动的中坚分子。

1923年2月7日，在北京共产党的领导下，京汉铁路工人举行大罢工，吴佩孚残酷镇压，造成"二七惨案"。之后，朱务善和缪伯英（湖南人，共产党员，北京女高师学生）以北京学生会代表名义去武汉活动，声援京汉铁路工人。他们到达武汉后与陈潭秋、李汉俊、夏之栩等人取得联系，积极开展工作，招待新闻记者，会见武汉学生代表，大力揭露吴佩孚"保护劳工"的假面具，支持京汉铁路工人的正义斗争，在社会上起到了良好的影响。朱务善在武汉不久，施洋律师遇害，武汉情势紧张。加以他在记者招待会上和《江声日报》记者谈话时攻击了吴佩孚和鄂督肖耀南的血腥罪行，引起了吴、肖的愤懑。接着就传出了肖耀南密令逮捕北京学生会代表的消息。朱务善与当时在武汉讲学的李大钊密商后，当即离开武汉，南下长沙，继续进行宣传活动。

这年，正是国民革命军北伐前夕。在北京学生会中，朱务善当选为赴粤促请孙中山兴师北伐的代表。到广州后，朱务善两次会见了孙中山，得到了孙的赞许和鼓励，完成了南行的使命。

1924年，国民党改组后，在北京成立了国民党北京执行部，李大钊是负责人之一。朱务善也在其中任职，积极为共产党工作。

这年，共产党中央决定组织中国共产党北方区委，朱务善是区委委员。那时候，在北京还没有共产党的机关报，常常利用其他报纸作为宣传马列主义的阵地。如《民报》《新国民》杂志都有共产党员在内担任编辑工作。《民报》是当时同时采用中、英文发行的大报，篇幅很多，日出三大页12版，其中6版为英文（陈友仁主编），6版为中文。朱务善是该报中文版的国内新闻编辑并兼编经济副刊。他在职编辑期间，因长期刊载列宁所著《帝国主义是资本主义发展的最高阶段》一文，引起顾孟余的不满，提议要撤掉朱务善的编辑职务，但因李大钊的极力反对未果。

1925年初，段祺瑞执政，召开了"善后会议"用以对抗孙中山的国民会议，遭到了全国人民的激烈反对。这时，促进召开国民会议的运动如火如荼，全国各省由中国共产党、国民党"左"派、先进人士及工农商团体所组成的"国民会议促进会"如雨后春笋般，到处皆是。在北京，包括各个团体、机关在内组织而成的北京国民会议促进会于 1925 年 1 月正式成立，朱务善、顾孟余为总务股主任，并发行北京国民会议促进会周刊寄往各省，以广宣传。之后，在北京国民会议促进会的组织下，于 3 月 1 日至 4 月 15 日在北京举行了国民会议促进会全国代表大会。朱务善以北京代表身份出席了这次代表大会。参加这次全国代表大会的代表中，有几十个共产党员，他们在代表大会中组成了党组，朱务善任党组书记，共同指导促进召开国民会议的运动。这次历时一个半月的大会，决定了对国民会议关于各项重大政治问题的建议和代表大会的宣言等。共产党组织在其中作了大量的政治工作，极力反对"善后会议"。从而共产党在北京的威信和政治影响有所提高和扩大，深受群众的信赖和拥戴。参加这次代表大会的广东海员代表苏兆征，是海员工会有名的领袖，他那时还不是共产党员。苏来北京后，朱务善根据共产党中央指示，介绍苏兆征加入了中国共产党。苏后来成为中国共产党早期著名的工人运动领袖。

朱务善在北京大学学习期间，经李大钊介绍，与北京女师大学生石道瑞结婚。1925 年朱务善在北京大学毕业，同年 10 月受中国共产党中央委派，偕其妻石道瑞前往苏联（后石因小孩生病回国，未再去苏），在莫斯科孙逸仙（中山）大学学习和工作。1926 年他由中国共产党党员转为苏联共产党党员，改苏联名为泊·易·欧西皮夫。1927 年 8 月，他由共产国际（第三国际）派往列宁格勒军政大学学习。1929 年苏联共产党清党时，由于朱于 1929 年在列宁格勒军政大学时，应同学要求给当时任武汉《国民日报》主编的顾孟余写信要中国报纸，违反了苏联共产党的纪律，受苏共留党察看一年的处分。1930 年 5 月，朱在军政大学毕业后至 1937 年初，他又经共产国际的介绍，在列宁格勒东方语言学院任教，讲授中文。后来又到苏联科学院东方学院工作，并兼任历史文物科学院研究员，从事中国史的研究工作，写了很多历史研究论文。

1937 年 2 月 10 日，斯大林肃反扩大化，因朱的学生涉嫌，他被认为与刺杀基洛夫的白色恐怖有关，蒙冤被苏联内务部逮捕，判刑 5 年并被流放到苏联北方乌赫塔城。1942 年刑期满后仍留该地区。因他懂得一些医学，遂在该地区卫生厅及卫生医务院工作，为当地人民做了不少有益的事。1951 年，由于 1937 年旧案，他又被判刑 3 年，再度入狱，直至 1954 年斯大林逝世后才平反昭雪，无罪释放，恢复名誉并赔偿损失，回到莫斯科。1955 年，朱务善重新加入苏联共产党成为预备党员，因王明拖延不出具证明，未及转正。这年春，朱务善申请归国参加社会主义建设，终于获准回到了祖国。

朱务善在苏联工作、学习了30个春秋，其中17个年头蒙冤被放逐于苏联北方乌赫塔城。在这期间，他承受了莫大的痛苦和磨难，但在非正常情况下，对工作仍一贯积极负责。30年来，他在列宁的故乡为苏联的革命和建设事业，为增强中、苏两国人民的友谊做出了有益的贡献。朱务善回国后，1956年4月27日，经中国共产党中央组织部批准，决定恢复他1921年中国共产党党籍。同年，分配到中国科学院工作，担任中国科学院编译出版委员会副主任，党委委员。1961年7月，任科学出版社副社长、党委委员、领导小组成员等职。在职期间，他以极大热情投入到科技编译出版工作，对促进科技出版事业的发展起到了积极的作用。朱务善曾于1960年在"反右倾斗争"中被列为重点批判对象，1963年进行甄别，认为其被列为重点批判是不适当的。在1966年开始的十年动乱中，朱务善又遭到"林彪、江青反革命集团"的迫害和冲击，后因病医治无效，于1971年6月含恨逝世，终年75岁。

中国共产党第十一届三中全会后，推倒了"林彪、江青反革命集团"强加在他身上的一切诬蔑不实之词，恢复了他的名誉，并于1978年12月22日举行了追悼仪式，将其骨灰葬于北京八宝山革命公墓。

朱务善致力无产阶级革命事业52年，虽迭遭坎坷，但不夺其志。悼词上说："朱务善同志是我党创建时期的老党员之一……为党、为人民、为共产主义事业奋斗了一生。"肯定了他毕生为革命献身的精神。

（根据有关资料和朱务道提供的情况综合整理）

我的父亲——老红军韩成亮

⊙ 韩明寿

　　父亲韩成亮生于 1907 年 2 月，津市新洲鲁家坪人，年幼时家境贫寒，随父种地度日。16 岁离家到新洲镇一家店铺学徒，白天务工，夜间习拳。1935 年 8 月，父亲等 13 人在七里湖挑土时被贺龙的红军部队宣传所吸引，当即丢掉扁担，背着父母只身参加了红军。为避免遭受国民党迫害，参军后先后改名为陈亮、陈大远。参军不久被提为班长，随红军参加二万五千里长征。1936 年 12 月加入中国共产党，1937 年 7 月任八路军 120 师 8 旅 5 团排长，驻山西省神池朔县一带抗战。俟后从事后勤工作。1944 年后任八路军 120 师 26 团后勤处主任，为保障部队供给做出了一定贡献。当时山西抗战非常艰苦，解决部队粮食问题是关系到部队生存和能否坚持抗战的大事。征粮也是一件难事，需要斗智斗勇，特别是在大粮商、大地主家征粮既要讲政策，也要用机智查找藏粮的地方。当时父亲和后勤人员主要任务就是身背着银圆（黄金）昼伏夜出四处征集粮食和食盐。在山西朔县一个叫曹家沟的地方，当地群众反映村里的一个大地主家里有大量的粮食和盐巴，但这个地主就是不承认，征粮人员一时也找不着。碍于党的统一战线政策，又不能来硬的，父亲在与地主的交涉中仔细观察，发现征粮人员携带的骡马总是在地主柴房的地面上舔食，遂怀疑柴房地面上有散落的粮食或盐巴，断定这个柴火房有问题。转而要求为部队购买木柴。地主无法拒绝，在搬运木柴时，经仔细探查、踩踏，发现地面摆动的回声有异样，果然发现一个藏粮食的地窖口，原来这个地主听闻部队征粮的消息后，在连夜转粮食和盐巴时洒落了一部分在地上引起了骡马的舔食。这个地主哑口无言，只好将上万斤粮食和盐巴卖给部队。

　　1948 年甘肃省酒泉市解放，父亲从进疆大军中留下接管地方政权，任酒泉专署财政科科长兼粮食局局长。1952 年底，调任兰州市粮食公司任经理，参与前苏联援建的兰州新兰面粉厂及兰州粮食仓库的建设。1962 年 10 月退休，主动要求回到家乡津市新洲镇。

父亲退休回乡后仍然是个闲不住的人，经常帮助一些生活上有困难的群众。当时新洲镇比较落后，居民饮水都是靠挑河水，几十户人家取水、浆洗都挤在一个用木桩搭一块木板的"码头"上，既不安全，也不卫生。于是父亲就找了几个条件较好和有劳力的家庭商量建一个码头，他自己掏钱买木桩和条石等材料。在大家的共同努力下，一个饮水浆洗分开的"南门桥"水码头很快建好。这个码头让当地居民受益了十几年，一直到接通了自来水，码头才逐渐停用。

20 世纪 60 年代父亲的月薪已有 160 多元，家庭生活已比较宽裕，不需要再劳作了，但他看到当时街道上有一些无业人员和生活比较困难的人，就带领他们搞"副业"。这在当时人们的观念中还是个禁区，被认为是搞资本主义，但父亲认为靠劳动改变困境，提高生活水平没有错。他先后组织一些困难群众开荒种地、栽培果树、编制芦席等。1963 年冬，他找到当时澧县柴山（芦苇）管理所的领导说明情况，要求在砍柴计划中给新洲困难群众分一块山，让困难群众搞点收入，所领导被老红军的精神感动了，破例从只有农村才能收割的计划中分出一块"好山"。这个冬天，父亲亲自带了二十几名"劳力"，吃住在芦苇山上，砍了近一个月的芦柴，收工时，每人分了 200 多元。当时砍柴的人别说有多高兴了，都说：韩老让我们可以过个好年了。这种模式父亲搞了几年，"搞副业"的队伍最大时上百人，连新洲和李家铺公社的农民也参与了进来。

1960 年代，国家贫穷落后，群众缺吃少药。父亲便自费邀请一些民间医生与之结交，拜师学艺，搞了一些小偏方，免费给当地群众医治一些小病。1964 年秋，新洲镇砖厂一名女工被蛇咬伤后，父亲尽力救治后仍没有救活，他心忧如焚，于是萌生了攻克蛇伤的念头。当他从《湖南科技报》上看到山苦瓜治蛇伤有特效的报道后，不顾山高路远，骑着自行车到数百里之遥的慈利县五雷山访医采药，并购买种子回来后在植药园栽培，还把自己的行医经验整理成书，自费印刷成册，赠送给乡民。

当年秋天，新洲公社草鞋铺有一女孩被人抬到新洲，当时女孩被毒蛇咬伤过了救治时间，来时神志昏迷，被咬伤的腿部已溃烂有了臭味。女孩的父母一进门就跪在地上，求父亲救救他们的孩子。父亲当时二话没说，查看伤口后，就卷起袖子开始施救。由于隔几个小时就要冲洗、换药，这个女孩和家人只好住下来。将近一个星期，直到这个女孩的伤口出现红肉时，父亲才让他们抬回去养病。过了几天，这个女孩的父亲挑了一担粮食和一面锦旗来专程感谢，锦旗留下了，那担粮食被父亲退了回去。由于父亲免费治病的名气越来越大，慕名求医者渐多，被治病者十有九愈，有时家像个招待所，给救治者供吃供喝。他的这些事迹被当地群众广为流传，还登上了《湖南日报》，并入选湖南省小学语文课本。

父亲退休后还有一件忙活儿，就是进行革命传统教育。20世纪六七十年代津市、澧县一带中小学生和工矿企业工人大都听过父亲讲红军长征的故事。只要有人请，他都乐意接受，大到上千人的工厂、学校、机关，小到只有几人或几十人的小学和单位。20世纪60年代初，父亲到津市新华工厂讲红军故事，现场教工人打草鞋，整整一个上午不歇气，厂领导为感谢他专门用一个大卡车送他回新洲，还给了200元钱，父亲坚持不收。200元在那个年代可不是小数。

父亲在当地是一个有声望的人物，处处受到人们的尊敬，但他从不居功自傲，也从不向组织要求特殊照顾。当时是计划经济年代，物品匮乏，人们购买生活用品都要凭计划供应而且要排队。有次父亲买肉默默排在队伍里被营业员发现，就大声招呼"韩老，您老到前面来！"并示意他自己挑选要称哪块肉，被父亲笑着谢绝了。

父亲于1986年农历二月初六去世，享年79岁。出殡那天，大雪初晴，全镇人民沉痛哀悼，送葬的队伍连绵数里，灵柩所经之处，家家户户点放鞭炮，寄托哀思，为父亲送行的当地老人说这是新洲有史以来最隆重的葬礼。送葬队伍中有个中年的农村妇女，穿着孝衣长跪不起，边哭边喊恩人。这位妇女就是22年前，被父亲救治的一位病人，她当时只有十七岁，肚子肿大，病疼半年多，但医院又没查出病因，被家人和邻居认为作风不正派而抬不起头来，也干不了农活。父亲为其检查认为女孩肚内有郁气结成肿块，经过几个月的精心治疗，女孩大肚子清除，也恢复了正常生活。

父亲晚年仍然十分关心党和国家的建设，积极响应党和国家号召，1971年携家迁往农村，参加生产劳动和行医，并担任嘉山良种场党支部副书记，为当地群众服务，赢得了人们的尊重和拥护。他去世后，市委、市政府为他召开了隆重的追悼会，给予了很高的评价，并立碑纪念。

许和钧与翊武中学

⊙ 易泉

　　翊武中学坐落于津市渡口镇的东山上。学校成立于抗战最艰难时期的 1943 年，由归国华侨、湘鄂教育视察专员许和钧先生遵循辛亥革命先驱、民国开国元勋蒋翊武先生遗愿所办。

　　许和钧，曾用名许瀚，1904 年 8 月出生于津市市渡口镇（原澧县白云乡）。祖辈务农为业，至父辈经营木船客货生意，3 岁时丧父，遂与母亲相依为命。1919 年，入澧县东南高等小学，1921 年考入湖南省立第二师范学校。

　　1922 年，许和钧在学校开始接触进步书籍，与同学组织马克思主义学习小组，开始研究马列主义。1923 年春，由长沙派至常德的中共党员夏曦、陈清河介绍，许和钧加入共青团组织和国民党，1924 年加入中国共产党。许先后担任中共常德特支委员和地委委员，兼任宣传部长、民运部长等职。1927 年 5 月长沙"马日事变"和常德"敬日事变"相继爆发，国民党开始清党并疯狂屠杀共产党员，许和钧亦被列入悬赏通缉名单，只得离开常德开始流亡。

　　1928 年，许和钧辗转来到杭州，担任《国民新闻报》副刊编辑，仍设法与中共地下党保持联系，常给予经济援助。不料其行踪被敌人侦获，湖南省政府函告浙江将其速捕入狱，惨遭严刑拷打。其岳父黄贞元系辛亥革命首义人员，找到时任国民党监察委员的柳亚子担保遂许其出狱就医，许方脱离险地。许和钧在狱中题诗明志："墙内铁栏墙外河，重门叠户锁风波。风波亭上风波恶，恐怖区中恐怖多。烈士成仁天未曙，奸人长跪铁耐磨。岳飞罪在莫须有，我亦无辜入网罗。"

　　1929 年秋，许和钧赴广西参加南路讨蒋之役，担任广西各部队干部训练所政治教官，兼任广西政府秘书。讨蒋失败后，许携眷赴印尼教书，与党组织失去联系。抗战爆发后，许和钧归国抗日。1938 年夏，许经其岳父介绍在沅陵行署主任陈渠珍处担任第六科科长。此时，他一面组织所属各县成立"抗日宣传队"，一面支持和掩护中共外围组织"民族先锋队"，做了大量的工作。次年，他还组织了一个抗日话剧团分赴各县演出，宣扬抗日思想。1941年，其行踪被敌特察觉，发函欲捕，幸得陈渠珍相助，连夜逃脱前往四川，由时任国民政府军事委员会政治部设计委员的共产党员董维建介绍，在国民党教育部任视察员。次年许又因特务察觉被捕，关押于一碉堡中，后得力于岳父老友司法院副院长力保，方免于难。

1943年，许和钧回到家乡后，致力于家乡的教育事业，创办了私立翊武中学。翊武中学一直坚持以"亲爱、精诚"为校训，为津澧一带培养了大批杰出人才。

1949年7月澧县解放后，许和钧于12月将私立翊武中学交给澧县人民政府管理，并担任县教育科科长。1951年4月，许和钧任湖南省人民政府参事室参事。

翊武中学被澧县人民政府接管后，得到了蓬勃发展。1951年初，学校升格为省立翊武中学，并一度跻身于全国五百所重点中学之列。后几经更名，1983年名为澧县翊武中学，属一级事业单位。在翊武中学建校45周年之际，时任全国人大常委会副委员长费孝通题写了"艰苦办学、泽被乡里"的贺词。1985年因行政区域调整，学校改称津市市翊武中学。该校1994年被常德市人民政府批准为"合格中学"，1995年被常德市人民政府定为"德育教育基地"，2010年10月被授予湖南省爱国主义基地牌匾。2010年12月，翊武中学与渡口镇中心学校合并。建校60多年来，翊武中学为社会输送了近2万名人才，专家、学者遍及海内外。

第一任常澧镇守使王正雅

⊙ 葛乐山

　　王正雅是第一任常澧镇守使,在任9年。他也是民国初年湘、鄂两省显赫一时的传奇式人物。"王统领打荆州"的故事,在澧津和荆沙一带,广为流传,可以说尽人皆知。

　　王正雅,字子幽,慈利溪口人,青少年时受业于私塾老师田春山。平日爱读《春秋》《左传》,且喜作水墨山水画,他精悍异常,遇事敢作敢为。从戎后很受上司赏识,曾出任云南省通判(通判是清朝州府的僚属,分管辑捕、抚边等事务),在任内立有战功,擢任贵州按察使,开始崭露头角,成为当时引人注目的儒将。这时,清政府为了笼络汉人,颁布九年内立宪,而各省成立的宪政筹备机构,只不过是一纸空文罢了。王正雅对这些深为不满,他认为不实行革命,不足以达到实施宪政目的。就在这年,他母亲病故,王奔丧回到家乡。辛亥年(1911),湖南巡抚余诚格奏请清廷起用王赴鄂,王一笑置之。十月,湖南反正,都督谭延闿来信邀王就任西北路安抚使职。王到省城与谭会商军事大计,准备先攻取荆州,以利于北进。当时由省调拨给他前路巡防一队、都督府卫兵一队,又招募旧部一千人编为"武字军",共为五营,加上学生军队1700人,王以西北路安抚使统领武字营。他决定率军北取荆州、襄阳,再攻洛川以定中原。10月10日大军向荆州进发。荆州是历史名城,地处长江北岸,西控四川,东屏武昌,北窥襄樊,南通常澧,自古为兵家必争之地。荆州城高而坚,易守难攻,素有"铁打的荆州,篾扎的澧州"之说。清朝政府害怕新军攻打,调集了步队8000余人、克虏伯炮4尊、过山炮12尊、马队300余、快枪近4000杆。而王正雅当时仅有步兵1700来人,没有炮队、马队,枪械也仅有东洋枪春町枪400来杆、双筒毛瑟枪180杆,且贮备的子弹还不及荆州守军的三分之一。势单力薄,加上清朝军队又是以守待攻,以逸待劳,形势对王极其不利。王正雅想要一举拿下荆州，确不是件容易的事。但王面对强大的清朝军队，无所畏惧。他常说："天下无不可成之事，立定志愿，虽千挫百折，而最终必然成功。"眼前虽然敌强我弱，但他仍抱必胜信念。为了克敌制胜，王正雅在军中成立了宣传队，采取攻心战术，瓦解敌人士气；成立侦察队，探听敌人虚实，做好兵力部署；成立测绘队，绘制地形和进军路线图；成立兵站，便于接济兵源；成立通讯机构，随时掌握前线动态，利于指挥作战；成立粮站，以保证部队给养，消除部队后顾之忧。一切工作准备就绪，只待发布命令进军。10月15日，满军已由京汉铁路进入武胜关，攻下汉阳。王正雅统观局势，判定荆州城内满军尚未获得以上情报，应当急攻，稍缓敌人得信后就会设法固守，难以攻下，千万不可错失良机，于是亲率大军向江北挺进。正当这时，鄂军唐牺支师长已经攻下宜昌，正待东下夺取沙市，王立即将军队部署在浉市、黄金口一线，又探得荆、沙商民盼望湘军甚急，王乃自领劲旅强渡长江。这时，清兵有300人驻守草市，草市距荆州城仅3里，拿下草市对守城满兵是个极大威胁。他当即派恩渥、玉林率敢死队200人，以迅雷不及掩耳之势一举占领草市，守兵见王来到，狼狈逃入城内。18日，王正雅指挥士兵一队打下沙市，沙市商民悬旗祝捷，爆竹声十余里内可闻，荆州满人守军吓得龟缩城内，不敢出战。王正雅便与鄂军唐牺支会商，由鄂军负责攻荆州西门、南门，王军负责攻荆州北门、东门，湘、鄂两军对荆州形成钳形攻势。当时荆州城满人精锐部队多把守东门、北门，城外地势低平，又有长濠，加上城防坚固，强攻硬拼是很难的。王思考再三，决定采用疑军制胜，便令士兵卸下军装，穿上蓝衣裳，头上扎蓝布包头，手持马刀，肩负长枪，并将士兵分为两队，一队昼伏夜动，一队夜伏昼动，两队不分日夜在城外来回作穿梭式行军，夜间更是灯笼火把，击鼓鸣铳，好似千军万马源源而来。城内满军不明城外虚实，早已吓破了胆，士兵都丧失了斗志。王正雅将将士请下令攻城，王说："不可，孙子曰：'众利用昼，寡利用夜。'今我寡敌众，不宜白天作战，只有夜战，敌人才难以测得我军虚实。"大家听了，都很佩服王的军事才能。第二天晚上，王正雅突然下令攻城，士兵匍匐到城壕边，举枪射击城上守敌，当时，王正雅亲临前线，站在濠边督战，飞弹穿过他的袴褶，他面无惧色，士兵见了更加奋勇冲杀。城内满兵见四面被围，以为湘军如潮涌来，孤城难以死守，士气大落，守将右都统恒龄临危自杀。比利时传教士马修德出城调停：代表满军乞降。27日，王正雅率军入城，满将军连魁、左都统松鹤开东门，捧将军印站立道左欢迎王正雅。王亲率10人进将军署，满人多跪下迎接，王抚慰说："我军保全你等生命与财产，不受歧视。"满人高呼万岁！王当即传令下去："妄杀一人者，抵罪。"他宽大为怀，赢来了城内汉、满人的真诚拥戴。王正雅从进军到攻下荆州为时仅仅10天，开创以少胜多、以弱胜强的赫赫战功，这在当时是很少有的事。他智勇双全，轻取荆州的战绩很快成了神话般的故事，在九澧一带民间广为传颂。当时儿童都学会唱一首儿歌："嘟嘟打，打嘟嘟。王统领，打荆州。纸兵来，捉满虏。"(注)

这时，湖南都督谭延闿以荆州刚刚收复，千头万绪，急待处理，便会同湖北都督黎元洪，电请王正雅留守荆州，而王正雅则谦虚地荐举鄂军唐牺支，认为攻下荆州与唐牺支的有力配合分不开，而自己是客军，唐是鄂军，理应由唐留守荆州，王于是引兵回到湖南来，他这种有功不居、善识大体的风度，一时传为佳话。自此，王正雅影响更大，受到各方推崇并被谭延闿委任为常澧镇守使，管辖永顺、大庸、慈利、桑植、石门、临澧、澧县、安乡、南县等9县。当王正雅大军凯旋路过津市时，津市万人空巷，拥向大街两边，争睹王的风采，鞭炮声响彻云霄，王频频点头，感谢津市父老的欢迎。王虽驻军县城，但鉴于津市是九澧门户、商业重镇，因而经常来津市坐镇和视察，与津市老百姓建立了深厚感情。

王正雅任镇守使时，能高瞻远瞩，重视发展教育事业。他常说："要把九澧建设好，首先要造就出一批有才能的人，而人才的来源，关键在于发展教育事业。"因此，他极力提倡办学。不仅提倡办中、小学，还重视职业教育。首先将澧县县中由小西门迁到大西门，扩充校舍，增加班级，使更多青年有入学机会。为了解放妇女，使女子也能学得文化知识，他又筹办武祖女子师范，学制7年，预科1年，本科5年，专科2年，鼓励女子入学，努力培养乡村教师（王遇刺后，武祖女师改为九澧第二女子联合师范）。他之后还在镇守使衙门里划出几间房屋设立了一个文学专修班，因五四运动后提倡新文学，他认为要国富民强，靠学"五经"是不行的，便动员读经书的儿童改读语体文。1919年，他为了振兴九澧工业、农业，在澧城开办了甲种农业、商业学校，招收农、商各一个班，努力培养农业、商业骨干力量。不幸在他逝世后，好几所学校都先后停办了。

王正雅待人宽厚，有两件事足以说明：他小时读私塾时，有次因背书不出来，受到蒙师田春山重重体罚，当他出任镇守使后，一次回慈利视察，特地差人约见田老师，田老师担心他当了大官会进行报复，拒不见他，王正雅便亲自上门拜见，田老师不得不出迎。王挽田老师手说："你当年从严教我是对的，要不是你教导有方，我哪能有今天。今天登门拜访，是专来向你致谢的。"说罢，脱帽一鞠躬。这件事，他常对人谈起，并勉励他所办学校的教师都得效法田春山先生，师严弟子方强。但王正雅对自己子女的过失却不含糊、迁就。据说有次王正雅有个儿子，在澧城化装成女学生混入女师被人告发，王正雅知道后大怒，将儿子关押起来准备严办，后经田春山老师讨保，王正雅碍于老师情面，才从宽处理。

　　辛亥革命后不久，袁世凯梦想当皇帝，于 1916 年粉墨登场，王正雅竟致电祝贺，电文中有"惟望早正天位，以慰望治之心"的语句，成为他一生莫大污点。1920 年 7 月 18 日南军李温珩师进攻澧州，王正雅为做好迎战准备，派儿子春初在津市皇姑山设置瞭望哨，日夜派兵守望。后因李温珩大军蜂拥而来，加之所率部属王子瑞营倒戈，使局势逆转，王正雅不得不撤出澧州城。22 日路过慈利猫儿峪时，被常澧副镇守使卿衡部下喻营长刺死。王被刺后，王的部属拥戴王春初带兵前往报仇。贺龙原为王正雅部下，私交很深，闻王正雅被害，在王春初的请求下，便带领所部周朝武（号铁鞭）营，由桑植南下，卿衡见势不妙，交火后急忙逃跑。3 年后，王正雅灵柩由慈利迁来津市关山大洼安葬。津、澧百姓缅怀王正雅在推翻清朝政府时立下的功绩，纷纷出动，伫立宝塔湾至津市关山大洼沿河两岸，迎接护柩船队经过。

　　1923 年，王正雅的亲属和学生汤馥兰等数人发起，在澧县县城内白家巷正雅公馆里办起正雅女子学校（后来男女兼收），用以纪念王正雅生前重视知识、培养人才、积极兴办教育事业造福九澧之美德。

　　注:王正雅攻打荆州时,守军自持城坚兵众,安如磐石,扬言要想拿下荆州城,除非纸兵从天降。因"纸兵"与"子翻"(音斌)谐音,意指王正雅军为神兵天降。

澧州第二任镇守使唐荣阳轶事

⊙ 涂闻

1920 年 6 月，南北两系军阀在湖南经过一场激烈较量后，冯玉祥部从常德撤往湖北，湘军大部向湘西进发。澧洲镇守使王正雅审时度势，准备退守慈利，不想路过猫儿峪时，被副使卿衡部下喻营长伏兵击毙。当时驻石门陆军第二师第四旅旅长唐荣阳趁机接任了澧州镇守使，其所属第十三团驻防津市。

津市原先街道弯曲狭窄，高低不平，行走极为不便。有一次唐荣阳骑着马，带领卫士巡视市容，不想坐骑失蹄，险些将唐荣阳摔了下来。事后，唐荣阳召集商会理事和大商户开会，提出整修街道。商民们早已有意修整，苦于一则资金难筹，二则怕影响商店营业，迟迟不敢动工。现在见到唐镇守使发出倡议，都表示赞同，于是由商会负责集资，将街道裁弯取直，平整高坡地段，两边铺面当缩进的限期拆掉重建，还派人到长沙丁字弯运来麻石条，铺成路面，下面开通暗沟，将水排入河里。经过约一年时间，市面焕然一新，商旅无不称便。人们把这看作是唐镇守使在津市之一大政绩。

唐荣阳任镇守使时，顺应"实业救国"潮流，提倡发展工业，于 1922 年发起组建九澧第一贫民工厂，以原九澧民生工厂（大庸人熊世凤等筹办，未及一年停办）为基础，由军商两界捐资银圆五万余元，在汪家桥下首购地建厂，开办九澧贫民工厂。委罗甸元为经理，分男、女二厂，招工学艺，每年总产值约为光洋一万五千元。此举不仅解决了一批无业贫民子女就业问题，还为九澧各县办厂培养了一批技术工人。人们把这视为唐镇守使在津市之第二大政绩。

唐荣阳想壮大自己的势力，但苦于不易买到枪支，而一些老式汉阳枪又缺乏修理，打仗时不少"哑巴"，于是在津市天后宫办起了一座军械修理所，招收工人 50 余人，购买了机器，专门从事步枪修理。

唐荣阳开始任镇守使时，治军还是很严的，有一次他部下一个士兵在街上胡作非为，被美利油行的吴家堵看见，在商会说了出来，商会又直接向唐荣阳反映，唐荣阳将这个士兵抓出来杀了头。这一切，在老百姓心目中留下了很好的印象。

唐荣阳喜相命卜卦以测吉凶福祸，他到澧州为官时，听人说县城有个尹海儿算命最灵验，便叫人把尹海儿找到镇署内算命。这尹海儿善于察言观色，揣摩人的心理，他想哪个当官的不想多讨几个姨太太，为了讨唐荣阳欢喜，捞笔赏赐，竟昧尽天良地说："镇使往后还有大的发迹，但必须睡上一百个红花女。"唐荣阳信以为真，赏给尹海儿光洋一百元。然后以发展教育事业、解放九澧妇女为名，将王正雅创办的祖武女校更名为九澧女子师范学校，拨款扩建校舍，扩大招生名额。平常来校视察校务时，常召集学生讲话，发现女生姿色美的，便想收为姨太太。家长对此深为反感，有的竟将学生退了学，"女师"名誉受到极大影响。据说唐荣阳还在津市悄悄进行过"选美"活动。

1924 年 11 月 4 日，川军讨贼总司令熊克武假道湖南讨伐湖北都督肖镇南，唐荣阳此时正兼湘西援鄂联军第一军军长，力阻川军入境。贺龙那时任川军第九混成旅旅长，派梯团长王育瑛（王正雅侄），率部于 12 月进攻津市，防守津市的唐部营长易宗鸿（原为王正雅旧部）立刻反水，投向王育瑛，贺趁机攻下澧城。唐见大势已去，先是退守石门，后被紧追，遂逃往湖北。至此，当了 4 年澧州镇守使的唐荣阳便宣告垮台了。唐荣阳在武汉当了几年寓公，后因病回到津市三洲驿，寄居朋友家，死后葬在大同山麓。

先父杨道馨事略

⊙ 杨得骅

　　先祖父杨家典，号筱山，世居澧县北乡第三区魏家垸，清光绪年间补县学生员。

　　先父杨道馨，字鳣堂，中年号独醒，晚年自称惟此庐主人。1886年出生，幼通诗文，书法大家。初补县学生员，1903年中秀才，时年17岁。旋因清廷废科举、办学校，进入湖南省高等学堂（湖南大学前身，岳麓书院旧址），与杨岳峙（澧县人）、朱渭川（津市人）、刘伊人（临澧人）、魏先璞（长沙人）等同学友善，成绩优良，名列甲等。毕业后任广西南宁府学堂英文教师、学监。受资产阶级革命思潮影响，1908年，东渡日本入日本东京政法大学（由孙中山先生向华侨集资创办，校址假座东京市黑龙会会址，训练青年志士，筹谋民主革命。讲课者有日本政法界权威名流，课堂有译员，并发有汉语讲义）。旋即加入同盟会，与黄兴、宋教仁、林伯渠、覃振、程潜、周震麟、杨绩绪、唐有壬、黄贞元等鼓吹民族革命（有同孙中山先生等同盟会成员合影，载于1981年10月《人民画报》《解放军画报》）。

　　1910年秋，先父回国，仍赴广西，奔走于桂、粤之间。1911年春，先父参加广州黄花岗之役，失败后避难香港。

　　武昌起义，清帝逊位，孙中山先生从美国檀香山乘海轮抵香港，先父与黄兴、廖仲恺、胡元倓等迎孙于海轮（有照片载于1981年10月《人民画报》）。先父旋任广西桂林市女学堂校长。

　　1913年，袁世凯刺杀宋教仁，黄兴在南京任讨袁总司令，蔡锷在云南组织护国军讨袁，先父随蒋翊武入广西活动，袁世凯悬赏通缉蒋翊武，蒋不听先父戒穿军装的建议而被捕，就义于桂林丽泽门外，先父化装得脱。

　　1914年，先父回湘，被选为湖南省议会议员。同时入选者有林伯渠、胡毓桢等。黄兴、蔡锷相继病逝，先父次第为黄兴、蔡锷、蒋翊武请国葬于岳麓山，并为之监修陵墓，请准抚恤。

时袁世凯心腹汤芗铭任湖南都督，诬国民党人为"乱党"，残杀革命志士，先父亦曾被召赴汤督所设之"鸿门宴"，旋猛悟，未终席即仓促出走湘南，联络边境驻军驱汤，取得成功。

1918年秋，零陵镇守使刘建藩，驻衡永之间湘军第一师第二旅旅长林修梅联名宣布独立，湘西镇守使田应诏和张学济、胡瑛、林德轩、周则范等亦宣布独立，拥护孙中山先生领导的革命运动。时先父任辰溪县令，与驻军司令胡瑛、副司令肖培阶、中将参谋赵植棠过从甚密，并参与戎幕。

1920年春，先父回长沙，寓高陛门，与覃振、易象等在寓所办报，拥程（潜）倒赵（恒惕），不幸事泄，易象等9人遇害。先父于出事之日清晨避难于日本领事馆，旋举家偕林伯渠长女林秉衡仓促乘日轮赴汉口，与国会议员覃振等悟面于李邸。遂东下上海，寓英租界福康里。

1921年，中山先生在广州就任非常大总统兼陆海空军大元帅，先父奉中山先生电召入粤，任大总统府简任咨议，参与外交部工作，并曾为程潜代表。

1922年成立大本营，陈炯明叛变，孙大元帅蒙尘海珠永丰舰。中山先生命先父赴湘，任湘支部筹备员，寓长沙伍家井。曾为筹备湘支部事设宴于走马楼曲园酒家，座上有毛泽东、张意民、于哲嗣。

1924年，国民革命军准备北伐，熊克武、赵植棠、覃振等驻节石门，黄贞元任常德府尹，先父任石门县令，为驻军筹运粮秣。

1925年春，先父应章振、程潜之邀赴上海,适值中山先生病逝于北京,北伐事寝。

1926年，李宗仁、白崇禧坐镇武汉，程潜南下抚湘，先父出任省府顾问，寓长沙市惜字公庄浩然书屋，数度接见共产党人雷震。

1927年，先父移居汉口，住金台宾馆（时大姊得琼在武昌妇女部蔡畅部下任干事）。宁汉分裂，先父回长沙，仍住惜字公庄浩然书屋。

1928年，先父归隐津市，参与兴办矿山、工厂、学校，先后出任澧县羊耳山阜湘煤矿股份有限公司理事长、九澧平民工厂厂长、澹津女校校长。

蒋桂战争爆发，杨绩绪在广州函召先父入粤，覃振在南京电促先父就任江西南昌市市长，函电交驰，先父皆一一婉言谢绝。

祖父张思泉

⊙ 张远泽

祖父张思泉（1871—1931），祖籍江西，据《张氏族谱》记载，明朝永乐年间张氏家族先祖从江西南昌府丰城县迁流至湖南临澧县仙人岗（今修梅镇辖区）落户。清道光时期，曾祖父张帮厚携二子张昌灿和张昌清（字思泉）转迁至澧州府（澧县）做小本生意。祖父自幼勤学苦练，聪慧过人，常博得街邻夸赞。祖父成年后，在生意上曾提出许多不同见解，老于世故的曾祖父不是厉声呵斥，便是深闭固拒。曾祖父过世后，祖父兄弟二人始分家各自营生。

祖父看到广袤肥沃的澧阳大坪盛产棉花，迅即筹措资金，在澧州北门口开设乾泰昌花纱行，内设弹棉纺纱作坊，大量收购籽棉，就地加工出售，行销澧水流域。"一时获利颇丰"，成为澧州城内屈指可数的大户。

祖父原本一介平民，习商仅为温饱。发家后，深感创业之艰辛。因此他不忘初心，体恤民情，广交农友，同情穷人。每逢灾荒年月，必为灾民施粥赈济，为歉收的棉农排忧解难，赢得澧州"张善人"的美誉。

树大招风，祖父常遭到县衙当局的敲诈勒索，苦不堪言。时值澧州镇守使唐荣阳当道。此人横征暴敛、奸淫虏掠，人称"活阎王"。面对唐的巧取豪夺，商家们均敢怒不敢言，祖父内心充满怨愤，委实不甘示弱。1913 年，祖父毅然迁徙津市，并正式启用张思泉的大名，沿用始终。

祖父乍到津市，不解商情，经短暂市场调研，便大胆敲定"以其雄资，插足金融界，开设'裕记钱庄'（私人银行雏形，笔者注），印发面额铜币一串文的纸币（总额银圆 20 万元），流通九澧一带，既获巨利"。这是祖父移居津市后赚的第一桶金。1922 年，获悉原津市正大商号因经营不善，资金短缺，未能按期交付已代销的美国美孚煤油公司的货款，严重失去商业信誉，被迫歇业。祖父瞅准时机，立马派大伯张明瑢赴汉口与"美孚煤油汉口分公司"签订经销合约，以先货后款、按期结账方法，在津市新码头正街开设"镇大煤油公司"（亦称镇大油行，笔者注）经销美孚煤油及其副产品。祖父素重信誉，美孚汉口分公司先发煤油20万公斤，价值银圆4万多元，待销售完后，祖父立即将货款向美孚合同如数偿清，从不误事。为此，曾多次获得汉口美孚洋行负责人郭代办（美国人，此人中文名姓郭，"代办"系职务名称）的嘉许。即便后来，镇大业务蓬勃发展，煤油年销量高达40万公斤，超过原合约的一倍，美孚仍不改初衷，每年发货亦由原来的20万公斤增发到40万公斤。因此，"仅镇大煤油一宗……获利令众商翘首"。

尽管经营有方，成效卓著，但祖父认为百尺竿头，还得更进一步。祖父"充分利用津市地处九澧门户，具备集散湘西北物资功能的地理特点，扩展经营，开设'申昌油行'，收购桐油、棉花、苎麻等土特产品运销汉口等地。为进一步增强其市场竞争能力，在津澧各县市埠设经销代办网点67处，在汉口、长沙、大庸（现张家界市）、慈利等地设庄，办理收购、调运、囤积业务，以控制垄断市场。一时上往下来，购销活跃"。正因为祖父在商务活动中运筹帷幄、游刃有余，致使他的财运更加亨通，事业如日中天，成为津澧一带当仁不让的首富。

祖父"为人厚道，一向急公好义，广结人缘"。在津市商界小有成就后，凡过往军队频繁向津市索捐，与商会发生摩擦，或商会觉得款项巨大难以摊付时，祖父为息事宁人，总是慨然认捐，以事调停。地方学堂经费短绌，津市当局开征煤油特捐一项，祖父慷慨解囊，后外商托辞拒缴，祖父仍不改初衷，月月按期乐捐，襄助地方教育事业，常为人所称道。

1924年年底，贺龙顺应民意，决心铲除唐荣阳这条恶贯满盈的害人虫。他调兵遣将，围攻津澧，在荣家河一场激战，打得唐荣阳全军覆灭，落荒而逃。次年4月，贺龙正式就任澧州镇守使。上任伊始，便贴布告，取缔各种苛捐杂税，商贾们无不拍手称快。祖父对贺龙敢于除暴安良和废弃苛政的壮举深表震撼和敬服，贺龙对祖父精通商道和乐善好施的风范亦十分赞赏。虽未谋面，彼此名气均早有耳闻。祖父祈盼拜会贺龙这位英雄豪杰，贺龙亦有心结识祖父这个商界精英。于是两人一见如故，高山流水，得遇知音。因而"过从甚密，结为忘年交"。因祖父长贺龙30岁，直呼其字"云卿"，贺龙则呼祖父"张二爹"。自此，两位契友经常促膝谈心，友情甚笃。尔后，凡贺龙在津市倡导的各项利民义举，祖父均积极响应，如资助"五卅"惨案的受难工人、津澧地区的救灾赈荒、重建津市贫民工厂和兴办半日学校等。在这些活动中，祖父不仅带头踊跃捐资，还动员其他商户解囊相助。

1925 年 10 月，一直把贺龙视为眼中钉的湖南省省长赵恒惕举兵发难，围攻贺龙。"为保存力量，避免生灵涂炭"，贺龙率部撤离津澧。祖父为他饯行，依依惜别。此后，祖父唯恐第二个唐荣阳式的恶魔卷土重来，竟至提心吊胆、惶惶不可终日。

祖父育有七子，没有女儿，深为遗憾。直至天命之年，三伯娘率先生一女婴，让祖父昂然荣登"爷爷"宝座。他为长孙女取名"远珍"，视为掌上明珠。祖父欣喜之余，决定急流勇退，指令长住汉口的大伯张明瑢回津统管镇大油行、申昌油行和裕记钱庄，全权处理各种内外大小事务。又调二伯张明珈（原在长沙坐庄）去汉口顶职，命三伯张明琼去长沙接任。祖父满以为退居幕后后，便可轻松地享受天伦之乐、修身养性了。可事态的发展远不如他所想象的那么可意。大伯接受重任后，为不辱使命，呕心沥血，鞠躬尽瘁。由于过度透支，积劳成疾，终于酿成壮志未酬身先死的惨痛悲剧。1926 年 5 月 12 日，年仅 34 岁的大伯张明瑢溘然长逝。这痛失长子的致命一击使得刚从忐忑不安的阴影中走出来的祖父，又被再度卷入命运的黑色漩涡。打这开始，他的健康每况愈下，常卧病榻。即便如此，他仍能调兵遣将、操纵自如；急招二伯回津"主政"，调三伯去汉口接任；因四伯正在上海复旦大学读书，遂命五伯张明瑶赴长沙顶班。人事定夺后，镇大、申昌等各商号的商务活动均能保持正常运转。

1926 年 9 月 2 日，贺龙重返津澧，在镇大小住十来天。得知大伯英年早逝，甚为惋惜，虽对祖父百般劝慰，但祖父仍含悲忍痛，不能自拔。9 月 11 日，贺龙再次离开津澧，出师北伐。津市万人聚会欢送，祖父带病参加，并赠以重金，祝愿贺龙出师得胜，马到成功！

1927 年，贺龙领导的南昌起义失败，祖父闻听后神色黯然，多日不语。"1928 年 1 月，遵照中央指示，贺龙与周逸群等回湘西组织革命队伍。"2 月下旬，贺龙再临津市。"为安全起见，贺龙没有进市区，借宿在市郊古大同寺内。"当天深夜，贺龙派副官潜入镇大，找祖父借钱购置枪支弹药。"此时的津市正处于白色恐怖之中，反动军队、挨户团正大肆捕杀共产党人和革命群众。"祖父听说贺龙又回来了，且处境犯难，他十分忧心。祖父不顾背负通共罪名的风险，"立即取出三千银圆，派人送到大同寺内，交给了贺龙。这笔钱对以后贺龙回乡建立革命武装有过一定帮助"。

1928 年夏，我的父亲张明珏（祖父的第六个儿子），躺在竹床上看书，翻身时不慎跌落在水泥地上，头部受伤，虽经抢救捡回一条性命，但已双耳失聪，造成终身残废，这年他才 18 岁。祖父刚刚失去长子，另一个儿子又不幸致残，真是祸不单行，雪上加霜。自此，他的病情急转直下，日薄西山。

即便在这段风雨飘摇的峥嵘岁月里，他也未能幸免于世俗对他的挑战。众所周知，旧社会历来盛行重男轻女的封建理念，可是我的几个伯母却接二连三地为他奉献了8个清一色的孙女。面对这种尴尬的现实，祖父只有揪心的苦涩和无奈。可想而知，他是多么渴望在自己有生之年能得到一个孙儿啊！

正在这个望穿秋水的抑郁时刻，我的母亲1930年9月7日生下第二胎，一个鲜活的男婴呱呱坠地，他就是我的长兄张远任。他的降临彻底打破了多年来张氏家族第三代中一子难求、万马齐喑的沉闷，也彻底摧毁了我们"远"字辈由"女儿国"打造的"一统天下"。祖父闻知喜讯，一时间心潮起伏、热血沸腾。他从病床上奋力坐起，伸开双臂，情不自禁地仰天长啸："我终于得到孙儿了！这个伢儿乳名就叫'得孙'。"三天后祖父又给这个姗姗来迟的长孙儿郑重取名为"远任"，任重道远、意味深长。更有甚者，祖父还为大哥未来的子女取了两个"望名"——"恢和与恢平"（我现在的大侄子和二侄子）。可见祖父渴望和平、安宁的心情。

1930年11月4日，贺龙率领的红二军团攻克津市，司令部即设在镇大油行。祖父又与贺龙重逢了，尽管祖父这一年巧遇双喜临门（长孙出世与再见贺龙），感到无限欣慰，然祖父已病入膏肓，任何新生事物对他那垂危的生命均已无力回天了。祖父听说贺龙准备长征，他气若游丝地向贺龙坦露，愿倾其所有，全力相助。于是"镇大所有煤油全部拍卖，款项悉数交作红军经费"，此举受到红军官兵的一致赞许。但贺龙为确保镇大油行能持续营业，源远流长，"对张家其他财产却无一损毁"。祖父与贺龙临别时，衷心祝愿红军长征胜利，他殷切地希望革命成功后，共产党能为老百姓营造一个众望所归的太平盛世。他没想到今天的祖国，在中国共产党的正确领导下，早已百业兴旺、繁荣富强，人民安居乐业、幸福美满了。可谓"萧瑟秋风今又是，换了人间！"祖父如若在天有灵，定会含笑九泉矣！

1931年春，祖父预感自己时日不多，他召集儿媳们开了一个家庭会。会上郑重宣布成立"张氏七贤堂"，代表七个儿子的共同基业。指认二伯和三伯为正副主管。决定停办"裕记钱庄"，取消"申昌油行"招牌，将其业务合并在镇大油行统一经营。祖父还叮嘱，他百年之后，不到万不得已"七贤堂"不可解体，七弟兄不能分家。大家要齐心协力，把镇大油行办得红红火火、繁荣昌盛。会后，又与二伯、三伯密谈，嘱咐他俩要殚精竭虑、苦心经营，积极储备黄金，为日后贺龙领导的红军尽微薄之力。

1931年7月28日，祖父怀着对子孙、对事业、对友人的百般眷恋之情离开了这个世界，终年60岁。为实现祖父的临终遗愿，几个伯父兢兢业业、前赴后继（1932年1月，四伯急病故去），誓言把镇大油行的经营进行到底。

1933 年冬，二伯将平时积攒的金条全部投入一个煤油桶内，封死桶口后差人秘密埋在对河阳由垸河堤上的镇大油行美孚油库边。1935 年夏，一场罕见的特大洪水将阳由垸河堤击溃，决口正在油库旁，致使盛装金条的煤油桶暴露在外，被当地一群不法分子发现后哄抢一空。二伯因重大失误引咎辞去镇大经理一职，由三伯接任。

同年 8 月 24 日，红军再次攻占津市，镇大油行还挂着"苏维埃政府"的招牌。但为时已晚，此时劫金者早已逃之夭夭，丢失的黄金已无法追回了。二伯未能实现祖父遗愿，万分羞愧，抱恨终生，数年后郁殁。

抗日战争时期，镇大被迫停业两年。1943 年 5 月 6 日上午，日寇两架飞机投弹阳由垸，将美孚油库部分炸毁（后已修复）。当时津市红帮头目杨云甫组织的维持会助桀为虐。一天晚上，维持会的汉奸为日机用手电筒对天照射，提供目标，企图炸毁镇大油行。结果炸弹命中了隔壁的酱园铺，致使该店房屋一夜变成废墟，而镇大油行只有后栋略有损毁。

1947 年，三伯因脑溢血辞世，五伯接任镇大经理。1948 年解放战争节节胜利，国民党部队与津市地方政要趁溃逃之机，对生意人大肆敲诈房掠，商家因不堪重负纷纷倒闭，名扬一方的镇大油行也难以逃脱厄运，遂正式退出历史舞台。

祖父的一生充满传奇色彩，他与贺龙的真挚友谊已载入史册，他遨游商海的雄才大略闻名九澧。遗憾的是祖父离世后的第四年我才出生，无缘目睹他生前风采，也只有在老一辈人的追忆中，才能了解这些有关他的事迹，想象出那往日的辉煌。

张思泉与"镇大美孚煤油公司"

⊙ 宋先熙

　　民国时期，津市最气派的外商经销处，就是张思泉经营的"津市镇大美孚煤油公司"。

　　张思泉，原籍澧县城关镇，生于清同治十年（1871）。早年学徒，出师后，帮工5年。后以其积蓄和某富商的资助，于光绪末年（1908）在澧县北门独资经营乾泰昌花纱行。由于张精明干练，经营有方，因而业务发达，家道日丰，宣统年间（1909—1912）已是澧县殷商。辛亥革命后，政局动荡，军阀割据，横行无忌，张思泉有财无势，不堪忍受当时地方当局的勒索和同行的嫉妒排挤，毅然将乾泰昌花纱行交由亲侄经管，于1912年避来津市落户。

　　张思泉在津市定居后，挟其雄资，插足津市金融业，开设"裕记钱庄"，后又以该庄名义发行面额铜元一串文的纸票，总额折合当时银圆20万元，在九澧各县流通使用，如异军突起，逐鹿于"九澧门户"的商场。

　　其时，外商侵入津市，大量倾销煤油，经销者获利颇厚。1922年冬，经销美孚煤油的"镇大煤油公司"经理殷仁卿创办"津市昌明电灯公司"，结束了经销美孚煤油的业务，张思泉遂乘机通过原"镇大煤油公司"总账张阆轩出面，派长子张明瑢同赴汉口与美孚煤油分公司洽谈，签订了经销合约，张以银圆12000元作为押金，双方同意美孚煤油公司按期交轮由汉运津，价格由美孚公司决定，以经销方式，采取先货后款、按月记账、结算付款的办法，在津由张经销美孚煤油及其副产品。合约签立后，张思泉筹备开业，择定新码头正街（现人民路）修建营业处所，定名"镇大美孚煤油公司"，张思泉自任经理，开张营业。

　　"镇大"创业之初，根据业务需要，又以银圆800元在津市对河阳出垸河畔，购地5亩，修建油库、油池以备储油之用。当时在津市，"镇大"系新型建筑，石库门面，门首两侧建花台，围铁栅栏，店堂宽敞明亮，气派辉煌，高居于闹市中心，巍巍大厦，令人瞩目。张思泉博得"美孚"的信任和支持。"镇大"开业伊始，美孚第一次就拨给煤油多达 40 万斤，时值银圆 4 万多元。张随后又开设"申昌油行"代"美孚"收购桐油（俏档时自行经营）。"镇大"为了扩展业务，先后普设销售网点，以占领九澧各县煤油市场。计在大庸、慈利、石门、临澧、南县、华容、安乡，澧县等地设代销店 17 处，经销店 5 处，在市内设代销店 45 处。并在汉口、长沙、大庸、慈利、溪口设立专庄，负责调运和收购桐油。由于网点密布，销路广阔，每年销油量 8000 万斤左右，业务日趋兴旺。

1925 年，张思泉结识了澧州镇守使贺龙。张当时家大业大，为了保家护产，免再受压，设法结识贺龙，交往应酬，过从甚密，情谊日深，贺龙当时驻节澧州，经常来津，食宿均在张家，张特辟精室供贺下榻，并请好友作陪。贺、张年龄悬殊，相处时，贺称张为"二爹"，张则直呼贺名"云卿"，亲密无间。

1928 年，贺龙同志因革命失败，由沪潜返湘西，途经津市，住对河关山古大同寺，派副官找张借款银圆 3000 元，拟回桑植重建队伍，以图东山再起。张慨然允诺，并密遣亲信伪装于当晚将款装入笆篓，趁黑送去。张恐此事泄露遭害，极端保守秘密，除送款亲信外，家人均不知悉。贺收到款后，一再向来人殷殷嘱咐，表达他对张思泉的谢意。

1930 年暮秋，贺龙同志率领工农红军进占津市，径来"镇大"，发现铁门紧闭，贺上前用马鞭敲门大呼"张二爹快开门，我是云卿"，连喊数次无人应声，乃高声直嚷"张思泉，你开门"，铁门仍然未启。后贺龙问附近居民，方知张思泉早已逃避安乡。贺龙闻后顿足说："别人跑了，你张二爹不该跑，我贺龙不会杀你呀。"说罢嘱咐士兵从后门翻越进屋，打开大门。当时红军司令部就设在"镇大"。驻扎期间，除"镇大"存油全部被红军没收拍卖外，"镇大"其他什物，保存完好，一无损毁。1935 年，贺龙同志再度进军津市，仍驻"镇大"，时张思泉已经作古，物在人亡，贺唏嘘不已，知交旧雨，已无复聚首矣。

红军首次进占津市为时短暂。张于红军撤出后返回津市，迅即清理货账，串通"美孚"派来的调查人员和地方有关机关，向"美孚"煤油公司浮报损失，浑水摸鱼，大发横财。1935 年，津市大水，"镇大"油池被冲毁，后红军再度来津，"镇大"继承人亦采用同样手法，从中渔利。

张思泉在日常经营活动中，十分注重商场信息，因而消息灵通，往往事先获悉"美孚"煤油价格涨落内情，遂在每月结算时谎报销量捞到好处。另外，张还利用结账前未交付"美孚"的货款，从事其他经营，加强了资金周转，攫取厚利。

由于财源多门，赚银有术，因而几年之间，"镇大"蜚声九澧，名噪一时，张思泉坐拥巨资，一跃而为商界翘楚，津市首富。人们视之为"财神菩萨"，"张二爹"之名，妇孺皆知。当时大庸代庄蓝某，曾一次倒亏"镇大"银圆3万多元，尚未影响其资金周转，足见其财力雄厚。

张思泉为人急功好义，开明大方。民国创立后十余年间，军阀混战，烽烟不息，津市南、北军队往来频繁，在驻扎或过境之际，经常勒索捐款，商会为保地方，竭力筹措应付，张争取主动提笔率先认购巨款，一无吝色。当时，津市教育经费没有专款，经常短缺，地方想方设法开辟财源，决定征收煤油捐，金额占当时教育经费的百分之八十，张无异言，按期缴纳。后因美商提出抗议，下令停止征收。眼看教育经费，又将无着，张思泉不改赞助初衷，经常主动捐助，热衷于地方教育事业，常为人所称道。张思泉儿孙绕膝，有七子八孙（四子明宣早年夭折），人财两旺，晚年纳福，嗜吸鸦片，终日吞云吐雾，放松了店事的管理，又以个别儿子不肖，后期"镇大"逐渐衰退，已无复当年豪气了。

1931年7月，张思泉在津辞世，终年60岁。

张思泉驰骋商场大半生，遗产丰实。死后，后人为念其毕生经营辛勤，丧葬甚奢，堪称空前。停柩在家达两月，大做斋醮，送殡行列，长达里许，沿途松柏铺地，见人"发孝"（白竹布一段，称孝布），轰动一时，事后张家结算，糜费高达银圆2万多元。

张思泉既死，根据其生前遗嘱，"镇大"交由次子伯玑继承经营。其后由于继任人终日逍遥，不务店事，以致业务不振，日渐亏损。美孚煤油公司见状，为了加强对"镇大"的监督，从1934年起派谭子衡以调查员名义常驻"镇大"，终稍起色。1936年张伯玑病故，又由其弟玉珊接替。1937年抗日战争全面爆发，长江布雷，航道受阻，煤油来源中断，"镇大"遂宣告歇业。

1945年抗战胜利后，"美孚煤油公司"恢复营业。第二年张玉珊赴汉口与"美孚"联系，"镇大"再度开张，当时资金只有银圆8000元（含固定资产5000元），景况已大大中落，仅做居间买卖，每月以现款到湖北沙市调拨煤油1～2次，每次20～30桶（每桶300斤），月销煤油20000斤左右。销售网点，仍基本上保持未变。1948年底张玉珊病故，再由五弟张瑶如接手，卒以经营不善，亏蚀日甚，终致无法维持，于1949年6月结束。

龚道广传略

⊙ 朱振炎　宋先熙

　　龚道广，字鄂荪，生于 1913 年，祖籍澧县南民垸，父龚象一颇有田产，后与人合伙在津市经商，遂落津籍。

　　龚少年聪慧，广交游，善言谈。15 岁进入明德中学读书，爱好体育运动，获奖很多。1933 年考入上海济南大学政治经济系学习，毕业后，留学日本。1937 年，抗战军兴，龚于次年缀学回国，后经友推荐，往重庆任国民党军事委员会国际问题研究所第三科上校科长，从事翻译日军情报和搜集日伪政权情况工作，曾被派赴敌后浙江行署各市县工作，结识了该行署主任黄绍竑、一区专员汪浩以及六战区副司令长官刘建绪等人。在他们的支持下，出色地完成任务，得到研究所主任、日本问题专家王蓬生嘉许。

　　1941 年，日寇轰炸重庆，龚整日蜇居山洞，很难开展工作，更兼其父病弱，遂辞职回家。到津后，与友人合伙开设北大西药房，任经理，后被选为澧县参议员。此时，龚广交津澧党、政、军各界人士，并为郑翼承竞选国大代表奔走呼号，助郑胜出，北大西药房成为郑的竞选场地之一。

　　1943 年，日军进犯津市，龚遂举家逃难到临澧乡间。他还曾被派去当苦力，因其机智，在常德巷战中，得以逃脱。此时其药房亦被抢劫一空，人员星散而破产。1945 年抗战胜利，举国欣喜若狂。龚从此专事商业，欲展宏图，乃自筹资金与人合伙，创办亚西油行。然由于国民党发动内战，致使交通阻塞，桐油市场滞销，所办油行一蹶不振。1949 年津澧临近解放，国民党游杂军队乘机进驻津市滋事，商会会长闻风远逃，市民惶恐不可终日。龚出于爱国之心，参加了共产党外围组织"湖南进步革命军人民主促进社"，受常德专署陈采夫专员指示，与中共地下党员谭徽岗、袁生玉等取得联系，在其支持下，召开津市同业公会理事联席会议，选举他担任商会理事长，主持日常工作。

他在任职期间，为"四突"捐粮、捐物，提供保护；掩护中共地下党；劝阻大商户携资外逃；说服湖北保安旅早日离津；策动江正发部队投诚起义等，为津市和平解放做出了很大贡献。

1949年7月津市和平解放后，他利用商会理事长职权，推动工商界协助人民政府工作，先后完成借粮支前、整修街道、支援抗美援朝、统一货币、工商业登记以及组织津市首届物资交流会等工作，成绩十分显著。

1950年8月，津市工商联筹委会成立，他当选为主委。在中共津市市委领导下，筹委会响应商业转向工业生产号召，组织工商界人士投资，兴办澧东油厂及公私合营津市企业股份公司，促进了地方经济的发展。1951年龚道广代表省工商届出席中南六省税务工作会议，在会上发言时，其爱国之情溢于言表，深受代表们赞誉。同年，中国人民志愿军归国代表窦少毅在向津市各界人士汇报时，龚是主席团成员之一。他在大会讲话时，慷慨激昂，全场为之动容。

1952年，龚因历史反革命罪，被处死缓，送茶陵米江茶场劳改局服罪，在改造过程中，因他表现很好，曾两次给予减刑20年，期满释放后，仍在茶场就业。1974年春，他请假回津探亲，在"左"的影响下，其亲人自顾不暇，不敢接近他。得不到亲人温暖，龚心中的孤苦不言而喻。第二天他想在澧水沿河大堤工地参加义务劳动，以表建设家乡之情，亦被人劝阻。他心灰意冷，仅停留一晚，即匆匆返场。

1975年2月，在春节之际，他想到回家探亲的情景，万念俱灰，遂于当晚自缢身亡，终年62岁。改革开放后，不少工商业者每念及斯人，不禁唏嘘感叹不已。

党的十一届三中全会以后，在落实各项政策和平反冤、假、错案中，龚道广获得平反昭雪，中共津市市委统战部认定他是津市和平解放的有功人员之一，并安排其下放农村的子女回津参加工作。

禹禹三先生和澧东油厂

⊙ 杨炳煌

禹禹三先生，字琼韩，邵阳人，出身于资产阶级家庭，毕业于武昌师范学校，在桑梓任教 3 年，后改行从事商业，1950 年秋定居津市，于大码头正街开设大中油行，与胡彬生、胡异三、龚道广、王明富等同为工商界名流，曾对津市的经济振兴，有颇多卓越见解，素为商界所推崇。

1951 年春节，市委书记张邦信会见市工商联筹委会负责人时，示意将津市由消费城市转化为生产城市、商业城市转化为工业城市，高屋建瓴，人心振奋。某日，龚道广、朱振炎前往祥和油行商谈经济问题，适禹禹三、胡异三两人在座，大家谈论到如何正确执行市委的意图时，一致意见是慎重初战，务求必胜。在座谈时，何伯康就发展榨油工业作了详尽分析，指出有利条件：一是原料充足，有滨湖各县和湖北公淞平原的广泛资源；二是榨油工业有二百多年的历史，油榨坊云集了一条油榨街，有可借鉴的资料，经营管理有成套经验；三是油为国计民生的必需品，是有发展前途的工业，油料加工或自营，不愁销路；四是品种多，食用油有棉籽油、菜籽油、茶籽油，工业用油有桐、皮、木、梓油，皆可选择。总之产供销有把握。经过反复推敲，大家统一了认识，便专门向市委书记张邦信汇报。经市委研究，批准了筹建油厂的项目，并决定派人到外地考察。

禹禹三先生主动要求承担这一考察任务，得到市委批准。他带了市人民政府的介绍信到各地深入细致地进行考察访问，经过对比，确定了把天津榨油厂作为蓝本。当时国内 7.5 吨卧式螺旋油机为最先进，具有操作方便、产量高、出油率高、消费低、成本低的优点，天津榨油厂的技术和管理先进，值得借鉴。禹禹三同助手何叔康绘制了生产工艺流程图、房屋建筑平面图和人员、资金、产量、产值、消费、成本、利润等图表。回来后又到棉花业、粮食业、油业同业工会调查原料、产品吞吐量的数据，写出了一份有参考价值的调查报告送交市委。预计建厂资金固定资产20万元，流动资金10万元，人员100人。

市委书记张邦信和有关负责人王树桥、张瑞峰、李宝亨听了汇报，并详细询问了各个依据和指数，当场拍板。工商联筹委会随即拟出发起书。禹禹三先生首先带头签名并以大中油行全部资产3万余元一次性认股，油行盐号见禹禹三带头，信心大增，纷纷响应，争先恐后赶到工商联认股。经市委批准了一批商店转业户，成立了筹委会，市委带领筹委选定了南岸大同寺作厂址，命名为公私合营澧东油厂，禹禹三先生分工带领何叔康、禹湘卿到天津榨油厂实习，在天津同义和机械厂订购油机设备及备品备件，并进一步研究企业管理。

1951年10月1日国庆节，澧东油厂正式成立了，市委常委张瑞峰任董事长，张云卿任书记兼厂长，禹禹三先生任副厂长，他是唯一的公私合营私方副厂长。公私共事是一个新的共事关系，禹禹三先生将外地学习的经验和经营管理知识写出了一份经营管理产供销的规划，送请公方厂长审议。张云卿厂长确定了组织、业务、财务、总务四课，集体办公，职权分管，责任到人，推行民主集中制——在民主基础上的集中，在集中指导下的民主。

禹禹三副厂长主持全厂的计划与总结，他遇事尊敬公方领导，模范遵守一切规章制度，谦虚谨慎，遇事与群众商量，凡制订一件方案总是多方比较，从不草率行事，因之切合实际，有利推动生产。他守职尽责，不阿谀奉承，坚持原则而不随声附和，多方征求意见，做到知无不言，言无不尽，发现工作利弊，敢于坦率陈词，张云卿厂长始终给以其政治上的帮助、生活上的照顾、职权上的尊重、业务上的支持，信任其老诚持重，稳妥可靠，此后历届公方厂长，均因其真才实学而特别尊重他。

为了科学管理，他还成立了全市的第一个化验室，自己负责主持，以化验的数据指导生产，科学论证了原料含油率、出油率、枯饼残油率，找出生产中存在的薄弱环节去推动生产，并且最早实行校厂挂钩。津市农校校长苏青卓，教师高笃庆、黄振权等与禹禹三副厂长交往甚密，经常来厂给予指导，介绍油料的分子理论，促进了油厂榨油工艺的蒸炒工序的优化，当全国推广李川江操作法时，他的"两高两低以水定汽"先进操作法，正与澧东油厂实验的油料分子理论一致。其先进操作方法在澧东油厂得到很好的推广，足以说明禹禹三副厂长重视科学，不尚空谈。

澧东油厂很重视职工素质，在普及文化与扫盲中，全厂职工齐动员，课堂讲授，课后复习，互教互学，禹副厂长就是一本活字典、活辞源。禹禹三从不自满，十分注意自身学习,《大众哲学》《政治经济学》《矛盾论》《实践论》都是他经常看的书。虽年过 50,但他还在自学俄语。澧东油厂职工学习成风,学文化、学技术、学理论、学科学,建立了一支有理想、有战斗力的生产队伍。

在提高出油率整个过程中,禹禹三副厂长付出了辛勤劳动,化验室开出了鲜花,结出了硕果,进入全国最先进行列,棉籽出油率达 14 斤 8 两,菜籽胜利油菜籽达 38 斤,均超过全国的指标。在综合利用中,一厂多能,一物多用,下脚成材,废料成宝。棉壳制糠醛、棉饼制酱油、油脚制肥皂等一系列项目,都是化验室试制的科研成果,这些科学研究都是在禹禹三副厂长的指导下,何叔康、熊满华、杜毓瑾、李先桃等同志反复实验的成果。

禹副厂长还重视环境卫生与庭院绿化,亲自栽培花草树木,带动大家美化环境。

禹禹三是工商联第一届执委,市政协第一届委员。他颇有学者风度,喜爱书法,热爱科学,务实践,勇于探索,富有开拓精神。他身教重于言教,带动公私合营中的私方人员为企业做出了应有的贡献。他年老体衰时,公方虽多次劝阻,但他仍然坚持到厂上班。他不幸于 1960 年 10 月病逝,噩耗传出,全厂同仁,深感悲痛。他是澧东油厂创办人之一,工商界人士对他的事迹都给予较高评价。在其追悼会上,市政协、市委统战部、市工商联都为其送了花圈。

津市巨商胡彬生

⊙ 朱振炎　宋先熙

　　胡彬生，别号荣裕，原籍江西省吉安县曲濑乡阳南村，生于 1901 年 9 月 25 日。其父胡钦典在吉安城里经营祖业，颇饶资金后不慎失火，产业付之一炬，乃服毒自杀。当时胡彬生年甫三龄，孤儿寡母，相依为命。八岁，入私塾启蒙，十二岁进村办小学；1915 年十五岁时，为补贴家用，辍学从商，经族叔介绍到长沙元昌祥钱庄学徒，后转入湘潭裕通元钱庄学徒 3 年，期满后任店员。1925 年受雇于长沙万隆钱庄，因工作认真，勤谨将事，为庄主周丽川所倚重，遂界以常益分号经理重任。越两年，擢为津市裕隆钱庄经理。因举家迁居津市。

　　裕隆钱庄当时在津市系独家经营，业务兴盛，彬生积累亦丰，遂开始投资其他企业，徐图发展。曾先后兼任公成押当、美商德士古煤油公司津市经销处副经理。1932 年羽翼丰满，不甘屈居人下，乃辞去裕隆钱庄经理职，自营德和钱庄。1935 年与人合伙组设津市工农银行，兼任经理。胡在商场，善于经营，坚守"信誉"，工农银行创业不久，发行票币，随即流通市面。后该行发生火灾，受到损失，胡恐发生挤兑，造成不良后果，遂未雨绸缪，迅即走访各大户，请求分别贴出代兑该行票币的招贴，群众由是心安，照常使用其票币，工农钱庄从而安度难关，且信用更著。之后，其生意扩大，一帆风顺，更向长沙、常德等地有关企业投资，扩大经营范围，建立经济据点，成为津市商场闻人。

　　1937 年抗战军兴，胡彬生收束钱庄，持巨资邀集富商数人开设祥和油行，并被推选为经理。该行实力雄厚，进销机构遍及长沙、武汉、广州、常德、大庸等地，为当时津市商业翘楚。除主要经营桐油外，该行另在行内暗设复和庄，以"祥油"为掩护，大宗经营花纱、猪鬃、五倍子、食盐、煤油等业务，因其资金充裕、信息灵通、业务班子干练等优势，纵横捭阖，操持市场，逃避捐税，祥和油行一时声名大振，冠盖云集，成为津市商场活动中心，甚至某些地方问题亦尝决议于此。1943 年，日本侵略军进逼津澧，祥和物资向南疏散，存湘潭石谭货物遭日机炸毁，损失颇巨。归来后，股票增资，重振旗鼓，继续经营。1947 年，胡彬生为打开外贸市场，曾赴广州、香港考察桐油市场，摸清情况后，由是开展了桐油外销业务，两年间，获得丰厚的利润。

1949 年津市解放前夕，津市少数富商转移资金外逃长沙、广州等地，胡对去留一时犹豫不定。其时，共产党地下组织派龚道广（党的外围组织"湖南进步革命军人民主促进社"成员）进入津市商会，及时向胡进行宣导工作，分析形势，交待党的政策，胡遂坚定留津决心，还做过其他商户工作，对缓解工商业者的惶恐情绪起了一定的影响作用。其后，龚等经常在祥和油行秘密集议，胡均参与协助，暗中支持，为和平迎解工作尽力。

1949 年 7 月，津市和平解放，胡彬生腾出住房让与军管会办公，使他有更多机会接触党政领导，学习党的政策，加深了党对民族工商业政策的了解，因而在日后各项运动中都能事先带头。1951 年 9 月又响应人民政府号召，征得股东同意，将祥和油行资金投入公私合营津市企业股份有限公司，任副总经理兼办公室主任；1955 年，被选为中国人民政治协商会议津市市委员会第一届常务委员会常务委员；1956 年，津市企业公司因转向工业，改名公私合营津市工业企业公司，胡仍为副总经理并兼所属澧东油厂副厂长；1957 年，胡被选任津市市人民代表和津市市工商业联合会副主任委员（脱产），这年 2 月，胡以特邀代表身份列席全国政协会议，同月 27 日，并与出席全联人员一道列席最高国务会议第十一次（扩大）会议，聆听了毛泽东主席作的《关于正确处理人民内部矛盾的问题》的报告。1958 年 8 月，胡因感不适应当时大跃进形势，曾萌退意，以年老有病、能力绵薄为托词，申请辞职让贤，未获批准。1960 年春，津市干部下放时，胡被下放到百货综合商场门市部为营业员，翌年秋调任津市信托公司副经理。1966 年"文化大革命"开始后，胡彬生被再度下放到食杂果品门市部。胡卒于运动中期的 1971 年 7 月，终年 70 岁。

津市解放前，胡彬生由于经济地位和当时商场的需要，经常接触国民党党、政、军各界头面人物。1930 年和 1935 年贺龙同志率领红军两次攻克津市，胡彬生避往安乡，曾与澧县县长和津市逃安乡部分人士以津市商会名义联名电请湖南省主席何键迅即派军来津"围剿"。1942 年，胡由曹友钦介绍加入国民党。同年，胡母六十寿诞，胡事先托人广求国民党中央要人蒋介石、于右任、孙科、张群等题词赠匾，以耀门庭，并经常乐道之。1945 年，国民党第十集团军总司令部参谋长兼津澧警备区指挥部指挥官毛景彪驻津，因居住一处，胡与之结为干亲家，过从甚密。

从 1929 年起，胡插足津市旧商会，历任常执委、理事、监事，并曾任湖南省商会联合会理事；1947 年被选为湖南商界代表赴南京出席全国商联会，会后前往上海、杭州、汉口等地考察商务，风云一时。津市各界为借助胡之财力和名望，给胡先后挂上津市铎报、津市日报社、社会服务处、津市农工银行、澧县县银行、津市光明电灯公司、九澧平民工厂、慈善堂、孤儿院和中小学等董事长、董事、监事等名誉职务。其挂名职务之多，津市商界人士无出其右者。

胡母信佛，乐善好施，胡彬生秉承母意，生前热心公益，赈济孤寡，曾不少吝。举凡赠药、送诊、救灾、施棺、发年米、捐寒衣、兴学校等地方善举，均慷慨解囊；每逢岁毕年尾，经常与人一同顶雪冒寒亲赴贫民区挨户发放年米寒衣，不辞辛劳。津市解放后，胡捐献房屋一栋，作为群芳幼儿园园址，襄赞幼教，博得好评。

党的十一届三中全会后，落实各项政策，1981 年，津市政协曾召开座谈会，邀集胡的后裔和各界代表纪念胡彬生逝世十周年。

江正发其人其事

⊙ 张志桃

江正发（1922—1951），又名德英，生于湖北省公安县周家厂一个农民家庭。

江正发小时候读过 3 年私塾，成年后在家种田，后兼营一小杂货店。1942 年，在地方杂牌部队"国卫部队"当兵，任过排长。部队开动时，舍不得离开家乡，但又怕被抓壮丁，便投入周四乡公所当乡丁。不久由排长爬上了乡队副的位置。

1943 年，周家厂沦陷，他任周四乡自卫队副队长，下四垸修防主任，参加汉流帮会组织，网罗党羽，扩充自卫队势力。抗战胜利后，江正发解甲归田，在石窖洼子种田。1946 年 6 月，闸口警察所所长殷四满诬称江正发有汉奸嫌疑，向他敲诈，江正发非常气愤，又不敢露于形色，对来人好言说："江某眼下确实没钱，不过我得去想办法，请兄弟们过 7 日再来。"江即召集兄弟商量对策，并借来手枪一支。到约定的那天，殷四满如期派人来取款，江出其不备，向来人连开数枪，当场击毙 2 人，活捉 1 人，缴得手枪 1 支。辞别单永桂等人后，江正发独自一人回湖南澧县江家拐躲避。

后来，殷四满开始疯狂报复，江正发立即从湖南请来土匪武装 20 多人，回乡抢收早稻，殷未敢动作。为长远之计，他与单永桂、殷孝满、熊国祯、罗安云等人结为生死兄弟，从此当上土匪。不久江正发伙兼并了惯匪余治水在三河一带的势力，势力陡增。队伍从半隐蔽到公开活动，明火执仗，杀人越货。同年 10 月借势摊派捐款，向公安县平乐乡民索款 1000 多万元，向新口市民索款 3000 多万元（旧币，1 万元合 1 元）。

1947 年江正发把队伍拖到公安县胡家厂，被公安县政府收编为公安县大队第五中队，江任中队长。为了扩充势力，公开胡家厂、沙口市周围的殷实富户强借枪款。很多户被逼得离乡背井弃家外逃。江部的爪牙经常四处抢劫财物，强奸妇女，无恶不作。一年多时间，江部势力由一个中队发展到 1000 多人，公安县东南乡及与湖南毗邻的边界地区都为江正发所盘踞，名声很坏。

1948 年 3 月，公安县政府擢升江正发为公安县突击大队长，其部移师申津渡。下半年由朱和柏引荐，湖南澧县县政府授予江正发常澧警备司令部清剿大队长。1949 年初江投靠国民党十四兵团四一六师独立旅旅长陈策勋，任第一团上校团长，先后驻扎临澧、新安和津市等地，江正发的团除原有澧县清剿大队人马外，还招抚澧县、安乡、公安 3 县交界的土匪。他是一个红帮头目，但名义上是团长，所以其部队行为比在湖北收敛了一些，驻新安时处分了一传令兵，在津市也割了一个士兵的耳朵，杀一做百，收回名誉。

1949 年初，经过辽沈、淮海等大战役之后，在共产党人李代宣、红旗四哥刘老四、红帮兄弟刘宗荣、工商业者张儒诚的启发下，江正发知道要为自己留一条后路。但是特务分子津市警察局局长陈本章时常来访，并陪同到澧县各公法团露面，实是一种监视，防止江正发"左"倾。江正发以军警分工为由，拒绝了介入地方治安工作，所以与共产党的地下组织新华工厂及左承统等没有直接矛盾。

自百万雄师下江南以后，国民党妄图以宋希濂的第十四兵团扼守长江中上游作垂死挣扎，宋希濂曾两度来津市，江正发还护送宋希濂回沙市，宋希濂看江正发年轻英俊，遂封官许愿，并给弹药。这套拉拢惯技迷住了江正发，江口颂宋长官不已，保证护送宋希濂的安全，真是尽心竭力。

1949 年 6 月初，解放军第四突击大队活跃于津市外围。6 月下旬，"四突"的一个中队在余家台附近河道拦击宋部的军用船，惹得宋希濂大怒，调集了几个团来围攻第四突击大队。7 月初，陈策勋命令江正发团开往余家台、黄天湖一带围攻突击队，江正发的先头部队开到东港，距余家台约五六里隔河相望。此时江正发派出秘密使者找李代宣通风报信，并约李代宣派代表到东港面商，商定江部伴攻，第四突击队安全撤离余家台，第四突击队送江部电话机两部作战果交差。

7 月份战云密布，山雨欲来风满楼，宋希濂离津，陈策勋为了保存实力，撤离回桑植，留下江正发驻津，搪塞宋希濂的查问。陈策勋离津时向江正发面授机宜："今后撤走时，上起颜昌友花行，下至何伯康榨坊，可以烧、杀、抢。开往桑植与旅部汇合。"江正发表示，要效忠党国决不离津。突击队联络员袁生玉开始不便公开出面，利用这时新选出的津市商会理事长龚道广与常务理事朱振炎等与江正发联系，策动江正发和平起义，龚又利用江的好友张儒诚，"四突"袁生玉又利用江的妻子张志桃反复说服江正发，动之以情，晓之以理，龚并请其维持地方秩序，表示"如江的给养不能及时到达，商会愿意筹垫"，为防止 1920 年军阀李蕴衡"洗街"之灾重演,以出钱为功果。江正发表示"只要我的部队出了问题,由我负责,过境部队多,他们做的事,我可管不了"。

7月16日湖北保安旅南逃,船队经过津市,影响江的势力范围,津市商会为了调和矛盾,向湖北保安旅捐献5000光洋离境。江正发与张志桃说:"龚道广很懂交情,明天去拜访他。"张乘机进言劝江多多关照。

江正发在解放前夕,处境十分困难,外有左右友军彼此监视,内有伪国防部特派员马茂青和国防部特务三十四小队队长李楚材的一个排暗中监视,特务警察局局长陈本章经常来访,陪同聊天,实是监督。江想,这个团的枪来之不易,都是自己亲手三支五支组合拢来的,而过去血债不少,交枪之后,还能当团长么?没有枪就没有势力,命保得住么?因此忧心忡忡,日夜不安,举棋不定。

袁生玉请龚道广转告张志桃说:左承统分析江正发虽是土匪部队,但他本人出身贫农,加入过红帮,有一定江湖义气,应该争取他和平起义,如两面应付是危险的,他除了投靠共产党,别无出路。张志桃尽力说服江,龚道广、张儒诚等也分别对江抓紧了说服工作,一再强调指出:"你是湖区人,陈策勋是湘西人,山区熟悉,你毫无基础,生活也不习惯。宋希濂和国防部对你的封官许愿,都是假的。你不是蒋的嫡系,不会用你。现时你维持地方秩序,到那时人民不会忘记你的。"随着地下党的努力、工商界的劝说,终于使江正发决定和平起义。

1949年7月22日深夜,澧县解放,市面秩序正常。江正发团一枪未放撤离市区,驻扎到河南岸的襄阳街至果园一线,准备投诚。

23日,商会龚道广、王明富、胡彬生、朱振炎,工会傅松山、曾子东、叶云清、杨克诚和文教各界进步人士云集小渡口欢迎第四突击大队进驻市区,津市和平解放,津市人民避免了一场灾难。

江正发部集中南岸盐矿码头一线,将监督他的国防部李楚材分队一并缴械,一起接受解放军整编,整编后江部为中国人民解放军147师解放团,江正发任团长。10月江正发率团随大军南下至益阳后由常德军分区介绍到湖南省军政大学学习。

1951年2月,在公安县人民的强烈要求下,经中南军区司令部批准,江正发被公安县县大队押回公安,不久,在南平被处决。

（杨炳煌根据江正发妻张志桃口述整理）

"迷路的羔羊" 友好的使者

⊙ 韩川

  2013 年我去上海，住徐汇区，离万国公墓不远。公墓四周绿水环绕，一座小桥通往铁门，铁门上镌有"薤露园万国公墓"字样。园内芳草萋萋，路旁参天大树，绿荫掩映，游人稀少，庄严肃穆。这里葬有 605 位外籍人士，中芬人民的友好使者苏布伦先生的墓或许就在这里，只因行程仓促，无暇详细考证。

  苏布伦又名石约翰，1874 年 12 月 6 日在芬兰出生。他在大学取得哲学学士和神学学士学位。1901 年他被派往中国传教，是第一位将西方文化带到澧水流域的芬兰人，是第一位用镜头和文字详细记载晚清津市的西方人，是一位不该被遗忘的人。

  苏布伦为什么会来到津市，还得从 1859 年说起。芬兰信义会在非洲纳米比亚传教，那里人烟稀少，气候炎热，传教费用昂贵，信义会工作多年，收效甚微。19 世纪末，教会小有积蓄，于是把目光投向远东，希望寻找一块新的传教地，一个气候适宜、交通方便、生活费用较低的地方。中国的西藏、新疆、蒙古都符合条件，只是游牧民族不是传教的对象。西伯利亚铁路开通后，满洲里也不错，可那是宗主国俄罗斯的势力范围。至于华北，那里有太多的西方教会。有人提出川西和甘肃，但交通不便是硬伤。长江流域交通方便，属于英国的势力范围。1901 年 10 月 15 日，苏布伦携夫人从美国抵达上海，向内地会领袖范约翰请教，范氏指出只有湖南的传教士最少，所以他们便选择湘西作为芬兰的传教地。

  很快他们就到了汉口。1902 年 1 月 31 日，苏布伦写信说："汉口以南之湖南，人杰地灵，物产丰富。闭关自守，盲目排外，尤为突出。今有转机，电报、汽船相继出现，亦向基督教敞开大门……对于北欧的小教会，再也找不到比湖南更好的地方了，这里邻近汉口，交通甚为便利，费用较低。"

  传教士宁德恩向他推荐了湖南澧州。1902 年 3 月，苏布伦抵达常德住在宁德恩的教堂里，一边学中文，一边调查情况。5

月，苏布伦在信中说："我到湖南有了一段时间了，不得不说，离澧州几英里远的津市是澧州的商业中心，那里有邮局，是主赐给我们的地方。"

苏布伦的助手 Annette Christine Kattler，临行前因生病退出。苏布伦催促国内派人，强调需要从事教育的人才。1901 年 12 月，宣教主任在信中答复，计划派遣教会学校学生喜渥恩（Erlant Sihvonen）做他的助手。1902 年 8 月下旬，喜渥恩抵达常德，因为生病，只好边养病、边学中文，也不急于工作。

1902 年年底，苏布伦租船前往津市，知府派了 3 个兵勇保护他，每人腰佩"生锈的古剑"。"12 月 13 日，星期六，经过一夜漫长而凛冽的寒风，我们的船终于抵达了港口，旅行的目的地——津市，目睹了一幅繁华雄伟的景象，岸边桅樯如林，城里楼阁万重，眼前的一切表明，我到了湖南最繁华的商业城市。"苏布伦去澧州拜见知州毛旭卿，向他表达自己的来意。毛旭卿同意了在澧州传教的计划，同时也得到了守备的默许，并向当地绅耆表明福音宗旨，聘请本市名士教授华语。

1903 年 3 月 7 日，根据宣教主任的意见，苏布伦再次来到津市租房，并伺机买地建堂。苏布伦在津市广交朋友，传教士 Quirmbachin、翻译毕月樵、当地名流都出面帮他租房，胡君格外热心，曾帮英国传教士亚当·都沃德在津市租过房。经过两周的讨价还价，苏布伦以每月 80 铜钱的租金在河街租了一栋宽敞的房子。

同年，在长沙召开的湖南传教士会议同意将澧州划归芬兰信义会。5 月，苏布伦夫妇和喜渥恩前往庐山避暑，他们在牯岭购置了编号为 14 的租借地，没有等国内的批复下来，就开始动工建造别墅。秋天，苏布伦回湖南，留下夫人在牯岭过冬。喜渥恩留下监督别墅建设工程。10 月 8 日，苏布伦抵达汉口与新派来的传教士山友德会面，一同到津市，住进新租的房屋。

苏布伦刚回津市，新任澧州知州还专程到旅社探望，派士兵保护传教士的安全，各县县官也纷纷前往教堂访问。州判三次在市中心向市民发表讲话："中外人士在法律面前人人平等，芬兰人来此传教，只为福音，别无其他目的。"据《近代湖南社会变迁》载："澧州官府盛情招待当地传教士，三日一小宴，五日一大宴。"其中包括澧州劝学所所长龙虞臣和澧州中学堂的先生们。

1903 年 10 月，苏布伦和山友德在河街的房屋里开始布道宣教，参观的人很多，日日爆棚。他们还到澧州、新洲街头宣传和出售书籍，两个多月销售了 3000 多本书籍和小册子。冬天，芬兰差会正式建立津市总堂。芬兰《宣教通讯》报道："这是一个好消息，我们教会和传教工作取得令人震惊的成绩！"

1904 年年初，经过数月的交涉，苏布伦终于以 6000 银圆买下了二圣街前道台吴经湘的庭院，仍由喜渥恩负责监督建筑工程，最先完工的第一栋建筑是津兰学堂。

1904 年 11 月 7 日，津兰学堂和教会从河街迁到新址。

教育是苏布伦心中的头等大事，他很早就写信到国内购买教材。1903 年 10 月，他到津市后，就立即开始学校筹办工作，在市区到处张贴招生海报，宣传办学宗旨。在津市开办学堂，借此与绅学各界联络。

新建的学堂让守旧的人开始用疑惑的目光注视着新来的 3 个芬兰人。1903 年 12 月 3 日，津兰学堂开学，教室里只有 3 个学生。一个是津市大清邮政局局长胡君的儿子，一个是澧州巡检的儿子，一个是澧州中学堂何恒六先生的儿子。月底，学生增加到 10 人，其中包括澧州州判的儿子。州判的带头作用，逐渐驱散了市人头上的疑云，一些人陆续将孩子送进了新学堂。在人们的心目中，学堂取代了教堂，苏布伦不仅仅是传教士，更是一位受人尊重的教师。

第二学期，学生增加了 3 倍，分为 5 个年级。学校急需教学大楼和学生宿舍。苏布伦想让所有"穷人的孩子也像富人的孩子一样"，有尊严地学习和生活。在早期，对所有学生免收学费和住宿费，只收伙食费，为贫困学生免费提供校服。苏布伦和喜渥恩向国内报告，希望理事会拨款 5500 银圆，建设一个现代化的校园，他们对教育辉煌的前途充满了希望和热情。

苏布伦的宏伟蓝图遭到了宣教主任的无情批评，他怀疑苏布伦迷失了工作的方向，忘记了传教才是传教士的首要任务。教会认为在津市建立包括高等教育在内的一整套"教育体系"，至少需要 18400 银圆，计划极不成熟。教会只做"普及教育"，现在有了学校，暂时维持不变。

理事会对教育在中国传教工作中的重要性缺乏了解，引起了苏布伦的惊讶。学校建设计划被否决，并没有让苏布伦止步。缺乏资金，只好暂时取消新校舍的建设计划，将吴家住宅改造成教室和学生宿舍。1904 年秋天，学堂成为一所全日制的寄宿制学校，这样不仅有利于封闭式教育，避免外界干扰，同时也有利于州城官员孩子的就读。

五年制的小学部，最初只有 3 个班，两个年级，老生在二年级。除芬兰传教士外，还需要接受过西方教育的中国老师，教授中文、古典文学、算术、地理、历史、英语等课程。学校从湖北聘请了樊纯武、鲍士彬两位教师，以及澧州中学堂的何恒六先生，苏布伦亲任校长，负责教务，中国老师负责大部分教学。津兰学堂改为津兰中学后，下设小学部。

1905 年年初，澧州童试的试题中出现了外国债券的意义和用途，让 7000 名考生大跌眼镜。9 月 2 日，清廷下诏废除科举制度，以便推广学堂，咸趋实学，引人注目的是，中国知识分子再也不能借助传统的教育进入上层社会，新学成为唯一的途径，津兰学堂的出现，恰逢其时，引起了知识分子的高度兴趣。

两湖总督派遣 20 名女学生前往日本，接受师范教育。1905 年 9 月，苏德曼夫人（Ellen Sjöblom）结束了在牯岭的两年中文学习，抵达津市，开始创办女子学校。1906 年，津兰女校开学，除苏德曼外，还有白云英（Laura Nyberg）和梅先春的德国夫人（Elisabeth Meedar）担任教师，澧州教育官员劝学所所长龙虞臣的夫人负责教授汉语和古典文学。最初有十几位学生，她们中的大多数后来成为澧水流域第一批中国女教师。为了尽快解决中国女教师短缺的难题，苏德曼采取了分期培养教师的方法，她先派一名基督教少女（黄宽苏）到九江卫理公学女子中学学习。与此同时，苏布伦还创办了信义纺织实业学校，采取半工半读的形式，只教中文，"在布道中生产，在生产中布道"，是湖南最早的职业学校之一。

医疗是苏布伦关心的另一个重点工作，差会最初没有医疗计划。1902 年春天，苏布伦在写给国内的信中反复强调："对中国来说，一个教会最重要的是要有传教士医生。""中国最需要的是传教士医生"，"主要教堂都要有医生"，"传教士医生将担负起推动和平发展的重任"。

在常德，苏布伦与广德医院的美国医生罗感思（O.T.Loganis）交谈，对湖南急需开展传教医疗工作形成共识。到津市工作后，他有了更深的体会，在传教初期，给穷人治病是传播福音最好的办法。他在芬兰《宣教通讯》上发表了《中国传教士医生》一文，提请读者注意在中国工作的教会中，先进的医疗服务普遍受到重视。1886 年，不同国籍、不同教会的医生组成中国传教士医生协会，发行《中华医学杂志》。苏布伦还强调，所有主要教会都有一个或多个医生服务，甚至最小的教会也是如此，他们都尽力遵循相同的做法。芬兰传教会需要医生在工作中传播福音，他们的行动能够为传教工作和平发展铺平道路。尽管苏布伦不断呼吁，但芬兰传教会没有合适的医生可供派遣。

苏德曼夫人上课时，也会讲授一些医疗基础知识。清末鸦片泛滥，苏布伦到处散发传单，宣传吸食鸦片的危害，呼吁人们到教堂戒毒，在没有医生的情况下，他们亲自帮助吸毒者戒毒，定期安排几周的戒毒机会，给他们服用一种解毒剂。

芬兰教会认为教会的资金只能用于传教，不是用来发展中国的教育和医疗的，所以学校只能因陋就简。苏布伦的工作热情受到了极大伤害。1906 年，夫人苏德曼生病，苏布伦携妻黯然回国，喜渥恩接替他任芬兰信义会总监督。次年，芬兰医生汉纳斯抵达津市，创办澧水流域第一座医院——信义会济澧医院，旋易名津兰医院。

1910 年，喜渥恩回国，布都纳任总监督。1912 年，苏布伦重返中国，继续担任总监督。为了制订津兰医院的建设规划，1912 年秋天，他派医生到武汉、长沙、益阳、常德等地考察，同时提出了异地扩建医院的计划，再次遭到了否决。他又与喜渥恩、珍珠博士制订就地扩建的方案：兴建一栋两层楼房，作为医院住院部，设 6 张病床。苏布伦多年来的不懈努力，为津兰医院的发展奠定了坚实的基础。

与此同时，苏布伦积极参与华中各国信义差会之间的合作，他是湛口神学院的创始人之一。1913 年 2 月，他将总监督的职务交给喜渥恩后，与津兰中学选派的 7 名学生一起去神学院，出任神学院的教授。1914 年元旦，他写信给国内教会：坚决捍卫教育是教会最重要的工作，他不能想象，中国人在没有接受高等教育的情况下被任命为牧师。

1914 年 3 月，中国芬兰信义会发生了严重的宗派分歧，芬兰传教会副主任哈赫蒂来华督查，苏布伦再次出任总监督，喜渥恩去往神学院。1915 年 1 月 3 日，他再次重申："除一些小教会外，中国所有的教会都把学校视为'真正的福音工作'。"他的再一次努力没有得到回应，他和国内高层在发展中国教育和医疗事业上的分歧始终没有得到解决。不久，他带着失望的心情，离开了他亲手开创的教区，回到芬兰。

1918 年，苏布伦到红色战俘营任宣教处长，负责战俘的精神抚慰。然而，苏布伦的人文主义情怀与战俘营残酷的现实发生了激烈的碰撞，理想再一次破灭。4 个月后，他离开了战俘营，在芬兰 Kälviän 教区担任牧师。

1923 年，他经过长期思考，决定弃教经商。作为芬兰外交部的代理人，来到中国，在芬兰外洋贸易公司负责中芬贸易工作。他整天忙于商务，不再和教会接触，即使在 1927 年春天，大批芬兰传教士逃到上海，他和他们似乎也没有往来。二战爆发后，苏布伦滞留上海，与国内失去联系，丧失了生活来源，在贫病交加的最后时刻，他也未向教会伸手求救。1944 年 12 月 2 日，苏布伦在上海阒然长逝，享年七十岁。

或许在某些人眼中，苏布伦弃教经商，是一位"迷路的羔羊"，但是，谁也没有否认他是芬兰信义会在中国工作的先驱，是中芬文化和经贸交流的先行者；他一生经历坎坷和苦难，为中芬文化和经贸交流奉献了毕生的精力，最后长眠于中国大地之上，是一位值得我们缅怀的国际友人。

最后的背影

⊙ 韩川

　　1951 年 8 月 20 日的美国《生活》杂志，封面上是一位白发苍苍的传教士，提着沉重的手提箱，步履蹒跚地走过罗湖桥，他那惊恐的眼神、疲惫的身影，引起了西方媒体的注视，照片迅速传遍了世界各地。

　　甘德伦（Vilhelm Kantele），生于 1882 年 8 月 13 日，来中国前，在赫尔辛基女传教士学校担任教师。他的妻子叶塞尼亚出生于基督教徒家庭，从小就参加各种教会的活动，曾担任过教会的禁酒协会主席。她从赫尔辛基护士学校毕业后，在残疾儿童之家担任护士。表哥汉纳斯是牛津医学院的博士，1907 年他与女友玛莎到中国传教，在津市举行了婚礼，开办了津市第一家西医诊所。9 月，他和妻子在庐山牯岭避暑，妻子不幸感染痢疾死亡。虽然遭受沉重的打击，但汉纳斯没有动摇，选择继续留在中国工作。1909 年，他因患结核性胸膜炎病倒，教会决定送他回国治疗。两年后，妹妹明珠取得博士学位后，也来到中国，担任津兰医院的院长。

　　表哥从小就是叶塞尼亚的偶像，她非常向往表哥在中国的生活。在工作中，她结识了未来的丈夫甘德伦，他正准备去中国传教。两人一见钟情，很快就举行了婚礼，这是一场真正的"闪婚"，在婚礼上，牧师还不得不悄声地提醒新郎的名字。

　　汉纳斯的遭遇给她的父母留下了巨大的阴影，父亲坚决反对女儿带着小外孙，到如此遥远陌生的国度去。在所有的努力都失败之后，她只好喃喃地向上帝祷告："愿上帝保佑我愚蠢的孩子！"

　　1915 年冬天，甘德伦夫妇携带不满周岁的女儿，穿过寒冷的西伯利亚荒原，来到中国的澧水河边，开始了他们的传教生涯。

　　甘德伦先后在津市、大庸、慈利教堂工作过，他很少在家，每天骑着马，在乡下各个教堂之间奔走宣教，尽管收效甚微。

"叶塞尼亚和孩子的生活则完全局限在教堂里",她整天忙于家务,偶尔也会参加教堂医疗所和幼稚园的工作。当叶塞尼亚向人们介绍石膏和疫苗的作用时,大女儿劳拉在礼堂的讲台上大声宣讲,小女儿则通过楼梯爬到了邻居的房顶上。

教堂花园里有常年盛开的鲜花,这在北欧是不可想象的。叶塞尼亚家里雇有三个佣人:厨师、男仆和保姆,仆人整天忙个不停。回芬兰后,没有了仆人叶塞尼亚感到生活"有多难"!

她怀念中国的家,怀念中国的夏天,可以到庐山避暑,有免费的午餐和衣服。怀念中国的冬天,温暖的屋子里充满了阳光,"火炉整天燃烧着,散发着热和光,令人开心。玛丽、劳拉和萨拉在火上烤手,烤着年糕"。叶塞尼亚在信中说:"星期天的下午,甘德伦在餐厅里阅读《新芬兰》,我在隔壁房间里,躺在睡椅上写信,萨拉在地板上绘制彩色的图画,劳拉来到这里,要求出去玩会儿。玛丽睡在摇篮里,她很可爱,向我们笑,笑得露出了雪白的乳牙。"

叶塞尼亚对中国妇女儿童的遭遇非常同情,她在信中写道:"一个年轻的母亲背着背篓从远方的山那边过来,什么!还是头胎,多么可怜的孩子,我从来也没有见过,她衣衫褴褛,骨瘦如柴,闭着眼睛,我都以为她死了,我想起了我的女儿。我给我怀中的孩子洗,她没有牛奶和硼砂给她洗眼睛,而且从来也没有听说过。"

她和孩子也参加宣教,孩子向中国小伙伴讲述圣经的故事,在福音堂高声演唱赞美歌。中国人"常来参观'洋人的生活',他们的饮食、住房,乃至房间的地板和玻璃窗户,都会引起他们的兴趣"。许多西方人认为,传教士家庭是基督教和一夫一妻制的典范,家庭比宣教更有效,信义会鼓励传教士面对中国客人开放自己的家。

"在中国成长的芬兰儿童,没有文化上的隔阂。"叶塞尼亚写道。3岁的女儿劳拉谈到与伙伴的区别:"其他孩子都穿中国鞋,我穿芬兰鞋,因为我是芬兰儿童。"他们和中国儿童一起在教堂里玩耍。到了快要上学的年龄,劳拉感到有些困扰,经常模仿她的小伙伴。她要求母亲给她梳中国女孩的发型,还要像中国女孩一样用布条裹脚,这使叶塞尼亚惊呆了,中国女孩的脚因为裹脚,无法正常生长而成畸形,他们一直反对中国女孩裹脚的恶习。

1918年5月,他们失去了未满月的女儿爱丽丝,叶塞尼亚也因为产后疾病和突如其来的打击,心病交加,在津兰医院的病床上躺了几个月。

在中国的6年中,甘德伦又有4个女儿在津兰医院出生,他不得不面临子女的教育问题。信义会不愿为传教士家庭请家庭教师,孩子要上学,传教士不得不带孩子回国读书,许多人也不再回中国。甘德伦不想离开中国,叶塞尼亚只好在家中，自己教孩子们阅读和数学。

甘德伦在财务和人事管理上，与教会发生了冲突，虽然他试图和总监和解，但没有成功。1923 年，在完成了 7 年的海外工作后，他们夫妻带着孩子回到了芬兰，同时辞去了教会的工作。

1936 年教会招募，甘德伦再次来到中国。第二年，抗战爆发，津市和芬兰的联系完全中断。没有人可以替换，部分传教士又转移到慈利、大庸山区，甘德伦是留在津市的唯一男传教士。他抱怨说，没有节假日，没有休息，没有时间去乡下，除了工作还是工作，疲惫和疾病一直困扰他。

位处荆江前线的津市，经常遭到日军飞机的轰炸，人们习惯了在空袭警报下艰难地生活。甘德伦说，他有几次与镇上的朋友约会时，警报突然响起，他只好拼命跑回教堂。因为西班牙、芬兰是德日轴心国的附庸国，教堂不会遭到日军的轰炸。

1943 年，常德会战，津澧沦陷月余，乡下的教堂都被炮火摧毁了，镇上的天主堂和福音堂居然完好无损，这引起了驻军的怀疑。于是下令逮捕传教士，准备全部送到集中营。或许是看在教会医护人员抢救伤病员的份上，最后一刻还是放了他们。

日本投降后，疲惫不堪的传教士陆续踏上了返乡的路。1946 年，甘德伦终于回到了梦魂萦绕的家乡，与分别十年的妻儿相聚。

或许是上帝的召唤，或许是命运的驱使，两年后，甘德伦第三次来到中国，这次是受芬兰信义会分支机构 SLL 的派遣。1948 年 2 月 19 日，当他抵达津市时，教堂以最热烈的方式欢迎他，很多中国朋友前往新码头迎接甘德伦，他们感到非常惊讶，65 岁的"叔叔"又来了，而且更加喜欢中国了。当晚，教会为他举行了盛大的欢迎晚会，让甘德伦感动不已。3 月 15 日，他乘船前往新的工作地永顺。1949 年 4 月 17 日，芬兰传教士在津市开会，决定全部撤离中国大陆，甘德伦留在永顺、白光明留在津市。

芬兰是第一个与新中国建交的西方国家，共产党的干部对甘德伦非常友好，称他为同志，教会一切如旧。1950 年，中国教会开展"三自"运动，宣布教会自立，与外国教会和传教组织断绝关系，津兰医院院长刘宗燮代表教会在宣言上签字。

紧接着开始的土地改革运动，要求传教士留在城里，不要下乡，不要聚会。教会学校取消了所有的宗教仪式，对师生进行无神论的教育。学生们也不再唱赞美诗，每天唱的都是革命歌曲。忠实的教友也悄悄放弃了基督教信仰，慢慢疏远了与教会的关系，他们劝甘德伦离开中国，他使他们感到尴尬。

甘德伦感到一种从未有的孤独和悲哀，他不甘心离开，在教徒家中举行秘密聚会。他被禁止外出的时候，便在教堂里不停地大声唱歌，表示抗议。

他不仅是传教士，还是教会杂志 LS 和《卫道士之声》的记者。按照协议，他们有选择性地公布部分私人信件，信是用打字机在复写纸上打印的，一式两份，一份寄给妻子，另一份寄给杂志社。他不停地写信，写乡下的"土改"，写城里的镇反，写教会的改革，写自己一腔的悲哀和寂寞。

最终他放弃了抵抗，选择合作，他被批准得以离开大陆。当他踏上罗湖桥时，早已等候多时的记者，用相机记录了这一瞬间。他被西方舆论冠以"传教士斗士"名号，赫尔辛基的一条大街也以他的名字命名。1956 年 10 月 12 日，甘德伦去世时，或许他还惦记着回到远方的教堂。

芬兰的主教们认为他们"和美国人最大的不同，芬兰传教士是出于'纯粹的宗教'的动机，而其他基督教传教士的最终使命是殖民利益，在传播宗教文化的同时，宣传西方的政治制度和价值观。他们承认，尽管芬兰教会没有殖民目的，但是信义会是西方重金打造的，而且他们也认为自己的家庭和教育观念比中国人优越"。

甘德伦撰写过一些回忆录，他的《我的中国朋友》，记述了抗战时期他在津市的尴尬处境。夫人叶塞尼亚也是一位多产的作家，她的《中国游记》和《基督教儿童》，详细记叙了三十年代在中国的美好日子。

最后一个离开中国大陆的西方传教士不是甘德伦，而是白光明，他在津市一直坚持到 1953 年年底。1978 年后，他多次访问中国。2011 年 10 月，他以百岁高龄重访津市，我见到他时，是老态龙钟，步履艰难，说话含糊不清，但令人惊叹的是，他对六十年前的事仍记忆犹新。当年在中国的芬兰传教士他是唯一在世的，尽管人们热情地邀请他参加津市市人民医院的百年院庆，但是大家都知道，这可能是他的最后一次中国旅行。

我们在十字街头挥手告别，白色的面包车绝尘而去。我望着远去的尘埃，喃喃地说：别了，白牧师！别了，芬兰传教士！

白光明走了

⊙ 韩川

2008 年 11 月 16 日星期日，图尔库 Scandinavian 金色大厅当晚会议的主题是"当代宗教和芬兰重金属音乐"。一位白发苍苍的老者在台上演讲，他传奇的人生经历和他对生命的体验，让整个大厅安静了下来，每一次暴风雨般的掌声都让老人热泪盈眶。参加会议的一位重金属音乐爱好者在文章中写道："一位伟大的人，耶稣式的人物。"

我对重金属音乐和宗教的关系感到困惑，但是老人低沉富有磁性的声音吸引了我，我坐在电脑前，饶有兴趣地听他发言，努力地辨别每一个发音，偶然听到他发出"Jinshi""dayong"的声音，我知道他在说什么。

1912 年 6 月 19 日，白光明在约恩苏一个船东家庭出生，他有十个兄弟姐妹，他受保姆的影响而信仰基督教，进入赫尔辛基芬兰联合学校学习。

他说："上帝对我的呼唤大约在 1934 年，我在神学院参加最后一次考试。在一个宁静的早晨，在 Elanto 礼堂里，我看见七个旅行箱，听到了上帝的声音'我把你带到中国去，又把你带回芬兰，最后给你带来荣耀，我将与你同在'。"但是那年他没有出国，直到十多年后。

1935 年，白光明在图尔库被按立牧师，在芬兰担任助理牧师。二战期间，他在路卡湖地区担任随军牧师。战后，他作为芬兰信义会差会的宣教士来到中国。他说："我从来没有学习过中文，但是我相信可以传教。"

随着解放军在华北战场上的节节胜利，西方教会安排传教士撤退。1949 年 5 月 19 日，最后一批撤退的传教士裴立根、贝玉文和雅德离开津市到达广州。白光明和甘德伦推迟了出发的时间，甘德伦写信给妻子，他准备留下来，尽管妻子催促丈夫回国。白光明最初是准备回国的，临行前改变了主意。

津市是和平解放的，中国牧师余天爵写信给白光明："7月24日，解放军开进津市，进驻了福音堂，但是没有发生抢劫和毁坏。""津市福音堂是湘西北信义会的总会，历史悠久，资产丰厚，你应该在这里留守。"8月，白光明从大庸来到津市，他说，他由两个商人担保，并出具了担保书，得以继续留下来。他说："津市对我来说是安全的，他们告诉我不要离开城市，不要打电话回家，我可以接待来宾，讨论宗教，并进行一些简单的宗教仪式。""我在津市渡过了一个平静的秋天。"

1950年5月，白光明在信中写道："我又收到了芬兰寄来的报纸和信函，中国的秩序在逐步恢复正常。传教士将很快就会回来，上帝为他们开路。"所有的宗教仪式照常进行，白光明不断给芬兰写信，报告这里的情况。他被委任教区的临时监事。

《红色中国》的作者说："白光明没有工作经验，中英文又很差，但是有理由相信，没有委任甘德伦是有正当理由的。"或许是白光明在二战期间有过和苏联红军交往的经历，他比甘德伦更懂得如何和革命者沟通。

朝鲜战争爆发后，中国和西方的关系恶化，社会上弥漫着强烈的反帝反美的气氛，留守大陆的西方传教士处于一个尴尬的处境。1950年7月，张凯炎、刘宗燮代表津市教会在"三自运动原则宣言"上签名声明：传教士应该中断和帝国主义的联系，停止外国传教士在中国的工作，各地教会要实行独立。10月，白光明收到了英文版的宣言，圣诞节时，他写信给甘德伦说："津市的环境仍然很宽松，感觉还是可以长期住在这里。"

芬兰信义会多次督促他俩尽快离开大陆。白光明告诉甘德伦，通过香港寄往芬兰的邮件会被审查，应该改由西伯利亚发给芬兰。他又说，当局如果发现他们从事间谍活动的话，他们将会被取消通信的权利。不过他俩都知道如何逃避检查，由于语言不通，当局很少检查他们的信件。

他们就教会的产权、教友的"自由"，在信中进行讨论，他们坚持，"芬兰信义会在中国的产权将继续保留"。

甘德伦并不认同白光明的领导，甚至对他产生了怀疑，他拒绝与当局合作，违反关于聚会的禁令，他已经无法留守永顺。1951年7月16日，甘德伦走过了罗湖桥，将白光明独自留在大陆。

白光明的传教活动也受到了限制，但是他可以和外界交往，可以参加私人的宗教活动。1953年复活节时，他很高兴为期两年的禁止宗教聚会的禁令被取消了。他说，毛泽东的著作就是中国人的圣经，排在第一，基督教则排在第二位。

"喜悦是暂时的，当局再次收紧了对传教士的限制。白光明拒绝了教友的挽留，准备 1953 年年底离开中国。" Karvonen Hanna 在《1946 - 1953 芬兰传教士白光明在中国》中说。1953 年 11 月，中央宗教工作会议之后，天主堂的西班牙神父罗蕴丰和福音堂的芬兰牧师白光明同时收到了限期离境的通知。

白光明说："1953 年秋天，教友开始催促我回国，对我说：'对于我们来说，如果你走后，我们将会更容易一些。'"《津市志》则载："留守白光明雇人绘制地图，收集情报，寄往芬兰国，1953 年 10 月，津市公安局奉令劝其出境。"

12 月，他终于启程回国，结束了芬兰信义会在中国长达 52 年的传教历史。他不是最后一个撤离的西方传教士，加拿大传教士威利斯姐妹直到 1959 年 4 月 27 日才离开大陆。

1956 年 9 月，白光明和王文义、白美恩等人抵达基隆，他们开始了在恒春半岛的传教活动，他们创办的中华民国基督教信义会以乡村地区为工作重心，这里经济落后，工作艰难，最后信义医院也不得不借给中华医疗传道会经营。

白光明与贺爱珍（Eeva-Annikki Holma）曾同在大陆宣教，贺爱珍离开大陆后去了坦桑尼亚，一别就是 16 年，他俩一直靠鸿雁传情。1962 年，他俩在台湾重逢，白光明已经 52 岁。他拉着贺爱珍的手说："对我来说，耶稣第一，你第二。"1964 年，他们举行婚礼，有情人终成眷属。他们一起在台湾服务，1972 年退休回到芬兰，在赫尔辛基帮助从越南来的华侨难民。他俩经常深入监狱、医院探访，参加教会的各种活动。1996 年冬天，贺爱珍去世，他仍然继续为教会服务。

从 1902 年芬兰传教士来到湖南，他们将西方的文明和文化带到了津市，又将中国的文明和文化介绍给芬兰，他们是中芬文化交流的使者，对这块土地怀有深厚的感情，他们把这里视为第二故乡。即使是在冷战时期，他们也无疑是西方具有中国情怀的群体之一，他们关注中国，怀念湘西，渴望着归来。改革开放后，他们纷纷踏上了寻根之路。

1978 年秋天，白光明带着传教士的后裔回到中国，开始了寻根之旅。他带着孩子们参观他们祖父祖母当年出生的房间，在福音堂的走廊里遇到一位老人，递给了他一张他和津兰学生合影的照片，老人当时还是学生。

后来他和妻子、儿子又多次访问大陆。2011 年 10 月 27 日，在他百年诞辰前夕，最后一次在台湾、香港牧师的陪同下来津市，此时他已步履艰难，说话困难。当他得知养女的消息后激动不已。养女是邻居任为民津市一中初 14 班的同学，桃源师范毕业后她去了华容，退休后住在安乡。白光明也许觉得上帝留给他的时间不多了，他特别渴望能见上一面，接待单位立即和安乡联系，争取满足老人的愿望。

这位龙眉皓发的老人说他最大的财富就是高寿，上帝给予了他一切。他说："我的业余爱好是体操。对自己的年龄感到惊讶，我的兄弟姐妹也都是高龄。15岁我就开始像成年人一样晨练，严格按照教科书进行，每天15分钟的体操是不够的，但是现在不到一个小时。如果不是每天坚持运动，我不会这样愉快。"

冷战之后，芬兰青年去教堂的人也越来越少了，白光明不顾高龄四处奔波，频繁出席各种聚会宣教，努力召唤这些迷途的羔羊。他的不懈努力使他成为基督教信徒的偶像，2012年白光明百岁诞辰时，教会对他的颂扬达到了高潮。几个星期前，信徒们在磐石奥教堂再次聚会，庆祝白光明被按牧八十周年。

2015年4月19日，磐石奥教堂附近木屋的那盏灯熄灭了，一片枫叶轻轻地落了下来了，他接到了上帝的召唤，悄悄地走了。临终时，信徒轮流来家照顾他，希望他能优雅地老去，也能尊贵地离席，祈祷他的灵魂承蒙上帝的怜悯，享受安息。1963年，西班牙神父马国珍去世时，罗马教皇一直保留着他澧州牧区主教的职位。我有点困惑，白光明以百岁高龄不远万里重返故地，是怀旧之旅，还是履职之行呢？或许在他的潜意识里两者兼而有之，可是落花有意，流水无情。

乱世文人风骨朗朗

⊙ 谌建章

　　一条关于西班牙找到塞万提斯遗骸的新闻中，有这样一句话："目前全世界共有60余种文字的1000多种《堂吉诃德》翻译版本，其中在西班牙塞万提斯博物馆收藏的中文翻译版本有4种，最早的版本是贺玉波于1933年翻译的。"

　　贺玉波，这位最早将《堂吉诃德》译为中文的学者，是1930年代上海左翼文坛有名的文艺批评家、翻译家、作家。1939年回到湖南后他携家眷在时局相对平稳的益阳办学，直至1982年辞世。月初，记者在长沙见到贺玉波的儿子贺修平，已经80岁高龄的他，讲述了父亲风雨飘摇的一生。

求学于北京

　　1906年，贺玉波出生于湖南津市一个商人家庭。他先后就读于长沙兑泽中学和岳云中学，中学毕业后去了北京，初到北京就读于私立法政大学，一年后转入北京师范大学。贺修平回忆，父亲向他讲述过在北京大学接受马列主义教育的往事。当时，北大红楼是中国反帝爱国运动的策源地，北京的进步大学生有很多就是在这里接受的马列主义和民主科学进步思想的洗礼，贺玉波也不例外。1927年1月，他加入了中国共产党。而这，也成为他日后活跃于上海左翼文坛的一个契机。1927年是多事之秋。7月，贺玉波从北京师范大学毕业，为留在北京开展地下工作，他放弃了受聘至东北大学任教的机会，受领了"在北伐军攻城时举行暴动"的革命任务。为此，他暗中监视宣武门大街和骡马市大街反动军警的岗哨及活动情况，做了周密的城防调查。一天晚上，他在北京文艺中学开会，面见了北大教授高仁山（国共合作时期北京市党部负责人之一），领回了一大捆标语，然后分给各区分部，当夜贴满街头巷尾。但这一年，国共第一次合作破裂。冬天，中共北京市委交通员被捕叛变，党在北京市的总机关被抄，高仁山被捕。贺玉波埋藏了党员名单，奉命紧急疏散隐蔽，坚守一段时间后，于 1928 年 1 月取道天津趁夜色赴塘沽，搭乘轮船至上海，从此与党组织失去了联系。

活跃于上海

初到上海，贺玉波住在一户董姓人家，与钱壮飞巧遇，二人在客厅开地铺同眠。虽然境遇相近，心灵相通，但未有过组织上的联系。在白色恐怖环境中，他们不敢随意相认，只能各自保守秘密各奔前程。但二人的交往是友好的，钱拜托贺为其女介绍工作，贺欣然应允，将其女黎蓁蓁推荐给黎锦辉，便是 20 世纪 30 年代被誉为上海滩"四大天王"之一的名演员黎莉莉，其出演的《大路》《狼山喋血记》《塞上风云》都是当时中国电影的代表作品。1928 年，贺玉波从上海返回津市，一为在家乡创业谋生，二是试图与党组织取得联系，因此在津市创办《通俗日报》，但因登载激进文章受胁迫，只办了几期就夭折了。于是，他再次来到上海，在一家纱厂找了个工作。他边工作边创作，在报刊上发表文章，不久进入章锡琛先生的上海开明书店当校编。从此开始，贺玉波逐渐活跃于上海左翼文坛。

当时，开明书店的工作人员有包括夏丏尊、章雪村、丰子恺、顾均正、索非、胡愈之、周建人、孙伏园、夏衍、贾祖璋、朱光潜等一大批著名学者。在这样的文学土壤中，贺玉波笔耕不辍，很快出版了他的第一本小说集。1929 年 10 月，贺玉波的小说集《她的消息》正式出版，收录了《同命鸟》《她的消息》《离婚后》《营长太太》《离京》《破产》《自沉》《选举》等作品。开明书店主编赵景深先生为之作序，吴世灯先生曾说："值得称赞的是，开明书店能不遗余力提携无名作家和年轻作者。1930 年代尚无名气的黎锦明、罗黑芷、贺玉波等人的创作，首先是开明为他们出版的。"此时虽"尚无名气"，但赵景深赞他"将来是未可限量的"。2012 年浙江大学出版社出版的《孤云独去闲：民国闲人那些事》中有一个篇章专写贺玉波，其中就提到了赵景深的这篇序言："像《离婚后》这样的以乡村为背景来描写恋爱的小说，如'情为何物，直教人生死相许'，可以和汪静之的《耶稣的吩咐》以及许杰的《邻居》并美，无论在结构上，词句上都是很使人愉悦的。我们如果按著作的年月来看，便知《离婚后》是最近的一篇，依这样的进步比例下去，我想贺先生的将来是未可限量的。现在，即使只有一篇《离婚后》，已经很使我满足了。"这部短篇小说集算得上一部自传体小说，在上海文坛崭露头角，《营长太太》后来被改编成电影《多情的女伶》，在各地上演。

1928 年，他获悉一名红军师长来上海治伤，曾动员开明书店的同事捐款，自己也捐了 5 块银圆。后来得知这位师长正是陈赓将军。大概也是因着心中这份红色情结，1930 年 7 月，他曾有一次秘密返回津市，却因"共党"嫌疑被关押，释放后，曾在军队呆了七天，便再次逃走。1931 年又一次返回上海后，在光华书局任编辑主任。这个选择，一定程度上成就了他的"文艺批评家"身份。

《孤云独去闲：民国闲人那些事》的作者肖伊绯在书中写道："光华书局在四马路山东路口太和坊弄堂楼上，商报馆对门，这里除了图书之外，还经营着数量众多的各类期刊，其中当然不乏富于左翼色彩的各类杂志，譬如郭沫若主编的《洪水》、田汉主编的《南国》、郁达夫主编的《大众文艺》、艾思奇主编的《读书生活》、丁玲主编的《战地》、胡风主编的《七月》等。贺玉波在接触到这些期刊之后，开始频繁地为这些期刊写稿。"

这一时期，贺玉波的作品涉猎范围很广，不仅翻译了屠格涅夫、塞万提斯、霍桑等人的小说，也有小说、儿童文学等作品问世，甚至有《日记文作法》这样的小品文。但此时，贺玉波最重要的标签已经是"文艺批评家"。

1931 年，《读书月刊》邀请贺玉波担任"现代作家评判"的专栏撰稿人，在这个平台上，他陆续发表了一系列有重大影响的评论，包括《现代作家论》《巴金论》《郁达夫论》《沈从文的作品批判》《茅盾论》《中国现代女作家》等。在当时，贺玉波的评论被认为活泼辛辣，《中国现代女作家》一书更是给他带来荣誉的巅峰。后世有学者认为，贺玉波的女性批评刺激和鼓励了当时的女性。华南师范大学文学院朱秋萍在《论贺玉波的〈中国现代女作家〉》论文中写道："贺玉波的女性批评对读者具有启蒙意义，也给批评界增添了一袭清风，一个新的批评视角，为后来的女性批评提供了多视角批评的可能性，其自始至终强调的独立、奋斗意识，刺激和鼓励了当时的女性。"在"批评家"的道路上，贺玉波要求可谓严苛。他在 1932 年 4 月《现代中国作家论》序中这样表述理想："我不愿做个职业的批评家，为着我自己的志愿与兴趣来从事于文艺批评。有时甚至是为着自己的愤怒……看见了那些沽名牟利的什么伟大的小说家，天才的小说家，仗着他们的小聪明来写成什么巨著欺世骗人，我的怒气简直要上冲云霄！我发誓要揭开他们的真面目，使他们从此不能自欺欺人。现在，竟照我的志愿去做了，顿觉清爽，仿佛夏日置身于凉荫之下。"这可以说是贺玉波对"真的文艺批评家"的追求。肖伊绯写道："他既不赞同如周作人、成仿吾等，为了友朋和团体的利益执笔，防御他人的攻击，也不赞同如沈从文、邵洵美、梁实秋、赵景深等，普通的介绍与批评，对于作品不愿加以详细的分析和显明的判断。"一系列犀利评论书籍的出版，既给贺玉波带来了巨大声望，让他成为当时上海左翼文坛的风云人物，也给他带来颇多争议。其中争议最大的便是他对沈从文作品的批判。2012 年的《书屋》第八期中，刊载了一篇题为《沈从文退出文坛的前前后后》的文章，写到对沈从文作品批判的初始便是："鲁迅曾说胡秋原和沈从文是自由人'第三种人'，在编《中国新文学大系·小说二集》时，没有收入沈从文的作品。1936 年贺玉波的《沈从文作品批判》、1937 年凡容的《沈从文的〈贵生〉》等文章，责备他'不写阶级斗争'，没有塑造'个性化的人物'，对不同阶级人物'缺乏爱憎分明的立场'。"《孤云独去闲：民国闲人那些事》也称贺玉波是"沈从文作品批判"事件的始作俑者。但在对沈从文作品的批判中，贺玉波其实也毫不犹豫地赞扬了他作品的现实主义手法。无论如何，在 20 世纪 30 年代的上海文坛，贺玉波执笔直言，盛赞与争议，都已是后世评说。

归寂于湖南

1939 年，逐渐退出文坛的贺玉波最终选择离开上海，回到了家乡津市，从事教育工作直至 1982 年逝世。但贺修平告诉我们，事实上，因为当时在津市无法谋生，贺玉波辗转到了益阳，在一所乡村中学任教。

1940 年，在澧州学子及家长的要求和帮助下，贺玉波筹款办学。因益阳时局相对平稳，故选择离县城 40 多里的乡下——新市渡附近的岭口周家大院为校址，开办了澧资中学，自任校长。办学之初，曾被当局借故封门一次，学生们欲与军警对抗但被校方劝阻，贺玉波被囚禁 3 天。其妻向新市渡一富商借十余担粮款，方办理好保释及办学手续。学校共办了 5 年，直到益阳县城沦陷方停办。办学期间，为弥补教材的不足，贺玉波编写出版了《英语语法图解》一书。此后，贺玉波先后在育才中学（现为箴言中学）、湘山中学（现为桃江县一中）、益阳市三中任教。而在益阳市三中任教期间，正是"文化大革命"时期，贺玉波因正在创作的小说《烘炉》被打为"牛鬼蛇神"，受尽折磨，更经历了 8 年牢狱之灾。贺修平说，《烘炉》是父亲在国庆十周年时给自己定下的一个任务。他结合这些年的教育经历，创作小说《烘炉》，主要反映 1948 年至 1958 年新中国对旧的私立中学的改造，对旧的教育制度的改造。"文化大革命"前，已完成近 20 万字的小说手稿，被作为"反革命"证物收缴，直至 1982 年贺玉波逝世，手稿也未再现世。如今，贺家人最大的心愿便是找到《烘炉》的手稿。

贺玉波的文学传奇

⊙ 韩川

"我伫立在关山之巅，眼前呈现出幼时亲密的故乡；清澄的澧水湾湾如带，栉比的街屋片片如鳞；绿油的平野象征逝去的青春，蓝蓝的天空纯洁得像残存着的童心……"这是贺玉波散文诗《故乡》中的第一段。

贺玉波原名贺家春，笔名白露、兰城，1930年代活跃在上海文坛上的翻译家、作家、评论家、学者。1906年出生于津市一个商人家庭，他的父亲并非知识分子，而"是个自学的小商人"。他在《破产》中说："我们住的房屋不是人家的，还开了一家小小的布店，每年除开吃缴，也还落得一两千圆。"

富裕的家庭环境，使他有机会先后就读于长沙兑泽中学和岳云中学。毕业后他去了北京，他在《两个不同的时期》文中回忆道："初到北京，因为那时候还不曾改名，我住东城的一个私立法政大学，志愿是在学政治经济，同时对于一切基本功课如伦理、法学通论等还不厌弃，不过在课外总喜欢研究英文以及新文学，为了练习英语，我交了两个美国朋友，从他们学习发音和会话。为了研究新文学，我读过各种报纸的副刊以及文学杂志。只住了一年，又转进了师范大学。"

他怀着满腔热情参加反帝反封建的运动，在兑泽中学就参加了国民党。《二十年代津市人民的反帝爱国斗争》有："1925年7月，津市旅外学生周文定、朱务敏、贺玉波回到故乡，发起组织津市旅外学生会，并成立津市对日、英经济绝交会。"

"苟活者在淡红的血色中，会依稀看见微茫的希望；真的猛士，将更加奋然而前行。呜呼，我说不出话，但以此纪念刘和珍君！"这是鲁迅先生《纪念刘和珍君》结尾的一段话，贺玉波也参加了那天的游行，亲眼目睹了刘和珍等同学倒在血泊之中，他震惊了，在5月的《北京青年》杂志上发表了《纪念刘和珍烈士》一文，表示对烈士的悼念和对北洋军阀的抗议。

关于贺玉波这时的经历，《中国小说大辞典》是这样记载的："1927 年初加入中国共产党，7 月毕业于北京师范大学，国共合作时期，曾任北京外城西区党部宣传委员和组织委员。1928 年奉命隐蔽，与党失去联系。其间，曾任津市《通俗日报》报馆馆长。"

1928 年是一个多事之秋，他奉命隐蔽，离京赴沪，又回津办报未果，再赴沪。他在《破产》中说："秋季被市上的劣绅加以政治嫌疑，别离了老年的父亲，亡命到上海……幸得朋友的帮助，在纱厂找到了一个吃不饱饿不死的饭碗，以维持我这从枪林弹雨中逃出的生命。"他边工作，边创作，在报刊上发表文章，不久就进入开明书店当校编。

1929 年 10 月，他的小说集《她的消息》正式出版，收录了《同命鸟》《她的消息》《离婚后》《营长太太》《离京》《破产》《自沉》《选举》等作品。他曾亲眼目睹家乡饱受战争蹂躏，商店亏损倒闭，百姓负债累累，父亲卖房还债，家庭破裂分离。他为此失望、悲伤、迷惘。家庭的经历、津澧的风情、社会的百态，在他的作品中，都有淋漓尽致的描绘。《营长太太》后来改编成电影《多情的女伶》，在各地上演。

开明书店的主编赵景深先生为之作序，他说："像《离婚后》这样的以乡村为背景来描写恋爱的小说，如'情为何物，直教人生死相许'，可以和汪静之的《耶稣的吩咐》以及许杰的《邻居》并美，无论在结构上，词句上都是很使人愉悦的。我们如果按著作的年月看来，便知《离婚后》是最近的一篇，依这样进步下去，我想贺先生的将来是未可限量的。现在，即使只有这一篇《离婚后》，已经很使我满足了。"

他在《破产》中说："几年来漂泊在外，对于家事不大明白，但总怀疑门第的倾落竟有这样地迅速，难道家里的衰败不是可信的么？不，决不，实在是衰败了！记得去年我在家的时候，父母已经告诉了近年来家庭的没落，如军队的勒捐，大前年腊月三十日夜晚，军队抢去布帛，以及维持大伯父一家人口的生计和救助贫穷的亲戚等事，都是对于家庭经济的很大的损失。现在又过了一年，家庭的衰败，自然是意中的事了。唉！我们的房屋失掉了，我们的和睦快乐的家庭也失掉了！衰老的父母和幼弱的妹妹靠谁去生活呢？"1931 年，陷入绝境的父母只好从千里之外的津市到上海投奔他。

"大前年的腊月三十日的晚上，我们已经封了财门，偏不幸，一些贵州兵士把门撞开了，闯了进来，逼着买去五百多匹军衣布，说第二天交钱。但是，到了大年初一日，他们就统统开差走了。这一次，把我们亏折了一千块钱上下的血本！我的爸爸急得哭了几夜。"

1927年1月，黔军袁祖铭的部队先后向津市工商户摊派饷银十余次。由于军队勒索过甚，津市工商户力不能办，合兴永等为躲避派款，便被迫收业。

他的作品发表于开明书店，吴世灯先生曾说："值得称赞的是，开明书店能不遗余力提携无名作家和年轻作者。1930年代尚无名气的黎锦明、罗黑芷、贺玉波等人的创作，首先是开明为他们出版的。丁玲的《在黑暗中》、胡也频的《鬼与人心》、戴望舒的《少女之窗》、孙福熙的《北京乎》、秦牧的《秦牧杂文》、高士其的《细菌与人》等都是先在开明出版的。"

1928年他进章锡琛先生的上海开明书店当校编。唐锡光先生回忆那段时光时说："1930年2月，我到开明书店去工作，初识章先生时，确实对章先生怀有一种敬意，那时候开明的范围还小，整个编译所工作人员不过十来个人，除了夏丏尊和章雪村先生之外，还有丰子恺、顾均正、索非、贺玉波、章季衍、汪允安、杜仲甫和我。这就是编辑、校对、出版的全班人马。夏先生是编译所主任，章先生是出版部主任。"

在开明书店工作的还有胡愈之、周建人、孙伏园、夏衍、贾祖璋、朱光潜等著名学者，夏丏尊在长沙一师执教过，贺玉波和先生于是有很多的话题。

他在《夏丏尊访问记》中说："自从脱离开明书局编译所之后，我少和夏丏尊先生见面。他是位很和蔼的人，对于青年作家尤其是特别爱护，尽力地加以指导。以前他曾经替许多青年作家修改文章，使我们受益不浅。尤其他那种修改文章时所采用的商议态度，我们始终是非常赞成的。因此，我很想常去看看他，但为琐事所阻，不能如愿。"

他和丰子恺曾经接触较多，他在文中说："丰子恺先生，我有一年不见了。他这次刚从嘉兴来到上海。我吃过一阵酒后，离席去和他谈话。记得去年他刚刚留胡须，今年他的下巴和腮边欲满生着二三寸长的黑须了，但面色反比先前好些。他和我谈了一会他生活的状况后，便托我转告光华书局老板，说他暂时不能作稿。"

叶绍钧由开明书店总编辑夏丏尊聘为该店编辑，并主编《中学生》杂志。贺玉波先是在《中学生》，后来在光华书局的中学生刊物上发表了《日记文作法》《书信文作法》《中学作文指导》《小说的研究》《文学常识》《儿童的文学教育》《小说的图解》《小说技巧概论》《怎样读文学作品》《小学生创作》《致文学青年》《儿童书信范本》《小说的研究》《小品文作法》等作品。

1931年他去了张静庐先生的上海光华书局，任编辑主任。光华书局在四马路（今福州路）山东路口太和坊弄堂楼上，商报馆对门，光华书局经营出版不少进步期刊，其中有郭沫若主编的《洪水》、蒋光慈主编的《拓荒者》、田汉主编的《南国》、郁达夫主编的《大众文艺》、艾思奇主编的《读书生活》、黄源主编的《译文》、孟十还主编的《作家》、黎烈文主编的《中流》、丁玲主编的《战地》、胡风主编的《七月》等。这些期刊在当时产生了积极影响。为了谋生，他什么题材的文章都写，譬如《小朋友折纸工》。

1930 年 7 月返津，因"共党"嫌疑被关押，释放后，曾在军队呆了 7 天，便逃之夭夭。他的小说集《避难者》详细记述了这段经历。

1931 年 1 月，《读书月刊》请贺玉波担任"现代作家评判"的专栏撰稿人，认为该专栏比"现代作家录"更有价值。而贺玉波以此为平台，发表了《现代作家论》《巴金论》《郁达夫论》《沈从文的作品批判》《叶绍钧访问记》《矛盾论》《中国现代女作家》《文学常识》等著作，集中表现了他的世界观与创作、文学与政治、文学与大众、创作与生活、内容与形式等方面的新进观点。成为 1930 年代左翼文坛有名的文学评论家，仅评论文稿即近 30 万字。在中国文坛上留下了浓墨重彩的一笔，他的作品和观点至今尚为我国文学研究工作者所肯定和引用。

《读书月刊》当时的简介云："其宗旨为指导青年读书的方法，培养青年读书兴趣。内容包含各科学术，唯颇偏于文艺作品，除创作翻译及各种学术论文外，尚有国内外文坛消息、出版界与作家之介绍，尤为切合一般青年学生阅读之用，撰稿者有谢冰莹、贺玉波等。"

从闭塞、落后的家乡来到上海，这里聚集着一大批从内地避难来的进步作家和文学青年，文化运动应运而生，贺玉波以极其浓厚的兴趣学习和研究哲学、政治经济学和文学理论。在光明书店和光华书局工作时，他有机会接触了鲁迅、丰子恺、谢冰心、叶圣陶、巴金、沈从文、赵景深等文坛名人，与彭家煌、刘大杰等湘籍作家更是来往甚密。

他见鲁迅，是 1934 年赵景深在大中华饭店举行婚礼时，当时出席宴会的有鲁迅、沈从文、叶圣陶、徐霞村、周予同、虞岫云等，他在《鲁迅的孤僻》中说鲁迅："只见他老人家，穿着一件长衣，孤单单地闷坐在一张椅子上，他的前额的头发已脱落，一笔粗黑的东洋胡须，把他脸色衬得怪庄严而冷酷。"又说："他却仍然如前孤零零地坐在那里，只是痴看着，不说一句话。他不去找同堂的人攀谈，可是，人家也不敢走到他的身边去找他。一直到张宴时，他才一声不响地入座。"

虽然贺玉波与冰心同为《读书月刊》主要撰稿人，但他在《歌颂母爱的冰心女士》文中，却毫不留情地批评冰心的作品是"不论诗歌、散文和小说，她所吟咏所描写的终不出于有闲阶级安逸生活的赞美；于是自然的美和父母家人的爱成了她每篇作品的要素。所描写的题材几乎完全取自于她安逸的家庭，而军人的父亲、慈爱的母亲和聪明的弟弟们便成了她屡描不倦的人物。她对于社会太盲目了，感不到分毫的兴趣；以至所描写的事件大半是一些家庭日常生活的片断。她不明了社会的组织和历史，而且不曾经过现社会的痛苦，所以主张用由母爱而发展的博爱来解除社会上的罪恶，来拯救苦难的众生。在她的作品里只充满了耶教式的博爱和空虚的同情。"

1931年2月，贺玉波第一次拜访叶圣陶，他是为《读书月刊》约稿来的。他说："从赵景深先生寓所出来，已经是下午八时三刻了；在这样晚的时候去访问叶先生恐怕不方便，但为着一腔热诚所驱使，我只好不顾一切，去扰乱他晚间家庭的幸福了。"他发表的《叶绍钧访问记》，得到了较好的反响，一位叫芳君的读者来信说："我在《读书月刊》上读到你的《叶绍钧访问记》，当时的心情很觉畅快；因为我是读过他的童话而又非常崇拜他的人。你的这篇文字增加了我对他的虔诚，并且造成了我给你初次通信的动机。"

他的《巴金论》篇首就说，巴金"处女作《灭亡》经他的友人介绍于《小说月报》发表，当时颇获得许多读者的赞美。于是，有许多人向该杂志的编者探听他的真姓名，结果呢，连编者自己也无从知道。因为巴金是从来不大出面见人的缘故。几月前，我在宝山路他的好友某君的寓所会见了他，大家在一块共过晚餐。他是个很和气的青年，谈起话来也很诚恳。那时期他正为《时报》写《激流》，打算筹点旅费到欧洲去游历。我们的谈话大都属于各人私自的情况，所以没有记述之必要。"他评价巴金："与其如作者自己所说他是个罗曼蒂克的革命家，倒不如说他是个含有小资产阶级的意识的革命家来得真切。"

彭小花在《生活在友情中》一书中说："有一天，巴金在索非家里认识了一位文学评论家贺玉波。巴金的温和态度和诚恳的谈话给贺玉波留下了深刻的印象。贺玉波后来写了一篇《巴金论》，对巴金已经发表的中短篇小说作了全面、系统的分析，是当时出现的最有分量的关于巴金及其作品的研究论文。"

他在《写在〈郁达夫论〉的后面》中叙述了当时他的工作情况，他说："不知怎地从今年春季我做《茅盾创作的考察》的时候起，我对于作家论一类的文字有了特别的兴致，一时竟随口答应给几个书店写两本这类的书。记得是光华书局先要我写《现代中国作家论》，还没有完稿的时候，现代书局又要我写《现代中国女作家》，到了后者已经完竣而前者尚未继续动笔的时候，我却又分心来编《郁达夫论》这本书了。"他是一个很情绪化的人，时常为作者的文字所感动得流泪，但又不得不站在普罗文学的高度，提出作者的不足，他经常处于一种非常矛盾的心理状态。

他在《沈从文的作品评判》中说："在我的故乡湘西，有许多不安分的流氓地痞，不是拿钱去买个军官做，便是成群结党来'拖队伍'；简直和土匪没有什么分别，占据一块地盘好刮地皮。或是奖励农民种烟勒索重税，并包运烟土；或是诬陷富绅，提取罚款，形同绑票；或是多设苛捐杂税，以充军饷。他们渐渐变成富有，而一般上中阶级的人民却个个破了产。这是我故乡人民受大小军官剥削的情形。沈从文的这篇《入伍后》便是描写一部分的那种情形。"

他对这位湘西老乡的作品在肯定的同时，也指出了不足："作者虽然把那种土匪军队筹措军饷的政策说明了，但说话的语气却是偏重于军队方面的，而对于那些被剥削的人们一点不曾加以同情。"并说"他在作品的开始，只写些无聊的消闲的情形，接着就随便骂人起来"。

贺玉波的《中国女流作家论》被翻译成韩语，发表在《东亚日报》上。全面介绍了三十年代中国文坛声誉较高的女作家冰心、丁玲、卢隐、绿漪、沅君、沈樱、淑华、陈学昭、白微、陈蘅哲等十人的经历以及创作风格。

他曾说："本书里面找不出存心捧腿或毁骂的地方，完全以作品的思想与技巧为批评的根据所收的女作家，有的是我幼时的同学，有的是我现在的朋友，有的认识，有的不认识，但我的立论却不以种种的关系为转移。"

他说的幼时的同学是丁铃，他在《丁玲女士论评》中说："记得我在长沙岳云中学二年级时，她便和三个女学生求得学校当局允许男女同学，与男生受着同等的教育，这在十年前的湖南还是创举呢。我在同学的时候并不曾和她交谈过。我只知道她和我的籍贯同是澧州，现在留在我的脑海里的她的印象只是个身材适中不肥不瘦的、约二十岁的女生。"他称赞："丁玲女士的作品是具有特殊风格的。她善于分析女子的心理状态，并且来得精确而细腻，又能采用新的结构和大胆的描写。"

与此同时，他与彭家煌、瞿然等在上海组织中国文艺研究社，亲自撰写了章程，以研究介绍世界文学、整理中国旧文学、创造新文学为宗旨，文学主张和创作实践均倾向于现实主义，他全力从事文艺理论的宣传，大声疾呼作家"到广大的社会里去，最好到那受尽压迫和剥削的下层社会里面去"。

陈斗南旧宅是凤凰城里的旅游景点之一，他的散文《恐怖的贺玉波》和《逃亡》，记述了 1930 年 8 月 15 日，他回到津市后，为了逃脱挨户团的追捕，应同学之请，到陈斗南的政治部呆了几天，不久又从军队逃了出来。

《20 世纪中国写作理论史》的作者对贺玉波《小品文作法》给予了较高的评价，他说贺玉波的突出贡献，"是把小品文放在一个坐标轴上进行横向和纵向的研究，找出了小品文发展的轨迹"。其次"还在于他较早地对小品文进行了细致分类。他把小品文分作三类：记述小品文、抒情小品文、说理小品文，较之冯三昧的分类方法更加科学合理"，"贺玉波《小品文作法》将众多小品文创造理论集合归纳，从中概括出精练准确的小品文写作观念"。

1931 年 3 月，他在《两个不同时期》中说："自从出学校以来已经有了五年，在这五年之中有三年是失业的，为了生活，做过种种不愿意的职业，到现在是赋闲于亭子间中。"

即使在书局做编辑，工资也不高。1935 年书店大量出版的书籍被国民党查禁，经此打击，贺玉波经济上山穷水尽，债台高筑，1935 年 5 月，光华书局被法院查封。贺玉波做起了自由撰稿人，他为《中国名人故事丛书》编写了《杨椒山》《管仲传》。

赵景深在《我所认识的老舍》文中说："北新书局编辑部从七浦路移到河南路杏花楼附近，《青年界》改变我侧重文学的偏见，针对大中学生，编成综合性的刊物，改成 16 开。每期请陈清辰写国际时评，主张对日抗战；自然科学方面，购买美国通俗科学杂志，请贺玉波翻译欧美科学方面的新发明，并翻印原来机器的插图，作为补白。"

贺玉波在《青年界》上先后发表了《三个女学生》《看守》《妻》《荧光》《野兽的世界》《新发明的军器与军备》《怎样研究图画》《世界最强的陆军》《新式军舰》《失业谋业及其他》《荧光》《探险的故事》等。1946 年发表《青年群像》，1947 年发表《文学与科学的交流》。

尽管贺玉波在《失业谋业及其他》告诫读者："在失业期中，我们青年最要紧的一着，就是自己意志力的坚定。"当时的他怎么也没想到不久后失业的阴影将光顾他自己了。抗战爆发后，上海沦为"孤岛"，报刊杂志纷纷停刊，书局生意萧条，昔日喧哗的文化市场沉寂下来，贺玉波陷入了无米下炊的绝境。当时的报纸是这样报道他的："他在《大晚报》上发表《生之厌倦》，表示对于'生之意志'已告绝望，全文至为沉痛，实为最近一般穷作家之写照。按贺在上海度写作生活者业已多年，有父、母、妻、子之负担，一日不写，即一日不得过，以前出版界景气时尚勉可维持，近年来读者购买力减低，书店不收稿件，因此酿成作家之极度恐慌，此实为一十分严重之问题也！"在他的散文《一天》中，也有这方面的记载。这也许是他最后决定离开上海，离开中国文坛的原因之一吧。

他的小说，亦如同时期其他人的作品一样，沉重、悲哀，他的《我的母亲》《妻》《荧》《妹归》《一天》《妻子的报酬》等文，都在叙述家庭的不幸遭遇，充满了伤感。

他在 1937 年 4 月 25 日的日记中写道："在归途中，使我回忆到死去两年多的母亲，她老人家现在停在会馆里，便感到了一阵心痛！"

4 月 30 日记写道："晚上 10 点钟，他（洪涛，当时在驻日大使馆工作）来到我家过夜，于是我们便叫了几样小菜请他便酌。父亲、妻和我陪着他吃喝、谈笑，十分有趣。我们谈得很广，由国家大势到文艺界、出版界、两方家庭的变故、亲人的消息等。所以，我们有时很兴奋，有时却很感伤。"

他在《逃亡》中说："津市是个内地的小商镇，生活程度的提高却和大都市差不多；不论日用货品价值昂贵，就是一家三四口住的房间每年租金总在百元以上。"

他的《三个女学生》描写了三个津市的女学生为追求进步和自由，到上海打工求学，追求光明的经历。而《营长太太》则叙述了一位军阀李营长的太太，释放了一位共产党嫌疑人、一位津市富商的儿子，与之出逃。

贺玉波是列入《中国现代作家》中的唯一一个津市人。他离开津市很早，但非常眷念家乡，他的文章中处处洋溢着浓郁的乡情、乡思、乡恋。他在《冬天的影子》中说："从省城回到我们的故乡，有五百里水程；路线是由湘江而下，横过洞庭湖，而入澧水。可是一到冬天，我们就不能痛快地乘小火轮，只花两天到家了。因为水浅滩多，内江的航线便被截成了三段；而且澧水已不通行轮船，只好经沅水，过常德，再行 180 里山路，才能到达故乡澧县。所费的行期须延长至半月之久。"

1930 年初夏他回津市，写有《湘行留影》，文说："记得最末一次我从上海回到湖南，还是三四年以前的事情。那次回来只住了三个来月，便因了种种关系，又仓促地从湘西的故乡重复流浪到长江下游来。自此以后，就不曾再回去过，也不曾做过返乡的梦。"又说："像我们这种在异地飘荡得久了的人，无论怎样，一提到了自己生长教育的乡里，总免不掉一种带有伤感的憧憬。""在省垣小住个把月之后，我便决心回到湘西自己的故乡去。长沙离津市有四百八十里水路，也须乘小火轮，沿湘江而下，经资水，过沅江县，渡洞庭湖，入澧水上行，方能达到。"

他的妹妹曾先后在澹津女校、九澧女师和长沙女中读书，后与妹夫莜堂在岳阳县立女子中学任教。他在《妹归》中说："每当有人从故乡里来上海的时候，照例，我们要问故乡里的人事。他们虽说不是从湖南津市来的，但是，是从省垣临近的岳州来的，那地方和故乡的相隔总比较上海近得多，当然容易得知故乡的消息。""大伯父的铺子老早不做了，大伯娘已病死了。还有，姑妈曾经到省里来过一次，在女儿女婿那里住了个把月，后来被那可恶的姑父找到，被领回故乡去了。"他又说："我们本来是受不了故乡的兵荒匪祸和苛捐重税，才逃亡到上海栖身的；虽说一家老小能够在大都市里苟延残喘，不致变成饿殍，但是，一向在本土住惯了的老年父母怎么不追念那久别的故乡呢？但是，从妹妹的口中所听到的故乡的消息，却仍然是些兵匪连天、苛政有如猛虎的坏消息，还加上一些亲戚和邻居们的衰败和死亡，我们这些要从故乡找到安慰的人，反而因他们而感到了无谓的烦恼！"

贺玉波的原配夫人是谁已经无从知道，只知道他婚后，婆媳关系紧张，妻子长期住在娘家。后来的夫人黄蕊珠，也是津市人，1932年3月与贺玉波结婚。黄蕊珠和贺玉波曾以笔名蕊珠、兰城在《青年界》上发表科普小品，如《汽车顶上的幕帐》《透明的笛子》《电力摩托椅》《飞机式的雪橇》《双丝电灯泡》《法国军队的飞机探听机》等，图文并茂，亦受读者欢迎。她和贺玉波被《读书月刊》的编辑誉为夫妇作家。

贺玉波在《妻》中说："她是和我同一镇上的人，是我的妹妹的同学；她俩由小学而同到中学，怪好的，一直到变成我的妻子的时候。记得在我恋爱她以前的几年，我是老早就认识她了的。因为她的哥哥也是我小学的同学。"

"就在闹着大水灾的那年秋天，我的家人们由恐慌的内地市镇逃亡到上海这个大都市里来，她便随着他们一同来到这里，打算找一处适意的工场去做工，过她那理想的半工半读的生活。"她虽然也在报刊上发表文章，但终究稿费太低，他们的第二个女儿出生后，家庭经济捉襟见肘，难以维持。满月后，她去考机关办事员，才有了第一份固定的工作。

维安和咏秋在《现代文学评论家贺玉波论》中给予了贺玉波很高的评价，他说："贺玉波是三十年代左翼文坛有名的文学评论家……作为一名马克思主义文学理论战士，他十分强调世界观对创作的作用，要求作家具有正确的立场、坚定的信仰和纯正的品质。他抨击了形形色色的腐朽、没落的创作思想。"

又说："1931年，贺玉波在上海组织中国普罗文艺社，全力从事无产阶级文艺理论的宣传。……他从文学艺术只能是社会产物的唯物主义的角度，提出了我们的文艺必须是'代表大多数民众的。它不是皇室或官府所专有的，不是少数资产阶级所专有的，不是知识阶级专有的，而是为社会之基本的下层阶级'……贺玉波的文学批评遵循着无产阶级文学理论的基本准则，宏扬了马克思主义的文艺思想，其基本精神与后来的毛泽东同志的《在延安文艺座谈会上的讲话》是一致的。"

奇怪的是，为什么贺玉波自1939年之后我突然默默无闻，不为人知。读过他的《昙花一现的普罗文艺活动》之后若有所悟。他说："因了苏俄与日本的赤化文艺思潮之侵袭，国内一般自命为前进的分子，便从事附和，建设所谓的普罗文艺，他们专以反抗统治阶级，怂恿工农暴动为能事，这是当时思想上的错误思想"。

也许是他的遭遇，使他对战争深恶痛绝；也许是迫于当局的压力，不得不说一些违心的话给检察官听。我曾怀疑这篇文章是不是他所作，因为与他一贯的立场和观点有悖。也许他徘徊过、彷徨过，在有些人眼中，他是右翼文人，在有些人眼中，他是左翼作家。他试图走自己的路，却处处碰壁，于是渐渐地淡出了中国文坛。

有贺玉波类似经历的，津澧不乏其人，他们参加过学生运动，逃到上海，卖文为生，他们和"左联"作家也有往来。他们住在亭子间，饥寒交迫，在社会的最底层挣扎。数年后，家乡风声渐息，他们回到老家，或教书，或办报，聊以度日。

也许是地理位置和商业气息影响了津市人的命运。左宗棠就对胡林翼说过："澧人多任侠而少真气，其士风使然。"郁嶷也说"津市地滨澧水，商贾辐凑，谣俗逐货导利，无志于学用儒素自奋者"。我不希望一语成谶，但愿后人能够走出这个阴影。

离开上海后，贺玉波似乎隐居下来了，有关他的信息很少。抗战胜利后，司马长风先生在《战时战后的文坛》中说："此外尚有动向未查明的作家甚多，如贺玉波、叶永榛、邵冠华、宗白华、段可情等。"

1939 年，贺玉波从上海回到湖南后，在益阳"澧资中学"教书，并当过校长，大部分时间任语文和英语教师。很奇怪，无论是益阳还是澧县都没有"澧资中学"。我猜测 1939 年芬兰人离开津市后，津兰中学缺少英文教师，贺玉波在那里教英文，他去益阳应该是在 1941 年津兰中学停办之后。1943 年他去了益阳式南中学。津兰中学是教会学校，解放后即解散了，没有留下档案。

他和夫人黄蕊珠在桃江湘山中学任教，是 1946 年以后的事。我以为所谓在澧资中学任教，实际上是指他曾在澧（水）流域和资（水）流域的中学任教。

贺玉波著作等身，我知道的就有 59 本。报刊上发表的文章就更多，是 1930 年代著名的作家和学者，报刊杂志时常报道他的动态。然而他离开上海后，却很少有作品问世，远离了文坛。1958 年他调到了益阳文联，据说也写过一些剧本、民歌，如 1962 年在《益阳文艺》发表的《刘半仙的故事》。

1982 年 1 月 23 日，贺玉波逝世，走完了他人生的最后旅程。

画坛巨匠孙世灏

⊙ 佚名

孙世灏，1895 年 5 月 27 日出生新洲镇，以油画名世，兼擅国画，工翎毛。

留学法国

1919 年 12 月 9 日，孙世灏同周恩来、邓小平、徐特立、何长工、恽代英、罗宁（澧县人）等人赴法勤工俭学。他入法国国立巴黎高等美术学校学画，与徐悲鸿同窗。1920 年 7 月，孙世灏在法国蒙达尼参加了由蔡和森、向警予组织的留法勤工俭学湖南新民学会会员研讨会，成为当时国家立志改革、追求进步的一代精英。

留法期间，孙世灏在巴黎卢佛尔博物馆临摹达·芬奇的名作《蒙娜丽莎》，惟妙惟肖，栩栩如生。有人见了这幅足以乱真的油画，立即出高价要求买去珍藏，孙世灏婉言拒绝，后来将其带回了祖国。3 年后，孙世灏转入比利时布鲁塞尔皇家美术学院高级油画班深造 7 年，先后在法国、比利时、德国举办个人画展。比利时皇室公主爱慕这位年轻英俊、才华横溢的美术博士，示意招他为驸马。孙世灏想到国家组织他来欧洲留学，为的是学有专长，为祖国所用，怎能为一己之私而背信弃义呢？况且，祖国有他的慈母。因此，他谢绝了比利时皇室的美意，毅然决然于 1929 年启程回国。

学成归国

20 世纪 30 年代的上海租界，海关被外国人把持。入关时，外国官员见孙世灏随身携带许多画作，竟当成商品强行要他缴纳关税，并示意他用英语说话。孙世灏觉得在祖国的土地上竟为夷所制，实在欺人太甚，他以沉默不语反抗，并愤然将多幅画作抛入黄浦江中。一位中国官员见他留欧 10 年却忌讳说英语，那么多珍贵画作却一扔而去，很不理解地问他这为何故？孙世灏怒气未消地说："在祖国的领土上，我只说中国话！我的画扔进江中，还可以随时画出，不足惜！我就是不给他们缴一文钱。"凛然正气感染了众多中国官员，大家对他肃然起敬。

1930年，南京国立中央大学聘请他任艺术系教授，他遂与徐悲鸿不期而遇。为友谊故，不久他便辞去了中央大学教授职务。这期间，他一反过去崇尚淡泊雅致、怨而不怒、哀而不伤、含蓄蕴藉的画风，大胆采用写实手法，创作大幅国画《孙中山先生立像》，震动画坛，后为蔡元培先生所收藏。1932年，孙世灏应河南开封第一师范学校聘请，出任艺术系主任，直至抗战全面爆发，他才回到故乡澧县，暂住新洲。

刚直爱国

美不美，故乡水；亲不亲，故乡人。家乡的一草一木都让孙世灏情有独钟。新洲的伏波祠、园门外的过街树、道口河的乞丐都成为了他写生的对象。特别是对丐帮头儿黄可光，他有深深的同情和感佩，一连画了黄可光三幅国画，并在作品背面注明："这是澧县道口河的黄可光，我在新洲时常见着他。"孙世灏除了绘画，还常到学校教课。虽然生活拮据，但他爱憎分明、秉性不移。县长、政客登门求画，他避而不见；乡宦、豪绅阿谀造访，他闭门谢客。不久，日军犯澧，战火纷飞。孙世灏为避兵燹，举家再次迁徙，遂于大庸县一所中学教书。课余饭后，他观山作画，绘出了西海峪在前、天门山在后的大幅国画，这是中国画家笔下的第一幅张家界山水画。日寇侵犯中国的暴行、两度逃乱的痛苦经历，使孙世灏怒火中烧、义愤填膺。在纪念"七七抗战"两周年的时候，他绘制了钟馗画像，并题跋："当今小鬼纵横，明目张胆，惨无人道，暗无天日，堂堂神州，几无一片安净土，且到处多是怀鬼胎、戴鬼脸、存鬼心、说鬼话、鬼头鬼脑、鬼鬼祟祟，这皆是鬼之变态，钟馗喜啖鬼，今日复生，必食尽小鬼乃已。"又题："适届夏历己卯（1939）蒲节（端午）后二十日，天下莫不拭目倾耳以待我最后胜利，因有感写此。"不久，他又挥如椽之笔，画了一幅日寇杀人放火的油画：一排排房屋被付之一炬，火光冲天；一名来不及逃避的盲人被日寇杀死，鲜血淋淋……孙世灏以画笔作武器，揭露日寇滔天罪行，记录日本侵华历史。

民主斗士

1948年，孙世灏赴长沙民本中学任教不久，改任长沙克强学院教授。后来，入湖南大学土木工程建筑系任教，开艺术美术教授讲工程建筑设计课之先河。1949年7月29日，长沙和平解放，听说湖南大学师生要举行大游行，他立即赶制了"马、恩、列、斯、毛"五幅巨幅油画像。30多人组成的抬像队伍走在游行大军前列，围观群众无不喝彩，声势浩大，威震省城。为此，中央人民政府还破例为孙世灏颁发了一笔奖金。校方见孙教授如此进步，动员他加入中国共产党。老教育家徐特立还专程到校劝他从政。

爱党爱国

　　1953年，全国高等院校实行调整，孙世灏奉调赴华中师范学院美术系任教。美术系从师范析出成立湖北艺术学院后，孙世灏调任湖北艺术学院美术系、湖北美术学院的油画教授。

　　孙世灏博士既有娴熟的传统中国画的技巧，又深得西洋画写实的要领，中西融合，得心应手。画一手持藤杖的老妪，横扫三笔便是棉袄，勾勒四下便成长裙，其暮年赏菊，神态逼真。绘一群血脉相连的卧狮，雄狮仰天长啸，雌狮夫唱妇和，幼子事不关己依于母怀，十分传神。他擅画飞禽走兽，主张借物喻情，抒发画家的情怀，更注重直接反映现实生活。1952年，他参加过湘西永顺县的土地改革运动。1954年9月，他绘了一幅"子母哨"的国画，并题跋曰："一九五二年元月四日，由湖南大学动身到湘西永顺青天坪参加土改，每逢开会或调查生产经过这半坡，就看见每次见过的子母哨。儿子站岗，母亲带着小弟做针线，伴坐在岩壁上，她那种负责的神气，至今还留在我眼帘里。"他到武汉后，曾几次专访韶山冲，描绘毛主席的故居，以致毛主席的乡亲毛月秋等人都同他成了熟人。1957年武汉长江大桥在建，孙世灏绘制了巨幅油画《建设中的武汉长江大桥》，至今收藏于三儿子孙永忠家里。武汉建了火电厂、炼焦厂，他现场写生；武汉大学樱花盛开，他精心描绘……把画家热爱领袖、热爱祖国、热爱生活的情怀表达得淋漓尽致。

　　孙世灏拥护共产党，歌颂毛主席，绘制了3幅组合的巨幅国画，挂在客厅要挡一面墙。画中前半部分描绘了旧中国虎狼当道，民不聊生，劳动人民处于水深火热之中，毛主席领导的解放军搭上桥板，让民众走出苦海，走向光明……就是这样一幅匠心独具的杰作，"文革"中造反派说他把毛主席与牛鬼蛇神画在一起，属于一棵大毒草。孙世灏拥护繁荣文学艺术的"双百方针"，精心绘制了《百家争鸣、百花齐放》的巨幅国画，准备送人民大会堂使用，"文革"中也被诬为大毒草，被造反派撕得粉碎。造反派诬蔑孙世灏为反动学术权威，将他绘制的1300余幅作品和两大箱画稿、文字资料尽数收缴，让他蜗居在一个不足3平方米的斗室里。他在留学期间所作的许多模特儿写生油画，造反派都批上"大毒草、不还""不能退还""反动画，批判用"的字样，然后从画架上扯下来，捆卷得不成画样。他在美术系教学中所画的以寿星"老子"为题材的国画样稿都被诬为"封资修"的黑货，涂的被涂抹，撕的被撕乱，还有近千幅画作不知去向，下落不明。

孙世灏像他自己所绘的那只立在潮头的雄鹰，目光炯炯，威武不屈，看浊流潮涨潮落，待正义激浊扬清，盼祖国河清海晏。他忧愤成疾，于1977年2月17日含冤长逝，终年82岁。

人物性格

孙世灏一生个性执着，追求艺术的真、善、美，除此而外，别无他求。他早年创作的《苏东坡夜游赤壁》的巨幅油画，被其母校比利时皇家美术学院以2万法郎购买收藏。他送给学生、友人的画作，至今被视为珍宝，有的被收藏，有的还被转赠。旅台的澧县籍国民党将军刘光宇见自己年岁已高，担心孙世灏早年赠送给他的一幅国画失传，专程辗转回乡，转赠给澧县博物馆收藏。孙世灏"文化大革命"前的许多画作，有的在学院、在武汉举办的画展中面世，有的在上海举办的他的个人画展中与观众见面。

孙世灏教授性格较内向，不善交际，有时会被人误解。解放初期，湖南大学一般教师的工资水平不高，但他享有高人一等的教授级工资。调整工资时，政府根据当时财力，限额提高大学教师待遇。孙世灏见僧多粥少，主动要求学校给自己降薪，客观上起了为政府分忧的带头作用。留法期间，孙世灏与徐特立情同手足，亲如一家。做饭时你烧火、我做菜，结下了深厚友谊。解放后故人相逢，分外亲热。徐特立劝他出校从政，他婉言谢辞；校方动员他入党，他笑而不答。其实他没有别的意思，只是觉得入党、从政后就该尽职尽责，不能沉湎于美术生涯，他觉得还是无官一身轻，自由创作的好。他到华中师范学院后，校方安排他任系主任，他不接受；徐老第二次造访，他躲避起来，害怕徐老又来动员他当官。他蓄胡须是从慈母辞世后开始的，意为永远铭记母亲的养育之恩。

活孔明彭化万

⊙ 王泸

　　1960 年，我考入津市戏曲学校（荆河戏科班），当时校长是市文教科科长蒋明庆，科班师傅是王化金。我因小嗓好，开始分的是小生行当，师从王振文。师傅艺名"八岁红"，八岁登台唱戏，一唱就红。我们白天刻苦练功学艺，晚上基本是观摩，看师傅们演戏。当时刘公桥剧院可容纳一千二百余人，场场演出满座。观众基本上是"三佬"：船古佬、乡巴佬、街坊元佬。我师傅"八岁红"扮相英武，嗓音高亢明亮，文武生兼备，在湘西鄂南享有盛誉。我特别钦佩师傅扮演的赵云、周瑜、陆逊、吕布等人物，如赵云的腿功、周瑜的文武台步、陆逊的唱功、吕布的翎子功等。当师傅教我时，我不禁问师傅是跟谁学的，师傅一脸庄重，钦敬地说，师傅的师傅是彭化万。从此，彭化万这个名字深深嵌在我脑海里。后来才知道，剧团名角王天柱、刘运志、罗松林、刘松六等都是彭化万的徒弟，我因此更加钦敬师祖彭化万。于是我决定从师傅口中将彭化万的荆河戏表演技艺及其艺德记录下来，传给后人。

　　听师傅说，彭化万 1899 年寒冬出生在会仙桥下（原仙桥商场）的破茅棚内。他出生时，刺骨的寒风差点把茅棚刮倒，彭化万的母亲用破棉袄紧包着儿子，躲进桥洞避风。还是婴儿的彭化万的哭声震耳，恰逢几名戏迷从桥上走过，听见此婴儿哭声尖亮刺耳，笑着说："这伢儿这么响的声气，长大了只怕是个戏子（旧时称唱戏的艺人为戏子）。"

　　戏迷言中。家贫的彭化万八九岁就在刘公庙前帮父母摆小摊谋生，向刘公庙敬菩萨的香客卖点香、烛、纸钱、鞭炮等。刘公桥对面就是一个大剧场，松秀班（津市荆河戏剧团前身）就在这儿唱戏。酷爱荆河戏的彭化万无钱买票进剧场，几乎每晚都蹲在剧场院墙外张耳听戏，时常趁人不备攀上墙头，翻进院子看戏。有次被看院人发觉，要揍彭化万，彭化万怕揍，灵机一动，唱起《三支令》中那一段脍炙人口的北路流水，"一支将令往下传……"那清亮的嗓音，有板有眼，把看院人喜呆了。看院人见这孩子如此聪明，便引荐给了松秀班的师傅们。彭化万十三岁正式进新华班学戏时，已经会操琴自拉自唱了。

当时的科班是非常严酷的，科班期满一百天，就要登台唱戏。如果你不拼命刻苦学戏，没有技艺，就没有饭碗。如每顿饭都按名角、配角、龙套等级别从锅里打饭。名角最先打饭，配角再打饭，最后跑龙套的靠运气打饭，锅里还剩有饭，就可吃饭，如名角、配角把饭打完了，跑龙套的就要饿肚子。师傅常叮嘱我要刻苦学艺，学得好是一碗戏饭，学不好是一碗气饭，处处受气，甚至被淘汰出戏班。这就是当时戏班按劳分配的规矩，想当"混混"是混不下去的。彭化万由于平时学艺刻苦，天资聪慧，又喜欢读书，尚有文化底蕴，据说登台唱的第一出戏就是《三支令》，小小年纪，连诸葛亮的太极皂袍都穿不称身，却把诸葛亮演得活灵活现，赢得观众一片喝彩声。从此，彭化万爱上了孔明戏。

荆河戏有两百多出传统戏，约五分之一是三国戏。几乎每出三国戏都有诸葛亮这个人物，《天水关》《凤鸣山》《五丈原》《三支令》《收姜维》《大回荆州》《空城计》等。彭化万最大的贡献，就是创新表演程式，运用荆河戏"内、外八大块"的独特技艺，塑造具有鲜明个性的人物形象。如"高靴功"属荆河戏"外八大块"范畴。什么叫"内、外八大块"？我请教了数十位荆河戏老师傅，说法不一。我把师傅们所说的技艺集中列了一下，竟有20多种，后来我明白了，凡精神类的属"内八大块"，如人物的心理、心态、情绪（喜、怒、哀、乐）等；物质类的属"外八大块"，如人物角色的装饰物：翎子、发、口条、罗帽、扇子、马鞭、桨片、水袖、刀枪把子等，以及人物外部身段动作，固有的程式套子，如起霸、趟马、走边、上楼、下楼、升堂、站门、挖门等。彭化万经过十多年舞台实践，潜心研究后，从人物个性出发，把诸葛亮的高靴改为普通生活中的布鞋，创造了独特的专演诸葛亮的"撒鞋戏"（津市方言读"趿"为"撒"）。他认为高靴脚底高，硬朗、雄健，适合台步急、跨步大的武将或个性刚勇的人物。而诸葛亮是智慧的化身，手摇羽扇，一步三计，深思熟虑，穿高靴不适合表现诸葛亮鲜明的人物个性，便独创了穿布鞋，趿拉着鞋走路，觉得斯文、沉稳，时时有妙计从心底冒出。这一独创，开始遭到艺人们反对，上舞台不穿高靴，岂不违反了祖传唱戏的规矩？但观众认可了彭化万的独创。后来，艺人们也觉得这一改革真把诸葛亮演活了。"撒鞋戏"由彭化万独创，传授给了同行和弟子们。

彭化万独创了"撒鞋戏"，对塑造诸葛亮更有兴趣了。他认为尽管几十出戏中的诸葛亮都是一个人，但每出戏因环境、事件、心理不同，诸葛亮的个性都应该不同。

他选择了《五丈原》进行创新。《五丈原》的剧情是诸葛亮重病观天象，知道自己将死，深夜祭拜北斗星，还想为汉室大业继续努力，望天公延续生命的悲壮场面。诸葛亮是观众非常喜欢的人物，诸葛亮的死牵动观众的心。彭化万正是分析了观众这一心理，将诸葛亮临死前的表演进行了浓墨重彩的渲染。彭化万从同行演《苏武牧羊》得到启示。苏武为保住大汉气节，被匈奴人惩罚寒冬牧羊。为了在温暖的舞台上表现刺骨寒风、雪地牧羊，刻画苏武挨冻保节的形象，扮演苏武的演员练了一种独特的"鼻涕功"。当舞台刮寒风的效果一响起，演员便装成冻得浑身发抖，鼻孔中淌出几寸长的鼻涕。演唱一会儿，鼻涕又缩回鼻孔，寒风一起鼻涕又淌了下来，鼻涕总不会淌到地下，真神了！据说每演《苏武牧羊》时，扮演者故意少穿衣着凉感冒，提前几天都不喷鼻涕，把鼻涕积蓄在鼻孔里，以便在戏台上淌鼻涕刻画人物。尽管这"鼻涕功"不卫生，但荆河戏前辈艺人们对艺术精益求精的精神令人钦敬。彭万化从积蓄鼻涕想到积蓄痰，练出了一种独特的"痰功"，戏班的同行称"动痰"。彭化万扮演诸葛亮临终时，丹田发气，气冲喉咙的积痰，发出"突突突"的声音，用"抖色"的功夫，双目圆瞪成对眼，直视苍穹，挣扎求生，表现诸葛亮大业未成，有负先主刘备托孤，遗恨终天的悲哀心理，紧紧勾住观众的心，催人泪下。听师傅说，有时彭化万演到这里，有观众就会在剧场内放鞭炮，还有观众手持香烛，下跪磕头，台上台下情绪融成一体，场面可谓壮观矣！可惜后人再也看不到如此壮观的场面了。这样的"痰功"渲染，异常成功地刻画了诸葛亮鲜明的人物个性，受到观众、同行艺人们的赞扬和尊敬。彭化万又在《三支令》这出戏中，将诸葛亮唱腔平缓的"流水"节奏，变为有轻重缓急之分，比较准确地刻画了诸葛亮点兵的心理状态等。从此，彭化万在湘、鄂、川巡回演出时，被誉为"江南活孔明"。

彭化万并未因此而满足，而是继续钻研利用荆河戏"内、外八大块"技艺塑造人物形象。有次，彭化万看到同行演传统戏《程婴救孤》，程婴鞭打公孙杵臼时，表演很平常，不能表现出程婴这个人物异常复杂的心理状态。《程婴救孤》源于元代纪君祥写的杂剧《赵氏孤儿》。此剧写朝廷御医程婴为救忠良后代，将赵氏婴儿悄悄救下，为蒙哄奸贼屠岸贾，程婴将自己亲生婴儿冒充赵氏婴儿交给密友公孙杵臼，然后故意告密。屠岸贾派兵抓到公孙杵臼，命程婴拷打公孙杵臼说出实情。此剧高潮是"打鞭"。为表现程婴又悲、又愤、又急、又怜、又恨、又忧、又怕露出破绽的复杂心态，彭化万独创了一种"拗马军"的新程式。程婴用鞭拷打公孙杵臼时，充分运用"外八大块"技艺的口条须功，用颈部、额部发猛力，将长须高高甩起，成"太极头"势。师傅解释"太极头"是把口条朝上甩成三百六十度的圆圈，中间可见阴阳太极。程婴挥鞭朝左打，口条朝右甩"太极头"，挥鞭朝右打，口条朝左甩"太极头"，成一个不顺的拗马之势，加上打击乐"叭嗒仓，叭嗒仓"的声音，将程婴复杂的心态展现得淋漓尽致，为荆河戏增添了新的"外八大块"程式。彭化万创造的"拗马军"，由他的高徒王天柱继承。王天柱不仅在《程婴救孤》这出戏中继承了师傅技艺，还将"拗马军"运用到《大回荆州》等许多戏中。如刘备招亲后回营勒马时，就用了"拗马军"新程式，将刘备贪恋酒色不愿回营的形象刻画得栩栩如生。

彭化万不仅善于创新，技艺精湛，而且艺德也非常好。他常说，一个唱戏的艺人上了戏台，就不是自己了，你就是戏中的人，观众看的是戏中的人，你不能欺弄观众。就是家里起了火，也不能离开戏台。此话不幸言中。有次，彭化万正在戏台上唱戏，闻听二圣庙起火，他家就在二圣庙旁边。戏班的人都劝他快回家看看，他婉言拒绝，不负观众，忍住焦虑和担忧坚持把戏唱完，之后来不及卸妆，心急火燎奔回家。可家已被大火烧成一堆废墟，正怀孕的爱妻和三岁女儿被烈火烧死，彭化万目睹烧焦的妻儿，心如刀绞，泣呼苍天，急奔澧水河欲投河自尽，被众人力劝，才跟跄回到戏班。

中华人民共和国成立后，在党的关怀下，松秀班改为国营津市荆河戏剧团，由"下九流"的戏子成为光荣的人民演员。彭化万欣喜万分，以巨大的热情投入挖掘、改革传统戏，编演现代戏的艺术工作中去，终因劳累过度，体弱多病，于1955年病逝，终年55岁。

一代名伶，见证数百年我市荆河戏的兴衰。1987年，因种种原因，政府解散了津市荆河戏剧团。彭化万，这个响亮的名字，一同与我市创造过辉煌的荆河剧团，写进了津市的文化史。

荆河戏艺术大家吴云禄小传

⊙ 佚名

　　1935 年 2 月 14 日吴云禄出生于澧县荣家河，1947 年在澧县荣家河入选荆河戏科班"大新班"，师从荆河戏名伶熊南云、孙升福、李合春，行当生角。出科后加入津澧一带的荆河戏"松秀班"，年轻的他出演《游龙戏凤》，以高亢悠扬的唱腔、俊美的扮相和精湛的基本功，受到观众的青睐，担纲生行主角。建国后，随戏班加入"津市群众湖湘剧团"，1956 年改名"津市荆河戏剧团"。1962 年，剧团排演田汉创作的新编历史剧《谢瑶环》，吴担任此剧的作曲和导演，率先将古老的荆河戏进行改革，其优美新潮的唱腔、新颖的导演手法，使艺术质量达到了一定的高度，赴长沙演出，轰动省城，受到时任省委书记张平化亲切接见。1964 年,剧团排演剧作家杨善智创作的现代戏《太平村》,他又担任此剧的作曲、导演和主演,被选入中南五省（区）戏曲汇演，受到专家高度赞扬。"文化大革命"时，剧团移植排演《红灯记》《沙家浜》《杜鹃山》《平原作战》《磐石湾》《龙江颂》等京剧样板戏，身为剧团艺委会主任的他担任了样板戏的全部作曲。此时是他艺术生涯中的成熟阶段，他大胆地改革古老的荆河戏唱腔，融入其他剧种和地方小调的音乐元素，使其北路唱腔高亢激昂、悠扬悦耳、潇洒奔放，南路唱腔阴柔婉转、凄美动人、撩人心魂，具有丰富的表现力，达到很高的艺术水平。"文化大革命"后，吴担任津市荆河戏剧团团长，除了领导剧团的日常工作，他把主要精力投入剧团的艺术创新中。因"文化大革命"后电视、电影、流行歌曲的冲击，地方戏曲受到很大的影响，古老的荆河戏已不能适应年轻观众的审美需求。因此，在每台戏的排演中都要重新谱曲,老戏新排,灯服导效都要更新，提高荆河戏艺术质量，吸引年轻观众。身居团长的他又担纲许多新戏的作曲和导演工作。2008 年，年事已高的吴云禄又参加了"常德市建设文化名城系列丛书"的编撰工作，担任《荆河戏音乐研究》一书的艺术顾问，他创作的荆河戏《谢瑶环：谢瑶环深宫九年整》经典唱段，被选入书中。长期的艺术实践，加之聪颖好学，刻苦钻研，工作十分敬业，他基本上掌握了荆河戏的全套技艺，成了集编、导、演、唱、作曲、操主胡、京二胡、主鼓、操锣钹、导具制作等于一身的荆河戏艺术家。荆河戏有 400 年历史，出了一大批技艺较全面的荆河戏名伶，但像他这样门门技艺高超的荆河戏艺术家，是凤毛麟角。他一生对国家级非物质文化遗产荆河戏的传承、创新做出了杰出贡献。2011 年 12 月 18 日，吴云禄因重病逝世，享年 76 岁。

民间国画家田芬

⊙ 王继杰

我自幼就喜爱画画。8岁那年（1955），经胡大柏先生介绍，我拜了津市荆河剧团画布景的美工田芬先生为师学画。

田芬字南屏，人们都称他田先生或南屏先生，大庸（今张家界市）人，我拜师时他已70多岁。他身材较高，性情十分谦和。解放前，曾在津市、新洲等地学校如九澧联中当过美术老师，已故兰津诗社社长易奥法先生都曾是他的学生。

师娘姓管，人们都称之为管婆婆。二老感情十分融洽，但没有孩子，只有一位养女，名叫田双英，是位老师，还有外孙、外孙女。他们没有与二老住在一起。因为外孙们都不喜欢画画，所以，当我拜师之后，师父就对我十分喜欢，每到星期日不上学，师父清早就到我家来接我去他家画画，吃饭也在他家。其他日子，每天晚饭后，我则随师父去剧院的二楼办公室画画。画完后，就到楼座去看戏，我的历史知识，首先就是从那些戏剧中得到的。

师父其实是一位国画家，山水、人物、花鸟都能画，还擅长泥塑，他所画的题材中，尤以画八哥著称，堪称一绝。我见过他画的很多八哥，记得有一幅画有100只八哥，没有一只形态相同。他画的八哥最神似的是八哥的后脑勺，只可意会，不可言传。我见过古今很多名画家画的八哥，似乎都没有他的八哥那么传神。他的花鸟画多次参加过省里的美展，并且得奖。记得他的二尺条幅，省里为之标价每幅都是100多元，那时的一百元，就是一笔巨款。

他的人物画令我印象最深的有两幅，一幅是骑在马上的《花木兰》，另一幅是《钟馗》。花木兰形象英武，坐下的那匹马前蹄腾空，仰天长嘶，笔墨灵动飞舞，极有气势。尤其令我难忘的是那《钟馗》，钟馗手执宝剑，眼盯着左上方的一只蝙蝠。他的胡须的画法是我一生中仅见的，每根都很长，而且很细，飘在胸前，粗一看去，似乎是一根根青细丝线贴上去的，我甚至用手去拈过。师父笑着说："这是画上去的，不是丝线。"要知道，这是在一张生宣纸上画的写意画，生宣纸上用笔稍一停留，墨色就会渗晕，而那么长而细的胡须，根根可数，不乱不渗，这功力应该可与齐白石在生宣纸上画蜻蜓翅上的纹路相比美。一直到今天，五十多年来，我见过的古今名画也的确不少了，但却没有看见过一幅如此画胡须的。当时师父对我说："这种线条叫高古游丝，等你长大了，我会教你的。"《芥子园画谱》（包括荣宝斋出的新版）和一些有关画谱中介绍过高古游丝，但那根本不能与师父画出来的高古游丝同日而语。这不禁令我认识到，民间有很多绝技，就是一些大师级的艺术家们也未必能与之相比的，但因为那些民间艺人生活的地方小，也没人炒作，出不了名，加上历史风云的摧毁、其人与其技都湮灭在历史岁月中了，这是多么令人遗憾的事啊！

师父还擅泥塑。那时荆河剧团上演《封神榜》等连台戏，需要一些神魔鬼怪的面具，师父就带我去窑坡渡挖来金钢泥巴（即粘土），我帮着和泥，做下手，他就塑了好多人头大的神魔形象。然后用猪血、皮纸糊在塑像上，干后取下，再涂上颜色，就成了戏剧面具。我觉得，师父的造型能力一点也不比一些有名的雕塑家差。他还告诉我，古大同寺的十八罗汉中，就有两尊是他塑的。我还专门去古大同看过，那时的十八罗汉比现在重塑的水平要高得多。可惜"文化大革命"中，为了造一个新的神，却把代表中国历史文化的所有神像都要毁掉，的确令人浩叹！

本来，师父的很多画都是要留给我的。1960年他病逝前，一直呼唤我的名字，而我却没能到场，因为我当时正在参加升初中的升学考试。他的一些画被当时任市政府文教科长的葛乐山以市政府保存文化名人遗物的名义收去了，后来一直没有见到过。葛乐山我认识，他是一位很正派的干部，他不会私吞。这些东西的遗失，应该另有原因。而师父平时留给我的一些范本画作和书籍，则在"文化大革命"中被掳掠一空。

师父逝世后，师娘管婆婆因思念过度，精神都失常了。等我初中毕业，又成了上山下乡的"知青"，"文化大革命"中又因写诗画画被打成了现行反革命分子，所以在美术上也没有成绩可言，愧对师父在天之灵，只能以一首小诗聊表缅怀之情，也欲使恩师其人其技不致年深日久而湮没无闻也。诗云：

一生心血注丹青，山水人禽透性灵。

画艺诚堪追北苑，志书恨不载南屏。

五年教诲承恩泽，永世心国蒙德馨。

诗欲为之传后代，免遭荒算隐曲冥。

我的艺术生涯

⊙ 张淑容

1957 年春，我被招进津市荆河戏小演员训练班，一边学戏一边学习（初中语文、历史、政治等）课程。从此开始了我的艺术生涯。我们算是传统荆河戏第一批有文化的小演员。

1959 年，我参加常德地区青年演员会演，主演《杨排风》，这是我首次参加大型会演，获青年优秀演员奖。我在剧中表演的棍术、戏耍趣打及跑朝的马堂子，一时成了全区青年演员技术交流的热点。尔后，《穆桂英大破天门阵》的演出，使我这个剧团里小字辈的 B 角，一下了脱颖而出，获得观众和长辈师傅们的一致好评，成了剧团的"台柱子"。从此迈进地区青年主要演员的行列。

1962 年 10 月，津市荆河剧团携传统荆河戏《谢瑶环》首次赴省会汇报演出，我在剧中饰演主角谢瑶环，演出获得极大成功，一时好评如潮，当时几乎轰动了整个长沙城。《长沙晚报》亦不吝赞美之辞，对我的表演给予了充分的肯定。省委书记张平华在演出结束后专门接见了我们，并邀请我们到省军区大礼堂为八大军区司令员演出专场。还为省电台录制了《谢瑶环》《双驸马》两剧中的唱腔片段。

1964 年 6 月至 7 月，湖南省举行现代戏会演，津市荆河戏剧团自编自演的现代荆河戏《太平村》曾一度初选为赴中南区会演的节目。我在剧中扮演主角韩小菊，获省艺术界专家内行的盛赞并获演员奖，《湖南日报》还发表了我的《会演日记》七则。在历经了一段非常岁月后的 1973 年、1974 年，我又主演了现代戏《红哨兵》《碧水长流》等，被选拔参加了湖南省中小型现代戏调演。《碧水长流》在省城长沙演出时由省电视台进行了现场转播。

我的戏剧表演可塑性较强，我在古今剧目中塑造了许多类型各异的人物：天波府的烧火丫头杨排风、出塞和番的陈杏元、装疯的赵艳容、醉酒的杨贵妃及天子李世民等，还有党代表柯湘、革命先烈江姐、"老板娘"阿庆嫂、朝鲜老大娘阿妈妮和农村小姑娘"山刺梅"等。尽管性格各异，年龄悬殊跨度大，但我在塑造这些人物时，注意在不离现实生活的基础上，以戏曲表演的程式技巧，发掘人物的内心世界，体现角色的潜在意识和内在情感，力求在艺术舞台上演谁像谁。当然，这决非一朝一夕的功夫。严格的科班训练，严师的耐心指点，组织的教育培养，自身刻苦努力向艺术高峰矢志不渝攀登，均是成功的关健。20世纪60年代初，剧团送我到湘剧院跟班培训，随著名湘剧表演艺术家彭俐侬老师学习；不久又到湖北省汉剧团，作为剧团一员跟著名表演艺术家万仙侠老师学习、排练、演出；1965年还曾到北京京剧院学习《沙家浜》中阿庆嫂的表演。这些学习培训，使我开阔了视野，艺术修养和表演技巧得到了很大的提高。

1981我到湖北省戏曲学校进修，承师汉剧著名表演艺术家陈伯华老师和黄振源老师，具体再学了《宇宙锋》《杀情》等剧目。老师们斟字酌句、一招一式的教诲，更使我获益匪浅，我集众师之长，融会贯通，在此基础上加入自己的思考和创新，使表演更加精湛和完善。

我们这一代是承上启下的一代，负有培育艺术新苗的责任，作为一个热爱演艺事业的艺术工作者，除了献身戏剧舞台，更要紧的、更难得的是甘为人梯，尽力培养下一代，使传统戏剧艺术传承下去，发扬光大。1979年，我怀着传承戏曲艺术、培育戏曲人才的初衷，主动要求调到常德地区戏曲学校任教。开始，我担任汉剧科的初中语文教学和旦行的身段表演课教学，继之又担任荆河科的唱腔、身段表演、剧目教学等。不久就被任命为副校长兼教务主任、校长兼教务主任。除了正常工作，我还担负过湘鄂两省一些县市荆河戏剧团上门求艺的旦行表演演员的培训进修工作。十多年的艺苑耕耘，虽历经艰辛，然桃李缤纷，成果丰硕。1984年我的学生童小平参加全省戏剧会演，以一出《百花亭》斩获省优秀青年演员一等奖，并被吸收为全国戏剧家协会会员。

时代在进步，我愈来愈深刻地认识到，只有改革出新，才是戏曲发展的必由之路。十多年来，我的艺术教育宗旨，即传授技艺必以提高文化修养为前提，要强化改革意识，无论是技术基础教学，还是剧目排练，都要以理论知识指导艺术实践。把理论知识贯穿、渗透于艺术表演实践之中。因此，我自身始终坚持以教敦学，以学促教。在不断地努力探索施教实践中，还自编戏曲表演艺术的基础理论教材，担任表演专业的理论教学，并获得了好的成效，得到学校和用人单位的充分肯定。

在剧目教学推陈出新的思想指导下，我不断地做着整理剧本，剔除旧剧中不健康、不合理的内容和革新唱腔的工作。对教学剧目《重台别》《寒江关》《断桥》

《百花亭》等，都进行了认真的整理加工，有的甚至做了重大修改。尤其是唱腔的革新，在保留剧种风格和传统精华的基础上，充分发挥其特点优势，把握剧情发展，跟上时代气息和节奏，改革谱写了《祭江》的反三眼、《重台别》的南路原板等唱段，还为大型剧目《恩仇记》，设计谱写了较完整的唱腔曲稿。在表演方面，我力求在尊重传统的基础上推陈出新，如在《百花亭》的教学中做了大胆的尝试，除了整改剧本，革新唱腔，特别在表演上，反复雕塑，把民间舞蹈与戏曲身段融为一体，水袖挥舞，旋转探卧，卧鱼、观花、闻花等美姿把杨贵妃沉鱼落雁、醉眼朦胧曼妙之态惟妙惟肖展现出来，还大胆借鉴杂技顶碗中难度较大的硬腰功用旋腰、跪腰的饮酒身段动作把杨玉环一醉方休的复杂心理表现得淋漓尽致。经过 1982 年自己的示范教学演出使杨贵妃这一艺术形象重新展现在内、外行家和观众面前，并由中央文研院录像存档。陈伯华老师看后由衷赞赏："技艺精湛，功底深，雍容华贵且不哗众取宠，确实是在演贵妃。"省内有关专家看后亦有同感并赋诗称赞："不持金碗行穷乞，能保太真传万年。酒未醉人人自醉，沉香亭子百花妍。"

追忆易奥法

⊙ 万石诗

20 世纪 80 年代初，我和同事到长沙省邮电局办事。在回津市的湘航客轮上，我对面卧铺上的人，很长时间都在就着昏暗的灯光看书。我的同事与他相识，从他们的交谈中，我知道了他名叫易奥法，是一位中学教员，还曾经在业余夜校教过我的同事。这次，他趁暑期独自旅游，从西安买回一大捆书，正抓紧时间阅读。我当时从心底里羡慕眼前这位小个子中年人。

十多年以后，我成了他退休后所执教的省电视大学津市分校学生，再过几年，又成了他所主持的兰津诗社社员。于是，我知道了他住在三眼桥新村的教师楼。后来，常德电视台播放十大藏书家的事迹，他是其中的一位。我找到他的养心斋，一看藏书二请教，谈起了那次船上相遇，我说隔行如隔山，加上年纪隔了辈份，当时未敢交言结识，错过了十几年的就学机会。他说，就学谈不上，但我很高兴古诗词爱好者到这里来交谈，中华民族的传统文化精粹后继乏人啦！他还说，眼前的两壁图书，都是"文化大革命"以后不断收集的，很多好书，在"文化大革命"期间被红卫兵化为纸浆了。谈到毁书，他有些动情，谁都知道，易老师是一个视书如命的人。他年近八十看书不戴眼镜，常在人前谈其秘诀：多吃猪肝。

易老师的古文字、古汉语、古诗词、诗论书籍多。我问过他，这些书有继承人吗？他说大孙子在北京师范大学攻读中文，但这些书不是一个普通中文大学生能消化的。读懂这些书需要一点童子功，他从五岁读私塾开始接触古文，搞了七十多年了，还没有把它们全啃透。

易老师生于湖北省公安县的一个殷实家庭，独生子，独享一个家庭教师，考入津市的一所中学，父母举家迁到津市伴读。他在上海复旦大学中文系毕业时，被推荐赴法国留学，由于路费耽误启程，接着中华人民共和国成立，留学搁浅，回到津市终身从教。他在复旦就读时做过的作家、学者梦，直到退休后的日子里才实现。60 岁之前，他精心躬耕杏林，满园桃李芳菲。

易老师 60 岁以后的岁月是他的黄金岁月。他是津市市政协委员，湖南省诗词协会和常德市武陵诗社的理事，《武陵诗稿》的编辑，津市兰津诗社社长，他还是省电视大学津市分校的古汉语、古文学教员，社会活动多，教学任务重。但是，他凭着健康的身体、过人的精力，以及强烈的责任感，创作了大量的旧体诗词和诗论文章。而且找资金，由国家出版发行部门编辑出版了专著《养心斋诗文杂著》《养心斋诗文选》《养心斋诗论选》《养心斋诗论续编》，约 50 万字。他还主编了十余本其他诗词书籍，参加了常德诗墙建设的组稿、审稿工作。

十余年时间里，他对中华传统文化传承倾注了大量心血。我曾经问易老师："如今的高雅文化地位如此低下，没有经济效益，您为何偏偏在这方面投入如此大的精力，创作、出版、组织活动、大力推广？"他回答说："人的一生，不仅是为了钱而活着的，人生在世，除了衣食住行之外，还应当有所追求。"昔时贤人提倡，人生追求"三立"，即努力工作立功，研究著书立言，遵纪守法立德。至今，有关他的"三立"，以及他的人品、文品的口碑，广泛流传。他的著作收入了北京师范大学图书馆等高等级的图书馆，他的诗论文章被爱好者置于床头几案研读。易奥法这个响亮的名字，在他的家人面前，在津市人民面前，在沅澧流域人民面前立住了，牢牢地立住了。易老师生前经济不是十分的宽裕，为了追求"三立"，过着十分俭朴的生活。他把卧室兼书房的书斋取名"养心斋"，为了养心，他几乎舍弃了寻常人能够体验到的人生享受。他在经济上对己过分克俭，对人十分宽容，同他一起外出，乘车购物，他总是抢先掏钱。欠别人的钱，一角都还清，别人欠他的钱，他总是置之脑后。易老师为他的后来人留下了光辉的榜样。

易老师是兰津诗社的创始人之一。诗社成立，他就是社刊的组稿、编辑、分发工作的承办者，社员们都知道，他几十年如一日提着一个布袋子走家串户，辛勤劳作。他在担任第四、五、六届社长期间，两付担子一肩挑，工作更劳累。他从湖南省诗词协会第二届理事会起就担任理事，十多年前他就在省市诗词组织为我争取了理事席位，省里市里的诗词会议等活动都叫上我同行。一来让我了解上级组织的工作要求，二来希望我为兰津诗社出点力，彼时我还未退休，诗社的工作不主动，让一个古稀老人匆忙奔走，如今想起来心里不安。

70 岁以后的易老师渐渐呈现老态，行动迟缓，瞌睡多。常常是上车一落座便闭目，开会时间长也闭目，他说晚上睡眠不好，白天闭目养神。他有晚上醒来读书的习惯。有一年武陵诗社理事会在花岩溪召开，宿农家客舍，木板楼上，一室三床，我与他相邻，半夜耳边一声响，易老师滚下床来，我赶忙伸手接住，他说要拉灯看书。老人出门有伴同行，他的金婚夫人黄老师放心。

易老师的诗词，题材丰富，诗艺精湛，体现出深厚的写作功力。他的作品既正宗本源，又自由发挥，在书面写作与易读易懂之间做到了和谐统一。他的诗无论是揽胜抒怀，还是寄情感悟，或者叙事记人，不用生僻的字词，也少有怪异的典故，明白晓畅，清新淡雅。他推崇清中叶诗论家沈德潜，即主张的诗歌内容应"温柔、敦厚"。他经常借用白居易的话来说明自己的观点："文章合为时而著，歌诗合为事而作。"主张诗要反映时事，为现实而写。为了使诗歌发挥社会作用，强调诗歌应形式通俗，语言浅显。镌刻于常德诗墙的《少年游·访敬老院》正是他的主张的体现："朱楼碧瓦映青松，庭院百花红。窗明几净，席温衾软，肴馔溢香浓。银丝共染霞光美，乐煞众姑翁。举酒敲棋，品茶曝日，谈笑沐春风。"可以说，能认完这些字的人就能读懂这首词，理解其中意境。

易老师的好身板常常被人羡慕，他的诗中出现过一些药名，但他从未吃过药，一生不知医院病床的滋味。正因此，他大意遭遇大祸，2004年11月26日的清晨，因跌倒脑受伤送医院抢救无效逝世。再过几个月就是他的八十大寿，大家都在准备着为他举办寿庆，他自编的第五本诗文集即将付印，大限降临，天地同哭。

易老师生前精力过人，才思敏捷，兴趣广泛。他吟诗填词，读书写作，参政议政，游历访友，活得充实，活得潇洒，活得有作为，活得有价值。兰津诗社和老年诗书画社联合编辑过一本《香溢兰津》悼念专集。专集中收入了200余首诗界的领导、专家、学者、学生的诗章。湖南省诗词协会并常德市诗词学会顾问杨杰先生的"赤手而来赤手归，一生奉献闪光辉。无争更见无求品，水自清清山自巍"形象地肯定了易老师的人生追求和人生价值。这首诗的小序写道："奥法同志不幸逝世，是教坛诗坛的损失，深感悲痛！自然规律，无可奈何。奥法同志，清贫一生，奉献一生，是后人的榜样，令人敬佩。"常德诗词学会副会长兼《武陵诗稿》主编阮先教授用五绝表达了他的心情："大雅扶轮者，如公有几人？忽闻骑鹤去，风雨暗兰津。事业功名外，生涯淡泊中。高风不可见，仰首问苍穹。"常德市诗词学会副会长并澧县诗词学会会长杜修岳先生在挽联中写道："敲韵探骊掷地作金声几卷诗词长惠我，谈经夺席绕梁留绮语三千弟子倍思君。"

易奥法先生的一生没有虚度，晚年更加辉煌。

不辞万死作诗囚——忆李寿富先生二三事

⊙ 万石诗

　　李寿富先生走了一些日子了，他晚年为中华诗词的传承所做的努力，那倾其所有奔走呼号的身影，总是在我的脑海中浮现，总有一种沉重的感觉留在我的心里挥之不去。

　　寿富先生长我将近十来岁，我称呼他"寿富兄"，他也以"万老弟"回应。我们的相识是在新旧世纪交替的年代里。那时，兰津诗社社长易奥法先生向我谈起，二中教语文的谭学习曾对他说，有一个朋友的古文功底不错，格律诗写得好。易老师本着充实诗社写作力量的目的，想把这个人找来加入诗社。

　　在一个风雪交加的日子里，易老师按照谭学习提供的住址，摸到人民路当年日杂公司后围墙外的窄巷里，在一处阁楼上敲响了李寿富家的门。开始门内无人答应，再敲，门内女声回应："你是谁？找哪个？"易老师说明来意，一扇简陋的木门片打开了，一个妇人让易老师进了房。易老师环顾室内，只见一男人坐着，对来者不搭理。易老师说出谭学习讲过的那些话后，男人才起身让座。那一次李寿富没有答应参加诗社。后来易老师又去了一次，李才出山。那时我是诗社副社长，于是我们相识了。

　　寿富先生刚入社的日子里，创作热情并不高。2000年易老师把社长的担子放到了我的肩上。一天，我和杨佳钧副社长，七弯八拐找到阁楼上去拜访他。单家独户，松动的木板楼梯，尽头右侧的门半开着，房内旧式木地板缝中，能望见地面的小草，透着风。杨佳钧和李寿富是津市一中的同学，杨是头回进李家的门，几十年未见了，李像见了路人，招呼一声的举动也没有。正在灶台炒菜的李妇放下手中的锅铲奔来，忙着提凳子叫座，上茶。毕竟是同学，十几年后，旅居上海的杨佳钧与住常德女儿家的李寿富切磋诗艺的书信往来十分频繁。

　　2001年兰津诗社和老年书协合编《邮海泛舟》，寿富先生交了一篇"爱邮说"。这是我以前编《集邮报》时用过的，作者是一位学校领导。这篇仿周敦颐《爱莲说》的美文，原来出自他之手。

寿富先生 1940 年 2 月诞生于临澧县佘市，本名吴盛寅。1960 年入常德高师习中文。我从未听到他谈及父母，也未听到过他谈童年和少年生活。只从他自编的第一本诗文册子中看到过一帧照片，穿背带裤，梳时尚头，似乎家境、背景不一般。

他偶尔谈及早年读书的故事，他自幼接受良好的教育，钻研过古文和诗歌。他的文言文和格律诗水平均在同辈人之上，因而在谈诗说词的场所，说话有底气。正因为此，他又有了几分傲气，而且也有几分骨气。凭着他的底气，如果减少一点傲气，他中青年时期的境遇不会是那般艰难。

他说他自幼酷爱文学，从事教育工作后，自编油印过两册自由诗和格律诗集。一场政治运动，毁掉了他的诗集和几箱子文学书籍。从那以后他再不买文学书。直到晚年，他要向爱好者讲授格律诗知识，于是又开始买书读。

也就是那场政治运动使他失去了教员职业，失去了稳定收入。结婚两三年有个体面工作的原配妻子也因此离开了他。他被安置在街道单位从事体力劳动，接着从事简单的技术工作。后来，一位近郊芦家峪的芦氏农村女孩来到了他的身边。

寿富先生常在人前感恩继室。继室李妇小他十来岁，勤劳质朴，婚后持家，里外一把手，无怨无悔，这正好弥补了丈夫只知读书、不善其他的缺陷。寿富先生收入低，嗜烟酒，家境拮据。他的三个女儿，是靠妻子在街边摆摊炸油货赚的钱供其上学，大学毕业后成为人民教师的。我把这事讲给市电视台的记者听后，记者对寿富先生产生了好奇心，对炸油货炸出三个大学生的故事更感兴趣了，于是到他家做专题采访，做成一期节目播放，寿富先生的名声由此慢慢地传开了。

寿富先生是一位性情中人，桀骜不羁。一次在后湖南岸阁楼间的午餐上，他以读的书多自命不凡，副社长秦自超看不惯，好言劝诫。他立刻反驳，于是两位同样祖籍大庸的上河佬打起嘴巴仗来——大嗓门，旁人看着像吵架。他要了回孩子脾气，说要退出诗社，后来当然是没有退社，这样的孩子气还使过好多回。

一次在澧水探源之旅的车上，他又提起早些年一位企业家为逝父修建墓园，我邀他写诗联，他以不在富人跟前折腰为由拒绝参与，大有李白《梦游天姥吟留别》诗中"安能摧眉折腰事权贵，使我不得开心颜"的气概，让我难堪。而他在后来广泛参加诗社的活动中，被人拉着不断做着在权贵跟前折腰的事，回想初次的举动觉得愧疚，几次与我提起那件陈年旧事。这当时不是他的错，即使再倔强的人也有为烟酒折腰的举动，只是内心还存着一点骨气和义气，不至于如另一类人的主动。

寿富先生钟情格律诗，越近晚年，创作的冲动越强烈。"不辞万死作诗囚"是他一首诗中的诗眼，也是他常挂在嘴边，劝人学诗、写诗的一句说辞。加入兰津诗社后他常说，过去虚度了时光，没有坚持格律诗的创作，老了和诗友们交流时也感叹这种不可挽回的损失。他信誓旦旦，要亡羊补牢，一日一诗，到九十岁时创作一万首诗。

随着诗词活动在津市和澧县两地的开展，寿富先生有了用武之地。他近十几年不要报酬，不辞劳苦，风里雨里穿梭两地，上讲台讲大课，到诗词爱好者家里，到餐桌上讲小课。他日复一日，年复一年，收徒解惑，为格律诗词的复兴、传播，投入了巨大的精力。即使近些年他住到常德女儿家去了，但仍然有求必应，一年无数次的自费往返于常德与津市、澧县两地讲课。寿富先生为传承中华传统文化、为社会做了大贡献。"不辞万死作诗囚"，此语非狂言。

寿富先生早年撰有《新篁春雨》两集，《鹊塘漫稿》六卷。近年有自费编印的《曝鳃楼诗文选》《曝鳃楼吟草》《寿富诗词选》赠人、存世。他的诗词，语言古朴，章法有度，显示出娴熟的艺术功力，然而有的诗用典偏多，故显晦涩。他的诗文多角度折射出了时代风貌、为人的品德和志向，有一定的研究价值。

寿富先生为继承中华传统，身体力行。他古稀寿宴时，夫妇古装正襟端坐台中央，女儿女婿们跪地叩拜。他信奉道教，钻研道教文化，几十年坚持练静功，强体魄。在将近古稀那年诗友结伴游武当山时，他独自寅时寻古人遗迹打坐。他同我谈过信奉道教却又不能潜心入道的苦恼：家有年轻的娇妻，自己体质本来就好，加上练功，更强壮，人性欲念与道教理念的冲突使他困惑。

他不信西医，拒绝西医打针吃药，不上西医诊所，即使离世前几个月因喉疾不能进食，被迫躺在医院病床上打吊针，手脚不能动了，口里还在念着自己信奉道医，要喝草药汤。

曾经有一天，他突然问我，你们单位有位姓张的，那人还好吗？原来他问的是一个许多年前跟他学民间医术的人。不是这一问，我还不知道他与我单位老张的那一层关系。老张那人本职工作一塌糊涂，论医，牛郎中也算不上。

今天是寿富先生离世半年的日子，我用寿富先生2004年追悼易奥法先生的挽联，追悼寿富先生：

行云流水辞章笔长存翰苑；论道传经孔孟心痛失诗人。

苏清卓传

⊙ 苏策　苏太潮

　　苏清卓，字健秋，湖南省石门县白云乡叶家岭村人，生于清光绪二十二年（1896）。父亲苏官炬以务农为业，全家十口人，仅有薄田两亩，家中生活非常困苦，常年吃糠咽菜，衣食难继。长兄苏清文成年后出外谋生贴补家庭，全家始得半温半饱。清卓过继给四叔官春为子，官春系清末秀才，满腹经纶，才华出众，尤善书法，闻名全县。文庙门庭内右上边横匾书"覃玉次"，左上边横匾书"苏官春"，终身教书，英年早逝。

　　因家境贫寒，健秋公十三岁才就读于私塾。稍长进入官立高等小学堂，因勤奋过人，学业成绩优异，1915年考入长沙明德中学（湖南省立第一中学），毕业后又考入北京大学历史系。在北大求学期间，仍保持贫寒学子的节俭本色，每天常以一个烧饼充饥，而学业上却更加勤奋，常与翦伯赞、程星龄等同班学友研讨历史学术问题，在政治上倾向进步和革命，曾与邓中夏等同窗学友一道参加过著名的五四运动，是当时旅京三湘学子进步组织"辅社"的成员之一。1920年春，毛泽东到北京发动部分在京"辅社"成员参加"驱逐湖南反动军阀张敬尧的运动"，健秋公是积极的响应者与参加者之一，并合影留念。北大毕业后任教于常德省立第二师范，同时，湖南大学也聘请健秋公为历史系教授，但省二师邓运生校长百般挽留，直至聘书过期后才将聘书交还健秋公，故未能成行。健秋公为了实现"教育救国"的理想，立志出国留学深造，充实自己，在朋友们的资助下，自费留学日本，在东京帝国大学哲学系就读，兼攻印度哲学与佛教史研究，再次勤工俭学，刻苦完成学业，至1930年毕业回国。

　　1934年健秋公返回石门，经各界人士推荐，任石门县教育局局长。1937年奉湖南省教育厅令，创办芷江师范（省立十师），并担任第一任校长。1940年调任省立第四师范（即桃源师范）校长，在抗战硝烟中赶赴辰溪就任，1947年又赴常德任省立第四中学（即常德一中）校长，直至全国解放。

健秋公一生品德高尚，正直廉洁，业绩卓著，赢得了族人、乡民，特别是教育界同仁和青年学子的尊敬，兹仅就其生平荦荦大者略举数端，以见其一斑。

其一，倡导读书运动，终身从教，为振兴华夏，发展家乡教育事业而鞠躬尽瘁，做出了公认的贡献。石门僻处山陬，文化落后，二十年代在大学就读者寥寥无几，山区小学也极罕见，健秋公在北大求学时，即倡导读书运动，鼓励青年外出求学，原石门一中校长覃子群、杨一龙等人即健秋公资助并亲自带出去求学的同乡青年。为了解决部分青年学生经济困难的问题，他联络旅京同学，吁请教育行政援助。由于健秋公等奔走呼吁，促使石门县教育局指导拨专款，给石门旅外大学生每人每年补助银币一百至二百元不等，作为求学津贴，并在北京西直门内购置一栋房子，作为石门会馆，使石门旅京学子有了安身之所，在1920年代至1940年代成为旅京学子的活动中心。石门南溪学子晏鸿敬、苏世锡等均在此生活求学，自此石门外出就读大学的青年与日俱增。健秋公任县教育局局长时，外出求学者更是倍增，仅北平各大学毕业肄业者即达数十人。求学青年得到健秋公私人资助者亦有数十人。此外，健秋公在任教育局局长期间，走遍了石门的山乡村寨，大力提倡普遍创办小学，皂市等地小学即为健秋公亲督创办，石门县基础教育事业的早期发展，健秋公实与有力焉。

其二，为人正直廉洁，不为流俗所染。旧中国政治腐败，社会黑暗，官者贪、毒、赌、嫖成风，尔虞我诈，勾心斗角，朋比为奸，唯健秋公洁身自重，在石门素有"苏圣人"之誉称。历任省立师范、省立中学校长长达数十年，但直到解放，依然家徒四壁，两袖清风，一生不置田地房产，仅购书籍史料四十余箱，便是他唯一的财产。解放后他将尚存的书籍文物捐献给湖南省博物馆，《湖南日报》于1955年底曾予报道。1947年国民党政府为挽救败局，拉拢人心，召开国民代表大会地方选举国大代表时，石门教育界人士和旅外青年一致公推健秋公竞选，但国民党政府的所谓民主选举，纯系假民主、真独裁的骗局，选期届临时，各投票场所通过乡保长操纵选举，大批乡丁荷枪实弹，劫持选票，健秋公义愤填膺，公开抗议，揭露骗局，并毅然弃权，坚决不同流合污。1949年初解放前夕，健秋公曾亲赴长沙，通过同班学友程星龄向程潜省长表示坚决拥护省府宣布湖南起义，并迎接解放军和平解放湖南的义举。

其三，对青年关怀备至，为个人考虑甚少，尽力救助保护落难的乡亲和族人。健秋公青年时代负笈北平，鼓箧东瀛，专心致志，唯学是舟。彼至中年，尽瘁教育事业，为国家培育英才而殚精竭虑，年近五旬，始得长子苏策、次子苏力为后嗣。

但对他人，特别是对有志青年的关爱却无微不至。青年欧阳绍业，中山大学肄业，因参加中共地下党组织被秘密逮捕，囚于水牢，健秋公闻讯，与县人肖伯亨多方营救，欧阳才幸免于难，族弟苏清镐，旅北平求学时加入中共地下党，1927 年"马日事变"时在石门被逮捕杀害，健秋公更是四处奔走，因知之甚晚，虽竭力营救，但均已无效。公至晚年仍然伤痛懊恨不已。旧社会抓壮丁强迫当兵者屡见不鲜，时有贫困青年乡民或族人不愿充当炮灰，为躲壮丁而求助于健秋公，他对这些落难乡亲和族人则尽力救助保护，或写信介绍到外地务工谋生，仅湘潭纺织厂就有数十名族人、乡亲是持健秋公亲笔介绍信去求职的；或假借帮工之名暂避于自己家中躲过抓壮丁的酷吏追捕，有时家中躲壮丁者多达十数人同吃大锅饭。此外，对有志向学而无钱求学的青年，则节衣缩食，解囊相助，毫无吝惜，不少学成青年感恩不已，及至健秋公去世十多年后的八十年代，仍有一位兰州大学已退休的教授写信到津市表示感恩怀念。

中华人民共和国成立初期，健秋公与沈克家（石门人）分别为常德一中正、副校长，左承统为地区军管会教育专员。1950 年健秋公被调到津市市任省立高农校长。任职期间为恢复和稳定该校正常教育秩序做了大量工作。其后，又为该校校址整体搬迁耗尽精力。1953 年，健秋公以常德地区著名知识分子身份当选为湖南省政协委员、津市市政协常务委员，直至 1957 年。由于"左"倾路线的干扰，1958 年初被错划为右派分子，政治上惨遭迫害，身心上备受折磨。1966 年初突患中风偏瘫症，贫病交加，卧床长达三年之久。1968 年含冤病逝，享年七十有二。现葬于津市公墓。中共十一届三中全会后，拨乱反正，健秋公得以平反昭雪。

夫人彭石泉，1904 年 12 月 8 日出生于常德，武汉美术专科学校毕业。毕生从事中学美术教育，温柔贤惠，正直善良，是健秋公的贤内助。殁于 1990 年 9 月 2 日，享年 86 岁。

健秋公一生为人侠骨热肠，铁面冰心，高风亮节，刚正不阿。幼处南国，有江左温文儒雅之风度；长游北地，习燕赵慷慨悲歌之义行。诚前辈之佼佼，后辈之楷模。为之铭曰：

云山苍苍，溇水泱泱。健秋之风，山高水长！

五伯张瑶如

⊙ 张远泽

伯父张明瑶（1908—1970），字瑶如，系祖父张思泉（津市镇大油行经理）第五个儿子，我们呼他五伯。

祖父经商时，曾在正街兴建三层楼的镇大油行，又在新码头与西河街修建太丰堆栈、私人住宅和商铺"一条龙"等多处房屋。在这些建筑物的施工过程中，五伯常在工地玩耍。他发现房屋的建造就像搭积木似的精巧玲珑，十分诱人，因而整天在工地注目凝望，流连忘返。工人们得知他是张思泉的儿子，便与他逗乐。五伯遂提出各种疑问，工匠们都乐于向他讲解。此后，五伯便成为工地上的常客。每当一座楼房拔地而起，一个商铺应运而生，五伯的心情总是击起千层浪，他想将来能成为一个出类拔萃的建筑家。

1926 年，五伯被派往长沙坐庄，全勤务商。后来，竟发展到"不务正业"，将本分工作交给副手，自己却跑到别处建筑工地与泥木工匠们打得火热。其间，学到了许多有关建筑的基础知识，并开始学习绘图设计，然后拿到工地请工人师傅鉴阅，工匠们你一言，我一语，各抒己见、集思广益，五伯获益匪浅。

1935 年，三伯"主政"镇大，派五伯去汉口坐庄。大城市建筑工地随处可见，五伯利用这个机遇，经常出入各建筑工地。不但与工匠们交朋友，还结识了几位建筑工程师。五伯隔三差五地宴请他们，酒肉相待。并趁机将自己所绘图纸一一交给这些名师过目，在他们的精心辅导下，五伯的建筑知识更加充实，设计水平显著提高，有的图纸还得到专家们的高度赞许。自此，五伯迷恋建筑设计的这一业余爱好从未中断过。回津市后，他设计建造了津市光明电灯公司（镇大油行投入重股），这是他的处女作，人们戏称他为津市建筑设计的"土工程师"。

津市解放后，政府根据五伯的才华，请他出山担任津市建设科副科长，主管建筑设计施工，五伯欣然从命。1950 年夏，他开始设计澧县县政府机关大楼（现津市一中办公楼）。在麓头山脚，搭个帐篷，这就是他的办公室。只见他赤膊上阵、挥汗如雨，整天坐在帐篷内不停地摆弄着圆规和三角板。就这样，荒草丛生的麓头山巍然竖起一座新楼，澧县县政府在这里正式挂牌办公。五伯的辛勤劳动，荣获政府表扬。后来，县政府仍迁回澧县，暂栖贫民工厂的津市中学（一中前身）始迁至麓山。

尔后，五伯又设计了两条马路，一条是津市南岸襄阳街直达窑坡渡工区的襄窑路，它的前身是一条弯弯曲曲、高低不平的羊肠小道。每逢雨季，路面泥泞烂滑，工人上下班举步维艰。新路建成后，车辆往来如梭，工人们拍手叫好。另一条是原津市后街。解放前的津市街道，只有在繁华地段才用长条麻石铺路（下面是阴沟），其余均为原始土路。麻石路不胜重负，汽车过处，路面塌陷，严重影响交通，故政府决定全面改造旧街，首先从后街（今建设路）开始。崭新的水泥路坚实而平坦，在津市首次亮相，人们誉称它为"模范路"。县府大楼与两条新马路的成功建造，市民们无不点头赞许，好评如潮。因此，五伯对建筑设计的热情便一发而不可收拾。

接着，五伯又主持修建了皇姑山粮仓、人民医院住院大楼和北岸的门诊部、武装部办公楼、百货公司营业楼、国营饭店、人民电影院、汪家桥和津市防洪大堤等工程。

为引进国内外流行的新工艺、新材料，他大胆设计建造了津市首幢闻所未闻的钢筋水泥预制板居民公寓。新楼竣工之日，市民奔走相告，前来观赏者络绎不绝。有趣的是人们对此楼心存疑窦，议论纷纷，担心水泥板一旦裂断，楼房便有坍塌之危，因此竟无人敢入住。五伯得知后大笑不已，他带头携家小住进此楼，安享新居。一个多月过去了，人们见五伯一家安然无恙，遂三三两两地壮胆搬入，经过一段时期，居者感叹此楼安如磐石、宽敞明亮、舒适可意。后来人们竟争相搬迁，成为哄动一时的笑料。

五伯所主持的城建工程造型新颖、结构美观、工艺先进、质量优异，开津市城建之先河，为日后津市建筑业奠定了坚实的基础。后人叹曰："不说张瑶如，难写津市建筑史。"

五伯在"文化大革命"中受到冲击，他从亲自设计建造的钢筋水泥楼房中搬至河边一矮小狭窄的木板平房内栖身，常被无辜批斗。年届花甲的他白天被罚去河边用水泥浆给护岸的水泥方砖填缝补缺，晚上写检查，即便如此，他仍旧忠厚老诚、无怨无悔。1970年5月病逝，终年62岁。

怀念父亲刘宗燮

⊙ 刘毅

父亲刘宗燮 1921 年 12 月 11 日出生于安徽省合肥市的一个知识分子家庭。爷爷刘建文早年就读于北京大学，在校期间积极追求真理，踊跃参与反帝反封建的五四爱国运动。父亲受其影响，从小就培养了忧国忧民、不为良相即为良师的思想。

抗战时期，爷爷举家背井离乡，踏上了颠沛流离的逃难之路。父亲为了完成学业，坚持在流亡中求学，跋山涉水，历时八个多月，行程逾千里，辗转到达湖南湘西，尝遍生活的艰辛与磨难。求学期间，他积极参与学校社团组织的抗日宣传活动，利用短暂的假期，深入当地苗族和土家族村寨进行抗日宣传演出活动。

1941 年 9 月，父亲完成了高中学业。为了减轻家庭经济负担，报考了当时师资最强、设备最好且全额免费的军医大学——国防医学院，并以优异成绩被录取，主修内科，学制五年半。学校以"培植公医人才，倡行公医制度，增进民族健康"为办学宗旨，学生以"终身为贫病者服务"为奋斗目标。从此父亲走上了医学报国的艰辛之路。由于医学院是国民党政府出资的供给制学校，入学第二年校方强行规定学生必须集体加入国民党。父亲对此极为反感并流露出不满和抵触情绪，为此受到校方的禁闭和严重警告处分。最后的屈从是迫于生活的困难和环境的压力，完全迫不得已，可这却给父亲留下了历史污点，给往后的人生种下了祸根。

父亲大学时代正处于全面抗战时期，医学院是由上海经广西转移至土地贫瘠、经济匮乏的贵州安顺。虽然有了相对稳定的学习环境，但生活依然异常艰苦。学生除了必须完成教学纲要所规定的医学基础课程与内科学专业课程以外，还要参加军训和战地救护等临床实习课程的学习。好在父亲中学时期吃苦耐劳的求学经历，为大学生活奠定了基础。他夜以继日地刻苦学习，广泛涉猎，博览群书；不仅认真学好本专业的所有课程，还选修了英、法、德、俄四国外语，以便深入了解国外医学发展最新动态；同时对祖国医学瑰宝中医学也兴趣浓厚。他求知若渴，往往读书可以通宵达旦，临床实习可以数日不离病房。1947年6月，父亲以优秀的学习成绩完成了所有课程的学习并顺利通过了毕业论文答辩，获得了医科大学毕业证书；并通过应聘考试进入了武汉陆军总医院工作。谋生有了饭碗，报国有了利器。更为可喜的是在校学习期间，找到了互相爱慕且志同道合的生活伴侣，工作不久便喜结良缘。

抗战胜利结束之后，国家需要休养生息，人民祈盼安居乐业。1947年底父亲夫妻二人怀着对未来生活的美好憧憬，风雨兼程辗转回到湘北重镇——常德津市。为的是拜见从未见面的岳父岳母和看望家乡久别的亲戚朋友。原来计划是在津市休完假期之后，即启程回武汉陆军总医院复职或者是应母校老师和同学们的邀请去上海协和医院谋职。生活面临多种选择，前途充满期待与光明。没想到天有不测风云，国民党撕毁停战协定挑起全面内战，道路受阻，交通瘫痪。战争破坏了刚刚稳定的局势，也阻断了父亲的回程计划。在亲人们的挽留之下，为了爱情和他所热爱的事业，父亲留在了津市北大路诊所行医，开始了他漫长的职业生涯。父亲对待医疗工作充满热情，对待病人态度和蔼善，加之西医诊疗诊断病情准确，治疗效果显著，患者恢复迅速。父亲行医不久便在九澧一带小有名气。很快就被芬兰人在津市开办的"津兰医院"聘请为内科医师并主持医院内科事务。父亲谦虚谨慎的职业素养、训练有素的专业技能、娴熟标准的西医诊疗技术、对于危重病人的救治能力以及毫无障碍的语言交流能力，为芬兰人所钦佩和折服，也为医院的同行和津市的父老乡亲及病友所敬重，因而知名度获得进一步提升。

1949年5月17日武汉和平解放，同年5月27日上海解放，新中国的太阳冉冉升起。为医治战争创伤，新政府重新组建和恢复各地医院建设，急需补充大量医务人才。父亲收到由中国人民解放军接管的原武汉陆军总医院的公函，邀请他到原供职医院（即后来的解放军中南军区总院及武汉军区总医院）报到任职。紧接着又收到了他在武汉协和医院和上海协和医院供职的老师和同学们的热情邀请。与此同时中华人民共和国成立在即，外国人惶恐不安，纷纷逃离中国。津市"津兰医院"面临撤离搬迁回国或遣散关门倒闭的两难境地。当时芬兰国教会负责人和时任"津兰医院"院长的芬兰人雅德，获悉父亲即将离职赴武汉或上海任职的消息之后，不顾一切三顾茅庐再三邀请挽留，恳请父亲留在津市，接受医院委托出任院长全面主持医院工作。经过反复协商谈判和全面认真考虑，父亲最后还是因为盛情难却、乡土难离等原因而答应留在了津市，条件是完整保留医院现有医护人员以及设备设施药品器械。当时的医院状况，规模不大，三十来张病床，医护人员三十多人。芬兰和美国教会早已停止了资金援助，医院经营困难，入不敷出，举步维艰，穷得连一个月每人几块钱的工资都发不出来，风雨飘摇，前景堪忧。

我想不明白父亲为什么要选择留在湘北津市这样一个相对偏僻落后的小城镇而放弃上海、武汉那样的大城市、大医院。这不是明摆着要放弃优质的医疗资源和丰厚的生活待遇吗？"文化大革命"中有人说父亲留在津市是为了"院长"那顶乌纱帽，真是人心叵测啊。慢慢的我明白了，父亲之所以选择留在津市，是对事业、对爱情的那份执着，是对医院、对家庭的那份责任，更是对自己、对未来的那份承诺。他把津市当成了故乡，并愿意为之奋斗并奉献出自己毕生的精力和智慧，一辈子无怨无悔。

1949 年 7 月津市解放，父亲全身心投入到了新中国的建设与发展之中。为了摆脱医院经费匮乏、难以为继的困境，父亲集思广益，开源节流，延长门诊时间、扩大出诊范围等以缓解医院经费不足的困难，保持医院的正常运营，满足当地人民群众和解放军南下部队看病就医的需要。1949 年 10 月解放军南下广州的部队在路经津市途中，爆发了严重而致命的"脑性疟疾"，由于病情爆发突然，部队医院缺乏治疗经验和必备的抢救药物，解放军战士生命危在旦夕。部队医院领导和一位姓陈的军医向父亲医院紧急求助，要求协助治疗。父亲毫不犹豫，立即组织医护抢救小组并亲自带队，带上医院所有治疗"脑性疟疾"的特效药物——针剂"注射喹啉"，全力以赴投入到紧急抢救工作之中，不分昼夜，日夜守护，竭尽全力地抢救解放军战士的生命。因为诊断正确，医术精湛，抢救及时，护理得当，病情很快得到了有效控制，解除了疟疾进一步扩散传染的危险，受到了津市市政府和驻军部队的高度赞扬。驻军医院领导和部队医生还特别邀请父亲和医院抢救小组成员，到当时津市最好的餐馆吃饭，以表达深切的感激之情。1950 年 1 月父亲代表"津兰医院"与新成立的津市人民政府，协商成立"联立津兰医院"。1950 年 10 月父亲积极配合市人民政府清理医院资产，全面接管医院。"联立津兰医院"改名为"津市市立医院"。这期间父亲受津市人民政府任命，继续担任"联立津兰医院"院长，为解放军南下驻军的医疗和市人民政府有序接管医院，做了大量有益的工作。1951 年，医院开始了全新的社会主义改造与建设，津市人民政府任命市卫生局主要负责人兼任医院院长和党支部书记，主持医院全面工作。父亲被任命为副院长主管医院业务工作。当时父亲不到三十岁，充满活力，朝气蓬勃。他满怀激情地投身到社会主义新医院的改造与建设之中，很快医院进入快速发展阶段。1953 年医院新门诊部在澧水北岸市中心拔地而起，1955 年医院住院部在风景优美的澧水南岸皇姑山下落成。医院形成南北呼应、平行发展格局。就当时来说，医院住院部大楼属于津市最威风、最气派的大楼。至此医院划归常德行署直辖管理，并正式更名为"津市市人民医院"。随着医院的发展、规模的扩大、人员的增加，医院工作千头万绪。父亲积极配合医院领导工作，运用所学之长，建立医院各项规章制度，引进优秀医务人员和先进医疗设备，积极投入党的中心任务工作。无论是在西洞庭湖治理工程，还是荆江分洪工程，无论是血吸虫病的防治以及灭螺工作，还是在大跃进年代的大炼钢铁运动中的医疗保障等，他都身先士卒，始终站在医疗保障第一线。同时父亲在政治上迫切要求进步，积极向党组织靠拢，经党组织严格考察，于 1956 年 4 月，光荣加入中国共产党。这更加坚定了他全心全意为人民服务的信念，进一步增强了对医疗卫生事业的使命感和责任感。

1959 年 3 月，由于父亲工作业绩突出，常德地委组织部任命他为津市市人民医院党支部书记兼院长。在医院领导岗位上，父亲更是全身心地融入社会主义建设事业的洪流之中。他提出人民医院要全心全意为人民服务、为病患者服务的理念。积极采取有效措施，加强医院各方面的管理工作，建立和完善各项规章制度，艰苦奋斗，勤俭办院。筑巢引凤，修路建房；新建职工宿舍，解决职工生活困难；兴建职工食堂和病人食堂、修建洗衣房等；走自力更生发展道路，建立医院制剂室、中药房；完善医院基础设施。任人唯贤，选拔优秀业务骨干担任医院领导职务和科室负责人；邀请名老中医加盟医院建设，组建中医科室共谋发展大业；引进先进医疗设备，改善医疗条件；努力把医院建设成为澧水流域和湘西北鄂西南地区最大最好的综合性中心医院。在广大医务人员齐心协力的奋斗下，开启了津市市人民医院十年辉煌的新历程。为了进一步扩大医院的知名度和影响力，父亲通过上级主管领导以及老师同学之间的关系，联系到常德人民医院和湖南医学院领导，要求人力和财力支持，提出人员培训、联合办学、开门办学以及建立教学实习基地等一揽子方案。经双方协商同意，大部分计划达成了共识。经上级领导批准，医院开办了护士学校，每年招收两个班约六十名学生，在医院上课学习。为本院以及澧水流域的兄弟医院，培养输送了大批优秀护理人才。与湖南医学院达成了建立教学实习基地事宜。每年湖南医学院派出多批次毕业班学生来津市毕业实习，湖南医学院选派知名教授和讲师到津市市人民医院授课或临床实习指导，津市市人民医院选派医护人员到湖南医学院交换进修学习。父亲和医院的骨干医生也有了走上讲台、给学生授课和当实习指导老师的机会，同时还有了直接请教知名医疗专家教授、及时解决工作中遇到疑难病例的机会，大大促进和提高了医院的医疗水平和医疗质量。津市市人民医院也为湖南医学院提供了优质的实习基地，培养了大批优秀医务人员，形成互利共赢的良性循环，相得益彰，相映成辉。从此津市市人民医院医疗水平突飞猛进，医护人员精神面貌焕然一新。医院美誉不胫而走，知名度逐年上升。周边县市医院的危重病人以及疑难病患者慕名接踵而至，病人经医院治疗康复之后，满意而归，赞美有加。为了丰富广大医护人员的精神文化生活，医院成立了篮球队、秧歌队、舞蹈队，还开设了图书馆、阅览室等，使职工业余文化生活多姿多彩，充实丰盈，人们安居乐业，其乐融融，医院呈现出既有统一意志，又有个人舒畅心情，生机勃勃、欣欣向荣的繁荣兴旺景象。父亲还积极响应党把医疗卫生工作重点放到农村去的号召，抽调医疗业务骨干，组成精干医疗队，上山下乡，送医送药，为广大贫下中农服务，为农村服务。记得在很长一段时间里，每到周末父亲都会背着医药箱，徒步或者骑自行车下乡到医疗队，看望在农村工作的医护人员，或走村串户亲自到农户家里给病人送医看病，因而深受周边地区广大农民群众的欢迎和尊重。津市市人民医院的美誉度和影响力，经患者和家属的口口相传，更加深入人心。

　　父亲在不断追求提升自己行政管理能力的同时，也在不断追求提升自己的医疗业务水平。他坚持学习，刻苦钻研，大量阅读国内外各类医学杂志和书籍，丰富和扩展自己的知识领域和文化内涵。把握和了解最新医学发展动态，理论联系实际，坚持临床实践，结合自己所治疗的病例不断总结经验，撰写出了《关于爆发性脑膜炎利用大剂量药物有效控制的探索》《心脑血管病的治疗与预防》以及关于肝硬化、肺心病、出血热、血吸虫病等三十多篇医学论文，发表刊登在国内医学杂志上，还编写了《内科临床手册》等实用医学书籍和手册，供医护人员临床使用。每当他有医学论文发表时，就是他最高兴的时候。他会邀请亲朋好友一起出去吃饭，或是亲自下厨买菜做饭，请大家品尝他的手艺以示庆贺。要不然就是更大范围地请同事们一起看电影或者买糖分发给大家分享他的喜悦。他酷爱看书，在我的印象中，每天晚上要是不开会，八点左右他去病房转一圈查完病房回家之后，就一直在看他那一本本厚厚的医学书籍或是伏案写作，每天什么时候睡觉，我们都不知道。早上是很少能够看到他的，往往是听母亲说"他去病房了"。这个每天早晚两次查房的习惯，父亲直到退休之后一直保留了很多年，哪怕是他腿脚不灵便之后，他也要坐在靠北的窗户前，望着上下班的人群早出晚归。有两件事情我印象深刻，都是我上小学时候的事情。第一件是一个下大雪的早上，我起床时棉衣找不到了，后来才知道是父亲拿走送给病人的孩子了，使得我上学迟到。第二件是让我给一个骨瘦如柴的住院老人每天早上送蒸鸡蛋羹，我不愿意也非逼着要我去，说是要让我得到锻炼，持续了大约一个多月时间。老人出院时非要让他比我高很多的儿子给我磕头，父亲还曾骑车带我走了二十多里地去大围公社探望回访过他，还给了他粮票和钱。我是在父亲追悼会上才真正理解了"待病人像亲人"那句悼词的深刻含义。父亲就是这样的人，他不仅仅是"把病人当亲人"，他还把医院当成了家，把津市当成了故乡。从抗战时期离家求学一直到"文化大革命"结束，为了他的医疗事业，为了他的病人，为了津市的父老乡亲，他竟然"忘记了自己的亲爹娘"，老家安徽合肥距离湖南津市并不遥远，可有谁能够理解，又有谁能够做到？离家几十年间，他竟然只回过一次老家看望自己的亲爹娘。那年我九岁，爷爷病重在床，几次电报催父亲回家。父亲经再三考虑才开口向组织请假，带着母亲和我一同回安徽合肥老家探亲。我永远也忘不了爷爷奶奶见到我们的那一刻喜极而泣的目光和离别时那难舍难分的眼神。几十年的离愁与见到儿孙时的喜悦，怎么能够在短短几天的假期里倾诉得清楚？相见时难别亦难，悲欢离合诉情怀；忠孝难全泪满面，山高路远留遗憾。三代人在依依不舍的拥抱中离别，这一别竟成了永别，父亲就连爷爷奶奶过世时，也没有能够再回家去看望老人家最后一眼。那是我第一次也是最后一次见到爷爷奶奶，弟弟妹妹从来没有见到过他们慈祥的面容，想起这些我心里就有说不出的难受，也不知道父亲是怎么挺过来的，也许是从他在党旗下举手宣誓的那一天开始，心中就已经无我。他就是一颗螺丝钉，被钉在了津市市人民医院那块土地上发光发热。

父亲一生严于律己，清明廉洁，严格遵守党对干部的各项规章制度。记得小事两件：第一件事情是小时候有一次我和弟弟一起到医院的病人食堂附近玩儿，食堂师傅宋伯和李伯把我们叫过去，给了我们每人两个肉包子吃。父亲知道这事以后，教育我们不能够沾公家便宜，带着我们兄弟俩向宋伯和李伯认错，并补缴了餐票。第二件事情是在我结婚成家时，父亲要求我们，不请客，不收礼，从简办婚事。父母的亲朋好友知道我要结婚的消息之后，有人送来热水瓶、枕巾和水杯以示庆贺。父亲知道后，硬是让我们给退了回去，搞得我们好尴尬，好难为情。医院朱医生说："你父亲就是这样的，不吃公家一餐饭，不拿公家一块钱，不占公家一点便宜的人。"可就是这样一个为医院建设与发展无私奉献、忘我工作的人，却在"文化大革命"中被整得死去活来。

"文化大革命"是我最不愿意碰触的伤疤，最不愿意回首的往事。可又怎么能够绕得过去那段灰暗的历史呢？它在我心中留下了难以抹去的阴影。它像幽灵一样使父亲蒙受不白之冤差点命丧黄泉；它像恶魔一般使我和弟妹们有学不能上，不可挽回和弥补地夺走了我们一生中最珍贵最重要的豆蔻芳华。"文化大革命"一开始，父亲就被造反派打倒在地靠边站，罪名是：走资本主义道路的当权派；理由是：

参加过国民党，是国民党的残渣余孽；从洋人手中接管了医院，是洋奴特务。紧接着工宣队进驻医院，最初的"三结合"把父亲结合进领导班子，当革委会副主任管理医院业务。随着"文化大革命"的深入，父亲被判定为"顽固不化的走资本主义道路的当权派""反动资产阶级学术权威""国民党特务""洋奴特务"。一时间大字报铺天盖地，批斗会一浪高过一浪。家里被抄了一轮又一轮，家门口还被贴上"牛鬼蛇神窝"大字报对联，迫使我们一家人只能低头弯腰进出家门。父亲被迫停职反省住"牛棚"，关牢房，隔离审查，游街示众，下跪批斗。我们也被判定为"黑五类"子女而受到牵连辍学停课，被同龄人迎着骂，追着打，逼着喊打倒刘宗燮。我不明白过去那些和蔼可亲的面容忽然之间，怎么就变得那么冷漠且面目全非，就因为参加过国民党？就因为从芬兰人手里接管了医院？就因为当了医院院长是当权派？就因为工资比别人高？这是我似懂非懂地阅读了大量大字报之后，心中得出来的结论。记得一天晚饭时，我忍不住流着泪向父亲发难，内心的郁闷和委屈一发不可收拾，拍案而起质问父亲："为什么要参加国民党？为什么要走资本主义的路？为什么当特务？"父亲思考良久回答我说："这些事情在我加入共产党的时候，都已经向党组织交代清楚了。组织上也是做过认真调查的。其他的事情我也没有任何隐瞒，我是清白的，问心无愧的。"并要求我们说："要相信群众，相信党，相信爸爸是无辜的，总有一天事情是会要搞清楚的。"父亲爱憎分明，襟怀坦白，胸怀若谷，始终相信群众，相信党，相信乌云遮不住太阳，总会有云开日出的一天。但有一件事情他没有那么自信，他感到了前所未有的委屈和恐慌，他感觉到了有人要栽赃陷害他，要置他于死地。他陷入了有理说不清，有冤没处伸的困境。那就是1949年解放军南下途经津市时，爆发"脑性疟疾"的事情。因为他当时被隔离被打倒的身份，迫使他有口难辩。他相信组织上会要调查，但他担心会因为时间过去得太久，茫茫人海找不到当事证人，也担心即便找到当事人，在当时动乱时期的社会背景下，当事人会不会站出来实事求是地说实话？他清楚这件事情一旦失去真相其后果的严重性。他说那时候他不得不做了最坏的打算……这件事情本应该是父亲职业生涯中，最值得大力宣扬表彰和嘉奖的优秀事迹，是一个知识分子爱党、爱国、爱解放军战士优秀品质的充分体现，是一段救死扶伤抢救解放军战士生命，可歌可泣值得传颂的美誉佳话。可在二十年之后的"文化大革命"中，却成了一件被别有用心的人颠倒黑白，混淆是非，污蔑诽谤为"刘宗燮不顾战士死活，拒绝抢救解放军"的滔天罪行，用心何其阴险狡诈，手段何其狠毒凶残！这样的"重罪"使父亲遭受到了残酷打击与迫害，饱受折磨——被津市纠察总队逮捕入狱，遭受拳打脚踢皮鞭抽，被打得血迹斑斑，遍体鳞伤，甚至五花大绑陪杀场。我们一家人，母亲失去了工作，我们兄妹三人被迫辍学与母亲一起被遣送到湖南常德临澧县柏枝台公社的一个偏远山村接受劳动改造。

永远忘不了 1969 年 1 月 23 日那个乌云密布阴沉寒冷的早晨，我们一家四口，被一辆没有顶棚的拖拉机拉着颠簸了一天，把我们送到了那个穷乡僻壤完全陌生的地方，当晚气温骤降风狂雪暴，破瓦屋内雪花飞舞。我们挤在一张床上，罩着塑料布在风雪中熬过了一夜。往后的日子只能听从命运的摆布。三月初妈妈又被强行调离到离家七八里地远的公社卫生院上班看病和治疗聋哑人，一个星期才能够回家一趟。那时我不满十五岁，弟弟不到十三岁，妹妹还不到九岁，就开始了艰辛的农村生活，每天早出晚归下田种地，拼命挣工分养活自己。记得那年七月的一天，父亲不知道通过怎样的努力，在有人监视陪同的情况下，到乡下来看望我们。我和弟弟赤膊短裤光脚丫，满身泥巴刚从田间回来，正同妹妹一起吃午饭。双目相碰的那一刻我们都愣住了，只看到父亲泪流满面，泣不成声，一屁股就坐在了门槛上站不起来了。是妹妹第一个喊着爸爸扑了上去，紧接着我和弟弟也跟着扑了上去，一家人拥抱在一起痛痛快快地哭了一场。我们只有用炒枯黄豆和辣萝卜干来招待他。父亲看着我们兄妹三个吃不下饭，眼泪止不住地流。我想象不出来父亲当时是怎样复杂难受的心情。父亲是一个坚强的人，挂牌游街挨批斗，坐牢挨打都没有流过眼泪。我这是第二次看见他流泪，这一次比第一次更伤心，更痛苦。第一次是被造反派抄家之后，他回家发现所有的医学书籍都被洗劫一空。他呆坐在那里很久没有说话，只是望着空空的书架，默默地抹眼泪。他一直把书看得跟宝贝一样重要，那么突然地就消失了，没有人能够理解一个读书人突然失去书籍的痛苦心情。父亲一辈子救死扶伤妙手回春救人无数，能够从阎王手中挽回生命，能够使危重病人起死回生脱离苦海。但面对相濡以沫的妻子和被迫失学的孩子身处困境，妻离子散的情景，却束手无策无能为力。他的内心又该忍受着多么痛苦的挣扎与煎熬啊！我不忍看着父亲难受的样子，尽量给他讲些发生在我们身边有趣的事情。他嘱咐我们"要照顾好自己，有时间还是要记得多看看书"。依然对我们说："要相信群众，相信党。相信我的问题是一定能够得到解决的。"临别时他给我们留下了积攒下来的三十多元钱，说让我们长身体的时候吃好一点。我知道那时候他已经被停发工资很长时间了，那些钱是他从伙食费中省下来的（后来证实临行前他向朱纯厚医生借了二十元）。他没有办法多做停留，回去的路上经过公社卫生院，还想着要去看望孤立无助与聋哑人为伴的母亲。他多么想留下来与家人们团聚啊！可他失去了自由，他必须当天赶回津市。回到那个阴暗潮湿、空间狭小，六个人挤在一起的不满十二平方米的充满尿臭味的房间里去悔过自新接受审查。一个满腹经纶忠心报国的知识分子；一个毫无利己动机，一心为当地人民群众健康服务的医生；一个爱党爱国，鞠躬尽瘁献身医疗卫生事业的医院院长；一个没有任何社会背景把他乡当故乡的外乡人，竟然落得这般悲惨的境地……"文化大革命"十年，正值父亲如日中天奋发有为的黄金年代，本应该是经过辛勤耕耘无私奉献之后，事业有成收获丰硕成果的时期，医院也正处于欣欣向荣蓬勃发展的阶段。"文化大革命"的暴风骤雨使蛟龙搁浅，雄鹰折翅，医院建设与发展受阻。不仅毁灭了父亲那一辈人建功立业报效国家的崇高理想，也毁掉了我们这一代人努力学习实现梦想最宝贵的青春年华。

1986年早春三月，父亲因公乘坐医院救护车过河，轮渡到达澧水南岸后救护车下渡船时，撞上了大石头，因救护车的突然剧烈颠簸，而导致父亲意外摔伤，髋部骨折，不得不离开了工作一线，伤好之后，他仍然坚持上班工作很长时间。父亲一辈子行医，除"文化大革命"十年之外，一直在医院主要领导岗位工作。曾先后担任医院副院长、院长、党支部书记兼院长、共产党津市市委委员、医院革委会副主任、院长兼党支部书记等职务。"文化大革命"时期，也曾担负过厨师、洗衣工、卫生员、护理工等职务，挑水送饭、打扫卫生、端尿倒屎、扫厕所等。无论在任何岗位、做任何工作，他都兢兢业业，勤勤恳恳。1990年2月父亲69岁高龄时才办理退休手续。因其政绩突出，常德地委组织部批准他享受副处级待遇。父亲退休以后，不仅一如既往地关心医院的建设与发展，献计献策，提出合理化建议和整改方案；还坚持学习，大量阅读和翻译最新医学论著，为提高医院医疗水平，挥洒着自己的余热直到病重。2001年6月14日，父亲在津市市人民医院职工宿舍逝世，享年80岁。父亲带着对事业未了的心愿，怀着对亲人深深的眷恋，走完了他坎坷的风雨人生路。他是一位好医生，一位优秀的共产党员，一位和蔼可亲的好父亲，我们永远怀念他。

我的父亲韩明楚

⊙ 韩佑君

　　我的父亲韩明楚，原津市市人民医院院长，他把自己毕生的精力和精湛的医术奉献给了这座小城，声名遐迩。"九澧一把刀"就是澧水流域的老百姓对我父亲医德医术的最高褒奖和赞誉。

　　20世纪初，芬兰传教士活动在湘北一带。1902年，芬兰传教士喜沃恩来到津市。1903年，芬兰人立足津市，建成福音堂，开办了津兰小学和中学。尔后一批批芬兰人来到津市。1907年，芬兰人黑金和妻子玛莎在津市开办诊所，传播西医。1911年，喜沃恩扩大了诊所，在教堂边新建了病房，正式命名为"津兰医院"。当时虽只有3名外籍医护人员，病床几张，但开创了澧水流域用西医诊治疾病的先河。

　　20世纪三四十年代，医院迎来了第一轮发展高潮。当时中国和欧美各国联合共同对付日德法西斯，大量的物质、设备、药品以及新的技术引进传播，加上人们思想观念的转变，西医已被人们广泛认识接受，医院规模不断扩大。津市解放时，津兰医院已有医务人员57名，病床近50张，有了专业分科，是现代意义的医院。其中有8名外籍医护人员，这些外籍医生通过教会在湘雅、德雅和津兰医院之间轮流执业，医院拥有当时最先进的X光机、心电图机以及检验、手术、麻醉设备和技术，医院声名很大。一时间，津兰医院成为与湘雅医院和广德医院齐名的湖南三家医院。1949年底，外籍医护人员离津归国，当时津兰医院留守院长刘宗燮联合津市北大路诊所，请求市人民政府联办、扩建医院，为建设新中国服务。1950年1月，联立津兰医院成立，11月市政府全面接管医院，更名为"市立津兰医院"，1952年医院交由常德专署直管。1953年，最后一名芬兰牧师白光明离开中国。1955年医院更名为津市市人民医院，奠定了今天大发展的基础。

　　1943年，我的父亲进了医院，洋人牧师白光明常与我父亲聊天。看到外国人兢兢业业地工作，我的父亲很受感动、很受启发和教育，于是在业余花了大量时间自学英文和医学知识。

1951年至1953年间，我的父亲向芬兰医生和传教士如饥似渴地学习医学知识，和他们感情非常深厚，当他们纷纷离开津市回国时，真舍不得他们走。我爸说，为什么要赶芬兰医生回国呢，他们都是白求恩。1949年解放军南下，成批的军人倒下（患了疟疾），我爸和他们这些芬兰医生不分日夜，不怕传染，既当医生，又当护士，还当卫生员，为解放军治病。我爸说这些人真的就是为病人，出钱出力，很有奉献精神啊。由于舍不得芬兰医生，我爸爸竟然挑担子走路将其送到了长沙。

解放初期，洞庭湖一带血吸虫肆虐，严重影响了人们的健康。我爸爸就曾在澧水流域带领医疗队不辞辛劳各处巡查、组织灭螺，为消灭血吸虫病做出了重要贡献。津市、澧县的地方志对此均有记载。

后来我爸考入同济大学医疗系，毕业后分配到湘雅医学院任16病室（高干病室）主任。"文化大革命"前几年，津市市委副书记周清晨找到了我爸，让我爸回到津市市人民医院，造福于津市老百姓，我爸毫不犹豫回到了津市。

我爸爸在津市市人民医院工作后，从技术骨干开始做起。他会做多种手术，从第一例阑尾切除术到胸外、腹外、脊椎等各种大型手术的开展，他的医疗技术也日益提升，很快成为津市的名医，号称"九澧一把刀"。

后来，"文化大革命"开始了，我爸爸的厄运降临了。被判为最毒的毒草——"眼镜蛇"，但是我爸爸从来没有气馁，仍然积极面对生活与工作。记得一次，我和丽君在襄阳街边的小房子里（因没人管了），天冷得不得了，隔壁人家就说，这么冷的天你就用我们家的热水吧。那时，人家的厨房就搭在外面，可以共用热水。她也观察我们很久了，说道："你爸爸真是大好人啊！那年我亲戚的小孩患了先天性巨结肠，就是你爸帮开刀，还帮输了血。"我知道我爸的血型，他是个万能输血者。我爸常对我说，神爱世人，外科医生的血型是O型，就是要你救命方便……

我爸爸勤奋工作之余，编写了《临床医生手册》《急性坏死性胰腺炎的救治》《急性骨外伤病人的处理及救治原则》，还翻译了《先天性阑尾缺如》等文章。医院的老同事（从芬兰医院过来的）都说我爸又勤劳又聪明，更是善良……那个时候芬兰人用拉丁文开药，谁都不知爸爸怎么学的，丝毫都不会搞错。老同事朱纯厚说："你爸随便练练，字就写得那么好，值得佩服啊。"

"文化大革命"结束后，我爸爸重新得到了重视。1981年至1983年还担任了津市市人民医院院长。当院长的那几年，人民医院迎来了新一轮大发展，业务水平不断提升。九澧一带的病人都往人民医院转，医院还派出医疗队去棠华、李家铺等地工作。

2011 年 1 月 8 日早上 8 点 15 分，我爸爸永远地走了。2011 年之前，我去庙中游走，遇见一位高人，他说 2011 年 1 月对我很重要，我很信，就提前通知家人（因为我妹的儿子，姐的女儿都在国外）早做准备。当时我姐说去年她没回家过年，今年答应爸回家过年的。我说不行！务必回家过元旦。结果我们全都回家过元旦了。这一次，我爸交待了许许多多：

（1）对我说：佑君，医院一百周年大庆我怕参加不了了，这些图片是解放前的（芬兰医院），很有价值，我是想捐给医院。

（2）对我妹的儿子说：我们祖孙都是同济的，你走向了世界（当时我妹的儿子就已去了德国柏林大学读博，获得德国总统奖学金），我回到了老家。（我爸当时哭个不停，我知道这句话的背后含义……）

（3）对我姐的女儿说：颖颖，你是湖南医科大硕士班毕业的，我真的希望你回国，湘雅虽比澳洲差，可毕竟是我们湖南医学的最高学府，你大爹（指自己）都还想再去工作几年……

我亲爱的爸爸韩明楚医生非常热爱澧水河，非常热爱这片热土，甘愿为这片土地上的人们奉献自己。

我爸常说澧水河养育了他，感恩澧水河让他渡过了幸福的童年。临终时我爸把我们叫到身边，郑重地交待我们，要把他的骨灰撒进澧水河……爸爸想常见这家乡的水……

那天我们捧着父亲的骨灰盒沿着澧水河边一步一磕，步步泪流。为了满足爸爸的愿望，我们将他的骨灰少部分撒入澧水河，其余部分在澧水河附近的电力局山上入土为安，让他常见这家乡的水，让他望着我们的家，让他望着人民医院。此情此景此生都无法忘怀……澧水河呀，父亲的河，你孕育了多少九澧优秀儿女，无论你承载了多少哀愁，多少悲伤，仍川流不息，奔涌向前！

友人李垂林听说了父亲的故事后，赋诗一首：

洞庭澧水育英才，津市名医扫地哀。
九澧韩公刀一把，潇湘儿女不忘怀。

缅怀先师杨文敏

⊙ 杨振明

业岐黄　学有渊源

先师、先伯父杨文敏（1917—1983），字克毅，号寿生。祖籍湖南湘乡，世家出生，幼时入钟姓私塾读书，及长在长郡小学、澹津高小、澧县初级中学读书。1931年14岁时随堂祖父杨藩莲老中医攻读医书，所读书目有《医学三字经》《药性赋》《汤头歌诀》《濒湘脉学》和《云林神彀》等书。据我祖母说：先师体弱，三伏天常着长衫马褂，日夜苦读医书，用心过度，曾经中暑。常与朱炳翰先生切磋医学，朱先生曾在回忆先师一文中说："我自1934年离开家乡来到津市，与文敏君结识以后，成为志同道合的好友，交往密切，情同手足，数十年如一日。青年时代，立志学医，相互钻研祖国历代名医著作。他废寝忘食，朝夕如斯的学风最堪钦佩！"

由于当时中医人员不能免兵役，时受抓壮丁威胁，先师不得已于1937年去小学任教，半事教半事医，曾任津市中心小学校长。1943年，离教从医，1945年与中医同仁开设鼎记建民中药店，悬壶行医。1950年与同道开设同德诊所，担任津市中医师工会副主任，津市文教新医联合会副主任。1952年，与毕人俊等组合成立和平中医院。1953年，进入常德地区首届中医进修班的，毕业后留校任教四年，获卫生部颁发中医师证书。1954年、1956年两次参加湖南省中医代表大会。1957年，任津市中医院院长。1959年，毕业于湖南省中医进修学校师资班，曾在津市市人民医院中医科工作，后调入市中医院。

先师既承家学，又受过大学教育，不囿于门户之见，详参各家学说，汲取众家之长，结合现代医学知识，学有渊源，贯通中西。从事教学与临床工作40余年，桃李盈门，名扬九澧，享誉省内外。1979年被湖南省卫生厅授予"名老中医"称号，1980年当选为市政协委员、湖南省中医学会会员、津市中医学会理事。

重医德　大医精诚

"医之为道，至精至微，明辨而行之，则可济众，冒昧而施之，适足以杀人。"先师奉此为圭臬，总是严肃认真，一丝不苟地工作。先师以唐代医家孙思邈"若有疾厄来救者，不得问其贵贱贫富，长幼妍媸，怨亲善友，华夷愚智，普同一等，皆如至亲之想"作为座右铭，以医疗为己任，急病人之所急，有召必往。先师对待患者一视同仁，热情接待，从不收受患者赠送的礼品，其立行为本、立言为表的作风，给我们树立了榜样。

他认为医疗界历来存在"保守不传""门户对峙""文人相轻"的陋习，不利于医学发展，经常与师生弟子交流医学经验。到家中来的常有内科朱炳翰、眼科毕仁俊、外科冯文彬等名医。他们互相切磋医学，抒发己见，气氛十分活跃。我经常在旁为他们端茶送水，聆听教诲，受益匪浅。

求实效　屡起沉疴

"学医不精，不若不学医也。"先师生前以此箴言告诫学生，并能以之律己，诊余之暇，手不释卷。在"劳动改造"期间，白天劳动，晚上挨批斗，夜深人静还拥被驼棉读医籍。先师熟谙经典，旁通各家，勤于临床，辨病与辨证相结合，方治灵变，效验卓著。

专内科，机圆活法。先师反复强调："夫医学之要，莫先于明理，其次则在辨证，再次则在用药。理不明，证于何辨，证不辨，药于何用。"主张"治病当活泼泼的，如盘走珠耳"。先师以肾肝二经论治，按症先后，"急则治标，缓则治本"。首用平肝潜阳，继以清热利湿，终以补气活血通络之品收功，层次清楚，立法用方，灵活多变，寓"病千变，药亦千变"之意。

治温病，因势利导。先师认为"江南地卑气湿，气候温热，患温病颇多"。对温病探研甚勤，擅长因势利导，结合临床，随宜而用。先师不拘常格，因势利导，急以清营汤透热，配合安宫牛黄丸清心开窍，次选增液汤加味"步步顾及津液"，虑其"年大正虚"，泡参须代茶善后。

医妇人，通常达变。先师尝谓"医术之难，医妇人尤难"。妇人之病不同于男子，有经、带、胎、产之千态万状，临床辨证尤为复杂，施治亦须权衡轻重，通常达变。如1955年夏治裴某妊娠口糜案，症见口糜舌烂，鼻衄，烦渴。先师不拘牛膝、茅根、丹皮、大黄碍胎之矩，胸有定见，通常达变，患者仅服药4剂而安。1978年1月

21日吾妻患产后子痫，症见高热，昏睡，抽搐，双目失明。时值隆冬，先师不囿于"产后宜温"之说，诊为肝热化风，治宜平肝熄风，投羚羊钩藤汤化裁，服药3剂，热退身凉，双目复明，诸证悉平。

施灸法，功专效宏。先师专于内科，擅长针灸，对急危重症，汤药不及者，巧施针灸，屡奏奇功。如1971年冬治涂姓小孩阴茎内缩案，冬天气候寒冷，患儿晨起蹲厕便溺，回家后症见寒栗肢冷，小腹剧痛，随之阴茎内缩。先师急施灸法，艾灸三阴交、关元、气海、悬灸龟头，温壮下元，振奋肾气，使患儿转危为安。

遣方药，本正清灵。先师行医数十年，学验结合，视野遂广，意境渐上，所治医案，具有辨证准、立法明、用药少、花钱省、疗效好的特点。处方用药少则六味，多则十几味，其用量多为3～12克，除非病情需要，不然很少用及力峻性猛之品。遣方用药主张"清轻、平淡、和缓之剂取效"。轻可去实，和则无猛峻之剂，缓则无急切之功，非上工高手是不容易办到的。正如宋代诗人陆游的名句"律令合时方帖妥，功夫深处却平夷"。所谓"律令帖妥"，是指已经非常熟悉并掌握这门学问中的规矩和原理，至于"平夷功夫"，则又进一步达到"用巧"的阶段。医家如能以平和之剂而愈深重之疾，其医学造诣无疑已经进入化境。先师的造方用药特点值得提倡、继承和发扬。

勤笔耕　著述颇丰

先生精研医学，博览群书，虚怀深求，每勤于笔。夜读偶得，钩玄提要，临证之际，有所得必有所记，有所记必有所思，有所思必有所悟，每遇特殊疑难病例均详细记录在案，数十年来，从不间断，积成日久而其独善。

1955年，先生为常德地区中医进修班编写《中医方剂讲义》。1958年赴省卫生厅参加编写《中医学概要》《简明针灸学》《白喉》等书。在建国30周年之际，将昔日讲义、学术活动之专题讲稿以及历年之临床医案、论著，追忆所及，和同道襄助回溯，分论著、医案、医话三类整理成《临床随笔》一书，《津市科技》1979年第二期专刊发表，荣获1979年津市科技成果奖。1982年先师部分著作发表于湖南省中医研究所主编《三湘医萃》丛书。

先师著书立说，立论精辟；诠释精旨，汇集名贤妙论；独抒见解，多有创新。突出理论联系实际，深得省内外同道的赞许，为后人留下了宝贵的医学遗产。

擅书法　自成一体

先师精于医道，擅长书法。隶书宗汉碑，书体扁平匀整，用笔方圆兼备，笔法流畅，美妙多姿。善榜书，曾以扫帚蘸墨写字，字形硕大遒劲。行书宗法董其昌，参合二王及唐人新意，婉媚秀逸，刚柔相济，自成一体。经常给人写匾额对联，每逢春节，前来求先师写春联者络绎不绝。可惜"文化大革命"期间，多次被抄家，先师墨宝荡然无存，如今只能在其札记、处方中领略其书法神韵。

育人才　竭尽全力

先师热心中医教学工作，为挽救中医后继乏人的局面，竭尽余力，多次任教于省、地、市中医进修班、提高班，先后担任《黄帝内经》《伤寒论》《金匮要略》《温病学》《内科学》《外科学》和《方剂学》等课程的讲授工作，带教大批湖南医学院实习医师，精心培养中医院中医学徒。经常以清代医家吴鞠通"医道虽难，能难其所难，亦不见为难"鼓励学生迎难而上，安心中医工作。先师治学严谨，对于经典中难读难懂的字句，仔细讲解，深入浅出，结合临床举一反三。1982年任教省外科提高班时重病缠身，恰值酷暑，教学期间，时发咳嗽、胸痛，声音嘶哑，尤为吃力，先师尽量板书，为使学生弄懂而感到欣慰。先师带教的学生，培养的高徒，已经成为医疗界骨干和名医。他为中医事业振兴和发展，鞠躬尽瘁，死而后已。省卫生厅中医处给予高度评价："杨师生前为中医事业做出了卓越的贡献，学术造诣较深，培养了大批人才，救治了许多病人，他的逝世实乃莫大损失。"全国著名中医学家、省中医研究所所长李聪甫研究员，省中医研究所副所长、省中医学会副会长欧阳琦研究员分别致唁函曰"老成凋谢，深表悼惜""中医名师，堪为师表"。

先师的一生，业岐黄四十载，拯救苍生，屡起沉疴。搜青囊，呕心沥血，叮咛再三，桃李遍及各地。回首忆鸿恩，最难忘，重医德，求实效，铭刻心灵。最可敬，患癌工作，竭尽余力至最后一息。

先师的一生，半是教育半是医，人生路上两丰碑。他的业绩流芳千古！他的事业后继有人！

妇产科大夫廖军传

⊙ 吴友文

　　廖军，湘西吉首土家族人。1952年，横行湘西几百年的匪患被解放军基本肃清，那年，十四五岁的廖军怀抱着对未来的美好憧憬，邀山寨里的同伴翻山越岭，步行三日赶到沅陵县报考辰光医校——辰光医校由抗日战争时期随迁的湘雅医院主办，是湘西地区解放初期唯一的医校——结果双双被护理专业录取，廖军从此离开故乡在外独自创业。

　　1954年，廖军毕业时，正遇长江流域百年大洪灾，她们一批同学被省卫生厅编入救灾医疗队，在西洞庭一带抗洪救灾，这是段美好的青春岁月，十六七岁的廖军纯朴天真，满怀建设新中国的热情，不畏艰难，不知疲倦。

　　1956年，廖军被分配在黔阳地区人民医院工作，当了一名护士，在那里遇见了她的意中人老范，老范是一位东北的南下干部，年长廖军六七岁，高大英俊，憨厚朴实。在老范的热烈追求下，廖军也似心有所许，按土家人的风俗，姑娘十六结婚不早，十八成家太迟，廖军满十八，刚好达到了新婚姻法的年龄，便与老范成了亲。婚礼简单热闹，在双方家人和战友的祝福声中，两人开始了长达四十年的幸福生活。

　　1957年，廖军随老范转业来到了常德市血吸虫病防治院工作。洞庭湖一带血吸虫病情非常严重，那时廖军已身怀六甲，仍然腆个大肚子和同事们在湖边乡村进行血吸虫病普查工作，不久大儿子庆南出生了。

　　恰在此时，廖军得到了一个学习机会，通过考试，进入常德医专医疗班学习三年。她想继续深造，想当一个妇产科大夫。当时廖军还未满二十，廖军为儿子请了奶妈，便毅然入校，好在老范理解支持她。

　　1958年老范因创建津市卫生防疫站调到了津市，孩子也随丈夫到了津市，托在单位附近的保姆家寄养，直到入小学时才回到父母身边。

1960年廖军毕业，被分配在津市市人民医院从此再也没有离开。津市市人民医院历史悠久，前身是芬兰教会开办的津兰医院。医院有病床120张，是澧水流域最大的综合医院。廖军一开始选择了外科，因为当时医院的妇产科和外科合在一起，她的志向是成为一名优秀的妇产科大夫。当了医生还是学生，医院业务副院长杨振华兼外科主任，在九澧一带名气很大，人称"杨一刀"，一刀病除。30多张床位的外科常常挤着七八十个病号，对爱学习的廖军来说，这正是求之不得的机会，年轻人也舍得吃苦，那段时间，廖军不是在手术台上就是在产房里，整天忙碌，她从杨院长手上学得一手好刀法，为日后成功打下了很好的基础。

1961年，二儿子小杰出生了，廖军学习热情正浓，又为小儿子找了个奶妈，一家4口人有3个家，夫妻俩商量，两个孩子够了，不再生了，工作重要，这让还想生一个闺女的老范从此断了念想。那年年底廖军又风尘仆仆地到省城湘雅医院进修去了。

一年后，归院的廖军医师不一样了，系统的学习、严格的操作使廖军具备了成为一名优秀妇产科大夫的潜质。她所缺的就是实践和时间。

廖军为人善良，心直口快、好强使能的性子，与内敛含蓄的同事比起来就显得很强势。学成归来后，廖军和一帮年轻医生策划着医院妇产科和外科拆伙分科，当时医院院长刘宗燮是老牌大学生，也是本地知名的内科专家，他根据形势的发展和业务的需求，满足了她们分科的要求。

1960年代，那是一段创业的岁月，国家很重视妇女儿童的保健事业，医院妇产科发展迅速，廖军和蒋登媛年龄相当，年富力强，都爱学习、肯钻研，又争胜好强，她们成为了妇产科的骨干力量。到1980年代初，廖军任医院妇产科主任，蒋登媛则成为津市妇保院的创建人，两人是津市妇产科学界的知名人物和最高权威。

廖军是幸运的，那个年代政治气氛风转左右，难于把握，知识分子很容易受打击，老范是位南下老革命干部，有老范像大哥一样关心照顾着，她的工作、事业都发展得很顺利。

生活中的廖军与工作中的廖军判若两人，她不进菜市场，也不管家里的柴米油盐。她有一双巧手，主要用在接生孩子和为病人手术上，家务事除洗洗衣服，几乎从不生火做饭；她有一双好眼睛，一辈子不近视不老花，但大多数的时间用在读书学习看病人上，用在看孩子身上的时候少。非不能也，实不为也，廖军看重的是业务"本事"，与工作比起来，家务事就不那么重要了，再说有老范呢！

孩子们的事情都由老范一手操办，孩子难免更亲近爸爸些，大儿子庆南6岁多才离开保姆家和父母一起生活，刚刚回家时生活很不习惯，不敢亲近妈妈，受点委屈有点不满就往保姆家跑，"姆妈"比"妈妈"叫得更亲切自然。这一阵子很让廖军内疚难过，变着法子去亲近儿子，无奈工作太忙，逢年过节她也想一家子团团圆圆热热闹闹，偏偏年年三十、每到节日都有手术，有时还一台接一台，每当遇到这种情景，老范就对孩子们说："妈妈忙去了，咱们来包东北的饺子吃。"

廖军、老范都是外地人，亲戚们也难得走一趟，过年过节就显得格外冷清，有一年春节，一家4口回了趟湘西老家，土家的风情，山寨的年味，舞狮耍龙，篝火鞭炮，又热闹又好玩，孩子们尝到了土家的年味后，每年就早早的和妈妈打招呼："今年去外婆家过年。"意思是让妈妈早做准备，廖军总满口答应，临期就是不能成行，加之老范又是市防疫站的书记，也有许多棘手的工作，去外婆家过年就成了孩子们梦中的向往。

开始当医生，廖军一门心思只想成为一名妇产科大夫，与社会和病人接触多了，难免有些想法，一个特殊的事例，让她有所思，她开始关注起了女人的命运。

大概是在1964年，新洲一位年轻农妇婚后几年没有生育，丈夫是位现役的军人，有一年多没有回家探亲，而恰恰在这时候，这位农妇的肚子却不知不觉大了起来。那时候军婚是受到国家特别保护的，农妇的肚子成了当地的大丑闻，邻居们闲话猜忌，家人感觉蒙羞，有骂她淫妇逼她交奸夫的，大队干部上门要她写检查，要治破坏军婚者罪，农妇有口难辩，又实在没有奸夫，欲寻短见，幸亏婆婆及时发现，婆婆也没有发现儿媳有什么不轨的行为举止，便带上媳妇上医院检查，要弄个明白。

廖军医生接诊，听了婆媳的诉说，仔细地问诊检查，廖军排除了农妇怀孕的可能，初步判断是腹腔里长了肿瘤，若要确诊还要进行剖腹探查手术，这要是在今天，只要做做B超检查就可以基本诊断出肿瘤部位、大小性质，但当时的技术条件只能凭经验和感觉。廖军当即把病人收入医院，第二天上手术台，打开腹腔，发现农妇长了一个巨大的卵巢囊肿，切除囊肿，足有两公斤。出院时，廖军告诉婆媳二人，这个瘤子是多年长成的，也是造成媳妇不孕的原因，现在切除了，以后可能还有机会怀孕。婆媳二人洗刷了污名，还治了病根，拎起瘤子，欢天喜地回家去了。

这件事情引发了廖军的深思，知识缺乏使人愚昧，愚昧又更加摧残人，尤其是女人。那时候，津市周边农村还残存着请接生婆上家接生的习惯，当时又叫土法接生。有人来，接生婆就顺手拎个布包，里面包把剪刀、一段棉线和几块纱布，到了人家，让人准备盆热水，就指挥产妇生产，遇上顺产就用那把剪刀剪断脐带，用棉线打个结，把产妇婴儿洗洗就完事，吃了茶蛋，拿了红包，给产妇交代几句就走人，新生的婴儿常有"七日疯""十日疯"的怪病，得了这种病的孩子百分之百死亡，这病又叫"新生儿破伤风"，就是那把没有消毒的剪刀带来的，"新生儿破伤风"到今天已经绝迹。遇上难产问题就大了，有经验的接生婆能解决一些小问题，但遇上复杂的难产，接生婆往往会先问当家的："要大人还是要小孩。"于是拉拉扯扯，不是婴儿死就是产妇亡，常常有产妇婴儿双双惨死家中的景象，那时候女人生孩子就是走遭鬼门关，不把女人当人。

土法接生是中国几千年流传下来的经验，与廖军她们掌握的科学生育助产技术根本就不能相提并论，但是传统很顽固。

女人的悲苦命运，激发了廖军深刻的同情心。她想，自己是妇产科大夫，有技术有能力治疗处理单个病人，但普遍落后的社会现实仅凭一己之力是难以改变的，新社会必须推广新技术，只有调动社会的力量才能改变现状，于是她联名妇产科医生，向市政府和卫生局报告呼吁，关注妇女生育问题，加强生育、生理知识普及教育，培训乡村医生，推广现代分娩技术。

廖军医生自己身体力行，先后在棠华和如东驻乡蹲点两年多，她在卫生院给村民看病，给乡村医生讲课，开办新法接生培训班，在田间地头向农妇宣讲生育知识，有时夜间甚至出诊到农家抢救遇到生命危险的产妇，那些年廖军结识了许多乡村医生，很多病人也开始认识廖医生，知识也在这块土地上生根发芽。

在全市上下的努力下，津市地区推广新法接生，普及生育知识，孕产妇和儿童死亡率逐年下降，到1970年代提倡妇女自发节育运动时，津市地区已然走在了各地前面，成了地区的先进典型。以廖军为代表的一批妇产科大夫功不可没，她们深入基层，走村串户，宣传科学，这段经历也使廖军职业生涯得到了锻炼。她走进了社会，了解了社会，也让她更加关注妇女的命运。

1976年，大儿子庆南已经18岁，插队落户去了石门，小儿子在读高中，廖军还只是三十六七岁，作为医生正是风华正茂的年龄。这一年，她选择了妇科肿瘤作为主攻方向，去了湖南省肿瘤医院学习。

时轮进入1978年，中国开始了改革开放，医学的春天到来了。那一年，卫生部主持了一个"全国医学细胞遗传学进修班"，要在全国选拔一批有医学基础和临床经验的妇产科大夫深造，多好的机会，廖军大夫考上了，她在北京协和医院和湖南湘雅医院边学习、边实践，她用了两年时间，主攻妇产科最尖端最前缘的学科"生殖工程"，她的知识丰富了，视野扩大了，技术也更扎实了。

1980年学成归来，医院提拔她当了妇产科主任，好事一桩接一桩，"文化大革命"时停止了的职称评定工作恢复了，那年她被评为妇产科主治医师。

丈夫老范是个共产党员，老革命，"文化大革命"时因为是当权派而受到了打击，离开了卫生防疫站领导岗位，被罚到街道工厂劳动锻炼。因为丈夫的原因，廖军也受到了打击，被医院工宣队隔离审查3个月，那时候她白天到妇产科上班，晚上集中隔离学习写检查，两个孩子吃食堂、放羊儿、没人管，后来廖军用一个词语来形容那段往事——混账。

改革开放后，因为接触到的专家教授大都是些民主党派成员，医学界又以农工党居多，廖军很自然地选择加入了中国农工民主党。夫妇二人，一个执政的共产党员，一个民主党派，家里很和谐。

1980年代，随着清算"文化大革命"、发展经济，政治氛围宽松起来，知识分子的作用和地位逐渐得到了社会的肯定。廖军的职业和社会身份也得到了大家的认可，后来她又在医院里陆续发展了一批农工党党员，其中就有后来成为医院院长的邹建龙。到1985年农工民主党湖南省委在津市地区成立支部时，廖军顺理成章地成为了首任主任委员，她也成为了中国农工党津市地区的创始人，后来又连任了两届主任委员。

因为民主党派的身份，廖军医生有了许多参加社会活动的机会，她曾有很多社会兼职，先是在市里任了两届政协兼职副主席，做了一届湖南省政协委员，大概在1990年前后，又任了两届人大兼职副主任，再多的头衔，也没有使她离开过医院妇产科主任的工作岗位，一直扎扎实实地履行了一个专家的社会职责，她为津市市卫生事业的发展出谋划策，为妇女儿童的健康保障事业鼓与呼。直到她离休多年后的2006年，还为医院向上争取到了一台进口宫腔镜，影响力很大。

独木难成林，1980年代初期，一届届高校的毕业生纷纷落户医院，那些都是拔尖的人才，有医生，有护士。作为妇产科主任的廖军，手底下清一色的女性，因为自己没有闺女，人家的闺女个个都可爱，学护士出身的她就以自己举例子，我也是学护士出来的，后来努力当上了医生，要努力。她说话亲切，口才也好，在她的"忽悠"下，还真有两个护士参加了在职考试和在职教育，一个是后来成为医院检验科主任的钟菊香，一个是成为津市第一个执业药师的张业秀。对于湘雅医院（湖南医学院）毕业的杨学玲，她更是悉心培养，鼓励加激励，杨学玲高学历、有经历，又肯学习，廖军早早把她当成了妇产科的接班传人。后来柴志凤、朱玉英、胡明辉，她无不悉心栽培，在她的眼中，只有长江后浪推前浪，没有带出徒弟、饿死师傅的概念。廖军的花园里，桃李满园。

岁月荏苒，不知不觉，两个儿子相继成家立业，丈夫老范也退休了，老大庆南生了一个女儿，取名伟玮，后来小杰又添了一个女儿，取名津晶。可把老两口儿乐坏了，伟玮和津晶是老两口儿的掌上明珠，老范除了一如既往地照料着廖军的日常生活，还附带着接送两孙女上幼儿园，两个孙女又聪明又乖巧，打扮得又漂亮，他们一家子从医院院子里走过时，是一道职工们羡慕的风景，那真是美好幸福的时光。

月有阴晴圆缺，人有悲欢离合，幸福的时光让人留恋，那是因为从来没有永恒的幸福。1996年初，一向硬朗健硕的东北汉子老范病倒了，到医院检查已是肝癌晚期，被病痛折磨3个月后，老范离开了人世。那段时间，廖军大夫沉默了、憔悴了，常常暗自流泪，突然失去了老范，她的世界一片空白。老范呀老范，多好的老伴，风雨同舟四十载，相濡以沫，情真意笃，她要如何化解刻骨的思念和内心的悲痛！

她辞去妇产科主任一职，院长同意了，她要放弃所有工作，同志们挽留她，因为过度的悲伤太不适合廖军的个性。她的生活缺陷不仅仅表现在家务料理上，人情世故，她一窍不通，麻将扑克，她一样不会，她的依托在医院，在病人，在事业。

同志们关怀她，院长亲自登门邀请她出来工作，学生徒弟出面安慰，让她在工作中化解悲伤，让她把老范永远留在心底。后来长子庆南接替了老范的职责，照顾妈妈的饮食起居，儿孙绕膝，让她感受了亲情的慰籍，渐渐缓解了她失去爱人的悲伤。

1998年，廖军辞去了津市人大副主任职务，2000年她又辞去了农工党津市市主任委员职务，从此她以一个专家的身份当起了一名普通的医生，每周看两个半天的专家门诊，其他的时候到病房做做指导，遇到疑难杂症会会诊，手术中遇到困难，她也会洗手上台，半夜有急诊她也来科室，那段时间，廖军医生又恢复了往日的自信，言语多了，喜欢热闹，常常和妇产科的晚辈们一起聚会，后来农工民主党成员邹建龙当了院长，他对廖军这位前辈格外尊重，言听计从，老专家就是块宝。那些年医院发展得特别快。

有段时间，廖军医生被猎头盯上了，起初广东省妇保院看重她的生殖工程技术，每月出八千元的底薪请她以专家的身份做指导工作，她谢绝了。后来东莞有家医院干脆要她承包妇产科，一年分成不少于30万，她把人家骂走了，"我60多岁的人了，给你做长工，没门"。直到老家吉首市人民医院来请她时，她才实话实说："津市市人民医院培养了我，我在这里成家立业，对这里有感情，我生活得很好，儿孙们就在身边，我又不缺钱，现在我们党内的同志在当院长，妇产科当家的医务人员都是我的学生徒弟，待我又好，人都是讲感情的，我怎么走得脱，当然，老家吉首也是有感情的，那里还有我的同学，到时候抽空到你们医院参观学习。"

她用温情言语把她真实的内心告诉了老家的人。人老思故乡，那一年，廖军大夫携儿孙回到了阔别多年的吉首老家，与兄弟姐妹、亲戚朋友过了一个欢快的春节，临走时参观了吉首市人民医院妇产科，在那里，她受到了隆重的欢迎、热情的接待。专家就是一块宝，处处受人尊重。

幸福时光飞快，2002年，医院原本有台进口CT机，这年医院刚好又添置了进口的彩色B超机和一台全自动生化分析仪，医院里这批退休返聘的专家，都是医院的宝贝，要格外呵护，邹建龙院长决定利用这批先进的仪器设备给这批专家进行一次全面体检，表示关怀，有疾病也可以早发现、早治疗。

邪呼！一体检，廖军CT的片子上胸膜部位发现了阴影，还不能排除肺癌。邹院长组织专家会诊，她不知从何处得到消息，非要参加会诊，院长劝她回避，她说："我治疗过多少个妇科癌症，癌症不可怕，我心态好得很，放心。"

经过专家会诊，初步判断属于肺癌早期，病灶部位局限，但需要及时手术切除，以防扩散。面对这个结果，廖军坦然接受，她主动选择去湖南省肿瘤医院住院治疗，因为20多年前她曾在那里进修学习，她知道那里的技术，她熟悉那里的人。

在省肿瘤医院，手术很成功，化疗也按计划进行，医院领导、同志们分期分批地去省城探望她，可是在病房有时就探望不到，见不到她的人，问护士，答说："不知道，这个老太太是学医的，总会按时治疗，其他时候干什么去了，真的不知道。"

在肿瘤医院住院的那几个月时间，廖军医生总是闲不住，每天治疗结束后，她先是去肿瘤医院的妇瘤科，找过去的熟人朋友聊天，言语中她发现这些年妇科肿瘤的手术技术、化疗方法又有了很大的改进，她老人家闲不住了，治疗一结束，她就一头扎进了省肿瘤医院的资料室，看书、做笔记、摘抄资料。3个月的化疗结束后，她带回了两大本治疗妇科肿瘤技术新进展的笔记。

自己的肿瘤不太在意，妇科的肿瘤她却格外关心，无法用语言形容廖军医生的职业操守。人有三六九等，最高等次是圣贤，自古圣人贤人，他们置身物外、心系天下。廖军医生若不与圣贤比肩，亦必是大慈大爱之人。

经过几个阶段的治疗和一年多的多次复查，到2004年底，她的肺癌彻底治愈了，就是在这段治疗肺癌病的间隙，她也闲不住，一有时间就去专家门诊为病人看病，或去妇产科和同事们交流沟通，还特别叮嘱："科室哪个结婚生孩子，别忘了请我这个老太太喝喜酒。"

大病痊愈后的廖军医生，仍像以往一样，按部就班地上着专家门诊，在妇产科病房做专业指导。2004年对廖军医生来说是一个特殊的年份，从1954年从事护理工作算起，到这年，已经从医五十年了。五十年，人生路漫漫，廖军从一个青春少女变为气质娴雅的老太太，年轻时代，她像家乡吉首漫山盛开的杜鹃，美丽灿烂、红红火火、追求事业；人生暮年，她又像澧水滋蔓的兰花草，洁白葱翠、幽香淡雅、宁静致远。

那年底医院为廖军大夫举办了"廖军同志从医五十周年"纪念活动，院长邹建龙发表了热情洋溢的讲话，盛赞她为津市市妇女儿童卫生健康事业和医院发展建设所做的突出贡献，为她颁发了证书和纪念品。

纪念会上来了一位特殊的献花人，她是澧县官垸乡妇女主任朱平女士，她为在场的嘉宾讲述了多年前的一段救命往事："1983年我因为宫外孕破裂大出血，躺在官垸乡卫生院里奄奄一息，廖军大夫得到消息，坐上救护车赶了几十里路，为我做手术，救了我的命。选择今天这个特殊的日子，献花一束，感谢廖妈妈的救命之恩。"

所有的鲜花和掌声，廖军大夫当之无愧！

2005年，医院新住院大楼落成，后来根据业务的发展，妇产科分为了妇科和产科，20世纪80年代毕业的杨学玲医生执掌产科，90年代毕业的胡明辉医生执掌妇科。两位主任都是廖军手把手带教出来的徒弟，对她们既骄傲又放心，后来，廖军又把培养指导的对象放在了年轻医生身上。到了2011年，大学刚毕业的唐宏津一进科室就跟廖军大夫的班，给她做医务秘书，顺带照顾她的生活和安全，这女孩聪明乖巧，年龄与廖军小孙女差不多，平时甜甜地喊廖奶奶，廖军大夫很受用，喜欢得很。

2012年9月10日，平常的星期一，按医院门诊病人的规律，过了周末，星期一的病人特别多。早上八点半，廖军带着唐宏津进了门诊妇产科专家诊室，走廊两边的椅子上已经坐满了候诊的病人，许多病人认识廖军，纷纷围向廖军打招呼，廖军明白病人的意思，含笑致意："别急，别急，要一个个有次序的来，大家放心，我保证都会仔细检查的。"得到了承诺，候诊的病人很满意。

从接诊第一个病人开始，检查、开单、开药、治疗没有歇手的时候，到了十二点半，为最后一个病人开好药后，走廊上再也没有候诊病人，廖军边洗手边听唐宏津医生报告上午的工作成绩："廖奶奶，您上午看了41个专家号，另外两个普通挂号您也给看了，收了两个住院，约了两个病人明天上午到专家门诊复诊，还有一个病人等病理报告，约在星期三到病房复查，汇报完毕。"廖军自己都感到吃惊："看了43个，难怪感觉到有点累了，小唐，等病理报告的那个病人，到时候提醒我，你今天也检查了这个病人，以我的经验，恶变的可能性很大，病人早点手术，治愈的可能就增加，只要用心，经验会慢慢积累的。"师徒二人边走边说，离开门诊时，已经下午一点钟了。

这就是廖军大夫一次专家门诊的工作量。

丈夫老范去世后,长子庆南搬到了医院的家属院,与廖军住在一栋楼里,一日三餐,全部由儿子安排。医院在澧水南北各有一个门诊部,廖军每周各有一个专家门诊班,小儿子家在澧水北边,只要上北岸门诊,小杰就给妈妈准备好吃的饭菜,有时还留妈妈住上一晚,想着法子尽孝心,廖军医生也乐意,天天由长子照顾着,也要休息。后来伟玮高中毕业上了大学,再后来津晶也上了大学,两个儿子都是四五十岁的人了,都有事业和家庭,她也不想给他们添太多的麻烦。

一个人在家时还是有些冷清,她就看书看电视打发时间,好在院子里孩子多,热闹,她又特别喜欢,伟玮和津晶送给奶奶的巧克力,自己舍不得吃,揣在口袋里,上下班的路上给孩子们吃:"叫声廖奶奶,就吃巧克力豆。"所有的孩子都如愿以偿地吃到了巧克力。廖军大夫是大福之人,丈夫精心呵护,儿孙极尽孝顺,年轻时她喜欢人家的闺女,到老了又喜欢人家的孙子,正是所谓仁者爱人。

廖军大夫虽然不大打理生活,但生活品位还是很高的。吃的方面,早餐必备牛奶、鸡蛋,中晚餐不求多,但必荤素搭配,要求营养卫生。在穿的方面完全由自己打理,她有她的规矩,无论多忙,仪容仪态丝毫不乱,她从不化妆,但春去秋来的服饰整整齐齐,搭配得典雅大方,让人一眼就感觉到知识女性的气质。

9月11日早晨六点半,儿子庆南和往常一样,从菜市场回来,准备好牛奶、鸡蛋和油条,等待妈妈从卧室收拾出来一同用餐,等了大约十分钟,妈妈早该收拾完了,儿子有点奇怪,敲敲门,没有声音,推开门只见妈妈穿戴整齐斜躺在床上,一看现状,庆南急坏了,连连呼唤妈妈,只见她眼睛睁着,听得见呼唤,但口不能言了。

庆南赶忙打了"120"急救电话,想想内科主任就住在院子里,急忙打电话请他过来看看,然后打电话给弟弟报告妈妈的病情,小杰还有点不相信:"不可能吧,昨天晚上还和妈妈通过电话,说好今天看完门诊来家吃午饭。"撂下电话,就往医院院子里赶。

大约七时许,内科李主任从廖军家下楼来,周围已聚集了一些医院同事,大家关切地询问病情,李主任说:"还无法确定是脑溢血还是脑梗塞,现在已经半身不遂,要赶快扫描。"大家七嘴八舌:"平时血压也不高,肺癌早就治愈了的……"

到了CT室,院长邹建龙早就等候在那里,握着廖军医生的手,大声安慰:"没事的,廖老师,放心。"当时,廖军心里还明白,望着邹院长,捏捏院长的手,摆摆头,又昏了过去,杨主任和胡主任还有科室的医生护士都赶来,大家声声呼唤:廖主任、廖老师、廖奶奶,有人还在一旁低声抽泣。

情况很不好,呼吸心跳很慢,20分钟,CT扫描排除了脑溢血,几乎肯定是脑梗塞，只是无法判定病势程度，院长一边指挥现场治疗，一边安排进一步磁共振检查确诊。

结果让所有人震惊，"脑干性大面积脑梗塞"，马上转入重症病房抢救。听说廖军大夫病了，大家都围在 ICU 重症病房外边要进去探望，这时候需要论资排辈了，院长、书记、领导、产科主任、妇科主任、护士长、医生，一个个轮流进去，有人不敢出声，在一旁默默祈祷，有人握住廖军大夫的手，低声呼唤，为她加油鼓气，出来时个个眼睛红红的，有人泪流满面，有人泣不成声。2012 年 9 月 11 日上午 10 时 15 分，妇产科大夫廖军的心脏永远停止了跳动。

昨日欢声笑语，今天生死两分，关山为之肃穆，澧水为之呜咽。

1997 年，廖军医生和检验科钟菊香医生同时搬进了医院的新宿舍，住汤家湖东单元，那一年钟菊香的儿子可可才五岁，聪明活泼，很得廖军大夫喜欢，打小就关爱叮咛，看着他一天天长大，后来可可考上了成都电子科技大学，她一路祝福，当自己孙子似的，骄傲得很，2012 年，可可又以全额奖学金考入美国驰名的弗吉尼亚理工大学硕博连读，将成为未来的 IT 业精英。

9 月 2 日这天，廖军大夫找到钟菊香说："可可是我看着长大的，小子不错，有出息，很争气，今天我要请他吃晚饭，为他饯行。"面对老师和长辈的盛情，不好拒绝，不是每个孩子都有上美国名牌大学的机会，无论如何也要低调，钟菊香客客气气按儿子的口吻说："廖奶奶，真的不好意思，可可明天就要走了，今天家里的亲戚都来为他饯行，就不用您请客了，我请你参加，再说今年去了美国，明年还会回来的，明年您做东再请不迟。"没有想到廖军大夫说了一句恐吓人的话，让两人都满含热泪："那不行，一定要我请的，谁晓得明年还见不见得了他，就今天晚上，包括家里的亲戚廖奶奶我一起都请。"

那天晚上，钟主任一家亲戚朋友、杨主任一家和廖军大夫一起亲亲热热地吃了顿开心的晚餐，对可可小青年，寄托了无限期望。9 天后，廖军大夫就与世长辞了，钟主任后来说："真的冥冥有灵吗？廖老师那天说那么狠的话，如果我和可可不让她请客，我们真的会后悔一辈子，廖妈妈是好人，她对我们母子是真的好，从她的眼神里一下子就感觉得到她的真心诚意。"

妇产科大夫廖军突然去世，惊动了津市政界和卫生界，由市人民医院和市老干局联合主持吊唁活动，市委书记亲自带领四大家领导前往吊唁，中科院院士钱守仁、原省政协副主席黄佩瑶因年事已高，都派儿子前来津市吊唁致礼，参加吊唁活动的人络绎不绝。

那日下午，有一位 30 岁左右的年轻女子跪拜之后，伤心痛哭，极其哀婉。我们都知道廖军医生没有女儿，家属也不认识她，医院工会主席对她好言劝慰，让她止住悲伤。向她了解情况：她说：我叫张永红，澧县九垸乡人，因为结婚几年未孕，2003 年听了医院同乡人王学兰的介绍找到了廖医生，经过一番检查后，她告诉我："丫头，你身体一切正常，按我的治疗，你一定怀得上孩子。"在廖医生的治疗和指导下，不久真的怀孕了，全家高兴得不得了，随后又出现了三次先兆流产，都是廖大夫亲自处理，有时半夜电话打到她家里，她也不厌其烦，给我指导，2004 年我生下了儿子，给我们全家带来了欢乐，我爸爸是村支部书记，和王学兰一个村，是她告诉我廖医生去世了，她是送子的观音菩萨，怎么也会死呢，所以我特别的伤心，我今天的幸福，都是她给的。

随着廖军大夫的年龄渐长，医院领导越发担心起来，黄云梯和廖军都是 70 多岁的老人了，同时代同年龄的人都在家颐养天年，真的不忍心让他们还在临床上工作，原计划等完成 2011 年"建院百年庆典"后他们彻底退休，但两位 1960 年代过来的老专家没有表示一点隐退的意愿。过年时，院长亲自探望两位老专家，关心的言语里暗示有不再返聘的意思，两位专家明白，装糊涂不表态，院长还真拿他们没办法。

一年一次的返聘合同又要签了，院长再一次派人讨黄老医生的口风："你又不缺钱，儿子们都出息，回家打打牌，老两口安度晚年，神仙日子多好。"黄老医生说："没味，没味，我就是要动动脑筋，不和病人打交道，不和科室打交道，一点味都没有。"廖军大夫更不用说，老范去世了，又不会娱乐活动，看看病人，与同事学生们接触对身体也是有好处的，但毕竟年岁不饶人。

后来，院长让人事科划了一道专家返聘年龄的红线，满 75 岁后坚决回家养老，因为黄云梯医生已经满了 75 岁，所以 2012 年不再返聘了，黄老医生体会了领导的爱护，老两口上外地儿子家享福去了。廖军今年 74 岁，也就一年的工作时间了，虽然很决断，但仍然留下了深深的遗憾。

手术中心主任王双全：我从八十年代就在医院从事麻醉工作，和廖主任搭台手术次数多得数不清，配合很默契，廖主任的手术有特点：刀口小、解剖层次清晰、伤口愈合整齐、少留疤痕、很漂亮。她在手术台上还有一个特点，由于注意力高度集中，身体出汗多，每次上台前她都要让护士给她背上垫一块棉毛巾，然后在我的工作服上口袋里放两块纱布，手术中只要她一喊"王双全"，我就知道，要为她擦脸上的汗，不能影响手术。

她为刘志奇的女儿做剖腹产手术给我印象最深，因为怀的是多胎，肚子好大，又有妊娠高血压，为她保胎时花了很多的功夫，手术前大家都以为是双胞胎，手术中取出第二胎后，在场的医务人员围在一旁欢喜去了，只听主任在手术台上高兴地喊了一声："大家快来看，还有一个。"这个意外惊喜让大家兴奋得不得了，后来这三胞胎丫头，我经常在街上遇到，长得一模一样，很漂亮。不知道有多少孩子经廖主任的手来到了人世间。

手术中心护士长杨业：廖主任给我印象最深的有两次，一次在2003年，她刚从肿瘤医院治病回来，一进手术室的门，就对我说："杨业，我的鞋衣柜还在啵？"我说："还在呢，不信你用钥匙开开，我们都等着您回手术台。"

还有一次，由卫生院转来一个难产病人，胎儿是臀位，发作了两天生不下来，进了手术室，准备剖腹产，这时廖主任刚好一台手术结束，她说让我看看，她在产妇的腹部摸了摸胎位，然后，像打太极一样翻转那双巧手在产妇腹部做动作，几分钟后她宣布说："好了，不用手术了。"这就是传说中的宫内胎位倒转技术，让我们这些在场的医护人员都惊为天人，大家佩服得不得了，廖主任却很谦虚地说："我的两个儿子都是自己生的，能够自然分娩最好，不要动不动就剖腹。"

助产士辛娟：我第一次为双胞胎产妇接生，心理很紧张，因为以前没经历过，心里没底，廖主任看出了我的心思，鼓励我说："丫头，你只管上，我在你背后掌舵。"那天的接生很顺利，第一次成功，特别有成就感，谢过廖主任后，她又表扬了我："不错，手很巧，我会把技术都传给你的。"我跟廖主任学接生，发现她根据胎位接生的办法很多，但安慰的话就几句，她常说的："丫头，我自己生过两个儿子，见得多，按我的方法生，包你生得下来。"那时候，产妇就特别听话，乖乖地听她指挥，很顺利地生下孩子。我怀孕期间，廖奶奶总是从家里包好吃的东西给我。她说："丫头你一定要吃好，给我的孙子吃。"现在我的儿子会叫奶奶了，但她老人家却永远地离开了……

> 我郑重地保证自己要奉献一切为人类服务。我将要给我的师长应有的崇敬及感戴；我将要凭我的良心和尊严从事医业；病人的健康应为我的首要的顾念；我将要尊重所寄托给我的秘密；我将要尽我的力量维护医业的荣誉和高尚的传统；我的同业应视为我的手足；我将不容许有任何宗教、国籍、种族、政见或地位的考虑介于我的职责和病人间；我将要尽可能地维护人的生命，自从受胎时起；即使在威胁之下，我将不运用我的医学知识去违反人道。

我郑重地、自主地以我的人格宣誓以上的约定。
妇产科大夫廖军，她用一生履行了这庄重的誓言。

我是医院的工会主席兼任办公室主任，与廖军大夫同住一栋住宅楼，9月11日早晨7时，我下楼上班去，见"120"急救车停于宿舍楼前，正观望时，内科李主任匆匆下楼，他告我说："廖主任已半身不遂，不知是脑溢血还是脑梗塞，要CT扫描确定。"我进一步问道："你判断病势如何？"李主任说："现在呼吸脉搏很不规则，眼尚有神，口不能言，凶多吉少。"后与院长邹建龙在CT室现场观察，结果诊断为大面积脑梗塞。10时许，廖军大夫溘然长逝。发生的一切都很突然。

与廖军大夫认识始于1987年7月，那时我刚刚调入医院，我是学医的，也受过中文培训，院领导让我在办公室为一批1960年代前后来院的专家晋升职称写推荐材料，当时医院有7人具备晋升副主任医师的资格，他们是韩明楚、张培根、叶登海、黄云梯、尹九如、刘玉坤和廖军，廖军是他们中最年轻的。

当时廖军担任妇产科主任，又兼任市人大副主任，工作十分繁忙，她写的自荐的材料不足千字，而推荐报告必须在2000字以上，我找她补充材料，去了科室3次，才找到她，通过与她交谈，了解她的成长足迹、工作业绩和学术成就，完成了她的推荐报告。自此后与廖军大夫熟识，对她的学识和人品非常钦佩，她讲一口吉首音普通话，常常把我的名字吴友文叫成吴又文，纠正过两次，还是叫不准，以后就算了。

1998年，我因工作需要调入办公室，与廖军大夫接触密切起来，无非是通知她参加市里的活动，偶尔也会帮她整理发言稿。老太太性格活泼，格外肯说话，因为住在同一栋楼，上下班遇到同行的机会很多，常常和她聊聊医院和家里的事儿，她很关心我的成长，常告诫我喝酒应酬要适度，不要因此误正事，她又特别喜欢我家女儿，当孙女一样，那几年每到过年时我家都会预备一个鲜花篮，正月初一大早，打发孩子送上门去，为廖奶奶送上春节祝福，孩子得了红包或礼品，高兴得很，亲一口，叫声廖奶奶，她很喜欢，后来孩子长大去了外地，初一献花礼仪就停止了。

院长邹建龙特别尊重这批专家前辈，2004年，廖军大夫"从医五十周年"的纪念活动就是由院长亲自操办的。医院现任的班子成员积极策划，活动举办得非常成功。

转眼到了2011年，医院要举行"建院百年庆典"活动，这项活动我分管组织工作，因为拍摄电视专题片，廖军大夫作为医院知名专家，为她定制了两组镜头。一组在桥头广场拍摄，由廖军大夫引领专家方阵，那天天很热，从排练到拍摄反复来了3遍，她出了很多汗，我心里过意不去，廖军大夫却说："没关系的，这么重要的庆典活动，我愿意参加的。"还有一组镜头是让她站在书架前，面向电视镜头说几句"百年院庆"祝福的话，这一次，我先写好了台词，约她来我的办公室，她到了我办公室，根本不看台词，站在书架前，摆了个POSE，很自然真切地说出了心中的祝福，摄影师打了个 OK 的手势，一次成功。真是个可爱的老太太！

廖军大夫去世后，市委书记指示，要将妇产科大夫廖军的事迹广泛宣传，农工民主党中央和农工民主党湖南省委也对妇产科大夫廖军生平很重视，要求为廖军立传，或者以报告文学的方式向社会介绍她的优秀事迹。

院长向我布置这项任务，说实话压力巨大，虽然有点文字基础，平时写写工作报告勉强应付，但要写传记和报告文学，确实没有这样的才能和手笔。院长见我不敢接受，于是启发我说："我总结了廖军大夫一生的特点，她有许多称谓，廖主任、廖医生、廖大夫、廖妈妈、廖奶奶、廖老师等，每个称谓后面都有许多故事，廖军生平有 6 爱，爱津市、爱医院、爱科学、爱事业、爱同志、爱家庭，每个爱后面都有许多事迹，可写的事迹很多，要以廖军大夫为榜样，宏扬我们医务人员的爱心和奉献精神，写不写是态度问题，写得不好不怪你。"

有了院长的点拨和鼓励，我接受了为廖军大夫立小传的任务。立大传或者写报告文学，非不为也，实无能也。雁过留声、人过留名，面对刚刚过世的廖军大夫，音容笑貌宛在眼前，徐迟先生当年为了写《哥德巴赫猜想》，与数学家陈景润朝夕相处才两个月就写出那样优美的文章，我和廖军大夫一起在医院工作生活了 25 年，就算写得不好，也要尽我所知所能写一篇纪念文稿，提供一些生活的真实素材，给文学高手有进一步发挥的空间。

廖军大夫的事迹感人至深，她一生可用三个字形容：真善美，我的文字又怎能概括。才能有限，谨以此小传，表达对妇产科大夫廖军的景仰和思念。

后 记

开宗明义，这本"城市基因·津市文史丛书"之《文存卷》，即津市文史资料的合集。选编的范围，除了市政协文史委 1980 年代后陆续编印的《津市文史资料》外，尚有津市方志工作的开拓者们在《津市志》起步阶段所编写的《津市志通讯》、市工商联的老工商业者和知情老人编写的《津市工商史料》、市委党史办编写的地方党史资料集《津市风云》、津澧旅台同乡会编写的《澧水乡谭》以及社会各界钟情于本土历史文化研究的个人专著及其他成果。我们希望通过这本书，把方方面面的资源汇集在一起，建立起一个小型且实用的津市文史资料库，为有需要者阅读、使用、研究提供便利。

20 世纪 80 年代初至 90 年代末，市政协文史委在广泛征集的基础上，挖掘、整理、编印了近百年发生在我市的，涉及政治、军事、经济、文化、教育、卫生、交通、民族、宗教和社会生活等各方面的史料共 8 集，在历代历史文献中有关津市的记载相对匮乏的情况下，这套文史资料集一定程度上填补了史志的空白和不足，具有独特而珍贵的史料价值，深受本土文史爱好者的喜爱，也成为不少人二度创作的源泉。但囿于其时条件的限制，资料系内部印行，且印数极少，故至今还完整保存者寥寥无几；1984 至 1987 年间油印的 30 多辑《津市志通讯》则更难搜齐。而随着时间的推移，许多事件亲历、亲见、亲闻者和收集整理者相继谢世，这就为地方历史文化的有序传承造成了困境。改变这一状况，保存好、整理好、利用好已有的文史征集成果，让更多的人读到文史，了解文史，研究文史，充分发挥文史资料的"存史、资政、团结、育人"的功能，便是我们编辑这本《文存卷》的初衷。

当然既然是选编，就有一个去伪存真、去粗取精的甄选过程，原则是尽可能选择源头上的、那些亲历、亲见、亲闻者所提供的文字，以确保史料的真实性，力求精品流传。入选文章，尽量保持原貌，但对晚近文史爱好者在网络时代所挖掘的史料和撰写的文章，在不损害其主旨的前提下，则根据需要进行了适当的修改、删减和调整，以使其与"文存"之义切合。此外有些史事的判断和人物的评价，一直是众说纷纭，莫衷一是，随着知情人的远逝，现已难以核实，只能采取多说并存的办法，并不强求一致。不少文章标注的地名（街名），或不复存在，或几经更换，故尽量改为现名。错字标点，亦尽量进行了匡正。

全卷按内容分门别类，钩沉索隐，次第呈现。即：峥嵘岁月、兰浦纪胜、桑梓风情、社会逸史、工商探源、人物春秋等 6 辑，基本涵盖了津市近、现代社会生活的方方面面，也算为津市的文史资料做了一个系统性的较全面的梳理，使其通过这套丛书得以保存、流传。由于容量的限制，加之编者眼光的局限，遗珠弃璧的情况或难避免，只能待以后有机会再去弥补。

朱世民

2020 年 10 月